『十四五』安徽省重点出版物规划项目

当代徽学名家学术文库　王世华◎主编

学成派与商成帮
徽州区域文化现象研究

周晓光◎著

安徽师范大学出版社

· 芜湖 ·

图书在版编目（CIP）数据

学成派与商成帮：徽州区域文化现象研究 / 周晓光著 . — 芜湖 : 安徽师范大学出版社，2024.6

（当代徽学名家学术文库 / 王世华主编）

ISBN 978-7-5676-5418-1

Ⅰ.①学… Ⅱ.①周… Ⅲ.①文化史—研究—徽州地区 Ⅳ.①K295.42

中国国家版本馆CIP数据核字（2023）第015909号

学成派与商成帮——徽州区域文化现象研究

周晓光◎著

XUECHENGPAI YU SHANGCHENGBANG HUIZHOU QUYU WENHUA XIANXIANG YANJIU

总 策 划：戴兆国

责任编辑：谢晓博 陈 艳　　　责任校对：丁 立

装帧设计：张 玲 汤彬彬　　　责任印制：桑国磊

出版发行：安徽师范大学出版社

　　　　　芜湖市北京中路2号安徽师范大学赭山校区　　邮政编码：241000

网　　 址：http://www.ahnupress.com/

发 行 部：0553-3883578　　 5910327　　 5910310（传真）

印　　刷：江苏凤凰数码印务有限公司

版　　次：2024年6月第1版

印　　次：2024年6月第1次印刷

规　　格：700 mm×1000 mm　　1/16

印　　张：30.5　　插页：1

字　　数：471千字

书　　号：ISBN 978-7-5676-5418-1

定　　价：246.00元

凡发现图书有质量问题，请与我社联系（联系电话：0553-5910315）

总　序

　　任何一门学科的诞生和发展都是不寻常的，无不充满了坎坷和曲折。徽学也是一样，可谓走过了百年艰辛之路。尽管徽州历史文化的研究从清末就开始了，但徽学作为一门学科，却迟迟没有被"正名"，就好像婴儿已出世，却上不了户口一样。在徽学成长的过程中，总伴随着人们的怀疑和否定，甚至在20世纪末，还有专家发出"徽学能成为一门学科吗"的疑问。其实，这并不奇怪。因为新事物总有这样那样的缺陷和不完善之处，但新事物的生命力是顽强的，任何力量也难以阻挡。难能可贵的是，前贤们前赴后继，义无反顾，孜孜不倦地研究，奉献出一批又一批的研究成果，不断刷新人们对徽学的认识。

　　"到得前头山脚尽，堂堂溪水出前村。"1999年，教育部拟在全国有关高校设立一批人文社会科学重点研究基地，促进有关学科的发展。安徽大学在安徽师范大学的支持、参与下，申报成立"徽学研究中心"，经过专家的评审、鉴定，获得教育部的批准。这标志着"徽学"作为一门学科，迈入一个全新阶段。

　　新世纪的徽学研究呈现出崭新的面貌：老一辈学者壮心不已，不用扬鞭自奋蹄；中年学者焚膏继晷，勤奋耕耘；一大批后起之秀苗壮成长，新竹万竿，昭示着徽学研究后继有人；大量徽学稀见新资料相继公之于世，丰富了研究的新资源；一大批论著相继问世，在徽学的园地里，犹如百花盛开，令人神摇目夺，应接不暇，呈现出一派勃勃生机。2015年11月29

日，由光明日报社、中国社会科学院历史研究所、中共安徽省委宣传部、中共江西省委宣传部联合举办的"徽商文化与当代价值"学术座谈会在安徽省歙县召开。2019年6月18日，由中共安徽省委宣传部、光明日报社指导，安徽大学主办的首届徽学学术大会在合肥市召开。2021年10月19日，由中共安徽省委宣传部、光明日报社联合主办，中国历史研究院学术指导，中共黄山市委、黄山市人民政府、安徽大学、安徽省社会科学界联合会承办的第二届徽学学术大会在黄山市召开。国内很多高校的学者都参加了大会。更令人欣喜的是，日本、韩国、美国、法国等很多外国学者对徽学研究也表现出越来越浓厚的兴趣，新时代的徽学正阔步走向世界。可以说，这是百年来徽学迎来的最好的发展时期。这一切都昭示：徽学的春天来了。

在这徽学的春天里，安徽师范大学出版社和我们共同策划了这套"当代徽学名家学术文库"。我们约请了长期从事徽学研究的著名学者，请他们将此前研究徽学的成果选编结集出版。我们推出这套文库，是出于以下几点考虑：

首先是感恩。徽学研究能有今天这样的大好形势，我们不能忘记徽学前辈们的筚路蓝缕之功。这些学者中有的已归道山，如我们素所景仰的傅衣凌先生、张海鹏先生、周绍泉先生、王廷元先生，但他们对徽学的开创奠基之功，将永远铭记在我们心中。这套文库就是对他们最好的纪念。文库还收录了年近耄耋的耆宿叶显恩先生、栾成显先生的研究文集，两位我们敬仰的先生，老骥伏枥，壮心不已，继续为徽学做贡献。这套文库中的作者大多是年富力强的中坚，虽然他们的年龄还不大，但他们从事徽学研究却有数十年的时间，可以说人生最宝贵的年华都贡献给了徽学，堪称资深徽学研究者。正是上述这些前辈们在非常困难的条件下，骈手胝足，荷锄带露，披荆斩棘，辛苦耕耘，才开创了这片徽学园地。对于他们的拓荒之劳、奠基之功，我们能不感恩吗？我们正是通过这套文库，向徽学研究的先驱们表达崇高的敬意！

其次是学习。这套文库基本囊括了目前国内专门从事徽学研究的大家的论著，展卷把读，我们可以从中受到很多启迪，学到前辈们的很多治学方法。他们或以世界的视野研究徽学，高屋建瓴，从而得出更新的认识；或迈进"历史现场"，走村串户，收集到很多资料，凭借这些资料探究了很多历史问题；或利用新发现的珍稀资料，在徽学研究中提出不少新见；或进行跨区域比较研究，得出的结论深化了我们对徽州历史文化的认识；或采用跨学科的方法研究问题，使我们大开眼界；或看人人可以看到的材料，说人人未说过的话。总之，只要认真阅读这些文章，我们就能感受到这些学者勤奋的治学精神、扎实的学术根柢、开阔的学术视野、严谨的治学态度、灵活的治学方法，可谓德识才学兼备，文史哲经皆通。我们为徽学有这样一批学者而庆幸，而自豪，而骄傲。这套文库，为我们后学提供了一个样板，细细品读这些文章，在选题、论证、写作、资料等方面确实能得到很多有益的启示。

最后是总结。这套文库是四十年来徽学研究主要成果的大展示、大总结。通过这套文库我们可以知道，几十年来，学者们的研究领域非常广泛，涵盖社会、村落、土地、风俗、宗族、家庭、经济、徽商、艺术、人物等等，涉及徽州的政治、经济、文化、社会等各个方面，既有宏观的鸟瞰综览，又有中观的探赜索隐，也有微观的专题研究。通过这套文库，我们能基本了解徽学研究的历史和现状、已经涉及的领域、研究的深度和广度，从而明确今后发力的方向。

总结过去，是为了把握现在，创造未来。这就是我们推出这套文库的初心。徽州历史文化是个无尽宝库，徽学有着光明的未来。如何使徽文化实现创造性转化、创新性发展，如何更生动地阐释徽学的理论价值，更深入地发掘徽学的时代价值，更充分地利用徽学的文化价值，更精彩地展示徽学的世界价值，通过文化引领，促进经济与社会发展，服务中华民族复兴伟业，这是我们每一位徽学研究者的光荣使命。"路漫漫其修远兮，吾将上下而求索。"但愿这套文库能成为新征程的起点，助推大家抒写徽学研究的新篇章。

另外要特别声明的是，由于各种原因，国内还有一些卓有建树的徽学研究名家名作没有包括进来，但这套文库是开放的，我们乐于看到更多的学者将自己的成果汇入这套文库之中。我相信，在众多"园丁"的耕耘、浇灌下，我们的徽学园地一定会更加绚丽灿烂。

王世华

二〇二三年六月

目　录

导言　徽文化的历史贡献与当代价值

第一章　学术成派:新安理学研究

一、新安理学源流考 …………………………………………………6

二、试论北宋及两宋之交的徽州理学思潮 …………………………24

三、试论新安理学长盛之因——从地域人文环境角度考察 …………39

四、南宋新安理学略论 ………………………………………………46

五、试论朱熹在徽州的理学教育活动及其影响 ……………………57

六、宋元之交与元代的新安理学 ……………………………………66

七、明代中后期心学在徽州的传播和影响 …………………………79

八、试论新安理学向皖派经学的转变 ………………………………89

第二章　商人成帮:徽州商人研究

一、徽州盐商个案研究:《二房赀产清簿》剖析 …………………103

二、清代徽商与茶叶贸易 ……………………………………………116

三、论道光中叶以后上海在徽茶贸易中的地位 …………………137

四、19世纪50年代至60年代中国社会的战乱与徽州商帮的衰落 ………149

五、徽商与明清两浙商籍 …………………………………170

六、略论明清徽商的"儒道"经营理念 ………………………182

第三章　空间差异:徽州传统学术文化地理研究

一、徽州:12—18世纪中国传统学术文化典范之区——徽州传统学术文化
地理研究刍议 ………………………………………192

二、试论徽州学术文化区形成的地理基础 ……………………205

三、徽州传统学术文化的传播及其特点 ………………………219

四、徽州传统学术文化区的区域表征 …………………………241

五、清代徽州传统学术文化中心地类型分析 …………………258

第四章　文化互动:徽州文化现象交融下的徽州社会研究

一、论明清徽州文化的阶段性发展 ……………………………273

二、新安理学与徽州宗族社会 …………………………………292

三、明清徽州家谱与徽州社会风俗 ……………………………304

四、徽州民间祭文类型、特征及社会文化内涵初探 …………314

五、明清徽商建筑文化的特色 …………………………………332

六、论明季"黔案" ……………………………………………340

第五章　名家辈出:徽州学术人物研究

一、朱熹与严州理学的发展 ……………………………………351

二、明辨义理,格物致知——理学集大成者朱熹 ……………363

三、论新安理学家程大昌 ………………………………………372

四、论元末明初新安理学家朱升与郑玉 …………………383

五、论元末明初新安理学家赵汸 …………………401

六、训诂名物,实事求是——皖派朴学宗师戴震 …………………413

第六章 文献之邦:徽州文献与民间文书研究

一、《家礼》与明清徽州男子伦理生活定位 …………………423

二、程敏政《道一编》评议 …………………436

三、论徽州家谱谱传的价值 …………………447

四、徽州文书的归户整理与宗族史研究 …………………465

五、评《徽州文书》的整理与出版 …………………471

六、《徽州方志研究》序 …………………474

后 记 …………………478

导言 徽文化的历史贡献与当代价值

徽文化是以徽州文化为主体的具有"徽风皖韵"的各种文化现象的集合。它与徽州文化之概念，既有密切联系，又有不同内涵。徽州是徽文化的核心发祥地，而徽州境外也是徽文化的重要繁衍地；徽州文化是徽文化的主体内容，同时徽文化还包括了徽州文化衍生出来的其他文化现象；徽文化崛起于南宋，至明清而达到鼎盛，晚清开始向近代转型，到当代仍绵延不绝，呈现出"日日新，又日新"的开放性。徽文化的历史贡献，主要体现在四个方面：

首先，徽文化是中国传统文化的精华和核心内容。徽文化具有丰富的内涵，其内容包括新安理学、徽派朴学、徽州教育、新安医学、徽商、徽州科技、徽派建筑、新安画派、徽派篆刻、徽派版画、徽剧、徽菜、徽派雕刻、徽派盆景、宗族、民俗、方言以及文房四宝等各种文化现象。这些文化现象，涉及了中国传统文化的各个方面，也全面反映了中国传统社会后期经济、社会、生活及文学艺术等基本内容。无论是物质文化、制度文化，还是精神层面的文化，中国传统文化的特质在徽文化中均有典型体现。

其次，徽文化是中国传统社会的"主流"文化。徽文化具有鲜明的地域特色，各种文化现象每每被冠以"徽"或者"皖"称呼，但徽文化不仅仅是一种地域文化，在12世纪中叶以后，徽文化以地域文化的身份，担纲起了传统社会"主流"文化的角色。它主要表现在两个方面：一是徽文化中以朱熹为核心的"新安理学"上升到国家层面，成为"显学"。祖籍徽州婺源的朱熹以孔孟之道为本，援佛道入儒，综罗北宋理学诸家之说，将传统儒学提高到前所未有的哲理化高度，创建了一个完整而系统的理学体系，后世称之为"朱子之学"。徽州学者以朱熹为核心，以阐扬朱子之学为宗旨，形成了徽文化中重要的学术流派"新安理学"。该流派形成于南宋、发展于元代、全盛于明初、衰落于清中叶，期间人才辈出，著述宏富，对12世纪以后的思想界产生了重大影响。元代仁宗时朝廷定科举取士法，第一、第二场考题都限用朱熹《四书集注》，规定"设科取士，非朱子之说者不用"。明清两朝，明确规定以朱熹《四书集注》为科举考试准绳。这些表明，新安理学的宗旨朱子之学在南宋之后，已经渐成官方哲学。同时，新安理学中其他重要理学家及其著作，也得到国家层面的认可。如明朝初年钦定《五经大全》，以确立程朱学说在明朝的统治地位。其中《春秋大全》《周易大全》《书传大全》《诗经大全》主要采录了新安理学家的著述。可以说，包括朱熹在内的新安理学家及其学说成为当时思想界的主流。二是徽文化作为中国传统社会后期"主流"文化的另一个重要表现是，徽文化中的各种文化现象，不仅因其地域特色鲜明而在中国传统文化中独树一帜，而且也能突破区域局限，引领各领域的文化发展潮流。比如，徽文化中以新安理学和徽派朴学为主要内容的传统学术文化，其演变大致与中国传统社会后期学术文化之变迁保持了同步，是中国学术文化变迁的一个缩影。作为中国传统学术文化的典型代表，徽文化中传统学术文化的演变，并非只是追随中国学术文化变迁的大势之后，而是常反过来起引导和强化的作用。最典型的例子是清代乾隆、嘉庆年间，中国传统学术文化由"宋学"演变为"汉学"，出现了乾嘉考据学。这一风气的转变，在很大程度上得益于徽文化中传统学术文化代表人物江永、戴震等人的倡导，得益于徽派朴学的形成，得益于徽州传统学术文化的率先转型。又如，徽剧是明清时期徽州艺人在吸收弋阳腔和西秦腔等地方唱腔基础上，经过衍变而成的一个新剧种。至清代中叶，徽剧已风靡全国，形成了一个唱、念、做、打并重的成熟剧种。道光年间，徽剧与秦腔、汉调结合，最终催生了"国粹"京剧。由此可见徽剧对中国戏曲发展潮流的传承和引领作用，非常明显。从诸种文化领域来看，徽文化代表的是主流方向。

再次，徽文化反映了中国传统社会后期经济社会的综合状况。徽文化博大精深，具体的文化形态呈现出多样性特征。它既有精神文化方面的新安理学、徽派朴学、新安画派、徽派篆刻、徽派版画、徽剧、方言、民俗等内容，也有宗族、教育等制度文化层面的内容，还有徽派建筑、科技、新安医学、徽商、刻书、徽菜、文房四宝等物质文化内容。博大的文化体系、多样的文化形态，集中反映了中国传统社会后期经济社会的综合状况，成为人们认识中国传统社会及其发展、转型的重要依据。难能可贵的是，这些文化形态，因有大量的文献和徽州文书以及地面文化遗存保留至今而得以一一考索、求证、呈现。尤其是与甲骨文、汉简、敦煌文书、故宫明清档案齐名的徽州文书的发现，是徽文化史上的重大事件。迄今已知的百万件以上的徽州文书，内容丰富，涉及面广，实态反映了中国传统社会后期基层和民间政治、经济、文化和生活等方方面面的活动，受到国内外学者的广泛关注。作为地域文化的徽文化，其实彰显了中国传统社会后期经济社会的综合状况。

最后，徽文化是中国传统文化中具有国际影响力的品牌。因徽文化是中国传统文化的典型代表，同时又是南宋以后中国社会的主流文化，徽文化的影响力非常广泛。这种影响力不仅表现在徽文化对中国传统文化的引领、对中国传统社会发展的推动以及对国内其他区域文化的示范方面，同时也表现在徽文化是中国传统文化中具有国际影响力的品牌之一。历史上，朱熹的理学思想曾对东亚儒家文化圈产生过深刻影响，日本、朝鲜半岛等地的思想文化界对朱子之学了解甚透，涌现过诸多研习朱子之学的著名学者。徽州商帮中的海商，在明代中叶一度成为日本最大的贸易伙伴，不少徽州海商在日本有很高知名度。从清中叶开始，徽州茶商经营"洋庄"茶，一部分商人先在广州、后在上海专门从事徽茶外销活动，徽州的"屯绿""祁红"作为徽文化的物质形态，在海外声名大噪。时至今日，徽文化作为中国传统文化的品牌之一，在国际上依然具有较高知名度。表现在：一是国外的学术界非常关注徽文化研究，韩国、日本、法国、美国、英国等国家的学者数十年来对徽文化展开了较为系统、深入的研究，取得了一批有影响的徽文化研究成果。二是徽文化对国外普通游客的吸引力愈发增强。徽文化的核心发源区域徽州成为其重要的旅游目的地。三是代表徽文化遗存之一的古村落西递、宏村被联合国教科文组织授予"世界文化遗产"称号。"徽派传统民居建筑营造技艺"木结构建筑作为"中国传统营造技艺"子项目则被列入"人类非物质文化遗产代表作"名录。四是更多的徽文化影像、图片出现在国外各种媒体上，表明了国外对徽文化的关注。因此，在中国传统文化中，徽文化是具有国际影响力的品牌之一。

时至今日，在重塑社会主义核心价值观中，徽文化依然具有无可比拟的当代价值。

徽文化是传承中国传统文化的重要内容。首先我们要传承的是徽文化中的精神层面的文化，包括它主张的仁、义、礼、智、信、忠、孝等文化价值观中的合理成分，新安理学中关于天、地、人一体的宇宙和人生问题的思想成果，顺势而为、进退有度的经世智慧，在哲学、史学、文学、艺术等各专门领域取得的精神和文化成就。其次，我们要传承的是徽文化中的物质层面的文化，包括新安医学、徽州科技、徽派园林、文房四宝以及村落、民居、祠堂、古桥等徽州建筑。这是安徽先民创造的宝贵的物质文化遗产，历经数百年而流传至今，弥足珍贵。最后，我们要传承的是徽文化中制度层面的文化。徽文化中的一些制度层面的内容，虽因时过境迁而在形式上不再适应当代社会，但其中蕴含的文化内容，仍是值得我们珍惜的宝贵遗产。

徽文化是创新性发展和创造性转化中国传统文化的重要源泉。首先是以社会主义核心价值体系建构为导向，对徽文化中的合理成分进行创新性发展和创造性转化。例如，将传统徽商"义利兼顾""以义为利"的价值观赋予新的时代内涵，激发企业家的社会情怀，塑造当代商业文化价值观；汲取朱熹等徽文化思想大家的勤政、廉政文化思想，重塑新时代的德法兼施的治国理念；发掘新安理学家所极力倡导的"贵和尚中"精神，以及徽文化中人与自然、人与人、心与身、人与社会的和谐传统，发挥它们在当代和谐社会建设中的积极意义，等等。其次，对徽文化中物质文化形态的再生赋予新的时代要素。比如，关于徽派建筑，一方面保护各类历史上遗存的建筑，另一方面重在总结徽派建筑"天人合一"的理念，提炼徽派建筑的文化意蕴，最终造就当代建筑领域的"新徽派"。又如新安医学，在传统中医理论和"望、闻、问、切"等诊疗方法的基础上，吸收西医的病理学原理，利用现代化的诊疗手段，创新性发展传统的新安医学，促进当代中医药产业的发展。在总结传统新安医学中的养生之道和中医文化的基础上，创造和提倡具有中国特色的健康、绿色的生活方式，服务当下健康社会与和谐社会的建设。再次是创新徽文化的传播方式。传统徽文化的传播方式，主要有书籍流传和人员流动两个途径。正是通过传播，徽文化在传统社会中从地域文化上升为国家层面的文化。在当代科技日新月异的背景下，创新徽文化的传播方式势在必行，通过学术交流、会议研讨、著述译介以及用影视、出版、演艺、作品、会展、网络、动漫等形式扩大徽文化在国际上的影响力。最后是创新徽文化的传统技艺，包括文房四宝制作技艺、徽派建筑技术、徽菜烹饪技艺和徽派工艺等，使其充满新的生命活力。

第一章　学术成派：新安理学研究

一、新安理学源流考

新安理学是朱子学的重要分支之一，主要流传于徽州（古称新安，历史上辖歙、休宁、黟、祁门、婺源、绩溪六县）一带。该学派崛起于南宋、发展于元代、全盛于明初、衰落于明季、终结于清中叶，对12世纪以后中国哲学史和学术思想史的发展演变，产生了巨大的影响。在其近700年的盛衰过程中，始终有一以贯之的学术宗旨、一脉相传的理学家群体和鲜明的学派特色。

关于新安理学成派之说，在历史上有一个认识过程。明初新安学者赵汸在《商山书院学田记》中最早注意到新安理学的学派特征。①此后，正德、嘉靖年间新安人程曈编纂的《新安学系录》十六卷，成为新安学派"学案"性质的著作。清初著名学者赵吉士在其笔记《寄园寄所寄》中，专列"新安理学"一条，最终肯定了新安理学作为一支地方理学流派在历

---

① 赵汸：《东山存稿》卷4《商山书院学田记》称：新安之学"一以郡先师子朱子为归，凡六经传注、诸子百氏之书，非经朱子论定者，父兄不以为教，子弟不以为学也。是以朱子之学虽行天下，而讲之熟、说之详、守之固，则惟新安之士为然"。赵氏于此处点明了新安学术有宗师，有特色，有传授脉络。

史上的存在。①近代以来，从学派角度研究新安理学一直是个空白，直到本世纪（指20世纪）80年代初，安徽师范大学历史系张海鹏先生发表《朱升和〈朱枫林集〉评议》②一文，才重开新安理学研究之先河。

关于新安理学源流的考察分四部分内容。（一）南宋：新安理学之崛起及其特色。（二）宋元之交与元代：新安理学的发展及其特点。（三）元明之际与明代：新安理学之盛而复衰。（四）清中叶：新安理学的终结。我们希望就新安理学源流问题的考察，有助于学术界对新安学派展开全面的研究，并通过此项研究反映宋以后中国学术思想史的演变轨迹。

（一）南宋:新安理学之崛起及其特色

南宋（1127—1279年）是理学集大成时期，也是新安理学崛起的时代。据明代程敏政《新安文献志》、程曈《新安学系录》和清初赵吉士《寄园寄所寄》及新安方志记载，在南宋150余年间，新安涌现了一大批杰出的理学家。其代表人物有：朱熹（字仲晦，婺源人）、吴昶（字叔夏，歙县人）、程永奇（字次卿，休宁人）、程大昌（字泰之，休宁人）、吴儆（字益恭，休宁人）、汪莘（字叔耕，休宁人）、程洵（字允夫，婺源人）、程先（字传之，休宁人）③等人。他们以朱熹为泰山北斗，鼓吹理学，传授朱熹学说，奠定了具有地域特色的新安理学之基础。

① 赵吉士：《寄园寄所寄》卷11《新安理学·按》载："新安自紫阳峰峻，先儒名贤比肩接踵，迄今风尚醇朴。虽僻村陋室，肩圣贤而躬实践者，指盖不胜屈也。呜呼！千秋俱在，岂徒尚口；前徽不远，有志当型。略撮世所共尊者数人，可以兴矣。"赵吉士认为：（1）新安理学的"先儒名贤"都是朱熹的后继。他称赞胡一桂（双湖先生）和胡炳文（云峰先生）"俱能力肩正学"，并认为这是"朱子余芬"所致。他又推重陈栎（定宇先生）为"朱子功臣"。实际上赵氏肯定了朱熹及其学说在新安理学中开山祖的地位。（2）指出了灿若繁星的新安理学家群。赵氏列举了始于南宋朱熹，迄于明初朱升、赵汸等十余位"世所共尊者"新安籍理学家。可见，他已明确认识到，新安理学是一个一脉相承的理学流派。

② 《中国古代史论丛》第二辑，福建人民出版社1982年版。

③ 程先生卒年待考。先为程永奇父。程敏政《新安文献志》卷69《方虚谷：东隐程先生（先）墓表》谓朱熹省墓时，先"年已七十余"。据此，程氏生年当在宋神宗元丰三年（1080年）以前。虽生活年代主要在北宋，然其崇拜理学则在朱熹绍兴二十年（1150年）回婺源省墓之后。故亦系于新安理学这一时期内。

　　南宋新安理学之崛起，与北宋理学思潮渊源极深。首先，新安理学家的学风，由北宋理学大师处承继而来。他们与汉唐古文经学重训诂义疏的传统背道而驰，抛开传注，直接从经文中寻求义理。如吴昶著《易论》《书说》，程永奇著《六经疑义》，程大昌著《毛诗辨证》《尚书谱》等，均借助经文，参以个人体会和一己私见，从中探求性命义理之说。其次，南宋新安理学家还直接继承了理学先辈的论题与思想成果。如程大昌在《易原》中论"太极""五行""动静""阴阳"等，在周敦颐著作中已屡屡提及，又为北宋理学大家所反复讨论和发挥。程永奇注释《明道定性说》《伊川好学论》《太极图说》《西铭》，梳理北宋二程、周敦颐和张载等理学名家的思想与思维方式，从中吸取营养。最后，作为新安理学开山的朱熹，其师承可直溯至周敦颐。《宋史·道学传》记载：周敦颐学术传程颢、程颐，二程传杨时，杨时传罗从彦，罗从彦传李侗，李侗传朱熹。[①]作为新安理学"真传"的朱子学，亦是集北宋理学大成的学说。因此，从学术渊源来看，南宋新安理学的出现，是"其来有自"的。

　　南宋新安理学之崛起，又以汉文化重心南移为历史背景。自古以来，汉文化之中心在黄河流域。唐末及五代十国北方战乱频仍，中原大族纷纷南避，促进了南方汉文化的发展。新安地处皖南山区，"世乱则洞壑、溪山之险，亦足以自保，水、旱、兵戈所不能害，固宜其有强宗巨姓雄峙于其间"[②]。因此，自唐末及五代十国以后，迁入其地之中原大族尤多。中原大族入迁后，致该地区文化得到长足发展。诚如罗愿《新安志》说："黄巢之乱，中原衣冠避地保于此。后或去或留，俗益向文雅。宋兴则名臣辈出。"[③]靖康二年（1127年），汴京沦陷，宋室南渡，汉文化重心由黄河流域移至长江流域。[④]地处江南的新安，在前期文化发展基础上，更出

---

　　① 脱脱等：《宋史》卷427、卷428，中华书局1985年版。

　　②《重修古歙东门许氏宗谱》卷9《城东许氏重修族谱序》。

　　③（淳熙）《新安志》卷1《州郡·风俗》。

　　④ 张家驹：《两宋经济重心的南移》第3节，湖北人民出版社1957年版；余瑛：《宋代儒者地理分布的统计》，载《禹贡》半月刊第1卷第6期。

现"人物之多,文学之盛,称于天下"①的壮观景象。正是缘于汉文化重心逐渐南移的历史背景,南宋新安涌现了大规模的理学家群。从地理位置上看,朱熹所开创的新安理学,属于南方学术。它的兴起,改变了以往理学以北方"关、洛"称盛的局面。理学由关、洛而发展到新安,与唐宋经济、政治、文化重心之南移趋势一致。

此外,新安重儒的文化环境,以及历届地方政府对文教的推崇,也是新安理学崛起的重要原因之一。两宋时期,新安"业儒"与讲学之风极盛,文人学士代不乏人,其中"多长于谈经者",从而出现了一批较早的"新安理学名儒"。

南宋新安理学崛起后,形成了三大特色。

第一,学派以朱熹为中心,学术以朱子之学为宗旨。

综观南宋时期新安理学的主要代表人物,大致可分为两类:一是朱熹学生,且多为及门弟子。如程洵、吴昶、汪莘、程先、程永奇等,曾先后执经馆下,受学于朱熹,称得上是朱门嫡出。二是朱熹学术酬唱之友。因此,整个学派实际上以朱熹为核心人物。

南宋新安理学中师承朱熹的学生,完全以研习和传播朱熹学说为己任,具有终身不移尊奉朱子之学的信念。譬如程洵,初以诗文求教于朱熹,朱熹劝程洵着意于"古人之学",并亲自易程氏"道问学"斋名为"尊德性"。程洵入朱熹门下,于理学精研不已,著有《克庵尊德性斋集》10卷。据称,程洵任衡阳簿时,"士友云集,登其门者如出文公(朱熹)之门"②。可知,程氏学术深得其师真传。再如吴昶,在朱熹回婺源省墓时,"幡然悟俗学之陋,率先执经馆下",后又"徒步走寒泉精舍,就正所学,得文公心印",并且"终身守其师说,造诣愈深"③。无疑,吴昶也是朱氏的忠实信徒。还有程永奇,初从朱熹求学一年,临返,朱熹以"持敬

---

① (嘉庆)《休宁县志》卷1《风俗》。
② 程敏政:《新安文献志》卷69《程知录(洵)传》,弘治三年(1490年)刊本。
③ 程敏政:《新安文献志》卷69《友堂吴先生(昶)小传》,弘治三年(1490年)刊本。

明义"之说勉励。后程永奇临终时，对门人书一"敬"字而逝。①可见他们学术之循规蹈矩，不偏朱子学之心法。与朱熹为学术知己的程大昌、吴儆等人，虽未列朱氏门墙，然其理学思想与朱子之学具有共通之处。②因此，南宋新安理学出现以朱子学为宗旨的鲜明特征。

第二，既强调品格的修养，又推重躬行实践之处世，深得儒家积极入世的人生要旨。

宋儒讲心性，主张"养心""复性"。南宋新安理学家亦不例外，强调个人心性之修养。如程洞以"尊德性"为座右铭，程永奇奉"敬"为学问根柢，程大昌著有《中庸论》四篇，提出心性修养之终极目标及其方法。然而，与后世迂儒空谈性命义理不同，在提倡心性修养的同时，南宋新安理学家也主张积极入世，参政议政，将其学说付诸实践。《大学》所说之"诚意、正心、修身、齐家、治国、平天下"，在新安理学家看来，其中并无偏废。修身之目的，在于治国经世。钱穆先生说："当知宋学所重，外面看来，好像偏倾在私人的修养，其实他们目光所注，则在全人类、全社会。"③这个评语，对南宋新安理学家来说，最是贴切。

如新安理学"始祖"朱熹一生始终不曾放弃自己的社会责任，对朝廷吏治、经济、和战等事，都提出过积极建议。又如吴儆，历任明州鄞县尉、宣教郎等职。吴氏虽"穷居厄处，抱膝长吟，常以社稷安危为己任"④。汪莘，嘉定间屏居黄山，应诏"三扣天阍，论天变、人事、民穷、吏污之弊，行师布阵之法"⑤。可见，他们的目光所注，心意所及，并非只是心性义理，对社稷安危也是十分关心。在南宋新安理学家中，以程大昌官职最显。他不仅是学有造诣的新安理学先哲，也是一位深有影响的三朝经世名臣。南宋新安理学家已将儒家传统的积极入世的人生要旨，融会到自己的立身行事中。这是南宋新安理学的又一大特色。

① (嘉庆)《休宁县志》卷12《人物》。
② 周晓光：《论新安理学家程大昌》，载《安徽师大学报》(自然科学版)1994年第3期。
③ 钱穆：《宋明理学概述》，台湾学生书局1977年版。
④ 程敏政：《新安文献志》卷69《吴儆行状》，弘治三年(1490年)刊本。
⑤ 程敏政：《新安文献志》卷87《汪居士(莘)传》，弘治三年(1490年)刊本。

第三，南宋新安理学家深受佛教影响，又将排佛作为己任。这种现象，在宋代理学家中普遍存在，而以新安理学尤为突出。

南宋新安理学家深受佛教影响，这一点当无疑义。譬如朱熹与园悟、藻光等人往来密切①，汪莘"韬钤之书、释老之典，靡不究习"②，等等。不过，新安理学家在其立身行事中极力攘斥佛教，这也是事实。《宋史·朱熹传》载：朱氏"主泉州同安簿，选邑秀民充弟子员，日与讲说圣贤修己治人之道，禁女妇之为僧"。他在上孝宗书中，称老子、释氏之书"虚无寂灭，非所以贯本末而立大中"③，认为佛老"不足事"④，排佛可谓不遗余力。程大昌自称一生不与"缁黄方技之士"⑤打交道。淳熙二年（1175年），程氏再次入朝为官，首章即反对六和塔寺僧以镇潮为功，免除科徭。其于佛门之态度，可见一斑。

因新安理学家之排佛，佛道在新安一直不得势。后人编纂《岩镇志草》曰："吾里于二氏无大经营。"⑥这说明新安儒风醇厚，佛道之教在此难以弘扬。

（二）宋元之交与元代:新安理学的发展及其特点

宋元之交及有元之世，朱子学及其面临的环境，已迥然异乎前代。因此，以固守朱子学为宗旨的新安理学，也与其早期有着明显的不同。根据它的时代特点，我们将宋元之交及有元一代，视为新安理学发展的第二时期。此期代表人物有：程若庸（字达原，号勿斋，休宁人）、吴锡畴（字元范，号兰皋子，休宁人）、许月卿（字太空，号泉田子，婺源人）、胡允（字方平，号潜斋，婺源人）、胡一桂（字庭芳，号双湖，婺源人）、黄智孙（字常甫，学者称草窗先生，休宁人）、程逢午（字信叔，休宁人）、陈

---

① （雍正）《崇安县志》卷8《释》。

② 程敏政：《新安文献志》卷87《汪居士（莘）传》，弘治三年（1490年）刊本。

③ 脱脱等：《宋史》卷429《朱熹传》，中华书局1985年版。

④ 程敏政：《新安文献志》卷69《滕公璘墓志铭》，弘治三年（1490年）刊本。

⑤ 程大昌：《考古编·序》，丛书集成初编本。

⑥ 佘华瑞：《岩镇志草·发凡》，雍正十二年（1734年）刊本。

栎（字寿翁，学者称定宇先生，休宁人）、胡炳文（字仲虎，学者称云峰先生，婺源人）、程复心（字子见，号林隐，婺源人）、倪士毅（字仲弘，人称道川先生，休宁人）等。

综合考察元代新安理学情况，可以发现几方面的新气象：首先，新安理学家（尤其是中、小理学家）关于理学的探讨，已经从一般论题的泛泛而谈，深入到具体范畴的阐释和考辨。这一研究方向和方法论的转变，标志着新安理学的深化与发展。其次，有一定建树和影响的新安理学家大规模涌现。清初赵吉士在《寄园寄所寄》中列举的15位最著名的新安理学家中，这一时期就占了6位。最后，大量理学普及读物出现。它意味着新安理学家已努力将理学从学术界推向社会领域。上述情况充分表明了新安理学在元代的长足发展。

元代新安理学有其时代特色。

在学术方面：维护朱子学的纯洁性，将排斥"异论"、发明朱子学本旨作为学术研究的重心。

元代新安理学出现这一学术特色的原因，同入元之后朱子学在全国范围内的发展趋向有关。元代理学发展有两大趋向：一是因为朱子学被定为科举程式，所以士人大多将它视为获取功名的敲门砖。他们死抱着一字一义的说教，以注疏集注为学问之大端，而其中真正学有心得者，则寥寥无几。二是朱学的传人，基于各自的学识、经历等，各持一端，以致"异论"纷出，乱朱子学本旨。其时朱门状况诚如程敏政（篁墩）所称："再传能不失真者，则已寡矣！"①针对这种情况，号为朱门嫡传的新安理学便形成了以维护朱子学纯洁性为研究工作重心的学术特色。

新安理学家如何维护朱子学的纯洁性呢？他们着重做了两方面的工作：首先，凡诸儒之说，有悖于朱子学者，或订正其偏误，或者干脆刊而去之。陈定宇的《四书发明》《书传纂疏》《三传集注》，便是此类著作。胡云峰的《四书通》则专门为纠正馀干饶鲁之学而作。这些著作风格泼

---

① 程曈：《新安学系录》卷15《陈定宇遗事》，康熙三十五年（1696年）绿荫园重修本。

辣，直抵时人谬误，取舍之间，惟以朱子学为归。此外，还有吴师道（字正传，婺源人）"务在发挥义理，而以辟异端为先务"[①]；程复心《纂释》等书"辨证同异，增损详略"[②]；等等。元代新安理学家极力抵排诸儒"异说"，以此作为维护朱子学纯洁性之一翼。其次，凡朱子学中的微词隐义，引而申之。其所未备者，补而益之。新安理学家力求朱子学正确阐发，令诸家"异说"不攻自破，从而在另一翼维护朱子学的纯洁性。就师承来看，此期新安理学家大多是朱熹的再传、三传或四传弟子，因而其学术与朱子学渊源极深。他们终生潜心探索，务在得朱学之正。如程定宇于"朱子《四书》，则贯穿出入，尤所用意"[③]，所著书"补先儒未补之阙"[④]，号为"朱子世适"[⑤]。胡云峰于朱子学本旨有极多发挥，元代理学大师吴澄称其"有功朱子，炳文居多"[⑥]。就胡氏《四书通》《易本义通释》等书来看，吴澄所誉，当不为过。陈、胡二氏是向"异说"挑战的急先锋，同时又是发明朱子学本旨的功臣。其他如程逢午、程复心、汪古逸、程荣秀等，于朱子学亦有发明。

在政治方面：顽强抵抗元政府的征召与聘请，于科举功名，不屑一顾。这种政治不合作倾向与南宋新安学家积极入世的态度，形成了强烈的对照。

黄宗羲在《宋元学案》中称："新安之学，自山屋（许月卿）一变而为风节。"[⑦]换言之，从南宋朱熹等人积极入世，转变为元代新安学者尚"风节"而不求仕进，其中以许月卿为关键人物。许氏是南宋淳祐甲辰（1244年）进士，曾任南宋濠州司户参军、临安府学教授等职。后元军下

---

① 宋濂等：《元史》卷190《吴师道传》，中华书局1976年版。

② 程瞳：《新安学系录》卷12《荐状》，康熙三十五年（1696年）绿荫园重修本。

③ 程瞳：《新安学系录》卷12《陈定宇行状略》，康熙三十五年（1696年）绿荫园重修本。

④ 程瞳：《新安学系录》卷12《赞》，康熙三十五年（1696年）绿荫园重修本。

⑤ 程瞳：《新安学系录》卷12《陈定宇遗事》，康熙三十五年（1696年）绿荫园重修本。

⑥ 程瞳：《新安学系录》卷12《胡云峰遗事》，康熙三十五年（1696年）绿荫园重修本。

⑦ 黄宗羲原著、全祖望补修：《宋元学案》卷89《介轩学案》，中华书局1986年版。

新安，月卿"深居一室……不言五年而卒"①。时人称他"以文章气节闻天下"②。

许氏之后，新安理学家尚"风节"而不仕元朝者，不乏其人。如许山屋门生江恺（字伯几，号雪矼，婺源人）"誓不仕元"③。胡双湖（一桂）自称："我之为我，亦无复有志于斯世矣。"④早年的一腔锐气，自宋亡后，已是消散殆尽。其时新安理学之中坚陈定宇"居万山间，与木石为伍，不出门户，动数十年"。延祐、宝兴年间，有司强迫他就试，而定宇"称疾固辞"⑤，终不肯失节于元朝。当时，几乎所有新安理学的重要人物，如程复心、程苟轩等，都对元政府持冷漠态度，隐居不仕，以"风节"自重。这种崇尚"气节"的政治态度贯穿于新安理学家的学术思想中，形成了此期新安理学学派的又一个重要特点。

在教育方面：新安理学家虽在政治上自甘寂寞，而在学术上则始终不放弃讲学授徒，传播朱子学，在新安出现了朱子学的鼎盛时代。

其时，程若庸、许月卿、黄智孙等均"累主师席"，"日与门生弟子讲明正学"，培养了一批新安理学后起之秀。在讲学过程中，元代新安理学家对朱熹著作注疏集释，以帮助从学之士入朱子学门槛，探索朱熹学说之本旨。如程若庸的《性理字训讲义》，对朱子学中的性命、义理等范畴共百八十三条，四字一句，作了简洁明了的归纳。胡方平的《易本义启蒙通释》，专为学者读朱熹《易本义》而作。胡一桂又继承其父之志，作《易本义附录纂疏》。⑥程复心根据朱熹《四书章句》成《四书章图》，使"有志求道之士，按图索义，若网在纲，有条不紊，如衣挈领，要褶自齐"⑦。

① 程瞳：《新安学系录》卷9《许山屋行状》，康熙三十五年（1696年）绿荫园重修本。
② 程瞳：《新安学系录》卷9《许山屋遗事》，康熙三十五年（1696年）绿荫园重修本。
③ 程瞳：《新安学系录》卷10《江雪矼》，康熙三十五年（1696年）绿荫园重修本。
④ 程瞳：《新安学系录》卷11《胡双湖遗事》，康熙三十五年（1696年）绿荫园重修本。
⑤ 程敏政：《新安文献志》卷71《定宇陈先生（栎）墓志铭》，弘治三年（1490年）刊本。
⑥ 参见程瞳：《新安学系录》卷11《胡双湖传》，康熙三十五年（1696年）绿荫园重修本。
⑦ 程瞳：《新安学系录》卷12《程林隐遗事》，康熙三十五年（1696年）绿荫园重修本。

几乎所有的朱熹重要著作,新安理学家都作过注释。这类朱子学辅助读物的出现,有助于朱熹学说的传播,于新安理学人才之郁兴,起着重要作用。

(三)元明之际与明代:新安理学之盛而复衰

关于这一时期新安理学的状况,我们分两个阶段考察。前期(元明之际与明初),以朱升、郑玉、赵汸等为代表的新安理学家,不满足于一味墨守门户,认为元代理学家死抱师门成说,层次太低,不利于发扬光大朱子学,遂提出求"真知"、求"本领"、求"实理"的治经主张,即要求真正明白朱子学真谛,而不是人云亦云,附声唱和。由此新安理学中出现朱升"旁注诸经"发明朱子学,郑玉、赵汸"和会朱陆"弘扬本门宗旨的不同学术风格。该阶段是新安理学学派走向衰落前的"回光返照"时期。后期(明代中后期),"王(阳明)学"铺天盖地而来,新安理学出现分化:一部分人(如程文德、潘士藻等)背离了本门宗旨,滑向王学阵营。另一部分人(如程曈等)则返归元代新安理学家力辟"邪说"之旧路,拼力抗拒王学,终因层次太低而无所建树。由此而致明中后期的新安理学萎靡不振。明代新安理学两个发展阶段之分期大致在正德(1506—1521年)年间。

前期(元明之际与明初)——求"真知"指导思想之提出及其实践。

针对元代学者研习朱子学积弊,元明之交的新安理学名儒朱升率先提出求"真知"之说。朱氏曰:"濂洛既兴,考亭(朱熹)继作,而道学大明于世。然后学者往往循途守辙,不复致思其已明者,既不求其真知,而未明者遂谓卒不可知。"[①]这就是说,周敦颐、二程倡明理学之后,朱熹集其大成,"圣人之道"因而得以大明于世。但后代学者却循着朱子学的成说,不再探究如何会有此"成说"。如此知其然而不知其所以然,并不是"真知",亦即并没有真正领悟朱子学的真谛。由此,对朱子学中"未明"

---

① 程曈:《新安学系录》卷14《朱学士传》,康熙三十五年(1696年)绿荫园重修本。又见程敏政:《新安文献志》卷76《朱学士升传》,弘治三年(1490年)刊本。

的道理，也无从知晓。其结果是"圣学名明而实晦"①。这里，朱升提出的求"真知"主张，显然与元代学者"未有发明，先立成说"的观点不同。他希望能明源察始，表达了摆脱盲从的愿望，具有比较清醒的意识。郑玉对当时"未知本领所在，先立异同"的学术界状况，也是大为不满。他说："宗朱则毁陆，党陆则非朱，此等皆是学术风俗之坏。"在尚未真正领悟理学"本领"之先，却宗朱宗陆，立门户之见，"殊非好气象也"②。郑氏反对"先立异同"，实质就是反对盲从，希望通过独立思考，探求理学真谛。这与朱升的"真知"主张，辞异而意同。赵汸也提出了读书必须"一切以实理求之，反而验之于己，非有以信其必然不已"③。并且认为，仅仅"辨析文义，纂辑群言，即为朱子之学"④，不过是学术末流而已。赵氏之见，即要求摆脱盲目迷信之学术指导思想，跳出"推究文义"的末流功夫，代之以探求"实理"，从而达到知其所以然的目的。

朱升"真知"之说，郑玉"本领"主张，以及赵汸"实理"之见的提出，表明新安理学的为学指导思想已发生变化。它同元代新安理学家一味在低层次上解析文义相比，无疑要高出一筹，对学派以后的发展起着极其重要的作用。在新的治经思想指导下，元末明初三大家的学术实践活动分别循着两条途径进行。

第一条途径是朱升"旁注诸经"之路。

朱升字允升，号枫林，休宁人。朱升曾受学于新安理学大师陈栎，前后二十余年，"谊莫厚焉"⑤，深得陈氏器重。至正三年（1343年），朱升与赵汸联袂西行，在资中黄楚望门下游学一年，第二年春回乡后，即讲学于郡城紫阳祠，并逐渐丰富自己的学术思想，形成三大学术特色。其一，在经注方法上改革先儒积弊，开创了以"旁注诸经"为主、"栏上表注"

---

① 程曈：《新安学系录》卷14《朱学士传》，康熙三十五年（1696年）绿荫园重修本。又见程敏政：《新安文献志》卷76《朱学士升传》，弘治三年（1490年）刊本。

② 黄宗羲原著、全祖望补修：《宋元学案》卷94《师山学案》，中华书局1986年版。

③ 程曈：《新安学系录》卷15《赵东山行状》，康熙三十五年（1696年）绿荫园重修本。

④ 程曈：《新安学系录》卷15《赵东山行状》，康熙三十五年（1696年）绿荫园重修本。

⑤ 朱升：《朱枫林集》卷6《勤有堂记》，黄山书社1992年版。

为辅的经注新法。朱升在《易经旁注前图序》中说:"愚自中年以经书授徒教子,每于本文之旁,着字以明其意义,其有不相连属者,则益之于两旁之间。苟有不明不尽者,又益之于本行之外。学者读本文而览旁注,不见其意义之不足也。"①这种旁注诸经的方法,既保存传注,又未断裂经文,避免了经文"血脉不通、首尾不应"②和后世学者混诵经、传的弊端。其二,在求"真知"的旗帜下,朱升的经注内容融会了诸家之说。譬如他的《大学》《中庸》旁注,大多"取诸先儒经解"③,《论语》《孟子》旁注也是"融合"了先儒的看法。④因此,明初名儒陶安(主敬)对朱升学术有"网罗百家,驰骋千古"⑤的评语。不过,朱氏于先儒之说,非一味承袭,而有自己独到的看法。他的《大学》《中庸》旁注,"辞语"并不纯用先儒原文,"意义"亦屡有不能苟同者。⑥旁注《论语》《孟子》时,凡遇到"不类、不妥者,则必再三玩索体认,以求真是之归"⑦。朱升的经注内容有不少"一得之愚闻见"⑧,是朱氏自家体贴出来的。如关于智、仁、勇之用,至诚不二不息之分,尊德性、道问学之说等,其内容与诸家之说已相去甚远,形成了一家之见。从总的倾向来看,朱升的学术观点仍然属于朱子学一路。用朱同的话来说,是"议论折衷,一归于正"。⑨其三,注重教学。朱升提出了"归趣乎孔孟之教,究极乎濂洛之说"⑩的教学宗旨,认为教学内容有主次、本末之分。所谓"主"与"本",即六经之学,"次"与"末"则是笔札与诗文之类。教学首先应顾及本,然后"休日则

---

① 朱升:《朱枫林集》卷3《易经旁注前图序》,黄山书社1992年版。
② 朱升:《朱枫林集》卷3《大学中庸旁注序》,黄山书社1992年版。
③ 朱升:《朱枫林集》卷3《大学中庸旁注序》,黄山书社1992年版。
④ 朱升:《朱枫林集》卷3《论语孟子旁注序》,黄山书社1992年版。
⑤ 朱升:《朱枫林集》卷1《翰林院侍讲学士朱升诰》,黄山书社1992年版。
⑥ 朱升:《朱枫林集》卷3《大学中庸旁注序》,黄山书社1992年版。
⑦ 朱升:《朱枫林集》卷3《论语孟子旁注序》,黄山书社1992年版。
⑧ 朱升:《朱枫林集》卷3《跋中庸旁注后》,黄山书社1992年版。
⑨ 朱同:《覆瓿集》卷7《生日祭先考文》,四库全书本。
⑩ 朱升:《朱枫林集》卷4《小四书序》,黄山书社1992年版。

事笔札而考苍雅；余力则记名数而诵诗文"①。朱氏还主张教学过程应循序渐进，尤其要重视史学知识的传授。朱升将他的教学思想贯彻到他的教学与学术活动之中，取得了明显的效果。在他的门下，新一代新安理学家脱颖而出，因此有新安理学"历元明而其传弥广"的传薪不绝的气象。

第二条途径是郑玉、赵汸"和会朱陆"之路。

郑玉字子美，号师山，歙县人。早年沉潜《六经》，尤精《春秋》，学者从之如云。曾筑师山书院，集诸朋游，讨论《春秋》笔削之旨，并为之注释，著有《春秋经传阙疑》一书。至正十四年（1354年），元政府授郑玉翰林待制、奉议大夫，郑玉称疾坚辞不起，居家日以著述为事。至正十八年（1358年），朱元璋大军下徽州，郑玉因不事二姓，自缢而死。

郑玉之学，为慈湖四传，象山五传，融堂三传，吴墩、夏溥之弟子。其学术成就，在当时已为世人所称道，被誉为"卓然能自为一家之言"②。郑玉的学术思想主要体现在四个方面：（1）系统地阐述了"和会朱陆"的观点。郑玉认为，朱、陆两个人因气质不同而导致其学问功夫有明显的差异。不过，两个人学说"同是尧舜，同非桀纣，同尊周孔，同排佛老，同以天理为公，同以人欲为私，大本达道，无有不同者乎"！郑玉还指出朱、陆两家学说"各不能无弊"。陆学之弊在谈空说妙而无致知功夫，朱学之弊在支离泛滥而不能收"力行之效"。所以，郑氏主张两家唯有摒弃门户之见，才可以避免各自的不足。他受陆学"心本论"的影响，欣赏"理以心觉"的观点，即用心去体验、获取"天理"③。他的思想许多方面深得陆学遗风。同时，郑玉也接受了朱学笃实致知的功夫，主张读书尊经，将《六经》视作载道之具，而不同意陆象山的"《六经》注我"之说。就郑氏的学说来看，他是一位典型的"和会朱陆"的学者。（2）明确地提出了"右朱"的学术宗旨。从郑玉的师承来看，当属陆学。④但郑

---

① 朱升：《朱枫林集》卷4《小四书序》，黄山书社1992年版。

② 郑玉：《师山集》卷首《婺源程文以原序》，四库全书本。

③ 郑玉：《师山集》卷7《洪本一先生墓志铭》，四库全书本。

④ 黄宗羲原著、全祖望补修：《宋元学案》卷94《师山学案》，中华书局1986年版。

氏治经,以求"本领"为指导思想,"潜心圣贤之书……进退俯仰,一随其节"①,没有墨守师教。相反,在"和会朱陆"中他明确地提出了"学者自当学朱子之学"的"右朱"学术宗旨。②他在《洪本一先生墓志铭》中,标榜自己读的是朱子之书,求的是朱子之道。郑玉治《易》,所本的是《程朱传义》③;治《礼》,所宗的是《朱子师友仪礼通解》。④他特别推崇朱熹"尽取群贤之书,析其异同,归之至当,言无不契,道无不合,号集大成,功与孟子同科矣"⑤。因此,清代著名学者全祖望说:"继草庐(吴澄)而和会朱、陆之学者,郑师山也。草庐多右陆,而师山则右朱。"⑥这指明了郑玉学说倾向朱熹的特征。(3)以"伦理纲常"学说为学术思想的核心。郑玉伦理纲常学说的出发点是"明正道,扶世教",也就是要确立封建的道德标准,以之规范社会不同阶层的人。郑氏所谓的道德标准就是"三纲五常"。他认为,"纲常"是"国家之本"⑦,只有确立了"三纲五常"的道德标准,才能"维持世教,扶植人心",达到王朝长治久安的目的。(4)以发明《春秋》为学术研究的突破点。郑玉认为《春秋》是体道治世的大典,所以他对《春秋》用力最深。他的《春秋经传阙疑》一书在明清理学界,被公认是郑氏学术的代表作。郑玉发明《春秋》有两大特征:一是经、传并重;二是博采诸儒之说,形成一家之言。总之,郑玉的"和会朱陆"思想是元末明初理学界"和会朱陆"思潮的组成部分。他"右朱"的学术倾向,既发扬光大了新安理学宗旨,且于学派振兴,贡献极大。

元末明初新安理学中,郑玉"和会朱陆"并不是孑孑独行者。与他同道的,还有另一位大家赵汸。赵汸,字子常,学者称东山先生。休宁龙源

---

① 郑玉:《师山遗文》卷3《与汪真卿书》,四库全书本。

② 郑玉:《师山遗文》卷3《与汪真卿书》,四库全书本。

③ 郑玉:《师山集》卷3《周易大传附注序》,四库全书本。

④ 郑玉:《师山遗文》附录《师山先生郑公行状》,四库全书本。

⑤ 郑玉:《师山遗文》卷3《与汪真卿书》,四库全书本。

⑥ 黄宗羲原著、全祖望补修:《宋元学案》卷94《师山学案》,中华书局1986年版。

⑦ 郑玉:《师山遗文》卷3《为丞相乞立文天祥庙表》,四库全书本。

人。赵氏于朱陆两家学说用力很深，这在他的《私试策问》和《对问江右六君子策》中可以窥知。虞集认为："子常生朱子之乡而得陆氏之说，于二家所以成己教人，反复究竟明白。盖素用力于斯事者，非缀缉傅会之比也。"[①]这就是说，赵汸在"和会朱陆"中，对两家学说并非简单地折中、拼合，而是将其精髓糅合在一起了。

赵汸主张"澄心默坐，涵养本源，以为致思之地"，而后"凡所得于师之指及文字奥义有未通者，必用向上工夫以求之"[②]，深受陆学遗风的影响。但在"和会朱陆"中，赵汸与郑玉一样，也是属于"右朱"一派。朱熹曾说过："穷理之要，必在于读书。"赵汸接受了朱学笃实致知的功夫，也主张尊经读书。他认为："古之圣人亦必由学而至。而学者之功，必可至于圣人。"[③]而"澄心默坐"，只不过是贯通"文字奥义"的辅助功夫，全不受陆学鄙视读书风气的影响。凡有疑问，"质诸师而不得者，卒求之程朱遗言而有见焉"[④]。由此可知，赵汸仍然是以程朱之教为归，只不过避免了朱子之学中支离的短处，而吸收陆学精于"默思"的长处。当时，黄文正公高足袁诚夫在其师卒后，辑师说为《四书日录》，"旨意与朱子多殊"[⑤]。赵汸为之商订，"别是非数万言"，袁氏心服。这也足以说明赵汸"右朱"的学术倾向。

总之，元明之际及明初新安理学三大家都是通过不同途径发扬光大了新安理学的宗旨——朱子学。该阶段是新安理学发展过程中学术思想最为丰富多彩的时期之一。

后期（明代中后叶）——新安理学的分化和萎缩。

明初理学，尊崇程朱学派。中叶以后，"王学"兴起，"门徒遍天下，流传逾百年"[⑥]，在理学界产生了深远的影响。受此潮流冲荡，这一阶段

---

① 程曈：《新安学系录》卷15《赵东山行状》，康熙三十五年(1696年)绿荫园重修本。
② 程曈：《新安学系录》卷15《赵东山行状》，康熙三十五年(1696年)绿荫园重修本。
③ 程曈：《新安学系录》卷15《赵东山行状》，康熙三十五年(1696年)绿荫园重修本。
④ 程敏政：《新安文献志》卷72《东山赵先生(汸)行状》，弘治三年(1490年)刊本。
⑤ 程曈：《新安学系录》卷15《赵东山行状》，康熙三十五年(1696年)绿荫园重修本。
⑥ 张廷玉等：《明史》卷282《儒林传》，中华书局1974年版。

的新安理学出现了分化:

一部分人受"王学"影响,背离了新安理学固守朱子学的宗旨,滑向王学阵营。这部分人以嘉靖时人程文德和万历时人潘士藻为代表。程文德,字舜敷,号松溪,婺源人。其代表作有《论学书》,提倡"以真心为学之要"①。潘士藻,字去华,号雪松,婺源人,著有《闇然堂日录》,讲究"默识二字,终身味之不尽"②。程氏和潘氏分别师从王阳明高足王畿和王艮。就程、潘二人的学术倾向看,已深得其师学术要旨。新安理学的宗旨朱子学与陆王学说虽未成水火,实则还是两途。因此,程文德、潘士藻入王学愈深,离朱子学愈远。这部分分化出去的学者,已无力光大新安理学学派。

留在新安理学阵营中的理学家以程曈为代表。程曈,字启曈,号莪山,休宁人,生活在明正(德)、嘉(靖)年间。在当时王学盛行的情况下,程氏撇开明初新安理学诸儒的治学指导思想,直接上承元代新安理学家力排异见的作风。他抱定朱门注重读书的传统,认为"道"存在于《易》《诗》《书》《礼》《乐》《春秋》和孔孟之书中,因此若要探究其中"精微曲折",必须从典籍入手。这些议论,实际上是针对"饱食安坐,无所猷为,忽然知之,兀然得之"的陆学功夫而发。方志称,"正嘉之际,禅陆盛行",程氏能够"独立狂澜,觚排攘斥,崇正道,辟邪说"③,抱守新安理学的宗旨朱子学。《江南通志》称程氏《新安学系录》一书"与朱子合者存,背者去"④。他的《闲辟录》专集朱熹文集中辩证"异学"的语录,用以排斥陆王学说。《四库》馆臣称:此书"门户之见太深,词气之间,激烈已甚"⑤。程曈这种大刀阔斧式的治学方法,虽然达到固守朱子学的目的,于义理之学则无大建树。较之明初诸儒,则逊色不少。

综观明中后期的新安理学家,或限于识见而无所建树,或旁依他派而

---

① 黄宗羲:《明儒学案》卷14《浙中王门学案》,中华书局1985年版。

② 黄宗羲:《明儒学案》卷35《泰州学案》,中华书局1985年版。

③ (嘉庆)《休宁县志》卷12《人物》。

④ 赵弘恩、黄之隽等:(乾隆)《江南通志》卷164《儒林传》,四库全书本。

⑤ 永瑢等:《四库全书总目》卷96《子部·儒家类·存目二》,中华书局1965年版。

背离了本门宗旨。其他如谢复（字一阳，号西山，祁门人）①、洪垣（字峻之，号觉山，婺源人）②、金声（字正希，号赤壁，休宁人）③等人，虽以理学名世，但未形成有鲜明个性的学术，于学派振兴，也无功可言。至此新安理学已是阵容萎缩，呈现凋谢零落的衰败景象。

(四)清中叶:新安理学的终结

新安理学的终结，以休宁人戴震开创的"皖派经学"确立为标志。从新安理学到皖派经学的转变，大致有两方面的原因。

首先，明中后期新安理学内部人才凋零，阵容萎缩，已显示了该派终结的先兆。面对朱子学作为正宗哲学地位的动摇，新安学派中缺乏起衰振微的理学大家光大朱子学。新安理学对朱子学的阐发，已到了山穷水尽的地步。除了着意于笔墨官司，一味排斥"异说"之外，已不能平心静气探求义理之旨。这是以固守朱子学为宗旨的新安理学终结的内因。

其次，清初整个学术界学术风气的转移，是皖派经学取代新安理学的外因。经过明末清初"天崩地坼"的动乱后，人们深感宋明儒学空谈义理风气的误害。学者治经，大多不务空谈而注重考核，学术界出现了"汉学"替代"宋学"的潮流。新安地方学术思想由新安理学转变为皖派经学，正处在这一潮流中。我们从戴震学说及其所开创学派的特色来看，新安地方学派学术主题的变更，与清初整个学术界学风的转移，关系密切。

上述两点，是新安理学向皖派经学转变的主要原因。新安这两种学术的嬗递，以江永、程瑶田为过渡人物。

江永，字慎修，婺源江湾人，早年精心于《十三经注疏》，尤工《三礼》。他的早期作品《礼经纲目》为继朱熹《仪礼经传通释》而作，凡88卷，史官称之"引据诸书，厘正发明，实足终朱子未竟之绪"④。由此可

---

① 黄宗羲:《明儒学案》卷2《崇仁学案》,中华书局1985年版。
② 黄宗羲:《明儒学案》卷39《甘泉学案三》,中华书局1985年版。
③ 黄宗羲:《明儒学案》卷57《诸儒学案下》,中华书局1985年版。
④ 赵尔巽:《清史稿》卷481《江永传》,中华书局1977年版。

知，江永一如新安理学的先辈，为完善、光大朱子学而效力。他在半生已过的62岁时，专门费心为理学要籍《近思录》集注，成《近思录集注》14卷。从中可见，江永的学术上承新安理学的余绪。同时，江永的学术风格，较之新安理学诸儒，又有注重考据、不务空谈的特点。戴震推重江永在训诂学上的贡献，自汉经师康成后"罕其俦匹"①。江藩以为此论"非溢美之辞"②。江永的研究范围，涉及推步、钟律、音声、文字之学。这是后来皖派经学家的主要研究课题，而新安理学先儒则很少注目于此。因此，后人视江永为皖派经学的"开宗"。其实，从江永一生来看，他正处于新安理学向皖派经学的转变过程中。在他身上，既有新安理学的烙印，又有皖派经学的萌芽。

程瑶田，字易田，又字易畴、亦田，歙县人，曾与休宁戴震俱学于江永。在江氏门中，瑶田的学术与影响并非拔萃。但若论对江氏学术风格的承继，则无出瑶田之右者。瑶田与其师一样，游移于新安理学与皖派经学之间。他既精研训诂、制度、名物、声律，戴震自称尚"逊其密"③。同时，他于义理、象数等也是"无所不赅"④，并且不出朱子学家法，兼有新安理学和皖派经学两种不同的学术风格。

江、程之后，戴震在研究经学中独开生面，创立了"皖派经学"。它标志着新安理学的最后终结。

为什么要将戴氏"开宗"的皖派经学视为新安理学终结的标志呢？这是因为：（1）戴震的学说彻底否定了新安理学的宗旨朱子之学。戴氏在17岁时就"有志闻道"，一生著有多部专谈性、命、义、理的书，如《孟子字义疏证》《原善》《读孟子论性》等。他在本体论、道德论、人性论等方面，都提出了与朱子学锋芒相对的观点。戴震关于朱熹学说指名道姓的抨击，不像江永等人游移于新安理学与皖派经学之间，而是明显地表现出两

---

① 戴震：《戴震文集》卷12《江慎修先生事略状》，中华书局1980年版。

② 江藩：《国朝汉学师承记》卷5《江永》，中华书局1983年版。

③ 戴震：《戴震文集》卷3《再与卢侍讲书》，中华书局1980年版。

④ 支伟成：《清代朴学大师列传》第6《程瑶田》，岳麓书社1986年版。

种不同学术之间质的区别。(2)戴震将新安学术风气,从空谈义理导向侧重于考据。戴氏认为:"经之至者,道也;所以明道者,其词也;所以成词者,字也。"这就是说,阐述义理须从字义入手,"由字以通其词,由词以通其道"①。他以"小学"为读书之始,推重"韵书"与"字书"的作用。这种以"小学"为基础,从音韵训诂、字义名物、典章制度等方面阐述经典大义的治学方法,与新安理学空谈义理的学风,大相径庭。由此,在戴震身上可以看出新安理学与皖派经学的明显界限。(3)戴震培养了一批以"求是"为宗旨、以考据为学术特色的新安经学家。近人支伟成称:"自戴震崛起安徽,皖派经师,头角崭露。"②新安众多经学名家,如金榜、洪榜、汪龙等,都是戴震的及门弟子或私淑。戴氏之后,新安学者大多致力于考据,而义理之学则少有问津者。

总之,皖派经学问世后,经历宋元明三朝的朱子学已被彻底否定;传统的空谈义理之风,为侧重于考据实证的方法所替代;新安学者大多致力于音韵训诂、天文地理、典章制度的研究,形成了皖派经学。从新安理学到皖派经学的转变中,戴震则是一个划时代的人物。

考察新安理学历经宋元明清四朝的源流,我们可以知道,新安学术思想近700年的演变过程,正是12世纪以后中国哲学史和学术思想史的缩写。

二、试论北宋及两宋之交的徽州理学思潮

徽州在南宋之后,素称"理学之邦"。朱熹所开创的新安理学流派,对12世纪以后中国哲学和学术思想的发展,以及明清时期的徽州社会产生了重大影响。③徽州方志记载:"自宋元来,理学阐明,道系相传,如世次

---

① 戴震:《戴震文集》卷9《与是仲明论学书》,中华书局1980年版。
② 支伟成:《清代朴学大师列传》卷6《叙目》,岳麓书社1986年版。
③ 参见周晓光:《新安理学》,安徽人民出版社2005年版。

可缀。"①徽州之理学，既有名家辈出的规模，更有传承有序的学脉。而在考察徽州理学何以兴起问题时，以往文献记载与学界描述，多以朱熹为源头。明弘治《徽州府志》和清乾隆《绩溪县志》均谓："自朱子而后，为士者多明义理之学，称为'东南邹鲁'。"②光绪《婺源县志》更明确指出："自唐宋以来，卓行炳文，固不乏人，然未有以理学鸣于世者。至朱子得河洛之心传，以居敬穷理启迪乡人，由是学士争自濯磨，以冀闻道"③，以朱熹为徽州理学的首倡者。学界在梳理徽州理学谱系时，一般也多从朱熹说起。由此导致了有关徽州学术史的一个认识误区，即徽州理学始于南宋、源自朱熹。通过对史料的爬梳，笔者认为，作为朱子学重要流派之一的"新安理学"固然源自朱熹，但徽州理学源头在北宋时即已出现。此处主要考察徽州理学在北宋及两宋之交时的情形，一则正本清源，重塑徽州理学之谱系，二来也是探求新安理学学派形成的本土诱因。

（一）北宋及两宋之交徽州理学的传播

理学最早何时传入徽州，尚不见确切记载。根据徽州文献考索，北宋时当已有徽州学者开始接触理学。天禧二年（1018年），向敏中撰《闵氏尊圣阁记》，文中曰：

> 歙西地之佳胜者，有岩寺镇；据镇中之尤胜者，则有尊圣阁，为闵氏贮书处，故名尊圣。岿然屹立于岩溪，高薄云霄。黄罗、黄山诸峰，如屏如障，如阁如楼，龙马诸形，映带左右。南山紫极宫对峙。阁旁建石塔一座，以象文笔峰，与东鲁轩、闾闾堂相为特立。乃镇之隐士闵景芬先生所创，贮书万卷余，日夕与子弟侄辈及从游者讲明奥理，不就征辟，专志于理学。远近学者咸宗之。阁成二十稔，先生遗世。又十稔，从子惟庆始以其学登第，官拜屯田员外，以清慎见重于

---

① （康熙）《祁门县志》卷1《风俗》，康熙二十二年（1683年）刊本。

② （弘治）《徽州府志》卷1《地理一·风俗》，上海古籍书店1982年"天一阁藏明代方志选刊"；（乾隆）《绩溪县志》卷1《方舆志·风俗》，乾隆二十一年（1756年）刊本。

③ （光绪）《婺源县志》卷3《疆域志·风俗》，光绪九年（1883年）刊本。

时，实予榜中之翘楚者。虑先生之德弗彰，而向未有记之者，乃请于予。

窃谓圣道不传，异端得肆，邪说得以欺世，理学不明，后进从事辞章以干时，苟趋功利，而于圣贤传道之要，不复有明之者。汉、唐盛时，表彰者惟仅数人；迨至五季扰攘之际，干戈糜烂，斯道遂晦。天启我宋，太祖、太宗皆以天纵之圣，以斯道为己任，作兴人才，五星聚奎，以彰文明之治。化行天下，风俗移易，诗书礼乐，比隆三代。先生值兹景运，高蹈林泉，以明经为事，建阁贮书，而以尊圣为名，其志可尚也已。①

这是一篇有关徽州理学史的重要文献。尽管关于闵景芬之行实，包括收录该文的《岩镇志草》在内的徽州文献未见记载，但从向敏中的《闵氏尊圣阁记》中，我们还是可以得到一个明确的重要信息，即早在北宋天禧年之前，徽州已有学者在探究并传播"理学"②。据"远近学者咸宗之"一语推测，徽州当有一批士子正热衷于此学。其时，北宋理学思潮刚刚兴起，理学体系尚未成形，被后世尊为宋代理学真正奠基人的周敦颐（1017—1073年）和张载（1020—1077年）或刚满周岁，或还未出生，因此闵景芬"专志于理学"，其实是追踪了北宋理学初起时的学风，讲究"圣贤传道之要"。这条史料的重要之处，在于说明徽州的理学史与宋代理学的兴起、发展是同步的。

其实，类此信息在徽州文献中还有透露。笔者注意到在明人程敏政《新安文献志》中收录有一篇《江石室致一传》，文曰：

江石室致一，字得之，休宁石佛人。少与兄致虚游安定胡公之门。致虚以优校释褐，授太学录，号松菊先生。致一宣和乙卯乡举首

---

① 佘华瑞：《岩镇志草·艺文上》，雍正十二年（1734年）刊本。
② 此处"理学"一词，与后世又称"道学"之理学者，其内涵当有所区别。但据向敏中评述闵景芬针对"圣道不传"，专门"以明经为事"，注重"圣贤传道之要"来看，其学术的出发点与后来以性命义理为主要内容的"理学"是一致的。

选，继入太学。靖康中，伏阙上书者六，乞斩京、贯等六奸臣，复李刚相位。皆如其请，名震中外。寻中兵科优等，授承信郎。高宗即位，敕书下江东，访求致一。有旨特换文资与正录，力辞不拜。乃归营别墅，学者号"石室先生"。有集五十卷。三子哀、衮、襃。衮从学东莱吕公，号南斋，著《临淄家传》。襃子宋符，乡贡两魁，授本府儒学正。宋符子应求，魁漕试，授登仕郎，号畏斋。①

　　传中言及休宁江致一与其兄江致虚曾从学于胡安定门下。胡安定即著名的"宋初三先生"之一胡瑗（993—1059年）。胡氏所创的"苏湖教法"主张分科教学，立"经义"和"治事"两斋，前者讲明六经，后者研究致用之学，在当时影响广泛。②北宋名臣蔡襄在《太常博士致仕胡君墓志》中称胡瑗："解经至有要意，恳恳为诸生言其所以治己而后治乎人者。学徒千数，日月刮劘为文章，皆传经义，必以理胜；信其师说，敦尚行实，后为大学，四方归之。"③侯外庐等著《宋明理学史》称："这一学风的转变，意味着理学的开端。"④这种看法在理学史上，可以说是公论。黄宗羲在《宋元学案》中，就首列"安定学案"和"泰山学案"。全祖望按曰："宋世学术之盛，安定、泰山为之先河，程、朱二先生皆以为然。"⑤将胡瑗视为开宋代理学风气之先的人物。明世宗嘉靖九年（1530年），正式以胡瑗从祀孔庙，称"先儒胡子"。由此可见胡瑗在宋代理学史中的重要地位。休宁江致一与其兄江致虚早在宋初即拜在胡瑗门下，再次证明徽州理学史的书写，可以从北宋前期理学思潮甫兴开始。

---

　　① 程敏政：《新安文献志》卷77《江石室致一传》，弘治三年（1490年）刊本。该传又见道光《徽州府志》卷11《人物志·儒林·儒林续编》，道光七年（1827年）刻本。《宋元学案》卷1《安定学案》列江致一为"安定门人"，有小传。

　　② 欧阳修：《欧阳文忠公集》卷25《胡先生墓表》云："其在湖州之学，弟子去来常数百人，各以其经转相传授，其教学之法最备，行之数年，东南之士莫不以仁义礼乐为学。"

　　③ 蔡襄：《端明集·莆阳居士蔡公文集》卷33《太常博士致仕胡君墓志》，宋刻本。

　　④ 侯外庐等：《宋明理学史》第1章《理学先驱"宋初三先生"及其思想》，人民出版社1984年版。

　　⑤ 黄宗羲原著、全祖望补修：《宋元学案》卷1《安定学案》，中华书局1986年版。

在北宋年间，类似闵景芬、江氏兄弟接触、研习理学的徽州学者，当不在少数。只是由于文献记载阙如，具体详情已难考证。不过，可以确认的一个基本事实是，理学思潮初入徽州应该在北宋前期，而不是习惯认识上的南宋朱熹到徽州之后。我们寻检徽州理学史资料，发现在早期徽州专注义理的学者中，还有不少人生活在北宋后期或者两宋之交。其中的代表人物有朱松、程鼎、滕恺、李缯等。

朱松是朱熹之父，字乔年，婺源人，生于北宋绍圣四年（1097年），南宋绍兴十三年（1143年）去世，享年47岁。《宋史》虽无朱松传记，但同时代名相周益公（必大）撰有《朱献靖公神道碑》，朱熹在庆元五年（1199年）亦亲撰《皇考左承议郎守尚书吏部员外郎兼史馆校勘累赠通议大夫朱公松行状》，叙其一生行实甚详。关于朱松的学术，朱熹在《行状》中有一段详细叙述：

> 公生有俊才，自为儿童时，出语已惊人。少长，游学校，为举子文，即清新洒落，无当时陈腐卑弱之气。及去场屋，始放意为诗文。其诗初亦不事雕饰，而天然秀发，格力闲暇，超然有出尘之趣，远近传诵，至闻京师，一时前辈以诗为鸣者，往往未识其面而已交口誉之。其文汪洋放肆，不见涯涘，如川之方至，而奔腾癫沓，浑浩流转，顷刻万变，不可名状，人亦少能及之。然公未尝以是而自喜，一日喟然顾而叹曰："是则昌矣，如去道愈远何？"则又发奋折节，益取六经、诸史、百氏之书，伏而读之，以求天下国家兴亡理乱之变，与夫一时君子所以应时合变先后本末之序，期于有以发为论议，措之事业，如贾长沙、陆宣公之为者。既又得浦城萧公颙子庄、剑浦罗公从彦仲素，而与之游，则闻龟山杨氏所传河洛之学，独得古先圣贤不传之遗意。于是益自刻厉，痛刮浮华，以趋本实，日诵《大学》《中庸》之书，以用力于致知诚意之地。自谓"卞急害道"，因取古人"佩韦"之义，以名其斋，蚤夜其间，以自警饬。繇是，向之所得于观考者，益有以自信，而守之愈坚。故尝称曰："士之所志，其分在于义利之

间，两端而已。然其发甚微，而其流甚远。譬之射焉，失毫厘于机括之间，则差寻丈于百步之外矣。"又常以为:"父子主恩，君臣主义，是为天下之大戒，无所逃于天地之间，如人食息呼吸于元气之中，一息之不属，理必至于毙。是以自昔圣贤立法垂训，所以维持防范于其间者，未尝一日而少忘其意，岂特为目前之虑而已哉?"①

朱熹在此段文字中，描述了朱松一生的学术轨迹:先是少年时，为应科举考试，乃"游学校"，专一于"举子文"，此为第一阶段;告别场屋后，遂"放意为诗文"，学术之路进入第二阶段;其后又伏读"六经、诸史、百氏之书"，特别是与剑浦罗从彦(仲素)结交，罗氏乃著名的"程门四大弟子"之一杨时的高足，朱松因此得闻杨时所传的"河洛学问之要"，并且拳拳服膺，成为二程理学的信徒，这是第三阶段。宋代有不少学者一生的学术之路，也先后走过这三个阶段，而朱松最后的学术归宿，则达到了一定的境界。据《宋元学案》记载，罗从彦对朱松的为学、立身十分赞赏，称之"才高而智明，其刚不屈于俗"②。朱松极为推崇《大学》，认为它是"入道之门，其道以为欲明明德于天下，在致知格物以正心诚意而已"，人们若能不断地学仁学义，则"朝发轫乎仁义之途，而夕将入大学之门，以蹭中庸之庭也"。他主张尊德敬，贱功利，严义利之辨，认为"士之所志，其分在于义利之间，两端而已"。他还强调君臣之义，认为其"无所逃于天地之间，如人食息呼吸于元气之中，一息之不属，理必至于毙"，并指出士人"溺于俗学，不明君臣之大义，是以处成败之间者，常有苟生自恕之心，而暗于舍生取义之节，将使三纲沦坠，而有国家者无所恃以为安"，呼吁"奖名节"以弘扬君臣之义。③在学术的最后立足点上，朱松已经俨然是理学一醇儒矣。所以黄宗羲说:"故朱子之学虽传

---

① 程敏政:《新安文献志》卷68《皇考左承议郎守尚书吏部员外郎兼史馆校勘累赠通议大夫朱公(松)行状》，弘治三年(1490年)刊本。
② 黄宗羲原著、全祖望补修:《宋元学案》卷39《豫章学案》，中华书局1986年版。
③ 黄宗羲原著、全祖望补修:《宋元学案》卷39《豫章学案》，中华书局1986年版。

自延平，而其立朝气概，刚毅绝俗，则依然父之风也。"①这就将朱熹理学与朱松联系在了一起。

北宋后期与两宋之交徽州的理学学者朱松而外，还有程鼎。程鼎（1106—1165年），字复亨，自号韩溪，朱松内弟，婺源人。朱熹有《环溪翁程君鼎墓表》（以下简称《墓表》）云：

> （程鼎）少孤，从先君子学于闽中，因得讲闻。一时儒先长者之余论而心悦之，抄缀诵习，晨夕不少懈。先君子爱其勤敏，于其归，书六言以赠之，皆事亲修身为学之要。君拜受其言以归，益自树立，务记览为词章，思所以大其门户者。然君为人坦夷跌宕，不事修饰，好读左氏书，为文辄效其体，不能屈意用举子尺度，以故久不利场屋。家故贫，至君益困，终岁奉亲徙居穷山中，自号"环溪翁"。山田数十亩，环堵萧然，无以卒岁，而君处之泊如也。晚益不得志，因自放杯酒间，酒酣讽左氏书，杂以国风雅颂之篇。闻者耸然倾听，俯仰疾徐之间，顿挫抑扬，如有节奏。至于放臣孤子、怨夫寡妇之词，又未尝不三复感慨而出涕流涟也。庸夫孺子，从傍窃观或笑侮之，君謷然不以为意，盖其中所抱负有不得骋者，故托以自遣。至他行事，则其不合于理者固鲜矣。乾道元年，年五十九，以疾卒。②

朱熹《墓表》描述的程鼎，是一个穷困潦倒、落魄不得志的学者。他的学术，受于朱松。朱松因"爱其勤敏，于其归，书六言以赠之"。据朱松《送程复亨序》谓，"六言"乃葬吾舅而后加吉服；茸尔居，以宁尔亲；非尔父之类者，勿亲也；广学问以资见闻，宴安鸩毒不可怀也；勿怀安；无忘四方之志。③此六言，确实是朱熹讲的"皆事亲修身为学之要"。从《墓表》所述看，程鼎学术尤长于《左传》《诗经》。只可惜，程鼎入《左传》太深，所以"为文辄效其体，不能屈意用举子尺度"，在科

---

① 黄宗羲原著、全祖望补修：《宋元学案》卷39《豫章学案》，中华书局1986年版。

② 程敏政：《新安文献志》卷87《环溪翁程君（鼎）墓表》，弘治三年（1490年）刊本。

③ 程敏政：《新安文献志》卷87《送程复亨序》，弘治三年（1490年）刊本。

场上一败涂地。但这并不影响程鼎在徽州理学史谱系中的地位,一方面他本人从学于朱松,在北宋后期及两宋之交的徽州理学学者中是一位有代表性的人物;另一方面,其子程洵后来从学于朱熹,是南宋新安理学的主要代表人物之一。从新安学派的学术渊源上来说,程鼎是其中传递的重要一环。

同时期有代表性的徽州理学学者还有滕恺。滕恺,字南夫,系徽州婺源人。程瞳《新安学系录》卷3《滕户曹》称其"受学于尹和靖门人吕公广,同登绍兴五年进士,调信州司户参军,卒。所著有《溪堂集》。李钟山述其行实,为传。朱子称其笔力奔放,法度严谨。今访求未得,无以考其言行之详"。这说明最迟到明代中叶,关于滕恺的学术思想及其行迹之详,已经湮没。宋代婺源人程洵撰有《钟山先生李公缙行状》,其中部分文字涉及滕恺,该《行状》为我们了解滕氏的学术来路提供了线索:

　　自朝廷设元祐学术之禁,士非王氏书不读。宣和禁稍弛,而远方人士,狃于所习,未尽变也。婺源又居重山复岭间,见闻尤狭陋。逮兵兴,四方云扰,贤士大夫多避地其间,于是有吕公兄弟曰和问、曰广问者,和靖尹先生高第,传伊洛致知笃敬之学。又有俞公靖者,亦里儒先也,多识前言往行,其学出入坡、洛之间。先生与里人滕公恺悉从此三君子游。滕公长先生六岁,负才气,不肯友不如己者,独器重先生,目为"小友"。尝将闽中所刻东坡先生文章号大全集者,相与读之,叹其编次无法,真赝相杂,奋然取朱黄尽涂去不类者。滕公见之惊曰:"子后生,敢尔邪?"他日得苏氏家传本校之,果皆非也。益奇之,乃出一编书示之曰:"好文而不知道,空文也。此书吾得之罗公,皆河洛遗言,公戒勿轻示人,吾今日为子发内府之秘矣。"先生受之以归,口诵心惟,默若有省。间有所疑,又从诸公质之。于是学问日进。[①]

---

① 程敏政:《新安文献志》卷87《钟山先生李公(缙)行状》,弘治三年(1490年)刊本。

李缯行状中涉及滕恺的记述，说明滕氏的学术受于尹和靖高足吕和问、吕广问以及乡先贤俞靖。这一点，黄宗羲、全祖望《宋元学案》之《和靖学案》也有提及。按照《宋元学案》的说法，"和靖尹肃公于洛学最为晚出，而守其师说最醇。"①而俞靖之学，也是"出入坡、洛之间"。因此，从学源来说，滕恺可谓是宋代理学奠基人二程的嫡传。

与滕恺几乎同时且为知交的李缯，也是两宋之交徽州的知名理学学者。李缯（1116—1193年），字参仲，"世新安婺源儒家也"，学者称钟山先生。其父李铺曾游太学，建炎初累举补官，为南康军建昌尉、饶州司法参军、太平州军事推官等。据朱熹《跋〈吕仁甫诸公帖〉》载："靖康之乱，中原涂炭，衣冠人物萃于东南。吕公广问仁父来主婺源簿，而奉其兄和问节夫以俱。……于是李氏父子得从之游，而滕户曹恺南夫亦受其学。观于此卷，可见一时问学源流之盛矣。"②因吕氏兄弟乃"洛学"嫡传尹和靖高足，故二吕所传皆"伊洛致知笃敬之学"，李缯之学术，可谓"其来有自"。尽管李缯曾一度"出入释老，求之者数年"，但最终还是"知其说不出乎吾宗，乃益自信"③，成为理学的坚定信徒。朱熹有《书李参仲家藏〈二程语录〉后》，其中言：

> 程氏书初出时，人以其难得而珍贵之，然未必皆能讲究而践行之也。近时以来，传者浸广，而后人知其如丝麻谷粟之不可一日无。然真能好之而不舍者，则亦鲜矣。因观吕、滕、李三君子传授旧编及李文跋语，窃有感焉，谨识于后。④

朱熹在文中表彰了李氏等对二程学说"真能好之而不舍者"。在朱熹

---

① 黄宗羲原著、全祖望补修：《宋元学案》卷27《和靖学案》，中华书局1986年版。
② 程瞳：《新安学系录》卷3《跋〈吕仁甫诸公帖〉》，康熙三十五年（1696年）绿荫园重修本。
③ 程敏政：《新安文献志》卷87《钟山先生李公（缯）行状》，弘治三年（1490年）刊本。
④ 程瞳：《新安学系录》卷3《书李参仲家藏〈二程语录〉后》，康熙三十五年（1696年）绿荫园重修本。

看来，这种发自肺腑的尊崇，才是至为难得的。李绪一生不事科举，独钟情于问学。其治学，"不务多为训说，独尝著《〈论语〉〈西铭〉解义》《山窗业书》数篇而已。"①虽然著述无多，但李绪于义理之学发明不少。特别是提出"致心之道敬为要"和"持身之道，知耻为要"，于后学者启发颇大。关于"敬"为"致心之道"，李绪说："敬者，心之闲辔也。心有不敬焉，则驰矣。敬而不已则明，明则诚。故学者致心之道，敬为要"。他强调，"学者于道，能致知以玩索之，笃敬以涵养之，久则见面盎背、气象日别，非声音笑貌所能为也。"②关于持身之道以"知耻"为要，李绪也有一番论说："礼义廉耻，是谓四维，勇于弃廉耻，则勇于废礼义。一维苟绝，四维皆灭，理之相牵联者也。四维张，其心康，其身昌；四维不张，其心荒，其身灭亡。故学者持身之道，知耻为要。"③在李绪看来，礼义廉耻"四维"是相互牵联的，若是其中一维灭绝了，则四维皆灭；而若四维灭绝，人无颜存活于世。他还就如何"学道"告诫后学者："道有远近，学无止法。近者道也，远者亦道也。学者见其近而不见其远，遽止于见，则陋矣。惟于见处，更加功夫，进进不已，自然所造深远，而其成也宏矣。"④他主张"学道"需要"进进不已"，方能"所造深远，而其成也宏矣"。与世儒抵触学文不同的是，李绪推崇眉山苏氏关于文章的见解："物固有是理，患不能知之，知之患不能达之于口于手。辞者，达是而已矣。"传记记载李绪"雅好文词，既老不衰"，曾说："文者所以载道，言之不文，行之不远。而世儒或以文为不足学，非也。顾其言于道何如耳。"他为文"指事析理，引物托喻，要以达意。所欲言者，而词采自然，如风行水上，如浮云游太空中，姿态横生，可喜可愕"。朱熹也曾推许李绪之文"笔力奔放，而法度谨严，学者所难及

---

① 程敏政:《新安文献志》卷87《钟山先生李公(绪)行状》,弘治三年(1490年)刊本。
② 程敏政:《新安文献志》卷87《钟山先生李公(绪)行状》,弘治三年(1490年)刊本。
③ 程敏政:《新安文献志》卷87《钟山先生李公(绪)行状》,弘治三年(1490年)刊本。
④ 程敏政:《新安文献志》卷87《钟山先生李公(绪)行状》,弘治三年(1490年)刊本。

也"①。由于李缯"优游涵养，学益成，行益尊"，所以乡人多"宗慕之"，而大凡有来学者，李缯亦"随其资诱之，循循不倦"，为理学在徽州的早期传播作出了积极贡献。

由上观之，北宋早期即有徽州学者接触和传播理学，后期还出现了诸多有一定影响的理学学者。他们的言行，谱写了理学在徽州地域化的序章。

(二)徽州出现理学思潮的学术背景与地域因素

北宋及两宋之交，徽州出现理学思潮，有着深刻的学术背景和特殊的地域因素。

首先，传统学术的转型，为徽州理学思潮的出现奠定了基础。

有学者指出，"唐代文化的繁荣，究其内容，文风特盛，一般知识分子尤为崇尚文学艺术，在声律浮华之中优游岁月"②。徽州在唐、五代时，风尚开始由此前的"崇武"转变为"重文"，而学者之学风，亦偏倾在文学艺术。如开徽州学术文化风气之先者吴少微（659—743年），名远，字仲芳，又字仲材，号遂谷，武则天长安元年（701年）中进士。宋罗愿《新安志》记载："（少微）长安中累至晋阳尉，与武功富嘉谟同官友善。先是天下文章以徐、庾为宗，气调益弱。独少微、嘉谟属词本经学，雄迈高雅，时人慕之，文体一变，称为吴富体。"③稍后于吴少微的祁门人张志和（714—774年）和洪族徽州始迁祖洪经纶，是另二位开徽州学术文化风气之先的人物。前者早年以明经登第，任翰林待召，以诗画扬名天下④；

① 程敏政：《新安文献志》卷87《钟山先生李公（缯）行状》，弘治三年（1490年）刊本。
② 韩钟文：《中国儒学史》（宋元卷）第2章《宋代文化的复兴与新儒学的崛起》，广东教育出版社1998年版。
③ （淳熙）《新安志》卷6《先达》，光绪十四年（1888年）刊本。吴少微籍贯有二说：《新唐书》和《旧唐书》皆称新安人，《祥符图经》具体指为歙县人；《唐御史台记》则言其为渤海人。自罗愿《新安志》始，徽州地方文献均以少微为歙县人。
④ 张志和今传《玄真子》3卷，诗词9首。其《渔歌子》"西塞山前白鹭飞，桃花流水鳜鱼肥。青箬笠，绿蓑衣，斜风细雨不须归"最为著名。

后者为唐玄宗天宝六年（747年）进士，曾出为宣歙观察使，常与士人讲经论道，被视为宣歙文学的首倡者。其时徽州学者的儒学成就并不突出。

入宋之后，徽州学者开始关注儒学。而在此过程中，中国传统学术正面临重要的转型。陈钟凡先生在《两宋思想述评》中认为，"考宋学勃兴之主因，更以下列四事明之"，即"儒学之革新""道家之复起""佛教之调和""西教之东渐"。其中关于"儒学之革新"，言"前儒说经，竺守古说，无取新奇，自宋代斯风丕变。……盖宋人不信传注，进而议及本经也。……庆历以来，学风之变，荒经蔑古，莫兹为甚。然怀疑之风既著，治学之道日新，诸儒乃能舍训诂而言性与天道，以造成近代之'新儒学'也"①。也就是说，宋之前学者治经，多重经注、经解，而宋人则不信传注，主张直接从经文中探求心性义理。传统学术的这一转型，开启了宋代学术的新学风，也成为宋代理学思潮出现的重要原因。学界对此现象多持相同看法，如有学者认为："宋儒治经，大多不拘泥于章句注疏，重在发新见、创新义、立新论，甚至疑经改经，一扫汉、唐经学末流烦琐、僵固的章句训诂之学的沉闷气氛，蕴成疑古惑经的时代思潮，复活了先秦儒家的原创精神、理性精神。"②徽州在北宋及两宋之交出现理学思潮，正是基于其时儒学之复兴，尤其是传统学术的转型。我们注意到，上文提及的朱松"日诵《大学》《中庸》之书，以用力于致知诚意之地"，认为《大学》是"入道之门，其道以为欲明明德于天下，在致知格物以正心诚意而已"③；李缯著《〈论语〉〈西铭〉解义》等书，提出了"致心之道敬为要"和"持身之道，知耻为要"等观点④。他们的学术理路不再是汉儒的章句注疏、字义训诂，而是直探经义、阐发性理，是典型的理学路子。这一现象，正是传统学术转型之所致。

其次，北宋理学的发展，为徽州理学思潮的出现提供了支撑。

----

① 陈钟凡：《两宋思想述评》第2章《两宋学术复兴之原因》，东方出版社1996年版。

② 韩钟文：《中国儒学史》宋元卷第2章《宋代文化的复兴与新儒学的崛起》，广东教育出版社1998年版。

③ 黄宗羲原著、全祖望补修：《宋元学案》卷39《豫章学案》，中华书局1986年版。

④ 程敏政：《新安文献志》卷87《钟山先生李公(缯)行状》，弘治三年(1490年)刊本。

理学作为一个时代的思潮，滥觞于唐代中叶。韩愈提倡"文以载道"，提出了儒家的"道统说"，推崇《大学》，著《五原》以排斥佛老，力图恢复先秦的儒学。其弟子李翱据《中庸》而著《复性说》，发展了孟子的"性善"论。韩、李在佛教盛行的氛围中，开创了一代学风。而与他们同时代的经学家啖助及其门人赵匡、陆淳所治的《春秋》学，主张破注从经，以己意说经。这些都为北宋理学的兴起开了先河。按照南宋理学家朱熹的看法，北宋理学的发展"亦有其渐"："自范文正以来已有好议论，如山东有孙明复，徂徕有石守道，湖州有胡安定，到后来遂有周子、程子、张子出，故程子平生不敢忘此数公，依旧尊他。"①就是说，北宋初胡瑗、孙复、石介开创的以义理说经之风，是后来理学大家们出现的重要原因。因此黄宗羲、全祖望《宋元学案·泰山学案》中引黄震的《黄氏日钞》语："宋兴八十年，安定胡先生、泰山孙先生、徂徕石先生始以师道明正学，继而濂、洛兴矣。故本朝理学，虽至伊、洛而精，实自三先生而始。"②宋初三先生之后，理学大家迭出，先有周敦颐继承韩氏"道统说"，并融会佛道思想，著《太极图》及《通书》40篇，"明天理之根源，究万物之始终"③，成为北宋理学的开山祖。稍后，河南二程受业周氏，"扩大其所闻，表章《大学》《中庸》二篇，与《语》《孟》并行，于是上自帝王传心之奥，下至初学入德之门，融会贯通，无复余蕴"④。关中有张载作《西铭》，极言"理一分殊"之旨；又有河南邵雍著《皇极经世书》，建立了象数学思想体系。"五子并时而生，又皆知交相好"⑤，他们著书立说，推动了北宋理学的发展。

徽州在北宋和两宋之交出现理学思潮，与北宋理学的发展有着极深的渊源。这种渊源最集中表现是徽州的理学人物大多与北宋理学先驱或名家

① 朱熹：《朱子语类》卷129《本朝三》，中华书局1986年版。

② 黄宗羲原著、全祖望补修：《宋元学案》卷2《泰山学案》黄百家按语引，中华书局1986年版。

③ 脱脱等：《宋史》卷427《周敦颐传》，中华书局1985年版。

④ 脱脱等：《宋史》卷427《道学一》，中华书局1985年版。

⑤ 黄宗羲、全祖望补修：《宋元学案》卷9《百源学案》，中华书局1986年版。

有着师承关系。比如休宁人江致一与其兄江致虚曾从学于胡瑗门下，当时胡氏"以经术教授吴中""从之游者常数百人"①，史称"东南之人知以经行为先，道德为本，实先生始之也"②。婺源人朱松之学术，则出于杨时（龟山）。相关传记资料记载，朱松"既又得浦城萧公顗子庄、剑浦罗公从彦仲素，而与之游，则闻龟山杨氏所传河洛之学，独得古先圣贤不传之遗意"③。而杨时为二程四大弟子之一，被奉为"程氏正宗"。程鼎为朱松内弟，"少孤，从先君子（朱松）学于闽中，因得讲闻"④，也与二程理学有着一脉相承的关系。李缯、滕恺的学术受于尹和靖高足吕和问、吕广问，而尹和靖又是程门"守其师说最醇"⑤的弟子，因此从学源来说，李缯、滕恺是宋代理学奠基人二程的三传弟子。这一现象表明，正是因北宋理学先驱或名家的嫡传，徽州学者开始致力于性理之学的探讨，徽州出现了理学思潮。师承关系之外，北宋理学的发展对徽州理学思潮影响的另一个重要表现是，徽州的学者还直接继承了北宋理学家的论题和思想成果。如朱松讨论的"致知""诚意""格物""正心"，李缯阐述的"敬""致心之道""持身之道"等，为北宋理学大家所反复讨论和发挥。李缯还著有《〈论语〉〈西铭〉解义》，梳理和阐释理学大家张载的思想，曾将二程之书"受之以归，口诵心惟，默若有省。……于是学问日进"⑥。徽州学者对北宋理学大家们思想成果的承继，从一个侧面反映了徽州理学思潮的出现得益于北宋理学的发展。

最后，徽州风尚的转变，为徽州理学思潮的出现准备了条件。

徽州古属越文化圈，宋以前其风尚一直以"崇武"为基本特征。所谓

---

① 脱脱等：《宋史》卷432《胡瑗传》，中华书局1985年版。

② 黄震：《黄氏日钞》卷45《读诸儒书十二·石徂徕文集》，元后至元刻本。

③ 程敏政：《新安文献志》卷68《皇考左承议郎守尚书吏部员外郎兼史馆校勘累赠通议大夫朱公（松）行状》，弘治三年（1490年）刊本。

④ 程敏政：《新安文献志》卷87《环溪翁程君（鼎）墓表》，弘治三年（1490年）刊本。

⑤ 黄宗羲著、全祖望补修：《宋元学案》卷27《和靖学案》，中华书局1986年版。

⑥ 程敏政：《新安文献志》卷87《钟山先生李公（缯）行状》，弘治三年（1490年）刊本。

"锐兵任死，越之常性"①，即徽州唐宋以前民风与民俗的真实写照。许承尧在《歙事闲谭》中亦说："武劲之风，盛于梁、陈、隋间，如程忠壮、汪越国，皆以捍卫乡里显。"②唐、五代时，虽有吴少微、舒雅、张志和等人以"文"著称，而徽州一地风尚的彻底转变，则在北宋立国之后。正如淳熙《新安志》说："其（新安）人自昔特多以材力保捍乡土为称，其后寝有文士。黄巢之乱，中原衣冠避地保于此。后或去或留，俗益向文雅，宋兴则名臣辈出。"③徽州之风尚，在北宋由原先的"崇武"而全面转变为"尚文"，史籍和方志中多有反映。如生活在两宋之交的洪适（1117—1184年）在《休宁县建学记》中称："休宁之人，益以乡校为先务，早夜弦诵，洋洋秩秩，有洙泗之风。"④北宋时，徽州一府六县先后建有桂枝书院、乐山书院、龙川书院、四友堂等书院，吸引一批学子从学其中，反映了徽州"尚文"之风的兴盛。乾隆《绩溪县志》谓："学校者，化民成俗之本也。州县立学，始自宋之庆历。"⑤揆诸史料记载，徽州府学在北宋太平兴国三年（978年）即已重建，祁门县学重建于端拱元年（988年），黟县学也在宋初建立。而婺源县学、休宁县学则初建于宋仁宗庆历年间。书院与府、县学的建立，从一个侧面反映了北宋徽州崇尚"文雅"风气的盛行。此等风俗，较之唐宋以前的"崇武"民俗与民风，已是大为不同。

徽州在北宋时的风尚转变，为该地理学思潮的出现准备了条件。第一，"尚文"的环境，造就了一批徽州士人，而这些士人成为理学思潮出现的人才基础。在徽州书院和府、县学中，士人研习儒家经典，传承儒学文化传统，成为一地学术文化人才。受"尚文"风气影响，北宋徽州"业儒"者众多，如宋初歙县闵景芬"贮书万卷余，日夕与子弟侄辈及从游者

---

① 袁康：《越绝书》卷8《越绝外传记地传第十》，四部丛刊景明双柏堂本，载《中国基本古籍库》。

② 许承尧：《歙事闲谭》卷18《歙风俗礼教考》。

③ （淳熙）《新安志》卷1《州郡·风俗》，光绪十四年（1888年）刊本。

④ （康熙）《休宁县志》卷7《艺文·纪述》，康熙三十二年（1693年）刊本。

⑤ （乾隆）《绩溪县志》卷3《学校》，乾隆二十一年（1756年）刊本。

讲明奥理，不就征辟，专志于理学。远近学者咸宗之"①；婺源李缙"优游涵养，学益成，行益尊，乡人宗慕之。……有来学者，随其资诱之，循循不倦"②，表明当时徽州有一批士人倾心于儒学。一种思潮的流行，离不开传播者和从学者。正是基于"尚文"环境下造就的这些学者，徽州理学思潮得以出现和传播。第二，"尚文"的风气，推动了徽州学者的学术交流，由此引发了理学思潮在徽州的传播。据相关史料记载，在"尚文"的风气推动下，北宋徽州学者之间的学术交流频繁。如李缙与滕恺之间，学术交往密切，而二人又与洛学传人吕和问、吕广问以及"里儒"俞靖来往甚密，传记资料谓其"从此三君子游"。他们所习所传者，皆"伊洛致知笃敬之学"③。由此可见，学术交流其实是理学思潮传播的重要途径，而这种交流得益于一地浓厚的文化氛围与风气。就上述两个方面来看，徽州在北宋风尚的转变，为该地理学思潮的出现和传播准备了条件。

综上所论，北宋及两宋之交徽州出现理学思潮，既有中国传统学术转型、北宋理学发展等深刻的学术背景，也受徽州出现由"崇武"到"尚文"风尚转变的地域因素影响。在徽州理学思潮出现后，呈现了几个值得关注的现象：一是以传承"洛学"为主，二是讲学风气盛行，三是徽州境内外交流频繁，四是不少徽州学者对相关问题有一己之见。虽然在北宋徽州理学思潮中，并未出现有重大影响的学者，但徽州该时期理学的发展仍具有特殊的地位。它为其后该区域出现朱子学的重要学术流派——"新安理学"，奠定了至关重要的学术基础。

三、试论新安理学长盛之因——从地域人文环境角度考察

"新安理学"是朱子学的重要分支之一，主要流传于徽州一带。该学派崛起于南宋，元时得到进一步发展，至明初臻于鼎盛。清中叶，因皖派

---

① 佘华瑞：《岩镇志草·艺文上》，雍正十二年（1734年）刊本。
② 程敏政：《新安文献志》卷87《钟山先生李公（缙）行状》，弘治三年（1490年）刊本。
③ 程敏政：《新安文献志》卷87《钟山先生李公（缙）行状》，弘治三年（1490年）刊本。

经学的兴起，新安理学才结束了近700年的发展历史。其间，它始终有一以贯之的学术宗旨、一脉相传的理学家群和鲜明的学派特征，对12世纪以后中国哲学史和中国学术思想史的发展演变，以及徽州和周边地区社会生活的各个领域产生了巨大的影响。徽州在南宋以后因之而有"理学之邦""东南邹鲁"之称。①

近年来，以徽州历史文化为研究对象的"徽学"备受学界关注，而新安理学作为徽学的主要研究领域，也受到了学者们的高度重视。不过，其中有个重要问题一直被忽略了，这就是新安理学何以会延续近700年，涌现百余位著名学者，呈现"历元、明而其传弥广"的不败气象？笔者认为，这种盛况的出现与南宋之后徽州地区在政治、经济、文化、教育等方面独特的地域因素有密切的关系。

第一，南宋之后，徽州逐步形成了一个以紫阳书院为核心的理学教育网络。该网络覆盖徽州六县的大小村落，由书院、社学、私塾以及府、县学构成，数目以百计。它成为历代新安理学家成长的摇篮。

南宋之后的徽州，是一个教育发达的地区。该地区除有历代不衰的官学——府、县学之外，还出现了大量的民间办学机构，如书院、社学、私塾等。其中延续时间最长、影响最大的民间办学机构是紫阳书院，历史上有徽州"书院之盛，胜于他郡，尤以紫阳为大"的记载。紫阳书院始建于南宋淳祐六年（1246年），由当时郡守韩补请建，宋理宗御书"紫阳书院"匾额。其后数百年间，紫阳书院虽多次修葺、搬迁或重建，但从未间断过。清代康熙和乾隆皇帝先后有"学达性天""道脉薪传"的题书。紫阳书院的《院规》，基本上是朱熹亲定的《白鹿洞书院院规》的翻版。书院教学依据朱熹论定的"四书""五经"，按照"学、问、思、辨、行"的程序进行。历代的山长和讲席一般由理学醇儒担任。在紫阳书院的示范下，徽州六县书院始终保持较多的数量。明末清初，徽州书院达到了54所。此外，当时还有社学568所。至于义学、私塾，则更为普遍，历来号称"虽

---

① 周晓光:《新安理学源流考》,载《中国文化研究》1997年夏之卷。

十家村落,亦有讽诵之声"①。按照徽州人的理解,"新安为朱子桑梓之邦,则宜读朱子之书,取朱子之教,秉朱子之礼,以邹鲁之风自待,而以邹鲁之风传之子若孙也"②。因此,南宋之后出现了朱子之学虽行天下,而"讲之熟、说之详、守之固,则惟新安之士为然"③的现象。这一现象表明,徽州的教育侧重的是理学的传授。在传授理学的过程中,紫阳书院发挥了重要的作用。它通过多种形式,将徽州的书院、义学、私塾等连成了一个理学教育体系。比如,每年的八九月,紫阳书院就有公开的讲学活动,其时"衣冠毕集,自当事以暨民,群然听讲,师儒弦诵,常数百人"。明代又制定了《紫阳会约》,每年一次的"会讲"聚集了郡内大部分名儒,有时也有郡外学者与会,他们在一起共同交流研习理学的体会和心得。④清初,紫阳书院又创立了每年举行二三次的"塾讲",塾讲由六县塾师轮流参加,旨在普及理学教育,提高塾师的学术素养和教学水平。因此,在徽州,从南宋以后形成了一个以紫阳书院为核心的理学教育体系,徽州的学子在这一教育体系中从小就接受了学术的熏陶和理学的启蒙教育,其中有不少人学有成就,逐步成长为理学家。南宋之后的新安理学长期兴盛,代有才人,得益于徽州的理学教育体系。

第二,徽州商人长期受理学的熏陶,在其发家致富后鼎力扶持新安理学,这是新安理学得以长盛的又一重要原因。

南宋之后,因徽州为朱熹阙里⑤,且文风独茂,为士者多明义理,故被称为"东南邹鲁"⑥。在此环境中,绝大多数徽州商人自幼就受到了儒风的熏陶。他们"处者以学,行者以商",往往"商而兼士"或"士而兼商",被后人视为一支有文化的商帮⑦。这些"亦贾亦儒"的商人,对朱熹

---

① (光绪)《婺源乡土志》第6章《婺源风俗》。

② 李应乾:《茗洲吴氏家典·序》,雍正刊本。

③ 赵汸:《东山存稿》卷4《商山书院学田记》,四库全书本。

④ 施璜:《紫阳书院志》卷16《会纪》,雍正三年(1725年)刊本。

⑤ 朱熹祖籍婺源,婺源历史上曾长期隶属徽州,是徽州文化区的重要构成部分。

⑥ (弘治)《徽州府志》卷1《地理一·风俗》。

⑦ 张海鹏、王廷元主编:《徽商研究》,安徽人民出版社1995年版。

及其学说极为崇拜，尊其为"徽国文公"。根据史籍记载，凡由徽商捐建的会馆、祠堂中，大都"崇祀朱子"[①]，同时徽商还自觉以朱子之学为立身行事的准则和指南。从历史上来看，尽管新安理学在南宋兴起时，徽商尚未成帮，但在当时徽州商人就与新安理学结下了不解之缘。宋元时期的不少著名理学家，就出生在商人家庭中。如朱熹之外祖父祝确就是一个大商人，他所经营的商店、客栈占徽州府城的一半，号称"半州（旧称'祝半州'）祝家"[②]。明清时期，随着徽州商帮的形成及其经济实力的增强，徽商为新安理学的发展作出了积极的贡献。其一，徽商出巨资兴修书院，购置书籍，为新安理学家研讨理学提供场所和方便。比如清代歙县盐商鲍志道曾捐资3000两，用于修复歙县城内的紫阳书院。鲍氏死后，为表彰其倡兴理学的功绩，被附祀紫阳书院卫道斋。[③]黟县筹建书院，本县商人舒大信"存二千四百金助之"[④]。还有婺源商人孙有燨"置租兴社课文及襄建本都书院、京师文明会，均领袖捐资"[⑤]等。鲍、舒、孙等人的这类事迹，在徽州商人中并不鲜见。其二，徽商利用自身财力的优势，通过各种途径大力宣扬新安理学。比如，为表彰和宣传新安理学先贤，徽商积极策划和参与在徽州建造各类纪念性的建筑。据《程朱阙里志》记载，明代万历年间，歙县篁墩建程朱阙里祠，歙县吴氏昆仲吴养都、吴养春、吴琨共出银450余两建程朱阙里石坊一座；鲍氏昆仲鲍文宪、鲍文孝、鲍文楫共出银380余两建阙里享堂三间。[⑥]由于徽商的鼎力相助，徽州一地类似的理学纪念性建筑处处林立，成为理学之乡一道独具特色的风景。其三，不少徽州商人慷慨解囊，组织新安理学家编纂理学书籍，传播理学知识，对新安理学"历元、明而其传弥广"发挥了重要的作用。现存新安理学家的著述，不少是借徽商之力，才得以刊刻流传的。其四，徽商十分重视对族内

---

① （民国）《歙县志》卷9《人物志》。

② 许承尧：《西干志》卷4《记外大父祝公遗事》。

③ 歙县《棠樾鲍氏宣忠堂支谱》卷21《中宪大夫肯园鲍公行状》。

④ （嘉庆）《黟县志》卷7《人物志·尚义》。

⑤ （光绪）《婺源县志》卷35《人物·义行》。

⑥ 赵滂：《程朱阙里志》卷8《识余》，雍正三年（1725年）重刊本。

子弟的培养,他们提供学子的衣食之资,对其中读书优异者予以格外奖励。正是由于徽商在经济上的支持,新安学者得以安心向学,接受并研究儒家学说,其中一部分人成为有所建树的新安理学家。总之,新安理学的发展和延续,离不开徽商的支持和帮助。

第三,徽州历代官绅的积极扶持,对新安理学的形成和发展,同样起到了重要的作用。

南宋以来,出任徽州知府和县令者,无不以张扬理学为事。淳熙三年(1176年),婺源县令曾请朱熹为县学作藏书阁记,八年又请朱熹作《婺源县学三先生(周敦颐、程颢和程颐)祠记》,休宁县令也曾请朱熹作过《新安道院记》。它表明徽州地方官对理学与理学家的崇敬之心。元明清三代,凡为徽州知府和县令者,都将对理学的扶持作为为政之要。他们或大力支持兴修书院,为理学家讲学和研究活动提供良好的场所;或竭力表彰徽州理学先贤,倡导研讨理学的风尚;或身体力行,亲临书院开课讲学,培养理学的后继者。当然,这些知府和县令们的做法,有其自身的考虑。朱熹在《休宁县新安道院记》中的一段话,颇具代表性:"盖其封域,实鄣山之左麓而浙江出焉,山峭厉而水清激,故禀其气、食其土以有生者,其情性习尚,不能不过刚而喜斗。然君子则务以其刚为高行奇节,而尤以不义为羞。故其俗难以力服,而易以理胜。"也就是说,知府和县令们阐扬理学,加强对百姓思想上的控制,乃是出于治理的需要。然而,在此同时,这些做法客观上对新安理学的发展和延续起到了促进的作用,成为新安理学长盛不衰的一个重要原因。

受到地方政府和官员的影响,徽州的乡绅大族对理学同样采取了积极扶持的态度。首先,徽州的乡绅大族对族内弟子研习理学采取了一系列的鼓励和支持措施。其中,族产和族田的设置,是最有力的举措之一。徽州宗族族产和族田的收入,相当一部分用于设立义学和辅助族内贫穷子弟的膏火之资和应考路费。而义学中子弟所学的内容,无外乎理学的学说,特别是朱子之学。一如《茗洲吴氏家典·序》中所说:"新安为朱子桑梓之邦,则宜读朱子之书,取朱子之教,秉朱子之礼。"因乡绅大族的扶持,新安研习理学者众多，许多理学名家在此基础上脱颖而出，为新安理学的发展作出了重大的贡献。其次，徽州的乡绅大族还是新安理学学说的忠实实践者。大量的史料表明，新安理学所倡导的"三纲五常""三从四德""主仆之分"等学说，乃是徽州宗族文化的主要内容。在徽州宗族的族谱和族规中，尊卑、大小、长幼、上下的等级规定非常严格，倘若有人稍有逾越，将受到严厉的惩罚。被新安理学家奉为圭臬的朱熹《家礼》，在徽州的乡绅大族看来，乃是一部至上经典。徽州乡绅大族开展宗族活动，完全遵循《家礼》的有关规定。由此可见，徽州的乡绅大族，是当之无愧的新安理学学说的忠实实践者。①正是在他们身体力行的倡导下，新安理学有着非常优越的发展环境，延续数百年而不衰。

第四，新安理学历近700年而长盛不衰，与中国封建社会后期朱子学被扶持为官方"显学"有密切关系。

理学在宋代形成以后，其地位几经升降。其中的重要原因之一，是宋代理学家大多既讲学授徒，又积极参与政治，结成各种政治集团，因此理学与理学家的地位往往随着政治斗争的结果不同而不断变化。但是，在南宋理宗赵昀（1225—1264年在位）继位以后，理学与理学家的地位就基本呈上升趋势。特别是朱子学，因其"有补于治道"②而受到朝廷青睐。先是理宗"用邹兖例"③，封朱熹为徽国公，按照祭祀孟子的礼仪祭祀朱熹，将朱熹的地位抬到了与孟子并列的高度；后有度宗赵禥（1265—1274年在位）"赐文公阙里于婺源"④，朱熹的地位因此直追孔子。入元之后，朱子学成为官方"显学"，虞集《道园学古录》中称，当时朱子学被"定为国是，学者尊信，无敢疑贰"⑤。特别值得注意的是，从元代开始，朱子学与科举考试紧密结合在一起。元仁宗爱育黎拔力八达皇庆二年（1313年），

---

① 周晓光：《新安理学与徽州宗族社会》，载《安徽师范大学学报》（人文社会科学版）2001年第1期。

② （民国）《重修婺源县志》卷64《理宗宝庆三年正月赠太师追封信国公制》。

③ 冯琦原编，陈邦瞻增辑：《宋史纪事本末》卷80《道学崇黜》，中华书局1977年版。

④ （光绪）《婺源县志》卷18《朱子世家》。

⑤ 虞集：《道园学古录》卷39《跋济宁李璋所刻九经四书》，四库全书本。

朝廷定科举取士法，第一、第二场考题都限用朱子《四书集注》①，并且规定考生答题时须以程朱学说为指导思想。所谓"设科取士，非朱子之说者不用"②，即指当时科举的情形。明朝建立后，朝廷一方面大力开展"崇朱"活动，下令天下学宫"奉先生（朱熹）以为通祀"③，并颁行祭朱制度，规定每年春秋祭祀两次，拨款扩建朱祠、家庙和书院等；另一方面依然将科举考试与朱子学密切联系起来。洪武二年（1369年），明太祖朱元璋命礼部传谕："国家明经取士，说经者以宋儒传注为宗，行文者以典实纯正为主。今后务须颁降'四书五经'《性理》《通鉴纲目》《大学衍义》《历代名臣奏议》《文章正宗》及历代诰律典制等书，课令生徒讲解，其有剽窃异端邪说，炫奇立异者，文虽工弗录。"④这就规定了科举取士要以朱熹等宋儒的"传注为宗"，特别是以朱熹编撰的《四书章句集注》《通鉴纲目》等书为读书的基本教材，也将其作为考试的依据及标准答案。此条规定与其他十一条有关立学条款，被勒石立于天下学宫中，俾学子牢记于心。清朝前期的科举制度，在崇举朱子学方面，与明朝有一脉相传之处。

由于南宋之后历代王朝对朱子学的提倡、推崇和扶持，故天下读书人对它钻研不已，推动了朱子学的发展。徽州学者身处这种氛围中，热心于研习朱子之学者遍及乡野，由此使得新安理学代不乏人。且元代以降，科举考试与朱子学紧密挂钩，研习朱子学乃是猎取功名利禄的阶梯。史载徽州因田少人多，乡人的出路一般只有两条：或经商维持生计，或科考以求显达。因此，元明清时期徽州读书应考人数之众（包括考取秀才、进士和状元人数之多），在当时全国各郡县中名列前茅。这些应考的学子，因考试内容的规定，平时大多是"读朱子之书"。这就为新安理学历久不衰奠定了深厚的基础。近700年间，徽州土地上涌现了一个又一个理学名家，他们连成了理学在徽州生生不息的脉络。归根寻源，这一现象与徽州始终

① 宋濂等：《元史》卷81《选举一》，中华书局1976年版；陈邦瞻《元史纪事本末》卷8《科举学校之制》，中华书局1979年版。

② （乾隆）《上饶县志》卷15《儒林一》。

③ （民国）《重修婺源县志》卷66《重修文公家庙记》。

④ 《松下杂抄》卷下，涵芬楼秘笈本。

存在着庞大的朱子学研究队伍有密切的关系。而这支研究队伍的出现，则与南宋之后科举考试有关规定有内在的直接联系。

综上所述，南宋之后新安理学长盛不衰，有着多方面的原因。尤其是徽州地区政治、经济、教育等独特风貌，与新安理学的发展有着密切的相辅相成关系。

四、南宋新安理学略论

宋代理学导源于二程，而集大成于朱熹。朱熹毕生讲学授徒，门生弟子数千人，分众多流派，其中，朱熹祖籍徽州的弟子，以维护光大"朱子之学"为宗旨，在诠释、发展"朱子之学"方面独成一派，是谓"新安理学"。

新安理学以宋、元、明、清时期徽州（又称新安）籍理学家为主，奉朱熹为开山宗师。在它近700年的发展演变过程中，大致经历了南宋形成时期、元代固守时期、明代发展时期及清初终结时期四个阶段。清乾隆、嘉庆年间，徽州休宁人戴震开创"皖派经学"，最终宣告了新安理学作为一个学派的寥落。①此后，新安理学便少有问津者。

（一）

南宋（1127—1279年）是理学集大成时期，也是新安理学家群崛起的时代。在此150年间，新安涌现了一大批杰出的理学家。据明代程敏政《新安文献志》、程曈《新安学系录》和清初赵吉士《寄园寄所寄》及新安方志记载，其代表人物有：朱熹（1130—1200年），字仲晦，婺源人；吴昶（？—1219年），字叔夏，歙县人；程永奇（1150—1221年），字次卿，休宁人；程大昌（1124—1195年），字泰之，休宁人；吴儆（1125—1183年），初名称，字益恭，休宁人；汪莘（1155—1227年），字叔耕，休宁

---

① 参见周晓光：《试论新安理学向皖派经学的转变》，载《安徽师大学报》（哲学社会科学版）1988年第4期。

人；程洵（1134—1196年），字允夫，婺源人。他们以朱熹为泰山北斗，鼓吹理学，传授朱熹学说，奠定了具有地方特色的新安理学的基础。

这个学派之所以在南宋崛起，是有其学术渊源和历史背景的。

新安理学崛起在南宋，与北宋理学思潮有极深渊源。首先，新安理学家继承了北宋理学大师们的学风。他们与汉唐古文经学重训诂义疏的传统背道而驰，抛开传注，直接从经文中寻求义理。如吴昶的《易论》《书说》，程永奇的《六经疑义》《四书疑义》，程大昌的《毛诗辩证》《尚书谱》《易原》等，均借助于经文，参以个人体会和一己私见，从中探求性命义理之说。其次，这些处在新安理学始创时期的理学家，直接继承了理学先辈的论题和思想成果。如程大昌在《易原》中论"太极""阴阳""动静""五行"等，在周敦颐著作中已屡屡提及，又为北宋理学大家所反复讨论和发挥。程永奇注释《明道定性说》《伊川好学论》《太极图说》《西铭》等，梳理了北宋二程、周敦颐和张载等理学名家的思想及其思维方式，从中汲取营养。最后，作为新安理学开山的朱熹，其师承可直溯周敦颐。据《宋史·道学传》记载：周敦颐学术传程颢、程颐，二程传杨时，杨时传罗从彦，罗从彦传李侗，李侗传朱熹。[1]作为新安理学"真传"的"朱子之学"，乃是集北宋理学大成的学说。所以，从学术渊源来看，新安理学家群的出现，是"其来有自"的。

南宋新安理学的兴起，又以汉文化重心南移为历史背景。

自古以来，黄河流域是汉文化的中心。南方荆楚、吴越的开化较之中原要晚得多。唐末及五代十国北方战乱频仍，一时中原衣冠大族纷纷南避，促进了南方汉文化的发展。新安地介万山丛中，"世乱则洞壑、溪山之险，亦足以自保。水、旱、兵戈所不能害，固宜其有强宗巨姓雄峙于其间"[2]。因此，自唐末及五代十国以后，迁入新安的中原大族尤多。据《新安名族志》记载，此期迁入新安的大族有周、罗、齐、许、施等不下二十五姓。罗愿在《新安志》中称："黄巢之乱，中原衣冠避地保于此。

---

① 参见脱脱等：《宋史》卷427、卷428，中华书局1985年版。

② 《重修古歙东门许氏宗谱》卷9《城东许氏重修族谱序》。

后或去或留，俗益向文雅。宋兴则名臣辈出。"①可见，新安特殊的地利，吸引了中原大族，大族的南迁又促进了新安文化的发展。

靖康二年（1127年），金兵南下，北宋都城汴京（今开封）沦陷。宋徽、钦二宗蒙尘，最后客死金朝。建炎元年（1127年）五月，赵构在江宁（后改称建康，今南京）即位，在金兵的追逼下，几经迁移，于绍兴八年（1138年）正式定都临安（杭州）。宋室南渡，从此汉文化的重心也正式开始由黄河流域移到了长江流域。

金兵占领北方，中原地区遭到了"自书契以来未之有也"②的灾祸。北方"衣冠奔踣于道者相继"③，他们"皆抱孙长息于东南"④。因而，在中国历史上形成了第二次人口大规模南迁的浪潮。在这些南迁人流中，包括各阶层人物。其中一部分是著名的思想家、文学家和艺术家。如南宋初年理学家赵鼎、许翰、许忻为拱州人，韩元吉为许昌人，向沈、罗靖为开封人，焦瑗为山东人，宋驹为赵州人，赵蕃为郑州人，韩冠卿为相州人，赵希倌为汴州人等；文学家如李清照、辛弃疾为济南人，史达祖为汴州人；画家如苏汉臣为开封人，他们均是北方南渡人物。张家驹先生称他们"诱导了南宋学术文化的先河"⑤。余瑛根据《宋元学案》，统计两宋不同时期儒者的地域分布，得出以南渡为界，北方学者人数剧减，而南方各省学者郁兴的结论。⑥这与张家驹先生对《宋史》"道学""儒林"等传的人物分布统计结果一致。所以，从史料的记载和前人的研究统计中可以看出，南宋的立国，使汉文化的重心由北方移到了南方。地处江南的新安，"自南迁后，人物之多，文学之盛，称于天下"⑦，其理学的兴起，改变了北宋理学以北方"关、洛"为盛的局面。因此，新安理学的出现既以汉文

① （淳熙）《新安志》卷1《州郡·风俗》，光绪十四年（1888年）刊本。

② 庄绰：《鸡肋编》卷中，中华书局1997年版。

③ 脱脱等：《宋史》卷453《赵俊传》，中华书局1985年版。

④ 陈亮：《龙川文集》卷1《上孝宗皇帝第一书》，丛书集成初编本。

⑤ 张家驹：《两宋经济重心的南移》第3节，湖北人民出版社1957年版。

⑥ 余瑛：《宋代儒者地理分布的统计》，载《禹贡》半月刊第1卷第6期。

⑦ （嘉庆）《休宁县志》卷1《风俗》。

化重心南迁为背景，又反映了南方文化超越北方文化的态势。理学由关、洛而发展到新安，与宋代经济、政治、文化重心南移趋势一致。

南宋新安理学家群的出现，与新安重儒的风尚及地方政府提倡文教息息相关。

新安处在崇山峻岭中，风俗淳朴。自中原大族迁入后，罗愿称"其俗益向文雅"，出现了重儒的风尚。《歙事闲谭》说："武劲之风，盛于梁、陈、隋间，如程忠壮、汪越国，皆以捍卫乡里显。若文艺则振兴于唐宋，如吴少微、舒雅诸前哲，悉著望一时。"①这就是说，唐宋时代，其风俗已由崇武而转为重儒。宋人洪适在《休宁县建学记》中说："休宁之人，益以乡校为先务，早夜弦诵，洋洋秩秩，有洙泗之风。"②因此，在这种风气熏陶下，新安人对"业儒"表现出极大兴趣。《休宁县志》记载，陈之茂任官休宁，"邑人争从讲学，户内人满，每坐户外"③。可见当时新安风尚所向。朱熹回婺源省墓并讲学，也是"受业者甚众"④。吴天骐《休宁进士题名记》说："自南渡来，师友渊源，得所从受，故士多长于谈经。"⑤在此雄厚的士人谈经基础上，许多学者走上了研习理学的道路，涌现出一批卓有成就的理学家。

新安地方政府提倡文教，建学校，鼓励讲学，直接培养了一代学者。南渡后的新安，号称"自井邑田野，以至于深山远谷、民居之处，莫不有学、有师、有书史之藏"⑥，彬彬然而为"东南邹鲁"。绍兴六年（1136年），南兰陵人陈之茂（字阜卿）任休宁县尉，更不遗余力推崇文教。乡人"相率出钱建校于县之南，以其赢买书千卷，之茂日至为诸生讲说一经"⑦。由于地方政府的倡导，休宁"故应乡书士不半百，自是常过八百

① 许承尧:《歙事闲谭》卷18《歙风俗礼教考》。
② （嘉庆）《休宁县志》卷21《艺文纪述》。
③ （嘉庆）《休宁县志》卷7《职官》。
④ 施璜:《紫阳书院志》卷8《列传》，雍正三年（1725年）刊本。
⑤ （嘉庆）《休宁县志》卷1《风俗》。
⑥ 赵汸:《东山存稿》卷4《商山书院学田记》，四库全书本。
⑦ （嘉庆）《休宁县志》卷7《职官》。

人。拔第于庭者踵相蹑"①。新安理学开创时期的重要人物程大昌，便是陈氏致力文教后出现的拔萃学者。可见，南宋新安理学名儒辈出，也是与风尚影响和新安地方政府对文教的倡导分不开的。

（二）

南宋新安理学，具有如下特点：

第一，学派以朱熹为中心，学术以"朱子之学"为宗旨。

南宋新安理学家群以朱熹为核心人物，其代表人物，或是朱熹学生，或与朱熹为学术酬唱之友。如程洵，初以诗文求教朱熹，朱熹劝程洵着意于"古人之学"，并亲自易程氏"道问学"斋名为"尊德性"。两人书信往来，"问答累数十书"。程洵入朱熹门下，于理学精研不已，著有《克庵尊德性斋集》10卷。据称，程洵任衡阳簿时，"士友云集，登其门者如出文公（朱熹）之门"②。可知，程氏学术，深得乃师真传。吴昶，在朱熹回婺源省墓时，"幡然悟俗学之陋，率先执经馆下，获闻伊洛至论。久之，'伪学'党作，弟子多更名他师。而先生志益坚，徒步走寒泉精舍，就正所学，得文公心印。文公深嘉之，书翰往来不辍"③。无疑，吴昶也是朱氏的忠实信徒。至于汪莘、程永奇、程先等，曾先后受学于朱熹。因此，南宋新安理学的重要人物，大多是朱熹及门弟子。

程大昌、吴儆虽未列朱熹门墙，但与朱熹往来密切。朱熹曾盛赞程大昌著作《禹贡图论》和《易老通言》，与之书信往来，探讨学术。程氏《雍录》《演繁露》诸书写成，其中朱熹弟子吴昶出力最多。吴儆长朱熹五岁，两人交情很深。程正惠公（卓）撰《吴儆行状》称朱熹、张南轩、吕东莱等数十当世学术大师"皆与公友善"。吴儆曾作《尊己堂记》，朱熹读而喜叹："往者张荆州（南轩）、吕著作（东莱）皆称吴邕州（儆）之才，

---

① （嘉庆）《休宁县志》卷21《艺文纪述》。
② 程敏政：《新安文献志》卷69《程知录（洵）传》，弘治三年（1490年）刊本。
③ 程敏政：《新安文献志》卷69《友堂吴先生（昶）小传》，弘治三年（1490年）刊本。

今读其记文,又有见其所存。"①程、吴二人与朱熹可称是学术知己。

自"朱子之学"风行东南,新安理学家大多以研习和传播朱熹学说为己任。如吴昶"终身守其师说,造诣愈深"②。程永奇初从朱熹求学一年,临返,朱熹以"持敬明义"之说勉励。后程永奇临终时,对门人书一"敬"字而逝③,可见其终身不移的信念。

第二,南宋新安理学强调个人品格修养,同时,在民族矛盾和社会矛盾尖锐的状况下,又积极参与政治,深得儒家积极入世的人生要旨。

宋儒讲心性,主张"养心""复性"。新安理学家也强调个人修养。如程洵以"尊德性"为座右铭,程永奇奉"敬"为学问根底。程大昌著有《中庸论》四篇,提出心性修养终极目标及其方法、步骤。朱熹在修养论上,更有完整的体系。但南宋新安理学家与后世迂儒空谈性命义理不同。他们在提倡心性修养的同时,也主张积极入世,参与政治。《大学》所说的诚意、正心、修身、齐家、治国、平天下,在新安理学家看来,其中并无偏废。修身的目的,在治国经世。钱穆先生说:"当知宋学所重,外面看来,好像偏倾在私人的修养,其实他们目光所注,则在全人类、全社会。"④这个评语,对南宋新安理学来说,最是贴切。

如新安理学创始人朱熹,虽"仕于外者仅九考,立于朝者四十日",官运不佳。但他一生始终没有放弃自己的社会责任。早在他18岁参加"乡贡"考试时,"三篇策皆欲为朝廷措置大事"⑤。可见,他年轻时便以措置国家大事为己任。在同安县主簿任上,又是"莅职勤敏,纤悉必亲"⑥。以后,朱熹虽在官场几经沉浮,但对朝廷吏治、经济、和战等事,都提出积极建议。朱熹直面世事的人生观,自非后世空谈性命、不问时事之辈可比。

---

① 程敏政:《新安文献志》卷69《吴儆行状》,弘治三年(1490年)刊本。
② 程敏政:《新安文献志》卷69《友堂吴先生(昶)小传》,弘治三年(1490年)刊本。
③ (嘉庆)《休宁县志》卷12《人物》。
④ 钱穆:《宋明理学概述》,台湾学生书局1977年版,第8页。
⑤ 王懋竑:《朱子年谱》卷1上,粤雅堂丛书本。
⑥ 王懋竑:《朱子年谱》卷1上,粤雅堂丛书本。

又如吴儆，曾历任明州鄞县尉，宣教郎，邕州知州兼广西四路安抚都监，提举钦、廉等州盗贼公事等职。吴氏虽"穷居厄处，抱膝长吟，常以社稷安危为己任"，他的生平志向，便是"得当一面，提精兵数万，必擒颉利以报天子"①。汪莘，嘉定间屏居黄山，应诏"三扣天阍，论天变、人事、民穷、吏污之弊，行师布阵之法"②。可见，他们的目光所注、心意所及，并非只是心性义理，对社稷安危，也是事事关心。

在南宋新安理学家中，以程大昌官职最显，曾历官国子监、礼部、刑部、吏部等部院。他在朝屡次答孝宗顾问，内容涉及治道、守战、世风、刑狱等。他曾历官外省，出任浙东提点刑狱、江东转运副使、江西转运副使等职。大昌自称其志在"兴利除害"③，地方官的生涯，使得他得以直接施展抱负。据周益公（必大）撰《程文简公神道碑》及《宋史·程大昌传》《休宁县志·人物·程大昌》记载，他在地方任上的政绩，一是力拒增加浙东路酒税，发誓"大昌宁罪去，（税）不可增也"。以百姓利益高于自己仕途的荣誉，这在当时"西湖歌舞几时休"的世风中，显示了卓然独立的人格。乾道八年（1172年）江西岁歉，出钱10万余缗，代输赣、吉、临江、南安四郡夏税折帛，减轻百姓负担，缓和地方灾情。二是兴修水利。清江县旧有破坑、桐塘二堰，环江护田及民居，地近2000顷。后堰坏，40年中岁被水患，百姓不得安居。程大昌在江西任上，力复其旧，造福于民。三是为民请命，奏请免税。时江西州县税赋累年积欠，负担沉重。大昌上奏，乞行蠲削。淳熙元年（1174年）冬，孝宗下诏，同意大昌所请，并诏告各路，凡乾道七年、八年（1171、1172年）所欠赋税、丁役及其他钱物并除之。周益公称："公一言，上恩及天下矣！"④程大昌又忧北方外族入侵，社稷危在旦夕，曾著《北边备对》，以求有益于抗战。北方失地后，著《雍录》，叙关中地理形势要胜，以寄恢复之志。

---

① 程敏政：《新安文献志》卷69《吴儆行状》，弘治三年（1490年）刊本。
② 程敏政：《新安文献志》卷87《汪居士（莘）传》，弘治三年（1490年）刊本。
③ 脱脱等：《宋史》卷433《程大昌》，中华书局1985年版。
④ 程敏政：《新安文献志》卷68《程公（大昌）神道碑》，弘治三年（1490年）刊本。

总之,从南宋新安理学家的从政经历及其政绩与对世事的态度上,可以看出,他们已把儒家传统的积极入世人生要旨,融合到自己的立身行事中。这是南宋新安理学的一大特色。

第三,南宋新安理学家深受佛教影响,又将排佛作为己任。这种现象,在宋代理学家中普遍存在,而以新安理学家尤为突出。

佛教自西汉末年传入中国后,以其玄奥精深的教义和慷慨大方的允诺,吸引了苦海中的芸芸众生。南北朝、隋、唐间,佛教大盛,故有韩愈复兴儒学,"抵排异端,攘斥佛老"。源于这种历史背景,张起钧说:"宋明理学(尤其在宋代)一个重要的时代使命便是排佛。"①尽管新安理学家深受佛学影响,如朱熹与园悟、藻光等人来往密切②,汪莘"韬钤之书,释老之典,靡不究习"③等等,但他们始终致力于排斥佛教,肃清其影响,以利理学的传播。

《宋史·朱熹传》记载,朱熹"主泉州同安簿,选邑秀民充弟子员,日与讲说圣贤修己治人之道,禁女妇之为僧"。他在上孝宗书中,称老子、释氏之书"虚无寂灭,非所以贯本末而立大中"④,认为佛老"不足事"⑤,并斥责"禅学悟入乃是心思路绝"⑥,排佛不遗余力。

程大昌自称一生不与"缁黄方技之士"⑦打交道,淳熙二年(1175年),程氏再次入朝为官,首章即反对六和塔寺僧以镇潮为功,免除科徭。并不无讽刺地说:"况自绍兴二十年修塔之后,潮果不啮岸乎?"⑧可知其对佛门的态度。

由于新安理学家的排佛,佛道在新安一直不得势。后人编纂《岩镇志

---

① 张起钧:《宋明理学的时代论衡》,载台湾《文艺复兴杂志》1985年159期。
② (雍正)《崇安县志》卷8《释》。
③ 程敏政:《新安文献志》卷87《汪居士(莘)传》,弘治三年(1490年)刊本。
④ 脱脱等:《宋史》卷429《朱熹传》,中华书局1985年版。
⑤ 程敏政:《新安文献志》卷69《滕公(璘)墓志铭》,弘治三年(1490年)刊本。
⑥ 朱熹:《晦庵集》卷59《答吴斗南》,四库全书本。
⑦ 程大昌:《考古编·序》,丛书集成初编本。
⑧ 程敏政:《新安文献志》卷68《程公(大昌)神道碑》,弘治三年(1490年)刊本。

草》时称："吾里于二氏无大经营。"①说明新安儒风醇厚，佛、道之教，在此难以张扬。《歙事闲谭》也认为，此地"不尚佛老之教"，乃因其为"文公道学之邦"，"其教泽入人深哉"②。

（三）

在南宋新安理学的兴起过程中，朱熹的学说及其学术活动，起着重要作用。一方面，"朱子之学"的创立，使新安理学有了尊奉的宗旨；另一方面，通过朱熹在新安的讲学授徒，确立了南宋时期新安理学学派的阵容。

1. "朱子之学"的创立，使新安理学有了尊奉的宗旨

朱熹是集两宋理学大成的学者，婺源人。朱氏在婺源为著姓，父亲松，字乔年，号韦斋，曾师事洛学传人罗从彦。《朱子年谱》载：熹11岁"受学于家庭"③。因此，朱熹在其父指导下的启蒙教育，深受洛学影响。绍兴十三年（1143年）14岁的朱熹失怙无依，遵父遗命，师事胡原仲、刘致中、刘彦冲三人。朱松称他们"学皆有渊源"④，其实三人学皆不纯，清人全祖望认为"似皆不能不杂于禅"⑤。朱熹受此三人影响，泛滥于诸家，"无所不学，禅、道、文章、《楚辞》、诗、兵法，事事要学，出入时无数文字"⑥。这为朱熹以后创立"朱子之学"博大体系，尊有所归，黜有所据，奠定了坚实基础。绍兴三十年（1160年），已届中年的朱熹再次师从罗从彦弟子李侗，专心于儒学，只看"圣贤言语"⑦。经过李侗指点，朱熹由杂返约，在总结北宋理学的基础上，集诸子大成，创立了"朱子之学"。

---

① 佘华瑞：《岩镇志草·发凡》，雍正十二年(1734年)刊本。
② 许承尧：《歙事闲谭》第18册《歙风俗礼教考》。
③ 王懋竑：《朱子年谱》卷1上，粤雅堂丛书本。
④ 朱熹：《晦庵集》卷90《屏山先生刘公墓表》，四库全书本。
⑤ 黄宗羲原著、全祖望补修：《宋元学案》卷43《刘胡诸儒学案》，中华书局1986年版。
⑥ 黎靖德：《朱子语类》卷104《自论为学工夫》，中华书局1986年版。
⑦ 黎靖德：《朱子语类》卷103《罗氏门人》，中华书局1986年版。

"朱子之学"在本体论、修养论、政治论、认识论等方面,建立了完整的理学体系。《宋史·朱熹传》说:"其为学,大抵穷理以致其知,反躬以践其实,而以居敬为主。"①这种"格物致知"和"居敬"主一的方法与学风,成为朱门历代传授而恭奉不移的心法。

"朱子之学",亦称"闽学",为宋代理学四大家之一。清初张伯行说:"自邹鲁而后,天下言道德学问之所出者,曰濂洛关闽。然集群圣之大成者孔子,而集诸儒之大成者朱子也。"②这就是说,虽"朱子之学"出世最晚,而朱熹的贡献却最大,可与孔子相提并论。与朱熹同时代的人,已将他推崇备至,朱熹及门弟子黄幹称之为"万世宗师"③,稍后的魏了翁在《朱子年谱·序》中称颂朱熹中兴圣贤之学"功不在孟子下"④。朱熹的杰出,在于他所创建的"朱子之学"能够集前代理学之大成,并且定型学说,开启来者。

"朱子之学"博大精深的理学体系的建立,开启了新安理学近700年的学风。宋元明清四朝,新安理学人物辈出,无一不以维护发扬"朱子之学"为己任。后世学者赵汸(东山)在《商山书院学田记》中说,新安之学"一以郡先师子朱子为归。凡六经传注、诸子百氏之书,非经朱子论定者,父兄不以为教,子弟不以为学也。是以朱子之学虽行天下,而讲之熟、说之详、守之固,则惟新安之士为然"⑤。这就是说,朱熹集大成的学说,成为新安理学一以贯之的宗旨。朱熹本人则作为新安理学开创人物备受推崇,被称为"徽国宗主"。

2.言传身教,培养新安弟子,使新安理学蔚成学派

朱熹一生,在政治上并不得意,"自筮仕以至属纩五十年间,历事四朝。仕于外者仅九考,立于朝者四十日"⑥。但是,作为理学集大成人物

---

① 脱脱等:《宋史》卷429《朱熹传》,中华书局1985年版。
② 朱熹:《朱子文集》卷首《张伯行序》,丛书集成初编本。
③ 程敏政:《新安文献志》卷63《朱文公行状》,弘治三年(1490年)刊本。
④ 魏了翁:《鹤山集》卷54《朱文公年谱序》,四库全书本。
⑤ 赵汸:《东山存稿》卷4《商山书院学田记》,四库全书本。
⑥ 程敏政:《新安文献志》卷63《朱文公行状》,弘治三年(1490年)刊本。

和一派宗师，他始终致力于著述与讲学。庆元二年（1196年），选人余嚞上言，乞斩朱熹以绝"伪学"①。即使在这种危难处境下，朱熹依然"日与诸生讲学不休"②，显示了一个大家从容的风度。

由于朱熹孜孜不倦的努力，朱门弟子遍及天下。朱熹去世，送葬弟子竟至千人。据统计，在朱熹《文集》中，与朱熹书信往来的学生有200余人。在《朱子语类》中，姓名可考语录笔录者90多人。③

朱熹虽主要生活在闽地，但对新安故乡眷恋至深。他在作书序、跋和论著中，多署名"新安朱熹"。因新安有紫阳山，故亦常号"朱紫阳"，以寓不忘桑梓之意。他在给新安人汪太初信中表达了思乡之情："顾其心，未尝一日而忘父母之邦也。"④在这种终身不衰的怀乡情绪中，朱熹对新安学风和士人尤为关心。他在《书徽州婺源县〈中庸集解〉板本后》说："熹故县人，尝病乡里晚学见闻单浅，不过溺心于科举程式之习。其秀异者，又颇驰骛乎文字纂组之工而不克专其业于圣门也，是以儒风虽盛而美俗未纯，父子兄弟之间其不能无愧于古者多矣。"⑤朱熹对新安儒风虽盛而不能致力于圣贤之学，深表遗憾。因此，他在两次回婺源省墓时，亲自聚徒讲学，理学在新安由此广为传播。

新安士人从朱熹讲学者甚众。《紫阳书院志》载其高弟子12人：婺源程洵、滕璘、滕珙、李季札，绩溪汪晫，歙县祝穆、吴昶，休宁程先、程永奇、汪莘、许文蔚，祁门谢琎。他们"生于文公之乡，亲受业于文公之门"⑥。许多人在朱熹返闽后，还专程跟随求学。程先"闻晦庵夫子为世儒宗，以扫墓还婺源，担簦见之。夫子示以圣学大要，时先生已七十余，

① 冯琦原编、陈邦瞻增辑：《宋史纪事本末》卷80《道学崇黜》，中华书局1977年版。
② 黄宗羲原著、全祖望补修：《宋元学案》卷48《晦翁学案》，中华书局1986年版。
③ 侯外庐等主编：《宋明理学》卷上第13章《朱熹的理学思想下》，人民出版社1984年版。
④ 程敏政：《新安文献志》卷9《答汪太初书》，弘治三年（1490年）刊本。
⑤ 程敏政：《新安文献志》卷22《朱熹：书徽州婺源县〈中庸集解〉板本后》，弘治三年（1490年）刊本。
⑥ 施璜：《紫阳书院志》卷8《列传》，雍正三年（1725年）刊本。

不能从，遣其子事入闽"①。"其子"即后来成为新安理学前辈人物的程永奇。歙县吴昶曾徒步到福建建安，质疑问经，并得朱熹亲笔《四书注稿》归新安。至于书信往来，求学于朱熹的新安士人，更不在少数。淳熙乙未（二年，1175年），滕璘兄弟"修书辞以请教，先生报书，示以为学之要"②。在《朱文公文集》中，存录了许多朱熹答复新安士人求学的书信。

通过朱熹多种途径的传授，新安学风为之一变。原来醉心于科举功名的新安士人，转而"多明义理之学"③。这些奉"朱子之学"为学术宗旨的新安人士，在新安兴修书院，大倡理学。汪环谷（克宽）说："近代以来，濂洛诸儒先继出，吾邦紫阳夫子集厥大成，揭晦冥之日月，开千载之盲聋。于是六合之广、四海之外，家诵其书，人攻其学。而吾邦儒风之丕振，俊彦之辈出，号称'东南邹鲁'，遐迩宗焉。"④这些"俊彦之辈"能够脱颖而出，使新安以"理学之邦"名世，朱熹之功莫大焉。光绪《婺源县志》说："自唐宋以来，卓行炳文，固不乏人，然未有以理学鸣于世者。至朱子得河洛之心传，以居敬穷理启迪乡人，由是学士争自濯磨，以冀闻道。"⑤这就是说，新安研习理学的风气，实朱熹倡导之所致。

五、试论朱熹在徽州的理学教育活动及其影响

朱熹（1130—1200年）是南宋著名理学家和教育家。他最杰出的贡献在于以孔孟之道为本，援佛道入儒，综罗北宋理学诸家之说，将传统儒学提高到前所未有的哲理化高度，创建了一个完整而系统的理学体系。这一体系被后人称为"朱子学"。朱熹一生重视理学教育，门生弟子数千人，遍及闽中、两浙和江右等南方地区。其中徽州⑥是朱熹开展理学教育活动

① 程敏政：《新安文献志》卷69《东隐程先生（先）墓表》，弘治三年（1490年）刊本。

② 程敏政：《新安文献志》卷22《题晦庵先生真迹后》，弘治三年（1490年）刊本。

③ （弘治）《徽州府志》卷1《风俗》。

④ 程敏政：《新安文献志》卷16《万川家塾记》，弘治三年（1490年）刊本。

⑤ （光绪）《婺源县志》卷3《疆域志·风俗》。

⑥ 徽州旧称新安，历史上辖歙、黟、休宁、祁门、婺源、绩溪六县。

的一个重要地区，该地区因之在其后近700年的历史发展中深深打上了理学的烙印，有"东南邹鲁""理学之邦"的称誉。

在当时南方诸州中，徽州的理学教育之所以受到朱熹的特别关注，是因为朱熹与徽州有着密切的"血缘"关系。

朱熹小名沈郎，小字季延，后字元晦、仲晦，号晦庵。南宋高宗建炎四年（1130年）生于福建南剑（今福建南平）尤溪县城外毓秀峰下郑氏馆舍，故后人称其学为"闽学"。但据有关谱牒记载，朱熹祖籍在徽州婺源，其血脉源于婺源朱氏家族。明嘉靖三十四年（1555年）刊本《朱氏统宗世谱》记载，唐哀帝天佑年间（904—907年），朱瓌（又名古寮，字舜臣）由歙县篁墩迁居婺源，成为婺源朱氏一世祖，后衍为三派，即长田派、溦溪派和阙里派。溦溪派之祖为朱瓌四世孙朱惟甫，惟甫生子振，振生绚，绚生森。朱森生有三男二女，长子名松，字乔年，号韦斋，宋哲宗绍圣四年（1097年）生，是为朱熹父亲。因此，从血缘来看，朱熹实为徽州婺源朱氏九世孙。缘于此故，朱熹对徽州一生眷恋。他在《名堂室记》中称其父朱松"未尝一日而忘归也"[①]，而他自己在作书序、跋和论著中，多署名"新安朱熹"。因徽州有紫阳山，故亦常号"朱紫阳"。在给徽州人汪楚材的信中，朱熹对故乡思念之情的表白更为直接："熹与足下虽得幸同土壤，而自先世流落闽中，以故少得从故里之贤人君子游，顾其心未尝一日而忘父母之邦也。"[②]正是由于朱熹与徽州不同寻常的"血缘"关系，以及朱熹对徽州挥之不去的故乡情结，所以在朱熹的理学教育活动中，徽州成为一个重要地区。

根据相关的史料记载，朱熹针对徽州的理学教育活动，主要通过三条途径进行：

其一，以回徽州扫墓为契机，在徽州讲学授徒，传播理学思想。

据王懋竑《朱子年谱》记载，朱熹曾二度回徽州祭扫祖墓并拜望宗族

---

① 朱熹:《晦庵集》卷78《名堂室记》，四库全书本。
② 朱熹:《晦庵集》卷46《答汪太初》，四库全书本。

长老。①第一次是绍兴二十年（1150年）春，21岁的朱熹回婺源，祭扫祖墓，并拜会当地学者，切磋学问。赵滂《程朱阙里志》中所收《晦庵先生年谱》载其事甚详。②据朱熹《文集》载，此次到婺源祭扫祖墓，朱熹还专门拜会了其父生前的好友余靖，并留下了《谒表伯余宋祐诗》。《晦庵先生年谱》又录朱熹与内弟程洵讨论诗歌创作事，朱熹谓："学者所急，亦不在此。学者之要务，反求诸己而已。《语》《孟》二书，精之熟之，求所以见圣贤用意处，佩服而力持之可也。"③这表明了朱熹的为学主张。第二次回婺源，在淳熙三年（1176年）四月。此次扫墓活动，朱熹遍走山间祖墓，撰写了《祭告远祖墓文》《归新安祭墓文》二文，并重修了《婺源茶院朱氏世谱》。这年朱熹47岁，业已成名。婺源县令张汉借此机会，率诸生请朱熹撰写了《藏书阁记》，朱熹并将程氏《遗书》《外书》《文集》《经说》、司马氏《书仪》、高氏《送终礼》、吕氏《乡仪》《乡约》等书留给学中。徽州学者日执经请问，朱熹随其资质高下，诲诱不倦，至六月初旬始归。朱熹借两次扫墓机会，在徽州积极从事理学教育活动，这是徽州学术发展史上的一件大事。它对朱熹理学思想在徽州的广泛传播，起到了重要的作用。

其二，通过书信答疑，指导徽州学者致力于"圣贤之学"。

面授之外，与徽州学者之间的书信往来，也是朱熹对徽州开展理学教育活动的主要途径之一。有学者统计，在朱熹文集中，与朱熹书信往来的学生有200余人④，其中就包括了徽州籍的学生。我们翻检了徽州方志、徽人文集中的有关传记资料，发现徽州学者通过书信而受朱熹理学教育和影响的人，为数众多。比如，婺源人滕璘（字德粹）、滕珙（字德章）兄弟曾投书朱熹，请教为学之道。朱熹复信说："学者患不知其所归趣，与其

---

① 关于朱熹回徽州的次数，有二次和三次两种说法。两种看法的不同之处，是宋宁宗庆元二年（1196年）朱熹有没有第三次回过徽州。清代朴学大师江永有《郡城天宁寺朱子会讲辨》一文，考证朱熹庆元二年到徽州"事属子虚"。今从其说。

② 赵滂：《程朱阙里志》卷4《实录志》，雍正三年（1725年）重刊本。

③ 赵滂：《程朱阙里志》卷4《实录志》，雍正三年（1725年）重刊本。

④ 侯外庐：《宋明理学史》（上卷），人民出版社1984年版。

所以蔽害之者，是以徘徊歧路而不能得所从入。今足下既知程氏之学不异于孔孟之传，而读其书矣；又知科举之夺志，佛老之殊归，皆不足事，则亦循是而定取舍焉尔，复何疑而千里以问于仆耶。……《论语》一书，圣门亲切之训，程氏之所以教，尤以为先。足下不以余言为不信，则愿自此书始。"①这里，朱熹明确提出了为学之要当先熟读《论语》，并对"科举之夺志，佛老之殊归"表明了自己"皆不足事"的态度。滕氏兄弟获闻朱熹之教，遂专心于《论语》一书，后终成南宋徽州的理学名家。又如婺源学者程洵（字钦国），初尊眉山苏氏，并认为程、苏之道相同。朱熹与他书信辩难数千百言，结果程洵转而致力于《论语》《孟子》和濂洛诸书，剖析推明，入"圣人之学"门槛，得到朱熹的称许。这种书信答疑的方式，成为朱熹对徽州开展理学教育的主要途径之一，由此造就了不少徽州理学的重要代表人物。

其三，将徽州学者召入门下，悉心培养。

朱熹一生重视教育，门下弟子人数众多，遍及天下。而徽州是其开展理学教育活动的重点地区，徽州籍的学者因"血缘""地缘"等多种关系，受到了朱熹格外关注，故入朱门受学者不在少数。比如休宁人程永奇在朱熹回徽州扫墓时，被朱熹收入门下。后朱熹返闽，程永奇侍从朱熹到建安，逾年而返。在朱熹言传身教下，程永奇"所造益邃"，返徽州后以"敬义"名其堂，一时徽州士子从其学者如云。②歙县人祝穆之父是朱熹内弟，祝穆幼失所怙，朱熹遂将他招至"考亭书院"，亲授其学业。歙县人吴昶在朱熹回婺源省墓时，"率先执经馆下，获闻伊洛至论"，成为朱门弟子。后又在朱熹的"寒泉精舍"③，质经问疑，受朱熹学说之嫡传。还有婺源人胡师夔、李季札等，也都先后成为朱熹及门弟子，受到朱熹的悉心栽培。将徽州学者招入门下，亲授其学业，这是朱熹对徽州开展理学教育活动的又一重要途径。

① 朱熹：《晦庵集》卷49《答滕德粹》，四库全书本。
② 程曈：《新安学系录》卷8《程格斋墓志铭》，康熙三十五年（1696年）绿荫园重修本。
③ 程敏政：《新安文献志》卷69《友堂吴先生（昶）小传》，弘治三年（1490年）刊本。

通过以上途径和方式,朱熹在徽州的理学教育活动产生了深远的影响。这种影响主要表现在以下几个方面:

首先,倡导了徽州学者研习理学的风气。

徽州古属越文化圈。《越绝书》说:"锐兵任死,越之常性也。"据方志有关记载,武劲之风是唐以前徽州的普遍风尚。唐朝中叶以后,北方大族不断迁入徽州,带来了中原的儒风,使得徽州"俗益向文雅",出现了重儒的风尚。《歙事闲谭》所说的"武劲之风,盛于梁、陈、隋间,如程忠壮、汪越国,皆以捍卫乡里显。若文艺则振兴于唐宋,如吴少微、舒雅诸前哲,悉著望一时"①,概括了这种由"武"转"文"的风尚变迁。宋室南渡后,徽州地方官绅尤重文教,他们兴建学校和书院,延请名儒讲学,遂致徽人"早夜弦诵,洋洋秩秩,有洙泗之风"②,并由此奠定了徽州成为"人文渊薮"的基础。

不过,在朱熹入徽讲学及开展理学教育活动之前,徽州人文虽盛,但学者所学,偏倾在科举一途。其中原因,主要是隋唐确立了科举考试制度后,该制度成为中国封建社会后期历朝历代选拔人才和官员的一项最重要的制度。学者入仕,科考是最基本的途径。因此,天下学者群起追逐,而流风所至,徽州学者自然不能例外。科举考试的"科考程式"或称"举子尺度",与理学家治学的内容和方式存在着相当的距离,尤其是元代以前,两者之间的差异甚大。故学者所学若偏倾在科举程式,则于理学之学问往往无暇顾及;反之亦然。宋代,虽然有些学者可以在这两方面兼下功夫,但对多数读书人来说,这是非此即彼的选择。

朱熹对徽州学者及其学风非常关注,也注意到了他们的选择。他在《书徽州婺源县〈中庸集解〉板本后》中说:"熹故县人,尝病乡里晚学见闻单浅,不过溺心于科举程式之习。其秀异者,又颇驰骛乎文字纂组之工而不克专其业于圣门也,是以儒风虽盛而美俗未纯,父子兄弟之间其不能

---

① 许承尧:《歙事闲谭》卷18《歙风俗礼教考》。
② (嘉庆)《休宁县志》卷21《艺文纪述》。

无愧于古者多矣。"①就是说,徽州虽然儒风甚盛,但当时学者多浸润于科举程式而不能致力"圣贤之学",在朱熹看来,此等学风,有愧于"圣门"。所以朱熹希望通过在徽州的理学教育活动,倡导研习理学之风。

就朱熹理学教育活动的影响和结果来看,通过朱熹多种途径的传授,徽州学风确实为之一变。原来醉心于科举功名的徽州士人,转而"多明义理之学"②。这些奉朱子之学为学术宗旨的徽州士人,在徽州兴修书院,大倡理学。汪环谷(克宽)说:"近代以来,濂洛诸儒先继出,吾邦紫阳夫子集厥大成,揭晦冥之日月,开千载之盲聋。于是六合之广、四海之外,家诵其书,人攻其学。而吾邦儒风之丕振,俊彦之辈出,号称'东南邹鲁',遐迩宗焉。"③这些"俊彦之辈"能够脱颖而出,使徽州以"理学之邦"名世,朱熹之功莫大焉。光绪《婺源县志》说:"自唐宋以来,卓行炳文,固不乏人,然未有以理学鸣于世者。至朱子得河洛之心传,以居敬穷理启迪乡人,由是学士各自濯磨,以冀闻道。"④这就是说,徽州研习理学的风气,实由朱熹倡导之所致。这是朱熹在徽州开展理学教育活动的重要影响之一。

其次,培养了一批徽州籍的理学家。

朱熹在徽州的理学教育活动,以培养学术人才为中心目标。围绕这一目标,朱熹采取了面授讲学、书信指导、召入门下等多种培养方式和途径,造就了一批徽州理学名家。《紫阳书院志》说:"文公归里,乡先正受学者甚众。今论定高第弟子十二人,列于从祀。"⑤该书论定的徽州朱门"高第弟子"12人分别是:

程洵,字钦国,更字允夫,号克庵,婺源人。著有《尊德性斋集》10卷,朱熹称其"意格超迈,程度精当",周益公为之作序曰"议论平正,

---

① 程敏政:《新安文献志》卷22《书徽州婺源县〈中庸集解〉板本后》,弘治三年(1490年)刊本。

② (弘治)《徽州府志》卷1《州郡·风俗》。

③ 程敏政:《新安文献志》卷16《万川家塾记》,弘治三年(1490年)刊本。

④ (光绪)《婺源县志》卷3《疆域志·风俗》。

⑤ 施璜:《紫阳书院志》卷8《列传》,雍正三年(1725年)刊本。

辞气和粹"①。

滕璘，字德粹，学者称溪斋先生，婺源人。淳熙八年（1181年）科举及第，调鄞县尉，教授鄂州。后在绍兴、庆元、福建等地做过地方小官。著有《溪斋类稿》。

滕琪，字德章，学者称蒙斋先生，为滕璘之弟。婺源人。淳熙十四年（1187年）考中进士，授旌德县主簿，后知合肥县，先兄滕璘而卒。乾道、淳熙年间，朱熹讲学东南，学者云集，滕琪与其兄滕璘致书问学于朱熹，朱熹告以为学之要当先熟读《论语》。著有《蒙斋集》。

李季札，字季子，号明斋，婺源人。朱熹自福建还婺源，季札师事之，遂成为朱门弟子。著有《明斋蛙见录》《仁说》《近思续录》《字训续录》《会遇集》《家塾记闻》等。池州所刊《朱子语录》34卷，第16卷为季札所记。

汪晫，字处微，绩溪人。一生厌倦科举，结庐山谷中，读书自娱。曾搜集经传，编成《曾子子思子全书》，受到时人推许。

祝穆，字和甫，歙县人。父亲康国为朱熹内弟，祝穆遂与弟从居崇安，师事朱熹。有《事文类聚》《方舆胜览》等著作传世。

吴昶，字叔夏，歙县人。少时刻意为学，博通五经。淳熙年间朱熹扫墓归婺源，吴昶悟俗学之陋，率先执经馆下，获闻伊洛至论。后徒步走朱熹"寒泉精舍"，就正所学，得朱熹嫡传。著有《易论》及《书说》8卷、《史评》7卷、《诗文》50卷。

程先，字传之，休宁人。朱熹扫墓还婺源，程先往见，得朱熹所传为学之要。时程先年已七十，不能跟随求学，遂遣其子程永奇师事朱熹入闽。

程永奇，字次卿，休宁人。曾师事朱熹入闽，返徽州后隐居乡间，传授朱子学说。著作有《六经疑义》24卷、《四书疑义》10卷、《中和考》3卷、《朱子语粹》10卷，又以《明道定性说》《伊川好学论》当与《太极图

① 程曈:《新安学系录》卷7《程克庵传》,康熙三十五年（1696年）绿荫园重修本。

说》《西铭》并行，各为之注释1卷。所著诗文集曰《格斋稿》。

汪莘，字叔耕，休宁人。嘉定年间，屏居黄山，三上宋宁宗书，极论"天变、人事、民穷、吏污之弊，行师布阵之法"。曾筑室柳溪之上，自号方壶居士，有《柳溪诗词》传世。

许文蔚，字衡甫，休宁人。曾从朱熹游，学术出于朱熹一脉。历任国子博士、太常博士、秘书郎、著作郎兼权兵部郎官等职，人称其"五十年官学之积，委诸橐中，居乏寸椽，耕无尺地"，是一个典型的清官。

谢琏，字公玉，祁门人。宝庆二年（1226年），授迪功郎、龚州助教。曾从朱熹讲性命之旨，因入朱熹之门。史称其"言行醇正，为时名儒"。去世后留有《语录》《日录》若干卷。

按照《紫阳书院志》编撰者的看法，以上诸人"生文公之乡，亲受业于文公之门"，是从学于朱熹的新安士人中的佼佼者。据笔者对相关文献的检索、爬梳，直接在朱熹门下受学而学有所成的徽州籍理学家，有20人左右，并且这一人数还不包括受朱熹理学教育影响而为朱熹私淑弟子的徽州学者。因此在培养和造就徽州籍理学家方面，朱熹理学教育活动的成效与影响非常显著。这批因朱熹的理学教育活动而涌现的学者，构成了南宋徽州理学家群的主体。他们环护在朱熹周围，倡导理学，传授朱熹学说，奠定了具有地域特色且在中国学术史上影响深远的徽州理学流派（"新安理学"）之基础。

最后，确立了朱子学在徽州的学术主流地位。

南宋理学，有朱子学和陆九渊"心学"之分，这是宋代学术思想史上客观存在的事实，也是学术思想史研究者的共识。虽然历史上有些"和会朱陆"的学者提出，朱熹与陆九渊"同是尧舜，同非桀纣，同尊周孔，同排释老，同以天理为公，同以人欲为私，大本达道，无有不同者"[①]，本质上并没有区别；但是两人在学问功夫上的差异，包括"和会朱陆"的学者在内都是不否认的。因此，南宋以降，学术史上一直存在朱熹与陆九渊

---

① 郑玉：《师山集》卷3《送葛子熙之武昌学录序》，四库全书本。

的门户之别，不同地区也有"宗朱"或"宗陆"的差异。朱熹在徽州开展的理学教育活动，产生的直接影响之一就是确立了朱子学在徽州的学术主流地位，且该状况一直与徽州理学学派近700年的发展相始终。

就南宋时期徽州理学的主要代表人物来看，我们大致可以分其为两类：一是朱熹学生，且多为及门弟子，如程洵、吴昶、程永奇等，曾先后执经馆下，受学于朱熹，为朱门嫡出；二是朱熹的学术酬唱之友，如程大昌、吴儆等。由于受到朱熹理学教育活动的影响，无论是门下弟子，还是学术挚友，都尊奉或倡导朱子之学。比如程洵，一生坚守朱熹学说，深得其精髓。据称，他在衡阳簿任上时，"士友云集"，号称"登其门者，如出文公（朱熹）之门"[①]。由此可知其抱守朱子学的学术宗旨。再如吴昶，"终身守其师说，造诣愈深"，也是朱子学的忠实信徒。还有程永奇，离开福建返回徽州时，朱熹以"持敬明义"之说鼓励。后程永奇临终，对门人书一"敬"字而逝。可见这些徽州弟子学术之循规蹈矩，不偏朱子学之心法。而与朱熹为学术知己的程大昌、吴儆等人，其理学思想与朱子之学具有共通之处。因此，南宋时期的徽州，朱子学的学术主流地位非常明显。这种状况的出现，与朱熹针对徽州开展的理学教育活动是分不开的。

值得一提的是，由朱熹确立的朱子学在徽州的学术主流地位，一直延续600多年而未改。元代，尽管由于学术环境的变化，朱子学在全国范围内的发展面临诸多危机，以致"异论"纷出，朱门"再传能不失真者，则已寡矣"[②]。但元代的徽州理学家们以朱子学的卫道者自居，他们坚持维护朱子学的纯洁性，将排斥"异论"、发明朱子学本旨作为学术研究的重心，朱子学在徽州一统天下的局面仍未改变。明初徽州的学术思想主流还是朱子学，汪仁峰（循）曾说："元季国初之间，在休则陈定宇（栎）、倪道川（士毅）、朱枫林（升）、赵东山（汸）、朱石门（同）、范云溪（准）诸先生，其选也，始以朱子之乡，观望而起，于是师友渊源，英贤辈出；而其所以为学，皆务淑诸身心，尊乎德性，言必有裨于师训，行必取法乎

① 程敏政：《新安文献志》卷69《程知录（洵）传》，弘治三年（1490年）刊本。
② 程敏政：《篁墩文集》卷17《定宇先生祠堂记》，四库全书本。

古人。"①这里，汪氏一是表彰陈栎等人都是元末明初的徽州理学名儒，二则指明了陈栎等人的学术基本倾向，揭示了徽州理学在明前期作为朱子学分支的本色。因此，自南宋至明初，朱子学在徽州占据了绝对的主流地位。正如当时徽州著名理学家赵汸在《商山书院学田记》中说：徽州学术"一以郡先师子朱子为归，凡六经传注、诸子百氏之书，非经朱子论定者，父兄不以为教，子弟不以为学也。是以朱子之学虽行天下，而讲之熟、说之详、守之固，则惟新安之士为然"②。明代中后期，由于湛若水和王阳明"心学"在徽州的传播和影响，徽州有不少学者信奉"心学"，但朱子学在徽州仍然占据了重要的地位。③可以说，由朱熹通过理学教育活动而确立的朱子学在徽州的学术主流地位，伴随徽州理学发展的诸阶段而不易，成为该学派重要的特色之一。

从总体来看，朱熹在徽州的理学教育活动，形式多样，影响深远。南宋之后，徽州发展成为朱子学的重镇，徽州理学自成一派，并深刻影响12世纪以后中国哲学史和学术思想史的发展演变，莫不与此密切相关。

六、宋元之交与元代的新安理学

缘乎学术与历史背景，南宋时期新安理学已蔚然成派。④宋元之交及有元之世，"朱子之学"及其面临的环境，已迥然异乎前代。因此，以固守"朱子之学"为宗旨的新安理学，也与早期有着明显不同。我们将宋元之交与元代，视为新安理学发展的第二时期。

(一)朱熹之后的"朱子之学"

朱熹在世时，曾为理学争地位而与一些名儒权势进行艰苦卓绝的辩

---

① 施璜：《还古书院志》卷7《朱石门先生》，道光二十三年(1843年)刊本。
② 赵汸：《东山存稿》卷4《商山书院学田记》，四库全书本。
③ 周晓光：《明代中后期心学在徽州的传播和影响》，载《安徽史学》2003年第5期。
④ 周晓光：《南宋新安理学略论》，载《徽州社会科学》1989年第4期。

争。其间,"朱子之学"几度沉浮。①庆元二年(1196年),端明殿学士叶翥知贡举。他们主持的科举考试,凡涉有程朱学说者,一概"黜落"②。庆元六年(1200年),朱熹去世,宁宗听从大臣言,诏令朱门弟子不得为之送葬。③可知当时"朱子之学"与朱门弟子备受压制。

理宗即位后,理学绝处逢生。淳祐元年(1241年)朝廷下诏推崇二程、朱熹等理学大师,称朱熹之书"有补于治道"④。周敦颐、二程、张载、朱熹等人先后封伯封公,从祀孔庙。理学成为钦定哲学。这时距朱熹去世整整40年。此后朱熹地位扶摇直上,"朱子之学"在钦定哲学中又居于显赫地位。

入元之后,"朱子之学"被"定为国是,学者尊信,无敢疑贰"⑤。仁宗皇庆二年(1313年),朝廷定科举取士之法,第一、第二场考题都限用朱子《四书集注》⑥,并且规定,考生答题时,必须以程朱学说为指导思想,"设科取士,非朱子之说者不用"⑦。元代"朱子之学"成为猎取功名利禄的阶梯。

然而,在此时期内,"朱子之学"本身却未能光大发扬。揭文安公(傒斯)称:"圣人之学至新安子朱子广大悉备。朱子既殁,天下学士群起著书,一得一失,各立门户,争奇取异,附会缴绕,使朱子之学翳然以昏然。"⑧这就是说,朱熹之后,因朱门弟子体会不同,"朱子之学"的真谛已难以明了。朱门弟子中,如董梦程、黄鼎等人,将朱熹体验"天理"的方法"读书博览",视为学问大端,其成就不免"流为训诂之学"⑨,从而

---

① 陈邦瞻:《宋史纪事本末》卷78、80《孝宗朝廷议》《道学崇黜》,中华书局1977年版。

② 毕沅:《续资治通鉴》卷154,中华书局1979年版。

③ 脱脱等:《宋史》卷429《朱熹传》,中华书局1985年版。

④ 毕沅:《续资治通鉴》卷164,中华书局1979年版。

⑤ 虞集:《道园学古录》卷39《跋济宁李璋所刻九经四书》,四库全书本。

⑥ 陈邦瞻:《元史纪事本末》卷8《科举学校之制》;宋濂等:《元史》卷81《选举》。

⑦ (乾隆)《上饶县志》卷15《儒林一》。

⑧ 程瞳:《新安学系录》卷12《陈定宇墓志铭》,康熙三十五年(1696年)绿荫园重修本。

⑨ 黄宗羲原著、全祖望补修:《宋元学案》卷89《介轩学案》,中华书局1986年版。

背离了专事义理的"朱子之学"师法。同其流者，还有陈淳、王柏及朱熹裔孙朱小翁（芮）等。

朱门弟子中，也有"专事义理"的人物，但他们又不能严守师法。从朱熹高足黄幹门下的饶鲁到吴澄，虽事于义理，但其学"多不同于朱子"①。詹初、曹建、汤巾、汤汉等朱门弟子，又徘徊于朱陆之间，惘然无所归。朱门"北山"何基一支，只能"熟读四书而已"②；"东发"黄震一支，"解说经义，或引诸家以翼朱子，或舍朱子而取诸家，亦不坚持门户"③。一时朱门状况，诚如程篁墩所说："再传能不失真者，则已寡矣。"④

总之，朱熹之后的"朱子之学"，一方面被朝廷立为"显学"，成为士人思想指南；同时，就其发展来看，则已有蜕化现象。在这种学术背景下，以固守"朱子之学"为宗旨的新安理学，所肩负的时代使命，便是订正"异论"，发明"朱子之学"本旨。

（二）宋元之交与元代新安理学的代表人物

赵汸撰《汪古逸行状》中谓："新安自朱子后，儒学之盛称天下，号'东南邹鲁'。宋亡，老儒犹数十人，其学一以朱子为宗。其议论风旨，足以师表后来，其文采词华，皆足以焜煌一世。"⑤这就是说，由宋入元，在"朱子之学"渐趋隐晦时，新安不为时风所动摇，仍以"朱子为宗"，显示出新安理学鲜明的学派特色。而且，这数十"老儒"并非鹦鹉学舌之辈。他们的学术与风采，"皆足以师表后来"，在发明"朱子之学"本旨方面可称得上学有心得。其中代表人物及其弟子有：

程若庸，字达原，号勿斋，又号徽庵，休宁汉川人，宋咸淳四年

---

① 黄宗羲原著、全祖望补修：《宋元学案》卷92《双峰学案》，中华书局1986年版。

② 黄宗羲原著、全祖望补修：《宋元学案》卷82《北山四先生学案》，中华书局1986年版。

③ 永瑢等：《四库全书总目》卷92《子部·儒家类》，中华书局1965年版。

④ 程瞳：《新安学系录》卷12《陈定宇遗事》，康熙三十五年（1696年）绿荫园重修本。

⑤ 程瞳：《新安学系录》卷13《汪古逸行状》，康熙三十五年（1696年）绿荫园重修本。

（1268年）进士。鹤林罗大经谓其"生徽公之乡，寝饭徽公之四书，充然有得"①。后又师事饶鲁及沈毅斋。可知，程氏学术，出自朱熹正传。他一生致力讲学，先后为湖州安定书院山长、抚州临汝书院山长、福建武夷书院山长。方志称他"屡主师席，及门之士最盛"②。范元奕、金若洙、吴锡畴及外郡的吴澄等人，都是若庸门下弟子中的佼佼者。

若庸学本"朱子之学"。同郡陈定宇（栎）称，"学朱子之学而精到似程勿斋甚少"③，将他推为当时朱学大师。若庸讲学，以"朱子之学授诸生"，不出师门规矩。曾应邀去临汝书院，专门讲说"朱子之学"④，培养朱学弟子。著有《性理字训讲义》百篇及《太极图说》《近思录》注释、《洪范图说》等书。若庸去世后，入祀乡贤祠。⑤明代万历年间，休宁建"理学名儒"九贤坊，若庸紧随前辈大师吴儆之后。

吴锡畴（1214—1276年），字元范（后更字元伦），号兰皋子，休宁人。为南宋理学名家吴儆之孙。初事科举不第，30岁后弃举子业，"究心家学"⑥。又师从乡儒程若庸，"研核性命之赜，上探考亭（朱熹）之绪"，为发明"朱子之学"本旨殚思极虑。咸淳间，被聘为白鹿洞书院堂长，不赴。著有《兰皋集》并讲义若干篇。

锡畴之子浩，字义夫，号直轩。宋亡后隐居不仕，得家学渊源，"专务性理之学"⑦。著有《大学口义》。

许月卿（1216—1286年），字太空，后字宋士，时人称山屋先生，婺源人。年十五从董梦程（介轩）游。董氏乃朱熹门人程正思（端蒙）的高足，可知月卿实得"朱子之学"的嫡传。嘉熙四年（1240年）以易学魁江东，开始登上仕途。月卿一生著述累数十余万言，但当时已大多散佚，十

---

① 程瞳：《新安学系录》卷9《程徽庵遗事》，康熙三十五年（1696年）绿荫园重修本。
② （嘉庆）《休宁县志》卷12《人物》。
③ 程瞳：《新安学系录》卷9《程徽庵遗事》，康熙三十五年（1696年）绿荫园重修本。
④ 程瞳：《新安学系录》卷9《程徽庵遗事》，康熙三十五年（1696年）绿荫园重修本。
⑤ （嘉庆）《休宁县志》卷3《祠祀》。
⑥ 程瞳：《新安学系录》卷9《吴兰皋传》，康熙三十五年（1696年）绿荫园重修本。
⑦ （嘉庆）《休宁县志》卷12《人物》。

不存二。他的学术主要在于订正时人偏误。如当时人多以"敬"训"诚"。月卿本于易学，用乾实坤虚阐发"敬""诚"之义。程前村（直方）称之为"融贯理义，横探直取，无所不合"①。同时，他也疏证"朱子之学"原委。月卿在江西临汝书院讲《中庸》首章三句时，指出朱熹所讲"阴阳五行之气，健顺五常之理"，本于汉儒郑氏（玄）所注"木神则仁、金神则义、火神则礼、水神则智、土神则信"。因此，月卿认为，水火木金土是"气"，仁义礼智信是"理"，而有"神"之一字贯穿其间。"理"是形而上者，"气"是形而下者，而神则在上下之间。理不离乎气，气不外乎理，而有"神"贯乎理气之间。"朱子之学"中的重要命题理、气关系至此可称清晰明了。所以，有人称赞月卿"真能发先儒未发之蕴"②。从中可见，新安理学家阐扬"朱子之学"并不是援异论以标新，而是本于"朱子之学"，从它的内部来发掘，从而沿着朱学的途径，登堂入奥，阐幽发微。

胡允，字方平，号潜斋，婺源人。曾伯祖昂与朱熹父亲松（韦斋）有"同邑、同年"之好。曾祖溢也交于韦斋，获闻"河洛之学"，与朱熹"世好"。可见，方平家学，与"朱子之学"渊源很深。他本人则在早年受《易》于董梦程，又师事沈毅斋（贵瑶），成为朱门三传弟子。方平"研精易旨，沉潜反复二十余年"③，务在阐发"朱子之学"本旨。朱熹著有《易本义》一书，并谓"开卷之初，先有一重象数，而后《易》可读"。方平因此而著《〈易本义〉启蒙通释》二卷，又《外翼》四卷，"其始明象数"，为学者读朱熹《易本义》而设。新安理学家为帮助学者入朱学之门，用心之良苦，可见一斑。

胡一桂（1246—?），字廷芳，方平之子。居室前有两小湖，因自号双湖居士，学者称双湖先生。一桂"五六岁而读父书"④，深受家学熏陶。

① 程曈:《新安学系录》卷9《许山屋遗事》,康熙三十五年(1696年)绿荫园重修本。
② 程曈:《新安学系录》卷9《许山屋遗事》,康熙三十五年(1696年)绿荫园重修本。
③ 赵吉士:《寄园寄所寄》卷11《泛叶寄》,康熙刊本。
④ 程曈:《新安学系录》卷11《胡双湖遗事》,康熙三十五年(1696年)绿荫园重修本。

景定五年（1264年），年十八领乡荐，试礼部不第。退而讲学，远近师之。《续通鉴纲目》称他与休宁陈栎"皆以讲明道学见重于时"①。一桂与建安熊去非（禾）为"道义相交"②。熊氏称一桂"学自朱子，而尤精于易"③。可知一桂已得家学易传，以治《易》为学术特点，而学本朱熹。著有《〈易本义〉附录纂疏》，"疏朱子之言"④。陈定宇称是书"海内广传"⑤，可知影响不小。胡氏父子两代先后以《启蒙通释》与《附录纂疏》，辅翼朱熹《易本义》，发明"朱子之学"要旨，在元代朱熹学说日渐蜕化的情形下，可谓是朱子功臣。一桂又有《诗传附录纂疏》，也是在"明晦翁《诗》"⑥。另有《十七史纂》《人伦事鉴》《历代编年》等行世。

黄智孙，字常甫，休宁人，生活在宋宝庆到元至元年间，师从婺源滕和叔、文叔。二滕在新安"讲明理学，户外之履常满"⑦。其先人滕璘、滕珙为朱熹高弟。因此，智孙学术原委，也出自朱门。景定五年（1264年），由郡庠贡京师入太学。时太学生多以辞藻为工，时文相角，独智孙"用心于朱氏之学"⑧。程苟轩（龙）称"常甫操履笃实，议论纯正"，能"固守紫阳之传而不失"⑨。陈栎等新安理学中坚人物，都曾拜在黄氏门下。著有《易经要旨》10卷、《春秋三传会要》30卷、《草窗集》8卷、《四书讲义》200篇。

程逢午（1236—1303年），字叔信，休宁汉口人。宋宝祐、咸淳中两

---

① 程瞳:《新安学系录》卷11《胡双湖遗事》，康熙三十五年(1696年)绿荫园重修本。
② 程瞳:《新安学系录》卷11《胡双湖遗事》，康熙三十五年(1696年)绿荫园重修本。
③ 程瞳:《新安学系录》卷11《胡双湖遗事》，康熙三十五年(1696年)绿荫园重修本。
④ 程瞳:《新安学系录》卷11《胡双湖传》，康熙三十五年(1696年)绿荫园重修本。
⑤ 程瞳:《新安学系录》卷11《祭文》，康熙三十五年(1696年)绿荫园重修本。
⑥ 程瞳:《新安学系录》卷11《祭文》，康熙三十五年(1696年)绿荫园重修本。
⑦ 程瞳:《新安学系录》卷10《黄草窗行实略》，康熙三十五年(1696年)绿荫园重修本。
⑧ 程瞳:《新安学系录》卷10《黄草窗行实略》，康熙三十五年(1696年)绿荫园重修本。
⑨ 程瞳:《新安学系录》卷10《黄草窗遗事》，康熙三十五年(1696年)绿荫园重修本。

举不第，遂弃举子业，与"族父若庸讲明正学"①。逢午长在紫阳之邦，"生犹及接识诸老，习闻绪论，朝订暮考，得其指归"②。当知逢午学术，也深受"朱子之学"影响。邓文肃公（文原）称"其说本之朱先生，而言外不传之妙则心得之也"③，则逢午于朱熹学说，实也有发明处。元贞二年（1296年），为紫阳书院山长，著有《中庸讲义》3卷，又辑录《语录》"猎而贯之"④。引朱熹之语疏朱熹之学说，务在得"朱子之学"本旨。赵东山（汸）推崇逢午"益畅朱子之旨以为教学者，多所发焉"⑤。

陈栎（1253—1334年），字寿翁，自号东阜老人，学者称定宇先生。休宁滕溪人。师事黄常甫，故栎学"以朱子为归"⑥。汪古逸（炎昶）称其所学"精深且醇正"⑦。定宇因惧朱熹之后，诸家之说乱"朱子之学"本真，乃著《四书发明》《书传纂疏》《礼记集成》《论孟训蒙》《口义书解》《深衣说》《读易编》《读诗记》《六典撮要》《三传集注》《增广通略》等书，"凡诸儒之说，有畔于朱氏者刊而去之，其微辞隐义引而申之，而其未备者，复为书以补其阙，于是朱子之说复明于世"⑧。定宇所从事的这种工作，正是此期新安理学家致力的方向，而定宇成就为大。他学"不为空言。凡著书要必有补于道"⑨，因此能"远尾濂洛而近肩紫阳"⑩。赵吉士称他为"朱子功臣"⑪。明代纂修《四书大全》，引定宇之说颇多。

胡炳文，字仲虎，婺源人，学者称云峰先生。稍长，"笃志朱子之

① （康熙）《徽州府志》卷15《绩学传》。

② 程瞳：《新安学系录》卷10《程教授墓志铭》，康熙三十五年（1696年）绿荫园重修本。

③ 程瞳：《新安学系录》卷10《程教授墓志铭》，康熙三十五年（1696年）绿荫园重修本。

④ 程瞳：《新安学系录》卷10《程逢午遗事》，康熙三十五年（1696年）绿荫园重修本。

⑤ 程瞳：《新安学系录》卷10《程逢午遗事》，康熙三十五年（1696年）绿荫园重修本。

⑥ 程敏政：《新安文献志》卷71《定宇陈先生（栎）墓志铭》，弘治三年（1490年）刊本。

⑦ 程瞳：《新安学系录》卷12《行状略》，康熙三十五年（1696年）绿荫园重修本。

⑧ （嘉庆）《休宁县志》卷12《人物》。

⑨ 程瞳：《新安学系录》卷12《陈定宇遗事》，康熙三十五年（1696年）绿荫园重修本。

⑩ 程瞳：《新安学系录》卷12《陈定宇遗事》，康熙三十五年（1696年）绿荫园重修本。

⑪ 赵吉士：《寄园寄所寄》卷11《泛叶寄》，康熙刊本。

学"①，以易名家。"东南学者宗之"②。曾任信州道一书院山长、新安明经书院山长。与倡"晦庵之学"的吴澄有过往来。晦翁之后，"学者载其书于四方，更传递授，源远益分"③。馀干饶鲁之学，本出朱熹，但"其为说多与朱子牴牾"④。云峰以订正"异论"自任，著《四书通》，深正其非。"戾于朱子者，删而去之。有所发挥者，则附己说于后。如谱昭穆，以正百世不迁之宗"⑤。这就是说，云峰的《四书通》，功在析明"朱子之学"本旨，不使他说乱真。而且，将己说附于后，"往往发其未尽之蕴"⑥。又著有《易本义通》《性理及朱子启蒙》《易五赞通释》《春秋集解》《礼书纂述》《大学指掌图》《四书辨疑》《五经今意》《尔雅韵语》等书。海陵储瓘称其著述"羽翼晦庵之说，会同辨异，卓然成一家言"⑦。因此，《寄园寄所寄》表彰他与双湖先生"俱能力肩正学，有功后进"⑧。

程复心（1256—1340年），字子见，号林隐，婺源人，师事朱熹从孙洪范，又与胡云峰为学友，由此登"朱子之学"奥堂。中年后，用力更深。邓文肃公称："子见白首穷理，于朱子之学若饥之于食，渴之于饮，寒暑之于裘葛，昼不舍而夜不辍。"⑨身心浸润其间，无意仕进。因惧当时学者"务以谀闻破碎大道，或掇拾一二妄肆诋毁"⑩，于是站在卫道立场，取朱熹《论语》《孟子》集注，《大学》《中庸》章句之说，"随义立例，章为之图，以究朱子为书之旨"。经30余年书始成，名曰《四书章图》。是书

---

① 程曈：《新安学系录》卷12《胡云峰传》，康熙三十五年（1696年）绿荫园重修本。
② 程曈：《新安学系录》卷12《胡云峰遗事》，康熙三十五年（1696年）绿荫园重修本。
③ 程曈：《新安学系录》卷12《胡云峰遗事》，康熙三十五年（1696年）绿荫园重修本。
④ 程曈：《新安学系录》卷12《胡云峰传》，康熙三十五年（1696年）绿荫园重修本。
⑤ 程曈：《新安学系录》卷12《胡云峰遗事》，康熙三十五年（1696年）绿荫园重修本。
⑥ 程曈：《新安学系录》卷12《胡云峰传》，康熙三十五年（1696年）绿荫园重修本。
⑦ 程曈：《新安学系录》卷12《胡云峰遗事》，康熙三十五年（1696年）绿荫园重修本。
⑧ 赵吉士：《寄园寄所寄》卷11《泛叶寄》，康熙刊本。
⑨ 程曈：《新安学系录》卷12《程林隐遗事》，康熙三十五年（1696年）绿荫园重修本。
⑩ 程曈：《新安学系录》卷12《程林隐遗事》，康熙三十五年（1696年）绿荫园重修本。

"究考亭之微言"①，又"间出己见以发明文公未尽之说"②，学士李本称"其有功于道学，非小补矣"③。又取《纂疏》《语录》等书，"参订异同，增损详略"④，编为《纂释》20卷。其中称《大学》言"心"而不言"性"，《中庸》言"性"而不言"心"，《论语》专言"仁"，《孟子》专言"义"，确能"发明濂洛诸儒未尽之旨"⑤，有补"朱子之学"。

宋末及元代，真正不为科举功名计而醉心于义理的士人，为数不多。胡云峰给汪古逸信中说："年来老成凋谢，时文愈盛，而古学寝衰……浓郁于文公之学者，百无一二。"⑥新安在此期却能够涌现出大批学者，不为科举，不为仕进，只是有志于阐发"朱子之学"，订正"异论"，可知新安理学人才鼎盛，学派兴旺。上列人物，是这个时期新安理学的佼佼者。其他如倪士毅（字仲弘）、程显道（字元吉）、吴霞举（字孟阳）、汪炎昶（字懋远）、程荣秀（字孟敷）、吴彬（字仲文）等人，也在不同方面对"朱子之学"作出了不同贡献。

（三）宋元之交与元代新安理学特点

如前所述，朱熹之后，"朱子之学"发展有两个趋向。一是因为"朱子之学"被定为科举程式，所以士人大多将它视为获取功名的敲门砖。他们死抱一字一义的说教，真正学有心得者，却寥寥无几。二是朱学的传人，基于各自的学识经历等，各持一端，致使"异论"纷出，乱"朱子之学"本旨。因此，在这种学术背景下，以固守朱熹学说为宗旨的新安理学的一个显著的特点，就是维护"朱子之学"的纯洁性，将排斥"异论"、发明"朱子之学"本旨作为学术研究的重心。为此，他们做了两方面的工作。

---

① 程瞳：《新安学系录》卷12《程林隐遗事》，康熙三十五年（1696年）绿荫园重修本。
② 程瞳：《新安学系录》卷12《程林隐遗事》，康熙三十五年（1696年）绿荫园重修本。
③ 程瞳：《新安学系录》卷12《程林隐遗事》，康熙三十五年（1696年）绿荫园重修本。
④ 程瞳：《新安学系录》卷12《邵从仕·荐状》，康熙三十五年（1696年）绿荫园重修本。
⑤ 程瞳：《新安学系录》卷12《程林隐传》，康熙三十五年（1696年）绿荫园重修本。
⑥ 程瞳：《新安学系录》卷13《汪古逸遗事》，康熙三十五年（1696年）绿荫园重修本。

　　首先，凡诸儒之说，有悖于"朱子之学"者，或订正其偏误，或者干脆刊而去之。陈定宇（栎）的《四书发明》《书传纂疏》《三传集注》便是此类著作。胡云峰（炳文）的《四书通》则专门为纠正馀干饶鲁之学而作。这些著作作风泼辣，直抵时人谬误，取舍之间，惟以"朱子之学"本旨为归。此外，如吴师道（字正传，婺源人）"务在发挥义理，而以辟异端为先务"①；程复心《纂释》等书，"辨证同异，增损详略"，以发明"修、齐、治、平之要旨"②；程显道作《孝经衍义》"辨析该贯，殊得其说"③；陈定宇得意门生吴彬辨朱熹"四游升降"之说为朱氏门人所记之误。④诸如此类，当时的新安理学家，对诸儒"异说"掀起了围攻浪潮，以此作为他们维护"朱子之学"纯洁性的一翼。

　　其次，凡"朱子之学"中的微词隐义，引而申之。其所未备者，补而益之。新安理学家力求"朱子之学"的正确阐发，使各家"异说"不攻自破，从而在另一翼维护了"朱子之学"的纯洁性。

　　就师承来看，此期的新安理学家，大多是朱熹的再传、三传或四传弟子，因此，他们的学术与"朱子之学"渊源极深。他们终生潜心探索，乃本着求"朱子之学"真谛的态度，又警惕着"异论"的干扰，务在得朱学之正。如逢午"本文公之说"，著《中庸讲义》3卷，"益畅朱子之旨"⑤。陈定宇（栎）于"朱子《四书》，则贯穿出入，尤所用意"⑥，所著书"补先儒未补之阙"⑦，号为"朱子世适"⑧。可知，陈氏已深得"朱子之学"精髓。胡云峰于"朱子之学"本旨有极多发挥，因此，元代理学大师吴澄说："有功朱子，炳文居多。"⑨就胡氏《四书通》《易本义通释》等书来

① 宋濂等:《元史》卷190《吴师道传》，中华书局1976年版。
② 程瞳:《新安学系录》卷12《赵与虎·荐状》，康熙三十五年(1696年)绿荫园重修本。
③ 程瞳:《新安学系录》卷13《程松谷遗事》，康熙三十五年(1696年)绿荫园重修本。
④ 程瞳:《新安学系录》卷13《吴古墩传》，康熙三十五年(1696年)绿荫园重修本。
⑤ 程瞳:《新安学系录》卷10《程逢午遗事》，康熙三十五年(1696年)绿荫园重修本。
⑥ 程瞳:《新安学系录》卷12《陈定宇行状略》，康熙三十五年(1696年)绿荫园重修本。
⑦ 程瞳:《新安学系录》卷12《赞》，康熙三十五年(1696年)绿荫园重修本。
⑧ 程瞳:《新安学系录》卷12《陈定宇遗事》，康熙三十五年(1696年)绿荫园重修本。
⑨ 程瞳:《新安学系录》卷12《胡云峰遗事》，康熙三十五年(1696年)绿荫园重修本。

看，吴澄所誉，当不为过。陈、胡二氏，是向"异说"挑战的急先锋，同时，又是发明"朱子之学"本旨的功臣，维护"朱子之学"的纯洁性，可谓不遗余力。另有程复心，著《四书章图》等书，"发明文公未尽之说"，"有补于理学甚大"①。汪古逸"取朱子《论语》《孟子》《大学》《中庸》四书，采择群书，发挥微旨"②。程荣秀"以朱氏礼出文公既殁之后，中多未定之论，复取文公言行有涉于礼者，为《翼礼》以传"③。

总之，新安理学在排斥"异说"的同时，又能根柢于师承渊源，探求"朱子之学"本旨，以别于诸儒之说。这个时期新安理学的重心，便在此两方面。而目的只有一个，即维护"朱子之学"的纯洁性，从而体现出新安理学的宗旨。

南宋偏安，国内民族矛盾尖锐，朱熹在政治上，尤其强调"华夷之别"，推尚风节。这种思想也反映在他的学术著作中。而元朝又是以"异族"入主中原。因此，以"朱子之学"作为行为准则的新安理学家，大多顽强抵抗元政府的征召和聘请，对科举和功名不屑一顾。这就形成了此期新安理学的第二个特点，即在政治上，对元朝采取不合作态度，隐居山林，不求仕进。这种情况，与南宋新安理学家，如朱熹、程大昌、吴儆等人积极入世、参议政治的态度，形成了鲜明的对照。

宋元两代，是我国民族矛盾异常尖锐的时期，尤其是南宋以后，北方女真族与蒙古族虎视眈眈，期于一统中国。在这个危机四伏的时代中，深受传统儒学熏陶的士人该如何选择？新安学者，从朱熹开始，本着狭隘的民族观，痛感中原文化遭到破坏，大多主张坚决反抗。朱熹曾说："金人与我，有不共戴天之仇。"在"朱子之学"中，又推重"饿死事小，失节事大"的风节。"饿死事小，失节事大"初出于程颐之口，并非仅就女子而言，同时也指男子的政治大节。在危机的社会中，它为人们树立了一个道德标准。强调这种节气，既鼓励女子不嫁二夫，也要求男子不做贰臣。

---

① 程瞳:《新安学系录》卷12《程林隐遗事》，康熙三十五年(1696年)绿荫园重修本。
② 程瞳:《新安学系录》卷13《汪古逸行状》，康熙三十五年(1696年)绿荫园重修本。
③ 程瞳:《新安学系录》卷13《程提举墓志铭》，康熙三十五年(1696年)绿荫园重修本。

新安理学家熟知"修、齐、治、平"的道理，他们中的许多人也想在政治舞台上一展身手。但蒙古族入主中原，建立元朝，在新安理学家的观念中，无疑是"夷狄入侵""乱我华夏"。因此，在泰山压顶之势下，新安学者以风节相砥砺，用不合作的冷漠政治态度，来按捺施展抱负的愿望，转而隐居山林，讲学授徒，精研"朱子之学"，将对政治的兴趣，全部注入学术方面。

黄宗羲说:"新安之学，自山屋（许月卿）一变而为风节。盖朱子平日刚毅之气凛不可犯，则知斯之为嫡传也。"①这就是说，新安之学乃是朱熹的嫡传，而从南宋朱熹等人积极入世，参与政治，转变为元代新安学者崇尚"风节"而不欲仕进，其中以许月卿为关键人物。许氏是南宋淳祐甲辰（1244年）进士。曾先后任南宋濠州司户参军、临安府学教授等职。后元军下新安，月卿"深居一室……不言五年而卒"②。时人称他"以文章气节闻天下"③。

许氏之后，新安理学家尚"风节"而不仕元朝者，不乏其人。如黄常甫（智孙）在宋亡后，"结茅于深山穷谷中，日与门生子弟讲明正学为事……于当世之念泊如也"④。程逢午在元至元间"杜门以读书教子，不复有禄仕意"⑤。许山屋（月卿）门生江恺（字伯几，号雪矼，婺源人）"誓不仕元"⑥。胡双湖（一桂）自称:"我之为我，亦无复有志于斯世矣。"⑦早年的一腔锐气，自宋亡后，已是消失殆尽。此期新安理学的中坚陈定宇（栎）"居万山间，与木石为伍，不出门户，动数十年"。延祐、宝兴年间，有司强迫他就试，而定宇"称疾固辞"⑧，终不肯失节于元朝。

① 黄宗羲原著、全祖望补修:《宋元学案》卷89《介轩学案》，中华书局1986年版。

② 程曈:《新安学系录》卷9《许山屋行状》，康熙三十五年（1696年）绿荫园重修本。

③ 程曈:《新安学系录》卷9《许山屋行状》，康熙三十五年（1696年）绿荫园重修本。

④ 程曈:《新安学系录》卷10《黄草窗行实略》，康熙三十五年（1696年）绿荫园重修本。

⑤ 程曈:《新安学系录》卷10《程教授墓志铭》，康熙三十五年（1696年）绿荫园重修本。

⑥ 程曈:《新安学系录》卷10《江雪矼》，康熙三十五年（1696年）绿荫园重修本。

⑦ 程曈:《新安学系录》卷11《胡双湖遗事》，康熙三十五年（1696年）绿荫园重修本。

⑧ 程敏政:《新安文献志》卷71《定宇陈先生栎墓志铭》，弘治三年（1490年）刊本。

程复心以《四书章图》见重于当时，"上诏擢用之，复心辞不受"①。邓文肃公称他"于进退出处，不亢不污"②，对这种不合作态度，极为欣赏。吴锡畴之子吴浩，"敏颖庄重，隐居不仕，专务性理之学"③。程荀轩（龙）在元军下临安后被捕，丞相伯颜"以文学士释之，辟差同知江西赣州路总管府事，勒令之任"。程氏在上任途中，逃归隐居，一避便是10余年。④当时，几乎所有的新安理学重要人物，都对元政府取冷漠态度，隐居不仕，以"风节"自重。

可见，政治态度上崇尚"气节"，并以之贯串于学术思想中，是此期新安理学的重要特色。

此外，政治上虽自甘寂寞，但学术上强化讲学授徒，恪守"朱子之学"本旨学统，是此期新安理学的第三大特点。

这里，仅择几例以见一斑。如程若庸"累主师席"，门生弟子遍布南方各省。新安理学中的后起之秀，如范元奕、金若洙、吴锡畴等，均曾拜在程氏门下。又应邀去临汝书院讲授"朱子之学"，后来成为元代理学大师的吴澄，也执弟子礼，求教若庸。许月卿在故里"杜门著书，号泉田子，游从者屦满门外，当时翕然师尊之"⑤。黄智孙则蛰居深山，"日与门生弟子讲明正学"，培养出陈定宇（栎）等于"朱子之学"有颇多发明的新安理学中坚人物。程逢午曾主持紫阳书院，为诸生讲授《中庸》，当时学者"翕然尊之"⑥。陈定宇（栎）一生，"以著书授徒终其身"⑦。汪古逸虽老"犹不废讲学"⑧。程荣秀从许月卿学《周易》，"学成而归，以讲

① 程瞳：《新安学系录》卷12《程林隐遗事》，康熙三十五年（1696年）绿荫园重修本。
② 程瞳：《新安学系录》卷12《程林隐遗事》，康熙三十五年（1696年）绿荫园重修本。
③ 程瞳：《新安学系录》卷13《吴直轩遗事》，康熙三十五年（1696年）绿荫园重修本。
④ 程瞳：《新安学系录》卷10《程荀轩家传略》，康熙三十五年（1696年）绿荫园重修本。
⑤ 程瞳：《新安学系录》卷9《许山屋行状》，康熙三十五年（1696年）绿荫园重修本。
⑥ 程瞳：《新安学系录》卷10《程逢午遗事》，康熙三十五年（1696年）绿荫园重修本。
⑦ 程瞳：《新安学系录》卷12《陈定宇遗事》，康熙三十五年（1696年）绿荫园重修本。
⑧ 程瞳：《新安学系录》卷13《汪古逸行状》，康熙三十五年（1696年）绿荫园重修本。

授为事"①。当时研习"朱子之学"百无一二人,在朱门显现不景气的状况下,新安理学依然人才辈出,这与元代新安理学家注重讲学授徒关系密切。新安理学能够历宋元而其传弥广,得力于学派这种传统风气。

在讲学过程中,新安理学家对朱熹的著作进行注疏,以便帮助从学之士入"朱子之学"门槛,探索朱熹学说的本旨。如程若庸的《性理字训讲义》,对"朱子之学"中的性、命、义、理等范畴,共183条,四字一句,作了简洁明了的归纳。胡方平的《易本义启蒙通释》,专为学者读朱熹《易本义》而作。胡一桂又继承了乃父之志,作《易本义附录纂疏》。程复心根据朱熹《四书章句》,成《四书章图》,使"有志求道之士,按图索义,若网在纲,有条不紊,如衣挈领,要襟自齐"②。几乎所有的朱熹重要著作,新安理学家都作过注释。这类"朱子之学"辅助读物的出现,有助于朱熹学说的传播,对新安理学人才的郁兴起着重要作用。

七、明代中后期心学在徽州的传播和影响

明代学术,讲求"义理"之学。清人郑性说:"明儒沿袭。"③即指明人继承宋元风气,以理学为学问大端。黄宗羲在《明儒学案》中说:"有明文章事功,皆不及前代,独于理学,前代之所不及也。"④可知,明代的学术界,就是理学的世界;明儒的成就,在于对理学"牛毛蚕丝,无不辨晰","发先儒之所未发"⑤。从学术分野来看,明初理学,尊崇程朱学派。《明史·儒林传》谓:"明初诸儒,皆朱子门人支流余裔,师承有自,矩矱秩然。"⑥譬如,在浙江传学的方孝孺,在山右讲经的薛瑄等明初大儒,

---

① 程敏政:《新安文献志》卷71《元故浙江等处儒学提举程公(荣秀)墓志铭》,弘治三年(1490年)刊本。

② 程曈:《新安学系录》卷12《程林隐遗事》,康熙三十五年(1696年)绿荫园重修本。

③ 黄宗羲:《明儒学案·郑性序》,中华书局1985年版。

④ 黄宗羲:《明儒学案·发凡》,中华书局1985年版。

⑤ 黄宗羲:《明儒学案·发凡》,中华书局1985年版。

⑥ 张廷玉等:《明史》卷282《儒林传》,中华书局1974年版。

"其学皆原本程朱者也"①。至于新安理学在此期的重要人物朱升，其师承渊源，则可直溯至朱熹。②而在明代中期以后，理学界出现了一个重要现象，这就是王阳明心学的崛起及其传播。《明史·儒林传》说：明代"学术之分，则自陈献章、王守仁始。宗献章者曰江门之学，孤行独诣，其传不远。宗守仁者曰姚江之学，别立宗旨，显与朱子背驰，门徒遍天下，流传逾百年，其教大行，其弊滋甚。嘉隆而后，笃信程朱、不迁异说者，无复几人矣"③。就是说，明代学术由早期的朱学独尊，发展到后来的"异说"突起，关键人物有两个，即陈献章与王守仁。陈氏字公甫，号石斋，晚年更号石翁，广东新会白沙里人。正统十二年（1447年）举乡试，但后来参加会试屡落第。师从崇仁吴与弼，为学主张心理为一，理在心中，是明代心学的始倡者。万历初从祀孔庙，追谥文恭。④所传之学被称为"江门之学"，后因门徒相对较少，故"其传不远"。《明儒学案》中有《白沙学案》记其学术。⑤王氏字伯安，世称阳明先生，浙江余姚人，21岁中乡试，28岁中进士，后官至南京兵部尚书，受封为新建伯。⑥王守仁的理学思想，继承并发扬了南宋陆九渊的心学观点，在诸多重大问题上与程朱学说发生分歧。比如在宇宙观上，朱熹以"理"为世界本原，将心与理析为二；王守仁则接受了陆九渊的"心即理"说，以"心"为世界本原，提出"心外无物""心外无理"的命题。在体验天理的方法上，朱熹提出"即物而穷其理"，注重对外界一事一物的考察；而王守仁则主张"致良知"，强调内心反省。一系列的分歧表明，王守仁的"心学"体系已经是"别立宗旨，显与朱子背驰"了。与朱子之学背道而驰的王守仁的"姚江之学"在正德、嘉靖年间出现、流传后，发展很快且影响深远，使得天下笃信程朱

---

① 黄宗羲:《明儒学案·仇兆鳌序》,中华书局1985年版。

② 朱升师事新安理学家陈栎(定宇)20余年,而陈栎师从徽州学者黄常甫,黄氏之学源于婺源滕璘、滕珙,二滕"皆朱子高弟"。

③ 张廷玉等:《明史》卷282《儒林传》,中华书局1974年版。

④ 张廷玉等:《明史》卷283《陈献章传》,中华书局1974年版。

⑤ 黄宗羲:《明儒学案》卷5《白沙学案上》,中华书局1985年版。

⑥ 张廷玉等:《明史》卷195《王守仁传》,中华书局1974年版。

学说者"无复几人"，朱子之学的发展已面临严重的危机。

徽州是"程朱阙里"，南宋以后徽州的朱门弟子以朱熹嫡传自誉，在发明、诠释朱子学方面独树一帜，被称为新安理学。在明代中期以前，新安理学学派向以固守朱子之学著称。正如明初新安理学名儒赵汸在《商山书院学田记》中所说，新安之学"一以郡先师子朱子为归，凡六经传注、诸子百氏之书，非经朱子论定者，父兄不以为教，子弟不以为学也。是以朱子之学虽行天下，而讲之熟、说之详、守之固，则惟新安之士为然"①。但在明代中后期的新安理学中，由于学术环境的变化，我们还是可以看到心学所带来的巨大影响。因为徽州是南宋以后朱子学的重镇，所以考察心学在徽州的影响及其程度，对我们把握明代中后期的学术大势，具有重要的参考价值。

《紫阳书院志》卷12《汪县尹》中记载：明中后期，徽州"文成之教盛行，讲会者大都不诣紫阳"。《还古书院志》卷7《吴抑庵先生》中，亦称其时徽州"闽洛绝响，遵者寥寥"，而"新建之说，沦入骨髓"。这里所谓的"文成之教"和"新建之说"，就是指王守仁的心学。明末休宁学者汪佑曾感叹："自阳明树帜宇内，其徒驱煽薰炙，侈为心学，狭小宋儒。嗣后新安大会，多聘王氏高弟阐教，如心斋、绪山、龙溪、东廓、师泉、复所、近溪诸公，迭主齐盟。自此新安多王氏之学，有非复朱子之旧者矣。"②这些记载说明了明代中后期心学已经渗透到徽州，并在徽州士人中产生了巨大的影响。以往有关文献中谈及心学对徽州的影响，一般只是提到王阳明之学说。其实，从有关史料的记载来看，影响徽州的心学应该有两支，一是湛若水之学，一是王守仁之学。

湛若水，字元明，广东增城人。因家居增城甘泉都，学者称之为甘泉先生。生于明成化二年（1466年），卒于嘉靖三十九年（1560年）。弘治五年（1492年）举于乡，次年会试落第，乃从心学大师陈献章游，深得陈献章器重。弘治十八年（1505年）会试，高中进士第二名，授翰林院编修。

---

① 赵汸：《东山存稿》卷4《商山书院学田记》，四库全书本。

② 施璜：《紫阳书院志》卷16《会纪》，雍正三年（1725年）刊本。

时王守仁在吏部讲学，两人相与应和，引为同志。后丁母忧，湛若水居家
3年，筑西樵讲舍，士子来学者甚众。嘉靖初年复出，历任编修、侍讲、
南京国子监祭酒、南京吏部右侍郎、礼部右侍郎、礼部尚书、吏部尚书、
兵部尚书等职。嘉靖十九年（1540年）致仕。晚年致力于讲学著述，以95
岁的高龄谢世。湛若水初与王守仁同讲学，后各立宗旨：王守仁以致良知
为宗，而湛若水则以随处体验天理为宗。两人虽同倡心学，但异处甚多。
王守仁曾说湛若水之学是"求之于外"，湛若水亦批评王守仁格物之说
"不可信者四"。湛若水还明确表示："阳明与吾心不同。阳明所谓心，指
方寸而言。吾之所谓心者，体万物而不遗者也。"①一时学者遂分王、湛之
学。湛若水认为，"天地古今宇宙内，只同此一个心"②，此心"无所不
贯""无所不包"③，并提出了"心即理也，理即心之中正也"④的论题。
在阐述自己的思想时，湛若水对宋明理学家如陆九渊、朱熹、王守仁等人
的学说均有评说，而其最尊崇的学者是周敦颐和程颢。这一点，湛若水是
颇有个性的。

　　湛若水一生尤重讲学，《明史》本传称："若水生平所至，必建书院以
祀献章。年九十，犹为南京之游。"⑤他的讲学范围，遍及南方各州县。其
中，徽州以其独特的儒学底蕴，深深吸引了湛若水。嘉靖年间，若水曾亲
至徽州，先后在紫阳、天泉、斗山等书院中讲学，并为其弟子祁门谢氏所
建神交馆（后改为神交精舍）作铭作记。据悉，最近在祁门阳坑发现了一
批明清时期的谢氏文书资料，其中有5件是涉及湛若水在祁门讲学活动的
珍贵文书。这5件文书分别是：（1）《神交书院记》，手写稿。疑为湛若水
本人手迹，惜后节已残，落款未见，故无法断定是否为湛若水亲笔。（2）
《奠甘泉老师文》，手写稿。未署名。我们推断作者当为祁门阳坑人。落款
时间为嘉靖四十五年（1566年）。（3）《叙自神交馆壁》，手写稿。署名余

① 张廷玉等：《明史》卷283《湛若水传》，中华书局1974年版。
② 黄宗羲：《明儒学案》卷37《甘泉学案一》，中华书局1985年版。
③ 湛若水：《甘泉先生文集》卷21《心性图说》，四库全书本。
④ 湛若水：《圣学格物通》卷20《正心（下）》，四库全书本。
⑤ 张廷玉等：《明史》卷283《湛若水传》，中华书局1974年版。

鳌留,落款时间为"隆庆四年(1570年)冬十月"。款、印俱有。(4)万历元年(1573年)为湛若水建祠合约1份。(5)万历元年卖地契约1份。该地卖与神交书院以抵湛若水在世时欠银。这些资料为我们了解湛若水的学术活动以及明代中后期心学在徽州的传播情况,提供了难得的依据。①由于湛若水的不倦讲学,其学说流传甚广,包括徽州学者在内的从学者甚众。据说,若水在全国各地有"相从士三千九百余",而其高足中,不乏徽州的学者。按照《明史》的说法,"湛氏门人最著者"有4人,而其中之一就是徽州婺源人洪垣。洪垣,字竣之,号觉山,嘉靖十一年(1532年)进士。曾以永康知县入为御史,转温州知府。《江南通志》卷164《人物传》称,洪垣在御史任上,曾疏请"罢巡幸,选宫寮,革余盐,清选法,黜贪污",结果"一疏而御史、曹郎以下得罪者二十余人",被挤出朝廷。后居家46年,年近90而卒。在他"为弟子时,族叔熻从学文成归,而述所得,先生颇致疑与精一博约之说不似。其后执贽甘泉,甘泉曰:'是可传吾钓台风月者。'丁未秋,偕同邑方瓘卒业东广,甘泉建二妙楼居之"②。此中可见湛若水对洪垣非常欣赏,视之为衣钵传人。洪垣著有《理学闻言》《论学书》等文,详细阐述了自己的学术思想。黄宗羲的《明儒学案》认为,洪氏"体认天理,是不离根之体认,盖以救师门随处之失,故其工夫全在几上用"③,指出了洪垣学术的基本特征。从洪垣的有关著作来看,他确实始终在调和湛若水与王守仁两家的学说。因此,《明史》称洪垣"主于调停两家,而互救其失"④,不尽守师说。这一看法是符合事实的。不过,也正因为如此,才使得洪垣对其师的学说有所发展,最终位在湛门四大弟子之列。

洪垣之外,方瓘也是湛若水最欣赏的徽州弟子之一。瓘字时素,号明谷,初从湛若水学于南京,若水即"令其为诸生向导",对他十分信任。

① 原件现藏祁门阳坑私家。

② 黄宗羲:《明儒学案》卷39《甘泉学案三》,中华书局1985年版。

③ 黄宗羲:《明儒学案》卷39《甘泉学案三》,中华书局1985年版。

④ 张廷玉等:《明史》卷283《湛若水传》,中华书局1974年版。

后若水北上及归家，方瓘"皆从之而往"①。湛氏门人中，方瓘是最受器重者之一。此外，从学于湛氏的徽州著名学者还有谢显等人。显字惟仁，祁门人，少时家贫，但沉慧好学。有人曾劝他经商养家，谢显曰"治生孰若治心"，表示了坚定的向学之志。后从湛若水学，颇得其精髓，曾有感而叹曰："此学如过独木桥，绝无倚靠立脚处。"督学耿定山将谢显祀于乡贤祠，并有"迹其所至，已在善信之间；充其所志，不底圣人不已"②的评语。与谢显同"师事湛若水如留都"③者，还有其叔父谢芊。谢芊后在徽州也是名噪一时的心学传播者。

以上是明代中后期影响徽州的心学之一支，即湛若水之学；而另一支则为王守仁之学。

据史籍记载，尽管王守仁本人并未亲临徽州讲学，但他与徽州学者联系十分密切，书信往来频繁。而王守仁弟子中曾到过徽州讲学者，并不在少数。因此，王守仁心学对徽州的影响，较之湛若水心学的影响，有过之而无不及。徽州学者汪佑称："新安大会自正德乙亥（十年，1515年）至天启辛酉（元年，1621年），历百有七年，会讲大旨，非良知莫宗；主教诸贤，多姚江（王守仁）高座。"④这表明徽州受王守仁心学的影响之深。据载，曾在徽州讲学过的王门高足包括钱德洪（绪山）、王畿（龙溪）、邹守益（东廓）、刘邦采（师泉）、罗汝芳（近溪）、王艮（心斋）等一批名士。这些名士接踵入徽讲学，与正德七年（1512年）王学门徒熊世芳（桂）出任徽州太守有密切的关系。熊氏为江西建新人，"为政以明伦建学为先"。担任徽州太守后，他主持重修紫阳书院，并请得乃师王守仁为紫阳书院作序，序中有"心外无事，心外无理。博学者学此也，审问者审此也，慎思者慎此也，明辨者辨此也，笃行者行此也"句。熊世芳亲自在紫阳书院开讲"王学"，并力邀王门高足入徽讲学，结果使得王学在徽州大

① 黄宗羲：《明儒学案》卷39《甘泉学案三》，中华书局1985年版。

② 赵弘恩、黄之隽等：(乾隆)《江南通志》卷164《儒林传二》，四库全书本。

③ (同治)《祁门县志》卷23《人物志·儒林》。

④ 施璜：《紫阳书院志》卷16《会纪》，雍正三年(1725年)刊本。

行其道。不少徽州籍学者和官员走上了信奉和研习陆王心学的道路。譬如汪道昆"于学则远推象山，近推东越"[1]，休宁人程默"负笈千里，从学阳明"[2]，歙县程大宾受教于王学传人钱德洪等等。特别是嘉靖时人程文德（字舜敷，号松溪，婺源人），著有《论学书》，主张"以真心为学之要"[3]；万历年间潘士藻（字去华，号雪松，婺源人），著《闇然堂日录》，讲究"默识二字，终身味之不尽"[4]。他们分别师从王守仁高足王畿和王艮，深得其师学说要旨，成为此期新安学派中主张心学的重要代表人物。上述情况反映了王守仁心学在徽州的深远影响。

无论是湛若水之学，还是王守仁之学，在宋明理学中都属于与朱子学"别立宗旨"的心学一系。明代中后期心学在徽州得到广泛传播是个客观事实。它给徽州的学术发展带来了多方面的深刻影响。

首先，南宋以来朱子学在徽州一统天下的格局被打破。

自朱熹创立其学说之后，徽州学者群起而从之。原来醉心于科举功名的徽州士人，转而"多明义理之学"[5]。元代徽州理学家汪环谷（克宽）说："近代以来，濂洛诸儒先继出，吾邦紫阳夫子集厥大成，揭晦冥之日月，开千载之盲聋。于是六合之广、四海之外，家诵其书，人攻其学。而吾邦儒风之丕振，俊彦之辈出，号称'东南邹鲁'，遐迩宗焉。"[6]这些"俊彦之辈"所结成的新安理学学派，以朱熹为开山宗师，视传播朱子学为己任，开创了朱子学在徽州长期一统天下的局面。从南宋时期来看，新安理学的主要代表人物，大致可分为两类：一是朱熹的学生，且多为及门弟子。如程洵、吴昶、滕璘、滕琪、李季札、汪晫、祝穆、程先、程永奇、汪莘、许文蔚、谢琎等，曾先后执经馆下，受学于朱熹，称得上朱门嫡出。二是朱熹的学术酬唱之友，如程大昌、吴儆等。因此，整个学派实

---

① 许承尧：《歙事闲谭》卷1《旧志传汪伯玉之失词》。

② 黄宗羲：《明儒学案》卷25《南中王门学案一》，中华书局1985年版。

③ 黄宗羲：《明儒学案》卷14《浙中王门学案四》，中华书局1985年版。

④ 黄宗羲：《明儒学案》35《泰州学案四》，中华书局1985年版。

⑤ （弘治）《徽州府志》卷1《州郡·风俗》。

⑥ 程敏政：《新安文献志》卷16《万川家塾记》，弘治三年（1490年）刊本。

际上是以朱熹为核心人物。其中师承朱熹的新安理学家,完全以研习和传播朱熹学说为己任,具有终身不移尊奉朱子学的信念。而程大昌、吴儆等人,虽未列朱氏门墙,然其理学思想与朱子学具有共通之处。南宋的新安理学出现以朱子学为宗旨的鲜明特征。入元之后,尽管由于学术环境的变化,朱子学在全国范围内的发展面临诸多危机,以致"异论"纷出,朱门"再传能不失真者,则已寡矣"①,但元代的新安理学家们以朱子学的卫道者自居,他们坚持维护朱子学的纯洁性,将排斥"异论"、发明朱子学本旨作为学术研究的重心。朱子学在徽州一统天下的局面仍未改变。明初徽州的学术思想主流还是朱子学,汪仁峰(循)曾谓:"元季国初之间,在休则陈定宇(栎)、倪道川(士毅)、朱枫林(升)、赵东山(汸)、朱石门(同)、范云溪(准)诸先生,其选也,始以朱子之乡,观望而起,于是师友渊源,英贤辈出;而其所以为学,皆务淑诸身心,尊乎德性,言必有裨于师训,行必取法乎古人。故修词制行如诸先生者,若浑金璞玉然,有一亦足贵重于世,矧其多乎?"②这里,汪氏一是表彰陈栎等人都是元末明初的新安理学名儒,二则指明了陈栎等人的学术基本倾向,揭示了新安理学在明前期作为朱子学分支的本色。因此,自南宋至明初,朱子学在徽州占据了绝对的主流地位。③而当湛若水和王守仁心学在徽州传播之后,徽州的讲学风气大变,徽州学者中不少人开始研习和传播心学,由此维系了数百年的朱子学在徽州一统天下的局面被打破。这种情况,我们可以视之为全国朱子学状况变化的一个晴雨表。因为徽州历来被视为朱子学的重镇,这一状况非常真实典型地反映了明代中后期朱子学的基本命运。

其次,新安理学学派中形成两个不同的学术阵营。从南宋至明前期,新安理学学派的学术阵营相对单一。尽管理学之分野,自南宋朱熹与陆九渊各自开宗立户后即已显现,但徽州学者多宗朱子学,新安理学的阵营中几乎清一色是朱学学者,学派出现了以朱子学为宗旨的特征。而明代中后

---

① 程敏政:《篁墩文集》卷17《定宇先生祠堂记》,四库全书本。
② 施璜:《还古书院志》卷7《朱石门先生》,道光二十三年(1843年)刊本。
③ 周晓光:《新安理学源流考》,《中国文化研究》1997年夏之卷。

期心学在徽州传播后，新安理学学派中则形成了两个不同的学术阵营。一是由湛若水、王阳明心学的崇拜者所组成的阵营。这一阵营的骨干成员有湛若水门徒婺源人洪垣、方瓘，祁门人谢显、谢芊和王学弟子汪道昆，休宁人程默，歙县人程大宾，婺源人程文德、潘士藻等。由于心学家特别注重讲学，徽州又是其讲学活动的重要场所，所以该阵营中还包括了相当数量的徽州普通学者。文献记载说其时"文成之教盛行，讲会者大都不诣紫阳"，"闽洛绝响，遵者寥寥"，"新建之说，沦入骨髓"，"新安多王氏之学，有非复朱子之旧者矣"，说明心学在徽州颇有士人作基础。这一阵营在讲学、著述方面取得了很大成绩，尤其是讲学活动，在徽州占了绝对的上风。所谓"新安大会，多聘王氏高弟阐教，如心斋、绪山、龙溪、东廓、师泉、复所、近溪诸公，迭主齐盟"，明代中后期的徽州讲坛，王学之风劲吹。二是由朱子学传承者所组成的阵营。这一阵营的主要代表人物有休宁人程瞳、程敏政、范涞、吴汝遴、汪璲、汪学圣、金声，婺源人游震得、汪应蛟、余懋衡、江旭奇，歙县人洪德常、江恒等。他们是明代中后期新安理学学派的主要学术群体。由这些人所组成的学术阵营，具有的一个共同学术特征是维护朱子之学，固守学派原有宗旨。比如范涞"学宗程朱，期以实践"，主张王守仁"不当从祀"，并著《休宁理学先贤传》《朱子语录纂述》等书阐述朱熹学说[1]；汪康谣治学"原本朱子之意"，从政则一以朱熹为先范，以致漳州士民将其奉祀朱文公祠，合称"新安两夫子"[2]；江恒著《王学类禅臆断》，辨别王阳明《传习录》所论之非132条，表明了自己坚定地抵排王学、维护朱子之学的立场[3]；吴汝遴"不惜以一身捍卫"程朱之教，凡是见人谈及佛、道二氏，立即"忧形于色"，见有谈陆王者，"亦必争之、强辨之，力不悉不休，必反于正而后已"[4]；汪璲

---

① （嘉庆）《休宁县志》卷12《人物》；施璜：《还古书院志》卷7《范晞阳先生传》，道光二十三年（1843年）刊本。

② 施璜：《还古书院志》卷7《汪鹤屿先生》，道光二十三年（1843年）刊本。

③ 施璜：《紫阳书院志》卷12《江文学》，雍正三年（1725年）刊本。

④ 施璜：《还古书院志》卷7《吴抑庵先生》，道光二十三年（1843年）刊本。

的著述"尤严于阳儒阴释之辨"，实际上将矛头对准了"王学"①。有些学者，尽管其早期学术兼杂他学，但最终还是能够"一归于正"，回到朱子之学的阵营。如游震得②、汪学圣③等即是。上述情况表明了明代中后期徽州学术的基本特征。

总之，明代中后期心学在徽州的广泛传播，予徽州学术发展以深刻的影响。徽州自南宋以来朱子学一统天下的局面被打破，新安理学学派中出现了两大"别立宗旨"的阵营。这种状况，一方面反映了明代中后期心学兴起以后，朱子学在全国范围内影响力的削弱；另一方面也体现了徽州学术思想的丰富性和复杂性。从新安理学发展的角度看，这未尝不是件"好事"。因为学术思想的发展需要争鸣，离开争鸣的学术终将因缺乏生命力而走进死胡同。我们认为，清初徽州学术得以由新安理学向皖派经学转变，并仍在中国学术史上占有重要地位，与明代中后期心学的传入及其影响有密切的关系。当然，对明代中后期心学在徽州的传播及其影响的评价，应全面考察，把握适当的"度"。有的学者认为，明代中后期"王、湛心学遂通过徽州书院讲坛而逐渐取代了朱子学成为徽州学术思想的主流"，"主导徽州四百年之久的朱子之学则走向衰落"。我们认为，这一看法是值得推敲的。首先，讲学风气与学术思想并不是同一个概念。试图以一时讲学风气盛行的例子来说明学术思想的主流，这是以表象取代实质，容易造成"错觉"。分析学术思想的主流，归根结底还要看代表学术思想主流的学者的倾向，以及具有学术思想者（并不是任何一位学者）所组成的不同阵营的规模和影响。就明代中后期徽州的情况来看，代表学术思想主流的学者，其基本倾向对立成两面，一是讲朱子学，一是传播王学，他们所组成的各自阵营，均有相当的规模和影响，因此，在这里只有两种学术思想争锋交流的情况，而不存在一家取代另一家、压倒另一家的问题。其次，主导徽州400年之久的朱子之学，在明代中后期也不存在"衰落"

① （嘉庆）《休宁县志》卷12《人物》。
② 永瑢等：《四库全书总目》卷177《集部·别集类存目四》，中华书局1965年版。
③ 施璜：《还古书院志》卷7《汪石樵先生》，道光二十三年（1843年）刊本。

的问题。因为有足够的资料表明，仍有一大批的徽州学者对它进行维护、研究和阐发，相当数量的著述先后问世；徽州人的人伦规范、日常行止、宗族活动等，一如既往以朱子之学为准则和指南。我们不能无视这一基本状况的存在。当然，由于心学的冲击和影响，徽州朱子学的传承受到了一定程度的阻碍，这也是实况。但这只是学派发展的问题，与朱子学本身所谓的"衰落"是两个不同的问题，不能等而视之，遽下结论。

八、试论新安理学向皖派经学的转变

新安理学，是宋、元、明、清时期以新安籍理学家为主干的地方理学流派。祖籍新安婺源的朱熹，被奉为此派开山祖师。它以维护、继承、发扬光大"朱子之学"为宗旨。它在近700年的发展演变过程中，大致经历了四个时期。第一时期：南宋，以朱熹、程永奇、程大昌、吴儆、汪莘等人为代表。第二时期：宋末、元代，以程若庸、胡允、胡一桂、胡炳文、陈栎、倪士毅等人为代表。第三时期：元末、明代，以汪克宽、赵汸、郑玉、朱升、范准、汪循等人为代表。第四时期：清初，以江永、程瑶田等人为代表。

清乾隆年间（1736—1795年），休宁人戴震继承明初新安理学家"求真是之归"的学术主张，倡导以"求是"为治经宗旨，讥薄宋儒讲求义理乃是凿空之言，侧重于音韵、天文、地理、名物、典章制度的训诂、考证，开了皖派经学"风气之先"①。以戴震为领袖的皖派经学，既兴起于新安理学之乡，又是对绵延600余年新安理学的反对，从而宣告新安理学的终结。

（一）从新安理学到皖派经学转变的原因

首先，新安理学学派阵容萎缩，"朱子之学"已发展到了山穷水尽的

---

① 刘体仁：《异辞录》卷1《皖省学问渊源》，中华书局1988年版。

地步。新安向以"人才辈出"著称。明初，尚有朱升、赵汸、郑玉等人力承"朱子之学"统绪，讲学授徒，提携后进。明中叶后，新安理学却几无大家可言。间有数人，以理学名世，却无力弘扬新安理学宗旨，对学派振兴也无功可言。譬如谢复、洪垣、金声等，其学术影响，实在有限。洪氏有《理学闻言》《论学书》，金氏有《天命解》《诠心》《应事》等篇，但其学术并未形成鲜明的个性，较之明初诸儒，则逊色不少。此外，还有嘉靖时人程文德著《论学书》，"以真心为学之要"①；万历年间人潘士藻，著《闇然堂日录》，讲究"默识二字，终身味之不尽"②。他们分别师从王阳明高足王畿和王艮。就两个人学问看，当已深得乃师学说要旨。新安理学宗旨"朱子之学"与陆王心学，虽未成水火，实则还是两途。因此。程、潘入王学愈深，离"朱子之学"愈远。

总的看来，明中后期，新安理学人物，或限于识见而无大建树，或旁依他派而背离本门宗旨，呈现凋谢零落的衰竭景象。"朱子之学"作为正宗哲学的地位早已动摇。

其次，新安理学演变为皖派经学，虽只是新安地方学术思想的转变，但它同清初"汉学"替代"宋学"，成为学术界主流趋势。地方学派学术主题的变更与整个学术界学风转移关系密切。

清初学风的转移，要从明代理学状况说起。

明代学术，讲求"义理"之学。清人郑性说："明儒沿袭。"③即指明人继承宋元风气，以理学为学问大端。黄宗羲说："有明文章事功，皆不及前代，独于理学，前代之所不及也。"④由此可知，明代的学术界，便是理学的世界。明儒的成就，在于对理学"牛毛蚕丝，无不辨晰"，"发先儒之所未发"⑤。

明初理学，尊崇程朱学派。《明史·儒林传》谓："明初诸儒，皆朱子

---

① 黄宗羲：《明儒学案》卷14《浙中王门学案四》，中华书局1985年版。
② 黄宗羲：《明儒学案》卷35《泰州学案四》，中华书局1985年版。
③ 黄宗羲：《明儒学案·郑性序》，中华书局1985年版。
④ 黄宗羲：《明儒学案·发凡》，中华书局1985年版。
⑤ 黄宗羲：《明儒学案·发凡》，中华书局1985年版。

门人支流余裔，师承有自，矩矱秩然。"①譬如，在浙江传学的方孝孺，在山右讲经的薛瑄等明初大儒，"其学皆原本程朱者也"②。至于新安理学在此期的重要人物朱升，其师承渊源，则可直溯朱熹。洪武三年（1370年），明廷正式建立科举制度，规定以朱熹所注"四书五经"为取仕准绳，确立了"朱子之学"在明代"显学"的地位。此后，研习"朱子之学"者日众。然大多出于功名计，而不是出于学术。王守仁讥讽他们"从册子上钻研，名物上考察，形迹上比拟。知识愈广而人欲愈滋；人力愈多而天理愈蔽"③。冯全垓称其流弊"较宋儒为更甚"④。他们不敢越"朱子之学"雷池一步，斤斤计较于一字一义的得失，从而使"朱子之学"流于支离，陷于僵化。

为挽救学风，振兴理学，余姚王守仁将南宋陆九渊一派学术发挥得淋漓尽致。王氏"门徒遍天下，流传逾百年"⑤，大有后来居上之势。但王学讲究"内省"，易流于空疏。一般未悟个中三昧的迂儒，更显得不学无术。既未得"道"之真谛，更无经世之才。"高者谈性天、纂语录，卑者疲精敝神于八股，不惟圣道之礼乐兵农不务，即当世刑名钱谷，亦懵然罔识，而搦管呻吟，遂曰有学"⑥。这些人自然难以担负起社稷安危的大任。

于是，明亡之后，有识之士痛定思痛，起而抨击王学末流祸国殃民，形成了明末清初反理学的潮流。其代表人物有黄宗羲、孙奇逢、李颙、唐甄、顾炎武、王夫之、陆世仪、颜元、潘平格、陈确、傅山等人。⑦他们一改宋明儒空谈义理的风气，而致力于经世致用，在学术方法上转而注重考核。

---

① 张廷玉等：《明史》卷282《儒林传》，中华书局1974年版。

② 黄宗羲：《明儒学案·仇兆鳌序》，中华书局1985年版。

③ 王守仁：《传习录》卷上，四部丛刊本。

④ 黄宗羲：《明儒学案·冯全垓跋》，中华书局1985年版。

⑤ 张廷玉等：《明史》卷282《儒林传》，中华书局1974年版。

⑥ 李塨：《恕谷后集》卷9《书明刘户郎墓表后》，丛书集成初编本。

⑦ 吴雁南：《明末清初的反理学潮流》，载《贵阳师院学报》（社会科学版）1984年第3期。

在此清初学风转移过程中，清廷高压与怀柔兼施的文化政策，起了推波助澜的作用。一方面，它以迭兴不已的"文字狱"，将士人思想禁锢起来；同时，又开《四库》馆，把学者的目光引向考据。梁启超先生曾比喻《四库》馆是"汉学家的大本营"①。如此一推一拉，再加学者本来已厌倦空谈，清初学风如何不变！

皖派经学替代新安理学，正是处在这种学术潮流中。作为一派领袖人物的戴震，及其所开创学派的特色，都明显受清初学术界学风的影响。

此外，明初新安理学家倡导"求真是之归"的学术主张，也为皖派经学的兴起，埋下了伏笔。

元代的新安理学家，基于固守"朱子之学"的宗旨，凡一切有悖于朱熹学说的言论，均不遗余力加以排斥。倪士毅教授于黟20余年，"非仁义道德之说，尝论定于郡先师朱子者，不以教人"②。这种情况，在元代新安理学家中，属于普遍现象。他们发明"朱子之学"本旨，又是在肯定其为真理的前提下，进行解说剖析，注疏集注。元代理学家"唯朱是归"的指导思想，无疑达到了维护"朱子之学"纯洁性的目的。但这种"先有一说，积于胸中"的学风，容易导致墨守藩篱而难以创新，同时，将"朱子之学"奉为教条，也易造成士人的逆反心理，于是明初朱升、赵汸、郑玉等人，开始矫正元代学风之弊，他们将元代新安理学家偏激、峻厉的风格，导向平稳、庄重，提出"求真是之归"，而不是"唯朱是归"了。

朱升曾针对元代学者研习"朱子之学"的积弊，说"濂洛既兴，考亭（朱熹）继作，而道学大明于世，然后学者往往循途守辙，不复致思其已明者。既不求其真知，而未明者遂谓卒不可知"③。这就是说，朱熹集理学大成，圣人之道因而得以大明于世。但后代学者，却循着"朱子之学"的成说，不再探究如何会有此"成说"。知其然，而不知其所以然，这并

① 梁启超：《中国近三百年学术史·清代学术变迁与政治的影响（上）》，中华书局1936年版。

② 程曈：《新安学系录》卷14《倪道川墓志》，康熙三十五年（1696年）绿荫园重修本。

③ 程曈：《新安学系录》卷14《朱学士传》，康熙三十五年（1696年）绿荫园重修本；又见程敏政：《新安文献志》卷76《朱学士（升）传》，弘治三年（1490年）刊本。

不是"真知"。也就是说，并没有领悟"朱子之学"的真谛。由此，对"朱子之学"中"未明"的道理，也无从可知。所以，表面上，人人都在学"朱子之学"，人人都在谈性命义理。"三尺之童，即谈忠恕，目未识丁，亦闻性与天道"，郑玉将这种风气讥为"口耳之弊"，实则却是"空言"说教，"得罪于圣门，而负朱子也深矣"①。这种情况，造成"圣学名明而实晦"②。朱升求"真知"的主张，显然与元代新安理学家未有发明、先立成说的观点不同。他希望能明源察始，表达了摆脱盲从的愿望，具有比较清醒的意识。

郑玉对当时"未知本领所在，先立异同"③的学术界状况，也大为不满。他说："宗朱则毁陆，党陆则非朱，此等皆是学术风俗之坏。"在尚未真正领悟理学"本领"之先，却宗朱宗陆，立门户之见，郑玉认为"殊非好气象也"④。郑氏反对"先立异同"，实质就是反对盲从，希望通过自己的思考，探求理学真谛。这与朱升主张的"真知"，辞异而意同。

如果说，朱郑二氏的学术主张，尚是就元代整个理学界状况有感而发，那么，与之同时的新安理学大家赵东山提出求"实理"的主张，却是专门针对元代新安理学积弊而言的了。

詹烜撰《赵东山行状》称："新安自朱子后，儒学之盛，四方称之为'东南邹鲁'。然其末流，或以辨析文义、纂辑群言，即为朱子之学。先生独超然有见于圣贤之授受，不徒在于推究文义之间。"⑤可知，赵东山已深感元代新安理学家唯唯诺诺，将解析文义、纂辑群言作为发明"朱子之学"方法的不足。不过，詹氏称赵"独超然有见"之说，未免有夸张溢美之嫌。因为与赵氏同时的朱升、郑玉，也都看出了元代新安理学家以注疏集释为学问，不仅层次太低，而且不能从宏观上弘扬理学。

---

① 黄宗羲原著、全祖望补修：《宋元学案》卷94《师山学案》，中华书局1986年版。
② 程瞳：《新安学系录》卷14《朱学士传》，康熙三十五年（1696年）绿荫园重修本；又见程敏政：《新安文献志》卷76《朱学士（升）传》，弘治三年（1490年）刊本。
③ 黄宗羲原著、全祖望补修：《宋元学案》卷94《师山学案》，中华书局1986年版。
④ 黄宗羲原著、全祖望补修：《宋元学案》卷94《师山学案》，中华书局1986年版。
⑤ 程瞳：《新安学系录》卷15《赵东山行状》，康熙三十五年（1696年）绿荫园重修本。

当时，新安先贤"皆留心著述，所以羽翼程朱之教者，具有成书"，但赵东山"受而读之"，认为其书皆"未知为学之要"①。单纯推究朱熹学说的"文义"，不过是"朱子之学"的末流罢了。因此，他主张读书必须"一切以实理求之，反而验之于己，非有以信其必然不已"②。这就是说，要摆脱那种盲目迷信的学术指导思想，跳出"推究文义"的末流功夫，代之以探求"实理"、达到知其所以然的目的。

朱升的"真知"之说、郑玉的"本领"主张以及赵东山的"实理"之见，形成了元明之交及明初新安理学中反对元代先儒盲目迷信、循途守辙的潮流。这股思潮延续到明正德、嘉靖年间，为休宁后学程瞳所发扬光大。程氏终身潜心于义理之学，精研《六经》性理之要，"以求真是之归"③。至此，新安理学的学术指导思想，已与元代先辈们"唯朱是归"完全不同。朱、郑、赵、程等人求"真知"、求"本领"、求"真是"的思想意识，较之元代新安理学家一味在低层次上的解析文义，无疑要高出一筹。这是新安理学思维方式进步的表现。

以戴震为首的皖派经学，继承了明初新安理学家"求真是"的治经方法，倡导以"求是"为治经宗旨。尽管前者只是希冀求得"朱子之学"的真谛，后者已经更进一步在整个思想界和经学范围内求索"真理"，两者层次不同。但从地理环境影响来看，戴震的"求是"，实肇端于明初新安理学家的"求实""求真"。因此，探究皖派经学兴起的原委，又应追溯到明初新安理学内部这种新生活跃的思想因素。

综上三点所述，从宋元明时期的新安理学，到清初皖派经学的转变，一是因为新安理学本身已无发展前途，二是受当时学术界风气的影响，三则源于明初新安理学内部新的思潮。

---

① 程瞳：《新安学系录》卷15《赵东山行状》，康熙三十五年(1696年)绿荫园重修本。
② 程瞳：《新安学系录》卷15《赵东山行状》，康熙三十五年(1696年)绿荫园重修本。
③ (嘉庆)《休宁县志》卷12《人物》。

（二）由新安理学到皖派经学的过渡人物——江永、程瑶田

新安理学的学风，乃是撇开传注，专从经文中寻求义理，并奉"朱子之学"为学术宗旨。皖派经学的特点，则是以"求是"为学术宗旨，不迷信权威，侧重在音韵、名物、典章制度等考索上。江永、程瑶田既讲求义理，不出"朱子之学"的规矩，有着新安理学风格的烙印；同时，又不专讲义理，在推步、钟律、音声、文字之学方面，造诣很深。因此，可以说，江程二氏是新安理学演变为皖派经学的过渡人物。

江永，字慎修，婺源江湾人。生于康熙二十年（1681年），卒于乾隆二十七年（1762年），活了82岁。他一生主要在家授徒讲学，只有两次外出："一至江西，应学使金德瑛之招也；一游京师，以同郡程编修恂延之也"①，但时间都不长。而且，江氏鄙薄功名，不乐仕进。婺源知县曾荐举江永，江永以年老辞谢，而付书戴震，谓："驰逐名场非素心。"②因此，当时江永在外的名声，反而不及其门生戴震。

戴震《江慎修先生事略状》谓，江永少时，"与里中童子治世俗学"。所谓"世俗学"，当指科举之业。但江永并未沿着这条路走下去，转而废科举，精心于《十三经注疏》，于《三礼》尤为用功。他闭门授徒，"束修所入，尽以购书，遂通经艺"③。可知，早年江永所学与用心，尚未出新安理学家所致力处，即围绕着几部经书做学问。

江氏《礼经纲目》，对新安理学传统学风的继承，更为明显。支伟成《清代朴学大师列传》称是书成于江氏41岁④，当是其早期作品。朱熹晚年治《礼》，作《仪礼经传通释》，但书未就而逝。朱氏门人曾有续作，江永以为其书犹多缺漏，于是"为之广摭博讨"，从《周官经大宗伯》吉、凶、宾、军、嘉五礼旧次，"大纲细目，井然可睹"⑤。数易其稿而后定，题作

① 江藩：《国朝汉学师承记》卷5《江永》，中华书局1983年版。

② 戴震：《戴震文集》卷12《江慎修先生事略状》，中华书局1980年版。

③ 江藩：《国朝汉学师承记》卷5《江永》，中华书局1983年版。

④ 支伟成：《清代朴学大师列传》卷5，岳麓书社1986年版。

⑤ 戴震：《戴震文集》卷12《江慎修先生事略状》，中华书局1980年版。

《礼经纲目》①，凡88卷。史官称之"引据诸书，厘正发明，实足终朱子未竟之绪"②。他在62岁时，专心注理学要籍《近思录》，成《近思录集注》14卷。江氏对理学的良苦用心，可见一斑。

然而，江永毕竟处在清初学术界由"宋学"为"汉学"所替代的潮流中，他深受当时学风的影响，因而，其学术风格较之新安理学先儒，又有注重考核、不务空谈的特点。戴震推崇江氏在训诂学上的贡献，自汉经师康成后"罕其俦匹"③，江藩以为此论"非溢美之辞"④。

江氏以治《礼》为长，著有《周礼疑义举要》6卷、《礼记训义择言》6卷、《深衣考误》1卷、《礼经纲目》88卷等书，他还精"推步、钟律、音声、文字之学"，著有《律吕阐微》11卷、《春秋地理考实》4卷、《乡党图考》11卷、《读书随笔》12卷、《古韵标准》6卷、《四声切韵表》4卷、《音学辨微》1卷、《推步法解》5卷、《七政衍》《金水二星发微》《冬至权度桓气论》《历辨》《岁实消长辨》《历学补论》《中西合法拟草》各1卷。如此广博的研究范围，新安理学先儒所未曾有过，却为后来皖派经学家所注目。由于江永的学术特点及其对天文、地理、声韵等研究多方面的成果，后人遂将他视作皖派经学的"开宗"。其实，从江氏一生来看，他正处在新安理学向皖派经学的过渡之中。在他身上，既有着新安理学传统的烙印，又有着皖派经学学风的萌芽。

程瑶田，字易田，又字易畴。戴震《再与卢侍讲书》又称"亦田"⑤，歙县人。生于雍正三年（1725年），卒于嘉庆十九年（1814年），与休宁戴震、歙人金榜俱学于江永。在江氏门中，瑶田的学术与影响并非拔萃，但若论对江氏学术风格的承继，则无出瑶田之右者。戴震等人，已经越出了"朱子之学"樊篱，完全走上了批判新安理学的道路。而瑶田则同乃师一样，依然游离于新安理学与皖派经学之间。著有《丧服足征记》

---

① 《四库全书总目》著录为《礼书纲目》。
② 赵尔巽等：《清史稿》卷481《江永传》，中华书局1977年版。
③ 戴震：《戴震文集》卷12《江慎修先生事略状》，中华书局1980年版。
④ 江藩：《国朝汉学师承记》卷5《江永》，中华书局1983年版。
⑤ 戴震：《戴震文集》卷3《再与卢侍讲书》，中华书局1980年版。

《宗法小记》《沟洫疆里小记》《禹贡三江考》《九谷考》《磬折古义》《水地小记》《解字小记》《声律小记》《考古创物小记》《释草虫小记》等书。瑶田既精研训诂、制度、名物、声律，戴震自称尚"逊其密"[①]，同时，对义理、象数等，也是"无所不赅"[②]，兼有新安理学和皖派经学两种不同的学术风格。

（三）戴震在研究汉学中独开生面——新安理学演变为皖派经学的标志

如果说，在江永及其部分弟子身上，交织着新安理学与随后兴起的皖派经学两种不同学术风格，那么，出于江永门下的戴震，已彻底摆脱了新安理学宗旨"朱子之学"的束缚，树立了一种新学术——皖派经学的大旗。

戴震，字东原，休宁人，生在雍正元年（1723年）十二月，卒于乾隆四十二年（1777年）。他性格内向，"读书好深湛之思"[③]，但拙于背诵科举程文，"不喜随人治世俗学"[④]。因此，他一生6次进京参加会试，均名落孙山。在京时，他穷困潦倒，"饘粥几不继，人皆目为狂生"[⑤]。只在乾隆四十年（1775年）53岁时，特旨参加殿试，赐同进士出身，授翰林院庶吉士，方取得些许功名，但不过两年，便在京病逝。

为什么要把戴震汉学的问世，视为新安理学转变为皖派经学的标志呢？这要从戴震的思想及其学术风格方面来回答这个问题。

首先，戴震彻底否定了新安理学的宗旨"朱子之学"。

明末清初"天崩地解"的动乱后，昔日理学高高在上的尊严，已被反理学潮流所扫荡。人们鄙视空谈，不再迷信所谓的义理之学。到戴震生活的时代，以讲求性命义理发家的"圣贤"及其"金玉良言"，同样遭到怀

① 戴震：《戴震文集》卷3《再与卢侍讲书》，中华书局1980年版。
② 支伟成：《清代朴学大师列传》卷6，岳麓书社1986年版。
③ 赵尔巽等：《清史稿》卷481《戴震传》，中华书局1977年版。
④ 余廷灿：《存吾文集》卷4《戴东原事略》，咸丰五年（1855年）刊本。
⑤ 钱大昕：《潜研堂文集》卷39《戴先生震传》，四部丛刊初编本。

疑。洪榜《戴震先生行状》载：戴震13岁读《大学》章句时，就怀疑朱熹如何知道2000年前孔子、孟子的微言大义。①在他的心目中，朱熹及其观点，已失去神圣的光环。他好究根问底，已不像他的前辈，包括其师江永在内那么盲目迷信。"每一字必求其义，塾师略举《传注》训解之"，而戴震"意每不释然"②。正是这种不满足于"知其然"、还要"知其所以然"的"求是"治学态度，使他最终成为"朱子之学"的反动者。

当时汉学家大多埋首于考据，而绝不开口谈义理。戴震则不然，他在17岁时，便"有志闻道"③。嗣后，在《沈学子文集序》中又说："凡学始乎离词，中乎辨言，终乎闻道。"④这就是说，学问的最终目的，乃是"闻道"。他批评当时"博雅能文章、善考核者，皆未志乎闻道。徒株守先儒而信之笃"⑤。在"闻道"思想指导下，戴氏一生著有多部专谈性命义理的书，如《孟子字义疏证》《原善》《孟子私淑录》《读易系辞论性》《读孟子论性》等。他给弟子段玉裁信中称：《孟子字义疏证》一书，在于"正人心之要"，为生平著述最大者。⑥可知，戴氏最自得处，在于讲义理，而不是考据。梁启超先生也称他前者的成就"超乎考据学之上"⑦。皖派经学在重考据的同时，也谈义理之学，无疑有着新安理学学术的印记。

不过，戴震谈"义理"与新安理学先儒谈"义理"，有质的区别。前者已不再株守"朱子之学"，而本着"求是"的态度，直接从《六经》、孔孟学说中寻求"道"，从而得出了与"朱子之学"绝然相悖的观点。

戴震远绍张载"气本论"，认为宇宙的本体和动因都是"气"，万物由

---

① 洪朴、洪榜：《二洪遗稿》之《初堂遗稿·戴先生行状》，民国二十年（1931年）通学斋影印本。

② 洪朴、洪榜：《二洪遗稿》之《初堂遗稿·戴先生行状》，民国二十年（1931年）通学斋影印本。

③ 戴震：《戴震文集》附录《戴东原先生年谱》，中华书局1980年版。

④ 戴震：《戴震文集》卷11《沈学子文集序》，中华书局1980年版。

⑤ 戴震：《戴震文集》卷9《答郑丈用牧书》，中华书局1980年版。

⑥ 戴震：《戴震文集》卷首《戴东原集序》，中华书局1980年版。

⑦ 梁启超：《中国近三百年学术史·清代学术变迁与政治影响》卷中，中华书局1936年版。

"气"之分化而成。他疏证"理"之字义,乃是"察之而几微必区以别之名也,是故谓之分理;在物之质,曰肌理,曰腠理,曰文理;得其分则有条不紊,谓之条理"①。这就将"朱子之学"核心"理",放入平凡的物质界考察,从而否定以"理"为世界本原的学说。

在人性论上,否定"朱子之学"中"天地之性"与"气质之性"的差别。他认为人性只有智愚之别,而无善恶之分。

在道德论上,否定"朱子之学"中"存天理,灭人欲"的理欲相斥观。他认为"欲,其物;理,其则也"②,应该就人之情欲而求理,人人得到恰如其分的物质欲望的满足,就是"天理"。

戴震的思想,与新安理学宗旨"朱子之学"锋芒相对。他对朱熹学说指名道姓地抨击,不像江永等人游移于新安理学与皖派经学之间,而是明显地表现出两种不同学术之间质的区别。因此,戴震及其学说,是新安理学演变为皖派经学的转折点。

其次,戴震将新安学术风气,从空谈义理,导向侧重考证。

新安理学是朱熹的嫡传,后辈理学家视"朱子之学"为金科玉律,对之阐述,拘谨万分,从不敢逾越一步。因此,大多数新安理学家只是从义理上说义理,玄而又玄。明初,朱升举具体事物来阐明新安理学宗旨"朱子之学",可说是高出前人与同辈一筹。可惜,明中叶后,受王阳明"心学"影响,程文德、潘士藻等人又流于空谈,而且远甚于前代。戴震反对这种"空凭胸臆""凿空得之"③的学风。他认为:"经之至者,道也;所以明道者,其词也;所以成词者,字也。"这就是说,阐述义理必须先从文字入手,"由字以通其词,由词以通其道"④。戴震的学术起点,便是汉许慎的《说文解字》。洪榜《行状》称戴氏"大好其书,学之三年,尽得其节目",而后,"又取《尔雅》《方言》及汉儒《笺注》之存于今者,搜

---

① 戴震:《孟子字义疏证》卷上《理》,中华书局1982年版。
② 戴震:《孟子字义疏证》卷上《理》,中华书局1982年版。
③ 戴震:《戴震文集》卷11《题惠定宇先生授经图》,中华书局1980年版。
④ 戴震:《戴震文集》卷9《与是仲明论学书》,中华书局1980年版。

求考究。一字之义，必贯群经，本六书以为定诂。由是尽通前人所合集《十三经注疏》"①。可知，戴震通经，如他主张的那样，从"字义"入手。

那么，如何能通"字义"呢？关键在于精研小学。戴震认为，读书之始，必先小学。何谓"小学"？"小学者，六书之文是也"②，大凡"载籍极博，统之不外文字，文字虽广，统之不越六书"，所以说，六书是"文字之纲领，而治经之津涉也"③。缘于此故，戴震专著《六书论》3卷，以指点学者治经之法。

戴震同时推重"古故训之书"《尔雅》，认为儒者治经，"宜自《尔雅》始"④。为什么呢？因为，"援《尔雅》附《经》而《经》明，证《尔雅》以《经》而《尔雅》明"⑤。这就是说，《尔雅》乃是晓明经典大义的必备工具书。"六艺之赖是以明也，所以通古今之异言，然后能讽诵乎章句，以求适于至道"⑥。只有从《尔雅》开始，明白古今异言的含义，才能读懂《六经》，求得其中的"至道"。

要明白古今字义的不同，仅有《尔雅》之类的"字书"还不行，尚需将"字书"与"韵书"结合起来，"字书主于故训，韵书主于音声"，戴震认为两者"恒相因"，即息息相关而不可分割。"音声有不随故训变者，则一音或数义。音声有随故训而变者，则一字或数音"⑦。因此，当从故训和音声两方面考察，才能得出正确的"字义"。

综上所述，戴震的治学方法，是以"小学"为基础，从音韵、字义、典章制度等方面阐明经典大义。这与新安理学家空谈义理的学风大相径

---

① 洪朴、洪榜：《二洪遗稿》之《初堂遗稿·戴先生行状》，民国二十年（1931年）通学斋影印本。

② 戴震：《戴震文集》卷3《六书论序》，中华书局1980年版。

③ 戴震：《戴震文集》卷3《六书论序》，中华书局1980年版。

④ 戴震：《戴震文集》卷3《尔雅文字考序》，中华书局1980年版。

⑤ 戴震：《戴震文集》卷3《尔雅注疏笺补序》，中华书局1980年版。

⑥ 戴震：《戴震文集》卷3《尔雅文字考序》，中华书局1980年版。

⑦ 戴震：《戴震文集》卷3《论韵书中字义答秦尚书蕙田》，中华书局1980年版。

庭。由此,在戴震身上,可以看出新安理学与皖派经学的明显界限。

最后,戴震培养了一批以"求是"为宗旨、以考据为学术特色的新安经学家。

戴震由"小学"入经学之门,深得江永《礼经》及推步、钟律、音声、文字之学大全。这在江氏门中,唯其一人而已。①近人支伟成称:"自戴震崛起安徽,皖派经师,头角崭露。"②新安众多经学名家,均出自戴震门下。

如金榜,字蕊中,一字辅之,晚更号檠斋,安徽歙县人。受学于江永暨戴震,"邃于经学,尤擅长'三礼'",著有《礼笺》10卷,"大而天文、地域、田赋、学校、郊庙、明堂,下逮车、旗、器服之细,罔弗贯穿群言,折衷一是"。因金榜之出,后人感叹:"经学之盛在新安,良有以夫!"

洪榜,字汝登,一字初堂,安徽歙县人。"生平所学,服膺戴氏"③。著《四声韵和表》5卷、《示儿切语》1卷,"其书宗江戴两家之说而加详焉"。另有《周易古义录》《书经释典》等书行世。

汪龙,字叔辰,安徽歙县人。与戴震弟子段玉裁交往,取段氏所注《说文》,补正自己早年著作《毛诗异议》,缮为定本。

凌廷堪,字仲子,又字次仲,安徽歙县人。"究心经史,冀为其乡先辈江戴之学"。专攻礼学,著有《礼经释例》等书。

皮锡瑞在《经学历史》中说:"乾隆以后,许郑之学大明,治宋学者已鲜,说经皆主实证,不空谈义理。"④新安自戴震之后,大批"主实证"的经学大师出现,标志着空谈义理的新安理学已后继乏人,代之而起的,便是由这批经学大师所构成的皖派经学。

由朱熹到戴震,经历宋元明三朝的新安理学已被彻底否定;传统的空谈义理学风,为侧重于考据实证的方法替代;新安学者大多致力于音韵训

---

① 赵尔巽等:《清史稿》卷481《戴震传》,中华书局1977年版。
② 支伟成:《清代朴学大师列传》卷6《叙目》,岳麓书社1986年版。
③ 支伟成:《清代朴学大师列传》卷6《洪榜》,岳麓书社1986年版。
④ 皮锡瑞:《经学历史》,中华书局1959年版。

诂、天文地理、典章制度的研究，形成了"皖派经学"。这表明，新安学术已经完成了从新安理学到皖派经学的转变，而戴震则是一个划时代的人物。

第二章　商人成帮：徽州商人研究

一、徽州盐商个案研究:《二房赀产清簿》剖析

《二房赀产清簿》（手抄本）是清代徽州歙县盐商江仲馨家庭的资产清簿，主要包括《分赀产簿》《遗嘱》《另议各条》《阄书》等内容，具体包括：一是江仲馨于咸丰八年十二月所立的资产清单和分家遗嘱，其中还涉及江氏家族经营和州（今安徽和县）盐业的大致经过。二是江仲馨之孙呈禧、履禧和繁禧在正式分家前对所有资产清理的说明。三是分家阄书。选择江仲馨及《二房赀产清簿》作个案研究，基于如下考虑：首先，明清时期称雄于东南半壁的徽州商帮，以盐业为"龙头"行业；而在经营盐业的徽州商人中，以歙县盐商势力最大。民国《歙县志》说："邑中商业，以盐典茶木为最著。在昔盐业尤兴盛焉。两淮八总商，邑人恒占其四。"①根据方志记载，歙县盐商中尤为著名者是江村之江，丰溪、澄塘之吴，潭渡之黄，岑山之程，稠墅、潜口之汪，傅溪之徐，郑村之郑，唐模之许，雄村之曹，上丰之宋，棠樾之鲍，蓝田之叶等姓。江仲馨正是其中的"江村之江"。因此，他家的事例，在徽州盐商中具有典型意义。其次，以往学术界关于徽州盐商的研究，多注意总商以及一些大盐商，而对构成徽州盐

①（民国）《歙县志》卷1《舆地志·风土》。

商主体中的中、小商人，殊少关注。这是徽州商帮研究尤其是徽州盐商研究中的一个薄弱环节。选择江仲馨作个案研究，可以填补一个具有普遍意义的空白。最后，笔者最近在黄山市（原徽州地区）寻访徽商资料时，发现了《二房赀产清簿》（原件藏于农民私家）。它比较全面地记载了清代咸丰、同治年间歙县江村徽商江仲馨经营盐业活动的情况，反映了徽州盐商兴衰的轨迹，为我们的个案研究提供了第一手的资料。有鉴于此，我们试图通过江仲馨的个案研究，揭示徽州盐商在近代社会变迁及经济、政治环境中的兴衰历程及其根源。不当之处，请方家教正。

（一）江仲馨与《二房赀产清簿》

江仲馨，歙县江村人，生于乾隆三十六年（1771年），卒于咸丰八年（1858年）十二月。据江仲馨在《二房赀产清簿》的《分赀产簿》部分中自叙："余自二十一岁承先以来，代扬商领销和州引盐。"这说明江家是一个盐商家庭，在和州经销淮盐，江仲馨是在乾隆五十六年（1791年）继承祖业涉足其事的。其后，他经历了道、咸之际清廷的盐法变革和咸丰兵燹等重大社会变迁。乃孙呈禧、履禧和繁禧在《分赀产簿》中称道，"先大夫承办鹾务以来，兢兢业业，未敢怠荒，百务皆躬亲纪理，数十年如一日，守成创业，在在劬劳"。道光十七年（1837年），江仲馨将和州盐业生意交付长子江秋舫和次子江小庄，本人返回歙县江村，用两年的时间着意营造了一处规模宏大的三进园林化住宅。此后，江仲馨再也没有重返和州，一直在江村颐养天年。咸丰八年十二月初一日，江仲馨时年87岁，自感时日无多，遂亲立分赀产簿。后数日而亡。

江仲馨生有二子：长子江秋舫和次子江小庄。他们曾先后到和州协助乃父经营盐业，在江仲馨返回歙县江村后，两人主持了江家在和州的盐业生意。道光二十七年（1847年），次子江小庄的两个儿子夭折，他悲伤过度，忽患"失荣"之症，旬日猝死。其侧室七日后生下遗腹子江繁禧，是为二房一脉。长子江秋舫在咸丰三年（1853年）太平军攻下和州后，徒步逃回歙县江村，"终日饮食厌尝，时以酒解愁，药投罔效"。在惊吓之中过了两年多,于咸丰六年(1856年)二月病死,年届六十。江秋舫生有两个儿子呈禧和履禧,这是大房血脉。因此,在江仲馨去世时,财产的合法继承人是三个孙子,即大房的呈禧、履禧和二房的繁禧。

尽管有江仲馨亲立的"轻重必当,分派惟均"的分赀产簿和遗嘱,但其时正值战乱,江家财产又分布徽州与和州二地,所以对每项资产的清理十分困难。据《二房赀产清簿》中有关财产清理说明,同治元年(1862年)大房二孙履禧曾绕道到达和州,意在清理和州的资产,结果因太平军再次打入和州,只身逃回江村;二年,长孙呈禧绕道鄱阳湖一千余里到达和州,但"值疫气大行,人民离困,租息轻微,略为部署,旋即返徽";三年夏,呈禧再次去和州清理财产,因"兵燹之余,所剩屋宇庄田,焚毁荒芜,蹂躏过半",江家的实际财产与江仲馨去世前所立的分赀产簿和遗嘱中所开列的财产已有较大的变化。经过长时间的清理,大房与二房的正式分家已是同治十二年(1873年)的事了。有关分家情况,请亲族作证,立为《赀产清簿》。该簿"一样两本",大房、二房"各执一本,永远存照大发"。我们所见当是二房所执之本,故蓝布面上有黄绫底正楷黑字《二房赀产清簿》字样。其中的内容和格式,与常见的资产簿相似,所不同的是因整个分家过程历十余年,所以财产的清理、调整部分内容占了较大篇幅。

(二)江氏商业资本的来源

据有关徽商资料记载,徽州商人资本的来源有多种渠道。按照日本学者藤井宏先生的看法,最主要的资本形式有委托资本、婚姻资本、援助资本、遗产资本、官僚资本和劳动资本。[1]这在有关徽商资料中确实都能找到有关案例。[2]由于家庭及家族背景不同,所以就单个徽州商人来说,其资本来源各有侧重:或以委托资本、婚姻资本为主,或以遗产资本、劳动

---

① 藤井宏:《新安商人研究》,载安徽省社会科学院编《徽商研究论文集》,安徽人民出版社1985年版。

② 张海鹏、王廷元主编:《明清徽商资料选编》,黄山书社1985年版。

资本为主，而官僚资本相对较少。不少学者认为，由于盐商经营商品的特殊性，加之经营颇受明清盐法的牵制，因此其资本的来源一般以遗产资本为主。那么，江仲馨的资本来源如何呢？

据咸丰八年十二月初一日江仲馨所立《分赀产簿》中自叙，乾隆五十六年江氏开始"承先"代扬商（两淮盐商）领销和州引盐。这就是说，江仲馨在经营和州盐业之初，确实接受了部分遗产资本。这部分"承先"的资本究竟是什么？价值几何？从《二房赀产清簿》反映的情况来看，江仲馨当时继承的是祖传的和州"江馨泰号"713引盐的销售权，如果把这种销售权（物化的标志是"砕单"）看作固定资本，按时价计，713引的"砕单"相当于银子9000多两。这就是江仲馨继承的全部遗产资本。这部分资本与后来江仲馨创下的全部资产相比，不到三十分之一；在江氏所有的营运资本中，也占极小的比例。

另外，从江仲馨在《分赀产簿》中的自叙来看，当时除了"砕单"之外，别无其他流动资本，所以江仲馨被迫将家中的房产典给族人，以此作为运销713引盐的资金。这也为道光十七年江仲馨回徽州重造新屋埋下了伏笔。

江仲馨经营盐业的资本，最大部分是在营运过程中，几经商场波折，逐步积累起来的。《分赀产簿》中说：

> （乾隆末年）岸销壅滞，扬商禀铣庚辛两纲额引，无盐运岸，费累积重。同岸自运之许恒吉、巴长发、方诚发力不能支，先后蒇歇，余店独存。总商吴孙茂出名认运，禀请运宪详奉院宪行知州宪，来岸立店，欲抹垫费，勒令我店闭歇。比因赴扬兴讼，经众运商调议，岸垫属实。按照售盐分别提还，公禀寝息。计提二十年之久，将次提清。吴归鲍益泰接顶运行。沧桑之变，恍如目前。余为扬商代庖，在岸辛勤四十余载，课完全璧，薄置店屋庄田，价买根窝，总滚江馨泰七百十三引，江裕泰总三千零六十四引，自运自售，日渐丰裕。

这里，我们首先可以看出，江仲馨的资本是在"辛勤四十余载"后，才达到"日渐丰裕"的程度。究竟资本增加幅度多少呢？尽管《二房赀产清簿》中没有明确记载江仲馨投入运营的资本数目，但有一个指标足以说明问题：最初江氏销售的食盐只有713引，而在接顶了同族"江裕泰"号3064引盐的业务后，运营规模达到了3777引。以当时每引毛重430斤计，约为150万斤食盐。换句话说，江仲馨的运营资本应该已达到最初的5.4倍。而这部分增加的资本，完全是在实际经营中逐步累加的，它构成了江仲馨经营盐业资本的主体。

其次，我们可以注意到，江仲馨在积累资本的过程中，几经商场波折。上述文字透露出来的一个信息是，当时的商业竞争异常激烈，而且带有浓厚的封建色彩。据《两淮盐法志》中的有关记载，乾隆末年，因课税日益加重、捐输愈益增多，两淮盐商的运营活动一度陷入困境。各地销售淮盐的中小商人因此无法生存，纷纷关门歇业。在和州与江仲馨同做盐业生意的许恒吉、巴长发、方诚发等人就在这种背景下，进入歇业的盐商行列。江仲馨幸能"冰蘖自守"，苦心经营而"独存"。一劫过后，再劫复至。时为两淮总商之一的吴孙茂出名认运，欲在和州自设销售淮盐的分号，并且通过各级衙门，借口江氏岸垫银虚设，勒令和州江姓两家盐店"江馨泰号"和"江裕泰号"歇业。这是典型的借助封建官府势力，采取"大鱼吃小鱼"的兼并方式，最后达到垄断经营目的的行为。江仲馨亲赴扬州诉讼，借助宗族的力量，在众运营商的"调议"下，赢得了这场官司，江家的和州盐业生意因而得以维持。后徽州盐商鲍益泰接顶了吴孙茂的总商位置，江仲馨因此获得了一个较好的发展机会，开始自运自售，资本的积累有了较大规模的增长。

从以上情况来看，江仲馨经营盐业生意的资本有三个来源：一是遗产资本，即713引盐的"砵单"；二是典押房产所得资金，用作运营713引盐的流动资本；三是在经营过程中积累的资本，包括接顶"江裕泰号"3064引的费用及其运营资本。这部分资本可以视为藤井宏先生所说的"劳动资本"。其中，第三部分资本占全部资本的最大份额。因此，就江仲馨这样一个在徽州盐商中处于低层次的商人来说，固然由于盐业经营活动的特殊性，其原始资本中包含了部分的遗产资本，但其整个运营资本并不以此为主。我们认为，"小本起家"不仅是明清时期徽州商帮中经营其他行业商人的普遍现象，而且在徽州盐商中同样也存在。

（三）江氏商业利润的出路

经过四十余载的努力，江仲馨由一个资本薄弱、靠典押房产维持经营的小商人，成为年销引盐150万斤的中等商人。在不断获取高额商业利润的同时，江仲馨又为这些商业利润安排了怎样的出路呢？这是一个值得注意的问题。

《二房赀产清簿》中收录的江仲馨在咸丰八年的遗嘱以及同治十二年江氏分家阄书，为我们了解江仲馨商业利润的出路提供了基本情况。

《遗嘱》条款的主要内容：（1）关于田产的分配。这些田产包括庆瑞庄田（额收麦稻租619石2斗5升）、长丰庄田（额收麦稻租802石5斗）、小尹庄田（额收麦稻租250石2斗5升）、小王庄田（额收麦稻租160石）、永盛圩田（额包麦稻租52石）、长春庄田（额收麦稻租422石9斗）、正丰庄田（额收麦稻租293石）、和丰庄田（额收麦稻租254石4斗）、玉丰庄田（额收麦稻租205石）、泰丰庄田（额收麦稻租120石）、寿丰庄田（额收麦稻租204石）、年丰庄田（额收麦稻租300石）等。（2）关于房产的分配。住宅"春晖堂"大厅、边厅、"自怡轩"、小园、大门墙圈、西门房存公。中进住宅上下堂房、楼厅、住房左边上下堂房、楼房二所、厨灶一所作一股；后进住宅比连上下堂房、楼房二所、厨房一所、右边通门房走巷一条作一股。日后或阄分或各认收执。柏枝园别业作客往来起坐之处，随大厅存公，遇事备有退步取用，并门前至塘基地，随此屋执管。余园一所、戏房空地一业、契买江定中住屋一所、"柏枝亭"山基地一方、菜鱼塘垟上屋一所作一股。外清塘塍住屋一所、郭姑山店屋一所作贴此股。买咏山粹中侄住屋一所后进、买江端本堂小屋改造五间一所、前面江静山住屋一所、界塘岭鲍姓小屋改造柴房一所、又地一方作一股。（3）关于其他产业的分配。这些产业包括州城大西门街桂林坊店屋比连二所、对面书屋一所、大西门外长庆坊盐仓二所、大西门外街底礱碾坊屋二所（碾屋夏姓钞业，价浮于买，久不取赎）、大南门外横江坊新旧盐仓二所、姥下镇东西桥头店屋二所、梁山镇龙窝莫家巷盐仓二所、雍家镇钥匙湾盐仓一所、乌江镇惠政桥头盐仓一所、西铺东西街头店屋二所、百旺市典屋一所（汪姓钞业），以上店屋、盐仓等业，日后大、二孙鼎力清理，或存或卖，与繁禧照三股分受。（4）关于债务的说明，主要有付广裕代办运账结该存课，汪贞吉典券欠本，程霈纶翁券欠本足钱五百千，叶大顺、张祥源、存刘佃、吴晴皋券欠洋壹佰元、张贵欠等。

从以上遗嘱的条款内容来看，江仲馨商业利润的出路主要有四条：

一是购置土地。由于受"以末致财，用本守之"的传统观念影响，中国封建社会中的商人大多在获取商业利润后，热心于购置土地。这是一个普遍的现象。作为传统商人中的一个群体，徽州商人也不例外。不少史料表明，发家后的徽州商人常常将大部分的商业利润转化为土地资产，从而兼有商人和地主的双重身份。如明代天顺、嘉靖间徽商王友榄"商于庐……爱庐之风俗淳朴，买田千余亩，构屋数十楹"[1]。清代徽州歙县商人吴积寿"晚年颇殷裕，置田园，恢室庐，拓土开基，创兴家业"[2]。黟县商人汪源"奉亲归里，买田筑室"[3]等。因此，江仲馨将商业利润投向地产，其中有传统的因素。它是江氏商业利润的主要出路。从遗嘱上看，江仲馨对土地的投资规模相当大，达到了年收租3745石以上，田产主要分布在经商地和州与家乡徽州两地（尤以和州为多）。这里有一个问题：江仲馨将商业利润投向地产，不足为怪，但何以达到如此规模呢？

以往学者们在探讨商人投资土地的问题时，多从观念的角度和土地的收益方面予以解释。我们认为，就盐商而言，像江仲馨如此大规模地购置土地，不仅仅是一个观念的问题，它与纲盐制下食盐的营销体制关系最为

---

① 歙县《泽富王氏宗谱》卷4。

② 歙县《沙园吴氏宗谱·南冈公行状》。

③（民国）《黟县四志》卷14《杂志·文录·汪赠君卓峰家传》。

密切。

明清两朝食盐的销售实行纲盐制。在纲盐制下，盐商须取得"盐引"方可在指定的行盐区内销售一定量的食盐，因此，能否拥有"盐引"，或拥有多少"盐引"，就成为盐商经营活动的关键。而在事实上，"盐引"通常被少数大商人长期垄断，甚至"子孙承为世业"，由此导致一般的商人难以涉足其间；入此行业的中小商人因难以获得更多的"盐引"而无法扩大经营规模。学者们通过对徽州盐商的考察，指出徽州盐商在明代中期以后直至清中叶的兴盛，与这种制度及其捷足先登长期依附于这一制度有关。这种看法是有道理的。不过，从另一方面来看，销盐有额度，这种营销体制恰恰又是阻碍商人资本进一步发展的罪魁祸首。它限制了每个商人的市场份额，实际上取消了公平的自由竞争。盐商在盐业经营活动中积累起来的高额垄断利润，在本行业中难以找到扩大经营规模的出路。这对像江仲馨这样的中小盐商来说，更是如此。于是，在传统观念的支配下，购置田地，将商业利润转化为田产就成了盐商的普遍选择。这是徽州的大盐商为什么往往又是大地主的主要因素，也是江仲馨大规模购置田产的根本原因。

二是兴修住宅。据《分赀产簿》中江仲馨自叙，道光十七年春，江仲馨由和州返回徽州，开始"治造住宅"。兴修住宅的远因即如上述，是当年江氏去和州经营祖传的"江馨泰号"713引的食盐时，缺乏流动资金，遂将住宅典给了同族亲属；而近因则是"钞主催赎"，急需解决这一遗留问题。道光十九年十一月初，新屋落成，江仲馨携全家搬入居住。

从遗嘱中反映的情况来看，新造住宅有相当的规模。住宅为三进徽派风格，前进有"春晖堂"大厅、边厅、"自怡轩"等，中进住宅有上下堂房、楼厅、楼房二所，后进住宅有上下堂房、楼房二所。另有厨灶、厨房二所。住宅边建有花园"柏枝园"。除了新造住宅以外，遗嘱中还说明了江仲馨在徽州购买了一些其他房产，包括契买江定中住屋一所、菜鱼塘坍上屋一所、外清堂塍住屋一所、买咏山粹中侄住屋一所后进、买江端本堂小屋改造五间一所、江静山住屋一所、界塘岭鲍姓小屋改造柴房一所等。

兴修住宅以及购买房产的费用，成为江仲馨商业利润的又一重要出路。

史籍对徽州商人不惜工本，高规格兴修住宅以及添置房产历来颇多微词，认为这是徽商"奢侈"性消费的重要表现，并试图论证由于徽州商人的包括大规模兴修住宅在内的"奢侈"性消费，导致了其资本及利润向"非正常"的渠道流失，最终影响了徽州商帮的发展。我们认为，这种看法有失偏颇。徽州商人在建筑方面投入一部分资金和利润之后，是否影响到他们的经营活动，应该具体问题具体分析，不能想当然认为这是一个肯定的结论。其实，到目前为止，还没有哪份材料证明，某个徽州商人因为兴修了住宅而导致经营无法维持的结局。从《二房赀产清簿》来看，新落成的江仲馨住宅三进二层，包括花园在内的附属建筑有多所，确实可以视为"奢侈"；但资料表明就在江氏回徽州"治造住宅"的同时，江仲馨的大小两个儿子在和州的盐业生意"承办咸宜"，说明住宅的兴修，丝毫不影响正常的经营。这是我们在考察徽商奢侈性消费与商业经营关系时应充分重视的一点。

三是投入运营。江仲馨最初的遗产资本只有"江馨泰号"713引，后接顶了"江裕泰号"3064引的业务。有关接顶的费用以及为保证总共3777引食盐销售正常运作每年所需的资本，成为江仲馨商业利润的又一重要出路。从遗嘱来看，江仲馨投入运营的资本和利润还有一部分就是置买店屋和盐仓的费用。这些店屋与盐仓分布在和州州城及其周围的市镇，如州城大西门街桂林坊店屋比连二所、大西门外长庆坊盐仓二所、大西门外街底砻碾坊屋二所、大南门外横江坊新旧盐仓二所、姥下镇东西桥头店屋二所、梁山镇龙窝莫家巷盐仓二所、雍家镇钥匙湾盐仓一所、乌江镇惠政桥头盐仓一所、西铺东西街头店屋二所、百旺市典屋一所等。我们在上文分析纲盐制下食盐营销体制时说，由于商人运销食盐的市场份额相对固定，盐商在盐业活动中积累起来的高额垄断利润，在本行业中难以找到扩大经营规模的出路。所以，事实上江仲馨每年用于运营的资本和利润也有一个基本额度，随运营成本的变化，小幅升降。

四是放债营利。据遗嘱所载，计有"广裕号"借银1000两、汪贞吉借曹平宝纹2000两、程霭纶借钱500、叶大顺钱庄欠钱2000、张祥源钱庄欠钱1340、刘佃欠钱80、吴晴皋欠洋100元等。江仲馨商业利润的这一条出路表明，盐商在盐业经营领域之外不断寻找着资本增值的新途径。至于其原因，自然是多方面的，而我们认为其中最重要的因素仍然是与纲盐制下食盐的营销体制导致盐商资本积压有着密切的关系。

从以上江仲馨盐业利润的四条基本出路来看，并不存在消费与经营之间的矛盾，也没有在商业经营与土地投资之间出现"倚轻倚重"的现象。以往，我们对传统封建商人，特别是对徽州商人在消费行为以及土地投资方面的"误解"，应当作适当的"修正"[①]。这是在分析江仲馨商业利润基本出路后的重要收获之一。

(四)江氏商业衰落的原因分析

关于徽州商人的衰落问题，我们在《徽商研究》一书中曾作过比较综合的分析，认为"清政府的衰败、经济政策的变化、咸丰年间的兵燹，以及近代市场经济大潮的冲击、外国资本主义势力的入侵等等，无一不是封建性徽州商帮衰落的原因"[②]。这是就徽州商帮衰落的总体情况而言的。其实，徽州商帮中不同行业的商人，其衰落因素不尽相同。比如，徽州茶商的衰落，最主要的因素是"外国资本主义势力的入侵"[③]，徽州布商的衰落与近代市场经济大潮的冲击则有更大的关系。此外，在不同地区经营的商人，其衰落情况也不一样。《二房赀产清簿》所反映的江仲馨家族衰落的过程，为我们提供了清代咸、同年间在长江流域经营盐业的徽州中小

---

① 对徽州商人生活消费及土地投资较多"微词"的原因，主要是由于史籍对这方面有过多的夸张描述，而对商人经营活动方面的记载往往轻描淡写一笔带过，于是人们普遍将视线集中到了前者。随着封建商人的起落无常以及必然衰落结局的到来，人们"归罪"于徽州商人在资本与利润的出路上安排不当。我们认为，这是一种"错觉"。

② 张海鹏、王廷元主编：《徽商研究》第11章《徽商的衰落》，安徽人民出版社1995年版。

③ 参见周晓光等：《近代外国资本主义势力的入侵与徽州茶商的兴衰》，《江海学刊》1998年第6期。

商人无可奈何走向衰败的具体情况。

这里,有两段文字至关重要:

其一曰:"咸丰元年,两江制宪陆建瀛奏改新章,给票行盐,不用砝单。数万价本,尽沈海底,千年根卷,一旦冰释。存岸仓盐,不待售竣;已请额引,饬即改行。一时律令,无人不贩,无店不盐,实为滥觞。正欲收局,讵至三年正月二十六日,西兵由九江顺流而下,势如破竹,直入和城杀掳,土匪乘机抢夺,典铺绅富为之一空。余业亦被瓦解,大儿同伙远避山庄。数日金陵失守,和地冲途,不时蹂躏。信嘱严墙之下,奚可久立。四年腊月初三日,大儿同伙徒步归来。瞥见形疲力惫,虽强颜欢侍,终日饮食厌尝,时以酒解愁,药投罔效。徽地又复风鹤频惊,迁徙不啻再三。隐忧内损,六年二月初六日,猝然长逝,年届六旬。……自兵兴以来,株守家园,囊无多金,除支用外,派分孙等收受,俾筹生计。余年八十有七,得以安闲。至所置和州庄田,递年租息,官局叠捐,西兵屡索,岁无余存。今将各庄开列派分,各执守待升平,自多乐利。所置州镇店屋仓库十有余所,亦须时和世泰,甫能清理,或修葺取用,或酌量变卖,临时裁办。……"

其二:"……讵料世殊事易,时变境迁,兵燹之余,所剩屋宇庄田,焚毁、荒芜、蹂躏过半。"[1]

这两段文字比较集中地反映了导致江氏商业衰败的因素实际上主要有两点:一是清廷的盐法改革,二是咸丰兵燹。

关于清廷在道光年间的盐法改革,学术界已有不少文章论及。[2]这一由陆建瀛首创、陶澍进一步推广的盐法改革措施,施行地区主要是两淮盐场。由于明清两朝的徽州商人经营盐业大多集中在两淮,故其所受盐法改制的影响最大。个案案主江仲馨即为该集团的成员之一,清廷盐法改革对

---

① 江仲馨:《二房赀产清簿·分赀产簿》。

② 参见王思治、金成基:《清代前期两淮盐商的衰落》,《中国史研究》1981年第2期;王方仲:《清代前期的盐法、盐商与盐业生产》,《清史论丛》第4辑;朱宗宙、张棪:《清代道光年间两淮盐业中的改纲为票》,《扬州师院学报》(社会科学版)1982年第3、4期合刊。

他的打击可以说是致命的。就上述文字来看，这种致命的打击表现在两个方面：其一，原先在纲盐制下江仲馨所获得的盐业经营垄断地位因票盐制的实行已不复存在。票盐制下，任何一位商人只要交纳一定量的盐税后，即可领票行盐，传统经营盐业的商人不再拥有垄断特权，故一时出现江仲馨所说的"无人不贩，无店不盐"局面。从此，包括江仲馨在内的两淮盐商再难轻而易举获取高额垄断利润。其二，"新章"规定给票行盐，不用砵单。于是，原来江仲馨用来购买砵单的数万价本，"尽沈海底"；存岸的仓盐，"不待售竣"；已请额引，"饬即改行"，这对江仲馨而言，无疑是一个惨重的损失。在此情形底下，江仲馨只有考虑"收局"了。由此看来，清廷的盐法改革，当是江氏商业衰落的一个重要因素。

咸丰兵燹对徽州商人的打击，史籍所载，比较零碎、笼统。我们曾收集有关资料，撰写了《十九世纪五十年代至六十年代中国社会的战乱与徽州商帮的衰落》一文[①]，对该问题进行了初步探讨，但当时苦于找不到典型的个案资料。《二房赀产清簿》的发现，则为我们加深对这一问题的认识，提供了具体的第一手的资料。从上引文字来看，咸丰兵燹对商人的致命打击，主要在四个方面：一是资财的直接损失。江仲馨在战乱中损失的资产包括在和州及徽州的店业、田产、房产等项。尤其是和州的店业，因太平军的入城以及土匪乘机抢夺，导致"瓦解"的结局。二是从业人员的伤亡。从江家的情况来看，支撑其商业的主要成员是江仲馨及其长子。两人的死亡与咸丰兵燹都有或多或少的关系。特别是江秋舫之死，直接的死因就是他在战乱中逃回徽州后"形疲力惫，虽强颜欢侍，终日饮食厌尝，时以酒解愁，药投罔效。徽地又复风鹤频惊，迁徙不啻再三。隐忧内损"，因而"猝然长逝"。三是清廷和太平军的需索。上引文字中，江仲馨哀叹："官局叠捐，西兵屡索，岁无余存。"前者指清廷为镇压太平军，强迫商人赈饷和捐助团练；后者指太平军为募饷而对商人的需索。它使拥有年租3745石以上的江仲馨"岁无余存"，可见其数额之巨。由此说明，史籍记

---

① 文载中国商业史学会编：《货殖》第2辑，中国财政经济出版社1996年版。

载"当粤贼东下，徽人贾于四方者，尽挈其资以归，故令下而数百万金办"，"……用兵数年，六邑捐输数百千万"，"四境屡为贼扰，绅民皆数四输粟，而力已竭"[①]，并不是夸大其词。江仲馨的情况，就是一个活生生的例子。四是经营环境的严重恶化，以至商人无法继续从事商业活动。当时战乱危害最严重的地区长江流域，正是徽州商人尤其徽州盐商的主要活动区域。在恶劣的环境下，商人弃店业与经营于不顾，纷纷亡命。江仲馨长子江秋舫就是在此时被迫逃回徽州避难，由此江家在和州的盐业生意顷刻土崩瓦解。众所周知，任何商人或商帮，其生存和发展最重要的基本条件之一是进行商业活动，一旦商业经营活动停止或瘫痪，衰落乃至消亡就会接踵而至。上述四方面构成了对商人的致命打击。江家商业之衰，这是又一个重要的因素。它是咸丰兵燹时，在长江流域从事经营活动的商人群体的一个缩影。

江家商业衰落的过程，反映了道咸年间在长江流域从事经营活动的徽州盐商的基本情况，具有典型意义。

从以上对江仲馨的个案分析中，我们可以得出以下几个结论：

第一，徽州商人的资本来源有多种途径，而劳动资本是其资本的最主要构成部分，即使对具有垄断性质的盐商而言，也是如此。"小本起家"不仅是明清时期经营其他行业的徽商的普遍现象，也是徽州盐商中存在的一个基本事实。

第二，包括经营盐业的商人在内的徽州商人，其资本出路不外乎买地、筑室、投入运营和兼营其他行业等四条最基本的途径。就徽州盐商而言，其资本和利润的转移，既有传统的主观因素的影响，更是明清时期盐业经营体制下，盐商资本和利润在本行业中难以找到扩大经营规模之路所致。它不存在消费与经营之间的矛盾，也没有在商业经营与土地投资之间出现"倚轻倚重"的现象。

第三，徽州盐商在道咸年间的衰落，最主要有两大因素：一是盐业经

---

① 黄崇惺：《凤山笔记》卷上，《近代史资料》1963年第1期。

营体制"改纲为票"的变化，二是咸丰兵燹的打击。它的衰落，是在近代社会变迁及其政治、经济环境中的一个必然结果。

二、清代徽商与茶叶贸易

茶叶贸易是徽州商帮在明代中叶形成以后最重要的经营活动之一。它与徽州商帮的兴衰相始终，并且其潮起潮落，又是徽州商帮起伏的典型标志。对徽商茶叶贸易的研究，将有助于我们更深入了解徽州商帮的经营活动情况，更全面考察其兴衰之迹和起伏之由。此处以清代为视角，根据近年来安徽师范大学徽商研究中心搜集的有关徽州茶商资料，结合其他文献记载，探讨清代徽商茶叶贸易发展的阶段、茶叶贸易的经营特色以及衰落原因等问题。

（一）清代徽商茶叶贸易发展的几个阶段

徽商本土徽州地处皖南及皖浙赣交界的山峦叠嶂之区。该地亚热带季风湿润的气候特征以及酸度适中、有机质含量高的土壤性质，特别适宜于茶树的生长。因此，自唐至明清，徽州一直是我国著名的产茶区。[①]依托本地丰富的茶叶资源，明代成化、弘治年间（1465—1505年）徽州商帮形成之后，徽商即将茶叶贸易发展为最重要的经营内容之一。入清之后，茶叶贸易持续发展，并最终奠定了"徽郡商业，盐、茶、木、质铺四者为大宗"[②]的行业格局。清代徽商茶叶贸易的发展并非一帆风顺，其兴衰至少

---

① 陆羽《茶经》："歙州产茶，且素质好。"唐宣宗时杨华《膳夫经手录》："婺源方茶，制置精好。"唐懿宗时张途《祁门县新修阊门溪记》记载："山多而田少，……山且植茗，高下无遗土。千里之内，业于茶者七八矣。由是给衣食、供赋役，悉恃此。祁之茗，色黄而香，贾客咸议：逾于诸方。每岁二三月，赍银缗缯素求市将货他郡者，摩肩接迹而至。"明清时期，"茶叶兴衰"竟成为徽州"全郡所系"（《治事丛谈》），"农民依茶为活"（《婺源乡土志》）。徽州历史上的名茶有宋"谢源茶"（《宋史》卷184）、明"松萝茶"（《西湖记述》《阅世编》）、清"祁红""屯绿"等。

② 陈去病：《五石脂》，江苏古籍出版社1999年版。民国《歙县志》中也有相同记载。

经历了四个阶段:

第一阶段从顺治元年（1644年）到道光三十年（1850年）。这一阶段是清代徽商茶叶贸易从明末战乱中复苏并逐渐兴盛的时期。

据有关史籍记载，徽州商帮在明末战乱中曾遭到空前的巨创。大顺农民军在攻克北京后，"谓徽人多挟重赀，掠之尤酷，死者千人"①。经历了明清之际动乱的徽州名士金声说:徽州商人"足迹常遍天下。天下有不幸遭受虔刘之处，则新安人必与俱。以故十年来天下大半残，新安人亦大半残"②。清初赵吉士也说:"明末徽最富厚，遭兵火之余，渐遂萧条，今乃不及前之十一矣。"③在明清之际这场兵火中，徽州茶商及其茶叶贸易遭到了沉重打击。顺治中叶以后，随着社会的安定、经济的恢复和发展，尤其是清廷采取了一系列"恤商裕课"的措施，以盐业为"龙头"的徽州商帮开始全面复苏，徽商的茶叶贸易也同时走出明末困境，进入一个全新的发展时期。清人许承尧在《歙事闲谭》中曾指出:"歙之巨业，业盐而外，惟茶北达燕京，南极广粤，获利颇赊。"④从有关资料来看，许氏所说的这种情况，在道光三十年以前最显著。且不单是歙县如此，它也是整个徽州地区的普遍现象。其时，徽州茶商因在北京和广州两大都会经营成功，徽州商帮的茶叶贸易出现了兴盛的高潮。据《歙事闲谭》第11册《北京歙县义庄》记载，乾隆中徽州仅歙县商人在北京就经营着"茶行七家""茶商各字号共一百六十六家""小茶店数十"。由此可见徽州茶商在北京活动之盛。与此同时，徽州茶商的另一股主要流向是南下广州，俗称"漂广东"。《榘园文钞》及《婺源县志》中对当时徽州茶商在广州的活动情况均有记载。⑤90年代中期，我们在歙县坑口乡芳坑村发现清代该地江氏茶商的大量账册、文书、簿籍、书信及其他资料，其中有相当一部分内容反映道光

---

① 彭孙贻:《流寇志》卷11,浙江人民出版社1983年版。
② 金声:《金太史集》卷8《建阳令黄侯生祠碑记》,乾坤正气集本。
③ (康熙)《徽州府志》卷2《舆地志下·风俗》。
④ 许承尧:《歙事闲谭》卷18《歙风俗礼教考》。
⑤ 张锡麟:《榘园文钞》卷下;(光绪)《婺源县志》卷33《人物》。

三十年以前徽州茶商入粤贩茶的经营活动情况。①与在北京做"京庄"茶生意的"内销"方式不同，徽州茶商经由江西，或通过海道入粤做"洋庄"茶生意，主要是"外销"。当时徽州茶商与外商交易，茶叶价格由徽州茶商报出，获利极厚，徽州人称之为"发洋财"。②从总体来看，道光三十年之前，清代徽商以北京和广州为中心，开拓了南北茶叶贸易的兴隆局面。

第二阶段从咸丰元年（1851年）到同治三年（1864年）。这是徽商茶叶贸易的低谷时期。

1851年1月11日（道光三十年十二月十日），爆发了太平天国农民起义。太平军与清军在广西境内进行了1年零8个月的战斗后，于1852年6月（咸丰二年四月）由广西攻入湖南，将主战场往北推移。1853年1月12日（咸丰二年十二月四日）太平军攻克武汉三镇，其后主战场又折而东移。同年3月19日，太平军占领了"虎踞龙盘"之地南京，并定都于此。此后长江中下游地区（主要是湖北、江西、安徽、江苏、浙江等省）成为清军与太平军之间拉锯战的主战场。从1853年（咸丰三年）到1864年（同治三年）的10余年间，太平军在西至武汉、东到上海的长江一线及其腹地，与清军展开了殊死的战斗。因此，包括鄂、赣、皖、苏、浙在内的长江中下游地区，成为当时中国社会战乱最严重的地区。该地区交通阻塞、社会动荡、商业萧条，史籍中通篇都是"兵戈载道，致关河阻塞，客商水陆不通"③，"江路梗阻，商贾不通"，"邻氛不靖，客贩愈觉廖廖"，"长江虽系七省通衢，货船早经绝迹"，"自经兵灾，船稀商敝"④等记载。从徽州商帮发展的历史来看，这一地区正是该商帮传统的经营活动最主要的区域。因此，咸丰、同治年间持续在长江流域的战乱对徽州商帮的打击极为沉重。我们认为，在徽州商帮诸种贸易中，茶叶贸易所受的影响可谓

---

① 有关资料现藏江氏茶商后裔处。

② 王珍：《徽商与茶叶经营》，《徽州社会科学》1990年第4期。

③ 李汝昭：《镜山野史》，近代中国史料丛刊续编本。

④ 彭泽益：《中国近代手工业史资料》第2卷，生活·读书·新知三联书店1957年版。

最大。这里主要有两个原因:一是徽州茶商经销茶叶,主要收购安徽、江西两地名茶,内销以川、赣、皖、苏、浙、沪为重点,或经该地区转销北方,其产、运、销经营活动完全立足于长江流域。因此,长江流域的严重战乱,使徽州茶商的内销活动大受影响。二是徽州茶商从事茶叶的外销活动,多将茶叶经江西运至广州。而当战乱爆发后,这条徽茶最重要的外销路线被切断,由此导致徽州茶商在广州的经营活动日益艰难。当时业茶广州的徽州茶商江绍周在一封给其妾的信中说:"今年所做之茶,意想往广,公私两便。不料长毛扰阻,江西路途不通,……所有婺源之茶,均皆不能来粤。"[1]张海鹏、王廷元先生主编的《明清徽商资料选编》有关章节中,也有不少资料反映了当时徽州茶商在广州经营活动的窘况。[2]咸丰、同治年间,因受到战乱的打击,徽商茶叶贸易陷入了低谷。

第三阶段从同治四年(1865年)到光绪十年(1884年)。此为徽商茶叶贸易的"中兴"时期。

经历"咸同兵燹"后,徽州茶商再度走出绝境,出现"中兴"的盛况。《中西纪事》记载:"自五口既开,则(徽州)六县之民无不家家蓄艾,户户当垆,赢者既操三倍之价,拙者亦集众腋之裘,较之壬寅(1840年)以前,何翅倍蓰耶!"[3]这说明在第二次鸦片战争(1856—1860年)后,徽州茶叶贸易已恢复并超过1840年以前的水平。《安徽茶叶史略》在描述这一段历史时也说:"清初徽商曾遭挫折,以后经过恢复又超过了明代。同治年间,洋庄茶盛行时,经营洋庄的徽州茶商资本额较大者,有忆同昌等48家。在外地经营大茶号的徽商为数也不少,汉口、芜湖有,九江、上海也有。如九江即有仁德永等六家,上海有洪永源等七八家,营业一时还颇发达。有数家资本额还曾达四五万两,其余亦在数千两。"[4]从有关史料来看,这里的"同治年间",确切地说,应是同治四年(1865年)

---

① 原件现藏江氏后裔处。

② 张海鹏、王廷元主编:《明清徽商资料选编》,黄山书社1993年版,第171页。

③ 夏燮:《中西纪事》卷23《盐茶裕课》,同治年间刊本。

④ 许正:《安徽茶叶史略》,《安徽史学》1960年第3期。

战乱结束以后的时间。在有关方志及彭泽益先生《中国近代手工业史资料》、李文治先生《中国近代农业史资料》和《明清徽商资料选编》中，都不乏该时期徽商"中兴"的史料。90年代中期我们发现的歙县坑口江氏茶商资料中，绝大部分内容也详细反映了徽州茶商在同治四年以后中兴的历史。在徽州商帮历史上，这一阶段是其茶叶贸易发展的又一"黄金时期"。徽商茶叶贸易在同治年间很快走出第二阶段的低谷而进入"中兴"时期，其原因是多方面的。我们认为，其中关键因素是：面对第二次鸦片战争后，外国资本主义势力大规模入侵中国，国内市场和国际市场开始全面沟通的新形势，徽州茶商抓住机遇，在其经营活动过程中采取了相应的调整措施，由此导致了茶叶贸易的中兴。这些调整措施包括：（1）从"内销"为主到"外销"为主的变化。内销是徽州茶商传统的经销方式，也是道光以前徽商茶叶贸易的一大特色。在外国资本主义势力入侵后，随着中外贸易形势的发展，徽州茶商开始致力于茶叶的外销活动。据史籍记载，徽商茶叶贸易由内销为主向外销为主的转变，始于道光中叶，在第二次鸦片战争后加快了进度。歙县知县何润生在《茶务条陈》中估算，光绪年间外销茶在徽茶中的比例高达80%—90%。[①]该比例说明当时徽州茶商已经最终完成了茶叶销售由内销为主到外销为主的转变。这一转变顺应了中外贸易发展的趋势，扩大了徽茶的销售市场，为徽商茶叶贸易的中兴奠定了基础。（2）从广州到上海的战略转移。道光中叶以前，因清廷限定广州为唯一外贸口岸，所以徽商外销茶叶，均集中在广州。道光二十三年（1843年）十一月《南京条约》签订后，原先以广州为唯一外贸口岸的局面被打破，变成"五口通商"（上海、广州、福州、厦门、宁波）的新格局。在这通商的"五口"中，上海因地理优势，很快取代广州成为"中外通商第一口岸"[②]。众多做茶叶生意的外商洋行云集上海，使上海成为当时中国茶叶出口最重要的基地。针对上海开埠后外贸出现的新格局，徽州茶商在其经营洋庄茶的过程中，纷纷改"贩茶粤东"为"业茶上海"，实现人员、

---

① 刘锦藻：《清朝续文献通考》卷42，商务印书馆十通本。
② 吴馨等：(民国)《上海县续志》卷1《形胜》。

资金从广州到上海的战略转移。徽州茶商江绍周在一封信中曾提道:"现因连年茶叶夷商通于上海,利虽微而生意快捷。予所代经理之茶叶年年均往上海脱售。……上海之近,惟广东之远,贸易与广东一式,不能舍近而图远也。"[①]这反映了徽州茶商从广州到上海战略转移时的普遍心态:一是顺应"连年茶叶夷商通于上海",该地成为中外茶叶贸易重要口岸的"时势";二是考虑徽州到上海的"地利"优势。[②] (3)从吸纳族人资金发展到借贷茶栈、洋行款。据史料记载,通过向亲属、族人借贷资金的方式来经营茶叶,这在徽州茶商中是一个非常普遍的现象。近代外国资本主义势力入侵后,徽州茶商更进一步拓展了借贷资金的来源渠道,一些经营规模较大的茶商纷纷通过茶栈向洋行贷款,利用茶栈和洋行的资金从事茶叶的收购、加工、运输和销售。据清代歙县坑口茶商江耀华留下的账簿统计,每年茶栈提供的贷款,一般占江耀华当年用于经营茶叶全部资金的50%以上。[③]资金来源渠道的拓展,有利于徽州茶商扩大经营规模,获取更丰厚的利润。徽州茶商所作的上述三方面调整措施,在徽商茶叶贸易"中兴"的过程中发挥了重要的作用。

第四阶段从光绪十一年(1885年)到清末民初。这一阶段是徽商茶叶贸易的衰落时期。

由于外国资本主义势力入侵后,徽州茶商抓住机遇,适时调整经营方针,所以徽茶贸易一度得以繁荣。然而,伴随着机遇的出现,挑战也同时来临。光绪中叶以后,依赖外销而营利的徽商茶叶贸易终于日暮途穷,走向衰落。光绪十一年五月初一,清朝大吏曾国荃在《请免加茶课疏》中说:"皖南茶悉销外洋,从前沪价每引得银五六十两、三四十两不等,商人获利尚厚,是以同治二年复经续加捐项四钱,共银二两四钱八分。其茶价甚好,既沾利益,复获官阶,该商等尚无难色。近年引价骤跌,计多仅

---

① 原件现藏江氏后裔处。

② 徽州茶商贩茶至广州,陆路雇伕,水路雇船,途程超过三千里,费时两个月以上。而由屯溪雇船沿新安江东下到上海,货物只在杭州中转一次,仅需二十天左右时间。

③ 有关材料现藏江氏后裔处。

二十余两，少则十余两不等。加以商贩资本贷于洋商者多，洋人因其借本谋利，货难久延，辄多方挑剔，故意折磨，期人其彀。皖南茶销路仅一上海，业已到地，只得减价贱售，种种受制洋人，以致十商九困。"①这说明在光绪十一年前后，经营皖南茶叶外销活动的茶商已出现"十商九困"的窘况。而这些从事皖南茶叶外销活动的商人，绝大多数就是徽州本土的茶商。光绪十四年二月，从徽州茶商经营外销茶最重要的基地上海传出消息："上海茶叶公所将茶业近年情形开具节略……细核出口茶数，此四五年中，逐年减少；而外洋产茶之数，此四五年中，每年加至十余万箱。由于外洋所产之茶，其出口税如印度西伦全免完纳，日本之茶其出口税每百斤不过完洋一元，成本既轻，销场自广，遂至外洋茶市日有起色，中国茶业日见衰坏。"②这反映了光绪中叶以后，中国茶叶外销已呈江河日下之势。徽商茶叶贸易在咸（丰）同（治）年间的中兴，主要就是依赖茶叶外销。因此，中国茶叶外销的"衰坏"，对徽商茶叶贸易的影响最大。当时有人指出："二十年来，以业茶起家者，十仅一二；以业茶破家者，十有八九。商贾日失志，市肆日减色……"③这正是光绪中叶以后徽商茶叶贸易的真实写照。迨至民国初年，勉强维持的徽商茶叶贸易已完全失去了往日的盛势，走向衰落。

以上大致勾勒了清代徽商茶叶贸易的兴衰历程。从中可以看出，任何封建商人或商帮的经营活动，都不是一种单纯的经济现象，它同封建政治、社会变迁以及商业政策等都有密切的关系。尤其是清代商人，正处于近代中国的转型期，社会剧烈变迁既为其提供了发展的机遇，同时也带来了新的多方面的挑战，其经营活动更多地牵涉到了经济以外的政治、军事、外交等因素。所以，在近代历史环境中，他们有过昙花一现的盛况，但终究摆脱不了"无可奈何花落去"的历史命运。徽州茶商的兴衰历程，

---

① 曾国荃：《曾忠襄公奏议》卷25《请免加茶课疏》，近代中国史料丛刊本。

② 彭泽益：《中国近代手工业史资料》第2卷，生活·读书·新知三联书店1957年版，第308页。

③ 欧阳昱：《见闻琐录》后集卷2《胡雪岩》，岳麓书院1986年版。

正是传统的中国封建商人在近代社会中的缩影。

(二)清代徽商茶叶贸易的特色

徽商"其货无所不居",所经营的行业众多。由于各行各业具有自身的行业特点,并且因时代变迁而反映出时代的特征,所以在不同时期,徽商的各类经营活动也各有特色。那么,清代徽商茶叶贸易活动的特色有哪些呢?

第一,一体化的经营方式。

徽商从事茶叶贸易活动,多采取茶叶收购、加工、运输、销售一体化的经营方式。这种经营方式既有别于其他仅仅"贱买贵卖"的商品交易活动,也与各地一般的茶叶零售商人不同。它是徽商茶叶贸易最为重要的特色之一。

茶叶收购在徽商茶叶贸易中是第一个环节。清代徽州茶商收购茶叶,首选的最重要的茶区自然是徽州本土。《通商各关华洋贸易总册》卷下《光绪十七年九江华洋贸易情形论略》中说:"业此项绿茶生意者,系徽州婺源人居多,其茶亦俱由其本山所出……"[1]当然,徽商的收购活动并不局限在徽州一地。据《清史稿》中记载:清朝在江西发放茶引、征收茶课的事务,大部分都交由徽商办理。[2]康熙时,歙县人李遴曾入川贩茶,后成为当地茶商首领,众商纳课办引之事也都由他操办。[3]徽州茶商从茶农手上收购到的茶叶称"毛茶"。所谓"毛茶",是指已经进行过初步加工的茶叶,这道工序由茶农完成,与茶商无涉。我们在歙县坑口江氏茶商资料中,曾发现一本手抄的《买茶节略》[4],其中有关记载反映了徽州茶商在收购茶农毛茶时颇多讲究。首先要核算成本,计算出在茶叶贸易过程中所需的碳火、人工、箱罐、关税、厘金、船钱等一切费用,然后才能依据成

---

① 彭泽益:《中国近代手工业史资料》第2卷,生活·读书·新知三联书店1957年版,第325页。

② 赵尔巽:《清史稿》卷124《茶法》,中华书局1977年版。

③ 徐珂:《清稗类钞》第5册《农商类·西藏茶务》,中华书局1984年版。

④ 原件现藏江氏后裔处。

本，开出收购茶农毛茶的价格。其次要讲究质量，一般以细嫩、紧结者为高，而死茶、烂茶、断折、红蒂等现象较多的毛茶不可收购。第三须鉴别毛茶真伪，杜绝假冒。每年三月（农历）左右，徽州茶商在茶区水陆交通便捷之地开设"茶号"，收购茶农的毛茶。规模较大的茶号，通常在各地设有数目不等的小茶庄，具体从事收购毛茶的业务。小茶庄的收茶资金多由茶号发放，其经理人员亦多系茶号老板之亲信。在小茶庄和茶农之间，还有为数众多的茶叶小贩，徽州人称之为"螺司"[1]。茶农的毛茶，正是通过"螺司"转卖到小茶庄，再由小茶庄送至茶号中。茶农—螺司—小茶庄—茶号，这就是清代徽商毛茶收购的具体环节。

徽商茶叶贸易的第二个环节是茶叶加工。在茶叶出口兴盛以前，这一环节在徽商茶叶贸易中并不占据重要地位，因为内销茶叶一般由茶农"随采随制"，徽商只是进行简单的加工、改装。而在清中叶以后，随着徽茶大量外销，"为迎合国外顾主心理"，茶叶加工发展为徽商茶叶贸易中不可或缺的一个重要环节。这一环节通常也在徽商开设的茶号中完成。各茶号因资金多寡有别，规模有大有小。清末著名的徽州茶商歙县罗三爷、婺源孙三森、休宁汪燮昌等开设的茶号年制茶均在万箱以上。[2]光绪年间，歙县坑口茶商江耀华的"谦顺昌"茶号，每年加工毛茶也都在2万斤至3万斤，光绪二十三年（1897年）曾达到68196斤[3]。清代徽州茶商中，有如此加工能力者，并不在少数，由此可见徽州茶商的经营规模。茶号中各类管理和辅助人员分工细致，而人数最多的是制茶工。制茶工中又有抖筛、拣茶、焙茶等区别。所加工的徽茶品种繁多，仅"洋庄"绿茶就有麻珠、针眉、宝熙等数十个品种。各种徽茶的制茶工艺极其复杂，从毛茶进号到出成品茶，一般要经过焙、筛、扇、拣等工序。据流传至今的徽州茶商《制茶节略》记载，徽茶加工的每道工序都有严格的要求和规定[4]。在茶叶出

---

① 螺司，或称"螺丝"。

② 王珍：《徽商与茶叶经营》，《徽州社会科学》1990年第4期。

③ 有关材料现藏江氏后裔处。

④ 原件现藏江氏后裔处。

号之前，徽州茶商对成品茶叶还要进行包装。洋庄茶内用锡罐，外装彩画板箱，每箱可装细茶40余斤、粗茶30余斤。内销茶专以篓袋盛储，其中茶朴、茶梗、茶子居多。①

　　徽商茶叶贸易的第三个环节是茶叶运输。清代徽商的运茶路线，主要有三条：第一条是徽州至京津。徽州茶商出徽州地界后，经宁国府、句容县，在河口附近渡江到仪征，然后沿漕河北上，途经扬州、高邮、淮安、济宁、临清、静海等地，到达天津、北京。②第二条是徽州至广州。该路线以屯溪为起点，往西南行经休宁、祁门，在倒湖附近进入江西地界，途经景德镇、饶州等地，到达南昌府；再南行经樟树镇、万安、南康等县，在梅岭头入广东省界；复经南雄州、英德县、三水县，抵达广州。③第三条路线是徽州到上海。该路线有水陆两路可走，因旱路不便运输，所以徽州茶商多走水路。水路由屯溪出发，沿新安江东下，在杭州过塘，经过嘉兴、嘉善、松江、黄浦等地，到达上海。光绪年间，因清廷在杭州经嘉兴到上海的途中设卡收费，徽商一度也曾不经杭州，而改由绍兴内河，经余姚到宁波，换海轮运茶到上海。清中叶上海开埠后，洋庄茶盛行，第三条运输路线成为徽商最重要的运茶线路。一般来说，徽州茶商自己并不拥有车、船等运输工具。凡遇旱路，则雇伕肩挑背驮，若走水路，又临时雇船。力夫或船家将茶叶运到某一地点后，徽州茶商即付讫运输费用，途中遇盗或碰上船覆等不测事故，货物损失概由徽州茶商自己承担。道光中叶以后，徽州茶商在徽州至上海的运茶途中，开始采用"托运"的运输方式。从保留至今的有关"船契""船行票"④来看，这种托运方式具有如下特征：（1）运输费用一般分两次付清，雇船时先预付大部分款项，余款则在货运到埠后给付。（2）一次谈妥运价和其他费用后，途中不再给付其他任何名目的运输费用。（3）运输过程中出现茶叶遭盗卖或缺少数目、上漏

① 刘锦藻：《清朝续文献通考》卷42《榷茶》，商务印书馆十通本。

② 参见《天下水陆路程》卷5，山西人民出版社1992年版。

③ 据道光七年《徽州至广东路程》（手抄本），原件现藏江氏后裔处。

④ 安徽师范大学徽商研究中心藏有多份清代徽州茶商托运茶叶的"船契""船行票"复印件。起讫地点分两类：一是徽州到杭州，一是杭州到上海。

下湿，徽商可扣留原船，向船户索赔。（4）途中凡遇关卡，由徽州茶商自行纳税。具有这些特点的托运方式，较随行随雇的方式要安全、方便得多，因此深得徽商信赖，流行一时。

徽商茶叶贸易的第四个环节是茶叶销售。清代前期，徽商茶叶的销售市场以国内为主。《歙事闲谭》中关于徽茶"北达燕京，南极广粤，获利颇赊"的记载，反映了徽商茶叶销售国内市场之广阔。①约在道光初年，徽商的茶叶销售逐渐形成了"内销"和"外销"两大体系。前者俗称"京庄"，它在徽商传统的茶叶经销活动基础上发展而来，市场以京、津及北方地区为主，兼及长江流域和东南沿海地区。销售的茶叶品种以烘青、大方为主。后者俗称"洋庄"，它是适应中外贸易形势发展而兴盛起来的徽茶最重要的销售渠道。光绪年间，外销茶在徽茶中的比例高达80%—90%。初时徽商经营洋庄茶均往广州，而在"五口通商"之后，大多改道上海。茶叶运抵上海后，徽州茶商一般通过茶栈将茶叶卖与洋行。茶栈为徽商茶号代售茶叶，要收取一定的佣金和其他费用。光绪三十年（1904年）上海"谦顺安"茶栈为徽商"谦顺昌"茶号代售茶叶的一份《代沽单》表明，茶号通过茶栈销售茶叶的各项费用，约占售价的4.36%。其中包括洋行息、打包、修箱、茶楼、磅费、叨佣、码头捐、栈租、力驱、堆拆、出店、火险、各堂捐、律师、会馆、商务捐、膳金、息等18项内容②。

上述四个环节表明，徽商的茶叶贸易按照一体化的经营方式运作。茶叶采购、加工、运输、销售各环节既相对独立，又互相联系，构成了徽商茶叶贸易活动的整体。

第二，经营活动多呈季节性。

徽州茶商的经营活动，一般在每年的二三月份开始，到九十月份结束，全年的经营活动时间约为7—8个月，呈现明显的季节性特征。

徽州茶叶贸易的季节性特征，早在唐朝即已见诸文字记载。唐懿宗时的歙州司马张途在《祁门县新修阊门溪记》中说："每岁二三月，赍银缗

---

① 许承尧:《歙事闲谭》卷18《歙风俗礼教考》。
② 原件现藏江氏后裔处。

缯素求市将货他郡者，摩肩接迹而至。"①这表明了徽州茶叶贸易在每年时间上的起点。明代中叶徽州商帮形成以后，这一"其来有自"的特征被承继，入清以后因茶商中行商的比例提高而尤显突出。清廷要员曾国荃对当时长江流域茶叶生产和销售的情况了解甚深。他在《茶厘酌减税捐片》中曾谈到包括徽州商人在内的皖南茶商"向来茶业各号，均于清明节前开设"②。在一些重要的茶叶集散地，徽州商人一般也多在该季节开始茶叶的贸易活动。比如九江，"每值春夏之交，以茶商生意为大宗，城内外之开茶栈者共四十余家……"③其中就不乏徽商的踪迹。从歙县坑口江氏茶商留下的大量账簿、札记等资料来看，处于江氏家族茶叶贸易鼎盛时期的江耀华，每年也都是在二三月份于屯溪觅址设立总号，在徽州各地设置小茶号，从"螺司"（小贩）手中收购毛茶，然后加工转运各地销售。徽商在二三月份开始的茶叶收购、加工、运输、销售一体化的经营活动，一般到九十月份就要告一段落。其时茶号关闭，伙计辞退，家什封存，商人多回家以待来年二三月间重新开始茶叶经营活动。安徽师范大学徽商研究中心所收藏有一份光绪三十年（1904年）记载徽州茶商江耀华活动的《甲辰谦顺昌日记便登》，非常典型地反映了徽商茶叶贸易的季节性特点。据载，是年三月十六日至九月初六，江耀华均在屯溪茶号中经理茶叶收购、加工、运销等业务；九月初七从屯溪返歙县坑口家中稍作停留，十六日在坑口起航至深渡，然后沿新安江水路途经威坪、淳安、小沙滩、严郡、乌食滩、桐庐盐关、富阳，抵达杭州；二十六日过塘由城内石牌楼驳至拱宸桥，二十七日晚到达上海，住在茶栈中；十月二十一日往苏省；同年十一月中旬回坑口，结束了全年的茶叶贸易活动。据相关资料反映，江耀华在其他年份的茶叶经营活动时间，也大致在三月至十月之间。它表明，清代徽商的茶叶贸易活动并非一项全年性的活动，而具有明显的季节性。

形成清代徽商茶叶贸易活动季节性特点的原因，首先是自然条件的影

①《全唐文》卷802《祁门县新修闾门溪记》，中华书局1983年版。

②曾国荃：《曾忠襄公奏议》卷29《茶厘酌减税捐片》，近代中国史料丛编本。

③光绪十年（1884年）三月二十八日《申报》。

响。在自然条件下，茶树"冬槁春荣"，在每年清明节时次第萌芽，到谷雨时节，则叶片开始舒展。根据茶树的生长规律，徽州茶叶的采摘，一年分两季。采茶者以愈嫩为愈贵，倘若多延数日，则叶片已老，其价值就大跌了。所以，头茶采摘一般在清明节时就开始了，至迟也抢在谷雨节前后的三五日间。每年随着茶叶采摘的开始，徽州茶商也就开始了全年的茶叶贸易活动。徽州茶叶采摘除头茶外，四月底五月初为二茶，六月初为荷花，七月为秋露，均适宜做红茶。徽州茶商经营活动中的第一个环节茶叶收购与茶农的茶叶采摘同步，一般也在七月底结束，而全年的经营活动则一直延至十月以后。其次，清代徽州茶商中以行商为主流，这也是导致清代徽商茶叶贸易出现季节性特点的一个重要因素。如同其他行业的商人一样，清代徽州茶商也有"行商"与"坐贾"之分。一部分小本经营的坐贾，在各地开设小茶叶店，从事零售活动，经营的季节性特点并不突出。不过，在清代，这部分人并不足以代表徽州茶商的主流。尤其是在清中叶"洋庄"茶兴盛以后，徽茶十之八九外销，行商在徽州茶商中占据了绝对主导的位置，零售的地位更微。而行商的经营活动，则深受茶叶采摘季节的影响，体现了季节性特点。

第三，"兼营"的现象尤为普遍。

某一行业的商人在经营主业的同时，也从事其他行业的商贸活动，我们称之为兼营。这种情况，在徽州商帮中并不少见。比如，业盐于两淮的徽州盐商，常常在运盐湖广之后，船载当地的粮食、木材等货物，顺长江东下，销往东南沿海缺粮少木的地区。这里，盐商在经营盐业的同时，实际上就兼营了粮食业和木材业。歙县《程氏孟孙公支谱》中有一段记载比较典型地反映了徽州商人的兼营情况："（程廷柱）国学生，自幼豁达，卓立有志，厚重少文饰。随父侧奔驰江广，佐理经营。父殁后，克绍箕裘，友爱诸弟。总理玉山栈事，增至田产；兰邑油业命二弟廷柏公督任之；命三弟廷梓公坐守杭州，分销售货；命四弟廷桓公往来江汉，贸迁有无。创立龙游典业、田庄，金华、兰溪两处盐务，游埠店业，吾乡丰口盐业,先绪恢而弥广焉。"①从中可见程氏商人经营的行业有盐业、典业、油业、店业等。至于四弟廷桓"往来江汉,贸迁有无",更是一项综合性的贸易活动。

从徽商几大行业的比较来看,徽州茶商中的"兼营"现象是最为突出的。一位熟悉徽州掌故者曾说:"茶号系季节性经营,然茶商并不闲。因他们多半经营其他行业。或开钱庄、布店、南货店,或为木材、粮油行商。茶季来临,资金重点投入茶叶,俟茶叶脱手,又在沪、杭采购各类商品回徽州贩卖。所以,在徽州,一般地说茶商多家大业大,根基牢固。"②这一看法是符合徽州文献记载和当时茶商实际的。我们认为,徽州茶商的"兼营"可以大致归纳为两类:一是在茶叶生意的淡季从事其他行业的经营活动。如绩溪《盘川王氏家谱》中记载:"我祖(王)泰邦公,作贾在吴中。设市周庄镇,居然端木风。春季市茶叶,秋季海货通。"③二是在保证每年以茶叶经营为主干的前提下,将部分资金常年投入到其他行业的商贸活动之中。歙县坑口江氏茶商就是这种"兼营"类型的商人典型。据收藏于安徽师范大学徽商研究中心的资料反映,早在乾隆年间,江氏茶商就有江起辉经营酒店10余年。嘉庆年间,江大棣又开张了大顺店业。作为江氏茶商顶峰人物的江耀华,曾在汉口投入资金1000两,与江元演、江元溶合股开设怡丰裕洋货号;在上海永隆京广洋货号投资1000两,苏州信昌成投资1000两;又在苏州阊门附近投资500元,与人合伙开设恒大有油行,在阊门外吴邑水投资200元合股开设裕泰米铺;在徽州薛坑口投资300元开设吉祥杂货店;并独资开设江瑞茂糕点店;杭州的"最利转运公司"也有江耀华的股本。于此可见,江氏茶商兼营的行业包括酒店、洋货店、油行、米铺、杂货店、糕点店及转运公司等。江氏茶商的这种"兼营",与部分徽州茶商的季节性兼营有明显的区别,代表了徽商茶叶贸易过程中兼营的又一类型。

---

① 《程氏孟孙公支谱》,道光抄本。
② 王珍:《徽商与茶叶经营》,《徽州社会科学》1990年第4期。
③ 绩溪《盘川王氏宗谱》卷4《文苑·颂泰邦公》,民国刊本。

我们认为，在徽州茶商中"兼营"现象较其他行业的商人更为普遍存在，是一个确凿的事实。而其原因，主要有两个：一是由于茶叶经营活动具有季节性的特点，大部分的徽州茶商无需花费全年的时间用以经营茶叶业。因此，他们在茶叶生意的淡季，有足够的时间和精力从事其他行业的经营活动。二是清代徽州茶商的资本雄厚，他们平时用于修桥、筑路、济困、赈灾、修祠堂和买田地等方面的费用动辄成百上千金。同治年间，在上海、汉口、芜湖、九江等地"业茶"的徽州商人，资本额一般都在数千两以上，有的达到了四五万两。如何为这些资本寻找出路，使之不断增殖呢？徽州茶商一方面尽量扩大每年的茶叶营销规模，在茶叶业内部解决资金的增殖问题；另一方面则积极开拓新的财源，将茶叶业多余的资本投放到典、木、油、棉布等其他行业中去，遂使"兼营"的现象普遍存在。

第四，资本组合的多样性。

在茶叶贸易中，清代徽州商人采取了多种资本组合的方式，或自本经营，或合资经营，或贷资经营，资本的组合形式呈现多样性的特征。

自本经营是清代徽商茶叶贸易中一种基本的资本运作方式。按这种方式运作，经营茶叶贸易的资本全部由经营者本人提供。从有关史料记载来看，徽州茶商中自本经营者往往是一些小商人，其中以经营茶叶店的"坐贾"居多。乾隆年间，在北京的数千家徽州小茶店、清末在上海的33家绩溪茶号，多属这类情况。而大部分"行商"，尤其是经营"洋庄"茶的徽州商人，更多的是采取合资经营或贷资经营的方式。《通商各关洋贸易总册》卷下《光绪十七年九江华洋贸易情形论略》中说："业此项绿茶生意者，系徽州婺源人居多，其茶亦俱由本山所出，且多属合股而做，即有亏蚀之处，照股均分，亦不觉其过累。"[1]这里提到的徽商从事茶叶贸易"多属合股而做"的情况，在其他史料中亦不乏记载。比如，《婺源县志》中载："程金广，字以成，长径人。国学生。自少任侠不羁。父与亲友合伙业茶，屡折阅，微有退志。时两兄守故业，一读一耕。广请肩父任，许

---

① 彭泽益：《中国近代手工业史资料》第2卷，生活·读书·新知三联书店1957年版，第325页。

之。经营有年，赀饶裕……"①这条史料记载了徽州茶商"与亲友合伙业茶"的现象。此外，还有"兄弟业茶"和"偕友合伙贩茶"的情况。如婺源程焕铨"尝与兄弟业茶，亏蚀，债负数千金，铨以己租抵偿，不累兄弟"②。又有婺源渔潭人程国远"性仁厚，尝偕友合伙贩茶至粤，公耗八百金。远念友赀无从措，独尝之"③。从这些材料中我们可以看出，徽州茶商"合资"经营的对象不一，既有兄弟、亲友之间的"合股"，也有朋友之间的"合伙"。合资经营对徽州茶商而言，至少有两点好处：一是资本相对集中，便于扩大茶叶的营销规模；二是减少了亏赔的风险，如《光绪十七年九江华洋贸易情形论略》中所说："即有亏蚀之处，照股均分，亦不觉其过累。"与合资经营同被徽州茶商重视的另一种资本组合形式是贷资经营。如婺源人程锡庚"尝在广东贷千金，回婺贩茶"④，婺源人王锡燮，"有族某借银五百两，业茶进粤"⑤。有不少徽州茶商甚至与外国商人发生借贷关系。乾隆时，婺源人汪圣仪就曾"与番商洪任辉交结，借领资本，包运茶叶"，借领的金额达 10380 两之多。在"洋庄"茶兴起以后，徽州茶商中多有通过茶栈向洋行贷款者。歙县坑口江氏茶商保存至今的账册中，每年都有一笔江耀华向洋行借贷的记录，其数目一般达到当年江耀华经营茶叶生意资本总额的 50%。从上述情况可见，清代徽商的茶叶贸易在资本的组合方式上，呈现了多样性的特征。尤其值得注意的是，徽州茶商资本与外商资本的结合，这是在近代以前的徽州商帮中从未有过的新现象，也是同时期徽州商帮的其他行业中少见的现象。

综上所述，清代徽商茶叶贸易具有经营方式一体化、经营活动季节性、兼营现象普遍和资本组合多样性等突出的特点。形成这些特点，既有行业本身的原因，也有时代的因素。把握这些特点，将有助于我们深入了解清代徽商的经营活动和认识近代封建商人的基本特征。

---

① (光绪)《婺源县志》卷35《人物》。
②《婺源县采辑》，民国抄本。
③ (光绪)《婺源县志》卷34《人物》。
④ (光绪)《婺源县志》卷34《人物》。
⑤ (光绪)《婺源县志》卷34《人物》。

(三)清代徽商茶叶贸易衰落原因分析

约在光绪十一年（1885年）以后，徽商的茶叶贸易就开始走下坡路，直至清末一蹶不振，最终衰落。徽商茶叶贸易的衰落，并不是偶然现象，而是当时内外诸多因素所使然。

首先，近代外国资本主义势力的入侵，予徽商茶叶贸易以重大打击。

众所周知，第二次鸦片战争（1856—1860年）之后，外国资本主义势力开始大规模涌入中国，对中国的政治、经济、军事、外交等各方面产生了重大影响。徽州茶商在外国资本主义势力入侵之初，曾调整经营方针，一度抓住茶叶外贸发展的机遇，出现"中兴"盛况。但在入侵的外国资本主义势力的压抑下，徽商的茶叶贸易很快出现危机，走向衰落。入侵的外国资本主义势力对徽州茶商的打击，主要有两种情形：其一，利用多种手段压低茶价。道光以前，茶叶外销只有广东一口，包括徽州茶商在内的华商将茶叶运抵广州后，由总商与外商洽谈，一般来说价格高下掌握在华商手中，"外洋不能挟持"。而且因当时"外洋不谙种茶之法，各国非向中国购食不可"，所以"茶值甚昂，不论货之高低，牵匀计算，每担可售五六十两至七八十两不等"[①]。而鸦片战争之后，五口通商，洋行商人利用华商不能"齐一"与之竞争的有利因素，不择手段，压抑中国茶价。柯泰来在《救国十议》中说："中国商货，以丝、茶为最巨。其所以连年亏折者，以不能齐心协力耳。洋商则反能一气联络，如茶市，英商照会俄商，不许放价抢盘，俄商即允照办……华商资本既薄，又放胆多做，揭借庄款，为息制缚。洋商抬价，则尽力多屯，一旦跌价，则又急思脱手。又有奸商作伪谗杂，故授洋人以口实，任意挑扬，颠之倒之，一任洋人之所为，播弄华商，血本不竭不止……"[②]这里可以看出，洋行商人操纵茶价的手段包括"居奇垄断""一气联络""任意挑扬"等，有时还勾结个别华商，内

[①] 彭泽益：《中国近代手工业史资料》第2卷，生活·读书·新知三联书店1957年版，第309页。

[②] 《皇朝经济文编》卷45。

外沆瀣一气，杀低茶价。徽州茶商在咸丰、同治年间的中兴，主要依赖茶叶外销，因此，洋商在外销活动中对华商的种种压抑，对徽州茶商的影响最大。正如曾国荃在《请免加茶课疏》的附片中所言，由于"种种受制洋人"，以致包括徽州茶商在内的皖南茶商在光绪中叶以后出现"十商九困"的情形。[1]其二，洋商自往产茶之地办货，以便独操利柄。按照有关协议的规定，同是经销茶叶出口，在税金、运输等方面，洋商比华商具有更大的优势。光绪二十九年（1903年）九月初一日，载振等在《请旨通饬力行保商之政以顺商情折》中分析说，洋商贩运茶叶出口，只在海关完纳子口半税，该税远远低于华商运茶途中所交之税厘。而且在运输过程中，洋商有种种便利，而华商则"隐受亏损而无如之何"[2]。利用自往产茶之地采办的优势，入侵的外国资本主义势力独操利柄，予包括徽州茶商在内的华商以致命的打击。时人指出：华商二十年来以业茶起家者，十仅一二，以业茶破家者，十有八九，"问其故，皆曰利柄操于夷人，华商不能与之争所致"[3]。众多史料表明，在入侵的外国资本主义势力打击下，徽州茶商已是举步维艰，面临歇业停运的境地。

其次，国际市场上洋茶的冲击，导致徽州茶商的茶叶外销陷入困境。

道光中叶以前，因"外洋不谙种茶之法"，所以在国际茶叶市场上，中国茶叶一枝独秀。但光绪年间，印度、锡兰等国大面积引种茶叶成功之后，中国茶叶在国际市场上受到了强烈冲击。詹事府詹事志锐在光绪十五年（1889年）时说："近十年内，印茶销路之广，远过中茶。"[4]光绪二十八年（1902年），盛宣怀在《奏请减轻茶税》中曾详述了国际市场上洋茶对华茶冲击的情形。他说："兹据该税司等先后查得该商董所呈，均系实情，并以中国运英茶叶，同治十年尚有一万三千九百万磅，锡兰茶仅一千

---

① 曾国荃：《曾忠襄公奏议》卷25《请免加茶课疏》，近代中国史料丛刊本。

② 彭泽益：《中国近代手工业史资料》第2卷，生活·读书·新知三联书店1957年版，第304页。

③ 欧阳昱：《见闻琐录》后集卷2《胡雪岩》，岳麓书院1986年版。

④ 彭泽益：《中国近代手工业史资料》第2卷，生活·读书·新知三联书店1957年版，第304页。

五百万磅。至上年（光绪二十七年——引者注）中国茶只有一千八百万磅，锡兰茶则增为二万六千四百万磅……即以中国近三年出口茶数而论，光绪二十五年尚有一百一十四万九千余担，二十六年只有一百零六万三千余担，二十七年则仅有八十五万四千余担，比例参观，是洋茶日盛，华茶日减……"①在洋茶的冲击下，中国茶叶的出口量逐年递减。因此，依赖外销茶叶而致富的徽州茶商，生意也是一年不如一年。尤其是光绪中叶以后，中国茶叶的出口跌至空前的最低点，徽州茶商失去了其最主要的营利途径。

那么，为什么徽州茶商经营的中国茶叶，在国际市场上竞争不过后来居上的印度、锡兰茶呢？我们认为，主要原因有三：（1）光绪年间中国出口的茶叶质量下降。其主要表现是"茶自摘取之后，距熏烤之时，旷日已远，且欠于炮制，则茶质不能耐久，茶力亦薄，茶味已失"；"装箱之时，其残败之叶，不能捡去，致与茶叶同有污染之味，并茶末太多，又有他项之叶搀杂其内"；"所用之箱，不能坚固"；等等。②质量是保证市场占有的最重要因素，中国出口茶叶质量下降，在与洋茶的竞争中失去了原有的优势。（2）中国茶叶制作工艺落后。光绪十四年（1888年）正月，浙海关税务司康发达申呈总税务司的报告中提道："外国炒茶，及解箱板烫铅罐，俱用机器。中国则全借人工……"③中国茶叶生产始终处于作坊式的手工生产阶段，洋茶则采用近代化的机器生产，这里人工操作和机器生产之别，最终造成中外茶叶生产成本和质量相差悬殊。（3）中国出口茶税，远远高于洋茶。徽商从事茶叶外销活动，主要是收购徽州本地名茶，经加工后，贩运至上海出口。咸丰以前，徽州茶叶出山，皆归休宁屯溪办理，由休宁县派员查验给引，再由太厦司勘合切角放行，其税每引不过分厘。从

---

① 彭泽益：《中国近代手工业史资料》第2卷，生活·读书·新知三联书店1957年版，第310页。

② 彭泽益：《中国近代手工业史资料》第2卷，生活·读书·新知三联书店1957年版，第289页。

③ 彭泽益：《中国近代手工业史资料》第2卷，生活·读书·新知三联书店1957年版，第289页。

咸丰三年到同治二年的10年中,徽州茶税由原来的每引9钱3分,大幅度提高到每引2两4钱8分,增长率为166.7%。同时茶叶出口还应完纳出口海关正税银每百斤2两5钱。这一高税率,到光绪中叶时,不仅没有回落,反而略有上升,每百斤又增加了2钱6分3厘。[①]因此,光绪年间,徽商茶叶外销始终为高税率所累。而与清廷茶叶重税政策相反,生产"洋茶"的各国政府对本国茶叶出口均采取了鼓励与扶持的措施。清朝大吏盛宣怀指出:"迨印度锡兰出产红茶,日本出产绿茶,以后悉用机器制造,价本既轻,印度日本又免征税银,锡兰不特免征,每磅并津贴银三分五厘,约合每担津贴银四两之多,力使畅销推广。中国产茶业户,茶盘遂至逐年递减,渐成江河日下之势。"[②]由于税率的原因,洋茶与中国茶叶在国际市场竞争中的高下非常明显。总之,光绪中叶以后,因茶叶质量下降,生产工艺落后以及中国茶叶出口税重,导致了中国茶叶出口量逐年递减,从而使得依赖茶叶外销而赢利的徽商茶叶贸易日暮途穷,呈江河日下之势。

第三,徽州茶商在非经营性消费方面,投入过多。这也是其贸易无法维持的一个重要因素。关于清代徽州茶商利用资本和利润进行非经营性消费的事例,史不绝书。比如,道光年间绩溪茶商章志乾(字象成)"命仲弟撑持家政,季弟同事京师,积十余年,运茶北上,始大构'彝德堂'新居。瘗暴骨,治道途,轸恤孤贫,挥金勿惜"[③]。同治时婺源茶商汪庆澜(字位三)"生平好施与,重然诺。尝与乡人洪圣才同贾江右,才病革,以孤托澜抚养,婚教一如己子,至老弗衰。发逆扰乱,输金赈流民,有自贼中逃出者,皆给赀斧以归。镇河洪水骤涨,棺尸漂没,澜雇工沿河捞溺。有巨商叶某,被援佩德,谢洋五十元,固辞不受。货茶祁门,见道路棺骸暴露,捐洋二十元,属其乡之老成,雇工掩之。至若施米衣,修桥路,一

---

① 彭泽益:《中国近代手工业史资料》第2卷,生活·读书·新知三联书店1957年版,第307页。

② 彭泽益:《中国近代手工业史资料》第2卷,生活·读书·新知三联书店1957年版,第309—310页。

③ 绩溪《西关章氏族谱》卷24《家传》,宣统刊本。

切义举，难以缕陈"①。还有婺源茶商程国远"修宗祠、建义仓、兴赈会、施棺木"②，朱文炽（字亮如）"道光年间两次襄助军需，蒙宪给奖。咸丰己未，又捐助徽防军饷数百金。生平雅爱彝鼎及金石文字，积盈箱箧"③，等等。从中我们可以看出，徽州茶商的非经营性消费名目极其繁多，有造桥、修路、周族、恤贫、施棺、捐饷、助赈、筑室、买田、立社、修祠、贷金、购书、藏画等项。此举大多被冠以"义举""善行"之名，载于册籍，传诸口碑。一些"家业饶裕"的徽州茶商为这些"荣誉"消耗了大量的资本和利润，严重影响了正常的商业活动，造成商力疲惫、元气大伤的恶果。甚至有不少徽州茶商因一生不懈追求"义名"而最终出现"家落"的结局。光绪《婺源县志》中有两则典型事例："潘开祥，字希明，（婺源）和睦村人。五品衔。幼贫，业茶起家……孤侄负券数千金，慨然代偿。兵燹后，振合族文社，首捐租六百秤。课文给资，皆出其力。至若施棺助饷，周急济荒，难以缕述。晚际家落，人多慭焉。"④又"詹世鸾，字鸣和，（婺源）庐源人。资禀雄伟，见义勇为，佐父理旧业，偿凤逋千余金。壬午贾于粤东，关外遭回禄，茶商窘，不得归，多告贷，鸾慷慨饮助，不下万金。他如立文社，置祀田，建学宫，修会馆，多挥金不惜。殁之日，囊无余蓄，士林重之"⑤。

所谓"晚际家落，人多慭焉""殁之日，囊无余蓄"等，表明了徽州茶商资本和利润非经营性消费的结果。光绪中叶以后，徽商茶叶贸易由盛转衰，并最终走到"营运俱穷，空乏莫补"的境地，与徽州茶商一贯在非经营性消费方面投入过多有密切关系。

综上所说，徽商茶叶贸易的衰落是光绪中叶以后多种因素综合影响的结果。其中既有国内政治、经济的原因，也有国际市场变化的原因。此外，与徽州茶商本身也有密切关系。从徽商茶叶贸易的衰落，可见在近代

① （光绪）《婺源县志》卷35《人物》。
② （光绪）《婺源县志》卷34《人物》。
③ （光绪）《婺源县志》卷34《人物》。
④ （光绪）《婺源县志》卷34《人物》。
⑤ （光绪）《婺源县志》卷35《人物》。

社会环境中，中国传统封建商人无法自主的历史命运。

三、论道光中叶以后上海在徽茶贸易中的地位

茶叶贸易是明清徽州商帮的四大经营项目之一。①以往研究者在探讨徽商茶叶贸易问题时，大多止于清代道光中叶。其实，道光中叶以后徽商的茶叶贸易还有一个发展高潮，这一高潮的形成与上海有密切的关系，而其后果，则是将徽州商帮的衰落推迟到了光绪以后。根据部分新发掘的有关徽州茶商的原始资料，此处着重讨论徽商在道光中叶以后围绕上海而展开的一系列茶叶贸易活动，希望有助于学术界对明清徽州商帮的全面了解。

(一)从广州到上海的战略转移

清代徽商茶叶贸易的主要类型有两种：

一是经营内销，俗称作"京庄"茶。它是在徽州商帮传统的茶叶经销活动基础上发展而来的。从有关资料记载来看，道光中叶以前，徽商经营内销茶，最主要的销售市场在北方，尤以北京为中心。据《歙事闲谭》记载："北京歙县义庄，在永定门外五里许石榴庄，旧名下马社，规制甚宏，厅事高敞，周垣缭之，丛冢殆六七千，累累相次。盖亦经始于明嘉靖十四年（1535年），与创设会馆同时……至清初则杨监正光先曾重加修整，其后世守之。曹、潘二相俱曾资助。捐款则取于茶商为多。据黄记，则隆庆中歙人聚都下者，已以千万计。乾隆中则茶行七家，银行业之列名捐册者十七人，茶商各字号共一百六十六家、银楼六家、小茶店数千。其时商业之盛，约略可考……"②，"茶行七家"，"茶号一百六十六家"，"小茶店数千"，于此可见道光以前徽州茶商在北京活动之盛。而且，这仅指歙县一

---

①　近人陈去病在《五石脂》中说："徽郡商业，盐、茶、木、质铺四者为大宗。"(民国)《歙县志》卷1《舆地志·风土》也有同样的看法："邑中商业，以盐、典、茶、木为最者。"
②　许承尧：《歙事闲谭》卷11《北京歙县义庄》。

县之茶商，若加上徽州其他五县的在京茶商，则规模更大、人数更众。以北京为集散地，徽茶行销北方各大城市及中小市镇，甚至远到东北地区。道光中叶以前徽商经营内销茶，也兼及长江流域和东南沿海地区。在有关茶商的资料中，我们也能见到这一时期徽州茶商在上海经营内销茶的踪迹。譬如，始创于乾隆十九年（1754年）的徽宁会馆思恭堂，在嘉庆年间扩充以后，由婺源巨商胡炳南任董事，下设的多位司事中，有四人就是婺源茶商。[①]不过，就徽商经营内销茶的大局而言，上海在其中的地位远逊于北京及其他一些城市。

二是经营外销，俗称作"洋庄"茶。它是适应中外贸易形势而兴盛起来的徽茶重要销售渠道。道光中叶以前，由于清政府限定广州为唯一外贸口岸，所以中国茶叶外销均集中在广州。其时，广州城内聚集了大批徽州茶商。如光绪《婺源县志》记载："朱文炽，字亮如，官桥人。性古直，尝鬻茶珠江，踰市期，交易文契，炽必书'陈茶'两字，以示不欺。牙侩力劝更换，坚执不移。屯滞二十余载，亏耗数万金，卒无怨悔。在粤日久，而同乡族殁者，多不能归葬，爰邀同志捐资集会，立归原堂，限五年舁柩给赀，自是无枯骸弃外者。"[②]原籍婺源的我国近代著名铁路建筑工程师詹天佑之父詹世鸾，字鸣和，"佐父理旧业，偿凤逋千余金。壬午贾于粤东，关外遭回禄，茶商窘，不得归，多告贷，鸾慷慨佽助，不下万金"[③]。在张海鹏、王廷元先生主编的《明清徽商资料选编》中，集中收录了不少有关徽州茶商在广东经销茶叶的资料。[④]当时徽州茶商与外商交易，多在船上进行，茶叶价格由徽州茶商报出，获利极厚，徽州人称之为

---

① （日）根岸佶:《中国キ"ルト"の基尔特的研究》"上海徽宁思恭堂"。

② （光绪）《婺源县志》卷34《人物》。

③ （光绪）《婺源县志》卷35《人物》。

④ 张海鹏、王廷元主编:《明清徽商资料选编》第3章《徽商经营的行业》第3节《茶叶业》，黄山书社1985年版。

"发洋财"①。随着中外贸易规模的不断扩大，外销茶在徽茶中的比例也越来越大。②因此，作为清政府唯一外贸口岸的广州，在徽商茶叶贸易中的地位也愈发突出。

因此，从清代徽商茶叶贸易的两种主要类型来看，道光中叶以前内销以北方为主，外销唯广州一地，上海在徽商茶叶贸易活动中的地位并不突出。

然而，道光中叶以后，尤其是经历了十九世纪五十年代至六十年代的"咸同兵燹"，上海异军突起，迅速取代广州在徽商茶叶贸易活动中的地位，成为徽茶出口的最重要口岸。《安徽茶叶史略》在描述这一段历史时说："同治年间，洋庄茶盛行时，经营洋庄的徽州茶叶商，资本额较大者，有忆同昌等48家。在外地经营大茶号的徽商为数也不少，汉口、芜湖有，九江、上海也有。如九江即有仁德永等六家，上海有洪永源等七、八家，营业一时还颇为发达。有数家资本额还曾达四、五万两，其余亦在数千两。"③这时广州已如明日黄花，道光中叶以前出口徽茶的盛况一去不复返了。而上海则悄然崛起，几乎垄断了徽茶对欧美等国的出口。据歙县知县何润生在光绪二十三年（1897年）《茶务条陈》中估算，"徽茶内销不及十分之一二"④，十分之八九均为外销。在占徽茶总量80%—90%的外销茶中，绝大部分均经过上海口岸销往外洋。

为什么在道光中叶以后，上海得以取广州而代之，成为徽茶出口最重要的口岸呢？我们认为，主要原因有两个：

其一，道光二十三年（1843年）上海开埠，外贸出现新格局。道光二十三年十一月十七日，根据《南京条约》中有关条款的规定，上海被辟为

---

① 商约大臣盛宣怀在光绪二十八年的《奏请减轻茶税》中说："从前外洋不谙种茶之法,各国非向中国购食不可。彼时茶值甚昂,不论货之高低,牵匀计算,每担可售五六十两至七八十两不等。"茶商获取的利润数倍于资本的投入额。

② 道光十二年由广州出口的茶叶总值是生丝出口总值的7倍,超过1500万元。而这些茶叶"向于福建武夷及江南徽州等处采办"。

③《安徽史学》1960年第3期。

④ 刘锦藻:《清朝续文献通考》卷42《榷茶》,商务印书馆十通本。

商埠，同时允准各国通商的城市还有广东之广州，福建之福州、厦门，浙江之宁波。于是原先以广州为唯一外贸口岸的局面被打破，变成"五口通商"的新格局。在这五口通商城市中，又以上海地位最重要。正如方志所说："中外通商，昔以广州为首冲，今以上海为首冲，缘长江各岸遍开商埠，而上海居长江入海之处，商轮由海入口，必于是焉始，是为江之关系。曩者外洋贸易，皆自印度洋而来，今则太平洋之贸易尤盛，而上海在太平洋西岸，南北适中之地，是为海之关系。故上海为中外通商第一口岸，亦形势使然云。"①一大批外国洋行纷至沓来，致上海"商业日形起色，于是郊外荒凉之地，一变为繁华热闹之场"②。尤其是众多做茶叶生意的外商洋行云集上海，很快使上海成为当时中国茶叶出口的最重要基地。最早在上海做茶叶出口的洋行有英商怡和、仁记、天祥、锦隆，德商兴成，俄商新泰，后有英商协和、同孚、天裕、杜德、保昌、福时、英发，法商永兴，印度商富林、瑞昌、裕隆、谦义，美商慎昌，波商美昌、克昌、来发、源生等洋行。③从经上海出口的茶叶数量来看，道光二十四年上海始有茶叶出口，数量为1149000磅。以后逐年增长，道光二十六年内为12460000磅，道光二十九年为18303000磅，咸丰五年（1855年）达到80221000磅，是最初上海茶叶出口数量的69倍。④有的学者将它同广州茶叶输出相比较，指出：1844年上海出口茶叶数量仅是广州茶叶出口数量的1/60，"但1852年以后，茶从广州出口的数量即迅速下降，而从上海出口的数量却急剧上升，致使1852年广州出口的数量（36127100磅）只及同年上海出口数量（57675000磅）的62.6%。1853—1860年，除1854年外，茶从上海出口的数量年年超过经由广州出口的数量；1855年（上海出口数量是80221000磅，广州出口数量是16700000磅）竟超出了近四倍"⑤。这

---

① 吴馨等：《上海县续志》卷1《形胜》。

② 李维清：《上海乡土历史·五口通商》。

③ 民建上海市委、上海市工商联：《外商垄断下的华茶外销》，载《上海文史资料选辑》第56辑《旧上海的外商与买办》。

④ 马士：《中华帝国对外关系史》第1卷，生活·读书·新知三联书店1957年版。

⑤ 黄苇：《上海开埠初期对外贸易研究》第6章，上海人民出版社1961年版。

个根据马士《中华帝国对外关系史》提供的有关数据所统计出的结论，表明道光中叶以后在全国的茶叶外贸中，上海已取代了广州的地位。徽州茶商在其经销"洋庄"茶的过程中，舍广州而取上海，同当时上海开埠后外贸出现这种新格局是分不开的。

其二，徽州茶商舍广州而取道上海经营外销茶，还有"地利"方面的因素。徽州地处长江流域腹地，与广州有千川之阻，万山之隔，途程在3000里以上。从徽州运茶至广州，一般以屯溪为起点，往西南行经休宁、祁门，在倒湖附近进入江西地界，途经浮梁县、景德镇、狮子山、饶州府、竹鸡林、康山，抵达江西省城南昌府。由南昌府南行，经樟树镇、新淦县、峡江县、吉安府之卢陵县、泰和县、万安县、赣州府之赣县、南康县、南安府之大庾县，在梅岭头入广东省界。复经南雄州、韶州府、英德县、清远县、三水县，最终到达广东省城广州①。据徽州茶商《道光二十五年江祥泰进广誉清账册》记载，徽商携茶前往，水路雇船，陆路雇伕，途中费时在二个月以上②。如此旷日持久的长途贩运，对茶叶这种十分讲究季节性的商品来说，是十分不利的。而且，这条跨越三省数十府县的徽茶出口运输路线，并不安全。光绪《婺源县志》中记载，茶商李登瀛（字亘千）"尝业茶往粤东，经赣被盗，办控究办，请示勒石于通衢，商旅以安。粤匪阻船需索，诉诸督抚各宪，河道肃清"③。李氏茶商所遇"被盗""需索"之事，其他徽州茶商也时常遭遇。因此，在手抄本《徽州至广东路程》中，有一些地名下徽州茶商小心翼翼地注上了"多盗"的字样，以示警惕。

然而，与徽州到广州的路程相比较，徽州至上海的路程则要便捷得多。徽州茶商一般在屯溪雇船，沿新安江东下，直抵杭州。在杭州过塘，经嘉兴、嘉善、松江、黄浦等地，到达上海。途中货物只需在杭州中转一次，转输甚为方便。徽州茶商贩茶走完该路全程，约需20天。

---

① 原件现藏歙县江氏茶商后裔处。

② 原件现藏歙县江氏茶商后裔处。

③（光绪）《婺源县志》卷34《人物》。

从这两条路线来看，去广州需两个月以上的时间，且长途颠簸，路不安全；而到上海只需20天左右，缩短了2/3时间，运输费用也大为减少。因此，在通商的"五口"中，徽州茶商自然会选择路途较近且外商洋行云集的上海作为茶叶输出的最佳口岸。正如我们新近发现的徽州茶商江绍周写给其妾秀兰的信中所言："现因连年茶叶夷商通于上海，利虽微而生意快捷，予所代经理之茶叶，年年均往上海脱售……上海之近，惟广东之远，贸易与广东一式，不能舍近而求远也。"[1]江绍周的想法，正是大多数从事茶叶外销活动的徽州商人的共同心态。于是，当时徽州商人适应"洋庄"茶盛行，且多经上海出口这一新的外贸形势，纷纷将人员、资金由广州转移到上海，扩大经营规模。其中，婺源茶商程泰仁就是当时徽商业茶由粤转沪的典型之一。

据《婺源县志》卷三十四《人物·义行》记载，程泰仁原因"家食维艰，弃砚就商"，随同乡贩茶至粤，"众举经理徽州会馆，六县商旅均服其才"，成为粤东徽州茶商中的头面人物。其后，粤东生意难做，咸丰年间，程泰仁转而"业茶上海"，获利巨大，曾经"独捐巨资修广福寺"。当时，有一大批徽州茶商改"贩茶粤东"为"业茶上海"，完成了从广州到上海的战略转移。凭借"洋庄"茶盛行的市场有利条件以及茶叶外销多经上海出口的地理优势，清代徽商茶叶贸易在其他诸业渐趋衰疲之际，仍能再度中兴，并维持了相当长的一段时间，直到光绪以后才渐渐衰落。

(二)从徽州到上海的茶叶运输

从徽州到上海有水旱两路可走。旱路由徽州府出发，经绩溪县、宁国县、广德州、回安镇、湖州府、吴江县、苏州，再到上海。在清代，因旱路不便运输，所以徽州茶商多走水路。

水路的行程是：在屯溪搭船，沿新安江东下，途经瀹潭、深渡、山茶坪、街口、威坪、慈滩，淳安县、塔行、茶园、小溪滩、白沙埠、严州

---

① 原件现藏歙县江氏茶商后裔处。

府、乌食滩、张村、钓台、桐庐县、柴埠、横梓关、程坟、当阳县、鱼浦口、毛家堰、范村，抵达杭州。这一程有《水程捷要歌》唱道："一自渔梁坝，百里至街口。八十淳安县，茶园六十有。九十严州府，钓台桐庐守。横梓关富阳，三浙坑江口。徽郡至杭州，水程六百走。"[1]在杭州过塘，经过回回坟、龙平山、长安坝、崇德县、皂林、嘉兴府、七里桥、嘉善县、泖桥、斜塘桥、松江府、黄浦，到达上海。据熟悉徽州掌故的当地耆老称，徽茶最重要的集散地屯溪，向有"无船三百只"之说，形容其水运的发达。清代，尤其是道光中叶以后，新安江的水运船户有严密的组织，徽州茶商在此雇船东下，十分方便。

徽商从徽州到上海的茶叶运输，采取了与别处不同的托运方式。因徽州茶商自己一般并不拥有车船等运输工具，故凡遇旱路，则雇伕肩挑背扛，若走水路，又临时雇船。远距离的长途贩运，一路上需不时更换运输方式。歙县坑口江氏茶商在《徽州至广东路程》中[2]，曾详细注明了由徽入粤，于何处雇伕、何处雇船的情况。力伕或船家将茶叶运到某一地点后，徽州茶商即付讫运输费用。途中遇盗或碰上船覆等不测变故，货物损失概由徽州茶商自己承担。如同治《祁门县志》记载：明代茶商邱启立（字见参）"偕侄联旺贩茶湖口，侄舟覆，启立急悬重赏救之。侄以货物尽失，生不如死，启立遂以己茶一船予之"[3]。这说明船家并不赔偿因"舟覆"而损失的茶叶。道光中叶以后在徽州至上海的运输线上，徽商茶叶运输采取的托运方式，与上述情况有所区别。那么，这种托运方式究竟有何特色呢？安徽师范大学徽商研究中心收藏有多份同治、光绪年间徽州茶商托运茶叶的"船契"和"船行票"复印件。这些船契和船行票从起讫地点来分，主要有两类：一是徽州至杭州，二是杭州至上海。兹按原式举一例，以见徽商从徽州到上海茶叶运输托运方式之大概。

---

①《天下路程图引》卷1，山西人民出版社1992年版。

②原件现藏歙县江氏茶商后裔处。

③（同治）《祁门县志》卷29《人物志》。

奉宪船契

今据本府歙县船户天魁、财宝、夏□、观永、春宝、灶寿、春发、观玉、得顺、大有、小昌、银泰、五十、金寿、百富、观来共船十六只运，今自己船在于歙县水南薛坑口埠头凭行揽到张芝源宝号客名下货。计开：

茶箱一千零五十八件。

包装送至义桥顶埠交卸。其货上船，注明船票以杜蒙混。倘船户盗卖客货并少数目、潜逃等情，扣留原船赔偿，理涉无辞。其行李照客单检收。如路无水盘滩体驳各色等项，船户包体，均概无贴，不得另生枝节。等情。恐口无凭，立此船契，顺行为照。

三面议定水脚船洋二百三十五元一角。凭行当付洋二百零三元一角。挂欠下找洋三十二元，至义给付。客用船膳每位（食）计钱文，食粥减半，神福一应在行付讫。客自膳无贴。

同治十一年六月三十一日部贴官牙张衡记行（章）船票

一路顺风　　福星载道

这里要说明的是，不同船行印制的船契，文字上有详略的区别。不过，不同的船契和船行票，内容基本相似。

从这些船契上，我们可以知道，徽州茶商在茶叶运输过程中采取的托运方式，具有如下特征：（1）运输费用一般分两次付清，雇船时先预付大部分款项，余款则在货运到埠时给付。除茶叶运费之外，"神福"以及商人在船上的伙食费用另计，并预先交付。（2）一次谈妥运价及其他费用后，途中不再给付其他任何名目的运输费用。即使遇到"路无水盘滩体驳"等需额外开支之事，均由船户负责，茶商不再补贴。（3）茶叶等货物遭盗卖或缺少数目、上漏下湿，茶商可扣留原船，向船户索贴。（4）船户包揽运输途中的一切事务（唯纳税除外）。船契规定了商人和船户双方的义务和权利，尤其是特别强调了船户的承诺。具有这些特色的托运方式比较起其他地区商人随行随雇的方式要安全、便捷得多。当轮船出现、保险业兴起之后，徽州茶商又是在这条运输线上最先享受其惠。安徽师范大学徽商研究中心收藏有多份徽州茶商托运货物的保险联单复印件，它表明徽茶运输到上海更加安全、快捷。道光中叶以后，徽州茶商多集中在上海从事茶叶外销活动，徽州至上海茶叶运输方式安全可靠也是重要原因之一。

为加强茶税的征收，清政府对徽州茶商由徽州至上海的茶叶运输采取了严格的管理措施。第一，徽州茶商贩运的每帮茶叶均须持有地方衙门所颁的"引票"（或"照验"）①，以备关卡查验。道光以前，徽州茶叶出山，皆归休宁屯溪办理，由休宁县派员查验给引，再经太厦司切角放行。其方法是："各商赴局报捐，局中必提出一箱，令其拆口去茶，秤验箱罐轻重，一箱若干斤，众箱准此为法，名曰去皮。凡过关卡均如斯。"②查验之后，徽州茶商便可纳银取得贩茶的引票。同治年间，清廷曾一度改变皖南茶叶税收办法，所有诸项茶叶税厘，均一次交清，由"督辕颁发三联引票、捐票、厘票，随时填给，不得于三票外多取分毫"③。三票就成了徽州茶商贩运茶叶的凭证。若茶商无"引票"而运茶，一经关卡查出，即遭严惩。第二，由徽州运茶至上海，途中须交纳除引银之外的各种捐税。不同年份，徽州茶商在途中所交捐税亦自不同。歙县知县何润生在《茶务条陈》中谈到了光绪二十五年前后的情况："歙、休、黟之茶均由新安江运浙之威坪，首卡每引抽厘捐三钱。光绪二十一年加抽八分，又另抽关税银一钱，杭引课银三分四厘。再由威坪运绍兴，达宁波，逢卡验票，不复重抽。在宁波新关，每百斤完出口全税银二两五钱。设运至杭州，过塘由嘉兴至上海，每引须纳浙江塘工捐钱五钱……此洋庄茶完纳厘税之定章也。至内销，如茶朴、茶梗、茶子、茶末等不完落地税，惟逢卡抽厘，屯溪街口每百斤各抽钱百文，浙之威坪抽三百余文，严东馆抽百五十余文，杭属厘卡抽钱三百余文，嘉属抽钱百五十余文，此内销本地茶抽收厘金之定章

---

① "照验"是部引未颁之前，地方衙门签发给商人的运茶临时凭证。

② 刘锦藻：《清朝续文献通考》卷42《榷茶》，商务印书馆十通本。

③ （同治）《祁门县志》卷15《食货志》。

也。"[1]在徽州茶商所持的"船契"及"船行票"上，均印有醒目的"凡遇捐税，尊客自管""货船捐客管""遵示尊客，货凡遇关津，自投纳税"等字样。第三，在徽州至上海的水运途中，遍设关卡。关卡的作用有二：一是查验徽州茶商所持的"引票"或"照验"，并重复"去皮"的手续，以检查票与货是否相符。二是按章征收税厘。第四，设局严格控制船行和船户，防止船户不经船行私揽业务。在我们见到的一份同治八年（1869年）十二月初八日的《奉宪设立通商船契》上，有这样一段文字："……查得各路船行，经过客商，向由梢载经理，雇备船只装运货物，以通商贾。乃兵燹以来，商民裹足，聚市无从。兹已省垣克复，安堵如常，故出示招徕各行，仍于原基开设旧业船行，以便商人贩运往来，有所依据。从中恐有商客贤愚不齐，且有运货之船户优劣莫辨，因此设局严查，并谕饬各行认真办理，该商装运何货、发往何地销售注明船票，以杜蒙混。倘船户盗卖客货、潜逃等情，责成行家督同梢载追查确实，扣留原船赔偿，以昭诚信。船户如敢玩法不遵及私揽凑载情事，许该行指名送局究办，决不姑宽。"[2]通过对船行和船户的严格管理，清政府掌握了徽州茶商的一切贸易活动情况，包括运载货物多少、运至何处销售等。从上述四个方面来看，清政府对徽州茶商由徽州贩货至上海控制很严，其目的在于维持正常贸易秩序，防止茶叶税金的流失。

（三）徽茶在上海的销售

通过新安江水运，外销徽茶于每年开春头茶出山后，源源不断运抵上海。光绪年间，外销茶在徽茶中比例高达80%—90%，其中绝大部分通过上海口岸销往国外。运抵上海的外销茶，无论质量还是包装，都与销往北方的内销茶有明显的区别。首先，外销茶都是精选上等毛茶，经过焙、筛、扇、拣等工序制作而成，徽州茶商对每道工序都有严格的规定和要求。制成的茶叶分珠茶、雨前、熙春三大类数十个品种，分别包装。而内

---

[1] 刘锦藻：《清朝续文献通考》卷42《榷茶》，商务印书馆十通本。
[2] 原件现藏歙县江氏茶商后裔处。

销茶质量远逊于外销茶,其中茶朴、茶梗、茶子、茶末居多。其次,外销茶包装内用锡罐,外装彩画板箱。箱分三种:一是"二五双箱"(连罐计重十一斤有奇),二是"三七斤箱"(十二斤有奇),三是"大方箱"(十五斤有奇)。据光绪年间歙县知县何润生称:"每箱可装细茶四十余斤、精茶三十余斤。"[1]而内销茶则专用篓袋盛储,包装远不如外销茶精美。

徽州茶商将外销茶运抵上海后,一般通过茶栈卖与洋行。道光中叶以后,大部分从事大宗茶叶外销的徽州茶商都固定与上海某一茶栈有业务往还。譬如,我们新近发现的清代徽州歙县坑口江氏茶商大量的账簿、信札等商务资料,其中反映了江氏茶商历年销外上海的茶叶,均通过谦顺安茶栈代售给洋行。谦顺安茶栈系广东帮茶叶巨子卓镜澄和唐尧卿等人合伙在上海开设的著名茶栈。何以徽州茶商会与上海较固定的茶栈之间有业务联系呢?这里熟悉底细、相互信任等人情关系固然是重要因素,不过,更为重要的原因还在经济利益方面。因为徽州茶商在每年开春设立茶号之前,往往要向茶栈借贷一部分资金,用于租用号址、添置工具、雇佣人手、收购毛茶及加工之需。茶栈提供给徽州茶商贷款,条件是徽州茶商必须将茶叶委托给该茶栈转售于洋行。自然,贷款要支付利息。我们在翻阅歙县坑口江氏茶商的账簿时发现,江耀华经营茶叶生意的资本中,每年都有一笔是向谦顺安茶栈借贷的,而且数目不小。譬如《光绪念六年谦顺昌号茶数银洋总登》中记载,当年该号共收资金谦顺昌股本九八规元4000两,江耀记股本九八规元1400两,谦顺昌汇用九八规元7800两,总共收九八规元13200两整。[2]这里,从谦顺安茶栈借贷的资金占到谦顺昌茶号当年所有本金的59%。这就是为什么江氏茶商历年销往上海的茶叶,均通过谦顺安茶栈代售给洋行的真正原因。有一些财力雄厚的徽州大茶商往往自己在上海开设茶栈,直接同洋行打交道。

上海各茶栈除向徽州茶商提供一部分贷款之外,还每年向徽州茶商通报有关茶叶贸易的情况。安徽师范大学徽商研究中心收藏两份上海谦顺安

---

[1] 刘锦藻:《清朝续文献通考》卷42《榷茶》,商务印书馆十通本。

[2] 原件现藏歙县江氏茶商后裔处。

茶栈在光绪三十一年、三十二年向徽州茶商提供的当年茶叶销售通报复印件，题为"红绿茶出口数及英美俄孟买等市销售情形略列"。其中内容包括：（1）本年度红、绿茶在欧美各国的销售数量，并指出与去年出口数相比增长或减少的数目。（2）分析出口数增长或减少的各种原因。（3）华茶在各国销售价格的涨跌和盈利与否的情况。（4）考察影响价格涨跌的各种因素。（5）提出来年茶叶生产应格外精选、按低山价、减轻成本、杜绝走样等希望。这类通报信息真实、分析透彻，对徽州茶商的茶叶采购、加工、销售起了重要的指导作用。

徽州茶商在上海委托茶栈代售茶叶，茶栈要收取一定的佣金和其他费用。在一份光绪三十年上海谦顺安茶栈为徽商谦顺昌茶号代售茶叶的"代沽单"中注明，各项费用名目有：洋行息、打包、修箱、茶楼、磅费、叨佣、码头捐、栈租、力驳、堆拆、出店、火险、各堂捐、律师、会馆、商务捐、膳金、息等十八项，共计一千零七十六两一钱五分。[①]谦顺昌运往上海的这批绿茶共一千四百零一件，售价为九八规元二万三千二百二十八两四钱八分。由此可知，茶栈收取的各项费用，约占茶叶售价的4.63%。

徽茶在上海的销售价格，内销零售相对比较稳定，外销则历年波动幅度较大。上海开埠之初，徽州茶商经上海外销茶叶，每年均有赢利，虽不及道光中叶以前经广州外销茶叶获利大，但转输方便，徽州茶商也乐意为之。就如江绍周的信中所言："现因连年夷商通于上海，利虽微而生意快捷，予所代经理之茶叶年年均往上海脱售。"[②]这种年年稳操微利的状况，一直维持到了光绪中叶。其后，茶价开始大幅下滑，光绪十四年每百斤售三十余两者十居二三，售十余两至八九两者十居七八。[③]光绪二十八年徽州祁门最好的红茶、婺源最好的绿茶，售价每担不过四五十两，其次之各

---

① 原件现藏歙县江氏茶商后裔处。

② 原件现藏歙县江氏茶商后裔处。

③ 彭泽益：《中国近代手工业史资料》第2卷，生活·读书·新知三联书店1957年版，第308页。

种低茶，售价不及二十两。①这时的茶价，同道光中叶以前经广州外销的茶叶平均每担可售五六十两至七八十两不等相比，已有天壤之别。扣除各种成本开支，徽州茶商的盈利就微乎其微了。倘或稍有疏忽，就可能出现"赔亏"的现象。茶叶价格在光绪中叶以后大幅度下跌，最主要的原因是受到洋茶的冲击和洋商的压抑。

综上所述，道光中叶"五口通商"之后，徽州茶商适应新的外贸形势，并利用徽州至上海较徽州至广州更为有利的地理条件，将人员、资金纷纷迁至上海，完成了茶叶贸易重心从广州到上海的战略转移。在徽州至上海的茶叶运输过程中，徽州茶商采用了安全、便捷的托运方式，将徽茶运至上海，并通过茶栈转售于洋行，从而获取利润。这一系列的贸易活动，都围绕近代上海这一城市而展开。其时徽州商帮所经营的诸业已渐趋衰疲，唯茶叶业因上海而得以中兴，并成为支撑徽州商帮残局的中坚力量。因此，探讨这一时期徽商茶叶贸易的状况对于我们全面了解徽州商帮的历史及其在近代社会的贸易经营方式，具有重要的意义。

四、19世纪50年代至60年代中国社会的战乱与徽州商帮的衰落

徽州商帮从明朝中叶到清朝乾嘉近300年中，在商界"称雄"于东南半壁，道光以后则逐渐趋于衰落。"荣枯有数""盛衰有常"本是事物发展的法则，但任何事物，其盛也决非无由，其衰也自必有因。那么，徽州商帮在道咸以后衰落的原因何在呢？我们认为，徽州商帮的衰落是多种因素的综合结果，其中19世纪50年代至60年代发生的中国社会战乱，乃是加速徽州商帮衰落的重要因素之一。

---

① 彭泽益：《中国近代手工业史资料》第2卷，生活·读书·新知三联书店1957年版，第310页。

（一）19世纪50年代至60年代中国社会战乱最严重的地区,正是徽州商帮商业经营活动最主要的区域

19世纪50年代至60年代中国社会的战乱，主要指清朝封建政府和太平天国农民政权之间的战争。这场战争始于1851年1月11日（道光三十年十二月十日），基本结束于1864年7月19日（同治三年六月十六日），历时十四年。如果将天京（南京）沦陷后，太平军与捻军的坚持抗清斗争计算在内，则这场战争一直延续到1868年8月16日（同治七年六月二十八日）西捻军在黄河、运河及徒骇河之间全军覆没为止，共计18年。其间战火蔓延了18个省的600余座城市及其周围地区。根据有关史料记载，这场战争的始发地是广西桂平金田地区，但由于战争形势的飞速发展，清军与太平军在广西境内的战事，仅仅进行了1年零8个月。1852年6月（咸丰二年四月）太平军由广西攻入湖南，战争的主战场开始北移。1853年1月12日，太平军攻克武汉三镇，其后主战场又折而东移。同年3月19日，太平军占领了有"虎踞龙盘"之称的六朝古都南京，天王洪秀全宣布太平天国定都于此。此后长江中下游地区（主要是湖北、江西、安徽、江苏、浙江等）成为清军与太平军之间拉锯战的主战场。从1853年到1864年的十余年间，太平军与清军在西至武汉、东到上海的长江一线及其腹地，展开了殊死的战斗。因此，包括鄂、赣、皖、苏、浙在内的长江中下游地区，成为19世纪50年代至60年代中国社会战乱最严重的地区。

从徽州商帮发展的历史来看，这一地区正是该商帮传统的商业经营活动最主要的区域。徽州商帮在明朝成化、弘治年间形成以后，民间就流传着"钻天洞庭遍地徽"的谚语。康熙《休宁县志》也有徽商"走吴、越、楚、蜀、粤、闽、燕、齐之郊，甚则逖而边陲，险而海岛，足迹几遍禹（字）内"[1]的记载。在明清两代的各省都会、大小城镇乃至边陲海岛，都有徽州商帮活动的踪迹。其活动范围之广，可谓"山陬海涯，无所不至"。

---

[1]（康熙）《休宁县志》卷1《风俗》。

不过，综合考察有关徽州商帮活动的史料可以发现，其商业经营活动主要集中在三大区域：

（1）长江中下游地区，包括湖北、江西、安徽、江苏、浙江等部分地区。

（2）京杭大运河两岸，包括浙江、江苏、山东、河北、北京等部分地区。

（3）赣江入岭南一线，包括安徽、江西、广东等部分地区。

其中最主要的区域是长江中下游地区。大量的史料表明，徽州商帮在该地区经营时间最长久、商业活动最活跃、行业类型最齐全。在长江中下游地区，不仅各大城市的许多重要行业部门操纵在徽州商人手中，如汉口的盐业、典当业、米业、木业、棉布业、药材业，南京的木业、米业、典当业、丝绸业，扬州的盐业、典当业以及苏杭的米业、布业、茶业、木业、丝绸业、颜料业等；而且在新兴的工商业市镇中，徽州商人也极为活跃。如湖北黄陂县"城内半徽民"①，京山县则"日用所需，惟徽商操其缓急"②。安徽桐城的枞阳镇"徽宁商贾最多"③。浙江仁和县的塘栖镇，经营典当业、米业者，多为"徽杭大贾"④。平湖县的新带镇及江苏吴江县的盛泽镇，嘉定县的罗店、南翔二镇，也是徽人"汇集之处""徽商麇至"之地。为什么明清二代，长江中下游地区会成为徽州商帮商贸活动最主要的区域呢？我们认为，有两个重要因素值得考虑：其一，明清时期，长江中下游地区的商品经济较之其他地区，相对比较发达。无论行商坐贾、大商小贩，都可在此获得牟利生财的机会。其二，徽州处在长江中下游地区的中部，徽州商人在该地区从事商业经营活动，具有"地利"优势。

徽州商帮商业经营活动最主要的区域，在19世纪50年代至60年代成

---

① 赵吉士：《寄园寄所寄》卷9《裂眦寄》，康熙刊本。

② （光绪）《京山县志》卷1《风俗》。

③ （道光）《桐城续修志》卷1《乡镇》。

④ （光绪）《塘栖志》卷18《事纪》。

为中国社会战乱最严重的地区，这对徽州商帮意味着什么呢？

第一，徽州商帮传统的"吴楚贸易"几近中止。徽州商帮在长江中下游地区的商业经营活动中，相当重要的一项内容就是吴楚贸易。所谓吴楚贸易，是指徽商借助长江航运水系，往返于湖广与苏浙之间的商品长途贩运活动。据史籍记载，从明中叶开始，从事这一活动的徽州商人日渐增多。入清以后，随着商品经济的发展和各地区社会分工的扩大，徽州商帮的吴楚贸易规模也越来越大，成为其主要商贸活动之一。贩运的大宗商品有：

（1）盐，贩运路线是两淮盐场——湖广。

（2）粮，贩运路线是湖广——苏、浙、闽。

（3）布，贩运路线是苏杭——长江中上游地区。

（4）木，贩运路线是川、鄂、赣——南京上新河（中转）——苏浙及北方地区。[1]

从大宗商品的贩运路线来看，徽州商帮吴楚贸易得以大规模展开的关键，是利用了长江水运之便。然而，在19世纪50年代至60年代，长江中下游地区长达十余年的战乱，实际上切断了长江航运。根据有关史料记载，当时该地区沿江省份的情形是：

【湖北】

洞庭以下，江汉以上，数年来战舰横江，兵戈载道，致关河阻塞，客商水陆不通。有钱之处不得货到，出货之地不得钱来。[2]

频年以来，武汉屡为"贼"据，江路梗阻，商贾不通。[3]

【江西】

兹据署监督蔡锦青详称：江西两湖，向食淮盐。自淮运梗阻，江西先改食浙盐，继改食粤盐。湖广改食川盐，皆不由九江经过……木

---

① 参见张海鹏、张海瀛主编：《中国十大商帮》第10章《徽州商帮》，黄山书社1993年版。

② 李汝昭：《镜山野史》，近代中国史料丛刊续编本。

③ 清代钞档《咸丰六年六月二十八日，官文奏》，转引自彭泽益：《中国近代手工业史资料》第1卷，生活·读书·新知三联书店1957年版，第592页。

商自咸丰三年，长江被扰，均各歇业，历今十载有余，并未闻有贩运木排过关者。茶竹出产本少，近因邻氛不靖，客贩愈觉寥寥……萧索情形，已可概见。①

【安徽】

查芜关税课，全赖川楚江西货物，前赴浙江、江苏仪征、扬州清江浦等处，转行北五省销售。现因"逆匪"窜踞江陵，江路梗塞，南北商船，又被"贼"掳……长江虽系七省通衢，货船早经绝迹。②

查凤阳、芜湖二关，向以船料杂货为大宗，全赖巨舰大舟，往来贩运。自经"兵灾"，船稀商敞，货物较昔仅止十之五六。③

【江苏】

查浒墅关全赖川楚及南北各省商货流通，税源方能丰旺。自"粤匪"窜入江境，商贾多有戒心，不敢贩运……又兼皖省庐州一带，"逆"焰方张，要道多有阻隔……④

自江省军兴以来，江路梗阻，川楚江皖等省，商贾率皆裹足，即使北省货物，或有赴苏销售者，皆因京口不通，绕道他走，是以大宗货载到（浒墅）关，甚属寥寥。⑤

上述资料表明，由于清军与太平军在长江水系的军事对峙和相互攻击，造成了长江航运的中断，而且这种中断并非一时一地的突发事件。从时间上来说，"历经十载有余"；从地域上来说，沿江各省处处"梗阻"。

① 清代钞档：《同治二年三月二十九日，江西巡抚沈葆桢奏》，转引自彭泽益：《中国近代手工业史资料》第1卷，生活·读书·新知三联书店1957年版，第593—594页。

② 清代钞档：《咸丰三年五月十八日，安徽巡抚革职留任李嘉端奏》，转引自彭泽益：《中国近代手工业史资料》第1卷，生活·读书·新知三联书店1957年版，第594页。

③ 清代钞档：《同治十三年十一月二十六日，安徽巡抚裕禄奏》，转引自彭泽益：《中国近代手工业史资料》第1卷，生活·读书·新知三联书店1957年版，第594页。

④ 清代钞档：《咸丰四年闰七月初三日，苏州织造文勖奏》，转引自彭泽益：《中国近代手工业史资料》第2卷，生活·读书·新知三联书店1957年版，第594页。

⑤ 清代钞档《咸丰五年六月二十四日，苏州织造德毓奏》，转引自彭泽益：《中国近代手工业史资料》第1卷，生活·读书·新知三联书店1957年版，第594—595页。

在长期江路梗塞的情况下，依赖长江航运而发展起来的徽州商帮吴楚贸易活动于是被迫中止了。吴楚贸易是徽州商帮赖以生存和发展的最重要的商业活动之一，该项商业活动一旦中止，徽州商帮就失去了生存和发展的重要基础。

第二，徽州商帮在江南市镇中的商业活动陷于瘫痪。

徽州商帮中从事吴楚贸易者，大多是财雄资厚的"行商"。此外，在长江中下游地区从事商业活动者，还有分布于大中城市以及新兴市镇的"坐贾"。徽州商帮中的坐贾在该地区的商业活动有两个特点：（1）分布面广，几乎长江中下游地区所有的大中城市以及市镇乡村，都有其活动的足迹。（2）财力雄厚，往往控制了当地的重要行业和部门。因此，在长江中下游地区，尤其是江南一带，许久以来就有"无徽不成镇"[①]之谚。由此足见徽州商帮与长江中下游地区工商业市镇关系的密切。我们认为，这种密切关系具有双向性，它包含了两层含义：一方面，徽州商帮在江南市镇形成和发展过程中发挥了巨大的推进作用；另一方面，江南市镇也为徽州商帮的发展和兴盛提供了商业活动的舞台。但是，在19世纪50年代至60年代中国社会的战乱中，这种相互依存的双向关系遭到了破坏。

丽纯先生在《太平天国军事史概述》一书中列有《太平天国克复退出城池日月表》。据此，我们可以明了长江中下游地区的湖北、江西、安徽、江苏四省在19世纪50年代至60年代中国社会的战乱中，大部分府县都遭到了战火的袭击。分布于该地区的重要工商业市镇，几乎无一能够幸免于战争的破坏。这种破坏的严重后果之一就是市镇中的工商业活动完全停顿。据清代官方钞档记载，咸丰三年（1853年）以后，长江流域南京上游各大镇"多被焚掳净尽，商本或早经收回，铺户又乏本歇业"[②]，商业极度萧条。而在南京下游的各城市以及市镇，其工商业更是遭到毁灭性的打击。如江苏吴江盛泽镇，据《徽宁会馆碑记》记载，曾经是徽商"尤汇集

----

① （民国）《歙县志》卷1《风俗》。

② 清代钞档：《咸丰三年五月十八日，安徽巡抚革职留任李嘉端奏》，转引自彭泽益：《中国近代手工业史资料》第1卷，生活·读书·新知三联书店1957年版，第594页。

之处"①。咸丰三年（1853年）以后，则是"商旅裹足，机户失业"②，失
去了往日的繁荣。浙江平湖新带镇，一度是"徽商麋至，贯铿纷货，出纳
颇盛"③的商品集散之地，而在咸丰三年之后，却成为"商贾不通"④的荒
凉小镇。至于曾经是徽商置业首选都市之一的南京，"商贾之迹绝矣"⑤。
苏州，"商贾每多歇业"⑥，丝织业织机数战乱后较战乱前减少了54%。杭
州，"大宗商贩裹足不前"⑦，机户"昔以万计"，战后"幸存者不过数
家"⑧。大量的史实反映出19世纪50年代至60年代中国社会的战乱，给长
江中下游地区的工商业市镇带来了强烈的冲击。它实际上破坏了徽州商帮
与江南市镇相互依存的双向关系。徽州商帮在江南市镇中的商业活动陷于
瘫痪，失去了生存和发展的必要条件。

　　总之，战乱严重冲击了长江中下游地区的市镇及其工商业，破坏了徽
州商帮发展和兴盛的商业活动"舞台"。任何商人或商帮，其生存和发展
最重要的基本条件之一是进行商业经营活动，一旦商业经营活动停止或瘫
痪，衰落乃至消亡就会接踵而至。19世纪50年代至60年代，以长江中下
游地区为主要活动区域的徽州商帮，因战乱正处于这种无奈的衰落状
况中。

　　第三，长江中下游地区的战乱严重打击了徽州商帮的支柱行业。

　　据史料记载，徽州商帮几乎是"无货不居"，经营行业涉及与国计民

①《明清苏州工商业碑刻集》，江苏人民出版社1981年版。

②（同治）《盛湖志》卷3《灾变》。

③（天启）《平湖县志》卷1《舆地》。

④（光绪）《当湖外志》卷8。

⑤《通商各关华洋贸易总册》下卷《光绪二十五年南京口华洋贸易情形论略》，转引自
彭泽益：《中国近代手工业史资料》第1卷，生活·读书·新知三联书店1957年版，第602页。

⑥清代钞档：《咸丰十年　月　日薛焕奏》，转引自彭泽益：《中国近代手工业史资料》第
1卷，生活·读书·新知三联书店1957年版，第595页。

⑦清代钞档：《咸丰七年六月二十七日，杭州织造兼管北新关税务庆连奏》，转引自彭
泽益：《中国近代手工业史资料》第1卷，生活·读书·新知三联书店1957年版，第594页。

⑧《杭州市经济调查·丝绸篇》，转引自彭泽益：《中国近代手工业史资料》第1卷，生
活·读书·新知三联书店1957年版，第602页。

生相关的所有行业，如盐、粮、布、茶、木、典、药材、丝绸、颜料等。不过，正如研究者所指出的，"徽郡商业，盐、茶、木、质铺四者为大宗"①。在明清二代徽州商帮的发展与鼎盛时期，盐业、茶业、木业、典当业始终是徽州商帮的支柱行业。

我们注意到徽州商帮四大支柱行业主要分布区域是长江中下游地区。以盐业而言，徽商主要集中在两淮盐场，尤以扬州为中心。从茶业来看，徽商主要收购安徽、江西两地名茶，内销以川、赣、皖、苏、浙、沪为重点，外销则经由江西内地运至广州。其产、运、销经营活动，立足于长江中下游地区。徽州商人经营木业，最早是砍伐徽州山区的杉木，利用长江支流青弋江和新安江的水力，运至芜湖或严州（浙江）销售。随着经营规模的扩大，徽商远赴江西、湖广、四川开拓新的货源，利用长江水运之便，将上游木材贩运至南京，然后分销苏浙和北方。南京的上新河是徽州木商经贸活动最重要的基地。典商相对于徽州商帮其他行业来说，分布范围较广。不过，诚如研究者所言："当时徽人开设的典铺遍布全国，（但）江浙地区尤多。南京、扬州、泰兴、常熟、镇江、金坛、上海、嘉兴、秀水、平湖等处的典业几乎全都操于徽人之手。"②因此，资料表明徽州商帮的四大支柱行业，实际上集中在长江中下游地区。

我们从太平军与清军对峙的形势来看，四大行业所赖以存在的城市和地区，都是战乱的重灾区。譬如徽州盐商的大本营扬州，1853年4月1日（咸丰三年二月二十三日）被太平军攻克，半月之后清将琦善、胜保等即屯军扬州城外，称"江北大营"，切断了扬州城内外的交通。它严重破坏了扬州地区正常的生活秩序，更无论徽商从事商贸活动了。据记载，当时出现了"盐引停运"③的情况。1853年以后，清军与太平军在该城周围反复拉锯，扬州城几度易手。居徽州商帮"龙头"地位的徽州盐商或被迫抽回资本逃避战乱，或无奈偃旗息鼓停业坐观，徽商盐业遭到重大挫折和打

---

① 陈去病：《五石脂》，江苏古籍出版社1999年版。
② 张海鹏、张海瀛主编：《中国十大商帮》第10章《徽州商帮》，黄山书社1993年版。
③ 雷以諴：《请推广厘捐助饷疏》，《皇朝道咸同光奏议》卷37《户政》。

击。徽州木商最重要的贸易基地是长江重镇南京。该城于1853年3月19日被太平军攻克后，即成为太平天国的都城——天京。太平天国实行"禁商"的政策:"天下农民米谷，商贾资本，皆天父所有，全应解归圣库。"[①]因此，南京的商贸活动几乎停止，徽州木商首当其冲。尽管后来太平天国放宽禁商条例，允许在城外设"买卖街"，"百般贸易俱可做，烟酒禁物莫私营"[②]。不过，在"买卖街"交易的商品，大多是粮食、油、盐、布匹、茶点、杂货等"肩挑及用小车"[③]载至的小商品，而绝少木材等大宗商品的贸易。而且，即使这种小商品的交易，也经常受到设在孝陵卫的江南大营的清军骚扰。史籍多处记载了清军"焚毁买卖街"、将商贩"悬首示众""就地枭示"[④]的材料。事实表明，徽州木商已经失去了其货物中转的最重要基地。兼之长江中上游水运中断，大宗木材来源被堵，徽州商人所经营的木业只有萧条的结局了。徽州茶商和典当商以长江中下游地区的城市为主要经营场所，而这些城市的商业环境已恶劣到令徽州茶商和典当商纷纷歇业的程度。汤氏所辑《鳅闻日记》详细记载了当时常熟城内典当铺遭到抢掠的情况。这些典当铺多为徽商所开。因兵荒马乱无法进行正常商业活动，常熟城中的"众朝奉"只得携资返家。这种"恐遭劫数，囊金回乡"的情况，在当时的徽州茶商和典当商中是一种普遍现象。由此徽商茶业和典当业的经营状况一落千丈。

总之，长江中下游地区的战乱，严重冲击了徽州商帮的经贸活动。其中首当其冲的是以该地区为主要活动区域的徽州商帮盐、典、茶、木四大支柱行业。该四大支柱行业的衰落，最终决定了徽州商帮无可挽回地走下坡路的趋势。

由于19世纪50年代至60年代中国社会战乱最严重的地区与徽州商帮

①《贼情汇纂》卷3，近代中国史料丛刊续编本。

②《醒世文》，中国近代史料丛刊本。

③ 向荣:《咸丰四年八月十一日奏》，《忠武公会办发逆奏疏》钞本第7册，转引自彭泽益:《中国近代手工业史资料》第1卷，生活·读书·新知三联书店1957年版，第540页。

④《太平天国占领区的商业情况五·天京城郊》，转引自彭泽益:《中国近代手工业史资料》第1卷，生活·读书·新知三联书店1957年版，第540—541页。

商业经营活动最主要的区域吻合，因此，从徽州商帮发展的历史来看，该时期徽商所处的经营环境是商帮形成以来最恶劣的时期之一。在徽商发展的历史上，总共有两段极为困难的时期：一是明末清初。从天启（1621—1627年）到崇祯（1628—1644年）的明末农民战争以及随之而来的明清之间的战争，导致了徽州商帮发展的顿挫。二是太平天国革命时期。两者相较，后者更甚。这是因为：第一，太平天国革命时期长江中下游的战乱持续时间长达十余年，而明末清初战争相持在江南的时间并不长。第二，经历明清之际的动荡后，徽州商帮在清初尚有盐商的崛起，从而再次开创了该商帮的辉煌时代。而经历了19世纪50年代至60年代的战乱后，徽州商帮再没有复苏的机会。

（二）19世纪50年代至60年代，中国社会的战乱对徽商本土的冲击

徽商的本土——徽州，地处皖南的崇山峻岭中。据文献记载，此地"世乱则洞壑、溪山之险，亦足以自保，水、旱、兵戈所不能害"①，历史上因"未婴兵祸"②而成为人们逃避战乱的"世外桃源"。然而在19世纪50年代至60年代的中国社会战乱中，徽州却成为清军与太平军交锋的最重要战场之一。据同治《祁门县志》卷三十六《杂志·纪兵》、光绪《安徽通志》卷一百零二《武备志·兵事四》以及黄崇惺《凤山笔记》等地方史料记载，太平军最早攻入徽州的时间是1854年2月20日（咸丰四年正月二十三日），"顶天侯"陈狮子率部占领祁门，杀县令唐君治，从此拉开了太平军与清军在徽州交战的序幕。双方在徽州的战争一直延续到1864年8月（同治三年七月），清军总兵刘明灯在歙南建口逮捕李秀成义子李世贵、在屯溪捕获王宗为止，前后十二年徽州处在战乱之中。发生在徽州的战事有三大特征：（1）其延续时间之长几乎与太平天国在南京建国的时间相始终。（2）战火蔓延了徽州所辖的各县。（3）交战双方进出徽州城池相当频繁，表明战争的艰苦与激烈。黄崇惺在《凤山笔记》中说："大抵浙江未

① 《重修古歙东门许氏宗谱》卷9《城东许氏重修族谱序》。
② 余本愚：《杂兵谣》，载胡在渭辑：《徽难哀音》，《近代史资料》1963年第1期。

陷之先，'贼'欲由徽以图窜浙之路，故徽之受害烈。浙江既陷后，'贼'欲扰徽以辍攻浙之师，故徽之战事尤烈。"[1]黄氏对19世纪50年代至60年代中国社会战乱中徽州战场形势的评论，是比较贴近事实的。

作为清军与太平军交战的主战场之一，徽州以及徽州商帮受到了强烈的冲击。

首先，徽州财货以及徽商资本遭受巨大损失。

徽州向有"家蓄赀财"[2]的风气。徽商在发财致富后，往往将其一部分金属货币收藏起来，以备将来之用。徽州被人视为东南首屈一指的"富郡"，其金属货币收藏量之大，是重要的原因。19世纪50年代至60年代战乱爆发后，在长江中下游地区从事商业活动的徽州商人纷纷抽回流动资金，变卖固定资产而"窖藏"。如汤氏所辑《鳅闻日记》记载："忆去秋徽商在常、昭，恐遭劫数，囊金回乡。"[3]他还具体记述了常熟城内开设典当铺的徽州"众朝奉"如何"携资回徽"的情况。其实，不仅常熟一地如此，在苏州、无锡、南京、扬州等徽商活动活跃的城市，也普遍出现这种情况。《凤山笔记》中说："当粤贼东下，徽人贾于四方者尽挈资以归。"

徽商抽资返徽，目的是逃避战乱，保存资本。然而，随着军事形势的快速发展，徽州也很快陷入战乱之中。根据资料记载，入徽的军事力量主要有三种：一是以湘军为主的清朝政府军；二是太平天国的部队；三是地方团练武装。这三种军事力量无不对徽州百姓尤其是徽商财货进行收刮抢掠，结果导致徽商非但未能保存资本，反而变得一贫如洗。正如汤氏在《鳅闻日记》中所说："后闻（众朝奉）携赀返徽，仍遇贼匪，丧失罄尽。"[4]

以湘军为主的清朝政府军对徽州的收刮情况，有关史籍中不乏记载。据陈去病《五石脂》说，湘军统帅曾国藩借清剿太平军之机，在徽州"纵

---

① 黄崇惺：《凤山笔记》卷上，《近代史资料》1963年第1期。

② 徐珂：《清稗类钞》第5册《婚姻类》，中华书局1984年版。

③ 虞阳避难叟辑：《鳅闻日记》卷下，《近代史资料》1963年第1期。

④ 虞阳避难叟辑：《鳅闻日记》卷下，《近代史资料》1963年第1期。

兵大掠"，致徽州"全郡窖藏"为之"一空"。清政府调入徽州的军队，除湘军一系外，还有"台勇""贵州勇"。这些兵勇在徽州也是极尽抢掠收刮之能事，"颇为民患苦"[①]，结果只有"皆遣去"了事。不过，在他们离开徽州时，已是私囊中饱了。太平军在徽州曾颁布过禁掳掠的命令。《凤山笔记》称："五年（1855年）郡城之失，'贼'入城，即严启闭，禁其党四出掳掠。"[②]然而由于受到阶级觉悟的限制以及战时形势的影响，太平军在徽州掳掠富家的事也时常发生。《徽难哀音》中收录一首《重有感诗》，诗为绩溪文人周懋泰（阶平）所作，其中嗟叹："'贼'势乘虚来，据城仅六日。如鹊得深巢，如蚁赴荒垤。掳掠尽家有，不复遗余粒。逢人便搜囊，勒索金银亟。或以刀背敲，或以长绳絷。嗟哉彼何辜！惊魂时战栗。"[③]歙县人黄崇惺记其亲身经历时说："盖自去年（咸丰十年，1860年）八月，郡城失守，据郡凡十阅月而始退。深山穷谷之中，几于无处不被其扰。其焚掠之惨，胁迫之苦，较他郡为尤烈。徽人向之累于捐输者，今且为'贼'掳胁，火其居，拘其身，而索其财矣。向之惮于迁徙者，今且无地可迁，无物可载。"[④]作为封建文人，他们的记载中不乏对太平军的怨恨之气，不过确实也反映了太平军在徽州的一些真实情况。对徽州士民以及徽商进行肆无忌惮搜刮者，还有地方团练武装。徽州地区"土风高坚，士气猛犷"[⑤]，又多为大族聚居地区，因而历史上就多乡兵义勇的组织。太平军打到长江流域后，在清政府的鼓励下，徽州成立了地方团练武装——"守险""守望"二局。以后规模渐次扩大，各村均有团练，其意在保卫乡梓。然而，众多史料表明，当团练兴起后，却是保境无能，搜刮有方。绩溪文人曹向辰（西山）的《团练难》，尖锐地反映了地方团练对徽州的祸害。诗曰：

"天下大患患不止，寇氛未近团练起。官和诸绅绅和官，动云奉宪更

① 黄崇惺:《凤山笔记》卷下,《近代史资料》1963年第1期。
② 黄崇惺:《凤山笔记》卷下,《近代史资料》1963年第1期。
③ 胡在渭辑:《徽难哀音》,《近代史资料》1963年第1期。
④ 黄崇惺:《凤山笔记》卷上,《近代史资料》1963年第1期。
⑤ 钱谦益:《牧斋初学集》卷80《回金正希馆丈书》,上海古籍出版社1985年版。

奉旨。富者出钱剐心肝，百计谋求犹未已。说不尽吸髓与敲肤，苛政真真猛虎耳。捐得白银果奚为，堆来如山用如水……耀武扬威括厘毫，可笑贼来善脱逃……噫吁哦！团练难难难！未曾驱民害，反觉添民残。养兵千日养你抢，为勇即系为盗端……"①诗中描绘了一副团练搜刮钱财的活脱脱的强盗嘴脸。

在湘军、太平军和团练武装反复搜刮下，徽州的财富遭到巨大损失，尤其是相当多的徽商以锱铢计较积累起来的财富和资本被囊括一空，这对徽州商帮来说，不啻是灭顶之灾。许多商人因此而陷入破产的境地，甚至是"日食之计，一无所出"。

其次，徽州士民以及徽商人员遭受重大伤亡。

徽州方志在记载这段历史时，通篇留下了"焚烧数百家，伤亡数十人""阖门尽忠""满门节义"②的文字。在这些貌似"崇高"的文字背面，依稀让人看到一具具惨不忍睹的徽州士民的尸骨。有不少诗文记载了徽州生灵涂炭的惨象。如绩溪无名氏所作《咸丰庚申二月梁安被难纪略》八首，具体而真实地描绘了战乱时的情状。兹摘录一首，以见一斑：

> 乡村鸡犬寂无声，屠尽生灵"贼"队行。少小蛾眉频受辱，许多貂尾任逃生。尸眠大地冤魂泣，怒震长天杀气横。岭上绝无余勇贾，练江孤掌独难鸣。

在徽州死于战乱者，不少是由各地携资返家的徽商，或者是徽商的子弟和亲属。据文献记载，有一些徽商冒死坚持商业活动，出入于太平军控制的地区，途遇清朝官兵的盘诘，常因心慌而口语支吾，竟被当成"奸细"而处死。③清朝官员潘祖荫称："凡自贼中逃出难民及各路商旅人等，一遇内地兵勇，则搜索之、劫掠之。"④其幸存者，则是历尽艰险，备极颠

---

① 胡在渭辑：《徽难哀音》，《近代史资料》1963年第1期。

② （光绪）《婺源县志》卷35《人物》。

③ 《徽州善后叹》，载胡在渭辑：《徽难哀音》，《近代史资料》1963年第1期。

④ 潘祖荫：《请免钱粮汰厘局严军律广中额疏》，载《潘文勤公奏疏》。

连。如史籍所记："壮者不能挈其家，老者不能顾其子。其始奔窜山岭，惟畏贼至；其后则寒饿困殆，求一饱而不可得，不复能奔窜，亦不知贼之可畏矣。"①徽州士民身心俱疲，困顿之状，无以复加。

战乱之后，徽州人口急剧减少。据《清稗类钞》第五册《婚姻类》记载，战后徽郡"男丁百无一二"。由于缺乏确切的统计数字，《清稗类钞》的这一说法尚无法证实。不过，徽州人口战乱前后大幅度下降的趋势则是事实。其原因有二：一是战乱中死于火与剑之下，二是战乱后亡于瘟疫和饥馑。黄崇惺《凤山笔记》记载：

> 庚申之乱，徽人之见贼遇害者，才十之二三耳。而辛酉五月贼退之后，以疾疫亡之六七。盖去其家已十阅月，草间露处，虽大雨雪无所蔽。魂魄惊怖，无所得食。日夜奔走，而不得息。当是时家室流亡之苦，与夫屋庐残毁之痛，犹未暇计及也。比贼退，各还其家。惊悸之魂既定，顾视家中百物，乃无一存，而日食之计，一无所出。或骨肉见掠于贼，渺然不得其音问。愁苦之气郁于其中，而兵燹之情动于其外，于是怮然而病矣。又贼未退以前，乡村粮食已尽，往往掘野菜和土而食。贼既退，米价每斗至二千钱，肉每斤五六百钱，日不能具一食。绩溪近泾、太之乡村，有至于食人者。于是饥饿而毙者亦不可胜计……

黄氏这段依据亲身经历而记载的材料，告诉我们两个重要信息：其一，战后徽州曾发生过重大的疾疫和饥荒灾情。其二，因疾疫和饥饿而死亡的徽人高达60%—70%，徽州在战乱前后人口锐减，同当时江南（尤其是江浙二省）户口减少的情况，完全一致。②

徽州人口的减少，对徽州商帮造成的影响至深至远。一方面死亡人口中包括了大量的商人及其子弟，他们经商积累的大量经验和资本，随着肉

---

① 黄崇惺：《凤山笔记》卷上，《近代史资料》1963年第1期。
② 李文治：《中国近代农业史资料》第1辑有关章节，生活·读书·新知三联书店1957年版。

体的死亡而不复存在,这使徽州商帮遭受了无法弥补的损失,商帮的阵容急剧萎缩。另一方面,徽州大量人口的死亡,使得徽州从商人员顿减,后继乏人。

最后,徽商的家园遭到毁灭性的破坏。

19世纪50年代至60年代的战乱冲击了徽商家园,徽州一府六属县呈现一片凋零的景象。绩溪文人周懋泰(阶平)在《重有感》一诗中泣叹:"乱后返乡园,蹂躏不堪述。"①可以想见徽州遭受残破程度之深。尽管许多人因伤心而"不堪述"其凋零之状,然而还是有相当多的文献记载了徽州战乱后的情形。同治三年(1864年)十二月二十七日曾国藩在《豁免皖省钱漕折》中通论安徽的一般情形时说:"惟安徽用兵十余年,通省沦陷,杀戮之重,焚掠之惨,殆难言喻,实为非常之奇祸,不同偶遇之偏灾。纵有城池克复一两年者,田地荒芜,耕种无人,徒有招徕之方,殊乏来归之户……查安徽全省贼扰殆遍,创巨痛深。地方虽有已复名,而田亩多系不耕之土。其尤甚者,或终日不过行人,百里不见炊烟。"②

出于阶级立场和为湘军辩护的原因,曾国藩将战乱的后果全部算在所谓的"贼"(即太平军)账上,这是不公允的,有违历史史实。不过,他在奏折中反映的"田地荒芜""终日不过行人、百里不见炊烟"之状,可以视为"实录"。因为曾氏在皖省与太平军交战多年,奏折中的内容来自亲闻所见。在此奏之前,他还有《江西牙厘请照旧经收折》,具体谈到了皖南的情况。疏云:"即以民困而论,皖南及江宁各属,市人肉以相食,或数十里野无耕种,村无炊烟。"③奏折中的"皖南",即包括徽州在内。除乡村之外,徽州的商业城镇也是破败不堪,"颓垣碎瓦,填塞于河"④。以徽州最著名的商业集镇之一岩寺镇而言,经历了19世纪50年代至60年代的战乱,竟被焚烧掉一半店铺。

---

① 胡在渭辑:《徽难哀音》,《近代史资料》1963年第1期。

② 曾国藩:《曾文正公全集·奏稿》卷20,近代中国史料丛刊续编本。

③ 曾国藩:《曾文正公全集·奏稿》卷20,近代中国史料丛刊续编本。

④ (光绪)《婺源县志》卷35《人物》。

徽商家园遭到毁灭性破坏，许多商人家庭"萧条四壁，不复成家"。不少商人处在"兵荒之后，满目疮痍，何暇他计"①的状态下。他们放弃了恢复经商的努力，而不得不以"半生辛苦"得来的营业利润和商业资本重建家园。绩溪商人王元奎是其中的典型人物之一。据绩溪《盘川王氏宗谱》卷三《（王）元奎公家传》记载：

> 公讳元奎，字世勋，清国子监生，后以捐振（赈）授布政司理问衔。生而明敏过人，遇事善谋能断，尤精会计。幼即偕其兄元烛随父经商于浙之淳安……厥后乱平归里，萧条四壁，不复成家，仰天大痛，幸以半生辛苦，营业大裕，组织家庭，尚非难事。

尽管王元奎善于经商，"半生辛苦"所获的利润和资本用来重新"组织家庭，尚非难事"。不过，这种非商业性的消耗，严重阻碍了徽商在战后的恢复经营和发展势力。更有一些小本经营的徽商，经历劫后余生，重建家园几乎消耗了全部经商的资本，徽商家园遭到毁灭性破坏，使得徽州商帮元气大伤，重振乏力，终于失去了往日的辉煌。

(三)19世纪50年代至60年代的战乱对徽州商人及其商业资本的直接打击

徽州商人及其商业资本承受战乱的直接打击主要表现在三个方面：

第一，清政府大幅度增加茶业税和开征厘金。

徽州茶商是徽州商帮的中坚力量。他们经销的茶叶，主要是徽州本地所产的各种名茶。在战乱之前，徽州茶叶出山，皆归休宁屯溪办理，由休宁县派员查验给引，再由太厦司勘合切角放行，其税每引不过分厘。徽州茶商在清中叶以前得以迅速发展，同清政府这种相对低平的茶叶税收政策有关。然而战乱爆发后，从咸丰三年（1853年）筹办徽防开始，为筹措军饷，徽州茶税历年递增，每引分别须完纳厘银三钱、捐银六钱、公费银三

---

① 绩溪《盘川王氏宗谱》卷3《锦椿公传》，民国刊本。

分，同战乱前相比较，增加了数倍。同治元年（1862年）清政府就徽州茶税作出新的规定，大幅度提高税率，每引缴正项引银三钱，公费银三分，捐银八钱，厘银九钱五分，共缴银二两零八分。尽管清廷在执行上述税收标准时，强调"督辕颁发三联引票、捐票、厘票，随时填给，不得于三票外多取分毫"①，看似规范了税收程序，其实高额税收已经令徽州商人难以承担。同治二年（1863年）五月一日起，每引又加捐库平银四钱，共缴银二两四钱八分。同治五年（1866年）再次重申了这一税率。清政府为筹措饷银而大幅度提高的茶叶税大量分流了茶商的商业利润，给予徽州茶商以沉重的打击。

如果说提高茶叶税率仅仅是对徽州商帮中茶商予以沉重打击的话，那么清政府厘金的开征，则将打击面扩大到了整个徽州商帮。

厘金原是清地方官员为募集镇压太平天国军费而于咸丰三年（1853年）九月开征的一种新税，首创者为刑部侍郎帮办军务雷以铖。据雷氏称，此法"既不扰民，又不累商……商民两便，且细水长流，源远不竭，于军事实有裨益"②，因此在咸丰四年（1854年）三月经咸丰帝上谕后，厘金由一个地方的筹饷方法渐变为全国性的税种。③从咸丰三年到同治二年（1853—1862年），计有江苏、湖南、江西、湖北、四川、奉天、新疆、吉林、安徽、福建、直隶、河南、甘肃、广东、陕西、广西、山西、贵州、浙江等20省开征了厘金。厘金的税率，各省变通不一。以雷以铖在泰州仙女庙劝谕捐厘助饷税率来说，一种是从量税率，根据不同商货种类每单位征厘20文至360文不等。一种是从价税率，纸、药材、茶叶等不同商货种类，每千文钱均课厘12文。咸丰四年（1854年）五月初一日，规定泰州城乡各行铺捐厘助饷的税率，米行每担课厘20文，油行每担40文，酒行每担24文，糟房每百文课厘1文，各杂行每百文课厘1文。根据上述情况，我们知道：从商人角度来说，无论是行商，还是坐贾，都要捐助厘

---

① （同治）《祁门县志》卷15《食货志》。

② 雷以铖：《请推广厘捐助饷疏》，《皇朝道咸同光奏议》卷37《户政》。

③ 王先谦：《咸丰朝东华续录》卷30，光绪年间刊本。

金。从商品角度来说，无论是手工业品，还是农产品，都在纳税范围之内。从地域范围来说，涉及20省，长江中下游地区徽商活动最活跃的湖北、江西、安徽、江苏四省均在其中。

清政府厘金的征收，果真如雷以諴所称的"既不扰民，又不累商"吗？其实不然。清廷官员尹耕云在一份奏折中指出："抽厘之弊，尤不忍言。一石之粮、一担之薪，入市则卖户抽几文，买户抽几文。其船装而车运者，五里一卡，十里一局，层层剥削，亏折已多，商民焉得不裹足！百物焉得不涌贵乎！"①可见厘金造成的恶劣后果，是令"商民裹足，百物涌贵"，并非如雷氏所说的那样无足轻重。厘金最重的地区是江浙一带。据目击者说，当地"商民由富而贫，由贫而至于赤贫，皆由厘金累之"②。根据史料记载，该地区的厘金"半出于徽商"③。可见厘金之累，其实主要是担在徽商身上。

清政府为筹集军饷而大幅度提高茶叶税以及开征厘金，对徽州商人及其商业资本与利润是直接的戕害，最终导致他们举步维艰。

第二，徽商被迫赈饷和捐助团练。

据《歙事闲谭》第三十一册所载《徽郡难民公檄（咸丰十一年辛酉正月）》中说："窃徽郡六邑，地当冲要，山险民稠，自军兴以来，助饷捐赀，盈千累万。则钱粮一端，民间无不踊跃输将以饷项。"其中"助饷捐赀，盈千累万"者，主要就是徽州的商人。为了帮助清政府平息19世纪50年代至60年代这场大规模的中国社会的战乱，徽商被迫助饷捐赀的确切数目，如今已无从考证。不过，史籍中有关徽商捐资的例子，比比皆是，我们从中可以了解其一般的情形。

《凤山笔记》卷上：

> 当粤贼东下，徽人贾于四方者尽挈其资以归，故令下而数百万金

---

① 尹耕云：《心白日斋集》卷2《请查捐输积弊停止抽厘疏》，近代中国史料丛刊本。

② 张廷骧：《不远复斋见闻杂志》卷6《陶公三疏》，转引自李文治：《中国近代农业史资料》第1辑，三联书店1957年版，第376页。

③ 许承尧：《歙事闲谭》卷31《徽郡难民公檄（咸丰十一年辛酉正月日）》。

立办。

七年春，张公以军储不继为病，将复劝捐。至是户捐已一再举，素封之家力已不及，而故家大族有负豪名而盖藏实空者，以绅士董劝之严，亦未敢不从命。

……用兵数年，六邑捐输数百千万。

四境屡为贼扰，绅民皆数四输粟，而力已竭。

（光绪）《婺源县志》卷三十四《人物·义行》：

汪昭傅……家贫，贾于苏之角直镇，积有余赀……"发逆"扰攘，难民逃于角直者数千人，捐粟二百余石以赈。

（光绪）《婺源县志》卷三十五《人物·义行》：

黄文，字乡云……少孤贫，采薪供养继母。比壮，业茶致丰裕，好善乐施。道光年间，邑修城垣，捐金数百。"发逆"之变，皖南筹饷及本县设局团防，迭捐巨赀。

据此我们知道，徽商赈饷和捐助，并非局限于徽州一地，而是本省外地处处皆有。如汪昭傅在角直镇捐粟的例子。徽商赈饷和捐助的数目惊人，以"数百千万"计。赈饷和捐助大多是被迫行为，从"素封之家力已不及""绅民皆数四输粟，而力已竭"来看，其影响是巨大的。

赈饷及捐助是战乱给予徽州商帮直接打击的一个重要方面。它大量分流了徽商的商业资本和商业利润，不仅戕害一时，而且令徽商重振乏力，终至在历史经济舞台上的影响越来越微。

第三，商人颠沛流离，无心经商。

19世纪50年代至60年代中国社会的战乱，予徽州商人的身心以重创，他们携家颠沛流离于村野山谷以求生存，丧失了经商的信心。这也是战乱对徽州商人直接打击的一个重要方面。

相当多的史料已经表明，战乱在长江中下游地区蔓延后，徽商大多携资逃归故里，以冀躲过劫难。然而，徽州在当时亦非"世外桃源"。流传至今的《徽州义民歌》，有一段词描述了包括徽商在内的"殷实人"在当时流离颠连的惨状。词云：

> 没奈何，百姓们，纷纷逃避；觅山中，幽僻处，暂且安身。有一等，殷实人，山中租屋；带细软和妻小，星夜奔驰。谁知道，搬进山，羊入虎穴；那些人，见担重，便换良心。平日间，草鞋兵，时常谈论；若留他，吃碗饭，渐次添人。买柴火，不由人，自要多少；他一肩，彼一担，倾刻成城。柴又湿，价又高，明亏是小；或借钱，或借米，言语难闻。更有那，路途中，挑夫行窃；遗家的，粗物什，土匪搬空。①

当时人都认为："遇乱世，有家资，便是祸根。"有的徽商为了摆脱"祸根"，不仅无心经商，而且将多年惨淡经营积累的资本和利润，悉数花光。婺源商人程开纯便是一位典型人物。据《婺源县志》卷三十四《人物·义行》记载：

> 程开纯，字颖川，（婺源）江岸人。职员，幼失怙，事孀母，能承欢。比长懋迁，稍获余赀。遇善举则倾囊佽助。咸丰间，"贼"据金陵，纯挈眷避吴门。所识穷乏者，必款留之，晨起炊米，非数斗不能周给。或曰"尔独不自为计乎？"笑曰："贼至，身且不保，遑他顾耶！"

尽管方志是从表彰程氏慈善的角度来记载他的事迹的，然而，程氏"不为身计"显然是因战乱而丧失了经商的信心。其实，有程开纯这种心态的徽州商人，在当时不在少数。这种情况使得徽商的资金大量流失，用于非商业性的活动，对徽州商人和资本是一个重大打击。

---

① 胡在渭辑：《徽难哀音》，《近代史资料》1963年第1期。

总之，19世纪50年代至60年代中国社会的战乱，不仅使徽商失去了正常的经营环境，而且商帮本身受到了直接的打击。它的资本和利润在清政府戡乱名义下的重税及"助饷"过程中，大量流失和耗尽。徽商流离颠沛，无心经营，一蹶不振已是势所必然。诚如（民国）《歙县志》所说：徽州商帮经历"咸丰之乱，百业衰替，人口凋减，生计迫蹙……"①可谓一副衰落景象。

(四)几点结论

第一，19世纪50年代至60年代中国社会战乱最严重的区域，正是徽州商帮商业经营活动的主要区域。徽州商帮在该地区的经营活动遭到了战乱的严重影响，其吴楚贸易大动脉被切断，在江南城镇的商业活动陷于瘫痪。特别是支撑徽州商帮这一庞大经营集团的盐、典、茶、木四大行业，所受影响更大。

第二，19世纪50年代至60年代中国社会的战乱，不仅使徽商经营活动的环境严重恶化，而且对徽商本土产生了巨大的破坏力，致使徽商大量金属货币被掳掠一空，徽商遭到重大伤亡以及徽商家园受到严重破坏，给徽州商帮以致命的一击。

第三，19世纪50年代至60年代中国社会的战乱还直接戕害了徽商的身心。清政府以"戡乱"的名义，大幅度提高茶叶税率并开征厘金，同时强迫徽商"赈饷"和捐助团练，大量分流了徽商的商业资本和利润。

经历19世纪50年代至60年代的战乱，徽州商帮元气大伤，重振乏力，大大加快了衰落的步伐。

---

① (民国)《歙县志》卷1《舆地志》。

五、徽商与明清两浙商籍

明清时期，两浙盐场①是仅次于两淮的全国重要产盐区，而在这一区域的盐业经营中，由于地理和历史原因，徽商占有极其重要的地位。此处主要考察徽商与两浙盐场商籍的相关问题，以期从一个侧面反映徽商在两浙的活动与影响。

（一）徽商在两浙商籍中的地位

关于两浙商籍，学界有不少研究。②《清史稿》中记载，"凡民之著籍，其别有四：曰民籍；曰军籍，亦称卫籍；曰商籍；曰灶籍"③。按照《大清会典》的说法，"商人子弟，准附于行商省分，是为商籍"④。根据这一定义，似乎凡是经商之人的子弟被批准于行商省份登记者，均为"商籍"。而实际情形，这项制度乃是朝廷专为盐商子弟应考而设，与其他行业商人无涉。至于所以立商籍的理由，《两浙盐法志》如是说："自古鱼盐

---

① 两浙，汉代亦作"两淛"，为浙东和浙西的合称。唐肃宗时析江南东道为浙江东路和浙江西路，钱塘江以南简称浙东，以北简称浙西。宋代有两浙路。地辖今江苏省长江以南及浙江省全境。本文所述两浙与宋代两浙路略有不同，指的是明清时期两浙盐场的行盐区。《钦定重修两浙盐法志》卷一《疆域》载其所属地区"以省计者四，曰浙江，曰江苏，曰安徽，曰江西。以郡计者十七，其隶浙江者十一，曰杭州，曰嘉兴，曰湖州，曰宁波，曰绍兴，曰台州，曰金华，曰卫州，曰严州，曰温州，曰处州；隶江苏者四，曰苏州，曰松江，曰常州，曰镇江；隶安徽者一，曰徽州；隶江西者一，曰广信。以州计者曰太仓，隶江苏；曰广德，隶安徽"。

② 日本学者藤井宏在《新安商人的研究》（傅衣凌、黄宗焕译，载《徽商研究论文集》，安徽人民出版社1985年版）中具体考察了两浙商籍的产生，并对产生的原因进行了探讨。王振忠则在《明清徽商与淮扬社会变迁》（生活·读书·新知三联书店1996年版）中对其加以一定程度的修正，并论证了两淮商籍何以无徽商的问题。许敏在《试论清代前期铺商户籍问题》（《中国史研究》2000年第3期）中总结了各方观点，并进一步论述了清朝的"商籍"问题。

③ 赵尔巽：《清史稿》卷120，中华书局1977年版。

④《大清会典》卷11，嘉庆二十三年（1818年）刊本。

贩负之中杰士间出，而志乘所载，凡名流侨寓，采撷无遗。盖事因人以著，人附地而传……浙省素称才薮，其自安徽等属来浙业鹾者贸迁既久，许其子弟附近就试，异地之才与土著无殊，此商籍所由立也!""盖念伊父兄挟资远来为国输将，所以隆优恤之典，广进取之阶"①。

这里涉及商籍设立有两个疑问:第一，朝廷是否仅仅是出于对经商于异地之才的珍视呢?第二，携资远来的是否仅仅是盐商呢?揆诸史实，其实不然。明清时期在各地从事商业经营的并非只有盐商，由于商品经济的繁荣，以典商、茶商和布商为主体的商人遍布全国。以徽州典业商人为例，万历三十五年（1607年）六月河南巡抚沈季文言:"今徽商开当，遍于江北，赀数千金，课无十两，见在河南者，计汪充等二百十三家。"②河南一省即具如此规模。又如徽州茶业商人，"歙之巨商，业盐而外，惟茶北达燕京，南极广粤，获利颇赊"③。再如浙江木业商人，乾隆年间，仅以浙江候潮门外的徽商木业公所来看，在江扬言父子的努力下，公所面积"共计三千六百九十余亩"④。规模之大可见一斑。

由此可见，明清时期从事各种行业的商人数目极为庞大。而政府单单为盐商开设商籍，个中缘由，与盐作为商品的特殊性不无关系。封建社会的盐业经营，一直是官卖或半官卖性质的特殊行业。明清时期盐业由官方掌握，食盐的经销权、具体的买卖，几乎由盐商垄断，政府收取盐税。盐税是朝廷财政收入的重要来源，因此，朝廷有赖盐商的巨大财力支持，而盐商们则望有官府的许可与庇护。他们之间相互依赖，互为表里，关系紧密。正是在这一背景下，产生了商籍这一特殊的户籍身份。

一般认为，明万历二十八年（1600年）两浙商籍在叶永盛的提倡下正式创立。但从史籍记载来看，两浙商籍出现时间最早可以追溯到嘉靖年间。据《两浙盐法志》记载:"明嘉靖四十年，两浙纲商蒋恩等为商人子

① 《两浙盐法志》卷24《商籍》，续修四库全书本。
② "中央研究院"历史语言研究所:《明神宗实录》卷454，中文出版社1962年影印本。
③ 许承尧:《歙事闲谭》卷18《歙风俗礼教考》。
④ 张海鹏、王廷元主编:《明清徽商资料选编》第536条，黄山书社1985年版。

弟有志上进比照河东运学事例具呈，巡盐都御史鄢懋卿批提学道议，允行，运司录送附民籍收考。"这是较早关于两浙商籍的记载。至万历二十八年（1600年），《两浙盐法志·商籍》已记载进士有3人、举人有10人（见表2-1）。

表2-1　两浙商籍

年份	姓名	原籍	附籍	科第
隆庆二年	黄金色	休宁人	仁和籍	进士
隆庆五年	汪彦冲	歙县人	仁和籍	进士
万历十一年	程朝京	休宁人	钱塘籍	进士
嘉靖三十七年	刘维藩	钱塘人	不详	举人
隆庆元年	黄金色	休宁人	仁和籍	举人
隆庆元年	凌云鹏	休宁人	杭州籍	举人
隆庆四年	汪彦冲	歙县人	仁和籍	举人
万历元年	程朝京	休宁人	钱塘籍	举人
万历四年	程元瑜	歙县人	不详	举人
万历七年	李万春	休宁人	浙江籍	举人
万历十六年	黄日升	歙县人	钱塘籍	举人
万历二十二年	汪有功	歙县人	钱塘籍	举人
万历二十五年	黄功敏	歙县人	昌化籍	举人

　　嘉庆《两浙盐法志》编修阮元，精于金石考据学，对于商籍的记载（尤其是商人籍贯的记载）也远较雍正年间李卫所编盐法志为详。表中所见的万历二十八年之前两浙商籍人员全部为徽人。[①]这表明了当时徽州商人在两浙商籍中占据了重要位置，是两浙商籍的主体。清康熙、乾隆间休宁人汪由敦《松泉集》中有"徽人商杭者令甲别立商籍"[②]之说，卢文弨《抱经堂文集》中更称"盖鹾商多来自徽郡，实古之新安，其子弟又许其

---

① 据《紫阳崇文会录》记载，表中刘维藩原籍系徽州歙县。
② 汪由敦：《松泉集·文集》卷首《原传》，四库全书本。

别编商籍，与土著者一体考试，故皆乐于顺上之指而不由于强勉"[1]，均已关注到徽商在两浙商籍中的重要地位。

从明清两朝来看，两浙商籍中徽人一直占有较大的比例。据《两浙盐法志》商籍记载，明朝两浙商籍进士共12人，其中休宁8人，歙县4人，均为徽人；两浙商籍举人共35人，其中休宁14人，歙县13人，占总数的77%。清朝商籍进士共140人，徽人41人，其余主要是浙江仁和、钱塘两地之人；商籍举人489人，徽州籍贯94人。从上述统计结果看，徽人在明朝两浙商籍中占有绝对优势，而清朝时其比例有所下降，但人数仍不少。需要说明的是，《两浙盐法志》记载清朝两浙商籍中式举子时，关于其原籍疏漏之处甚多。安徽省博物馆藏清康熙刻本《紫阳崇文会录》，记载了明末清初80多年间徽州商籍生员1707人，许承尧于书首作如是介绍："此明末清初吾徽在浙省诸人会文题名录，所谓商籍也，中如吴雯清、徐旭龄、汪溥勋、吴山涛、赵吉士俱颇知名。喜是孤本，足备参考。吾族有一支迁浙，录中亦见数人，可补宗乘之缺。"根据《紫阳崇文会录》的补正，《两浙盐法志》中记嘉靖三十七年中举的刘维藩（钱塘人）、天启元年中举的朱稷（山阴人）、崇祯六年中举的汪有道（仁和人）、顺治三年中进士的刘兆元（仁和人）等28人，均为徽人。

徽人不仅在两浙商籍中人数众多，且作为商籍人物，其影响亦广。《两浙盐法志》之《商籍·人物》，主要表彰和褒奖对于两浙盐业发展作出贡献的人。该篇共收录人物164人，其中注明籍贯为徽人者有94人，注明仁和、钱塘籍者有26人，其余未注籍贯者根据前后内容及相关资料，也基本可确定为徽人。这一方面彰显了两浙商籍人物中徽人的成就，另一方面也说明了徽商在两浙盐业发展中所发挥的巨大作用。

徽人之所以在明清两浙商籍中可以具有如此重要的位置，我们认为最关键因素之一是徽商在两浙经营盐业的成功。

根据相关史籍记载，早在元代就有徽州商人在两浙经营盐业，元末明

---

[1] 卢文弨:《抱经堂文集》卷25《重修紫阳书院碑记》，四部丛刊初编本。

初曾发展到相当规模。及至明朝中期以后，徽州商人已在两浙盐业中占有重要地位。嘉（靖）万（历）时徽州人汪道昆著有《太函集》，书中对两浙盐业记载有丰富内容，从中可知嘉靖年间徽州人在两浙业盐已极为普遍，并具有雄厚的经济实力。这种状况，一直延续到清朝。究其原因，主要有两点，一是徽州属于两浙行盐区，食两浙盐，因而到两浙主要盐场进行盐业经营是符合常理的。二是徽州进入两浙盐主要产区的道路相对而言较近。两浙盐运司设在杭州，离徽州很近。而行盐之地也包括徽州或在其附近，陆路进入距离短，由水路进入杭州也极为方便。这点从几种商业书中均可见一斑。《天下水陆路程》中涉及徽州府地方路程十五条，其中有四条是由徽州府到杭州或苏州。《天下路程图引》中则有五条徽州府到两浙其他行盐地方路程。[①]《商贾便览》中亦有三条路程记载。[②]这些水陆路程记载说明明清时期徽州和杭州之间交通的发达。《五石脂》中有"徽郡商业，盐、茶、木、质铺四者为大宗……而盐商咸萃于淮、浙"的记载。两浙应为徽商从事盐业经营较早和集中的区域。正是因为徽商在两浙盐业经营中的成功，才出现明清两浙商籍徽人居多的盛况。

(二)徽商与两浙商籍的设立

从两浙商籍设立和发展过程来看，业盐于两浙的徽商起到了开创和推动作用。这种作用主要表现在两个方面：

首先，积极倡言，力请盐运使与朝廷沟通，创设两浙商籍。

关于两浙商籍设立的最早记载，目前所知的是明嘉靖四十年（1561年），两浙纲商蒋恩等为商人子弟科考，呈请巡盐都御史鄢懋卿比照河东运学事例，获得批准。[③]关于蒋恩其人，史籍中未见明文记载。我们从当时中式人员均为徽人推断，蒋氏可能是业盐于两浙的徽州大盐商。

如果说，蒋氏的徽籍身份尚属推测，那么万历二十八年（1600年）两

---

① 参见《天下水陆路程》，山西人民出版社1992年版。

② 参见《商贾便览》，清乾隆五十七年(1792年)刊本。

③ 《两浙盐法志》卷24《商籍》，续修四库全书本。

浙商籍在叶永盛的提倡下正式创立，其首发议者汪文演、吴云凤则是地道的徽州人。据《两浙盐法志》记载，万历时中官高时夏奏加浙江盐税，汪文演"上书御史叶永盛，得免岁征十五万。又与邑人吴云凤兴商籍如河东两淮例，岁收俊士如额"。叶永盛为安徽泾县人，万历二十八年至三十年任两浙巡盐御史。上任初，叶氏即上奏言："淮扬、长芦等盐场行盐商人子弟俱附籍应试，取有额例，惟两浙商籍子弟岁科所取不过二三人而止，浙地濒海最迩，煮贩十倍他所，取数若少则遗珠可惜，回籍应试则阻隔为忧，伏乞圣慈广作人之化，悯旅寄之劳，勅令在浙行盐商人子弟凡岁科提学使者按临取士，照杭州府仁和、钱塘三学之数另占籍贯，立额存例。庶商籍广而世无迁业，赋有常经矣。"①此疏建议得到了朝廷允准，两浙商籍由此而立。此事汪文演、吴云凤等徽商的首议之功，不可没也。而叶永盛也因对两浙盐商的种种努力，使得商人将其奉为神明。叶永盛去官后，商人和商籍生员在崇文书院内为其建生祠，与紫阳朱子同样待遇加以祭祀。《紫阳崇文会录》中有相当篇幅记述了叶氏事迹，如《叶公德政碑记》《孤山叶祠德政碑记》《公举叶公入名宦祠呈》《三学生员结状》等。②类似汪文演、吴云凤等人积极倡言，上书盐运使以设立和维护两浙商籍制度者，在徽商中并非少数。如徽州商人吴宪，"自新安来钱塘，初试额未有商籍，业鹾之家艰于原籍应试，宪因与同邑汪文演力请台使设立商籍，上疏报可，至今岁科如民籍例科第不绝，皆宪之倡也"③。从相关史料记载来看，两浙商籍的确立，与徽州盐商的积极倡言，是紧密联系在一起的。

其次，慷慨捐资，兴修书院，培养商籍弟子。

徽商在两浙捐资助学，培养商籍子弟方面做了大量努力，并取得了显著的效果。两浙地区较为重要的商籍学校有四所，其中又以崇文书院和紫阳书院规模最大，影响最为深远。

万历三十年（1602年）任两浙巡盐御史的叶永盛去官，因其在任期间

---

① 《两浙盐法志》卷24《商籍》，续修四库全书本。

② 《紫阳崇文会录》后卷，康熙刻本。

③ 《两浙盐法志》卷24《商籍》，续修四库全书本。

倡导设立商籍，"商士思之，就其地建书院"①，名崇文书院。由于"新安、武林一水相原委者，壤封错绣，风俗便安，或托业鹾政，与姻娅于兹邦，其子弟所籍，虽曰旅途，犹之乎土著也"②。故书院创建人吴云凤、汪文演、吴宪、程绍文、汪宗缙等，无一不是由徽至杭业盐的徽人。如《崇文会录》中记载的程绍文，"时鹾使叶永盛创立商籍，绍文偕汪文演、吴云凤等建崇文书院"；汪文演，"与邑人吴云凤兴浙江商籍，如河东两淮例，岁收俊士如额。建崇文书院以祀朱子"；汪宗缙，"众建崇文书院，捐资独先"。崇文书院可谓徽商一手促成。不过，崇文书院虽然得到政府认可，但不属于官学系统，经费方面主要由盐业官员和盐商自筹，故建立后屡次出现经费困难、墙垣倾圮及课程中断之窘况。史籍记载，修葺一般以盐业官员主持，而经费上盐商贡献当是重要部分。见于盐法志记载的几次规模较大之维修在崇祯七年（1634年）、雍正十一年（1733年）、乾隆三十八年（1773年）、乾隆五十八年（1793年），而屡次修葺都提及有徽州商人鼎力相助。③至于数次小规模维修，徽商更视为份内之事。④在书院维修同时，其日常运作徽商也义不容辞包揽巨细。⑤

徽商捐资助学的另一重要书院为紫阳书院。紫阳书院初名紫阳别墅，创建于清康熙四十二年（1703年）。据载，"鹾商汪鸣瑞（字旐来，号白史，安徽歙县人，清初随父来杭）与同业者，醵财以襄厥成。经营之费盖逾千金，汪氏独立任经常岁费，亦复千金。又有商人吴琦等，每年捐银四百两，佐膏火。大抵鹾商多来自徽郡，为朱子之故乡，子弟别编商籍，得一体就近考试，即以斯院为会文即祀朱子处。故其父兄对于院款，皆自愿输将"⑥。据相关材料记载，书院建后也经数次修补，其中徽商出力甚巨。

此外，和崇文书院同时建立的正学书院也是徽商所建或参与建造。

---

① 《紫阳崇文会录》后卷，康熙刻本。
② 《紫阳崇文会录》后卷，康熙刻本。
③ 《两浙盐法志》卷30《艺文》，续修四库全书本。
④ 《紫阳崇文会录》后卷，康熙刻本。
⑤ 《紫阳崇文会录》后卷，康熙刻本。
⑥ 《浙江紫阳书院掌故征存录》，载《浙江通志馆馆刊》1945年第1期。

"当是时叶公能使贾人子不死，不无功德在万万世。既去，民为置生祠樽
俎于西湖之上，与苏白诸君子后先相望示媲美，而公让弗居属后来者，豫
章尤公易两祠名两书院，曰崇文，曰正学"①。锡山书院，徽商子弟集中
的另一重要地点。谢赐履记："既奉命督学于浙，徽人士之隶商籍而侨居
于锡者咸来就试，拔其尤列弟子员，又惧其逐于声利而忘其诗书之教，乃
因元人溪山第一遗址鸠众庀葺，妥朱子神位其中而使夫弟子往肄业焉。"②
徽商兴修书院，培养了大批商籍弟子。其中佼佼者，屡屡科考中试，仅
《两浙盐法志》不完全记载，明清两朝两浙商籍就有进士 152 人，举人 524
人。而如此的科举教育与成就，对维护和巩固两浙商籍制度，无疑具有重
大的意义。

那么，徽商在两浙商籍的设立和发展中，何以积极介入并最终能产生
重要影响呢？我们认为，主要因素有如下四端：

其一，切身利益使然。徽州盐商是两浙商籍的积极倡导者，同时也是
该项制度的最大受益者。前文已揭，在两浙盐商中，徽州商人是最大的地
域群体，明清两朝随其而来的徽籍弟子不啻成千上万。这项针对两浙行盐
商人子弟的制度，无疑徽商受惠最大。《两浙盐法志》说："浙省素称才
薮，其自安徽等属来浙业鹾者，贸迁既久，许其子弟附近就试，异地之才
与土著无殊，此商籍所由立也。"③这里的安徽等属，即安徽所属徽州府。
"又覆准浙省商籍童生，多者六七百人，少亦不下五六百人，系引地一百
二十余处，销引者数家至数十家不等，皆系徽商开设，携眷侨居，离徽鸯
远，此为配销商人子弟"④。此处"皆系徽商开设"一句，两浙商籍最大
受惠者已是昭然。难怪乎俞樾在《九九销夏录》中认为"浙商多徽人，永
盛亦徽人，其力争加课，自为公议，请许商人占籍，或亦维桑之私议
乎？"⑤将"徽人"叶永盛始立商籍之举，视为谋取徽人利益。正是因为商

①《两浙盐法志》卷 29，续修四库全书本。

②《两浙盐法志》卷 30《艺文》，续修四库全书本。

③《两浙盐法志》卷 24《商籍》，续修四库全书本。

④《清盐法志》卷 187《两浙》，民国九年（1920 年）铅印本。

⑤ 俞樾：《九九销夏录》卷 10《浙江商籍》，中华书局 1995 年版。

籍关乎徽州商人的切身利益，故而其积极倡导，极力维护。

其二，传统观念影响。徽州处万山丛中，历史上"山多田少"一直是其自然环境的主要特点之一。南宋以后，随着人口的增加，徽人开始寻找生存的出路。其出路一般两条：一是经商维持生计，二是科考以求显达。尽管徽人有过"贾何后于士哉"[①]的感慨，认为经商与仕进同等重要。但传统"士农工商"的等级观念依然根深蒂固，"士"的情结始终萦绕于胸。因此徽商"虽为贾者，咸近士风"[②]，形成了"贾而好儒"的特色。汪道昆在《太函集》中说：徽人"贾为厚利，儒为名高。夫人毕事儒不效，则弛儒而张贾；既侧身飨其利矣，及为子孙计，宁弛贾而张儒"[③]。大凡经商有所成就后，"为子孙计"，仍然是回归"儒"。大多数人认为："富而教不可缓也，徒积资财何益乎？"[④]在传统观念的影响下，两浙徽州盐商特别重视子弟的"业儒"，如汪道昆所说的"临河程次公昇、槐塘程次公侅，与先司马并以盐策贾浙东西，命诸子悉归儒"的情况，在两浙徽州盐商中极为普遍。因此，徽商之争商籍、重教育也在情理之中了。

其三，雄厚财力支撑。明清时期的徽商，经营行业广泛，而以"盐、典、茶、木"四者为"大宗"。尤其是徽州盐商，不仅人数众多，且实力最为雄厚，资本动辄以数百万计，甚至有上千万两者。《五石脂》中称，徽州盐商"咸萃于淮、浙"，两浙徽州盐商的规模虽然不及淮扬，但两浙仍是徽商的最主要活动区域之一。该地徽商聚积了大量的财富，如汪道昆的"大父、先伯大父始用贾起家，至十弟始累巨万"[⑤]；吴长公"挟千金徙浙"，很快成为"盐策祭酒"[⑥]，积资巨万；黟县人汪方锡"业浙鹾"，

---

① 《汪氏统宗谱》卷168，明刊本。
② 戴震：《戴震文集》卷12《戴节妇家传》，中华书局1980年版。
③ 汪道昆：《太函集》卷52《海阳处士金仲翁配戴氏合葬墓志铭》，四库全书存目丛书本。
④ 《歙县新馆鲍氏著存堂支谱》卷2《柏庭鲍公传》，清刊本。
⑤ 汪道昆：《太函集》卷17《寿十弟及耆序》，四库全书存目丛书本。
⑥ 汪道昆：《太函集》卷54《明故处士溪阳吴长公墓志铭》，四库全书存目丛书本。

经营十年,"积巨资"①;等等。两浙徽州盐商结交官府、兴修书院、延师课子等,动辄费银数百上千。这方面的记载,在《两浙盐法志》等相关文献中,俯拾皆是。两浙商籍的确立及其发展,与两浙徽商雄厚财力的支撑,有莫大关系。

其四,官商关系"融洽"。明清时期,两浙盐运使与两浙盐商之间的关系,素称融洽。盐商或以学识相交,或以报效相结,拉近了双方之间的距离。以叶永盛为例,叶氏在两浙为盐运使数年,与两浙盐商交往甚多。当时矿税之议四起,盐业的利润也成为关注重点,"两淮河东搜括余盐之议纷起",高时夏等以"浙福余盐三十万奏以上",朝廷令"制册勒限如数解进",一时两浙商灶"皆响震失色,汹汹然有离散意"②。叶永盛先后五次上疏,多方斡旋,使得明廷最终将三十万之数减为三万七千,"普天下皆罢变乱,此地安然",甚至"浙储如故,金瓯无缺"③。后叶氏又首倡两浙立商籍,平时视醵之余,集盐商子弟泛舟西湖,以舫课形式进行教学,与盐商及其子弟之间关系甚为融洽。而两浙盐商在叶永盛去官后,立生祠以报其恩,一来一往,可谓相得甚欢。康熙时,歙县人汪燧"中年贾于浙""以父老代治盐筴,醵使者知其才,举为浙甲商"④。汪氏也是与盐运使相处非常融洽的典型。在《紫阳崇文会录》中,体现两浙盐商与盐运使关系密切的材料,处处可见。徽商得以在两浙商籍确立与发展中发挥重要作用,得益于与盐运使等官员的这种"交情"。

(三)明清两浙商籍制度的历史作用

明清两浙商籍制度在徽州盐商子弟教育、江浙文教科举兴盛、商人地位提高、商业文化之发展等方面发挥了重要的历史作用。

两浙商籍确立,为在两浙业盐的徽州商人提供了子弟教育的极大便

---

① (同治)《黟县三志》卷7《人物》。
②《浙醵纪事》卷172,四库全书存目丛书本。
③《紫阳崇文会录》,康熙刻本。
④ (民国)《歙县志》卷9《人物志》。

利。明清两朝，一批徽州盐商子弟入商籍，在当地接受教育，科举应试，由此顺利步入仕途。如休宁汪由敦就是比较典型的一例。汪氏，字师茗，休宁人，雍正甲辰科进士，官至吏部尚书，谥文端，所著《松泉集》诗26卷文20卷，被收入《四库全书》。在《先府君行述》中，汪由敦自言十一二岁时即被在杭州业盐的父亲汪青城携至毗陵游学，《原传》中亦有"徽人商杭者令甲别立商籍，由敦年十九游浙中，循例入试补钱塘县学附生"等语。两浙的商籍为其提供了极佳的受教育和考试机会，而杭州人文荟萃，更为其进一步发展提供了良好条件。正如由敦父亲告诫由敦：此地"英材辐聚，可以增长学识"①。可以说，汪由敦的成功与徽商在两浙争得的受教育机会有着密切关系。

大阜潘氏的成功和两浙商籍的实行同样有着不可分割的联系。大阜潘氏始于唐末，原居歙县篁墩，元末明初迁至歙县孝女乡大阜山南，称大阜潘氏。明末清初，潘仲兰在江淮间业盐，始侨寓苏州南濠。从居住到真正融入苏州社会，大阜潘氏经历了几代人的不懈努力，而在这一努力过程中，两浙商籍的作用无疑是极大的。要在文化发达的苏州立足，不仅需要经济实力，更需要文化和社会地位的提升，而商籍恰恰满足了这一需要。从乾隆三十四年（1769年）至六十年（1795年），仅据《两浙盐法志》记载，潘氏家族先后有潘奕隽、潘奕藻、潘世恩和潘世璜四人考中商籍进士。潘世恩更是高中状元，历事乾隆、嘉庆、道光、咸丰四朝，被称为"四朝元老"。一个家族，短时间取得了极大科举成就，终于顺利融入苏州社会，成为苏州最显赫的缙绅大族之一。

两浙的商籍制度，对于提升徽州盐商子弟的文化素质，进一步凸显徽商"贾而好儒"的特色，有着重要的意义。而受过相当程度文化熏陶的商人后代具有财力优势，他们对于发展江浙文教事业起到了进一步的推动作用，并强化了两浙地区的尚文风气。两浙徽州盐商鼎力襄助建立并维系的杭州崇文书院和紫阳书院，就是因商籍之故而成为两浙文化发展的标志性

---

① 汪由敦：《松泉集·文集》卷19《先府君行述》，四库全书本。

书院。雍正年间，崇文书院大修，"蹉业诸君罔不踊跃从事，一时祠宇堂舍焕然称巨丽观。公乃慎择经师，延进士施君学川为设绛帐，由是策杖负笈之徒蒸然云集，会而课者月至三四百人，校其文而甲乙之，公加以品题，优其奖赏，多士莫不举手加额曰：'而今乃知文之崇也！'[①]"崇文书院一直延存至光绪二十八年（1902年），改办为"钱塘县学堂"。而紫阳书院"延名师主讲席，日有课月有程，一秉鹿洞规则"。阿林保于乾隆五十八年（1793年）被任命为两浙江南都转盐运使司盐运使，因"睹两书院之久不治也，毅然动帑余若干金大为修葺"[②]。于是，"吾乡士大夫习礼于斯，兼课文艺，声华鹊起，科第蝉联，盖百数十年于兹矣"。商籍的确立，众多书院的兴建，既有利于商人子弟教育，也推动了两浙地区文教风气的兴盛。

徽州盐商文化素质的提高，不仅对于两浙文化事业有所促进，也对江南乃至明末清初文化事业发展大有裨益。清初修撰《四库全书》，江浙献书最多者有浙江鲍士恭、范懋柱、汪启淑、两淮马裕四家，其中除天一阁范氏为江浙世家外，其余都和徽州盐商有密切关系。汪启淑，字慎仪，歙县人，"家居棉潭，业盐筴，寓居钱塘"。由于"家素封"，使得他可以做到"家有开万楼，藏书数千种"。乾隆三十七年（1772年），他应诏献书五百余种，极邀宸奖，赐《图书集成》一部，别于其所进《建康实录》《钱塘遗事》二书，赐题二诗，在当时可谓殊荣。同时，他还好古成癖，蓄藏古今文籍书画，美不胜纪。尤嗜印章，所集秦汉魏晋唐宋元明诸印至数万纽，著有《飞鸿堂印谱》《集古印存》《时贤印谱》《秋室印萃》等，为东南藏印之冠。[③]还有清代著名藏书家鲍廷博，《清稗类钞》载："本歙人，以商籍生员寄居杭州，后徙桐乡青镇之杨树湾，遂为桐乡人。"[④]由于其父鲍思诩喜欢读书，鲍廷博大力搜集购买前人的书籍，成为江浙首屈一指的

---

① （雍正）《浙江通志》卷25《学校》，四库全书本。

② 《两浙盐法志》卷30《艺文》，续修四库全书本。

③ 《皖志列传稿》卷4《汪启淑、巴慰祖列传》，民国二十五年（1936年）铅印本。

④ 徐珂：《清稗类钞》第9册《鉴赏类》，中华书局1984年版。

藏书家。乾隆年间修《四库全书》采访天下遗书，鲍氏共献藏书六百余种，获乾隆嘉奖。阮元在浙时从其访问古籍，"凡某书美恶所在，意旨所在，见于某代某家目录，经几家收藏，几次钞刊，真伪若何，校误若何，无不矢口而出，问难不竭"，盛赞之"古人云读书破万卷，君所读破者奚啻数万卷哉"①！鲍廷博还在利用所藏书籍基础上广借善本，多方校雠，编《知不足斋丛书》，其子继之，编成30集，收书207种。

由于商人地位低微，更由于盐业经营的特殊性，徽商对仕途的向往比常人更甚。盐属于特殊商品，由于盐的利润殊巨和产地的集中，历史上很长时间都是由国家经营，即所谓的官营。相对于其他行业而言，与官结交或者子弟入仕显得更为重要。盐商通过将财富转化为权力，再将权力和经营结合，对于经济利益获取和政治地位提高无疑是极有利的。而商籍与乌纱帽直接相关，是转化的重要手段，所以一批徽州盐商子弟由商籍而入仕途，实际上也是提升了商人和商人家族的地位。

两浙商籍对徽州商人在两浙经营盐业、参加科举考试和推动两浙经济文化发展方面起到了重要的作用。但同时，商人后代及社会大环境对商业经营的轻视，商籍的扩大化，使大量优秀人才利用科举走入仕途，也在一定程度上抑制了商帮和商业的进一步发展。商人的地位要靠和文人结交或走上仕途得以保障和提高，这也在很大程度上阻碍了商业和商品经济的发展，曾经一度辉煌的徽商走向没落与此也应有关系。

六、略论明清徽商的"儒道"经营理念

商人的经营理念，是指商人在经商过程中所形成并持有的基本价值观念和经营之道。它一方面对商人的经营活动起着指导作用，另一方面也在

---

① 阮元：《研经室集》卷5《知不足斋鲍君传》，商务印书馆1937年版。

一定程度上影响了商业经营活动的成败。明清时期的徽商①，执商界"牛耳"三百多年，其成功的秘诀之一是形成并恪守了颇具个性的经营理念。这一经营理念，概而言之，即"以儒术饬贾事"；换句话说，就是以儒道经营，按照儒家的道德规范从事商业经营活动。

歙县《潭渡黄氏族谱》中记载，明代嘉靖年间歙县商人黄长寿"以儒术饬贾事，远近慕悦。不数年，资大起"②。他就是徽商中一个典型的具有"以儒道经营"理念的实践者。在徽州商人中，像黄氏这种"以儒术饬贾事"而致富者，非常普遍。③从有关史料记载来看，徽州商人"以儒道经营"的经营理念，主要包含以下几个方面的内容：

首先是"以诚待人，崇尚信义"的经营原则。"诚"与"信"在儒家的思想体系中，是两个非常重要的范畴。曾在徽州流传近700年且对徽州社会产生了深刻影响的"新安理学"④，在继承传统儒学并将其改造成新儒学的过程中，对"诚笃""诚意""至诚""存诚"以及"立信""笃信""言而有信""讲修信睦"等为学之道和道德规范尤为关注和重视。比如，新安理学的"开山宗师"朱熹曾强调："诚者，真实无妄之谓，天理之本然。"⑤这是肯定"诚"的重要性。南宋新安理学家程大昌在《考古编》中提出了人性修养的终极目标是"极乎高明博厚"，而实现这一目标的途径

① 徽商指明清时期徽州府所属歙、休宁、绩溪、黟、祁门、婺源等六县商人所组成的松散型的商业集团。该商帮形成于明朝成化、弘治年间，在清代光绪以后逐渐衰落，活动时间几近300年。徽商中不少商人的资本在数十万两和数百万两之间，甚至有拥资上千万两的大商人。其经营行业众多，而足迹则"几遍宇内"，是明清时期与晋商并称的两大商帮之一。

② 歙县《潭渡黄氏族谱》卷9《望云翁传》，雍正刊本。

③ 参见张海鹏、王廷元主编:《明清徽商资料选编》第4章第3节，黄山书社1985年版。

④ 新安理学是朱子学的重要分支之一，主要由宋、元、明、清时期的徽州籍理学家为主干组成。因徽州旧称新安(今安徽黄山市)，故名。在它近700年的发展演变过程中，大致经历了南宋形成时期、元代发展时期、明代鼎盛时期和清初终结时期四个阶段。它对12世纪以后中国哲学史和学术思想史的发展演变，以及徽州和周边地区社会生活的各个领域产生了巨大的影响。参见周晓光:《新安理学源流考》，载《中国文化研究》1997年夏之卷。

⑤ 朱熹:《四书章句集注·中庸注》，中华书局1983年版。

与方法则是"不息而久"的"至诚"①。明代新安理学家程敏政在谈及养心复性时，最关注的重要范畴之一就是"诚"。他曾说："大哉诚乎，原于天性，于人亘万古而不息，放四海而皆准。人伦舍是则无自而明，风俗舍是则无自而厚，养民舍是则无所恃而臻于富庶，御夷舍是则无所恃而致其咸宾。盖天下之理虽众，求其操之约、制之广，莫有过于诚之一言者。"②这是将诚视作修身、齐家、治国、平天下的法宝。徽州商人从小就生活在"比户习弦歌，乡人知礼让……人文辈出，鼎盛辐臻，理学经儒，在野不乏"③的皖南山区，在新安理学的熏陶下，徽商中的大多数人将"诚""信"作为立身行事的指南，特别是作为商业活动中处理买卖双方关系的基本准则。如明代休宁商人张洲，"少潜心举业，蜚声成均，数奇弗偶，抱玉未售。持心不苟，俭约起家，挟资游禹航，以忠诚立质，长厚摄心，以礼接人，以义应事，故人乐与之游，而业日隆隆起也"④。这里可见，张洲的经营活动中贯彻了诚信的原则；而他之所以能做到这一点，与其早年为考科举而潜心熟读朱熹等理学家的著述是分不开的。据《新安歙北许氏东支世谱》记载，明代嘉靖年间歙县商人许文才，也是一个在经营中注重"诚信"的典型人物。许氏长期经商于淮泗和徽州等地，以"信义服人"作为自己的信条，凡是"贸迁货居，市不二价"，因诚实不欺赢得了顾客的信任，以致"人之适市，有不愿之他而愿之公者"⑤。此外，如歙县商人鲍雯，自幼习儒，后业盐于两浙，"虽混迹廛市，一以书生之道行之。一切治生家智巧机利，悉屏不用，惟以至诚待人，人亦不君欺"⑥；歙县江氏商人"历游吴越闽海诸地，以诚信交人，同事无少欺隐。后卒于浦城。病革，犹作书遗诸子，谆谆忠厚积善为训"⑦；等等。他们都是在

---

① 程大昌：《考古编》卷6《中庸论三》，丛书集成初编本。
② 程敏政：《篁墩文集》卷9《制策》，四库全书本。
③ （道光）《徽州府志》卷首《重修徽州府志·序》。
④ 曹嗣轩编撰，胡中生、王叆点校：《休宁名族志》卷2《张》，黄山书社2007年版。
⑤ 《新安歙北许氏东支世谱》卷8《逸庵许公行状》。
⑥ 歙县《新馆鲍氏著存堂宗谱》卷2《鲍解占先生墓志铭》，清刊本。
⑦ 歙县《济阳江氏族谱》卷9。

商业活动中能够贯彻"以诚待人,崇尚信义"这一原则的商人。类似的人和事在徽州方志、族谱、宗谱中不乏记载。其中,既有行商,也有坐贾;既有经营盐、典、茶、木四大行业者,也有经营棉布百货等其他行业者;既有少年始出道者,也有搏击商海的老手。所谓做人要"忠厚积德",经商须"诚信待人",这在徽州商帮中已成共识。它成为徽州商人"以儒道经营"的经商理念的主要表现内容之一。

其次是"以义为利,义中取利"的经营之道。"义利之辨"是儒家思想中的一个重要的命题。《论语·子罕》篇言:"(孔)子罕言利。"孔子还说过:"君子喻于义,小人喻于利。"[1]将人们对待义利的不同态度,作为区分君子和小人的标准,并提出人们应当"见利思义""义然后取"[2]。《孟子·梁惠王上》也说:"王何必曰利,亦有仁义而已矣。"显然,儒家先哲勇于言义而羞于言利。包括新安理学家在内的宋明理学家们,对"义利之辨"更为关注。他们继承孔子和西汉董仲舒的重义轻利思想,反复阐述了义利之内涵及其相互关系。程颐曾说:"若其义顺正,其处卑巽,何处而不安?"[3]他还强调:"圣人以义为利,义安处便为利。"朱熹在这一问题上也是具有鲜明的态度,他曾把董仲舒的"正其谊(义)不谋其利,明其道不计其功"[4]作为白鹿洞书院的学规之一。不过,对商人来说,其经营的最终目的,从形式上看又不外乎一个"利"字,与先儒们一再强调的"义"似乎无缘。对这一矛盾的问题,同时代的其他商帮和商人并不太在意,而深受儒学影响的徽州商人看得很重。经过不断的思考和探索,徽州商人打出了"以义为利,利缘义取"的旗号,并将其贯彻到经商的实践活动中,由此突出反映了他们"以儒道经营"的理念。

徽州商人认为,"义"与"利"并不是截然对立的两端,在商业经营活动中,商人完全可以做到"义利双行"。清代黟县商人舒遵刚曾说:"圣

---

① 《论语·里仁》。

② 《论语·宪问》。

③ 程颐:《伊川易传》卷4,中华书局1981年版。

④ 语见《汉书·董仲舒传》。

人言：生财有大道，以义为利，不以利为利。国且如此，况身家乎？"①在舒遵刚看来，无需讳言"生财""求利"，只要取之有道，就是符合了先圣的思想。那么，什么是"生财有大道"呢？按照舒氏的理解，就是要如圣人所说，"以义为利，不以利为利"，将义、利有机地统一起来。舒氏的这一套"义中取利"说，在徽州商人中是颇具代表性的。所谓"财自道生，利缘义取"，是明清时期许多徽州商人的共同信条。商人经商而关注义利之辩，这也只是深受儒学影响的徽州商人身上才存在的现象，在明清时期的其他商帮和商人中是颇为罕见的。

基于以上认识，大多数徽州商人在经营中非常注重"以义为利，义中取利"。这方面的记载和事例，在有关史籍中俯拾即是。比如清代歙县商人凌晋，"生平敦厚诚一，能敬承先志，虽经营阛阓中而仁义气蔼如。与市人贸易，黠贩或蒙混其数以多取之，不屑屑较也；或讹于少与，觉则必如其数以偿焉。然生计于是益殖"②。这是典型的义中取利的事例。还有歙县商人江以深，"贾于天长铜城镇，生殖日饶，义中取利，人服其公"③；休宁商人黄梅源，"言信情忠，游江湖间，人莫不以为诚而任之。其规时合变，损盈益虚，巧而不贼，虽不衿于利，而贾大进，家用益富……"④张海鹏、王廷元先生等编撰的《明清徽商资料选编》中，专门辟有"商业道德"一节，其中大部分的史料即反映了徽商以义为利、利缘义取事迹。⑤关注义利之辩，并且打出了"以义为利，义中取利"的旗号，将其贯彻在商业经营活动中，这是徽州商人"以儒道经营"理念的重要内容之一。

再次是"广置田地，睦族敬宗"的价值取向。

商人经营活动中，其资本和利润的主要流向，比较鲜明地反映出商人的价值取向；而价值取向，则是经营理念的重要组成部分。

① (同治)《黟县三志》卷15《舒君遵刚传》。
② 凌应秋：《沙溪集略》卷4《文行》。
③ 歙县《济阳江氏族谱》卷9《明处士以深公传》。
④ 王慎中：《遵岩先生文集》卷32《黄梅源翁传》，四库全书本。
⑤ 张海鹏、王廷元主编：《明清徽商资料选编》第4章第3节，黄山书社1985年版。

徽州商人的资本和利润，出路虽众，但主要途径还是比较明显的。我们曾在《中国十大商帮》中对徽商的资本流向问题作过概略的探讨，总结了四条主要途径：一是走"以末致财，用本守之"的老路，将大量的商业利润转向购置土地；二是奢侈性消耗，将惨淡经营积聚起来的巨额商业利润，挥霍于奢侈性的消费之中；三是建祠堂、修祖坟、叙族谱、购置族产和族田，为尊祖、敬宗、睦族耗费大量资本；四是将一部分资本和利润用于设义学、开办书院、建立试馆等。[①]其中，资本与利润最核心的出路又在投资土地、睦族敬宗。这方面的例子，可以说是不胜枚举。比如明代天顺、嘉靖间徽人王友榄"商于庐……爱庐之风俗淳朴，买田千余亩，购屋数十楹"[②]；婺源人江蓉东"家人为木客，贾吴楚，或数千章……然以无侈费，蓄滋羡。人操书致售田，必予善价，里中入租以石计，有定衡，独先生减二斤。故先生田日斥，而乐为先生田佣者惟虞不得"[③]；清代歙县商人吴积寿"晚年颇殷裕，置田园，恢室庐，拓土开基，创兴家业"[④]；黟县商人汪源"奉亲归里，买田筑室"[⑤]；等等。这些都是较为典型的事例。笔者曾收集到一份清代歙县盐商江仲馨家庭的《二房赀产清薄》，其中详细记载了江氏大量田产的分布情况。[⑥]徽商在积累了资本和利润之后，对睦族敬宗也是乐此不疲，以至其成为商业资本的最主要出路之一。流传至今的明清徽州方志和大量徽州族谱中，大多有关于徽州商人的这种"德行""义举"的记载。张海鹏等辑录的《明清徽商资料选编》中，也收录了百余条此方面的典型材料。[⑦]从中我们可以了解徽州商人睦族敬宗的大致情形。姑举数例，以见一斑：

① 张海鹏、张海瀛主编：《中国十大商帮》第10章《徽州商帮》第5节，黄山书社1993年版。

② 歙县《泽富王氏宗谱》卷4。

③ 李维桢：《大泌山房集》卷72《江先生家传》，四库全书存目丛书本。

④ 歙县《沙园吴氏宗谱·南冈公行略》。

⑤ (民国)《黟县四志》卷14《汪赠君卓峰家传》。

⑥ 周晓光：《徽州盐商个案研究:〈二房赀产清薄〉剖析》，载《中国史研究》2001年第1期。

⑦ 张海鹏、王廷元主编：《明清徽商资料选编》第4章第3节，黄山书社1985年版。

康熙《徽州府志》卷一五《尚义》："胡天禄，字慕峰，祁门胡村人。幼贫而孝，后操奇赢，家遂丰。先是族人失火焚居，天禄概为新之。又捐金寻址建第宅于城中，与其同祖者居焉。又输田三百亩为义田，使蒸尝无缺，塾教有赖，学成有资，族之婚嫁丧葬与嫠妇无依、穷而无告者，一一赈给。曾孙征献，又输田三十亩益之。"

民国《歙县志》卷九《人物志》："郑鉴元，字允明，（歙县）岩镇人。居扬州。先世业盐，鉴元总司鹾事十余年。修洪桥、郑氏宗祠，又尝修族谱，举亲族中昏葬之不克举者，建亲乐堂于宅后，子姓以时奉祀。"

光绪《婺源县志》卷二八《人物》："俞大霭，字元晖，（清婺源）太学生……旋商黔楚，获赢余，悉均诸兄弟，毫无私债……远近祖先，俱置墓田、隆祀典。殁前三日，犹捐百余金，资贫族生计，人甚德之。"

由此可见，徽商之睦族敬宗，有着多种形式，建祠、修谱、捐田、赈贫等均有涉焉。

徽州商人在经营活动中所表现出来的"广置田地、睦族敬宗"的价值取向，其实是"以儒道经营"理念的又一重要体现。在中国封建社会中，尽管商品经济的发达、商人的大量存在，是一个有目共睹的事实；但儒家强调的重农思想，在各个历史时期人们的脑海里一直根深蒂固。因此，以农为"本业"、以商为"末业"几乎是全社会的共识。徽州商人通过广置田地，把商业资本转化为封建地权，事实上表明他们并不愿意做"纯粹"的商人，而希望能将商人、地主、缙绅融为一体。这正是徽商在商业活动过程中贯彻"儒道"的具体表现。同时，睦族敬宗也是儒家所一贯提倡的基本伦理。特别是朱熹及其创导的新安理学学派，一直致力于徽州宗族社会的建设和宗法体制的维持。他们继承和发展了儒家传统的人伦思想和文化，特别强调建立适合中国宗法等级制的、以家庭（家族）为本位的人伦思想和人伦规范，而其中对士民的基本要求之一就是要做到睦族敬宗。徽商以之作为自己经营活动的价值取向，反映的正是"以儒道经营"的理念。

最后是"治生为先，泽润亲友"的经营目的。

徽人经商的主要目的，是所谓的"治生"，即维持生活。正如康熙《休宁县志》中所说："徽州介万山之中，地狭人稠，耕获三不瞻一。即丰年亦仰食江楚，十居六七，勿论岁饥也。天下之民，寄命于农，徽民寄命于商。"[1]正是环境的压力，导致徽州人不得不四处经商，他们"非贩而求利也"[2]，而是为维持生活。近人吴日法在《徽商便览》中指出："吾徽居万山环绕中，川谷崎岖，峰峦掩映，山多而地少，遇山川平衍处，人民即聚族居之。以人口孳乳故，徽地所产之食料，不足供徽地所居之人口，于是经商之事业以起，牵车牛远服贾，今日徽商之足迹，殆将遍于国中。"[3]这一看法是有道理的。我们需要强调的是，徽人经商一方面是迫于生活的压力，另一方面也是深受宋明时期儒学发展的新形态——理学的影响，特别是明代中期以后在徽州流传的王阳明学说中的有关"治生"思想的影响。王学在相当程度上继承和发展了南宋陆九渊的"心学"思想，并在经济伦理方面提出了一系列新的看法，如"四民异业而同道""虽终日作买卖，不害其为圣为贤"等。不少徽商是在陆王思想的影响下看待经商和"治生"的。比如明代歙县商人黄崇德，"初有志举业，（父）文裳公谓之曰：'象山之学以治生为先。'公喻父意，乃挟赀商于齐东。齐带山海，沃壤千里，人多文彩布帛。公商其间，法刁氏之任人，师周人之纤俭，效任氏之贵善，用国氏之富术，一岁中其息什一之，已而升倍之，为大贾矣。于是修猗顿业，治鹾淮海，治生之策，一如齐东，乃赀累巨万矣。"[4]这里我们可以看到，黄氏的"治生"行为，有"象山（陆九渊）之学"作为思想基础和推动力。也就是说，这种"治生为先"的经营目的，其实仍有深刻的儒学根源。

在徽商看来，经营的目的是"治生"，是维持生计，这是符合圣人之学的；而维持生计，不仅仅是满足个人的生存需要，更应满足整个家庭和

---

① （康熙）《休宁县志》卷7《汪伟奏疏》。

② （康熙）《徽州府志》卷8《蠲赈》。

③ 吴日法：《徽商便览·缘起》，民国八年（1919年）铅印本。

④ 歙县《竦塘黄氏宗谱》卷5《明故金竺黄公崇德公行状》。

家族的生存需要。徽商的这一观点，与传统儒学所主张的孝悌思想，特别是宋明理学家反复宣扬的孝道是紧密联系在一起的。孔子曾说："孝悌也者，其为仁之本欤。"朱熹对孝道则多有阐发，并曾著有《孝经刊误》一卷传世。①大多数的新安理学家对孝悌也是非常重视，如在南宋吴儆的学术思想中，关于忠孝为本的道德伦理观念的阐释，就是重要的内容之一。②笔者认为，正是受此影响，徽商中的许多人常常将赡养父母、抚养兄弟子侄、遗爱族人当作自己经商的具体目的，从而践行了儒学一贯所宣扬的孝道。比如，明代休宁商人查杰弱冠之年即往芜湖，"运筹决策，吻拟然圭"。在谈到经商的目的时，查杰说："吾诚不忍吾母失供养，故弃本而事末。"③清代婺源人潘觐光，初为太学生，18岁时因"念父经营劳瘁"，于是"弃儒就贾"④。明末金声曾说，徽商大多"一家得业，不独一家食焉而已，其大者能活千家百家，下亦至数十家"⑤。一家经商，举族受益，这在徽州商帮中是普遍的现象。从徽商的经营目的来看，儒学的色彩是非常鲜明的。

徽州商人经营理念的"儒道"特征，在上述经营原则、经营之道、价值取向和经营目的等方面都有非常明显的表现。这里，有一个相关的问题是，徽商为什么会形成这一经营理念？笔者认为，明清徽商"以儒道经营"的经营理念的出现，是多种因素导致的结果，其中徽州自南宋以降儒学之发达以及徽商"贾而好儒"是最重要的因素之一。

徽州古属越文化圈，歙县等地向有"山越古邑"之称。《越绝书》说："锐兵任死，越之常性也。"这表明越人具有尚武之风，性刚好强。据方志有关记载，徽州在唐宋以前，武劲之风甚盛，出现了许多因武艺、因捍卫乡里或因起义抗暴而著称的人物。唐朝中叶以后，北方大族不断迁入徽州，一方面逐步改变了当地居民的结构，导致外来人口数量超过了当地的

---

① 永瑢等：《四库全书总目》经部32《孝经类》，中华书局1965年版。
② 吴儆：《竹洲集》附录《见蒋枢丐祠书》，四库全书本。
③ 《休宁西门查氏祠记·查灵川公暨配汪孺人行状》。
④ （光绪）《婺源县志》卷30《人物》。
⑤ 金声：《金太史集》卷4，乾坤正气集本。

"土著"人口数量；另一方面，也带来了中原的儒风，使得"其俗益向文雅"[1]，出现了重儒的风尚。《歙事闲谭》说："武劲之风，盛于梁、陈、隋间，如程忠壮、汪越国，皆以捍卫乡里显。若文艺则振兴于唐宋，如吴少微、舒雅诸前哲，悉著望一时。"[2]这就是说，唐宋时代，徽州的风尚已由崇武而转为重儒。明清时期，徽州的儒学与儒学教育极为兴盛和发达，因之而有"东南邹鲁"之称。在此氛围中成长起来的徽州商人，或"先贾后儒"，或"先儒后贾"，或"亦儒亦贾"，不少人"蔼然有儒者气象"。如明代嘉靖时歙县商人黄玑芳"商名儒行"，在清源经商，"一以诚御之"[3]；嘉靖、万历间歙商郑子长，"虽游于贾，然峨冠长剑，袖然儒服，所至挟诗囊，从宾客登临啸咏，然若忘世虑者。著骚选近体诗若干首，若《吊屈子赋》《岳阳回雁》《君山吹台》诸作，皆有古意，称诗人矣"[4]。江世鸾"恂恂雅饰，贾而儒者也"[5]。因此，清代著名学者、徽州休宁人戴震在《戴节妇家传》中说："吾郡少平原旷野，依山为居，商贾东西行营于外，以就口食……虽为贾者，咸近士风。"[6]戴氏在这里指出了徽州商人"贾而好儒"的基本特色。正是徽州商人所具有的儒商素养，奠定了他们"以儒道经营"的经营理念的基础。

---

① 罗愿：《新安志》卷1《风俗》。
② 许承尧：《歙事闲谭》卷18《歙风俗礼教考》。
③ 歙县《竦塘黄氏宗谱》卷6《黄公玑芳传》。
④ 歙县《双桥郑氏墓地图志·明故徕松郑处士墓志铭》。
⑤ 歙县《济阳江氏族谱》卷9《明处士世鸾公传》。
⑥ 戴震：《戴震文集》卷12《戴节妇家传》，中华书局1980年版。

第三章 空间差异：徽州传统学术文化地理研究

一、徽州：12—18世纪中国传统学术文化典范之区
——徽州传统学术文化地理研究刍议

徽州位于安徽南部，处皖、浙、赣三省结合部，三国时为新都郡，晋太康年间改置新安郡，隋开皇年间改为歙州。宋宣和三年（1121年）改歙州为徽州，治所在歙县。元升为路，明清置徽州府，下辖歙、休宁、黟、祁门、婺源（今属江西）、绩溪（今属宣城）等六县。这里曾孕育出颇具特色的"新安文明"或者说"徽州文化"，当代学术界以之为研究对象而形成了一门新的学科——"徽（州）学"。作为地域文化的徽学，其内涵丰富，而徽州的传统学术文化因在徽学中的重要地位以及在中国学术文化史上的重要影响尤受瞩目。12—18世纪，徽州因传统学术文化之盛，成为中国传统学术文化的典范之区。而关于徽州传统学术文化地理研究，则因之具有重要的学术价值和理论意义。

（一）徽州传统学术文化的历史地位

中国学术文化之发展，先后经历了先秦儒学、两汉经学、魏晋玄学、隋唐佛学、宋明理学和清代朴学等几个主要时期。南宋以降，中国传统学术文化的发展，与徽州有着密切的关系。

　　首先,宋明理学和清代朴学中的重要人物,不少均出自徽州。徽州在南宋以后,素有"山川效灵,人文蔚起,几甲宇内"[①]之称。明人唐皋谓:"新安自朱子钟灵婺邑,绍统圣传,集诸儒之大成,而孔道赖之以不终晦。厥后郡之儒者,接踵而起,持守师说,羽翼圣经,莫不有裨于世。"[②]道光七年(1827年),程怀璟在《重修徽州府志序》中,亦称徽州"人文辈出,鼎盛辐臻,理学经儒,在野不乏"[③]。据相关史籍记载,12—18世纪,徽州涌现了一个庞大的学术文化人物群体。由明末清初著名思想家、学术史大师黄宗羲首纂,清代著名学者全祖望等最终完成的一部全面描述宋元学术发展轨迹的著作《宋元学案》,共著录包括理学家和理学系统以外的重要学派的学者2000余人,其中徽州学者有75人。徽州一府学者所占3.75%的比例,大大高于全国府占人数的平均数。明代正德、嘉靖年间徽州休宁学者程曈(字启曈,号茇山)编撰了一部徽州区域学术史著作《新安学系录》,该书共收录了宋朝至明朝前期徽州学者中在传统学术文化方面有突出贡献者112人。而道光《徽州府志》之《儒林传》及《儒林续编》,则收录了宋至清道光以前徽州学术文化代表人物210人。这些学术文化人物,或因讲学显,或以著述名,或因影响广泛称,均为各历史时期徽州学术文化代表人物中的佼佼者。其中如朱熹、程大昌、吴儆、汪莘、李缯、程永奇、吴昶、程若庸、胡方平、胡一桂、许月卿、陈栎、胡炳文、倪士毅、汪克宽、郑玉、朱升、赵汸、朱同、范准、程敏政、汪道昆、程文德、潘士藻、江永、戴震、程瑶田、金榜、洪榜、凌廷堪等,堪称宋明理学和清代朴学中尤为重要之人物。宋元明清徽州之传统学术文化代表人物,先后

---

① (民国)《歙县志》卷15《唐晖:歙志原序》。

② (道光)《休宁县志》卷21《唐皋:休宁县修学记》。

③ (道光)《徽州府志》卷首《程怀璟:重修徽州府志序》。

结成了"新安理学"①和"徽派朴学"②等学术流派,并深刻影响了12世纪以后中国学术文化发展的大势。

其次,徽州学者之著述,不仅数量多,且对中国传统学术文化的发展影响深远。南宋以后的徽州,被称为"文献之邦"。《新安歙北许氏东支世谱》说,江南诸郡中,"以文献称者吾徽为最"③。清乾隆年间编纂的《四库全书》,收录徽人重要著作有210种;而道光《徽州府志·艺文志》则著录徽人著述宋504种、元288种、明1245种、清(道光以前)1295种,总数达3332种,分经史子集4大类,数十门类。据研究者估计,历史上徽州学者著述总数,超过8000种。④这些著述中,有相当数量之作对中国传统学术文化传衍产生了重大的影响。最典型的例子是明初编纂《五经大全》,其中有四经皆采自徽州学者著述,即《春秋大全》系全部采自汪克宽的《春秋胡传附录纂疏》,《周易大全》采录了胡一桂的《周易本义附录纂疏》和胡炳文的《周易本义通释》,《书传大全》采录了陈栎的《尚书集注纂疏》,而《诗经大全》则以朱熹《诗经传》为主。此外,《四书大全》又多采自倪士毅的《重订四书辑释》。至于朱熹之《大学章句》《论语集注》《孟子集注》《中庸章句》等书,因在元代以后被列为科考之准绳,影响更为深远。朱氏《家礼》一书,"自宋以来,遵而用之"⑤,影响亦非一时一地。这些情况表明,徽州学者之著述,对于中国传统学术文化有着重要的

① 新安理学为朱子学之分支之一,主要由徽州籍理学家为主干组成,奉朱熹为开山宗师,流传于徽州一带。该学派形成于南宋,发展于元代,全盛于明初,衰落于明季,终结于清初,对12世纪以后中国哲学史和学术思想史的发展演变,产生了巨大的影响。同时它也深刻影响了南宋以后,尤其是明清时期的徽州社会风尚。参见周晓光:《新安理学源流考》,载《中国文化研究》1997年夏之卷;周晓光:《新安理学》,安徽人民出版社2005年版。

② 徽派朴学由清乾隆、嘉庆年间婺源江永、休宁戴震等人开宗,以"求是"为治经宗旨,注重从音韵训诂、字义名物、典章制度等方面阐释经典大义,为乾嘉考据学派中与吴派并称的两大流派之一。参见洪湛侯:《徽州朴学》,安徽人民出版社2005年版。

③《新安歙北许氏东支世谱》卷5《寿昌许公八秩序》。

④ 胡益民:《徽州文献综录》,安徽大学徽学研究中心打印稿。

⑤ 永瑢:《四库全书总目》卷22《经部·礼类四》,中华书局1965年版。《家礼》一书是否为朱熹所作,有争议。

影响。

最后,12—18世纪徽州传统学术文化的演变,与中国学术文化之变迁同步,且前者对后者有引导之功。据笔者对12—18世纪徽州传统学术文化演变所作的梳理,其演变过程分四个阶段:一是南宋至明前期,为朱子学之一统时期;二是明代中后期,为朱子学与心学杂存时期;三是清初,为朱子学之复兴时期;四是清乾(隆)、嘉(庆)、道(光)时期,为朴学独盛期。而南宋以后,中国传统学术文化变迁之大势,亦大体经历了这几个阶段。二者比较,徽州传统学术文化的演变,与中国学术文化之变迁保持了同步。换句话说,在南宋以降的600余年中,徽州传统学术文化之演变,即为中国学术文化变迁的一个缩影。尤其值得重视的是,徽州传统学术文化之演变,并非只是追随中国学术文化变迁大势之后;而是常反过来起引导和强化作用。比如,朱熹之后,"天下学士群起著书,一得一失,各立门户,争奇取异,附会缴绕,使朱子之说翳然以昏然"①。因此,元代徽州学者以维护朱子之学纯洁性为目的,一方面"非仁义道德之说尝论定于郡先师朱子者,不以教人"②,极力抵排诸儒"异说";另一方面凡朱子之学中的微词隐义,引而伸之,其所未备者,补而益之,力求朱子之学的正确阐发。这些工作,不仅延续了元代徽州传统学术文化由朱子之学一统的状态,亦强化了中国学术文化在此期的基本特色。又如清代乾嘉年间,传统学术文化由所谓的"宋学"转变为"汉学",出现了乾嘉考据学。中国学术文化此一风气的转变,得益于其时徽州传统学术文化代表人物江永、戴震等人的倡导,得益于徽派朴学的形成与传播,得益于徽州传统学术文化的率先转型。

由上观之,作为中国封建社会后期学术文化之重镇,12—18世纪的徽州在中国传统学术文化史上具有举足轻重的地位。徽州一府六县之域,可称中国传统学术文化典范之区。因此,对该区域传统学术文化开展研究,

① 程瞳:《新安学系录》卷12《陈定宇墓志铭》,康熙三十五年(1696年)绿荫园重修本。

② 程瞳:《新安学系录》卷14《倪道川墓志》,康熙三十五年(1696年)绿荫园重修本。

无疑具有重要的理论意义和学术价值。通过此项研究，可以具体而微地解剖徽州传统学术文化的内涵和特色，并由此观照中国传统学术文化之特征；可以据徽州区域传统学术文化的历史变迁而见中国学术文化演进历程；可以由徽州传统学术文化区的形成与变迁而察中国传统学术文化之区域差异；可以从徽州传统学术文化的空间传播和影响而把握中国学术文化之区域联系。总之，透过徽州区域传统学术文化的研究，折射的是中国学术文化的相关重要问题。这是徽州作为传统学术文化典范区考察的意义所在。

此外，就徽州文化而言，它是中国封建社会后期最具典型意义的区域文化之一。这一看法已是研究者的共识。徽州文化包含了诸多以"徽"或"新安"冠名的文化现象，其中以新安理学和徽派朴学为核心的徽州传统学术文化，是最能反映和体现徽州文化特质的文化现象之一。它既是徽州文化的核心内容，同时也对徽州文化的其他方面产生了深刻的影响。因此，关于徽州传统学术文化之研究，成为考察徽州文化的关键。学术界目前对徽州传统学术文化的研究，大多停留在单个人物的研究方面；而对区域传统学术文化的整体研究，很少涉及。特别是从整体角度，关于徽州学术文化区的形成与变迁、徽州学术文化产生的地理环境、徽州传统学术文化的历史变迁和区域表征、徽州传统学术文化的传播与影响以及中心地等一系列重要问题的探讨，尚付阙如。故从整体和空间的角度研究徽州传统学术文化，既填补了相关研究领域的空白，也有助于更深入和全面解读徽州文化，推进目前方兴未艾的"徽学"研究。

(二)徽州传统学术文化研究的学术史回顾

关于徽州传统学术文化地理的研究，是一个全新的视角，其具体研究内容，在传统的学术文化史研究中常常被忽略，因此目前学术界尚无直接的研究成果问世。不过，由于徽州传统学术文化的地位和影响，以往学者对此不乏关注，故学界有一批相关的研究成果存在。这些成果为徽州传统学术文化地理研究奠定了良好的基础。

其一，关于徽州传统学术文化人物的研究。

此方面的研究，起步较早，成果丰富，涉及的徽州传统学术文化人物包括朱熹、程大昌、吴儆、郑玉、朱升、赵汸、程曈、程敏政、金声、江永、戴震、程瑶田、凌廷堪、程晋芳、汪莱、胡秉虔、胡匡衷、俞正燮等人。1913—1914年，熊鱼山在《神州丛报》（1913年第1卷第1期、1914年第1卷第2期）发表《金正希年谱》、1916年古欢在《进步杂志》（第9卷第2期）发表《金正希与基督教》，二文首开20世纪学界关于徽州传统学术文化人物研究之先河。二十世纪三四十年代，有关徽州传统学术文化人物的研究，有进一步的拓展，所涉人物渐多。除1935年吴景贤在安徽省图书馆主办之《学风》月刊发表《金正希之学术》（第5卷第8期）、《金正希之思想》（第5卷第9期），1944年陈垣在《真理杂志》（第1卷第4期）发表《休宁金声传》，继续关注金声学术思想之外，另有多位徽州传统学术文化人物进入研究者视野。1933年蒋元卿在《学风》月刊先后发表《黟县著述人物考略》（第3卷第9期）、《休宁县著述人物考略》（第3卷第10期）二文，对黟县和休宁县学术人物群体作了勾勒。1935年孙忔绮发表的《俞理初先生年谱摘误》（《晨报》1935年9月17日）、1942—1943年柳雨生在《真知学报》（1942年第2卷第3期、1943年第3卷第1期）发表的《黟县俞理初先生年谱》，为该时期关于俞正燮学术思想研究的重要成果。关于绩溪"礼学三胡"，王集成在《浙江省图书馆馆刊》（1935年第4卷第6期）发表了《绩溪经学三胡先生传》、沈筱瑜在《中日文化》（1943年第3卷第8、9、10期）发表了《绩溪三胡氏学通论》，二文较为全面评述了"礼学三胡"的学术特色和贡献。1938年商承祚发表的《程瑶田桃氏为剑考补正》（《金陵学报》1938年第8卷1、2合刊）、1943年朱芳圃的《程瑶田年谱初稿》（《河南大学学术丛刊》1943年第1期）二文，则是关于徽派朴学名家程瑶田的研究力作。20世纪50年代至70年代，关于徽州传统学术文化人物的研究，出现相对停滞的状态，除关于朱熹与戴震的研究之外，为数不多的论文集中在金声、程瑶田等少数几个著名人物身上。①20世纪80年代以来，随着"徽学"的勃兴，关于徽州传统学术文化人物研究的成果激增，所涉及的人物也较以往更广。关于程大昌的研究，笔者在1994年发表了《论新安理学家程大昌》(《安徽师大学报》1994年第3期)一文，就程大昌的学术思想及其在新安理学发展史上的作用和地位作了系统评述。关于朱升的研究，张海鹏发表了《朱升和〈朱枫林集〉评议》(《中国古代史论丛》1982年第2辑)、《朱升的从政与退隐》(《安徽史学》1984年第4期)二文，率先对朱升的学术思想以及从政活动作了全面的考察。另有王春瑜的《论朱升》(《学术月刊》1980年第9期)、张健的《朱升及其〈朱枫林集〉》(《合肥学院学报》2004年第1期)分别论述了朱升的政治生涯和文献学成就。笔者1994年在《中国哲学史》第2期上发表了《论新安理学家朱升与郑玉》一文，系统考察了朱升与郑玉的学术思想的内容、特色以及在徽州传统学术文化史上的地位。关于郑玉，唐宇元在《元代的朱陆合流与元代的理学家》(《文史哲》1982年第3期)一文中，对郑玉"和会朱陆"的思想亦有评述。此外，刘桂林《郑玉教育思想新探》(《安徽教育学院学报》1994年第2期)专门论述了郑玉的教育思想内容和特色。关于赵汸的研究，笔者在《孔子研究》2000年第2期发表了《论元末明初新安理学家赵汸》一文，讨论了赵汸治经的指导思想、学术思想特点以及在中国学术史上的地位诸问题；另《论新安理学家赵汸的〈春秋〉学说》(《安徽师大学报》1998年第4期)一文，集中讨论了赵氏的春秋学说。关于程敏政的研究，陈寒鸣《程敏政与弘治己未会试"鬻题"案探析》(《中国社会科学院研究生院学报》1998年第4期)、陈寒鸣《程敏政的朱、陆"早异晚同"论及其历史意义》(《哲学研究》1999年第7期)、解光宇《程敏政"和会朱陆"思想及其影响》(《孔子研究》2002年第2期)、解光宇《程敏政、程曈关于"朱、陆异同"的对立及其影响》、张健《论明代徽州文献学家程敏政》(《安徽师大学报》2003年第5期)等系列文

---

① 周绍泉、赵亚光辑：《徽学研究系年》，载张脉贤主编《徽学研究论文集》(一)，皖内部图书94—058号。

章，集中讨论了程敏政"和会朱陆"的思想以及其政治生涯和文献学成就。笔者2003年在《古籍研究》第4期发表了《程敏政〈道一编〉评议》一文，就程氏关于朱陆"早异晚同"之思想的力作《道一编》作了全面分析。关于江永之研究，戴敬标《江永简论》(《徽学》1986年第1期)是较早关于江永的系统研究之文。杨应芹《戴震与江永》(《安徽大学学报》1995年第4期)则对戴震与江永学术思想作了述评。关于吴儆的研究，孙成岗《论新安理学家吴儆的社会政治学说》(《安徽师大学报》2000年第3期)一文论述了吴氏社会政治思想的主要内容和特色。此外，关于程瑶田、凌廷堪、程晋芳、汪莱、胡秉虔、胡匡衷、俞正燮等人，20世纪80年代后学界均有相关著述问世。

除了上述人物的研究之外，在徽州传统学术文化人物研究中，学界于朱熹与戴震关注最多，成果亦极为丰富。1992年，文津出版社出版了林庆彰主编的《朱子学研究书目》，著录了1900年至1991年关于朱熹与朱子学研究的相关成果;2000年蔡方鹿据此编撰了1949年以来中国、日本等地学者相关研究论著索引，其中专著(包括文集)46种，论文(包括综述等)139篇。[①]这些代表性的论著，是从数百种、上千篇朱熹研究著作和论文中精选出来的，于此可见关于朱熹研究成果之丰硕。与朱熹研究相比，关于戴震研究的成果，亦毫不逊色。1949年以后，戴震研究主要专著有王茂《戴震哲学思想研究》(安徽人民出版社1980年版)、冒怀辛《孟子字义疏证全译》(巴蜀书社1992年版)、李开《戴震评传》(南京大学出版社1992年版)、树濑裕也《戴震的哲学——唯物主义和道德价值》(山东人民出版社1996年版)、许苏民《戴震与中国文化》(贵州人民出版社2000年版)、方利山等《戴学纵横》(中国文联出版社1999年版)、戴学研究会《戴震学术思想论稿》(安徽人民出版社1987年版)、戴震研究会《戴学新探》(南

---

① 蔡方鹿:《朱熹与中国文化》附录一,贵州人民出版社2000年版。

京大学学报编辑部1991年版)等十余种，论文千余篇。①目前学术界在徽州学术人物的研究方面存在的不足是，研究者所选择的研究对象只是集中在少数大家如朱熹、朱升、程敏政、戴震、江永、程瑶田等人身上，而对其他学者的研究相对比较薄弱甚至未及关注。从总体来看，有关徽州传统学术文化代表人物的研究，虽非徽州传统学术文化地理研究的直接成果，但对其研究有重要的奠基作用。

其二，关于新安理学的研究。

新安理学是徽州传统学术文化的核心内容。学术界关于新安理学的研究，由来已久。历史上的徽州学者如赵汸、程瞳、赵吉士等人，对新安理学进行过较为全面的考察，并在其著述（赵汸《东山存稿》、程瞳《新安学系录》、赵吉士《寄园寄所寄》）中反映了他们的研究成果。近代以来，从学派角度研究新安理学一直是个空白，直到20世纪80年代张海鹏在《中国古代史论丛》（1982年）上发表《朱升和〈朱枫林集〉评议》一文，才重开新安理学研究的先河。在其后的10年左右时间里，学术界逐渐重视新安理学学派的研究，先后有10余篇相关论文发表。笔者从20世纪80年代中期以后，致力于新安理学的研究，先后发表了《宋元明清时期的新安理学》（《中国典籍与文化》1993年第4期）、《论新安理学向皖派经学的转变》（《安徽师大学报》1988年第4期）、《南宋新安理学略论》（《徽州社会科学》1989年第4期）、《宋元之交与元代的新安理学》（《徽州社会科学》1991年第3期）、《论元末明初新安理学家朱升与郑玉》（《中国哲学史》1994年第2期）、《论程大昌的理学思想》（《安徽师大学报》1994年第3期）、《新安理学源流考》（《中国文化研究》1997年夏之卷）、《论新安理学家赵汸的春秋学说》（《安徽师大学报》1998年4期）、《郑玉调和朱陆》（《学术百家》安徽人民出版社1999年版）、《论新安理学家赵汸》（《孔子研究》2000年第2期）、《新安理学与徽州宗族社会》（《安徽师大

---

① 参见许苏民：《戴震与中国文化》附录一《关于戴震研究的主要论著索引》（贵州人民出版社2000年版）、方利山等：《戴学纵横·戴震研究述略》（中国文联出版社1999年版）、李红英：《近十五年戴学研究综述》（《安徽史学》2002年第2期）。

学报》2001年第1期)、《明代中后期心学在徽州的传播和影响》(《安徽史学》2003年5期)、《明人程敏政〈道一编〉评议》(《古籍研究》2003年第4期)、《南宋徽州人文环境的变迁与新安理学的形成》(《江淮论坛》2003年第5期)、《试论新安理学长盛之因》(《孔孟月刊》第42卷第11期)、《朱熹在徽州的理学教育活动及其影响》(《华东师大学报(教科版)》2004年第3期)、《徽州学术文化理念的历史变迁》(《安徽师大学报》2005年第3期)等近20篇相关论文,对新安理学进行了较为系统的梳理。近年来,中国哲学史界对新安理学学派的研究更为关注,《中国哲学史》和《光明日报》先后开辟专栏,发表相关研究成果,有力推动了新安理学研究的深入。

其三,关于徽派朴学的研究。

此方面的研究最早可以追溯到清乾隆中叶,当时论者涉及的徽派朴学主要有两个问题,一是吴、皖两家的异同,二是徽派朴学在清代学术上的地位。讨论者中不少就是吴皖学术阵营中的人物,包括戴震、王鸣盛、汪中、江藩、凌廷堪等。20世纪30—40年代,学界出版了一批清代学术研究专著,如梁启超《清代学术概论》《中国近三百年学术史》、钱穆《中国近三百年学术史》、刘师培《近代学术统系论》《近代汉学变迁论》、支伟成《清代朴学大师列传》等,其中有不少内容涉及徽派朴学。50—70年代,关于徽派朴学的研究进一步深入,余英时、陆宝干、张舜徽、侯外庐、杨向奎等学者就吴皖学派的分野等问题进行了深入的研究。80年代至今,陈祖武、王俊义、漆永祥、王茂、王爱平、汪世清等一批学者,发表了大量论文,从不同层面对徽派朴学作了剔抉勾画,取得了较大的成绩。

总的来看,学术界对徽州传统学术文化的研究已有很好的基础,但研究现状也存在多方面的不足。它主要表现在两方面,一是研究比较零碎,缺乏对徽州传统学术文化的整体思考,因此影响了人们对徽州学术文化的全面把握;二是纵向的研究较多,而空间的研究缺乏,由此妨碍了人们对徽州学术文化传播、影响乃至其在中国学术文化史上地位的认识。

笔者提出对徽州传统学术文化地理作研究,正是希望弥补以往传统学术史研究的缺陷。目前在历史地理学界，关于学术文化地理的研究，较之其他分支的研究而言，尚显薄弱；不过，已有的有关历史文化与地理的一系列研究成果，仍为徽州传统学术文化地理研究提供了理论上的依据和方法论上的借鉴。其重要代表作有梁启超《地理与文明之关系》、谭其骧《中国文化的时代差异与地区差异》、严耕望《战国学术地理与人才分布》、何佑森《两宋学风之地理分布》、何炳棣《科举和社会流动的地域差异》、邹逸麟等《中国历史人文地理》、周振鹤《中国历史文化区域研究》、王会昌《中国文化地理》、卢云《汉晋文化地理》、张伟然《湖南历史文化地理研究》《湖北历史文化地理研究》、徐少华《周代南土历史地理与文化》、程民生《宋代地域文化》、王子今《秦汉区域文化研究》、林拓《文化的地理过程分析——福建文化的地域性考察》、张晓虹《文化区域的分异与整合——陕西历史地理文化研究》等。

（三）徽州传统学术文化地理研究关注的问题

关于徽州传统学术文化地理的研究，不同于一般的学术史的研究。其区别主要体现在关注问题的角度不同和解决问题的方法有差异，两者也因此体现了不同的学术价值和理论意义。从空间角度讨论徽州传统学术文化，主要关注以下问题：

一是徽州传统学术文化区的形成与变迁。相关联的主要问题有三，即徽州学术文化区形成的标志及其地理环境、徽州学术文化区变迁的历史考察、徽州学术文化区的基本特征。目前国内学术界对历史时期文化区的划分虽标志不一，方法各异，但毕竟做了许多工作，出现了一系列有影响的著作。而对传统学术文化区的划分工作，则尚未深入进行。笔者认为，历史时期传统学术文化的区域分异的存在是个客观事实，以往因地而命名的学术流派，如"濂学""洛学""关学""闽学"等，在一定意义上反映了传统学术文化的区域差异，而并不只是标明学术流派创始人的籍贯不同。依据恰当的标准对传统学术文化区进行划分是完全可行的。徽州在南宋时期形成了有别于其他区域的学术文化，在此区域内，其学术文化特征是同质的。徽州传统学术文化区的形成,与该区域相对封闭、完整、独立的自然环境有关,更与南宋徽州人文环境发生重大变迁密切相连。这种变迁主要包括徽州从越文化圈到汉文化重心区的演变、从崇武到尚文的风尚变迁、从鄙野到富州的经济地位的变化等。徽州传统学术文化区在南宋形成后,历元明至清前期,有其历史的变迁。对徽州学术文化区在不同历史时期伸缩、盈亏变迁的考察,将有助于人们更清晰地认识12世纪以后中国学术文化发展的历史。作为均质性的文化区域,徽州学术文化区具有基本的特征,这也是徽州传统学术文化地理研究中应当关注的问题。

二是徽州区域传统学术文化的历史变迁。讨论的问题包括宋元明时期的理学及其区域特色、明代中后期心学在徽州的流传与影响、清代徽派朴学及其特点等。徽州区域学术文化在12世纪至18世纪的600多年中,先后经历了三个发展时期。南宋徽州形成的"新安理学"学派,作为朱子学的重要分支之一,独尊于徽州学术文化区内。该状态一直延续至明代前期,其后因湛若水、王阳明"心学"的传入和影响,徽州区域传统学术始出现变化,徽州传统学术文化出现朱子之学与心学杂陈的格局。徽州朱子学与心学相互影响、并存的局面延至清初,因徽派朴学的出现而再变。徽州区域传统学术文化的历史变迁,其实是12世纪以后中国学术文化发展、演变的一个缩影。

三是徽州学术文化的区域表征。尽管从徽州学术文化区的内部考察,徽州学术文化在600多年间有过两变而呈现三大不同形态,且各形态有其时代特征;但这并不影响从整体上分析和比较徽州学术文化与其他区域学术文化之间的差异,从而得出徽州传统学术文化的总体区域表征。这些区域表征包括阶段性与延续性的统一、兼容性与独立性的统一、学术性与社会性的统一等。

四是徽州学术文化的空间传播及其影响。考察的问题主要有徽州学术文化中心地的类型和分布、学术文化的传播及其影响、学术文化空间传播的特点等。徽州学术文化的中心地依托徽州的书院、府县学、社学、讲堂等呈三级点状分布,点状密集区又构成了学术文化的中心区。徽州传统学术文化的空间传播，在徽文化区内和区外传播途径不同，而传播方式有同有异。前者导致徽州区域内传统学术文化的整合，徽州学术文化在不同历史时期有不同的一体化现象；后者是徽州学术文化向其他区域的扩张，并由此深刻影响了中国封建社会后期传统学术文化的发展风貌。徽州传统学术文化空间传播，具有传播方式的多样性、传播空间的不平衡性、传播强弱程度的时段性等特点。

五是徽州传统学术文化景观。在徽州传统学术文化的影响下，徽州出现了丰富的物质文化景观和非物质文化景观。前者如牌坊、书院、楹联、丘墓等，后者如宗族观念、节烈之风等。

上述问题是徽州传统学术文化地理研究的主要内容。

(四)徽州传统学术文化研究的方法与路径

关于徽州传统学术文化地理的研究，应当注意以下几个方面的问题：

首先，注意学术文化地理与学术史的区别。学术文化地理与学术史是两个既有密切关系，又各自独立成科的研究领域。区分两者在研究对象、研究内容以及研究方法等方面的异同，对研究者而言，意义重大。周振鹤先生在《中国历史文化区域研究·序论》中曾就文化史与文化地理的区别说："文化的发展既有时代的变迁，又有地域的差异。一般而言，研究文化的发生、发展、消亡的历史以及研究文化的传承与变异的原因和规律是文化史的范畴。而探索文化的分布与扩散的格局则是文化地理的任务。"这一看法同样适用于我们区分传统学术文化地理与传统学术史。由于关于徽州学术文化的研究，以往都是从学术史研究角度切入的，所以在开展徽州学术文化地理研究时，明确两者之间的区别就尤显重要。

其次，注意时空范围以及传统学术文化的界定。对徽州传统学术文化地理的研究，注意时间段和空间范围相当重要。笔者主张将12世纪至18世纪作为研究的主要时段，是因为考虑到徽州传统学术文化在此时段内有比较完整的兴衰过程。12世纪以前，徽州学术文化尚未形成，所谓有个性特征的学术文化区更无从谈起；18世纪以后，作为徽州传统学术文化第三发展时期核心内容的徽派朴学,因内部治学理念的改弦更张以及外部今文经学兴起和宋学反动等诸种原因,渐次衰落和"易帜",由此徽州之传统学术文化告一段落。徽州学术文化发展进入近代,在性质上发生了变化,并不适宜纳入此前的考察内容中。因此笔者主张将研究框定在12世纪至18世纪时间段内。当然,在具体问题的研讨中,根据讨论的内容,有些地方仍可适当上下延伸。关于空间范围,笔者主张应包括历史上比较固定的徽州一府六县范围,虽然婺源今属江西,绩溪划归宣城,已不在今黄山市的行政区划内。因为作为徽文化区,它是历史上长期形成和存在的,并没有随着现今行政区划的变化而改变。此外,对于传统学术文化的概念,也应有一个明确的界说。目前学术界对于文化的定义众说纷纭,关于传统学术文化的概念也是界说不一。笔者在这里所指的传统学术文化,主要指传统儒学和经学。所谓徽州传统学术文化,是12世纪中叶以后在徽州区域内出现的以新安理学和徽派朴学为主要内容的学术文化体系。

最后,注意文献资料和文书资料的结合。徽州旧有"文献之邦"的美称,因此研究徽州的传统学术文化地理,有丰富的文献资料作依托。这些文献资料包括大量的徽人文集、笔记、徽州方志、徽州谱牒、碑刻、徽人传记资料等。20世纪80年代以后,徽州文书资料受到学界高度重视。在迄今发现的数十万件徽州文书资料中,有关徽州传统学术文化的资料不在少数。其中如笔者所见的湛若水在祁门讲学留下的相关文书、正德年间程瞳的书信等,都是研究徽州传统学术文化弥足珍贵的资料。因此,在徽州传统学术文化地理的研究过程中,要尽可能注意徽州文书资料的收集、运用,将其与徽州传世文献资料结合起来,以裨研究的深入。

二、试论徽州学术文化区形成的地理基础

中国传统学术文化源远流长,自先秦迄晚清,逾二千年。其间,地域差异的存在,是其贯穿始终的最重要特征和现象之一。这种差异主要表现

在各地学术文化具有不同的主流形式，学界对此已多有具体阐述。①在地域差异的基础上，形成了不同的学术文化区。

所谓学术文化区，简而言之，是指具有特定的地理位置和同一学术文化特色的地区。②它是基于学术文化差异所形成的不同地域单元，是学术文化的空间表现形式。笔者认为，中国学术文化区具有四个基本特征：一是时段性，即它有自身的形成和兴衰过程，是历史时期的产物；二是层次性，即根据对学术文化的不同定义、按照不同的划分指标，可以划分层次不同的学术文化区域；三是均质性，即区域之内按照某一指标衡量，学术文化的特色具有同一性；四是客观性，即尽管划分区域的标志是人为的，但划分出的每个区域客观上存在着特征的分异。此处所讨论的徽州（旧称新安，今安徽黄山市，历史上辖歙、黟、休宁、祁门、绩溪、婺源等六县）学术文化区，约形成于12世纪中叶，具有单一的儒学文化特色，是中国封建社会后期最典型的学术文化区之一。考察其形成的地理基础，对历史上中国学术文化区的研究，具有重要的意义。

地理环境对于文化之影响，前人早已有了关注。先秦儒家典籍《礼记·王制》曰："凡居民材，必因天地寒暖燥湿。广谷大川异制，民生其间者异俗：刚柔、轻重、迟速异齐；五味异和；器械异制；衣服异宜。"作者还就天下之民因地理环境不同而出现的文化差异作进一步阐述："中国戎夷五方之民，皆有性也，不可推移。东方曰夷，被发文身，有不火食者矣。南方曰蛮，雕题交趾，有不火食者矣。西方曰戎，被发衣皮，有不粒食者矣。北方曰狄，衣羽毛穴居，有不粒食者矣。中国夷蛮戎狄，皆有

① 参见傅斯年：《战国子家叙论》卷六《战国子家之地方性》；钱穆：《秦汉史》第一章（台湾三民书局有限公司1969年版）；任继愈：《中国古代哲学发展的地区性》（载《中华学术论文集》，中华书局1981年版）；严耕望：《战国学术地理与人才分布》（载《中国史学论文选集》第三辑，台湾幼狮文化事业公司1983年版）等有关中国传统学术文化地域性研究的著述。

② 此处关于区域的表述，系依据哈特向（R.Hartshorne）《地理学性质的透视》（1959年）一书的观点。H.J.德伯里：《人文地理——文化社会与空间》（王民等译，北京师范大学出版社1988年版）一书在引用此观点时，进一步补充认为："一个区域可能有同一环境特色，也可能有同一文化特色。"

安居、和味、宜服、利用、备器。"①《汉书·地理志》之《风俗篇》，亦是基于地理环境之不同而述各地风俗文化之差异。②此后历代《地理志》中，多有据地理环境之别而论各地文化之异者。学术文化作为文化的重要组成部分，其受地理环境影响，也是人们的共识。学术史上多以地域名而称宋人学派，非惟缘于学者之郡望，其实亦关注到了立学各家所处的地理环境。黄宗羲所撰学术史著述《明儒学案》及继之而起的《宋元学案》，也是以学术地理作分类标准。研究者认为："这种分类方法久用不衰，恰好反映了地理因素，以及由此生发出来的经济、政治、风俗等因素对学术发展、学派形成的深刻而久远的客观影响。"③梁启超《中国地理大势论》亦说："孔墨之在北，老庄之在南，商韩之在西，管邹之在东，或重实行，或毗理想，或主峻刻，或崇虚无，其现象与地理一一相应。"④章太炎在剖析中国学术流派之成因时说："视天之郁苍苍，立学术者无所因。各因地齐、政俗、材性发舒，而名一家。"⑤此"地齐"谓自然地理环境，而"政俗"等则指人文地理环境。徽州学术文化区所受地理环境之影响，亦不外乎此两者。

就自然地理环境而言，徽州具有三大特点：

一是群山环抱，中为盆地，境内地貌多样，水系发达，形成了一个相对独立的地理单元。其境内的主要山脉有五条：黄山山脉主干沿北东向南西展布，东接皖浙交界的天目山，北与九华山相连，西南蜿蜒至江西境内；天目山位于东北部绩溪县、歙县与浙江临安县的交界处，呈带状由北东向南西展布；白际山脉由北东向南西延伸，东北端在歙县与天目山交会，西南抵休宁县与五龙山相接；五龙山脉西接黄山山脉于祁门县，东至休宁县、婺源县、浙江开化县交接处与白际山交会，主脊中枢呈东西走向；九华山脉位于徽州之北，支脉延至境内，主脊呈南北向展布。五大山

①《礼记·王制第五》。

② 班固:《汉书》卷28《地理志》,中华书局1962年版。

③ 冯天瑜等:《中华文化史》,上海人民出版社1990年版。

④ 梁启超:《饮冰室专集》第9册《中国地理大势论》,台湾中华书局1973年版。

⑤ 章太炎:《原学》,《訄书》重订本。

脉及其支脉构成了徽州四境天然的屏障。故旧史常称"本府万山中"①，"郡处万山"②，"徽州介万山之中"③，"吾徽居万山环绕中，川谷崎岖，峰峦掩映，山多而地少"④。境内广泛分布着山地、丘陵和山间谷地（盆地），腹地为新安江谷地；水系主要有流向东南钱塘江流域的新安江水系、流向西南鄱阳湖流域的闾江水系和乐安江水系，以及直接流入长江的水阳江、青弋江、秋浦河、黄盆河水系。徽州周高中底的盆地地形特点，使之与外界处于相对"隔绝"的状态。这种因地形而产生的"隔绝机制"，对徽州学术文化区的影响至深至远。其一，环抱的山脉形成一个相对独立的地理单元，这一单元成为徽州学术文化区赖以存在的地理基础。其二，徽州山地作为地理单元的自然分界线，同时也成为学术文化区的边界。一般认为，山地对文化传播和扩散具有阻隔作用，其作用大小与山地高度、延伸、体量成正比。徽州四境的群山，在一定程度上阻隔了徽州学术文化特色向境外的蔓延，从而形成了学术文化区的边界。其三，盆地地形的向心结构和相对封闭性，易使人们产生一种特殊的环境感应心理，研究者习惯称之为"盆地心理"⑤。这种心理促使具有盆地地形特点的区域，其文化具有内聚性。徽州学术文化亦因"盆地心理"而呈内聚性，因内聚性而出现趋同的学术文化理念，并进而形成学术文化区。其四，境内纵横的水系，为学术文化区域内人员、物资、信息之交流提供了有利的条件，也有利于区域学术一体化的进程。

二是地貌以山地、丘陵为主，山间谷地面积不大。山地丘陵占总面积的80%以上。因此，历史上"山多田少"一直是徽州自然环境的主要特点之一。宋罗愿《新安志》中就提到了徽州"土狭"的情况。⑥明汪道昆

---

① （弘治）《徽州府志》卷2《食货一》。

② （康熙）《徽州府志》卷8《蠲赈》。

③ （康熙）《休宁县志》卷7《汪伟奏疏》。

④ 吴日法：《徽商便览·缘起》，民国八年（1919年）铅印本。

⑤ 张岩等：《浅论文化地域性》，《青年地理学家》1989年第4期。

⑥ 罗愿：（淳熙）《新安志》卷10《人事》。

《太函集》说："新都故为瘠土，岩谷数倍土田。"①这种状况，徽州所属六县皆然。如歙县"地隘斗绝，厥土驿刚而不化……大山之所落，多垦为田，层累而上，指至十余级，不盈一亩"②。休宁"山多田少，粒米是急，日仰给东西二江"③。祁门"厥田高亢，依山而垦，数级不盈一亩"④。黟县"为山邑，田少于山，土地瘠确"⑤。南宋以后，徽州耕地渐渐不堪承载人口增长的压力，徽人开始寻找生存的出路。其出路一般是两条：或经商维持生计，或科考以求显达。前者造就了在中国经济史上辉煌一时的徽州商帮，而后者则对徽州学术文化的发展、延续产生巨大影响。元明清三代，徽州应考的举子，因考试内容的规定，平时大多是"读朱子之书"。它为徽州学术文化区学术特色的维系提供了深厚的士人基础。

三是"万山回环，郡称四塞"封闭式的自然环境。徽州四境的山地，海拔千米以上的山峰林立。如黄山山脉、天目-白际山脉、九华山脉、五龙山脉等，海拔均在1000米以上，相对高度也超过了800米。这些山脉的岩石构成，主要有两大类型：一是结晶岩，二是浅变质岩。因其处于新构造运动剧烈隆起区，地面径流长期沿节理、断层强烈切割，故整个地表呈山高谷深的特征。海拔500—1000米的山地，是徽州分布最广的一种山地类型。这些山地经过多次节奏性抬升，山体尤显陡峻，坡度多在25°以上。⑥因此，处于山地回环中的徽州，旧时"皆鸟道萦纡，两旁峭壁，仅通单车"⑦。其自然交通以"四塞"来称，可谓贴切。这种自然交通状况，虽然在相当程度上阻碍了徽州与外界的往来交流，但也导致该地在历史上

---

① 汪道昆：《太函集》卷7《新都太守济南高公奏最序》，四库全书存目丛书本。

② (康熙)《歙县志》卷1《风俗》。

③ (嘉庆)《休宁县志》卷1《风俗》。

④ (同治)《祁门县志》卷5《风俗》。

⑤ 《黟县乡土地理·物产》。

⑥ 安徽省徽州地区地方志编纂委员会编：《徽州地区简志·地理》，黄山书社1989年版。

⑦ 罗愿：(淳熙)《新安志》卷10《人事》。

成为一个"无兵燹之虞"①"世不中兵革"②"从来无兵戈燹略之惨"③的"世外桃源"，成为北方大族南迁躲避战乱的首选之地。据明人程尚宽《新安名族志》记载，最早迁入徽州的名族在汉代，有吴、方、汪三姓。其中方氏南迁为避"王莽篡乱"，汪氏则"因中原大乱，南渡江"，其迁徙皆与躲避中原战乱有关。④其后北方大族入迁徽州，有过三次高潮：一是西晋"永嘉之乱"以后，入徽之名族有程、鲍、俞、余、黄、谢、詹、胡、郑等9姓。二是中唐的"安史之乱"和唐末的黄巢起义之后，迁居徽州的大族有陆、程、叶、孙、洪、罗、舒、姚、赵、戴、康、施、冯、夏、李、朱、潘、刘、曹、毕、王、江、许、廖等24姓。三是宋"靖康之难"以后，迁徽的大族有柯、宋、张、周、阮、杨、蒋、刘、饶、马、滕、孔、徐、吕、韩等15姓。故徽州方志称：新安大族"半皆由北南迁，略举其时，则晋宋两南渡及唐末避黄巢乱，此三朝为最盛"⑤。徽州大族入迁的三次高潮，与中国历史上北方人口三次大规模南徙的态势一致。⑥而每次高潮之触发，皆因北方战乱；以徽州为定居地，则缘于该地地形复杂，自然交通闭塞，险阻天成。一如《重修古歙东门许氏宗谱》所说，徽州"世乱则洞壑、溪山之险，亦足以自保，水、旱、兵戈所不能害，固宜有强宗巨姓雄峙于其间"⑦。大族之进入，对徽州学术文化区的形成，产生了重要的影响。首先，入迁大族带来了以儒家文化为主体的中原汉文化。明人

---

① 休宁《戴氏族谱·序休宁戴氏族谱》。

② 王世贞：《弇州山人四部稿》卷61《赠程君五十叙》，万历刻本。

③ （万历）《休宁县志》卷首《重修休宁县志序》。

④ 戴廷明、程尚宽等：《新安名族志》前卷，黄山书社2004年版。

⑤ （民国）《歙县志》卷1《舆地志·风土》。

⑥ 关于中国历史上因北方战乱而致人口大规模南迁的问题，学术界已有深入讨论。其中代表性的著述有：谭其骧《晋永嘉丧乱之民族迁徙》（收入《长水集》，人民出版社1987年版）、周振鹤《唐代安史之乱与北方人民的南迁》（载《中华文史论丛》1987年第2—3期）、张家驹《两宋经济重心的南移》（湖北人民出版社1957年版）、吴松弟《北方移民与南宋社会变迁》（文津出版社1993年版）、葛剑雄主编《中国移民史》（福建人民出版社1997年版）等。

⑦ 《重修古歙东门许氏宗谱》卷9《城东许氏重修族谱序》。

汪道昆在《太函集》中描述徽州习俗时说:"新安自昔礼仪之国,习于人伦,即布衣编氓,途巷相遇,无论期功强近,尊卑少长以齿。此其遗俗醇厚,而揖让之风行,故以久特闻贤于四方。"[1]张海鹏先生认为,徽州文化中"读书、礼教、文章、五伦、六经"等儒家文化"精粹",本为中原"旧物";其崇礼教、习人伦、重诗书之"醇厚"的"遗俗",正是"遗"自古代的中原。[2]此说甚是。而携带此等"旧物"到徽州的主要是迁入徽州的中原大族。从某种意义上说,徽州在南宋以后已经成为中原儒家文化的一个重要移植区。徽州学术文化区的形成及其基本特色的出现,正是依托了入徽大族携带而至的中原"旧物"。其次,开启了徽州读经的风气。有关谱牒和文献记载显示,入徽大族,多重读经。其中如歙县罗氏、休宁陈氏、婺源朱氏和胡氏、歙县程氏、祁门倪氏等,均有源远流长的读经传统和遐迩闻名的学术成就。以婺源考水明经胡氏宗族为例,自始迁祖胡昌翼避难徽州,于后唐同光三年(925年)以明经登第后,世以经学传家,宋元时期先后出现了"七哲名家",即胡伸(号环谷)、胡方平(号玉斋)、胡斗元(号勉斋)、胡次焱(号梅岩)、胡一桂(号双湖)、胡炳文(号云峰)、胡默(号石邱)。类此经学传家、代有才人的现象,在迁徽名族中普遍存在。由于这些大族的导引,徽州的读经之风甚盛,出现了"虽十室之村,不废诵读"[3]的醇厚风尚。而此等风尚,正是徽州学术文化区形成的重要基础。最后,奠定了徽州儒学人才的基础。大族之于徽州儒学人才出现的贡献,是两方面的:一是入徽大族中,博学鸿儒不在少数,他们自身成为徽州儒学人才的重要组成部分。比如吴姓宗祖吴少微、任族始迁祖任昉、王族始迁祖王希羽、洪族始迁祖洪经纶等,或"词本经学,雄迈高

---

① 汪道昆:《太函集》卷1《黄氏建友于堂序》,四库全书存目丛书本。

② 张海鹏:《徽学漫议》,《光明日报》2000年3月24日。

③ (民国)《婺源县志》卷4《风俗》。

雅"①，或"为士友所宗"②，或"词艺优博"③，各领一时之风骚，是徽
州儒学的重要学者。二是迁徽之宿儒往往积极施教，传播学术，培养儒学
人才。如柯氏于宋隆兴二年迁居歙县，"任徽州教授，诸生薰其德"④；倪
氏由山东数迁至休宁，传至良弼，"世以经学教授乡里，子士毅，世承家
学，潜心求道，师朱敬与陈定宇，教授于黟下阜廿有三年，黟人化之"⑤，
等等。徽州儒学人才之勃兴，入徽大族功不可没。这里，我们可以发现由
地理环境引发的一连串的因果关系：徽州"万山回环，郡称四塞"的自然
交通，吸引了北方大族避居其地；大族之迁居徽州，又导致了儒家文化的
移入、读经风气的盛行以及儒学人才的涌现；而这些儒学化的文化现象，
最终奠定了徽州学术文化区形成的基础。

徽州学术文化区的形成，一方面受到了徽州自然地理环境的影响，另
一方面则深受徽州人文地理环境的影响。两者之作用，同时并在。从相关
文献记载来看，唐宋以后徽州人文地理环境的变迁，是徽州学术文化区形
成的重要因素之一。具体而言，其变迁主要表现在三个方面：

第一，从越文化圈到汉文化重心区的演变。

就中国文明的起源而言，多元并发的特点已为考古资料和文献记载所
证实，亦被学界普遍认同。不过，在南宋以前，汉文化的中心在黄河流
域，同样是不争的事实。徽州古属越文化圈，歙县等地向有"山越古邑"
之称，与汉文化的内在联系并不密切。所谓山越，按照胡三省的说法，是
"越民依阻山险而居者"⑥，"本亦越人，依阻山险，不纳王赋，故曰山
越"⑦。笔者认同目前学界的一般看法，即山越是由两部分族源不同的人

---

① 罗愿：《新安志》卷6《吴御史》。

② 程敏政：《新安文献志》卷11《罗汝楫：梁新安太守任公祠堂记》，弘治三年（1490
年）刊本。

③ 罗愿：《新安志》卷6《王校正》。

④ 戴廷明、程尚宽等：《新安名族志》前卷，黄山书社2004年版。

⑤ 曹嗣轩编撰，胡中生、王燮点校：《休宁名族志》卷4，黄山书社2007年版。

⑥ 司马光：《资治通鉴》卷56，中华书局1976年版。

⑦ 司马光：《资治通鉴》卷62，中华书局1976年版。

群汇聚于江南山区相互融合而成的一个新的群体。此两部分族源不同之人，一是秦汉以降为躲避赋役而逃亡入山的越地之人，其中大部分为汉人；二是原本就居住在山中并有别于汉族的各种越族之人。山越文化与汉文化在风尚习俗、经济生活以及社会形态等方面，有明显的不同表现。约在三国以后，徽州开始了从越文化圈到汉文化重心区的演变过程，此一过程的完成，历时一千多年。考之史实，其演变在两个方面展开：一是徽州山越及其文化逐渐消亡。据文献记载，山越人在历史上的活动可以追溯到公元2世纪中叶^①，汉末三国之际，其活动臻于鼎盛。^②其时徽州成为山越文化的中心地区。东吴政权在江东崛起后，对包括徽州在内的各地山越实施大规模、不间断的讨伐。《三国志》和《资治通鉴》中，记载此段历史甚详。当时约二三十万皖南山越人被"徙出外县"，其中"强者为兵，赢者补户"^③，渐渐失去其山越文化的特性。晋以后，绝大多数皖南山越人融入了汉族，徽州山越文化的色彩已然褪去。二是汉文化重心逐渐南移。在中国历史上，黄河流域既是早期经济、政治和文化中心，也是历代兵戈扰攘之地。两晋之际、唐末及五代十国，北方战乱频仍，中原衣冠大族纷纷南避，促进了南方汉文化的发展。北宋建立后，南方诸郡利用其优越的地理条件和自然环境，赢得了"东南诸郡，饶实繁盛"^④和"今之沃壤，莫如吴、越、闽、蜀"^⑤的称誉。徽州当时属于江南东路，汉文化向南发展，该地正当其冲。因此，从徽州历史发展来看，此期其文化取得了长足的进步。类如学者涌现、书院建立、著述激增、儒风盛行等诸种文化昌盛现象，徽州方志等有关文献中多有记载。靖康之难，金兵横扫北方，"中

① 《后汉书·灵帝纪》记载，建宁二年(公元169年)九月，"丹阳山越贼围太守陈夤，夤击破之"。丹阳郡治所在宛陵(今安徽宣州)，辖境相当于今皖南全部及苏南、浙西部分地区。

② 《三国志》卷56《吴书·朱桓传》言：其时江南"山贼蜂起，攻没城郭，杀略长吏，处处屯聚"。

③ 陈寿：《三国志》卷58《吴书·陆逊传》，中华书局1959年版。

④ 脱脱等：《宋史》卷304《范正辞传》，中华书局1985年版。

⑤ 王应麟：《玉海》卷17引秦观语。

原之祸，自书契以来，未之有也"①。由此引发了北方"衣冠奔踏于道者相继"②的现象，史籍称他们"皆抱孙长息于东南"③。南宋立国后，随着北方人口大规模南移，南方成为"人才的渊薮"④，汉文化的重心移到了南方。地处江南的徽州，"自南迁后，人物之多，文学之盛，称于天下"⑤，成为汉文化的重心区。在徽州山越及其文化逐渐消亡、汉文化重心渐次南移的历史变迁过程中，徽州完成了从越文化圈到汉文化重心区的演变。这一人文环境的变化，成为影响徽州学术文化区形成的重要因素之一。

第二，从"崇武"到"尚文"的风尚变迁。

解决徽州风尚原生形态和特征的问题，是考察徽州风尚变迁的一个基础。这种复原工作，因文献无证而比较困难。不过，从相关文献的片言只字中透露出的信息，我们还是可以把握徽州早期"崇武"的基本风尚特征。《越绝书》称："锐兵任死，越之常性也。"作为古越文化圈的一部分，徽州早期原住民"山越"被描述为"断发文身""依山阻险，不纳王租""勇捍尚武""民多果劲""俗好武习战，高尚力气"的"蛮越"。唐以前，徽州的崇武之风劲吹。其突出表现是出现了一批因武艺或抗暴而名世的人物。如在中国武术史上被称为"太极拳原始"的歙县篁墩人程灵洗，早年以勇力闻名乡里，后因战功屡迁至安西将军，卒后谥忠壮，配享武帝庙庭；以飞镖独步天下的歙县登源人汪华，隋末起兵，组织10万武装攻占新安、宣州、杭州、睦州、婺州和饶州等地，入唐后被封为上柱国越国公，曾执掌禁军，位尊一时；歙人许宣平，以太极拳三十七势传世，在徽州文献中被描述成一位传奇性的人物；等等。因此，宋人罗愿在《新安志》中指出："其人自昔特多以材力保捍乡土为称。"⑥许承尧在《歙事闲谈》中

① 庄绰：《鸡肋编》卷中，中华书局1997年版。
② 脱脱等：《宋史》卷453《赵俊传》，中华书局1985年版。
③ 陈亮：《龙川文集》卷1《上孝宗皇帝第一书》，中华书局1985年《丛书集成初编》本。
④ 张家驹：《两宋经济重心的南移》第3节，湖北人民出版社1957年版。
⑤ （嘉庆）《休宁县志》卷1《风俗》。
⑥ 罗愿：（淳熙）《新安志》卷1《风俗》。

则说:"武劲之风,盛于梁、陈、隋间,如程忠壮、汪越国,皆以捍卫乡里显。"① "崇武"当是唐以前徽州的基本风尚。

此种风尚的转变,始于唐朝,完成于南宋;而转变之方向,则是"尚文"。其主要表现,一是以"武"扬名的徽州人物,自唐以后不复多见,而南宋之后以"文"名世者大增。嘉庆《休宁县志》之《风俗》称,徽州"自南迁后,人物之多,文学之盛,称于天下"②,此说即总结了这一现象。新编《徽州地区简志·人物简介篇》,胪列清以前重要历史人物49人,其中因"武"而入选者有程灵洗、汪华、方清、方腊、程冲斗、金声等6人,4人在南宋以前,仅2人在此后。49人中,大多数是唐(特别是南宋)以后因"文"而入围者。③它反映了徽州历史上文、武名人分布转化的基本态势,从一个侧面说明了徽州风尚在唐宋前后由"武"转"文"的变迁情形。二是徽州读书风气在唐以后开始盛行。有关徽州的方志和文献中,对唐以前该地的文风,殊少涉及,其原因一方面是唐以前徽州文献阙如,但更重要的另一方面则是其时徽州文风未盛。而唐宋以后,徽州读书风气之盛,在文献记载中处处可见。宋人洪适《休宁县建学记》曾记载当时情形:"休宁之人,益以乡校为先务,早夜弦诵,洋洋秩秩,有洙泗之风。"④此风一直延续到清代。康熙《休宁县志》说:"四方谓新安为'东南邹鲁',休宁之学特盛。"⑤休宁县如此,徽州其他诸县亦相似。《婺源乡土志》记载婺源风俗时称:"婺人喜读书,虽十家村落,亦有讽诵之声。"⑥《绩溪县志》谓:"学校者,化民成俗之本也。州县立学,始自宋之庆历。而南渡后,徽为朱子阙里,彬彬多文学之士,其风埒于邹鲁。"⑦

---

① 许承尧:《歙事闲谭》卷18《歙风俗礼教考》。

② (嘉庆)《休宁县志》卷1《风俗》。

③ 安徽省徽州地区地方志编纂委员会:《徽州地区简志》14《人物简介》,黄山书社1989年版。

④ (嘉庆)《休宁县志》卷21《艺文纪述》。

⑤ (康熙)《休宁县志》卷1《风俗》。

⑥ (光绪)《婺源乡土志·婺源风俗》。

⑦ (乾隆)《绩溪县志》卷3《学校》。

读书风气盛行，是唐宋以后徽州突出的风俗现象之一。伴随这一现象，南宋以后徽州书院大量出现、名家讲学活动频繁、出版印刷业发展迅速。于此可见徽州"尚文"之风气。三是唐宋以后，徽州向学业儒之人大增。《休宁县志》记载，绍兴六年（1136年）南兰陵人陈之茂任官休宁，"邑人争从讲学，户内人满，每坐户外"①。朱熹两度回徽州省墓并讲学，"乡人子弟愿学者众"②，他们"日执经请问"③，向学之心昭然。徽州理学名家吴儆与其兄吴俯讲学授徒于乡，从其游者，"岁常数百"④。南宋绍兴年间，仅休宁一县参加科考者，"常过八百人"⑤。这种盛况，南宋以降历元明而不衰。如宋末元初，婺源人许月卿在故里"杜门著书，号泉田子，游从者屦满门外，当时翕然师尊之"⑥。祁门人汪克宽在元泰定三年（1326年）中浙江乡试后，与其弟汪时中以经学教授于徽州一带，有不少徽州士子入其门下。⑦明清两代，徽州讲学之风极盛，在每年8月、9月紫阳书院的公开讲学活动时，"衣冠毕集，自当事以暨齐民，群然听讲"⑧，"师儒弦诵，常数百人"⑨，可见当时六县业儒从学者之众。由上述三个方面，我们可以得出一个结论，即唐宋以后的徽州风尚已是以"尚文"为主要特征。徽州风尚从"崇武"到"尚文"的变迁，与地域相近的吴文化区的情况，有着非常相似的过程。⑩不过，两者变迁原因不尽相同。在吴文化区风尚变迁中，南北士族之争的政治因素、经济重心南移导致的社会价值系统和思维方式变迁的因素等，成为其风尚变迁的重要原因。而就徽州风尚变迁来说，主要原因不外乎三：其一，中原大族迁入徽州，带来了中原的

① （嘉庆）《休宁县志》卷7《职官》。

② 朱熹：《晦庵集》卷79《徽州婺源县学三先生祠记》，四库全书本。

③ 王懋竑：《朱子年谱》，粤雅堂丛书本。

④ 吴儆：《竹洲集》卷首《竹洲集原序》，四库全书本。

⑤ （嘉庆）《休宁县志》卷21《艺文纪述》。

⑥ 程瞳：《新安学系录》卷9《许山屋行状》，康熙三十五年（1696年）绿荫园重修本。

⑦ 黄宗羲原著、全祖望补修：《宋元学案》卷83《双峰学案》，中华书局1986年版。

⑧ 施璜：《紫阳书院志》卷16《会纪》，雍正三年（1725年）刻本。

⑨ （道光）《徽州府志》卷3《书院》。

⑩ 参见张森材、马砾：《江苏区域文化研究》，江苏古籍出版社2002年版。

儒风。正如罗愿在《新安志》中所说:"黄巢之乱,中原衣冠避地保于此,后或去或留,俗益向文雅。宋兴则名臣辈出。"①其二,得益于一批学者薪火相传,以讲学授徒为己任。吴天骥《休宁进士题名记》说:"自南渡来,师友渊源,得所从受。"②在徽州方志和谱牒等文献中,不乏此类具体记载。正是他们的倡导和力行,维系了徽州"尚文"的风气。其三,依赖于重视文教的氛围。南渡后的徽州,号称"自井邑田野以至远山深谷、民居之处,莫不有学、有师、有书史之藏"③。这种氛围之下,"尚文"之风焉能不至! 唐宋以来风尚变迁的结果,改变了徽州的人文环境,促进了徽州学术文化区的形成。

第三,从"鄙野"到"富州"的经济地位的变化。

经济因素是人文环境的重要构成部分。学术文化区的形成依托于一定的区域人文环境,与其中的经济因素有着密切的关系。徽州在唐宋以后从山区鄙乡一跃而为富郡大州,为学术文化区的形成奠定了物质基础。

徽州地介万山丛中,虽开发甚早,但经济相对较为落后。尽管晋时北方大族开始有规模的迁入,徽州开发颇见起色,然而论及当时天下富庶之郡,徽州尚不逮焉。徽州经济的跨越性进步,始于唐代。其时以坝、堨为主的各类水利工程得到兴修,一年两季的水稻种植得到推广,以银、铅开采为主的矿业和以布、丝为主的纺织业以及以"文房四宝"为主的制造业得到飞速发展。尤其是经济作物茶叶的种植、加工和销售,使徽州成为当时最重要和最著名的产茶区之一。张途《祁门县新修阊门溪记》载:"邑之编籍民五千四百余户,其疆境亦不为小。山多而田少,水清而地沃,山且植茗,高下无遗土。千里之内,业于茶者七八矣。由是给衣食,供赋役,悉恃此。祁之茗,色黄而香,贾客咸议,愈于诸方。每岁二三月,赍银缗缯素求市将货他郡者,摩肩接迹而至。"④刘津在《婺源诸县都制置新

---

① 罗愿:(淳熙)《新安志》卷1《风俗》。

② (嘉庆)《休宁县志》卷1《风俗》引。

③ 赵汸:《东山存稿》卷4《商山书院学田记》,四库全书本。

④ 《文苑英华》卷813《张途:祁门县新修阊门溪记》。

城记》中说："婺源、浮梁、祁门、德兴四县，茶货实多，兵甲且众，甚殷户口，素是奥区。"①可见徽州以茶叶贸易为主的商品经济的繁荣。总体而言，唐代徽州经济出现了历史性的发展。《唐会要》称，当时"每岁县赋入倚办，止于浙西、浙东、宣歙、淮南、江西、鄂岳、福建、湖南等道"②。将宣歙列为中唐以后支撑唐王朝财政大厦的江南八镇之一。韩愈在《送陆歙州诗序》中则说："当今赋出于天下，江南居十九。宣使之所察，歙为富州。"③宋代徽州经济在唐代发展基础上，更进一步提升。尽管其时徽州延续了与五代江南同一的高课税率，这在宋人沈括和程泌的著述中，言之凿凿④；然而徽州户口依然保持了高增长率。⑤就这一现象，日本学者斯波义信提出："一方面存在着高率课税和耕地的紧缺，另一方面又有与这种行政组织背离的人口变动，令人能间接推测徽州非农产业就业的多样性和劳动密集化所达到的高度。"⑥他认为，宋嘉祐四年（1059年）9月，诏令规定徽州与齐、密、登、华、邠、耀、郿、绛、润、婺、海、宿、饶、吉、建、汀、潮州同为"民事繁剧"的大州；熙宁三年（1070年）11月，又诏陕府、江宁府、郓、青、齐、杭、越、苏、婺、宿、寿、宣、歙、虔、洪、吉、潭、广、福、建等州同为"繁难去处"的大州，与徽州的社会经济背景有关。这一判断是有道理的。笔者认为，非农产业就业的多样性和高度的劳动密集化以及因此被视为"民事繁剧"的大州，反映了宋代徽州经济发展质的提升，尤其是其中商品经济的飞速发展。⑦

区域经济的发展，对学术文化区域的形成产生了重要的影响。这种影

① 《全唐文》卷871《刘津：婺源诸县都制置新城记》。

② 《唐会要》卷84《户口数杂录》。

③ 韩愈：《韩昌黎集》卷19《送陆歙州诗序》，商务印书馆四部丛刊本。

④ 沈括：《梦溪笔谈》卷11《官政》；程泌：《洺水集》卷10《休宁县减折帛军布钱记》。

⑤ 参见梁方仲：《中国历代人口、田地、田赋统计》，上海人民出版社1980年版。

⑥ （日）斯波义信：《宋代江南经济史研究》前篇5《局部地区事例》，方键、何忠礼译，江苏人民出版社2001年版。

⑦ 关于徽州商人和商业的问题，笔者认为，徽商作为一个封建性的商帮，正式形成于明代成化、弘治年间；而其形成，有着早期的积累。宋代徽州商人和商业，已经发展到相当的程度。因限于篇幅和论题，此处不赘。

响主要体现在三方面:一是为区域内的文化学者提供了生存的空间和条件;二是为区域学术文化的发展提供了学术活动场所(书院)、学术交流媒介(书籍)等物质基础;三是区域内经济交流的加强,推动了区域学术文化一体化的进程,有助于统一的学术文化理念的形成。

综上言之,唐宋以来徽州人文地理环境发生了重大变迁,这些变迁涉及文化的、风尚的和经济的诸多方面。南宋徽州学术文化区的形成,除了依托其自然地理环境之外,亦建立在变迁后的人文地理环境基础之上。

三、徽州传统学术文化的传播及其特点

徽州传统学术文化是12世纪中叶以后在徽州区域内出现的以新安理学和徽派朴学为主要内容的学术文化体系。所谓学术文化的传播,是指学术文化的扩散和空间变化。按传播区域来分,徽州传统学术文化的传播可分两类,一是徽州区域内的传播,二是徽州区域外的传播。前者导致徽州区域内学术文化的整合,徽州学术文化在不同历史时期有不同的一体化现象;后者是徽州学术文化向其他区域的扩张,并由此深刻影响了中国传统社会后期学术文化的发展风貌。徽州传统学术文化空间传播具有传播方式的多样性、传播空间的不平衡性、传播强弱程度的时段性等特点。

(一)徽州区域内的传播与影响

徽州学术文化在区域内的传播,是以文化中心地为源地,向四周所作的传染型传播。[1]其基本途径和方式有以下几种:

其一,作为中心地的书院和府、县学通过广纳学子,传播学术文化。徽州之书院,乃"尊儒重道,栖徒讲学之地"[2]。无论类似歙县的紫阳书

---

[1] 一般认为,文化传播过程主要有两种方式,即膨胀型传播和迁移型传播。膨胀型传播包括传染型传播、等级型传播和刺激型传播。所谓传染型传播是指在这种传播过程中,几乎每个人都受到影响。参见 H.J.德伯里:《人文地理——文化社会与空间》,王民等译,北京师范大学出版社1988年版。

[2] 施璜:《紫阳书院志》卷18《唐皋:紫阳书院记》,雍正三年(1725年)刊本。

院、斗山书院，休宁的海阳书院，祁门的东山书院，婺源的明经书院、福山书院，黟县的碧阳书院等规模较大之所，还是如精舍、书屋、文会、庵、堂等一般的中小型讲学场所，都吸纳了大批徽州学者聚集其中，研讨学术。各书院之从学者人数，虽因史籍缺乏明确记载而无从得知，但我们从书院斋舍之规模或常有书院因学者多至不能容而改建新舍，可以判断在徽州书院中从学者人数之众。比如，徽州最大的书院歙县紫阳书院，在其创建之初，即设六斋以纳来学者，并"庖、湢、廪、厩"俱备。①其后在城内外屡迁，每次重建，居学者之斋舍始终是书院最重要的建筑。迨及明武宗正德七年（1512年），知府熊桂重建，"凡讲堂四周，皆栖士之舍"，同时"拔七校士合四十人入肄其中，自是声教日彬彬乎"②。正德十四年（1519年）郡守张芹迁书院于紫阳山，除了构建堂、斋以为讲学之所外，居来学者之"号舍鳞列"，可见其人数之多。嘉靖四十三年（1564年），郡守何东序重修紫阳书院，一次就选拔徽州六县"文艺之尤者"70人入读书院，"聘教授唐沂、教谕陈良珍主其教，丰其廪饩，时其比试"③。清代在紫阳山之紫阳书院和在城内之所谓"古紫阳书院"者，皆屡扩修，以纳更多学子。紫阳书院如此，一般的书院或讲习场所，也容纳了为数众多的学者。如歙县问政书院，因"规制不称，无以容学者"，而于乾隆三十五年（1770年）重建新舍。元末名儒郑玉讲学于歙县郑村，因"受业者众，玉所居至不能容"④，郑氏门生鲍元康等遂佐乃师新建师山书院，以徽州六县学者为主体的从学者，聚居其中，研讨学术。祁门东山书院在明正德年间初建时，就有"学舍五十间、文会所三间、仰止亭一间、庖四间，以居诸生讲肄其中"⑤。可以想见，"讲肄"于50间学舍的诸生人数，当不在少数。在婺源县北三十里考川的明经书院，元至大（1308—1311年）年间始建时，居然构屋200间，作为祭祀和师生廪饩之用的学田有350亩。动辄

① 施璜：《紫阳书院志》卷18《诸葛泰：紫阳书院记》，雍正三年（1725年）刊本。
② 施璜：《紫阳书院志》卷18《罗玘：重建紫阳书院记》，雍正三年（1725年）刊本。
③ 施璜：《紫阳书院志》卷18《何其贤：重修紫阳书院记》，雍正三年（1725年）刊本。
④ （民国）《歙县志》卷2《学校》。
⑤ （同治）《祁门县志》卷18《邑人李泛东山书院记略》。

拥有数十上百间堂舍的书院,在徽州有关史籍记载中,并不鲜见。而在这些数字背后,反映的是徽州书院吸纳学者人数之多的事实。

为鼓励学子来学,包括地方官员在内的徽州各界对书院及其来学者采取了一系列措施,以保证其正常的学习和研究之需。比如,明正德七年(1512年),推官张鹏曾有《作养人材移文》一篇,就反映地方官员对书院学子的殷切之望和力举之愿。文曰:"紫阳书院之设,非直为观视之美,所以表彰先哲在是,所以风励后学在是……志有定向者,加勉之;志未定者,激昂之,必欲登其上品焉。顾虽次者,且不可自画,况其下乎。子与诸生固当自省也。其膳廪之资,纸笔之费,本职自当措办。诸生其依期而至,相与勗之,所以副吾之望,增紫阳之光者,必有人矣。"①这里,张氏一是期冀书院成为一地学术文化传承的中心地,二则表力扶书院及学子之愿。张鹏对书院及学子的考虑,其实在历代徽州官员中非常普遍。据相关文献记载,历朝历代大多数的徽州地方官员对书院和学子都实施过具体激励措施。至于徽州士绅、商人、宗族捐田捐款以助书院及其学者之事例,在徽州方志和相关文献中,也是俯拾即是。正是徽州各界人士的襄助,确保了在徽州书院中存在一支数量庞大的学者队伍。

书院之外,徽州府、县学也吸纳了相当数量的从学者。徽州立府、县学后,宋元两代,入学者并无名额限制。从其时徽州府、县学的规模上看,入学者应有相当的数量。明清两朝,虽对府、县学生员有名额限制,但附学生员不限额,因此实际在府、县学中从学者,也远在规定名额之上。

徽州书院和府、县学通过广纳学子,成为徽州学术文化人才的培养中心。这些从学者主要来自徽州境内各县,除一部分人因科考而步入仕途,以后随宦迹所至,在异地传播学术文化之外,大部分人则终究会散处徽州各地。正是通过后者,徽州学术文化得以在境内传播。此为徽州学术文化在区域内传播的第一条途径。

---

① 施璜:《紫阳书院志》卷14《张鹏:作养人材移文》,雍正三年(1725年)刊本。

其二，书院通过开展多种学术活动，在徽州区域内传播学术文化。

作为讲学之地，徽州书院最主要的学术活动是讲学活动；也正是借讲学活动，作为中心地的书院，将学术文化推及徽州全境。

对于讲学之意义，徽州学者素来有比较深刻的认识。明末休宁学者金声曾说："学安得不讲，讲学之功，岂特如饥之求食，寒之求衣，囹圄之求出焉。"[1]金氏对讲学重要性的这等认识，在徽州学者中，颇具代表性。关于讲学与书院相辅相成的关系，历来徽州学者也非常重视。乾隆年间，徽州学者施璜在《还古书院志缘起》中曾说："盖振古以来，道之昌明，必赖讲学；讲学以开来继往，必藉敬业乐群之所。"[2]汪嘉淳在《还古书院志跋》中谓："新安自子朱子主教天宁，海内称为东南邹鲁。今欲集良师益友切究而讲明之，则非书院无以为之所，非春秋会讲无以为之证矣。"[3]基于这种认识，历代徽州学者多依托书院或书舍、讲堂而开展讲学活动。如南宋徽州学术文化的重要代表人物程大昌曾在当地修建"西山书院"，作为研讨理学、讲学授徒、传播学术的场所。[4]不少徽州学者拜在程氏门下，得登学术文化之殿堂。如休宁五城人黄何（字景肃）从学于程大昌，登乾道丙戌（1166年）年进士，历任处州、岳州等地知府。据《徽州府志》记载，黄何秉承程大昌治学心法，"为学以格物穷理为宗，尤深于洪范阴阳消长之说，为后进宗师"[5]。元季学术大师郑玉，曾在歙县筑师山书院，"集诸朋游，讨论《春秋》笔削之旨"[6]，徽州从之学者如云。其主要弟子分布于徽州六县，黄宗羲《宋元学案》有《师山学案》载其源流。[7]此外，宋儒吴儆之于竹洲书院、许月卿之于山屋书院、俞皋之于心远书院，元儒胡炳文之于龙川书院、方回之于西畴书院、曹泾之于初山精

---

① 施璜：《还古书院志》卷15《金声：还古书院会序》，道光二十三年（1843年）刊本。

② 施璜：《还古书院志》卷首《还古书院志缘起》，道光二十三年（1843年）刊本。

③ 施璜：《还古书院志》卷末《汪嘉淳：还古书院志跋》，道光二十三年（1843年）刊本。

④ （道光）《休宁县志》卷3《考废》。

⑤ （弘治）《徽州府志》卷7《人物》。

⑥ 程敏政：《新安文献志》卷49《郑待制》，弘治三年（1490年）刊本。

⑦ 黄宗羲原著、全祖望补修：《宋元学案》卷94《师山学案》，中华书局1986年版。

舍、胡一桂之于湖山书院、汪克宽之于中山书堂、倪士毅之于遗经楼，明儒姚琏之于凤池书院、唐仲实之于三峰精舍、朱升之于枫林书院、赵汸之于东山精舍、余懋衡之于富教堂、葛应秋之于石丈斋，清儒陈二典之于曙戒山房、江永之于不疏园等，皆学者依托书院或讲堂，通过讲学活动，在徽州境内传播学术文化之典型事例，史籍记载备焉。当然，从徽州学术文化传播历史来看，形成规模的讲学活动，还是以紫阳书院、还古书院、斗山书院、天泉书院等著名书院的会讲活动最为突出。兹以还古书院为例，略述徽州书院通过讲学活动以传播学术文化之状于下。

还古书院由知县祝世禄等始建于明万历二十年（1592年），系休宁阖邑"讲道坛席"①。康熙四十二年（1703年）的一份《修葺还古书院示》称："新安讲学之风，甲于天下，而还古书院春秋会讲，名儒叠出，几与紫阳并隆千古。"②《还古书院志藏板记》亦曰："还古者，明中叶祝石林玺乡知县事时，偕乡先生邵翼廷奉常所建也。大会常至千余人，号为极盛。"③从《还古书院志》所记相关内容看，此言非虚。所谓春秋会讲，系指还古书院每年举行的两次会讲活动。《还古会仪》规定："会期每举三日，每岁两举。春定于清明后三日，第四、五、六三日；秋定于中秋前三日，十一、二、三三日。"关于会讲的仪式、程序、会讲内容以及注意事项等，《还古会仪》与《还古书院规则》皆有详细规定。而参加人员，按照《还古书院规则》所定，几乎囊括了徽州六邑各种身份的士民。④据《会纪》所载，还古书院之春秋会讲，每次临会的徽州学术骨干，少则50人上下，多则超过100人。⑤而六邑大会，规模更大，临会者往往数百乃至上千人。如此大规模的会讲，影响所及，达于徽州全境。

还古书院之外，徽州其他著名书院也有大规模的讲学活动。比如歙县

---

① 施璜:《还古书院志》卷首《还古书院志例言》,道光二十三年(1843年)刊本。

② 施璜:《还古书院志》卷15《修葺还古书院示》,道光二十三年(1843年)刊本。

③ 施璜:《还古书院志》卷首《还古书院志藏板记》,道光二十三年(1843年)刊本。

④《还古会仪》和《还古书院规则》俱见《还古书院志》卷10,道光二十三年(1843年)刊本。

⑤ 施璜:《还古书院志》卷12《会纪》,道光二十三年(1843年)刊本。

斗山书院，明代嘉靖、万历年间，著名学者湛若水、邹守益、王畿等曾于此讲学，徽州听讲者甚众。徽州书院的讲学活动，以其存在时间长、规模大、影响广而成为书院最重要的学术活动。它与书院的其他学术活动，如师友切磋、印行书籍等，构成了徽州学术文化在境内传播的第二条途径。

其三，学者著书立说，传播学术文化。

徽州向来称"文献之邦"。其重要原因之一，在于宋代以来徽州学者所著书异常丰富。《四库全书》收录的徽人重要著作有210种，道光《徽州府志》著录了3332种，涵盖经史子集4大类，数十门类。据估计，历史上徽人著述总数，当在8000种左右。著作一方面是学者本人探讨学术的成果结晶，另一方面也是学术文化传播的重要载体。书籍在徽州境内的流传，同时即学术文化之传播过程。

历史上徽州学者著述，究竟有多少种在徽州境内流传，今已无从考证。但就常理而言，其数目当不在少数。明初学者赵汸在《留别范季贤序》中称："仆之乡先生皆善著书，所以羽翼夫程朱之教者，俱有成说。仆自幼即已受读。"[①]此言说明两点：一是徽州学者阐扬朱子之学的学术文化著述，数量多且涉及面广。二是这些著述在徽州流传甚广，故赵氏从小即已受读。有关传记资料表明，出生于休宁的赵汸早年受学在徽州，乃师为徽州一代名儒汪古逸。[②]徽州学者著作中，有相当数量的著述乃是专门为徽州学子入传统学术文化之门而著，流传之地，更应主要在徽州；或者说，徽州是其主要流传地。比如，明初歙县名儒朱升为便于学者登学术奥堂，发明了"旁注诸经"阐明经书奥义的方法，并先后编撰了《书旁注》《诗经旁注》《周官旁注》《仪礼旁注》《礼记旁注》《大学中庸旁注》《论语孟子旁注》《周易旁注》《孙子旁注》《孝经小学旁注》《道德经旁注》等著述。[③]这些著述的编辑之地在徽州，首先受读的学者，亦为紫阳书院中的

① 赵汸：《东山存稿》卷2《留别范季贤序》，四库全书本。
② 赵汸：《东山存稿》卷首《汪仲鲁：东山存稿原序》，四库全书本。
③ 程敏政：《新安文献志》卷76《朱学士传》，弘治三年（1490年）刊本。

学者。①此外，休宁程若庸之《性理字训讲义》、婺源胡方平之《〈易本义〉启蒙通释》、婺源程复心之《四书章图》等，均为在徽州流传甚广、专为学者入学术文化之门的徽人著述。借助这些著述在徽州境内的流传，徽州学术文化因之得到广泛传播。

书院讲义是徽州学者立说的重要成果，它的直接受学对象，主要是徽州六县的学子。因此，讲义也同徽州学者著述一样，成为传播学术文化的重要载体。宋元之交的休宁学者程逢午（字信叔），曾于元贞二年（1296年）出任紫阳书院山长，著有《中庸讲义》3卷。该讲义一本朱熹之说，又辑录《语录》"猎而贯之"②，引朱熹之语疏证朱熹之学说，务在得朱子之学本旨。赵汸曾推崇程氏之讲义"益畅朱子之旨以为教，学者多所发焉"③。清初休宁学者杨泗祥（字瑞呈）一生以"会友讲习为当务之急"，史称其"凡会讲，虽病必赴，讲义多为世所传诵"④。南宋以降，类似程、杨二氏编撰讲义传播学术文化者，在徽州学者中相当常见。如元休宁名儒吴锡畴编有《讲义》若干卷⑤、宋元之交休宁学者黄智孙有《四书讲义》200卷⑥、曾任紫阳书院山长的歙县名儒曹泾有《讲义》4卷⑦、曾任县学教谕十余年的歙县吴霞举有《讲义》百篇⑧、清初歙县人吴曰慎（字徽仲）有《西铭通书讲义》⑨等。明中叶以后，紫阳书院、还古书院等在开展会讲活动时，于讲义尤为重视。紫阳书院的《会约》明确规定："六经四子先正格言，关系枢笺者，是为吾道之荃蹄。每会会宗预选一章，衍为讲

① 施璜《紫阳书院志》卷16《会纪》:朱升"讲学读书于紫阳祠，与郑师山(玉)、倪道川(士毅)、金元忠(居敬)、汪蓉峰(睿)等相与讨论，始作《尚书旁注》。寻命诸生用其义例，成《六经》《四书》旁注"。

② 程瞳:《新安学系录》卷10《程逢午遗事》，康熙三十五年(1696年)绿荫园重修本。

③ 程瞳:《新安学系录》卷10《程逢午遗事》，康熙三十五年(1696年)绿荫园重修本。

④ 施璜:《紫阳书院志》卷12《列传》，雍正三年(1725年)刊本。

⑤ 程瞳:《新安学系录》卷9《吴兰皋传》，康熙三十五年(1696年)绿荫园重修本。

⑥ 程瞳:《新安学系录》卷10《黄草窗行实略》，康熙三十五年(1696年)绿荫园重修本。

⑦ 施璜:《紫阳书院志》卷9《列传》，雍正三年(1725年)刊本。

⑧ 程瞳:《新安学系录》卷13《吴教谕遗事》，康熙三十五年(1696年)绿荫园重修本。

⑨ 施璜:《紫阳书院志》卷12《列传》，雍正三年(1725年)刊本。

义。会正分撰一章，会生有能自撰一章者，尤见用功之勤。会前二三日誊发同会，参互较订，期于精切明妥。会日进讲，择会生以次宣读，听者体贴入身，印正心体，必大有益，非以为谈柄也。"①还古书院则提出"讲义乃阐明圣贤精蕴，贵发前人所未发。又宜无偏无陂，纯粹中正，不背子朱子之意者为佳"②，强调"义不讲不明，讲义所以讲明圣贤之蕴也；会无讲义，无以见所会之正已"③。显然，书院讲义成为传播学术文化的重要媒介。

徽州学者的著述以及立说之讲义在徽州境内的流传，带来学术文化的传播，这是显而易见的结果。当然，徽州学者著述，并非仅在徽州境内流传；读者亦非全是徽州学子。因此，作为传播学术文化的途径，它既是徽州学术文化在境内的传播之途，也是在徽州境外的重要传播方式。

其四，通过家族授受，传播学术文化。

学术通过家族授受而传播，这是中国古已有之的学术文化现象。唐宋以后，学校兴起，学术传授之途日广，但不少世家大族依然保持了这一传统。徽州多世家大族，这些大族往往重经学传家，信奉"遗子黄金满籝，不如教子一经"④的格言，故徽州学术文化在徽州境内的传播，家族授受成为一条重要的途径。与宗族设立书院、延聘名儒以传播学术文化之途径不同，家族授受之途径，其传授者和受学者，皆为家族或宗族成员。借此传播途径，徽州传统学术文化代表人物中，有不少人的学术源自其家族成员。南宋婺源学者胡允（字方平，号玉斋）为朱熹三传弟子，以治《易》为学术特色，著有《〈易本义〉启蒙通释》《外翼》《易余闲汇》诸书。后胡允学术传乃子一桂（字庭芳，号双湖），一桂著有《〈易本义〉附录纂疏》《易学启蒙翼传》等书，遂为宋元之交易学名家。胡一桂曾自言："某五六岁而读父书，十二三而能文……伏读家君《易启蒙通释》，吾易门庭

---

① 施璜：《紫阳书院志》卷15《会规》，雍正三年（1725年）刊本。

② 施璜：《还古书院志》卷首《还古书院志例言》，道光二十三年（1843年）刊本。

③ 施璜：《还古书院志》卷13《讲义》，道光二十三年（1843年）刊本。

④《绩溪城西周氏宗谱》卷17《一经堂记》。

既已获入。独谓《本义》提纲振领，而节目未详，于是又取语录而附之，纂集诸说，间赘已意……"[1]可知一桂入学术之门以及形成以治《易》为特色的学术风格，皆与家学渊源有关。陈栎（定宇）在《胡双湖祭文》中说:"儒者明经，莫难于《易》。先生家学，《易》乃世习。……《附录纂疏》，海内广传。玉斋为父，双湖为子，《启蒙通释》，并传济美。"[2]这是徽州学术通过家族授受而传播的典型例子。胡氏父子之事例，在徽州学术文化传播史上，并非个案。比如，明初歙县学者朱同（字大同，号石门，别号紫阳山樵），系名儒朱升之子。史籍言其"幼时资敏绝人，父枫林公以《周官》《仪礼》课之，故先生优于典制。枫林表彰朱子，而先生尤崇正学"[3]。这里说明了两点:一是朱同学术，受之于乃父;二是因朱升尊奉朱子之学而致朱同之学术亦推崇"正学"。清初开一代学术风气之先的婺源江永，其学术亦源于家学。《江慎修先生年谱》记载:江永六岁始，"庭受父训，日记数千言。父奇其敏，以远大器期之，因以《十三经注疏》口授"[4]。后江永于《十三经注疏》"研覃"不已，形成了"凡古今制度，又钟律、声韵、舆地，无不探赜索隐，测其本始，而于天文地理之术尤精"[5]的学术风格。江氏一生的学术起步，在于《十三经注疏》;而始授者，则是乃父江期。此外，还有清代绩溪胡氏，更是家族授受传播学术文化的典型。从徽州方志及绩溪胡氏宗谱等文献记载来看，开清代绩溪胡氏家族学术风气之先者，为胡廷玑。廷玑字瑜公，以选贡入太学，后因父母年高，"居家课读四子，诸经皆有随笔集说"，而尤以《周易》和三礼为专。休宁名儒赵继序谓其"解经独有心得"[6]。受学于廷玑的四子中，第三子胡清臮学术成就最高。清臮为岁贡生，"幼随父读书，即知笃志圣贤之道。其学刻苦自励，以致知力行为本，剖析义理，不肯苟同"。著有

---

① 程瞳:《新安学系录》卷11《遗事》，康熙三十五年(1696年)绿荫园重修本。

② 程瞳:《新安学系录》卷11《遗事》，康熙三十五年(1696年)绿荫园重修本。

③ 施璜:《还古书院志》卷7《传》，道光二十三年(1843年)刊本。

④ 汪世重、江锦波:《江慎修先生年谱》。

⑤ 支伟成:《清代朴学大师列传》第5《江永》，岳麓书社1986年版。

⑥ (嘉庆)《绩溪县志》卷10《文苑》。

《四书著说参证》《尚书存真》《诗经积疑》《春秋两端》《礼经辨误》等书。时人表彰其《四书著说参证》一书"推阐道源，补苴罅漏，洵为朱子功臣，而性情之辨，尤足正两汉以来诠解之误"①。胡氏学术第三代传人是清焘诸子匡裁、匡襄、匡衷和清煦之子匡宪。胡氏匡字辈学者虽学术成就高下有别，但学术特色鲜明，风格几近，传承的均是家学。第四代传人中，成就最高者是胡秉虔。秉虔字伯敏，号春乔，为匡宪之子、匡衷之侄。擅长"小学"，于古韵和《三礼》的研究尤其精到。所著《周易小识》《毛诗集释》《周礼小识》等书40余种，被纪昀、王念孙等誉为"所论细入毫芒""发扬绝学"②。第五代代表人物胡培翚（字载屏，号竹村）是匡衷之孙，曾多年从学于族叔祖匡宪和叔父秉虔。学术以治《礼》为特色，所著《仪礼正义》40卷有"张皇幽渺，阐扬圣绪二千余岁绝学"③之誉。上述胡氏诸儒"一门数世，自相师友"④，匡衷、秉虔、培翚三人因礼学研究成就突出，风格一致，学术渊源一脉，被称为"绩溪礼学三胡"⑤。由上观之，在徽州学术文化区域内的传播中，家族授受，乃是重要途径之一。家族之授受传播，看似乃纵向的传承而非横向的空间传播，其实，随着家族成员的分爨以及在徽州境内的迁徙流动，体现的依然是学术文化的空间传播。

徽州学术文化在境内的传播，主要途径为上述四种。在境内传播的直接影响，是导致了徽州区域内学术文化的整合，并在不同时期有不同的一体化现象。南宋时期，朱熹及其徽籍弟子在徽州境内通过讲学等方式传播朱熹学说，徽州六县学术文化一统于朱子之学。这里，存在着一个整合的过程。因为在此之前，徽州学术文化并非纯然一色。正如朱熹在《书徽州

---

① （嘉庆）《绩溪县志》卷10《文苑》。

② 绩溪县地方志编纂委员会编：《绩溪县志》第32章《人物传记》，黄山书社1998年版。

③ 绩溪县地方志编纂委员会编：《绩溪县志》第32章《人物传记》，黄山书社1998年版。

④ 徐世昌：《清儒学案小传》卷10。

⑤ 王集成：《绩溪经学三胡先生传》，载《浙江省图书馆馆刊》4卷6期，1935年12月。

婺源县〈中庸集解〉板本后》中所说，其时徽州"儒风虽盛而美俗未纯，父子兄弟之间其不能无愧于古者多矣"[①]。徽州学者或为功名计，溺心于科举程式之习，如吴垕（字基仲）等[②]；或出入释老，关注杂学，如婺源李绘（字参仲）等[③]；或心仪他派，尊奉另说，如婺源程洵（字钦国，后更字允夫）等。[④]通过朱熹及其徽籍弟子的学术文化传播活动，致力于科举的学者，转而求圣人之学。如吴垕后来"私淑考亭之说，虽党事起，笃好不移"，著有《自胜斋集》6卷、《雪窗二十咏》等，皆本于"朱子之学"，发明性命道德之要。[⑤]一些心仪他派，尊奉另说者，也都重立学术宗旨。如程洵为学，初尊眉山苏氏，并认为程、苏之道相同。朱熹与他辩难数千百言，结果程洵转而致力于《论语》《孟子》和濂洛诸书，剖析推明，入"圣人之学"[⑥]门槛。徽州学术文化因区域内的传播活动而整合，最后统一于朱子之学。有元一代以及明前期，徽州六县之学术文化中心地——府、县学以及大小书院，皆以传播朱子之学为要务，虽学界有悖于朱子之学的"异说"泛滥，而徽州学术文化以朱子之学为宗旨的特色得到进一步强化。明中后期，在徽州部分学者依然固守、传播朱子之学的同时，心学大师湛若水以及王学重要代表人物王艮、王畿、邹守益等人相继入徽讲学，依托还古书院、天泉书院、斗山书院等学术文化中心地，在徽州境内传播心学，因此徽州学术文化重新整合，形成了朱子之学与心学杂存的学术文化格局。清初汪德元、杨泗祥、汪知默、陈二典、吴曰慎、施璜等学者倡复朱子之学，立书院讲学宗旨和讲会会规，"春秋集讲，文物衣冠，彬彬一堂，尽去旧习，化为尊孔宗朱坛席"[⑦]。徽州学术文化再次出现朱

---

① 程敏政:《新安文献志》卷22《朱文公:书徽州婺源县〈中庸集解〉板本后》，弘治三年(1490年)刊本。

② 程曈:《新安学系录》卷8《吴自胜遗事》，康熙三十五年(1696年)绿荫园重修本。

③ 程曈:《新安学系录》卷3《程允夫:行状》，康熙三十五年(1696年)绿荫园重修本。

④ 程曈:《新安学系录》卷7《程克庵传》，康熙三十五年(1696年)绿荫园重修本。

⑤ 程曈:《新安学系录》卷8《吴自胜遗事》，康熙三十五年(1696年)绿荫园重修本。

⑥ 程曈:《新安学系录》卷3《程允夫:行状》，康熙三十五年(1696年)绿荫园重修本。

⑦ 施璜:《还古书院志》卷12《会纪》，道光二十三年(1843年)刊本。

子之学一统的局面。清乾隆、嘉庆年间，婺源江永、休宁戴震等人创导"求是"学术宗旨，讥薄宋儒讲求义理乃是凿空之言，侧重于音韵、天文、地理、名物、典章制度的训诂、考证，开徽派朴学风气之先。江、戴等人以"不疏园"为传播其学说之中心地，吸纳徽州六县之学者研讨其中，徽州学术文化因此丕变，出现朴学独盛的局面。徽州学术文化的几度整合和一体化现象，皆是徽州境内学术传播的结果。

（二）徽州区域外的传播与影响

徽州学术文化区域外的传播，若归类的话，属于膨胀型传播中的等级型传播。①其基本途径和方式，主要有两种：

1.以人物迁徙为传播学术文化之途径

徽州学术文化人物在徽州境外的迁徙，包括两种情形：一是宦游他乡，二是讲学异地。这两种情形，都是以人物为中心的学术文化传播之途。

从历史上看，徽州学术文化代表人物大多深得儒家积极入世的人生要旨，他们关注政治、关注现实，乐于仕进。《大学》所说的诚意、正心、修身、齐家、治国、平天下，在徽州学者看来，其中并无偏废。正是有此观念，兼之徽州学者擅长科考入仕，故徽州学术文化代表人物因任官而游他乡者甚众。他们往往在任官之地，讲学授徒，传播学术文化。这里，略举数人，以见一斑：

《宋史·朱熹传》记载，朱熹"年十八贡于乡，中绍兴十八年进士第。主泉州同安簿，选邑秀民充弟子员，日与讲说圣贤修己治人之道，禁女妇之为僧道者"②。朱熹之及门弟子程洵任衡阳簿时，与典州事的临江刘清之经常"相与讲所疑，上自圣贤精义致用之要，下至古今属辞比事之旨，

---

① 等级型传播属于膨胀型传播的一种,它有两层含义:一是某种思想或发明在核心地得到发展、保持兴旺的同时,还继续向外传播;二是这种向外传播,并不影响到其他区域的整个集体,而只影响到某一部分人群。参见 H.J.德伯里《人文地理——文化社会与空间》,王民等译,北京师范大学出版社1988年版。

② 脱脱等:《宋史》卷429《朱熹传》,中华书局1985年版。

无所不及。风晨月夕，杯酒流行，则又更倡迭和"，当时"士友云集，登其门者，如出文公之门"①，可见程洵传播徽州学术文化宗旨之力。明前期休宁名儒汪循，曾"独与王伯安论学，谆谆反覆，谓不能无疑者四，足为妄诋朱子之戒"②，是徽州学术文化中坚定的朱子之学维护者。他于弘治丙辰（九年，1496年）登进士第，出为永嘉令，在此任上，力行《吕氏乡约》，"毁淫祠几尽，创鹿城书院，祀温之先哲，凡忠节理学，皆表彰之"③。汪氏是又一位以宦游途径传播学术文化的典型。还有"学宗程朱，期以实践"的休宁学者范涞，登万历甲戌二年（1574年）进士，始任南城县知县。方志言其在此任上，"劝农兴学，善政毕举"④，政事之余，则在后堂读书，别无其他世俗爱好。后屡迁至南昌知府，更热衷讲学。他每月2次召集郡学诸生，"讲求名理，勉以躬行"⑤，并向朝廷推荐了布衣章潢，举人邓元锡、刘元卿等名士。类似上述徽州学术文化代表人物在徽州境外亦官亦教的事例，在南宋以降徽州600多年的历史上，不胜枚举。还有不少徽州学者所任之官，即为传授学术文化之教谕、教授乃至国子监祭酒等职。如南宋休宁名儒程大昌，早年曾担任过太平州教授一职，后亦任过国子监祭酒⑥；朱熹及门弟子婺源人滕璘于淳熙八年（1181年）科举及第，调鄞县尉，教授鄂州⑦；同样是朱熹及门弟子、有"言行醇正，为时名儒"之称的祁门人谢琎，于宝庆二年（1226年），出任迪功郎龚州助教⑧；宋元之际的程龙，于咸淳七年（1271年）考中进士，先后任黄州黄陂县主簿、安庆府教授等职⑨；元代学术名家胡云峰（炳文）弟子婺源人程质，著有

① 程瞳：《新安学系录》卷7《程克庵传》，康熙三十五年（1696年）绿荫园重修本。

② 施璜：《还古书院志》卷7《传》，道光二十三年（1843年）刊本。

③ 施璜：《紫阳书院志》卷9《列传》，雍正三年（1725年）刊本。

④ （嘉庆）《休宁县志》卷12《人物》。

⑤ 张廷玉：《明史》卷283《儒林二》，中华书局1974年版。

⑥ 程敏政：《新安文献志》卷68《程公大昌神道碑》，弘治三年（1490年）刊本。

⑦ 程瞳：《新安学系录》卷7《滕溪斋墓志铭》，康熙三十五年（1696年）绿荫园重修本。

⑧ 施璜：《紫阳书院志》卷8《列传》，雍正三年（1725年）刊本。

⑨ 程瞳：《新安学系录》卷10《程荀轩家传略》，康熙三十五年（1696年）绿荫园重修本。

《大学释旨》，曾任山阴教授[①]；元代婺源人程文，因参与修撰《经世大典》，书成后按照惯例被授予儒学教授，曾历任怀孟教授、临清漕运万户教授等职[②]；清代学术名家歙县人程瑶田，于乾隆三十五年（1770年）考中举人，选授嘉定县教谕。在此任上，程瑶田"以身率教，廉洁自持"，深得时人赞许。王鸣盛则有诗称赞："官惟当湖陆，师则新安程。一百五十载，卓然两先生。"[③]上述学者，是徽州学术文化代表人物中，曾任外郡教谕、教授的部分成员。此外，有一些出任外郡书院山长的学者，也属于朝廷命官，他们的身份，与府、县学之教授、教谕相类。如南宋歙县学者祝洙（字宗道），系朱熹及门弟子祝穆之子，著有《四书集注附录》。宝祐四年（1256年）进士，授迪功郎、涵江书院山长。[④]以上各类人物的讲学活动，均属于因居官而在徽州境外传播学术。

另一种情形，则是徽州学术文化代表人物讲学异地。这些学者，并非因官而迁徙外地，而是受邀前往讲学课徒，专事学术文化传播。比如南宋休宁学术名家程若庸，淳祐年间被聘为湖州安定书院山长。冯去疾创临汝书院于抚州，复聘若庸出任山长，"为诸生讲说朱子之学"[⑤]。咸淳四年（1268年）登进士第后，授福建武夷书院山长。[⑥]学士危素曾表彰程若庸说："宋季士习，惟以进取为务。程先生尝游石洞饶氏之门，独以朱子之学授诸生。"[⑦]方志称他"屡主师席，及门之士最盛"[⑧]。范元奕、金若洙、吴锡畴、程钜夫及外郡的吴澄等人，都是若庸门下弟子中的佼佼者。元代婺源学术大家胡云峰一生虽无功名，但长期在徽州境内外讲学，致力于学术文化的传播。曾任信州道一书院山长、新安明经书院山长，与倡"晦庵

① 程瞳：《新安学系录》卷16《门人无记述文字者》，康熙三十五年（1696年）绿荫园重修本。

② 黄宗羲原著、全祖望补修：《宋元学案》卷94《师山学案》，中华书局1986年版。

③ （民国）《歙县志》卷七《人物志·儒林》。

④ 程瞳：《新安学系录》卷8《祝博士》，康熙三十五年（1696年）绿荫园重修本。

⑤ 吴澄：《吴文正集》卷27《赠许成可序》，四库全书本。

⑥ 黄宗羲原著、全祖望补修：《宋元学案》卷83《双峰学案》，中华书局1986年版。

⑦ 程瞳：《新安学系录》卷9《程徽庵遗事》，康熙三十五年（1696年）绿荫园重修本。

⑧ （嘉庆）《休宁县志》卷12《人物》。

之学"的吴澄有过往来。《元史·胡云峰传》称其以易名家,"东南学者宗之"①。清代休宁学者赵继序于乾隆六年(1741年)中乡试第二名,除在徽州境内长期会讲于紫阳、还古两书院外,还主持过境外直隶鸳亭、江西白鹭洲讲席,"一事一言,必折衷于圣人之经,以穷理尽性为宗旨,以躬行实践为功修"②。开徽派朴学风气之先的婺源名儒江永,虽一生大部分时间在徽州境内讲学著书,但也有在徽州境外传播学术的经历。"一至江西,应学使金德瑛之招也;一游京师,以同郡程编修恂延之也"③。特别在京师讲学时,一时名士如方苞、吴绂等与之交流甚密。戴震《江慎修先生事略状》记载:"三礼馆总裁桐城方侍郎苞素负其学,及闻先生,愿得见,见则以所疑《士冠礼》《士昏礼》中数事为问,先生从容置答,乃大折服。而荆溪吴编修绂,自其少于礼仪功深,及交于先生,质以《周礼》中疑义,先生是以有《周礼疑义举要》一书。此乾隆庚申、辛酉间也。"④此前,江永还因侍父参加科考,至江宁,居同族江羲文家,以教书为业3年。徽派朴学的"开宗"戴震,在徽州境外的学术传播与影响,较之乃师江永更广。有关戴氏之传记及年谱叙其徽州境外之行迹甚详。⑤清代在徽州境外传播学术文化者中,还有一位著名人物是胡培翚。胡氏于道光十三年(1833年)辞官,致力于教学著述,并创办了东山书院。他曾讲学于钟山书院、惜阴书院以及徽州、江宁、云间、庐州、泾川等地的书院,"日课月试",培养了一批弟子。史称其"每至一处,负笈从之者恒数百人。所成就,半海内知名士。卒之日,四方吊者万人"⑥。此外,还有明季休宁学者汪瑗曾从无锡高世泰游,讲学东林书院⑦;明末休宁名儒汪佑曾与

---

① 程曈:《新安学系录》卷12《胡云峰遗事》,康熙三十五年(1696年)绿荫园重修本。

② (嘉庆)《休宁县志》卷12《人物》。

③ 江藩:《国朝汉学师承记》卷5《江永》,中华书局1983年版。

④ 张岱年主编:《戴震全书》之32《东原文集》卷12《江慎修先生事略状》,安徽古籍丛书第2辑,黄山书社1995年版。

⑤ 凌廷堪:《校礼堂文集》卷35《戴东原先生事略状》,中华书局1998年版。

⑥ 参见绩溪县地方志编纂委员会编:《绩溪县志》第32章《人物传记》,黄山书社1998年版。

⑦ (嘉庆)《休宁县志》卷12《人物》。

著名学者薄子珏、杨维斗等讲学于姑苏[①]等等，皆徽州历史上学者在境外讲学的典型事例。这些在异地专事学术文化传播的学者，与因居官而在徽州境外传播学术者，共同构成了徽州学术文化以人为中心传播于外的重要一途。

2.以书籍流布为传播学术文化之途径

以人为传播途径之外，通过书籍在境外的流传而传播学术文化，是徽州学术文化传播于外的又一主要途径。历史上体现徽州学者学术思想之著述，数量众多，其流传情形，无法一一考证。《四库全书》收录的徽州学者著作，系徽州学术文化之代表作。这里，笔者对《四库全书》收录的徽州学者210种重要著作之采进地作归类统计，以反映其大致流传之状。

表3-1　《四库全书》收录210种徽州学者著述采进地分类表

采进源	经部	史部	子部	集部	总计
永乐大典本	2	—	1	2	5
内府藏本	6	3	1	5	15
编修励守谦家藏本	1	—	—	—	1
两淮马裕家藏本	2	2	2	6	12
两江总督采进本	14	2	3	5	24
安徽巡抚采进本	14	2	5	14	35
山东巡抚采进本	2	—	—	1	3
编修郑际唐家藏本	2	—	—	—	2
江苏周厚堉家藏本	9	1	1	—	11
浙江吴玉墀家藏本	4	—	1	—	5
浙江巡抚采进本	8	5	8	3	24
江苏巡抚采进本	5	3	1	1	10
通行本	4	—	1	—	5

---

① 施璜：《紫阳书院志》卷12《列传》，雍正三年（1725年）刊本。

采进源	经部	史部	子部	集部	总计
编修程晋芳家藏本	1	2	1	—	4
少詹事陆费墀家藏本	1	—	—	—	1
浙江鲍士恭家藏本	1	2	1	5	9
副都御史黄登贤家藏本	2	2	3	—	7
江西巡抚采进本	1	—	2	1	4
浙江汪启淑家藏本	2	2	—	—	4
桂林府同知李文藻刊本	1	—	—	—	1
兵部侍郎纪昀家藏本	1	1	—	—	2
编修汪如藻家藏本	—	2	—	3	5
浙江郑大节家藏本	—	1	—	—	1
两淮盐政采进本	—	2	1	1	4
大学士于敏中采进本	—	1	—	—	1
浙闽总督采进本	—	—	1	—	1
直隶总督采进本	—	—	1	—	1
浙江朱彝尊家曝书亭藏本	—	—	1	—	1
浙江孙仰曾家藏本	—	—	—	6	6
浙江汪汝瑮家藏本	—	—	—	3	3
庶吉士戴震家藏本	—	—	—	1	1
未详	—	—	—	2	2
总计	83	33	35	59	210

　　清乾隆皇帝登基后,"稽古右文",迭下诏书,令"中外搜访遗书"。《四库全书》馆之图书,系由各省督抚采进,"在坊肆者,或量为给价。家藏者,或官为装印,其有未经镌刊,只系抄本存留者,不妨缮录副本,仍

将原书给还"①。各省所进之书，基本上采自当地。因此，由书籍的采进地，从一个侧面可见书籍之流传情形。据表3-1，徽州学术文化210种代表作，除安徽巡抚采进本35种、两江总督采进本24种可能在采进时与徽州地域有关外②，其他151种皆在徽州境域之外采进。它说明了三点：其一，作为徽州学术文化载体的徽州学者著述，有相当数量传播到了徽州境域之外。这一比例在这里达到了71.9%。其二，书籍的传播范围甚广，涉及的总督和巡抚辖地有两江、浙闽、直隶、安徽、山东、江苏、浙江、江西等处。其三，徽州学术文化著述传播的重点区域当在东南，表中数字显示，仅江苏、浙江两地采进的著述就高达94种，占全部数量210种的44.8%（两江总督采进本、通行本、未详2种均未计算在内）。从书籍流传来看，徽州学术文化在境外传播，此为重要途径之一。

通过人和书籍两条主要的途径，徽州学术文化在境外得到广泛的传播。境外广泛传播的结果，导致徽州学术文化对中国封建社会后期学术文化的发展，产生了重大影响。比如徽州学者关于"朱陆异同"问题探讨对学界的深刻影响，即是一例。

关于"朱陆异同"的问题，是南宋以降中国传统学术文化史上的焦点问题之一。徽州学术文化中，关于该问题，有非常丰富的学说。具体而言，其说有二：

一是主张朱陆"早异晚同"，持此说代表性的人物是休宁名儒赵汸和程敏政。赵汸初游虞集之门时，就虞氏等人"朱陆二氏立教所以异同"问题，写了《对问江右六君子策》③。其中提出，朱子之学与陆学的"入德之门"虽有差异，但朱、陆二人晚年对各自为学之弊，均有察觉，并以期修正。赵汸认为，朱熹与陆九渊二人已"合并于暮岁"。受赵汸的影响，程敏政著有《道一编》6卷，该书依据朱熹、陆九渊两家之往还信件，论

---

① 永瑢等：《四库全书总目》卷首《圣谕》，中华书局1965年版。

② 清初江南、江西两省合称两江。康熙后，江南分为江苏、安徽两省，两江总督统辖江苏、安徽、江西三省。徽州隶属安徽，故在两江总督管辖范围之内。

③ 赵汸：《东山存稿》卷2《对问江右六君子策》，四库全书本。

证朱、陆两家学说"始异而终同",并指出其"始焉如冰炭之相反""中焉则疑信之相半""终焉若辅车之相依"①的变化过程。至程敏政,徽州学术文化中朱陆"早异晚同"之说遂大成。程氏《道一编》后传播于徽州境外,对明代心学大师王阳明产生了重要影响。陈建说:"程篁墩著《道一编》,分朱陆同异为三节,始焉如冰炭之相反,中焉则疑信之相半,终焉若辅车之相依,朱陆早异晚同之说,于是乎成矣。王阳明因之,遂有《朱子晚年定论》之录,与《道一编》辅车之说,正相唱和。"②嘉靖三十一年(1552年),崇阳汪宗元在《道一编后序》中也指出了程敏政之说与王阳明朱子晚年定论的关系。汪氏说:"晦庵之道,学者童而习之,昭如日星,固已章明于天下。象山乃蒙无实之诬,人皆以禅学目之,四百余年,莫之辨白。此篁墩先生当群哓众咻之余,而有道一之编也。继是而得阳明先生独契正传,而良知之论明言直指,远绍孟氏之心法,亦是编有以启之也。"③《明史·儒林传》谓:王学之出,"门徒遍天下,流传逾百年"④。从王阳明身上,则可见徽州学术文化对明代中期以后学术文化发展的影响。

二是力主朱陆之异,持此观点的代表人物是休宁人程瞳。程瞳生当"正(德)、嘉(靖)之际,禅陆盛行",一生以"崇正道,辟邪说"⑤自任。为批驳"早异晚同"之说,程氏专门收集了《朱子年谱》和朱熹文集中辨正"异学"的有关语录,著成《闲辟录》一书。《四库全书》馆臣曾评价该书"门户之见太深,词气之间,激烈已甚"⑥。《闲辟录》传播到徽州境外后,对当时学界影响很大,成为关于"朱陆异同"问题另一种看法的代表作之一。当时另一位著名的激烈反对陆王之学的学者、《学蔀通辨》的作者陈建(字廷肇,号清澜)一见程瞳之书,即喟然叹曰:"斯世也,

① 永瑢等:《四库全书总目》卷95《子部·儒家类存目一》,中华书局1965年版。
② 永瑢等:《四库全书总目》卷95《子部·儒家类存目一》,中华书局1965年版。
③ 程敏政:《道一编》卷末附《汪宗元后序》,四库全书存目丛书本。
④ 张廷玉:《明史》卷282《儒林传》,中华书局1974年版。
⑤ (嘉庆)《休宁县志》卷12《人物》。
⑥ 永瑢等:《四库全书总目》卷96《子部·儒家类存目二》,中华书局1965年版。

而有斯人耶？斯世而有众醉独醒、无偏无党之士如莪山者？何处得来耶？其主意正矣，用心勤矣，卫道严矣，有功朱子矣！"[1]

从徽州学者关于"朱陆异同"问题的讨论来看，徽州学术文化通过人或书籍传播境外，对中国学术文化问题或观念的影响甚深。类似的情形，在徽州传统学术文化600多年的发展历史中，相当普遍。在某些历史时期，徽州学术文化的传播，在一定程度上改变了中国传统学术文化的发展风貌。比如清朝初年，学界先是朱子之学复兴，继而朴学独盛，徽州学者在其中起了推波助澜的作用。特别是江永、戴震创立徽派朴学，并致力于传播学术，在徽派朴学成为乾嘉考据学派中最重要一派的同时，实际上也是引领了当时的学术潮流，改变了传统学术文化的发展风貌。近人刘师培曾言："及戴氏施教燕京，而其学益远被，声音训诂之学传于金坛段玉裁，而高邮王念孙所得尤精，典章制度之学传于兴化任大椿……山左经生孔继涵、孔巽轩，均问学戴震……又大兴二朱、河间纪昀均笃信戴震之说，后膺高位，汲引汉学之士，故戴学愈兴。"[2]于刘氏描述可见，"戴学所被，不徒由皖而苏而浙，且及于齐鲁燕豫岭海之间矣"[3]。正是在戴震等学术传播影响之下，清代学界才出现皮锡瑞在《经学历史》中所说的"乾隆以后，许、郑之学大明，治宋学者已鲜，说经皆主实证，不空谈义理"[4]的风尚。总之，徽州学术文化在境外的传播，对中国学术文化发展有着深远的影响。

(三)徽州学术文化空间传播的特点

根据传播空间的不同，笔者将徽州学术文化分为区域内传播和区域外传播两大类型。若合而观之，徽州学术文化空间传播则具有以下几个特点：

---

① 施璜：《紫阳书院志》卷9《列传》，雍正三年(1725年)刊本。
② 刘师培：《近儒学术统系论》，河北教育出版社1996年版，第781页。
③ 马宗霍：《中国经学史》，上海书店1984年版，第147页。
④ 皮锡瑞：《经学历史》，中华书局2008年版，第341页。

第一，传播方式的多样性。

徽州学术文化的传播方式，在徽州区域内的传播与在徽州区域外的传播，既有共性也有个性。共性是无论区域内还是区域外，传播主要依托人员流和书籍流的空间移动而进行；个性则是区域内和区域外具体的传播方式有异。就徽州区域内传播方式来看，笔者归纳为四种，一是作为中心地的书院和府、县学通过广纳学者，向其传播学术文化，这些来自徽州六县后又散处各地的学者大多成为徽州境内传承学术文化的代表人物。二是书院以讲学等学术活动为传播方式，将学术文化推及徽州全境。从徽州文献有关记载来看，若进一步细分，历史上徽州书院讲学又有院会、坊乡之会、邑会、六邑大会、四郡大会等多种形式。三是通过编纂书籍和讲义等方式，传播学术文化。尤其是因徽州书院讲学活动频繁，且会约有每会必撰讲义的相关规定，故讲义之流行在明代中后期成为徽州境内传播学术文化的重要方式之一。四是通过家族授受传衍的方式，传播具有家族个性的学术文化。上述四种方式，是徽州学术文化在境内传播的主要方式。从境外传播来看，主要有两种方式，即借助学术文化代表人物的迁徙和书籍的流布而传播学术文化。前者根据人物迁徙之因的不同，有宦游他乡传播学术与专事讲学于异地之分；后者则以其传播面广、影响深而成为徽州学术文化在境外传播的重要方式之一。从总的来看，徽州学术文化的传播方式呈现了多样性的特征。

第二，传播空间的不平衡性。

这一特点，主要是就徽州传统学术文化在境外传播而言的。按照文化地理学的相关认识，距离是制约文化传播的主要因子，离发源地愈远，传递时间愈长，文化的影响强度就越弱。当然，所谓"距离"，并非专言绝对的空间距离，也指社会距离。正是因为有制约文化传播的各种因子，故徽州学术文化在其境外的传播过程中，反映出传播空间的不平衡性。从上文的《四库全书》收录210种徽州学者著述采进地分类表可以看出，徽州学术文化的境外传播空间虽较为广泛，涉及北方的京师、直隶、山东等地以及南方的安徽、江苏、浙江、江西等省份，但以徽州学术文化著述在各地流传的多寡论，区域之间并不平衡。东南一带乃是徽州学术文化传播的重点区域，而距离遥远的东北、西北、中南、西南以及岭南，几乎未见涉及。可以推测，即或其地有传播的人或书，其影响力度亦弱，远比不上东南一带。此外，徽派朴学外郡学者之里贯分布，亦反映了徽州学术文化这种传播空间的不平衡性。据支伟成《清代朴学大师列传》等书，可以钩稽清代徽派朴学外郡主要人物有94人，这些徽派朴学外郡主要代表人物散处在浙江、江苏、山东、河南、湖南、安徽、广东、福建、直隶、贵州诸省，确有较广的空间分布。但这种空间分布状态，不平衡性相当突出。首先，以清代省级区划论，上述10省之外，其余诸省无代表人物分布。其次，所涉及的10省，江苏36人、浙江21人、安徽11人、山东8人、广东6人、福建4人、直隶3人、贵州2人、河南1人、湖南1人。江苏、浙江两省占全部人数的61.3%，说明徽派朴学传播的重心在东南。最后，省内分布亦不平衡，各省都是集中于数地分布。因此，从上述三个方面看，其传播空间的不平衡性昭然。

第三，传播强弱程度的时段性。

徽州学术文化的空间传播，在不同时期，有强弱之分。南宋至明前期，因徽州出现了一批学术上有建树，且致力于著书讲学的学术文化代表人物，故该时期徽州学术文化的空间传播处于强力阶段。此期出现的徽州学术文化名家如朱熹、程大昌、吴儆、程永奇、汪莘、胡允、许月卿、程逢午、黄智孙、胡一桂、汪炎昶、程若庸、陈栎、胡炳文、程复心、倪士毅、汪克宽、郑玉、朱升、赵汸等，学术造诣高深，其著述皆有全国性影响。比如，朱熹的《大学章句》《论语集注》《孟子集注》《中庸章句》等书，在元代以后的科举考试中被定为取士的标准答案，为天下士人诵读。明朝初年钦定《五经大全》，以确立程朱学说在明朝的统治地位。其中《春秋大全》系全部采自汪克宽的《春秋胡传附录纂疏》，《周易大全》采录了胡一桂的《周易本义附录纂疏》和胡炳文的《周易本义通释》，《书传大全》采录了陈栎的《尚书集注纂疏》，而《诗经大全》则以朱熹《诗经传》为主，五经中有四经主要采录了此期徽州学者著述。此外，《四书大全》又多采自倪士毅的《重订四书辑释》。因此徽州学术文化之空间传播,处于强力时期。明代中后期,虽然徽州仍然出现了一批学有心得的学术文化代表人物,但他们的学术成就与地位,既无法与徽州的先贤们相比,也未能超乎同时代学者之上。故此期徽州学术文化的空间传播,居于弱势阶段。入清之后,婺源江永、休宁戴震等人在学术研究中别开生面,创立了徽派朴学,其研究方法以及研究成果为当时学界所推崇。在徽派朴学向外传播的过程中,徽州学术文化空间传播的优势尽显。故该时期再次成为徽州学术文化空间传播的强力阶段。总的来看,徽州学术文化空间传播强弱的时段性,非常明显。

传播方式的多样性、传播空间的不平衡性以及传播强弱的时段性,是徽州学术文化空间传播的最主要特点。明确这些特点,对我们把握徽州与其他区域之间的空间联系,有着重要的意义。

四、徽州传统学术文化区的区域表征

徽州(旧称新安,今安徽黄山市。历史上辖歙、休宁、祁门、绩溪、黟、婺源六县)位于安徽南部,处皖、浙、赣三省交界处,历史上曾形成了颇具特色的"新安文明"或称"徽州文化"。当代学术界以之为研究对象,形成了一门新的学科——"徽学"(或曰"徽州学")。在徽州文化中,传统学术文化①异常发达,自12世纪以后形成了具有个性特色的传统学术文化区。该文化区存在时间长达600余年,历宋、元、明、清四朝。在此过程中,徽州传统学术文化显现了整体的区域表征。

---

① 目前学术界对于文化的定义众说纷纭,关于传统学术文化的概念也是界说不一。笔者在这里所指的传统学术文化,主要指传统儒学和经学。所谓徽州传统学术文化,是12世纪中叶以后在徽州区域内出现的以新安理学和徽派朴学为主要内容的学术文化体系。

（一）延续性与阶段性的统一

中国传统学术文化在12世纪中叶以后，地域化的倾向愈发突出。杨念群先生在其《儒学地域化的近代形态：三大知识群体互动的比较研究》一书中说："儒学在南宋政权偏安于江左之后，逐渐以各个地域为单位陆续出现了多种类型的儒学派别，这些流派随着时间的推移越来越向南方的广大地区延伸拓展，且往往冠有地域性色彩甚浓的名称，如关学、洛学、闽学、濂学、岭学、浙学等等，这些流派与两汉经学体系因强调王权的向心力而消弭地域性差异的传统取向殊为有别，是为'别地域'。"[①]此说反映了中国文化研究者的共识。不过，尽管南宋以降中国传统学术文化区域分化渐趋"细腻多变"，而就具体区域而言，长期保持高位水平发展态势且始终具有个性者，并不多见。徽州则是并不多见的区域之一，其学术文化延续了600多年而未断层。

徽州学术文化的延续性主要表现在：

其一，南宋以后，徽州每个时期都出现了庞大的学术文化人物群体，且其中于学术有重要贡献者，人数众多。一般来说，志书《儒林传》记载的人物，多为在学术文化方面有建树者。笔者据道光《徽州府志》之《儒林》及《儒林续编》[②]统计，其著录学术人物南宋34人，元代26人，明代64人，清代（道光以前）86人。该书收录的上述人物，并非各个时期徽州全部的学术人物，而只是其中的佼佼者；但仅此规模所展现的徽州学术人物阵营，足以表明南宋以后徽州学术文化人物在各个时期并未出现断层。该现象从一个侧面反映了徽州学术文化的延续性。

其二，徽州重要的学术著述在南宋以后各朝不断问世，其数量巨大，影响广泛，反映了该区域学术文化绵延不绝的气象。据道光《徽州府志》

---

① 杨念群：《儒学地域化的近代形态：三大知识群体互动的比较研究》，《导论》第4节，生活·读书·新知三联书店1997年版。当然，杨先生的表述有不精确的地方，关学、洛学、濂学等派别，并非在南宋政权偏安于江左之后才出现的。

② （道光）《徽州府志》卷11《人物志·儒林》。

卷15《艺文志》著录的徽人著述统计，宋代徽州学者共有著述504种，其中经部126种，史部102种，子部115种，集部161种[①]；元代徽州学者共有著述288种，其中经部113种，史部35种，子部43种，集部97种；明代徽州学者共有著述1245种，其中经部200种，史部171种，子部295种，集部579种；清代（道光以前）徽州学者共有著述1295种，其中经部278种，史部115种，子部244种，集部658种。这里，值得注意的有两点：一是最能反映我们所讨论的学者传统学术思想的经部著述和子部著述共1414种，占全部著述（3332种）的42.4%，它说明宋代以后徽州学者著述中，关于传统学术文化的专著比例不低。二是尽管这些著述在时间上分布不均，但每一时期都有一定数量的著述问世，表明了徽州学术文化从未中断过，具有延续性。

其三，徽州在南宋以后的各个时期均出现了区域性的学术文化特色。南宋至明前期，学者专讲朱子之学，所谓新安之学"一以郡先师子朱子为归，凡六经传注、诸子百氏之书，非经朱子论定者，父兄不以为教，子弟不以为学也。是以朱子之学虽行天下，而讲之熟、说之详、守之固，则惟新安之士为然"[②]。明代中后期，心学在徽州得到广泛传播，徽州传统学术文化呈现朱子之学与心学杂存的特征。清代徽州学术文化则由理学一转而为朴学。雍、乾年间，休宁戴震倡导"求是"治经宗旨，讥薄宋明儒讲求义理乃是凿空之言，侧重于音韵、天文、地理、名物、典章制度的训诂和考证，开一代学术"风气之先"[③]。徽州学者"说经皆主实证，不空谈义理"[④]，形成了徽派朴学。在各历史时期徽州均能凝练出传统学术文化的特色，表明该区域学术文化发展的连续性。

徽州传统学术文化在表现出延续性的同时，还具有阶段性。笔者从内在理路上，将南宋以后徽州学术文化发展概括为四个阶段：

① 该数据系有宋一代的数字，从作者来看，大多为南宋时期的作品。

② 赵汸：《东山存稿》卷4《商山书院学田记》，四库全书本。

③ 刘体仁：《异辞录》卷1，清代史料笔记丛刊本。

④ 皮锡瑞《经学历史》谓："乾隆以后，许、郑之学大明，治宋学者已鲜，说经皆主实证，不空谈义理。"此说徽州学者表现最为突出。

第一阶段是南宋至明初，此为朱子之学一统的时期。南宋理学，有朱熹学说与陆九渊"心学"之分。自朱熹两度回徽州扫墓并讲学，徽州从其学者甚众。南宋徽州学术文化的代表人物多为朱熹及门、再传或私淑弟子，他们著书立说，讲学授徒，致力于传播朱子之学，徽州形成了朱子之学一统的局面。类如吴昶"终身守其师说，造诣愈深"①、吴昰于朱熹学说"笃好不移"②、黄智孙"固守紫阳之传而不失"③等情形，在当时徽州学者中是普遍现象。入元之后，朱子之学发展出现两大趋向：一是因为朱子之学被定为科举程式，所以士人大多将它视为获取功名的敲门砖。他们死抱一字一义的说教，以注疏集注为学问之大端，而其中真正学有心得者，则寥寥无几。二是朱学的传人，基于各自的认识、经历等，各持一端，以至"异论"纷出，乱朱子之学本旨。其时朱门状况诚如程敏政（篁墩）所称："再传能不失真者，则已寡矣。"④针对这种情况，号为朱门嫡传的徽州学者坚持维护朱子之学的纯洁性，将排斥"异论"、发明朱子之学本旨作为学术研究的重心。徽州学者中类似倪士毅"非仁义道德之说尝论定于郡先师朱子者，不以教人"⑤的情况，极为普遍。元代徽州学者学术活动的结果是延续了徽州学术文化由朱子之学一统的状态。明初徽州学术文化依然是朱子之学居绝对主流地位。其时徽州学术文化的主要代表人物，都是朱子之学的传承者。即便是郑玉、赵汸等"和会朱陆"者，其学术基本倾向仍在朱子之学。综上考察，笔者将南宋至明初合为一个阶段，以朱子之学一统为其阶段性特征。

第二阶段是明代中后期，此为朱子之学与心学杂存的时期。明代中叶，王阳明"心学"崛起，"门徒遍天下，流传逾百年"，予明代传统学术文化之发展以深刻影响。徽州在此前素以朱子之学重镇著称，而在"心学"传入后，其学术文化亦为之色变。传入徽州的心学主要是两支，一为

---

① 程敏政：《新安文献志》卷69《友堂吴先生（昶）小传》，弘治三年（1490年）刊本。
② 程曈：《新安学系录》卷8《吴自胜遗事》，康熙三十五年（1696年）绿荫园重修本。
③ 程曈：《新安学系录》卷10《黄智孙遗事》，康熙三十五年（1696年）绿荫园重修本。
④ 程敏政：《篁墩文集》卷17《定宇先生祠堂记》，四库全书本。
⑤ 程曈：《新安学系录》卷14《倪道川墓志》，康熙三十五年（1696年）绿荫园重修本。

湛若水之学,一为王阳明之学。其时徽州学者就其大者可归为三个类型:一是以程瞳为代表的极力抵排心学而抱守朱子之学者,同道中人歙县有洪德常(字常伯)、江恒(字于常)等,休宁有范涞(字原易)、吴汝遴(字慎先)等,黟县有孙济聘(字希尹)、汪鼎(字绍实)等,祁门有王讽(字大中),婺源有游震得(字汝潜)、汪应蛟(字潜夫)、余懋衡(字持国)等。二是以程敏政为代表的"和会朱陆"者,倡导朱熹与陆九渊之学"始异而终同"。三是以方瓘、潘士藻等为代表的入心学阵营者,同流者歙县有汪道昆(字伯玉)、汪尚宁(字廷德)等,休宁有程默(字子木)、毕翰(字伯羽)等,黟县有李希士(字圣始)、韩懋德(字鸣起)等,祁门有谢复(字一阳)、谢芉(字时春)等,婺源有洪垣(字竣之)、余基(字士履)等。三类学者各宗其学,徽州学术文化呈现朱子之学与心学杂存的特色。当然,按照笔者评估,此期朱子之学仍是徽州学术文化的基本色调,而心学并未能使其完全变色。

第三阶段是清初,此为朱子之学复兴时期。明亡之后,学界在清算心学末流祸国殃民之"罪"时,出现了全面回归朱子之学的潮流。此期徽州书院"尽去旧习,化为尊孔宗朱坛席"[1],徽州学术文化代表人物多"宗尚程朱"[2]。如杨泗祥、施璜等人制订了《紫阳讲堂会约》,强调"崇正学",规定"务经明行修,宗尚周程张朱之学",凡"侈谈二氏家言,为三教归一之说,及阳儒阴佛者,不得入会"[3],将矛头直指心学。赵继序(字芝生)"一以朱子为宗",陈二典(字书始)"以程朱为的"[4]等,他们代表了当时徽州学者的主要学术倾向,也反映了清初徽州学术文化的基本特色。

第四阶段是清乾(隆)、嘉(庆)、道(光)三朝,此为朴学独盛时期。徽州朴学由歙县黄生和婺源江永开端,前者被誉为"能肩随亭林(顾

---

① 施璜:《还古书院志》卷12《会纪》,道光二十三年(1843年)刊本。

② 施璜:《紫阳书院志》卷12《列传》,雍正三年(1725年)刊本。

③ 施璜:《紫阳书院志》卷15《会规》,雍正三年(1725年)刊本。

④ 施璜:《紫阳书院志》卷12《列传》,雍正三年(1725年)刊本。

炎武）而为有清一代朴学之先登者"①，所著《字诂》《义府》等书"于六书多所发明，每字皆有新义，而根据博奥，与穿凿者有殊"②；后者"邃于经学，究心古义，穿穴于典籍者深"③，在训诂学方面的成就被推为自汉经师康成后"罕其俦匹"④。乾隆年间，戴震之出现，最终奠定了徽派朴学的基础。作为乾嘉考据学派的两大流派之一，徽派朴学在治学上有其自身的特点。与惠栋为首的吴派"信家法而尚古训"不同，徽派在治学上富有创造性，不拘泥于一家之言。戴震曾说："汉儒训诂有师承，有时亦傅会。"⑤他主张从事考据必须有"不以人蔽己，不以己自蔽"的求实精神和严谨态度，具体的考据方法应当是"由声音文字以求训诂，由训诂以寻义理，实事求是，不偏主一家"。戴震的这一主张，是徽派朴学治经的指导思想。其后徽州学者大多循此方法治学，尤其是出于戴氏门下的徽籍弟子如金榜、洪榜、凌廷堪等，深得戴氏之学神韵，徽州学术文化出现朴学独盛的局面。

上述四个阶段环环相扣，构成了南宋以后徽州学术文化生生不息的发展脉络。从延续性中见阶段性，由阶段性中体现延续性，两者达到了有机的统一。此为徽州学术文化的区域表征之一。

（二）兼容性与独立性的统一

所谓兼容性，是指徽州学术文化的其发展过程中，吸收了大量其他学派、其他区域的学术文化以及儒学之外的其他思想；而独立性则指徽州学术文化在各个时期都具有自身的个性特征。兼容而又保持独立，这是徽州传统学术文化的又一显著区域表征。

徽州传统学术文化对于其他学派、其他区域的学术文化以及儒学之外的其他思想的兼容，贯穿于它的各个发展时期，而兼容的内容，举其荦荦

①（民国）《歙县志》卷7《人物志》。

②永瑢等：《四库全书总目》卷40《经部·小学类一》，中华书局1965年版。

③永瑢等：《四库全书总目》卷92《子部·儒家类二》，中华书局1965年版。

④戴震：《戴震文集》卷12《江慎修先生事略状》，中华书局1980年版。

⑤戴震：《戴东原集》卷9《与某书》。

大者，则体现在以下几个方面：

第一是对道教思想的吸收。徽州学术文化的繁盛，与宋代（主要是南宋）新儒学的兴起是同步的。宋代新儒学在兴起、发展过程中，受道教思想的影响，非常明显。被新儒学代表人物如周敦颐等人津津乐道且据以阐述其思想的先天图、河图洛书、太极图，其传授均出自道教。周敦颐所著被奉为新儒学经典的《太极图·易说》，道教的印痕尤其显著。"北宋五子"之一邵雍的天根、月窟之说，亦深受道教思想的影响。邵氏哲学思想和社会政治思想以及《皇极经世书》谈到的天地万物、日月星辰、水火土石等学说，均羼杂了道教的观念。[1]与新儒学发展同步、其实也是新儒学之组成部分的徽州学术文化，同样吸收了道教的思想。比如徽州学术文化的"开山"朱熹，早年曾问学于庐山道士虚谷子刘烈，研读刘氏所著《还丹百篇》，并切磋《易》学。[2]据朱熹文集所载，与朱熹往来之道士，有十数人。这一数字，较之朱熹之前的周敦颐、张载、二程，同时的陆九渊，以及后来的王阳明为多。[3]《朱子语类》谓，朱熹早年"无所不学，禅、道、文章、楚词、诗、兵法，事事要学，出入时无数文字"[4]。表明朱熹受道教影响甚深。蔡方鹿先生在《朱熹与中国文化》一书中说，朱熹"吸取道教、道家的道本论哲学，以弥补儒学体系之不足……朱熹借鉴道教之图，吸取道教以图解《易》的治学方法，为建构自己的思想体系服务。并考释道书《周易参同契》和《阴符经》，除探讨道教之修炼术，以修养身心外，在其《阴符经考异》里，探讨并肯定了道教的宇宙生成论"[5]。此说考察了朱熹接纳道教思想的几个方面。接纳了道教思想的朱子之学，此后成为徽州传统学术文化之一部分，相传不绝。

朱熹之外，徽州学者中受道教影响者，并不在少数。其中休宁程大昌

---

① 侯外庐、邱汉生、张岂之:《宋明理学史》上卷第1编《北宋时期的理学》第5章《邵雍的象数学思想体系》，人民出版社1984年版。

② 参见束景南:《朱子大传》，福建教育出版社1992年版，第95页。

③ 参见陈荣捷:《朱子新探索》，台湾学生书局1988年版，第605页。

④ 黎靖德:《朱子语类》卷104，中华书局1986年版。

⑤ 蔡方鹿:《朱熹与中国文化》第8章《朱熹与宗教》，贵州人民出版社2000年版。

是最有代表性的人物之一。从有关资料来看，程大昌学术思想的内核，是儒家的理论和学说。但在程氏的学术思想中，也具有浓厚的道家色彩。其一，程大昌关于宇宙生成论和万物化生的观点，直接由道家的宇宙生成观脱胎而来。他在《易原》一书中阐扬的宇宙以及万物生成模式，正是老子宇宙生成论图式的翻版。[①]其二，程大昌在政治论中提出了无为而治的思想。尽管程氏赋予"无为"以新的含义，将"无为"与"有为"有机地统一在其政治论中，然而我们从中仍能发现道家政治学说留下的印记。[②]以朱熹、程大昌为代表的徽州学术文化人物之言行与主张，表明徽州学术文化对道教思想有一定程度的兼容。

第二是对佛教思想的吸纳。徽州学术文化中，佛教思想的印记一如道教般深刻。仍以朱熹为例：据《朱子语类》载，朱熹曾自言："某年十五六时，亦尝留心于此（禅）。一日，在病翁所会一僧，与之语。其僧只相应和了说，也不说是不是。却与刘说，某也理会得个昭昭灵灵底禅。刘后说与某，某遂疑此僧更有要妙处在，遂去扣问他，见他说得也煞好。"[③]在《答汪尚书》中亦曾表白："熹于释氏之说，盖尝师其人，尊其道，求之亦切至矣。"[④]佛教史籍记载，绍兴十八年（1148年），朱熹赴临安应考进士，篋笥中带了一本宗杲的《大慧语录》[⑤]，试吏部时用禅理解释《易》《论语》《孟子》之义，结果高中进士。不少研究者指出，朱熹的理学思想反映了华严宗的印迹，他的《中庸章句》的《序说》，实际上脱胎于华严宗的理事说。因朱子之学在徽州学术文化中的特殊地位和影响，故朱熹学说中所兼容的佛教思想，亦成为徽州学术文化重要的因子世代相传。朱熹之外，徽州学术文化代表人物中，还有不少学者与佛教渊源甚深。比如休宁人汪莘（字叔耕）"自幼不羁，寖长，卓荦有大志，不肯降意场屋声病之

---

① 程大昌：《易原》卷4，丛书集成初编本。

② 参见周晓光：《论新安理学家程大昌》，载《安徽师大学报》（自然科学版）1994年第3期。

③ 黎靖德：《朱子语类》卷104，中华书局1986年版。

④ 朱熹：《晦庵集》卷30，四库全书本。

⑤ 释念常：《佛祖历代通载》卷30《尤焴：题大慧语录》。

文，乃退安丘园，读易自广。韬钤之书、释老之典，靡不究习"①，对佛教典籍也有深入研究；歙县人鲍元康"自经籍外，诸史诸子以及山经地志、歧黄医书、孙吴兵法、道藏佛典，无所不究"②等等。寻检徽州学术文化代表人物的著述，其中多有与名僧往来唱和之作；揆之传记资料，亦多见与僧人的交游之迹。徽州学术文化受佛教影响，换句话说，它对佛教思想的吸纳，乃是显而易见的。

第三是对儒学其他各派思想的兼容。宋代以降，传统学术文化之发展异彩纷呈。宋一代，有濂学、洛学、关学、闽学、蜀学、婺学、象山学、湖湘学、临川学、永康学、永嘉学等学派，《明儒学案·凡例》谓："宋、元儒则自安定、泰山诸先生以及濂、洛、关、闽相继而起者，子目不知凡几。"明代学派之分，依然细繁。黄宗羲《明儒学案》规划其大者，有崇仁学案、白沙学案、河东学案、三原学案、姚江学案、浙中王门学案、江右王门学案、南中王门学案、楚中王门学案、北方王门学案、粤闽王门学案、止修学案、泰州学案、甘泉学案、诸儒学案、东林学案、蕺山学案等。关于清代诸儒，《清学案小识》分传道学案、翼道学案、守道学案、经学学案、心宗学案等大类，下又各立名目，以展现其派系之众。③徽州学术文化在其600多年的发展过程中，于上述各时期诸家思想多有吸收。比如南宋休宁人吴儆（字益恭）与著名学术大师张栻、吕祖谦来往甚密。张栻是胡宏（五峰）开创的湖湘学派的集大成者，而吕祖谦则是婺学的代表人物。张、吕二氏与朱熹当时被称为"东南三贤"。吴儆的学术思想，深受此三人的影响。尤其是张栻曾向吴儆系统传授了胡宏的学说，并书"孔子之刚、曾子之勇、南方之强"三言以赠。④如果说，吴儆学术思想受朱熹影响尚是徽州学术文化内部之交流，那么受张、吕之影响则是对其他学派思想的吸纳。又如婺源人程洵在入朱熹之门前，曾尊奉蜀学，深受眉

---

① 程敏政：《新安文献志》卷87《李以申：汪居士（莘）传》，弘治三年（1490年）刊本。
② 黄宗羲原著、全祖望补修：《宋元学案》卷94《师山学案》，中华书局1986年版。
③ 唐鑑：《清学案小识》，世界书局印行。
④ 程敏政：《新安文献志》卷69《竹洲先生吴公儆行状》，弘治三年（1490年）刊本。

山苏氏思想的影响。①而朱熹之思想，从师承渊源来看，则源于濂学和洛学。《宋史·道学传》记载，周敦颐学术传程颢、程颐，二程传杨时，杨时传罗从彦，罗从彦传李侗，李侗传朱熹。②作为徽州学术文化"真传"的朱子之学，乃是集北宋理学大成的学说。清初张伯行说："自邹鲁而后，天下言道德学问之所出者，曰濂、洛、关、闽。然集群圣之大成者孔子，而集诸儒之大成者惟朱子也。"③指明了朱熹学说对其他诸家思想的兼容。至于徽州学术文化对心学一系思想的吸收，更是其发展过程中一道亮丽的风景线。这里包含两种情形：一是徽州学术文化部分代表人物在其学术思想中吸收了心学思想。比如歙县人郑玉（字子美，号师山）为慈湖四传、象山五传、融堂三传，吴曒、夏溥之弟子，是元末明初"和会朱陆"的主要代表人物。他受陆学"心本论"的影响，欣赏"理以心觉"的观点，即用心去体验、获取"天理"④。正如有的研究者指出，郑氏思想的许多方面深受陆学遗风的影响，包含了诸多心学思想。⑤元末明初徽州学术文化另一位重要代表人物休宁人赵汸（字子常，号东山），其学术思想亦吸纳了心学的观点。赵氏主张"澄心默坐，涵养本源，以为致思之地"，而后"凡所得于师之指及文字奥义有未通者，必用向上功夫以求之"⑥，深得陆学心法。在《对问江右六君子策》中，赵汸对陆九渊学说有较深的理解和很高的评价。⑦从中可以看出赵汸对陆学及其修为方式的肯定。类似郑玉、赵汸的情况，在徽州学术文化代表人物中，并不稀见。二是在徽州学术文化代表人物中，有部分学者进入心学阵营。如南宋歙县人钱时（字子是，号融堂）、刘伯谌（字谌甫）以及明代中后期的歙县汪道昆（字伯玉）、汪尚宁（字廷德），休宁程默（字子木）、毕翰（字伯羽），黟县李希士（字

① 程瞳：《新安学系录》卷7《程克庵传》，康熙三十五年（1696年）绿荫园重修本。
② 脱脱等：《宋史》卷427、428《道学传》，中华书局1985年版。
③《朱子文集·张伯行序》。
④ 郑玉：《师山集》卷7《洪本一先生墓志铭》，四库全书本。
⑤ 唐宇元：《元代的朱陆合流与元代的理学家》，载《文史哲》1982年第3期。
⑥ 程瞳：《新安学系录》卷15《赵东山行状》，康熙三十五年（1696年）绿荫园重修本。
⑦ 赵汸：《东山存稿》卷2《对问江右六君子策》，四库全书本。

圣始)、韩懋德(字鸣起),祁门谢复(字一阳)、谢芊(字时春),婺源洪垣(字竣之)、余基(字士履)等人。无论是徽州学者部分吸纳心学思想,还是有部分徽州学者进入心学阵营,两种情形都表明了徽州学术文化对于心学思想的兼容。由上观之,徽州学术文化在其发展过程中,兼容了儒学其他各派的思想。

第四是对其他地区名儒学术风格和方法的借鉴。一个学者乃至一个地区学术风格的形成,受多方面因素的影响,其中区域之间名儒学术风格的相互借鉴,是重要因素之一。徽州学术文化中诸多学术风格的出现,与它对其他地区名儒学术风格的借鉴,有密切的关系。这也反映了徽州学术文化所具有的兼容性。以徽州学术文化重视《春秋》研究之学术风格为例,徽州学者中不少《春秋》研究大家,其治学门径与基本思路,皆借鉴于其他地区的名儒。比如赵汸,一生学术研究的重心在于《春秋》的探讨,《明史》谓其"诸经无不贯通,而尤邃于《春秋》"[①]。从有关传记资料记载来看,赵汸关于《春秋》研究的起步,得益于资中学者黄泽的指点。[②]又如徽州学术文化在清乾隆、嘉庆年间因戴震出现而一变为朴学独盛,且自成一派,也与戴氏对其他地区名儒学术风格和方法的借鉴有关。戴震之学,以经学考据、文字训诂为方法途径,以哲学思考为内容实质,力求"治学"与"闻道"一致,即所谓"凡学始乎离词,中乎辨言,终乎闻道"[③]。章学诚以为"戴君学术,实自朱子'道问学'而得之,故戒人以凿空言理,其说深探本原,不可易矣"[④]。有学者认为,明末清初秉承"道问学"治学方法而来的学者,直启戴震的学术研究。这些学者包括明季提出"时有古今,地有南北,字有更革,音有转移"的音韵学家陈第、

①《明史》卷282《赵汸传》。赵汸的《春秋》研究著作有5部,即《春秋左氏传补注》10卷、《春秋属辞》15卷、《春秋师说》3卷、《春秋集传》15卷和《春秋金锁匙》,其中有4部被《四库全书》及通志堂经解收录,获得极高评价。

② 赵汸:《春秋师说》卷末附,四库全书本。

③ 戴震:《戴震文集》卷11《沈学士文集序》,中华书局1980年版。

④ 章学诚著、叶瑛校注:《文史通义校注》第276页《书朱陆篇后》,中华书局1985年版。

主张"欲通古义,先通古音"的方以智、致力于文献考订为哲学解释服务的陈确、清初著有《古文尚书疏证》的阎若璩、著有《古文尚书冤词》的毛奇龄以及提出"理学,经学也"的顾炎武等人。①陈第是福建连江人,方以智是安徽桐城人,陈确是浙江海宁人,阎若璩是山西太原人,毛奇龄是浙江萧山人,顾炎武是江苏昆山人,诸人皆非徽州本地人,它反映了戴震及其开创的徽派朴学在学术风格和方法方面对其他地区名儒的借鉴。

徽州学术文化在上述诸方面对于其他学派、其他区域的学术文化以及儒学之外的其他思想的吸收,体现了其兼容性。在兼容的同时,徽州学术文化依然保持了它的独立性。

蔡方鹿先生在《朱熹与中国文化》中说:"由唐至宋,儒、佛、道三家既排斥,又融合,逐步出现了三教合一的趋势,这为宋代理学的产生准备了条件。但作为理学思潮产生的背景的三教融合,并不是三者简单结合,混然杂处,而是以儒家的伦理学说为本位,吸取佛教的思辨哲学及道教的本道论、道法自然的思想,三者有机地结合,从而形成新儒学的思想体系。"②这是指新儒学的学术思想的独立性。徽州学术文化在吸收诸种思想来源时,亦体现了自己的独立特色。比如,徽州学术文化吸收了佛、道思想,这在上文中已有阐述;但它并未被佛、道之说所左右,相反,为保持儒学之传统,徽州学术文化代表人物对佛、道还在形式上采取了极力抵制排斥的态度。朱熹曾说:"圣人之道,必明其性而率之,凡修道之教,无不本于此,故虽功用充塞天地,而未有出于性之外者。释氏非不见性,及到作用处,则曰无所不可为。故弃君背父,无所不至者,由其性与用不相管也。……异端之害道,如释氏者极矣。"③类此言论,在《朱子语类》中多处出现。朱熹在上孝宗书中,称老子、释氏之书"虚无寂灭,非所以

---

① 李开:《戴震评传》第1章,南京大学出版社1992年版。

② 蔡方鹿:《朱熹与中国文化》第1章《生平、时代和著作》,贵州人民出版社2000年版。

③ 黎靖德:《朱子语类》卷126,中华书局1986年版。

贯本末而立大中"①,认为佛老"不足事"②。朱熹之外,程大昌号称一生不与"缁黄方技之士"③打交道;江润身认为佛教虽然劝人为善,本来与儒无相悖处,但它提倡"燃香诵经"即能"涤阴慝"的修为方法,实在没有道理④;明代程敏政极言"释、老二氏同祸天下"⑤,主张攘道排佛,等等。这说明徽州学者在兼容其他学说时,是有尺度的。对待儒学其他各派思想,徽州学者亦持同样的态度。比如,徽州学者中,有心学背景或主张和会朱陆者,一般受心学思想影响较多,或者说他们的学术思想中,或多或少具有心学的成分;但其中大多数人能够立足徽州学术文化的基本立场,在和会朱陆过程中表现出"右朱"的学术倾向。郑玉、赵汸、程敏政等一批学者,皆如此焉。总观徽州学者,如吴儆、汪浚等人"诸子百家天官裨说,靡不洞究,而能折衷之以圣人之经"⑥,"诸子百家,亦各究其原委,而以程朱为宗主"⑦,既兼容诸家各派思想,又保持学术立场者,非常普遍。它反映了徽州学术文化兼容性和独立性达到了有机的统一。

(三)学术性与社会性的统一

学术性是指徽州传统学术文化就其研究对象来说,是一个研究宇宙、人生和社会以及各专门之学的学术体系,而社会性则指该学术体系在徽州区域内具有广泛的社会影响力和应用性。两者紧密结合,有机地统一于徽州各历史发展时期。

徽州学术文化所关注的领域,非常广泛。笔者据《四库全书》这部集中国古代学术文化之作大成的丛书,检录到其中徽州学者重要著述共计210种。从其代表人物的重要著作来看,210种书目涵盖了四部各大门类,

---

① 脱脱等:《宋史》卷429《朱熹传》,中华书局1985年版。

② 程敏政:《新安文献志》卷69《滕公(璘)墓志铭》,弘治三年(1490年)刊本。

③ 程大昌:《考古编·序》,四库全书本。

④ 程曈:《新安学系录》卷9《江事天墓志铭》,康熙三十五年(1696年)绿荫园重修本。

⑤ 程敏政:《篁墩文集》卷11《老氏论》,四库全书本。

⑥ 程敏政:《新安文献志》卷69《竹洲先生吴公儆行状》,弘治三年(1490年)刊本。

⑦ 施璜:《紫阳书院志》卷12《列传》,雍正三年(1725年)刊本。

尽管这些书目远非徽州传统学术文化著述的全部，特别是乾隆以后至道光间徽派朴学的大量著述不在其列，但从该书目中已可见徽州学术文化著作涉及面之广。若究其具体内容，则涉及了宇宙、人生、社会和中国传统的一些专门之学。这里，大量的经部《易》类著述描述了宇宙生成的基本模式和五行相生相克的朴素辩证原理，关注宇宙之"本根"（宇宙的根源）、"大化"（宇宙演化的历程）以及"物象"（事物之一般要素及其关系）。《书》类著述多注重上古历史和地理。礼类、春秋类、孝经类和四书类，大多讨论历史、典章制度以及人生和社会问题。经部乐类、小学类以及子部，更多考察的是专门之学问。而集部涉及内容更广，举凡政治、经济、文史、典章制度、社会诸象，均有涉焉。无论徽州学术文化所关注的问题如何宽泛，其中有一个共同特点，即这些都是学术性和理论性极强的问题。因之，徽州传统学术文化具有鲜明的学术性。

不过，尽管徽州传统学术文化具有强烈的学术性和理论性，但徽州学者始终力求将学术推向广阔的社会领域。因此，徽州传统学术文化在徽州区域内具有广泛的社会影响力和应用性，从而体现了它的社会性。

徽州学术文化对徽州社会有着全面而深刻的影响。以笔者的理解，南宋以后的徽州社会有三大最突出的现象，一是聚族而居及其严密的宗法制度盛行，二是以"贾而好儒"著称的徽商崛起，三是节烈之风盛行。这三大现象的出现，无不与徽州传统学术文化密切相关。

清代徽州籍著名学者赵吉士在《寄园寄所寄》中说："新安各姓聚族而居，绝无一杂姓搀入者，其风最为近古。出入齿让，姓各有宗祠统之，岁时伏腊，一姓村中千丁皆集，祭用朱文公家礼，彬彬合度。父老尝谓新安有数种风俗，胜于他邑：千年之冢，不动一抔；千丁之族，未尝散处；千载谱系，丝毫不紊。主仆之严，数十世不改，而宵小不敢肆焉。"[①]这里描述的是徽州作为宗族社会所体现的一系列突出特征和风尚。笔者认为，这一重要现象的出现，应该归结于朱熹及其创导的徽州学术文化长期的作

---

① 赵吉士:《寄园寄所寄》卷11《泛叶寄》，康熙刊本。

用。此种作用主要表现在三方面:一是徽州学术文化所倡导的伦理观,是徽州宗族制订族规和祖训的理论依据。朱熹以及徽州学术文化其他代表人物继承和发展了儒家传统的人伦思想和文化,在人伦观方面强调建立适合中国宗法等级制的、以家庭(家族)为本位的人伦思想和人伦规范。其人伦观内容涉及夫妇之伦、父子之伦、君臣之伦、长幼之伦、朋友之伦等方面,而核心主张则是"三纲五常"、忠孝节义和森严的宗法等级制。徽州宗族以其为理论指导,制订洁祠堂、修坟墓、孝父母、序长幼、别夫妇、供贡赋、临亲丧、睦族里等族规,其中具体贯彻了朱熹以及徽州其他学者一贯倡导的伦理思想和规范。二是朱熹的《文公家礼》以及新安理学家的有关礼学著作,是徽州宗族活动的指南性经典。《文公家礼》系朱熹最重要的礼学著述之一[①],该书"自元明以来,流俗沿用"[②],在社会上产生了广泛而深刻的影响。徽州宗族在其族规、家训中明确规定必须按照朱熹的《家礼》开展宗族活动。如绩溪上庄明经胡氏《新定祠规二十四条》强调:"凡祭祀……一切仪节,谨遵朱子《家礼》"[③],歙县潭渡黄氏《祠规》中要求族众"元旦谒祖、团拜及春秋二祭,悉遵朱子《家礼》"[④],等等。此类规定,在现存的徽州家谱、族谱中处处可见。三是绝大部分的徽州学术文化代表人物热心于宗族活动,成为徽州发展为宗族社会的有力推动者。他们或以身作则,带头为各自宗族和里社提供物质支持;或积极组织和参加祭祀、修谱、联谊等各种宗族活动,为维系徽州宗族社会尽心尽力。[⑤]总的来看,徽州学术文化与徽州宗族社会的形成,有着因果的关系。正如《休宁县志》称:"一姓也而千丁聚居,一抔也而千年永守,一世系

---

① 现存录于《四库全书》中的朱氏礼类著作有两部,一为《仪礼经传通解》37卷、续29卷。该书以《仪礼》为经,取《礼记》和经史杂书中有关礼的内容,附于本经之下,并具列诸儒注疏之说编撰而成。二为《家礼》5卷、附录1卷。主要篇目有《通礼》《冠礼》《昏礼》《丧礼》《祭礼》等。

② 永瑢等:《四库全书总目》卷22,中华书局1965年版。

③ 绩溪《上川明经胡氏宗谱》下卷,宣统刊本。

④ 歙县《潭渡黄氏族谱》卷6,雍正刊本。

⑤ 参见周晓光:《新安理学与徽州宗族社会》,载《安徽师大学报》(人文社会科学版)2001年第1期。

也而千派莫紊，率皆通都名郡所不能有，此岂非谈道讲学，沐浴紫阳之所留遗欤？"①就是说，徽州宗族社会诸种现象的出现，乃是受到了朱熹及其创导的徽州学术文化深刻影响。

徽商是明清时期徽州一府六县商人结成的具有地域特色的松散型的商人集团。该商帮最大特色之一，是形成了"儒道"经营理念，即按照儒家的道德规范从事商业经营活动。作为商人在经商过程中所形成并持有的基本价值观念和经营之道，徽商"儒道"经营理念对商帮经营活动起着指导作用，同时也是徽商得以执明清商界"牛耳"300余年的秘诀之一。就具体内容看，徽商"儒道"经营理念包含了以下几个方面的内容：一是"以诚待人，崇尚信义"的经营原则，二是"以义为利，义中取利"的经营之道，三是"广置田地，睦族敬宗"的价值取向，四是"治生为先，泽润亲友"的经营目的。②徽商"儒道"经营理念及其具体内容的出现，深受徽州学术文化之影响。比如，"诚"与"信"本是儒家思想体系中两个重要的范畴，徽州学术文化在继承传统儒学并将其改造为新儒学的过程中，对"诚""信"从为学之道和道德规范角度作进一步发挥。朱熹言"诚者，真实无妄之谓，天理之本然"③；休宁学者程大昌在《考古编》中提出了人性修养的终极目标是"极乎高明博厚"，而达到这一目标的途径与方法则是"不息而久"的"至诚"④；程敏政则有"大哉诚乎，原于天性，于人亘万古而不息，放四海而皆准。人伦舍是则无自而明，风俗舍是则无自而厚，养民舍是则无所恃而臻于富庶，御夷舍是则无所恃而致其咸宾。盖天下之理虽众，求其操之约、制之广，莫有过于诚之一言者"⑤之谓，将诚视作修身、齐家、治国、平天下的法宝。徽州商人从小生活在儒风盛行的徽州，他们中的不少人或"先儒后贾"，或"先贾后儒"，或"亦贾亦儒"，于徽州学术文化长期宣扬的思想和观念甚为熟悉。其"以诚待人，崇尚信

---

① （康熙）《休宁县志》卷1《风俗》。
② 参见周晓光：《略论明清徽商的"儒道"经营理念》，载《孔孟月刊》第42卷第5期。
③ 朱熹：《四书集注·中庸注》，中华书局1983年版。
④ 程大昌：《考古编》卷6《中庸论二》，商务印书馆丛书集成初编本。
⑤ 程敏政：《篁墩文集》卷9《制策》，四库全书本。

义"的经营原则,明显打上了儒学的烙印。关于"义"与"利",徽州学术文化秉承传统儒学重义轻利的思想,主张"正其谊(义)不谋其利,明其道不计其功"。受此影响,徽州商人极重"义利之辨",并且打出了"以义为利,义中取利"的旗号,以之作为经营之道。还有其"睦族敬宗"的价值取向和"泽润亲友"的经营目的,也是受徽州学术文化一贯宣扬的宗法思想和孝悌思想的影响。总之,徽州学术文化予徽商的影响显著而深刻。

节烈之风盛行是徽州南宋以后又一突出的社会现象。笔者认为,其表现主要在两个方面,一是徽州学者在朝代更迭、社会变迁过程中,多崇尚节义;二是徽州女性多追求贞烈。前者最有代表性的人物是许月卿。许月卿(字太空,后字宋士,时人称山屋先生,婺源人)系南宋淳祐甲辰(1244年)进士,曾先后任南宋濠州司户参军、临安府学教授等职,对朝廷政治得失,屡有建言。后元军下新安,月卿"深居一室,……不言五年而卒"①。黄宗羲在《宋元学案》中说:"新安之学,自山屋(许月卿)一变而为风节。"②许氏之后,注重政治大节的徽州学者代不乏人,其中屡有以风节著称者。后者如康熙《徽州府志》中说:"节妇烈女,惟徽最多。"③甚而有人称:"新安节烈最多,一邑当他省之半。"④徽州节烈之风盛行,究其原因,则与徽州传统学术文化有莫大的关系。徽州学术文化的开山朱熹就"存天理、灭人欲"观点有过较为系统的理论阐述,并极力推崇北宋理学家程颐的"饿死事极小,失节事极大"观点,认为它是"天性人心不易之理"⑤,将从一而终、恪守贞节视为天经地义的道德规范。朱熹倡导的节烈观念,也是其后直至戴震出现为止徽州传统学术文化的基本思想。黄宗羲把许月卿之"风节",归为"盖朱子平日刚毅之气,凛不可

① 程瞳:《新安学系录》卷9《许山屋行状》,康熙三十五年(1696年)绿荫园重修本。
② 黄宗羲原著、全祖望补修:《宋元学案》卷89《介轩学案》,中华书局1986年版。
③ (康熙)《徽州府志》卷2《风俗》。
④ 赵吉士:《寄园寄所寄》卷11《泛叶寄》,康熙刊本。
⑤ 朱熹:《晦庵集》卷99,四库全书本。

犯，则知斯为嫡传也"①。其实徽州节烈之风，亦莫不是朱熹及其开创的徽州学术文化所一向推波助澜的结果。正如民国《歙县志》中所说："古歙为程朱发迹之区，礼让相先，人文蔚起，其间忠孝义烈，志不胜书，即闺媛阃范中操凛冰霜，贤媲陶孟者，城市山陬所在多有。"②"忠孝义烈"之盛，缘于徽州是"程朱发迹之区"。需要指出的是，徽州社会的节烈之风，体现在当时男子身上的政治大节，自然无可厚非；而表现在女性身上的所谓"贞烈"，则另当别论。据史籍记载，徽州女性节烈之方式，或数十年守寡抚孤，矢志不二；或遭遇强暴，因羞自杀；或割股挖肝，创重身亡；或自残身体，求死殉夫等等，可谓五花八门，惨烈之极。徽州传统学术文化助长的这种鼓励轻生、扭曲人性、摧残妇女的风气，乃是封建糟粕，应予揭露和批判。

由上可见徽州学术文化对徽州社会巨大的影响力，换句话说，徽州传统学术文化在徽州得到了广泛的运用。它的思想和观念在徽州深入人心，渗透到社会生活的各个领域，深刻影响了南宋以后，特别是明清时期的徽州社会风貌。换个角度看，它体现了徽州传统学术文化广泛的社会性。徽州传统学术文化的学术性，体现了其理论探索的成就，而社会性则反映了徽州学术文化的实践功用。两者达到有机的统一，成为徽州传统学术文化又一显著的区域表征。

综上所论，徽州传统学术文化具有延续性与阶段性统一、兼容性与独立性统一、学术性与社会性统一的三大区域表征。该三大表征的出现，表明徽州学术文化区有其整体的个性特色。

五、清代徽州传统学术文化中心地类型分析

学术文化的空间传播，是由中心地开始的一种文化扩散过程。所谓学术文化中心地，按照笔者的理解，是指有具体地理位置、存在一定时间、

① 黄宗羲原著、全祖望补修：《宋元学案》卷89《介轩学案》，中华书局1986年版。
② (民国)《歙县志》卷15《敕建节孝祠记》。

对周边地区产生一定影响的学术文化聚散地。它是学术文化人才的中心，是学术文化研究的中心，也是学术文化交流和传播的中心。

徽州（旧称新安，历史上长期辖歙、休宁、黟、祁门、婺源、绩溪六县）位于安徽南部，处皖、浙、赣三省结合部。12—18世纪，该区域内先后出现了新安理学和皖派朴学等学术流派，因传统学术文化之盛而被视为中国传统学术文化的典范之区。考察该区域内传统学术文化中心地的情况，对于了解徽州传统学术文化的生成和传播，并进而解读徽州文化区的形成，有着重要的意义。

据徽州相关文献记载，清代该区域内传统学术文化的中心地并非仅限一二处。按照中心地存在时间、人才凝聚力以及学术影响力等因素综合考量，笔者认为，清代徽州传统学术文化中心地存在三种类型。

第一种类型：以紫阳书院和不疏园为代表的影响整个徽州传统学术文化发展趋向的中心地。

徽州紫阳书院始建于南宋淳祐六年（1246年），位在歙县城南，理宗赐额。明正德十四年（1519年），郡守张芹迁书院于紫阳山（徽州府治歙县城南五里），兹后紫阳书院虽有兴废，而地不复迁。①清代乾隆五十五年（1790年），两淮徽州盐商曾捐资复建书院于县学后，名"古紫阳书院"，规模一时称盛。此处所指紫阳书院，包括位于紫阳山之紫阳书院和歙县城内之"古紫阳书院"二处。②

以紫阳书院为清代徽州第一类型、也是最高层次的传统学术文化中心地，笔者基于以下因素考虑：

---

① 历代《紫阳书院记》或《重修紫阳书院记》对其兴废沿革均有记载。详见施璜《紫阳书院志》卷18《艺文》。紫阳书院所以得名，因徽州有紫阳山以及朱松、朱熹父子以紫阳为堂名、为别号之故。书院建迁变化，有三个阶段：一是淳祐六年之前，徽州有晦庵祠堂，此为紫阳书院之前身；二是淳祐六年因太守韩补之请，正式建书院于城南，理宗赐额曰紫阳书院，此为紫阳书院之肇始；三是正德十四年（1519年）郡守张芹迁书院于紫阳山，书院与名山合一。作为"尊儒重道、栖徒讲学之地"，紫阳书院在历代屡有修葺，学脉未断。

② 紫阳山之紫阳书院，"经理于官，以府教授司其出纳"；城中之古紫阳书院，"经理于绅商，以县教谕司其申报"，两者皆"肄业讲学之地"，笔者认为，其实际上是同根一脉而两处也。

　　首先，紫阳书院存在时间之长，几与徽州传统学术文化兴衰相始终。而有清一代，紫阳书院之学脉仍一直保持未坠。徽州最早的书院是绩溪龙井之桂枝书院，始建于北宋景德丁未（1007年）；兹后至南宋淳祐六年之前，见于史籍记载的书院有多所，如婺源之龙川书院（北宋天禧年间建）、绩溪之乐山书院（北宋政和年间建）、休宁之西山书院（南宋绍兴、庆元年间建）等。因此，紫阳书院在徽州并非最早建立的书院之一。但在南宋徽州学术文化区显形之后，紫阳书院即正式建立，从徽州书院近千年的发展史来看，它是属于较早建立的书院之一。与徽州其他书院不同的是，紫阳书院在建立之后，虽如记载所云"兵燹屡变，迁置靡常"①，但它始终延续着学脉。入清之后，早在顺治及康熙年间，地方官员与学者即屡屡修葺书院堂室，延儒讲学。②此后，类似之举，史不绝书。一直到清光绪三十二年（1906年）改办紫阳师范学堂，紫阳书院方始告别历史舞台，延续时间长达660年。其间，它与徽州传统学术文化之兴衰相始终，伴有清一代起而止。存在时间如此之长，清代徽州其他书院，均难望其项背。

　　其次，就规模而言，清代的紫阳书院仍处于徽州书院之首。徽州自宋代以后，虽书院数量众多，但普遍为私人讲学场所，大多兴废有时，规模有限。而紫阳书院自建立时起，就以规模宏大雄称一方。③清代迭经修缮，成为一片气势恢弘的建筑群。故历史上有徽州"书院之盛，胜于他郡，尤以紫阳为大"之说。城内的"古紫阳书院"，其"正殿供奉子朱子，后殿供奉韦斋先生，道原堂、东西号舍，以及生童肄业之房，庖厨、浴之所，无一不备。门外崇正、仰高两坊，进山石路，周围墙垣，整齐宏敞，视昔有加"④。清代紫阳书院中，不仅就读的学子人数多，且任教和讲学的学术名家亦众。《紫阳书院志》中所载清代出任山长，或讲学于此者，如汪德元（字正叔）、杨泗祥（字瑞呈）、江恒（字于常）、汪知默（字闻增）、

---

① 施璜：《紫阳书院志》卷18《唐皋：紫阳书院记》，雍正三年（1725年）刊本。
② 施璜：《紫阳书院志》卷18《汪佑：紫阳书院建迁源流记》，雍正三年（1725年）刊本。
③ 参见施璜《紫阳书院志》卷18《艺文》所载历代《紫阳书院记》或《重修紫阳书院记》。
④（道光）《徽州府志》卷3《营建志·学校》。

陈二典（字书始）、汪佑（字启我）、谢天达（字兼善）、吴苑（字楞香）、吴曰慎（字徽仲）、施璜（字虹玉）、江永（字慎修）等，都是徽州学术文化一时之代表人物。学术名家或主持、或讲学于紫阳书院，奠定了紫阳书院在徽州众多书院中的学术地位。

最后，清代紫阳书院在徽州具有巨大的学术辐射力，体现了学术文化中心地的基本功能。从有关徽州文献记载来看，紫阳书院对徽州的学术辐射，主要通过"讲会"等学术活动进行。讲会是学者聚集一处，"或证所得，或质所疑"①，相互切磋交流学术心得的活动。其起源甚早，而在明清时期逐步衍化为书院的一项重要制度。徽州的讲会，一般以朱熹在宋宁宗庆元二年（1196年）讲学于郡城天宁山房为始。②入清之后，徽州书院之讲会制度更趋严密，所谓"会有统、会有期、会有仪、会有图、会有辅、会有指、会有录、会有论、会有程、会有章、会有戒"，讲会从形式到内容，都有规范化的要求。而作为"六邑学者会讲之堂"③的紫阳书院，在徽州讲会活动和学术传播中发挥了愈益重要的作用。紫阳书院先后制订了《紫阳讲堂会约》《紫阳规约》等讲会条规，其中就讲会宗旨、入会者资格和方式、会讲组织、会讲日期、会讲仪式和程序等，作出了详细规定。④这些规定成为当时徽州其他书院仿效的样本。紫阳书院每月有二会，"以初八、二十三为期，已而集，申而散"。大会则定期在每年九月，"以十三日开讲，十五日为文公生旦，黎明释菜，是日仍会讲终日，十六日散"⑤。其时"六邑之宿儒醵资袖米，集讲于书院三日，彼此折衷经旨，阐扬书义，讲求身心性命之学"⑥。地方官亦经常"亲率僚属官师，岁及朱子诞生之辰，诣祠讲学，与诸生布衣周旋，揖让肆筵，授餐不倦。在会

---

① 施璜:《紫阳书院志》卷15《紫阳规约》,雍正三年(1725年)刊本。

② 朱熹在庆元二年是否回到徽州,学术史上存疑。不少徽州文献记载确有其事,而江永等部分学者则力辩其非。

③ 施璜:《紫阳书院志》卷18《吴曰慎:道原堂记》,雍正三年(1725年)刊本。

④ 施璜:《紫阳书院志》卷15《会规》,雍正三年(1725年)刊本。

⑤ 施璜:《紫阳书院志》卷15《崇实会约》,雍正三年(1725年)刊本。

⑥ 施璜:《紫阳书院志》卷14《曹鼎望:书院讲学示》,雍正三年(1725年)刊本。

之士及观者千余人，皆蒸蒸心向"①。于此可见紫阳书院讲会规模之盛、影响之大。它展示了一域之内，学术文化中心地的风采。

时间长、规模大、名家聚集以及巨大的学术辐射力，奠定了紫阳书院在清代徽州学术文化区中不可动摇的学术中心地位。这一地位，在徽州文化区内无一处学术机构可与其相颉颃。因此，笔者以其为第一类型、也是最高层次的学术文化中心地。

紫阳书院之所以成为清代徽州传统学术文化的中心地，有多种客观因素：一是它得"地利"之便。书院最早建立在歙县城南，其后数迁，位置均在歙县城内或附近不过数里处，因歙县在唐朝以后一直是徽州府治所在地，故紫阳书院无论如何迁移，其实始终依附于徽州政治中心。这是它成为学术文化中心的地利之便。清代也概莫能外。二是它有"人和"之利。所谓人和，包含三层含义，其一是它与朱松、朱熹父子有不解之缘。因朱熹在南宋以后中国学术文化史上的崇高地位，故书院亦因人而重，成为徽州士人追逐的中心。其二是历史上它三度得到皇帝眷顾。南宋淳祐六年紫阳书院始建时，即请得理宗御书"紫阳书院"四字；后又有清康熙皇帝御赐"学达性天"匾和乾隆皇帝御赐"百世经师"匾、"道脉薪传"匾。有这等"恩宠"的书院，不仅徽州绝无仅有，在其他地区也不多见。而结果是"山野人士，见圣主尊崇紫阳如此其至，由是肄业于书堂者日益众"②。其三是清代徽州官员对其青睐有加。从徽州方志以及《紫阳书院志》等徽州文献记载来看，官员们不仅在营建、修葺书院方面尽责尽力，对课徒讲学、阐扬学术，亦是乐此不疲。紫阳书院具有的"人和"因素，是其成为传统学术文化中心地的重要砝码。三是它有一定的财力支撑。紫阳书院院产除屋舍之外，学田是最主要的部分。作为徽州最大的书院，其拥有的学田数也是最多的一家。除官府、官员予书院以资助之外，富商大户也时常捐资紫阳书院，助教兴学。徽州有关文献中关于此方面的记载，不胜枚举。上述三方面的因素，推动紫阳书院发展成为清代徽州区域传统学术文

---

① 施璜：《紫阳书院志》卷18《施润章：寄曹冠五太守书》，雍正三年（1725年）刊本。

② 施璜：《紫阳书院志》卷18《许汝霖：重建紫阳书院记》，雍正三年（1725年）刊本。

化最重要的中心地之一。

与紫阳书院并列为清代徽州区域传统学术文化中心地的另一处是不疏园。

位于歙县西溪的不疏园由汪泰安（1699—1761年）创办，历乾隆至咸丰时园毁。该园也是徽州学术名流汪梧凤（汪泰安之子）的故斋。据汪中《大清故贡生汪君墓志铭》记载:"迨乾隆初纪，老师略尽，而处士江慎修崛起于婺源，休宁戴东原继之，经籍之道复明。始此两人自奋于末流，常为乡俗所怪，又孤介少所合，而地僻陋，无从得书。是时歙西溪汪君独礼而致诸其家，饮食供具惟所欲，又斥千金置书，益招好学之士日夜诵习讲贯其中。久者十数年，近者七八年、四五年，业成散去。……"[①]汪中所说的歙西汪君，指汪梧凤，而"其家"则是不疏园。

之所以将不疏园列为清代徽州传统学术文化至关重要的中心地，笔者主要从两方面考虑:

其一，徽州之学术文化，在南宋兴起后，形成了以朱熹为开山宗师、以朱子之学为学术宗旨的理学流派——新安理学。作为朱子之学的重要分支之一，该流派在其传承过程中，始终有一以贯之的学术宗旨、一脉相传的理学家群和鲜明的学派特色。它"历元明而其传弥广"，对十二世纪以后中国哲学史和学术思想史的发展演变，产生了巨大的影响。[②]入清之后，因新安理学阵容的萎缩和分化，以及受学界"汉学"取代"宋学"潮流的影响，徽州之传统学术文化发生重大转变，新安理学逐渐为徽派朴学所取代。因此，考察清代徽州传统学术文化中心地，尤当重视朴学的发祥和流传地，因为朴学是清代徽州传统学术文化的主流。

其二，不疏园是徽派朴学最重要的发源地及人才聚集地。众所周知，徽派朴学的"开宗"乃是徽州婺源人江永和休宁人戴震。有师生之谊的江、戴二氏，倡导以"求是"为治经宗旨，讥薄宋儒讲求义理乃是凿空之言，侧重于音韵、天文、地理、名物、典章制度的训诂、考证，由此开了

---

① 《述学·别录》，四部丛刊初编本。

② 参见周晓光:《新安理学》，安徽人民出版社2005年版。

徽派朴学"风气之先"。按照汪中的描述,"两人自奋于末流,常为乡俗所怪,又孤介少所合,而地僻陋,无从得书",正是不疏园主汪梧凤"礼而致诸其家,饮食供具惟所欲,又斥千金置书,益招好学之士日夜诵习讲贯其中",才成就了江、戴二氏的学术之隆。江永的《算学》(原名《翼梅》)、《乡党图考》、《律吕阐微》和《古韵标准》等四种重要著作都是在"不疏园"期间完成的。而戴震在十年中两次到"不疏园",汪梧凤之子汪灼在《四先生合传》中评说戴震"名成于征聘,而学之成源于两馆余家",乃是真实写照。先后在不疏园中受江永之教者,除戴震外,还有"江门七子"中的其他六人郑牧、汪肇龙、汪梧凤、程瑶田、方矩、金榜和后来改习词章之学的吴绍泽。[①]可以说,早期徽派朴学的精英悉数萃于此,他们"诵习有诗书,切磋有师友",对徽派朴学的形成起着至关重要的作用。由此,不疏园成为徽派朴学的发源地,成为一时徽州传统学术文化的重要中心地。

上述紫阳书院和不疏园两地,是影响整个徽州传统学术文化发展趋向的中心地。因此,笔者将其列为第一类型,也是最高层次的学术文化中心地。

第二种类型:以府、县学为代表的影响徽州某一区域的中心地。

徽州立学,自唐代始,其址在郡城(歙县)东北隅。南宋绍兴十一年(1141年),知州汪藻于唐原址重建,中设知新堂,左为先师庙,右为学宫,专门辟殖斋、懋斋、益斋、裕斋、毓斋、定斋、觉斋、浩斋等八斋以处学者,奠定了后世徽州府学的基础。其后历代不断修葺、扩建,府学规模日大,先后增建的重要建筑有风雩亭、先贤阁、文公祠、景濂亭、大成殿、讲堂、乐台、观德亭、奎光楼、号舍、馔堂、启圣祠、敬一亭、尊经阁、东南邹鲁坊、崇圣祠、乡贤祠、教授廨、训导廨等。明代徽州府学一度成为"南畿诸学之冠"[②],而清代则是"庙之殿庑厨所、门栏桥池,学

---

① 汪梧凤:《松溪文集·送刘海峰先生归桐城序》,乾隆不疏园自刻本。
② (道光)《徽州府志》卷3《学校》。

之堂舍斋阁、祠廨射圃，咸备无缺"①。徽州府学设有学田，保证了府学的经济来源。清代一度"历年各家捐入学产计二十户，每岁教授、训导收租以为薪水之费"②。是为徽州府学之大概情形。

府学之外，清代徽州六县皆有县学。

歙县学始建于南唐保大八年（950年），原在县南，后毁。宋淳祐以前，县内入学生员就读于府学。淳祐十年（1250年），州守谢堂创建于县治东，置学田2顷有奇。元明清三代，几经修建，至清末在问政山麓形成了一片规模宏大的建筑群。民国《歙县志》详细记载了学宫的建筑规模。③

休宁县学初建于宋仁宗庆历年间（1041—1048年），位于县治东街，当时仅"为屋数椽以奉先圣先贤之祀而已"。绍兴六年（1136年），锡山陈之茂为县尉，"迁于南门之左，扩以五十楹，有讲堂、斋舍、庖廪"。元末倾废。明初重建，至万历时"复辟地九之一，宫室拓三之一。钜丽甲于他邑"。清代规模更大，道光《休宁县志》亦详载其建筑情形。④

黟县学宋代以前无考。宋初在县南。淳熙十六年（1189年），知县叶崧、县尉鲍叔源等修建后，历任官员屡修之。元代多次扩建，明初重建大成殿、讲堂等建筑，"制度备矣"。正德九年（1514年），学址自城南迁至城隍山；清乾隆十五年（1750年），因城南旧址"山环水聚，地形佳胜"，"明于堪舆之术"的知县陈儁仪复将学宫迁回城南旧址，先后建有大成殿、崇圣祠、名宦祠、乡贤祠、尊经阁、教谕署、训导署等建筑。⑤

祁门县学始建于唐永泰二年（765年），位于城北。宋端拱元年（988年）知县张式重建学宫于城南，"规模略备"。元至元十七年（1280年），县尹张希浚移学宫于县治西南，元及明清二代先后修葺30余次，形成了一个规模壮观的建筑群，中有龙门坊、泮池、櫺星门、明伦堂、义斋楼、庖

---

① （道光）《徽州府志》卷3《学校》。
② （道光）《徽州府志》卷3《学校》。
③ （民国）《歙县志》卷2《营建志》。
④ （嘉庆）《休宁县志》卷3《学校》。
⑤ 参见（道光）《徽州府志》卷3《学校》、（嘉庆）《黟县志》卷10《学校》。

圃、训导廨等重要建筑。①

婺源县学始建于北宋庆历四年（1044年），其年仁宗有诏，令天下郡县建学。初址在县治东。熙宁三年（1070年），县令刘定迁县治西；乾道四年（1168年），县令彭烜再迁于县东，并先后建藏书阁、周程三先生祠。端平元年（1234年）县令许应龙复迁于县治西旧址，至是"始定基址不移"。元明清数十修，建筑规模宏大。②

绩溪县学始于宋，元至元十三年（1276年）毁于兵。教谕胡遂孙等买民屋，迁学宫于县治之西，后学基由此始。元及明清屡增扩，有讲堂、会馔堂、斋舍、文昌殿等建筑数百间。③

以上概述府、县学建迁与规模，旨在反映清代徽州府学与县学具有独立的地理位置和空间，这是作为学术文化中心地的首要条件。此外，笔者视其为徽州传统学术文化中心地，基于以下因素：

其一，徽州府、县学是一地学术文化人才的聚集中心。入府、县学就读者，大多是一府或一县传统学术文化之重要传承者。宋元时，府、县学"生徒来学，不限多寡"④。其中聚集了一批当地致力于儒学的秀异者，他们中不少人是地方上的学术"精英"。明清两朝，"科举必由学校"⑤，府、县学生员开始有定额。清代府学定额100人，其中廪膳生员40人、增广生员40人、武生20名。附学生员遇学政岁、科两试，每次由所属州县拨入25名。六县县学生员名额不一，其中歙县、休宁、婺源、黟县清代时廪膳生员20人、增广生员20人，附学生员不限额，遇提学岁、科两试，每次入学20人，武生15名；祁门、绩溪清代时廪膳生员20人、增广生员20人，附学生员不限额，遇提学岁、科两试，每次入学16人，武生12名。上述名额只是就常规而言，不同时期略有变化。⑥清朝学校与科举的紧密

① （同治）《祁门县志》卷17《学校志》。
② （民国）《重修婺源县志》卷6《学校》。
③ （嘉庆）《绩溪县志》卷5《学宫》。
④ （道光）《徽州府志》卷3《学校》。
⑤ 张廷玉：《明史》卷69《选举志一》，中华书局1974年版。
⑥ 参见（道光）《徽州府志》卷3《学校》。

结合,一方面导致徽州府、县学教学之重,在于应试教育,且入府、县学就读名额有限;另一方面进学校成为科考的必由之路,也使徽州传统学术文化代表人物先后尽聚学校。因此,徽州府、县学自创立始,其实就是一地传统学术文化人才的聚集中心。

其二,徽州府、县学是一地传统学术文化研究、传播的中心。府、县学系官学,其教官均由朝廷委派。清代徽州府学教官,设教谕、训导各1人。教官之选任,由朝廷委派,一般都是有功名者。比如,歙县清代历任教谕33人中,举人出生有22人。教官本人需通经义,他们讲授的内容,亦多为传统学术文化。清代徽州府、县学均有藏书,从其书目可见他们平时教学的基本内容。兹以道光《徽州府志》所列徽州府学藏书38种为例:《圣谕广训》《周易述义》《御纂周易折中》《诗义折中》《钦定书经传说汇纂》《春秋直解》《钦定诗经传说汇纂》《唐宋诗醇》《钦定春秋传说汇纂》《十三经注疏》《钦定三礼义疏》《二十二史》《御纂性理精义》《朱子全书》《御纂资治通鉴纲目》《学政全书》《御制乐善堂全集》《乡会墨选》《钦定四书文》《平定金川碑文》《御制日知荟说》《吏部则例》《御制驳吕留良四书讲义》《礼部则例》《御制诗初集》《国子监则例》《御制诗二集》《十一经旁注读本》《南巡盛典》《新增科场条例》《御制文庙碑文》《部颁续纂条例》《武英殿聚珍版书》《科场磨勘则例》《大清续纂条例》《六部条例》《文庙乐章》《文武相见仪注》等。[①]各县藏书亦大同小异,以传统学术文化典籍为主。[②]教官之外,也有其他身份的官员或学者在府、县学传播学术文化。由此观之,徽州府、县学乃是一地传统学术文化研讨和传播的中心。清代大学士曹振镛在《鲍氏重修府学记》中说:"新安于宋太师徽国文公为桑梓地。文公之化,衣被天下,自宋元明迄今数百年,江以南士之私淑文公、能于学校中自表见者,必推我新安。"[③]这说明徽州府、县学并

① (道光)《徽州府志》卷3《学校》。

② 参见(民国)《歙县志》卷2《营建志》、(嘉庆)《休宁县志》卷3《学校》、(嘉庆)《黟县志》卷10《学校》、(同治)《祁门县志》卷17《学校志》、(民国)《重修婺源县志》卷6《学校》等。

③ (道光)《徽州府志》卷3《学校》。

非仅是科考之渊薮，亦为传统学术文化阐扬之地。

因上言之，笔者认为，清代徽州一府六县之学，乃是传统学术文化中心地。不过，其地虽有七处，但每处尤其是六县县学，影响所及仅在县域之内。其影响力以及涉及面，较之紫阳书院犹有不逮，故置为第二层次学术文化中心地。

第三种类型：以还古书院为代表的影响一时或一地传统学术文化的中心地。

清人赵继序《还古书院板藏记》曰："吾郡自朱子讲学天宁以来，书院后先相望。其与紫阳并称者，惟休宁之还古。"①还古书院在休宁万安山，明朝万历壬辰（二十年，1592年）由知县祝世禄、邑人邵庶倡建，为讲学之所。清顺治间，徽州学术名家赵吉士复倡修。康熙三十一年（1692年），邑绅汪晋征倡议祀朱子于书院之怀仁堂。嗣后至嘉庆十八年（1813年），还古书院又5次修葺，规模不减前期。②还古书院创建之后，此处成为一地传统学术文化的中心。清代休宁儒学教谕陈嵑鉴言："海阳理学之盛，自子朱子统继尼山，师友相承，延绵如缕。邑东十里有古城山，清流激湍，襟带左右，林壑幽邃，岩石耸秀。山之麓有敬业乐群之地，堂宇巍焕，户牖森严，颜之曰还古书院。盖以人心世道，必期与古比隆云。爰考其初创，自邑侯石林祝先生肇于万历壬辰，嗣后此邦人士承先生之遗爱，每岁春秋，遐迩咸集……阖邑诸前贤，习礼歌诗、问难质疑者三日。今百有余岁，载久而弥光。"③《还古书院志》所载历年《会纪》，从一个侧面反映了清代还古书院作为一地传统学术文化中心的盛况。④徽州境内外先后来此讲学或书信交流的学术文化名流有吴巘（字少游）、吴汝遴（字慎先）、汪佑（字启我）、杨侃如（字景陶）、汪浚（字泰茹）、施璜（字虹玉）、汪赏（字功懋）、汪佐（字岩瞻）、邵兆元（字佶宣）、汪宗鉴（字晦

① 施璜：《还古书院志》卷首，道光二十三（1843年）刻本。
② （道光）《徽州府志》卷3《学校》。
③ 施璜：《还古书院志》卷14《陈嵑鉴：重修还古书院记》，道光二十三（1843年）刻本。
④ 施璜：《还古书院志》卷11、12，道光二十三（1843年）刻本。

叔)、金维嘉(字伊人)、杨湄(字文在)、汪三省(字师曾)、吴维佐(字咨亮)、叶蘅(字梓芳)等。①

清代类此成为一时一地传统学术文化中心地的书院,徽属六县所在皆有。兹以区域分,举其荦荦大者:歙县有斗山书院、崇正书院、南山书院、天都书院、道存书院、问政书院、竹山书院、西畴书院、岩溪书院、飞布书院、东文会所、师山书院、松鳞别墅、阜山文会;婺源有明经书院、霞源书院、福山书院、富教堂、紫阳书院、双彬书院、心远书院、太白精舍、蒋公书院、开文书院、湖山书院、西乡书院、教忠书院、玉林书院、天衢书院、崇报书院、水口精舍、碧山精舍、翀峰精舍、骐阳书院②;休宁有海阳书院、练江精舍、天泉书院、率溪书院;祁门有东山书院、曙戒书院、蛟潭书院、白石讲堂;绩溪有颖滨书院、二峨书院、嵋公书院(后改建敬业书院)、东山书院、濂溪书院、鹏南书屋、清泉书屋、丹山书屋、怀古书屋、爱莲书屋、涵清书屋;黟县有碧阳书院、金竹庵、莲塘精舍、松云书院、集成书院。

以上书院、书屋,分别辑录自徽州新、旧方志。③它们并非清代徽州书院之全部,而是为府志所载、有代表性的书院(或与书院异名而实同的精舍、书屋、文会、庵、堂等)。这些书院之间,在规模、存在时间以及影响力方面,也同样存在明显差异。如歙县问政书院、斗山书院、天都书院,休宁还古书院、海阳书院,黟县碧阳书院、集成书院、中天书院,祁门东山书院,婺源紫阳书院、明经书院、福山书院,绩溪东山书院等,或有官府襄助,或有富绅出力,或有名儒主持,不仅规模较大,学田甚多,

---

① 参见详施璜:《还古书院志》卷11、12《会纪》,卷7、8、9《传》。

② 骐阳书院在婺源县西南丹阳乡云亭里中云村,系清乾隆年间王在文倡建,为族人讲学会文所。

③ 所据新、旧方志包括(道光)《徽州府志》、(民国)《歙县志》、(光绪)《婺源县志》、(嘉庆)《休宁县志》、(光绪)《祁门县志》、(嘉庆)《绩溪县志》、(嘉庆)《黟县志》、《歙县志》(中华书局1995年版)、《婺源县志》(档案出版社1993年版)、《休宁县志》(安徽教育出版社1990年版)、《祁门县志》(安徽人民出版社1990年版)、《绩溪县志》(黄山书社1998年版)、《黟县志》(光明日报出版社1988年版)。

有清一代屡圮屡建，有相当长的存在时间；且来学者众，影响的范围和程度亦广而深。而一般的精舍、书屋、文会、庵、堂等，无论规模、存在时间还是影响力，都与上述书院有相当的差距。不过，尽管存在差异，但它们有一个共同点，即在一段时间内对一定地域的一定人群产生过学术影响，因而可以视之为或大或小的传统学术文化中心地。当然，这样的中心，即使是大如还古书院、东山书院、斗山书院、海阳书院等，既无法与存在时间长、有完备教育体系的府、县学相比，更不能与影响涉及全徽州的歙县紫阳书院相比，因此，笔者将其归为第三类型的中心地。

上述三类中心地，构成了徽州传统学术文化中心地的层级网络。该层级网络的基本特征是，每一层级的中心地数量，从最高层级往下依次递增；而每个中心地的影响力，则由最高层级往下依次递减。

从清代徽州传统学术文化中心地的空间分布来看，呈现以下几个特征：

首先是分布位置的广泛性，即徽州所属六县均有影响力或大或小的传统学术文化中心地。第一层级的中心地仅紫阳书院和不疏园两处，姑且不论；第二层级的中心地则是六县皆有，除歙县多一处府学外，其他五县各自拥有一处；第三层级的中心地在徽州六县亦均有分布，上列六县有代表性的书院分布之状，即可见其大概。六县均有自己的传统学术文化中心地，表明清代徽州传统学术文化中心地分布位置的广泛性。同时，这种广泛性也体现在一县之内。以歙县为例，道光《徽州府志》和民国《歙县志》中提及的书院，除府城之外，尚及一都、五都、十六都、十九都、二十都、二十二都、二十三都、二十五都、二十六都、二十八都、三十一都、三十五都等地，在一县之内，分布甚广。

其次是分布数量的差异性，即传统学术文化中心地在六县的分布数量不均衡。其中，歙县高层次的中心地分布最多，它拥有清代徽州第一层级的学术文化中心地紫阳书院和不疏园2处，在第二层级的7处中心地中，歙县又独得2处。其他五县，虽拥有的第二层级中心地相同，但第三层级的中心地数量有明显差异。清代有代表性的书院，婺源20所、歙县14所、绩溪11所、休宁5所、黟县5所、祁门4所。于此可见各县拥有第三层级中心地数量的明显差异。这种差异，反映了以县域为单位的学术文化区的发达程度。

最后是分布格局的时代性，即清代徽州传统学术文化中心地分布格局与前代有明显差异。某一区域内的中心地在不同时期通常会发生变化。徽州作为传统社会后期具有典型意义的文化区，在清代其区域内的传统学术文化中心地也显现了时代特色。具体而言，一是清代徽州区域内传统学术文化中心地的层级网络现象更为明显。徽州区域内传统学术文化中心地具有层级网络的现象，始自南宋紫阳书院建立之后。此后元、明两朝，该现象一直存在。不过，某些时期，在层级之间，也常有界分不明的情况。比如，明代中后期，在心学的传播过程中，第三层级的个别中心地发挥了重要的作用，体现了异常的影响力。清儒汪佑在《紫阳书院会讲序》中说：“夫六邑人士岁讲轮集，莫盛于新安；高悬皋比，礼聘名硕，尤莫盛于新安……嘉靖丁酉，甘泉湛先生主教于斗山，庚戌东廓邹先生联会于三院。阙后，心斋王、绪山钱、龙溪王、师泉刘诸先生，递主齐盟，或主教于歙斗山，或缔盟于休天泉、还古，或振铎于婺福山、虹东以及祁东山、黟中天诸书院，亦既苾止，未有一赴紫阳者。岂紫阳固不可会讲与？抑主教诸先生阐扬道术，皆尊其师说，往往以紫阳为口实，既以紫阳为口实，则登其堂而哆侈之，扬簸之，饮其醇而索其瘕，操吾戈以入其室，诚有所不便也。”[①]这里，汪氏描述了明代中后期心学在徽州的传播，以歙县斗山书院、休宁天泉书院、还古书院、婺源福山书院、虹东书院以及黟县中天书院为据点，而不涉紫阳书院，并解释了其中的原因。换句话说，其时在徽州，在传播心学方面，第三层级的中心地比第二层级的府、县学，乃至第一层级的紫阳书院发挥了更大的影响力。而终清一代，我们注意到，几个层级之间的界分非常明显，各自发挥了其级别的作用，层级网络体系完备。二是清代徽州第一层级的中心地出现两处，且其中一处尚包括两支。

---

① 施璜：《紫阳书院志》卷18《艺文》，雍正三年(1725年)刊本。

南宋以降，徽州学术文化的第一层级中心地以存在时间长短、规模大小和影响力强弱评判，一直只有紫阳书院堪当，而别无与之并论者；及至清代，因不疏园在徽州学术史上的特殊地位和空前影响力，成为与紫阳书院并称的第一层级中心地。这在前代是未见的。而在乾隆年间，于紫阳山之紫阳书院外，歙县城内唐时旧址处又建"古紫阳书院"，两者并时共生，亦前所未有。由此，可见清代徽州传统学术文化中心地的时代特征。

综上言之，清代徽州传统学术文化中心地包括三种不同层次的类型，即第一类型紫阳书院、不疏园所在地，第二类型府、县学所在地，第三类型其他书院所在地。它们在存在时间、人才凝聚力和学术影响力等方面，有明显的差异。三类中心地共同构成了徽州传统学术文化中心地的层级网络，该网络具有每一层级的中心地数量，从最高层级往下依次递增；而每个中心地的影响力，则由最高层级往下依次递减的基本特征。就徽州传统学术文化中心地空间分布而言，它具有广泛性、差异性以及分布格局的时代性等特征。

第四章 文化互动：徽州文化现象交融下的
徽州社会研究

一、论明清徽州文化的阶段性发展

徽州文化是中国传统社会后期既有典型性，又具普遍意义的地域文化。明清两代是徽州文化发展的鼎盛时期，该时期徽州文化发展经历了四个阶段：一是明前期，从明初洪武年间开始，约在嘉靖、万历年间告一段落，在此期间徽州文化整体风貌彰显的主题是求变与创新。二是明后期，大致从万历中期开始，到明末结束，该时期徽州文化在传承与深化中，呈现出丰富多彩的特色。三是清前期，从明末开始，至清康熙、乾隆之交告一段落，此期的徽州文化经历了一段顿挫与复苏的历程。四是清中叶，大致从康熙、乾隆之交开始，至道光年间告一段落，该时期徽州文化体现的特征是博大与精致。徽州文化在明清时期出现的阶段性发展，既与历史环境的变迁有着密切的关系，也与其自身内在的发展逻辑密切相关。

徽州文化是中国传统社会后期文化的典型样本，这一观点在学界已是基本共识。我们认为，从表现形式看，徽州文化具有鲜明的地域特色，各种文化现象往往被冠以"徽"或者"新安"字样，如徽派朴学、徽派建筑、徽派版画、徽派盆景、徽商、新安理学、新安画派、新安医学等等。①但就其影响与地位而言，徽州文化其实是以地域文化的身份，担纲了中国传统社会后期"主流"文化的角色。其登峰造极之时，正当明清两代。就总体而言，徽州文化在明清时期臻于极盛，成为徽州文化发展史上的里程碑；而具体来看，在此期间它有着显著的阶段性发展。依据各种文化形态在不同时期所表现出的不同主旨和特色，我们把这种阶段性发展分为四个时期。

第一时期是明前期。该时期从明初洪武年间（1368—1398年）开始，大致在嘉靖至万历年间（1522—1620年）告一段落。期间徽州文化整体风貌彰显的一个鲜明的主题是求变与创新。

比如，崛起于南宋的朱子学重要流派"新安理学"②，在有元一代学术思想和学术风格渐趋墨守成规，学派内部死抱旧说，创新乏力。詹烜在《赵东山行状》中记载："新安自朱子后，儒学之盛，四方称之为东南邹鲁。然其末流，或以辨析文义、纂辑群言，即为朱子之学。"③描述了元代新安理学墨守成说、创见缺乏的普遍现象。对此，当时著名新安理学家赵汸也提到，徽州先贤"皆留心著述，所以羽翼程朱之教者，具有成书"④，但是其书"虽有考索之富而扩充变化之无术，虽有辨析之精而持守坚定之未能"⑤。这里，赵氏所说的"扩充变化之无术"，就是指南宋朱熹之后的元代新安理学家缺乏学术创新。元末明初，鉴于元代新安理学家的学术之弊，以朱升、郑玉和赵汸为代表的新安理学家提出了求"实理"的新的治

---

① 徽州旧称新安。晋武帝太康元年（280年），灭吴，原新都郡更名新安郡。后徽人多以"新安某氏"自称。参见周晓光：《徽州传统学术文化地理研究》，安徽人民出版社2006年版。1987年，徽州更名黄山市，历史上长期辖歙、休宁、婺源（今属江西）、黟、祁门、绩溪（今属安徽宣城）六县。

② 新安理学是朱子学的重要流派之一，主要崛起和流传于徽州一带。该流派奉祖籍徽州婺源的朱熹为开山宗师，在其近600年的传承中，有鲜明的学派宗旨和一脉相传的学者群体，并对12世纪以后中国哲学史的演变以及明清徽州社会的发展，产生了深远的影响。参见周晓光：《新安理学》，安徽人民出版社2005年版。

③ 程曈：《新安学系录》卷15《赵东山行状》，康熙三十五年（1696年）绿荫园重修本。

④ 程曈：《新安学系录》卷15《赵东山行状》，康熙三十五年（1696年）绿荫园重修本。

⑤ 赵汸：《东山存稿》卷3《答上虞学士书》，四库全书本。

经主张。这一主张的核心是反对元代先儒盲目迷信、循途守辙的治学之术,主张明源察始,通过自身的思考,探求理学真谛。以此为指导思想,以朱升、郑玉和赵汸为代表的元末明初新安理学家本着求真实之理的心态,思维渐趋大胆、活跃,从多种途径探索朱子之学的真谛。如朱升发明了"旁注诸经"的治经方法,郑玉和赵汸则以"和会朱陆"张大新安理学学派宗旨,明初的新安理学可谓气象一新。该时期也是新安理学发展史上求变求新思潮最活跃的时期。

再如徽州的教育和科举,在明前期也有新的变化。这种变化主要表现在三个方面:一是地方教育机构类型进一步清晰,官学、书院、社学三大系统互为补充,构成了徽州教育机构的网络体系。徽州官学包括府学和六县县学,其中府学始于唐代。六县县学中,始于唐代的有歙县学和祁门县学,其余休宁县学、黟县学、婺源县学和绩溪县学皆始建于宋代。①其后,虽有连续性,但时有兴废,元末战乱更一度使徽州官学遭受重创。明朝立国后,朱元璋崇奉"治国以教化为先,教化以学校为本"的理念,推行了一系列兴学政策,被史家称为"学校之盛,唐、宋以来所不及也"②。在此背景下,明前期的徽州府县学得到全面重建或扩建。③徽州最早的书院是绩溪龙井之桂枝书院,始建于北宋景德丁未(1007年)。其后,经宋元发展,明前期的徽州书院无论规模和数量,均远超前代。据乾隆《江南通志》、道光《徽州府志》、光绪《重修安徽通志》等志书不完全统计,明代徽州新建或重建、扩建的书院有49所,其中明确记载为前期的书院有38所,比例高达77.6%。说明了徽州书院在明前期已形成规模化的系统。社学之制,始于元至元二十三年(1286年),为朝廷诏令在乡村设立的"教童蒙始学"的学校。明承元制,于洪武八年(1375年)开始在城乡推行社

---

① (道光)《徽州府志》卷3《学校》。

② 张廷玉:《明史》卷69《选举志一》,中华书局1974年版。

③ 参见(道光)《徽州府志》卷3《学校》、(民国)《歙县志》卷2《营建志》、(嘉庆)《休宁县志》卷3《学校》、(嘉庆)《黟县志》卷10《学校》、(同治)《祁门县志》卷17《学校志》、(民国)《重修婺源县志》卷6《学校》、(嘉庆)《绩溪县志》卷5《学宫》。

学，"延师儒以教民间子弟"①。据弘治《徽州府志》记载，同年徽州六县凡"邑之坊都，居民辏集之处"均设立社学，数量达到462所。其中休宁、婺源最多，各有140所，其他各县依次为歙县112所、绩溪30所、祁门27所、黟县13所。②明前期徽州的社学已经遍及城乡，奠定了童蒙教育的基础。官学、书院、社学针对不同人群，各成系统，表明徽州地方教育机构的类型在明前期进一步清晰，已经构成了徽州教育机构的网络体系。二是徽州教育的功能进一步凸显。洪武十五年（1382年），明廷全面恢复科举取士，并规定参加科举者必须是各级学校的生员，逐步形成了"科举必由学校"的定制。③因此，徽州府、县学等"官学"发挥着培养科举人才的功能。书院为"尊儒重道、栖徒讲学之地"④，明前期徽州书院的功能重在聚徒讲学。如徽州最大的书院紫阳书院，在"元末明初，名儒迭兴，又立紫阳书院山长以主之，度其揖让周旋，升阶侍立，相与析疑辨难，必多发明"⑤。清人施璜撰有《紫阳书院志》和《还古书院志》，其中《会纪》等篇对徽州书院讲学情形记载甚详。社学则收8至15岁孩童入学，"设教读以训童蒙"。三类教育机构功能各有侧重，一时徽州文风丕振，科举及第者人数之众，几近今安徽全省的1/3。⑥三是办学主体进一步扩大，除官府投入外，民间集资和官绅资助份额越来越大。尤其是随着弘治之后徽州商人群体崛起、徽州商帮形成，徽商在徽州教育方面的贡献度越来越高。这些都表明明前期的徽州教育与科举走上了鼎新之路。

作为徽州文化核心内容之一的徽州商业文化，也在明前期初步形成。虽然作为个体的徽州商人，其经商可以追溯到很早的年代，但徽商作为地域商帮的出现，则在明前期。此期徽州商人从业人数剧增，资本规模扩大，经营行业拓展，营商手段多样，宗族联系密切，最终约在成化、弘治

---

① 王圻：《续文献通考》卷60《学校考·社学》，现代出版社1986年影印本。
② （弘治）《徽州府志》卷5《学校》。
③ 张廷玉：《明史》卷69《选举志一》，中华书局1974年版。
④ 施璜：《紫阳书院志》卷18《唐皋：紫阳书院记》，雍正三年（1725年）刻本。
⑤ 施璜：《紫阳书院志》卷16《会纪》，雍正三年（1725年）刊本。
⑥ 《明清进士题名碑录》，上海古籍出版社1980年版。

年间（1465—1505年）开始形成徽州商帮。学界认为，其标志一是徽人形成从商风习，二是徽人结伙经商现象普遍，三是"徽""商"二字已经相连成词，四是作为徽商骨干力量的徽州盐商已在两淮盐业中取得优势地位。①随着商帮的形成，徽商出现了"贾而好儒"、"以义为利"、结伙经商、广交官府、热心公益等商业文化。②商帮的形成以及商业文化的出现为此前徽州文化中未见之新气象。

又如徽州文学，尽管学界对此阶段的文学成就评价不高，但其理学化的时代特色却异常鲜明。韩结根先生在其《明代徽州文学研究》一书中提出，此期有代表性的诗文作家，多为新安理学名家或饱读理学经典之士；其作品亦多以理学为主导价值取向，或直接阐扬理学思想，或讴歌"圣朝之至治"③。这是明前期徽州文坛劲吹的"新风"。从徽州版画来看，此期它承唐宋而进一步创新，最终在嘉靖、万历年间达到鼎盛。张国标先生《徽派版画》一书胪列了万历年间徽派版画的重要作品80余件，展示了徽派版画的卓著成就。④此期特别值得关注的是著名的歙县黄氏家族刻工，该家族刻工群体自天顺年间（1457—1464年）崛起后，经过数代人的传承与创新，到万历时期创造出一套独特的雕图刀法，其木刻画一改原先粗壮雄健之风，形成线条秀劲、版面简雅、形象细腻的徽派版画风格。清道光《虬川黄氏宗谱》"文翰"部分，记载了明前期诸多黄氏刻工的姓名和事迹，从中可见其强大的阵容。⑤总之，明前期徽州文化的种种现象，反映了其求变与创新的整体风貌。

第二时期是明后期。该时期大致从万历中期开始，到明末结束，经历约50余年的时间。该时期徽州文化在传承与深化中，呈现出了丰富多彩的特色。

万历中期以后，明朝进入了一个由极盛而逐渐转衰的历史时期。一方

---

① 张海鹏、王廷元主编:《徽商研究》，安徽人民出版社1995年版。

② 参见周晓光、李琳琦:《徽商与经营文化》，世界图书出版公司1998年版。

③ 参见韩结根:《明代徽州文学研究》，复旦大学出版社2006年版。

④ 张国标:《徽派版画》，安徽人民出版社2005年版。

⑤ 参见刘尚恒:《虬川黄氏宗谱与虬村黄氏刻工》，载《江淮论坛》1999年第5期。

面，经过200年左右的积累和发展，明朝的制度建设日臻成熟，经济运行相对平稳，特别是张居正的"一条鞭法"改革，稳定了朝廷的赋税收入。在部分商品经济相对发达的区域，甚至还出现了资本主义生产方式的萌芽。尽管北方草原上的少数民族不时南下侵扰明境，东南沿海一带"倭患"未靖，但零星战事尚不足动摇明朝的统治根基。皇位传承虽在前期有过"靖难之役"和"夺门之变"两次较大变故，但对政局的稳定尚未造成长期的影响。到万历中期，明王朝呈现的是一幅"盛世"图景。而另一方面，"物极必反"的规律在万历中期之后则更趋明显。其制度体系中的各种弊端渐渐显露，如选官用人重人际关系、重科举出身而忽视真才实学，推行的赋税制度改革在"加派"政策下名存实亡，内阁制度下的"首辅"一职，成为官员争权夺利的最高追求，等等。朝廷中，各派势力"党争"不断，宦官擅权现象愈演愈烈，百姓负担日益繁重，各种矛盾愈积愈深。东北满族兴起，更给明朝的数百年江山根基带来巨大的冲击。因此，明朝在其后期已经步入盛极而衰的历史时期。于是，在这种历史背景下的中国文化发展，呈现了两面性：一是四海升平的环境，成就了中国文化的繁荣；二是危机潜伏的征兆，引发了各种思潮的涌动。在此背景下，徽州文化在传承与深化中，呈现出了丰富多彩的特色。

首先是曾经一统徽州学界的朱子之学，受到湛（若水）、王（阳明）"心学"的强烈冲击，徽州学者开始出现分化，其学术思想更显丰富。明前期的徽州学术思想，传承了南宋以来朱子之学独尊的传统，一如明初赵汸所说，朱子之学虽行天下，而"讲之熟、说之详、守之固，则惟新安之士为然"[①]。但明中后期，湛、王"心学"先后传入徽州，在讲学等方面占据了上风。徽州文献中多有"文成之教盛行，讲会者大多不诣紫阳"[②]，"新安多王氏之学，有非复朱子之旧者"[③]等记载。于是，徽州学者分化为两个阵营：一是由朱子之学传承者所组成的阵营。这一阵营的主要代表人

---

① 赵汸：《东山存稿》卷4《商山书院学田记》，四库全书本。
② 施璜：《紫阳书院志》卷12《汪县尹》，雍正三年（1725年）刊本。
③ 施璜：《紫阳书院志》卷16《会纪》，雍正三年（1725年）刊本。

物有休宁人程敏政、范涞、吴汝遴、汪璲、汪学圣、金声，婺源人游震得、汪应蛟、余懋衡、江旭奇，歙县人洪德常、江恒等。他们是明代中后期代表徽州学术文化的主要群体。二是由湛若水、王阳明心学的崇拜者所组成的阵营。这一阵营的骨干成员有湛若水门徒婺源人洪垣、方瓘，祁门人谢显、谢芊和王学弟子汪道昆、休宁人程默、歙县人程大宾、婺源人潘士藻等。①两个阵营的学者分别阐扬朱熹理学和湛、王"心学"，致徽州学术思想诸说纷呈。同时，以黄生（1622—？歙县人）为代表的徽州经学此期也得到复兴。支伟成在《清代朴学大师列传》中评价黄氏："僻处于岩阿村曲之中，非清初诸大师之广涉博览，切磋交通。乃不假师承，无烦友质，上下古今，钩深致远，声音回转，训诂周流，反胜诸人之犹有所沾滞焉。综厥学业之绩，品谊之醇，确乎坚贞。"②徽州的学术思想在传承与深化中，进一步显现了丰富多彩的特色。

其次是明前期发展并未成熟的徽州文化现象，在此期得到迅速发展，大大丰富了徽州文化的内容。比如徽州史学，在明前期因缺乏重要的史家和有影响的史著，在徽州文化中的地位并不突出。中期以后，徽州学者开始对传统史学表现出浓厚的兴趣，编撰了一批重要史著。著录于《四库全书总目》史部类的明代徽州学者著作共有22部，其中大部分为中后期的作品。③从传统史学著述的体裁来看，徽州学者在史评和史钞两类用力最勤，同时杂史类的著作也不在少数。这些学者一方面重视史料的考辨，另一方面也注重史学功能的阐释和对传统史学的创新，取得了较高的史学成就。此期徽州家谱的修撰也进入了一个高潮，不仅参与人员广泛，出现了戴廷明和程尚宽的《新安名族志》、汪道昆的《汪氏十六族谱》、程一枝的《程典》、吴元孝的《临溪吴氏族谱》等一批徽州家谱精品，而且在家谱体例创新等方面也取得了重要突破。此外，徽州方志的编撰在嘉靖、万历年间

---

① 周晓光:《徽州传统学术文化地理研究》,安徽人民出版社2006年版,第114页。
② 支伟成:《清代朴学大师列传》卷1《清代朴学先导大师列传》,岳麓书社1986年版。
③ 永瑢等:《四库全书总目》卷45—90,中华书局1965年版。

以及其后出现兴盛景象，府邑共修志书16种①，该时期成为明代徽州志书修撰最活跃的时期。徽州学者在传统史学研究和家谱修撰、方志编修等方面取得的斐然成绩，表明徽州史学发展出现了历史上的第一个高峰。它丰富了徽州文化的内容，也彰显了徽州文化在明代中后期多彩的特色。

与徽州史学现象类似的还有徽州绘画。学界认为，明代前期，绘画在徽州虽被视为一种高雅艺术，但未能成普遍风气，可称画家者，惟明初朱同（休宁人）一人而已。但嘉、万以降，徽州画坛名家辈出，朱邦（休宁人）、汪肇（休宁人）、詹景凤（休宁人）、杨明时（歙县人）、丁云鹏（休宁人）、吴羽（歙县人）、郑重（歙县人）、李流芳（歙县人）、程嘉燧（歙县人）、黄柱（歙县人）、黄生（歙县人）、李永昌（休宁人）等皆一时画坛名流，影响广泛。②尤其是丁云鹏和程嘉燧，前者被黄宾虹誉为"山水花鸟，靡不精妙"，其人物画和道释画，"唐吴道子、贯休，不多让也"③；后者画风宗倪云林与黄公望，开创了名重一时的"天都画派"，并居"天都十子"之首。此期徽州绘画的成就，为徽州文化注入了斑斓的元素。

除徽州史学、徽州绘画等文化现象外，明前期并不见昌盛的徽州工艺，在明代嘉、万以后也是大放异彩。尤其是最具代表性的文房四宝和徽州三雕，工艺水平日臻成熟，蜚声海内外。

最后是多种文化现象形成具有地域特色的流派。以徽派建筑为例，学界认为，徽派建筑的工艺特征和造型风格主要体现在祠堂、民居、牌坊和园林等建筑上。而这些标志徽州建筑工艺特征和造型风格成熟与基本定型的建筑，大规模出现在明代中后期。有学者对现存40座徽州祠堂调查统计，结论是明嘉靖十五年（1536年）以前所建的有8座，其后所建的有30座，另有2座修建年代不详。④另有学者根据弘治《徽州府志》和嘉靖《徽州府志》的相关记载，分别统计了弘治和嘉靖年间徽州祠堂的数量及其分

① 参见刘道胜：《徽州方志研究》上编，黄山书社2010年版。

② 参见郭因、俞宏理、胡迟：《新安画派》第2、3章，安徽人民出版社2005年版。

③ 黄宾虹：《黄宾虹文集·书画编》上《黄山画苑论略》，上海书画出版社1999年版。

④ 赵华富：《明代中期徽州宗族统治的强化》，载《'98国际徽学学术讨论会论文集》，安徽大学出版社2000年版。

布，发现弘治《徽州府志》记载的祠堂共有15座，而嘉靖《徽州府志》记载的祠堂多达213座。①这些统计情况表明，在明代中叶，徽州祠堂之建出现了一个突飞猛进的高潮。作为徽州建筑核心构造元素的马头墙、门楼、槅扇、飞来椅和天井等，也在明代中后期悉数出现在徽州民居上，形成了典型的民居风格。而被视为"徽州文化物化象征"的牌坊，在明代中后期因形制的成熟和多样化，以及牌坊雕刻的鼎盛，步入到一个全盛时期。这些类别的建筑，工艺特征鲜明，造型风格成熟，地域特色明显，因而被视为徽派建筑。该建筑流派不仅在徽州本土造就了徽文化的建筑人文特征，且对长江中下游流域及其以南地区产生了重大影响。陈从周先生认为，"明代中叶以后，扬州的商人以徽商居多……随着徽商的到来，又来了徽州的匠师，使徽州的建筑手法融于扬州的建筑艺术中"，故"扬州园林受徽州派影响大"②。

徽州文化现象中，新安医学也在明代中后期形成了具有地域特色的流派。徽州医籍最早见诸记载的有南朝宋羊欣的《羊中散方》20卷、初唐杨玄操的《黄帝八十一难经注》。宋元时期新安医学有了长足发展，出现了张扩、吴源、黄孝通、张杲等一批名医。而明代则进入了鼎盛时期，尤其是在中后期，新安医学名医辈出，著述宏富，在中医学理论、药物学、方剂学、临床医学、传染病学等方面都取得了令人注目的成就，形成了风格独特、声名显赫的新安医学派。③徽派篆刻之崛起及其地位的确立，亦在此期。有学者将徽派篆刻的兴起与发展分为三个阶段，其中明万历至崇祯时期乃徽派篆刻的确立阶段。④当时以何震、苏宣、朱简、汪关为首的徽州一府六县50余位印人，不仅在印学理论和篆刻实践上取得巨大成就，且遥相呼应，一统明末印坛天下。还有徽州商帮在成化、弘治年间形成后，在明前期发展的基础上，资本更为雄厚，活动范围更广，联系纽带更紧，

① 常建华:《明代宗族祠庙祭祖的发展》,载《中国社会历史评论》第2卷,天津古籍出版社2000年版。

② 陈从周:《园林谈丛》,上海文化出版社1985年版。

③ 参见张玉才:《新安医学》第2章,安徽人民出版社2005年版。

④ 参见翟屯建:《徽派篆刻》第2章,安徽人民出版社2005年版。

经营文化凸显，形成了与晋商并称的两大商帮之一。徽州多种文化现象形成了别具一格的流派，表明徽州文化在此期的进一步丰富和深化。

总体来看，明代中后期的徽州文化传承中有发展，发展中显深化，呈现出了丰富多彩的特色。

第三时期是清前期。该时期大致从明季开始，至清康熙、乾隆之交告一段落。这一时期的徽州文化经历了一段顿挫与复苏的历程。

明朝末年，积累已久的社会矛盾和民族矛盾激烈爆发。在天灾人祸交逼下，明末农民战争首先在陕北爆发，战火很快蔓延至中原腹地和大江南北。李自成、张献忠等农民军与明廷经过十余年的拉锯战，先后分别建立"大顺"和"大西"政权，并攻占北京，迫崇祯皇帝自缢。其后，满清入关，先是击溃农民军，后又与南明政权进行了近20年的交战。明末农民战争以及随之而来的明清之际战乱，致当时社会经济文化遭到重创。各地留下了大量的"满目榛荒，人丁稀少"[1]，"人民多遭惨杀，土田尽成丘墟"[2]，"燹于兵火，锦坊尽焚"[3]的记载。徽州当时是皖南抗清斗争的始发地，有文献记载："盖徽、宁、池之祸，始于徽州……"[4]当时包括徽州在内的皖南地区，经历了惨烈的战乱冲击。徽州文化的发展在明末清初持续近40年的战乱中，遭遇顿挫。以徽商为例，李自成大顺农民军进入北京后，将徽商视为"追赃比饷"的重要对象，"谓徽人多挟重赀，掠之尤酷，死者千人"[5]。《明季北略》记载，时有徽商汪箕，"居京师，家赀数十万"[6]，典铺数十处，被追赃十万，因不堪重刑拷打而身亡。更有一批徽商，在乱世中无心营商，散尽家财以求避祸。嘉庆《黟县志》记载的徽商

①《皇清奏议》卷4，李人龙：《垦荒宜宽民力疏》。

②《明清史料》丙编，北京图书馆出版社2008年版，第783页。

③（民国）《华阳县志》卷34《物产》。

④中国人民大学历史系、中国第一历史档案馆合编：《清代农民战争史料资料选编（安徽部分）》第1册，中国人民大学出版社1984年版，第262页。

⑤彭孙贻：《平寇志》卷10，《四库全书存目丛书·史部》第55册，齐鲁书社1996年版，第878页。

⑥计六奇：《明季北略》卷23，中华书局1984年版。

叶万生就非常具有代表性:"叶万生,字道一,南屏人。少守礼义,有智略。家故有质库,值明季山贼土寇连年不靖,因言于父世卿曰:'寇将至矣,无多藏以贾祸也。'乃与乡人约,合券者不取钱还其质,数日而尽。"①类似情况,在家谱等地方文献中也多有记载。清初赵吉士说:"明末徽最富厚,遭兵火之余,渐逐萧条,今乃不及前之十一矣!"②徽州商帮在此期遭受了重大打击。此外,在明代中后期盛极一时的徽州教育,于明清战乱之际,亦无所作为。府、县学以及为数众多的书院,其教学活动几近停滞,教育场所荒废。顺治时,休宁县学"文昌阁、魁星楼俱废"③。婺源紫阳书院多处建筑"鼎革已来……毁于兵燹"④。

到清前期,徽州文化开始从顿挫中复苏。在学术思想方面,晚明渐趋式微的朱子学得到复兴,《寄园寄所寄》卷11《泛叶寄·故老杂记》:"文公为徽学正传,至今讲学,遂成风尚。书院所在都有,而郡之紫阳书院、古城岩之还古书院,每年正八九月,衣冠毕集,自当事以暨齐民,群然听讲,犹有紫阳风焉。其他天泉书院,为湛甘泉讲学处,迥不逮也。"同时,江永、戴震、程瑶田等人继承了顾炎武、黄宗羲所开创的求实精神,倡导经世致用,力矫宋明学术之弊,治学以"求是"为宗旨,侧重于文字音韵、天文地理、名物典章制度的考证,由此开"皖派经学"风气之先。

徽州教育由沉寂而再兴,一是官学教育重新得到了发展,原先塌废的教育设施屡有修缮。据《徽州府志》记载,徽州府学在康熙三年、九年、十二年、五十四年和雍正三年、十年先后修复了圣殿、明伦堂、仪门、尊经阁、崇圣祠、乡贤祠等建筑。⑤徽州府试院亦于此期得到重建,郑江《重建徽州府试院记》叙其经过:"歙故有巡方,治所在郡治东。国朝康熙二十八年,易为督学使者公署。辂轩既临,合六邑之士校艺其中。历稔淹纪,浸以圮塈,扉枢朽落,栔瘤悬危,外观弗耀,子衿永慨……郡人汪君

---

① (嘉庆)《黟县志》卷6《人物》。
② (康熙)《徽州府志》卷2《风俗》。
③ (道光)《徽州府志》卷3《学校》。
④ (道光)《徽州府志》卷3《学校》。
⑤ (道光)《徽州府志》卷3《学校》。

激昂高义，喟然而兴，不贷众，皆奂然启宇，缭以周垣，蔽以崇闳。中为厅事，后为燕居之堂，堂后有楼，庖湢廊舍，左右咸秩。经始于雍正十一年十二月，讫工于乾隆元年六月。"①得到汪君（涛）资助重建后的徽州府试院，规模空前。此期官学教育设施的重修，还包括六县的县学。如休宁县学在清初"岁有增饰"②，康熙元年（1662年）修复了启圣祠、尊经阁、石栏、明伦堂、礼乐器房、泮池、程朱祠等建筑。歙县学"顺治十年癸巳两庑坏、明伦堂圮，知县宋希肃新之；十三年丙申庙圮，教谕王昕修，康熙四年乙巳同知聂炜建；十一年壬子大淫雨，殿圮，知府曹鼎望建，三十六年丁丑知县郑元绶重建"③。官学教育不仅设施得到修缮，且功能与保障也有恢复。如徽州府学在原有160亩学田的基础上，又得到20户捐助的学产，保障了教授、训导的"薪水之费"以及府学"岁修之用"；康熙十四年，监生程子谦为休宁县学"捐银一千两置学田，取租为诸生科举费"④，等等。二是书院讲会之风盛行，且以传播朱子之学为宗旨。清前期的徽州书院讲会，制定有《紫阳讲堂会约》等条规，从形式到内容都有规范化的要求。据《紫阳书院志》《还古书院志》等书不完全统计，除了各书院每月的定期讲会外，紫阳书院和还古书院的大会在顺治、康熙、雍正三朝总数达到了150次。⑤其规模有时甚至是"在会之士及观者千余人"⑥，盛极一时。三是义学、塾学发展迅速。此期由官方或民间集资创办的"聚集孤寒，延师教读"⑦的义学，遍及徽州城乡。据康熙《徽州府志》记载，当时徽州的义学总数达到了460所，其中最多的休宁和婺源两县分别设立了140所。⑧与义学相辅的是此期徽州还有大量的塾学存在，特

① 郑江：《重建徽州府试院记》，（乾隆）《歙县志》卷17《艺文志中·记》。

② （嘉庆）《休宁县志》卷3《学校》。

③ （道光）《徽州府志》卷3《学校》。

④ （道光）《徽州府志》卷3《学校》。

⑤ 周晓光：《徽州传统学术文化地理研究》附录一，安徽人民出版社2006年版，第250页。

⑥ 施璜：《紫阳书院志》卷18，《施润章：寄曹冠五太守书》，雍正三年（1725年）刊本。

⑦ 《钦定大清会典事例》卷396《礼部·学校》。

⑧ （康熙）《徽州府志》卷7《学校》。

别是徽州的宗族，大多设有族塾、家塾，专为族内贫寒子弟提供受启蒙教育的机会。康熙十二年（1673年），歙县人施璜等还制定了《塾讲规约》，建立了一整套的塾师培训制度。这些都表明了徽州教育在经历了明清之交的相对沉寂后，开始出现兴盛的迹象。

徽州文化中别具一格的新安画派，也在此期悄然崛起。明中后期画坛上，由歙县人程嘉燧开创的具有广泛影响的天都画派，因主要代表人物及其传人在明清易代之际选择了不同的人生途径，而渐趋式微。歙县人渐江、休宁人查士标、孙逸、汪之瑞在清初画坛先后崛起，因都主张师法自然，且画风相似，以枯淡、萧疏、幽冷为旨趣，被称作"新安四大家"。学界认为，以新安四大家为主要代表，其中渐江为首席代表，以程邃、戴本孝、郑旼等为主要骨干，以一大批新安画家为成员，最终形成了新安画派。①该画派在中国画史上占有重要的地位，不仅名重一时，且对后世中国画的发展产生了巨大影响。

明清之际的战乱以及清初迭兴的"文字狱"，予当时刻书业以重创。刻书范围缩小，数量锐减，市场萎缩，这是其时全国范围内的普遍现象，而徽州刻书业亦莫能外。不过，根据相关文献记载，在"文字狱"的阴影下，徽州的刻书业仍在艰难发展。首先是以府学、县学及书院为主体的徽州官刻，此期陆续刊刻了《紫阳书院志》《程朱阙里志》等专志和《歙志》《歙县志》《黟县志》等8部方志；其次是徽州家刻在此期并未停顿，有学者统计清代徽州家刻有32姓，所刻图书300余种，其中有一部分诗文集和医案属于清前期所刻②；再次是此期徽州坊刻在本土以歙县、休宁为主，刊刻了部分经史图书和个人文集，在外埠杭州、扬州等地，刊刻了《昭代丛书》《檀几丛书》等丛书。这些状况，表明了清前期徽州刻书业的复苏。

此外，徽州文学在曲折中亦有所发展，出现了张潮（1650—1709年，歙县人）、汪森（1653—1726年，休宁人）、孙默（1613—1678年，歙县人）、赵吉士（1628—1706年，休宁人）、闵麟嗣（1628—1704年，歙县

---

① 郭因等:《新安画派》,安徽人民出版社2005年版,第22页。

② 参见刘尚恒:《徽州刻书与藏书》,广陵书社2003年版。

人）、程梦星（1678—1747年，歙县人）等一批文学家和诗词作家，他们在清初文坛上均占有重要的位置。徽州版画在此期虽未恢复到明中后期的万千气象，但仍出现了一批艺术珍品，如顺治五年（1648年）刊刻的《太平山水图》（萧云从画）、顺治八年（1651年）刊刻的《博古叶子》木版画集（陈洪绶画）、康熙四十年（1701年）刊刻的《秦楼月传奇》等。而新安医学在清初则出现了以汪昂（1615—1698年，休宁人）、郑重光（1638—1716年，歙县人）、程衍道（1593—1662年，歙县人）等为代表的一批名医，他们一方面重视医学理论的研究，编著了大量的医案验方等实用医学著作，另一方面也关注临床医学实践活动，推动了新安医学的快速发展。惟徽商因在明末受挫严重，振兴稍慢。总体来看，徽州文化在经历明末的顿挫后，于清前期得到逐步复苏，部分文化现象已然出现了兴盛的状况。

第四时期是清中叶。该时期大致从康熙、乾隆之交开始，至道光年间（1821—1850年）告一段落。此期徽州文化体现的特征是博大与精致。

由于战争的影响，清廷定鼎中原后，百废待兴。历经康熙、雍正、乾隆三朝的休养生息，清朝进入了一个全盛的时期。经济发展、社会稳定、文化繁荣，史家把这一时期视为中国历史上难得的"盛世"之一。徽州文化在清初复兴的基础上，得到全面发展。其具体表现如下：

一是徽派朴学名家辈出，学术影响深远，进入全盛的发展时期。清前期歙县人黄生（1622—?）著《字诂》《义府》等字书4部，"于六书多所阐发，每字皆见新义，而根柢奥博，与穿凿者有殊"①，被推为"清代朴学先导大师"②，首开徽州朴学风气之先。其后婺源人江永（1681—1762年）著《礼经纲目》《律吕阐微》等书，在训诂学上的贡献自汉大儒郑康成后"罕其俦匹"③；休宁人戴震（1724—1777年）著《孟子字义疏证》等书，

---

① 永瑢等：《四库全书总目》40《经部·小学类一》，中华书局1965年版。
② 支伟成：《清代朴学大师列传》卷1《清代朴学先导大师列传》，岳麓书社1986年版。
③ 戴震：《戴震文集》卷12《江慎修先生事略状》，中华书局1980年版。

"由字以通其词,由词以通其道"①,成为徽派朴学最重要的奠基人。近人
支伟成称"皖派经学,实自江、戴开宗",而其"人才之盛,诚远迈他
派"②。乾隆以降,徽州朴学名家大量涌现,其中代表人物包括程瑶田
(1725—1814年,歙县人,著有《通艺录》等书)、郑牧(1714—1792年,
休宁人)、汪肇龙(1721—1780年,歙县人,著有《石鼓文考》等文)、汪
梧凤(1725—1773年,歙县人,著有《诗学女为》《松溪文集》等书)、方
矩(1729—1789年,歙县人)、金榜(1735—1801年,歙县人,著有《礼
笺》《周易考古》等书)、汪龙(1741—1823年,歙县人,著有《毛传异
义》《毛诗申成》等书)、洪榜(1745—1780年,歙县人,著有《四声韵和
表》《书经释典》等书)、凌廷堪(1757—1809年,歙县人,著有《礼经释
例》等书)、江有诰(1773—1851年,歙县人,著有《江氏韵学十书》等
书)、程恩泽(1785—1837年,歙县人,著有《国策地名考》《程侍郎遗
集》等书)等人,他们以江、戴为宗,著书立说,构成了徽派朴学强大的
阵容,并推动其发展到全盛期。在乾嘉考据学派中,以徽州籍学者为核心
组成的徽派朴学,是最为重要的一支力量。

二是史学获得了前所未有的发展。从传统史学的著述与研究来看,此
期徽州地区的史学著述数量众多,且门类丰富。据道光《徽州府志》等书
记载,正史类著述有章平的《史记校异》、程嗣章的《明史略》、汪士铎的
《南北史补志》等;史评类有吴恒的《读史论断》、程尚志的《史镜》、胡
匡宪的《读史随笔》等;史钞类有汤球的《十六国春秋辑补》《十六国春
秋纂录校本》《晋纪辑本》、李秀会的《史学节要类编》等;史地类有洪亮
吉的《乾隆府厅州县图志》、章遇鸿的《三国志舆地考》、张匡学的《水经
注释》等。③这些著述在相关研究领域中,受到高度重视和评价。如于宗
林在《乾隆府厅州县图志》"跋"中称:"先生此书,则今昔之要害,中外
之钜防,何尝不随地附见而不涉议论,不事附会,则所见不又出于方舆纪

① 戴震:《戴震文集》卷9《与是仲明论学书》,中华书局1980年版。
② 支伟成:《清代朴学大师列传》卷5、6《皖派经学家列传》,岳麓书社1986年版。
③ 参见(道光)《徽州府志》卷15《艺文志》。

要等上乎!"①吴翊寅评价汤球的《十六国春秋纂录校本》"补正脱误,使成完书,纠谬拾遗,厥功甚伟"②。此期徽州史学的另一个突出成就是地方志书的大量编撰和刊刻。有研究者据《中国地方志联合目录》等书统计,清代徽州府县乡镇志总数在50种左右,而雍正、乾隆、嘉庆、道光四朝就达到了23部,接近总数的一半。③这些方志一方面具有连续性和继承性,另一方面乡镇志的编撰成为新的亮点。此外,各类专志编撰在此期也有不俗成就,如记山水有乾隆三十五年(1770年)徐山康、张佩芳删定的《黄山志》2卷,乾隆四十二年(1777年)成书的《歙县舆地志略》,歙县人洪榜的《新安大好纪丽》4卷等;记书院的有董桂敷《汉口紫阳书院志略》8卷等。作为史学成就重要内容之一的家谱修撰,在此期也呈现出数量剧增、种类繁多、体例完备、特色鲜明的盛况。④

三是徽州教育进入发展的鼎盛时期。首先是官学教育的规模不断扩大,体制更为完备。府学与六县县学经过清初的复苏,此期教育设施得到全面恢复。以府学为例,乾隆三十四年(1769年)、嘉庆十二年(1807年)、嘉庆十六年(1811年)府学迭经修缮、扩建,成为一座宏伟的建筑群。其中仅嘉庆十二年之修,即"用白金一万四千两有奇"。后徽州著名盐商鲍氏又"捐赀重建尊经阁及教授、训导两衙署"⑤。府学设教授1人、训导1人,廪膳生员40名、增广生员40名。府学设有学田,"教授、训导收租以为薪水之资"。徽州府六县的县学,基本情形亦同府学。同时,府、县学还实施了一套严格的春秋祭祀仪式,收藏有基本的书籍。⑥徽州的官学教育在清中期已经形成了成熟的运转机制。其次,徽州书院经数百年的

---

① 洪亮吉:《乾隆府厅州县图志》之《于宗林跋》,续修四库全书本,上海古籍出版社2002年版。

② 汤球:《十六国春秋纂录校本》校勘记《吴翊寅跋》,丛书集成新编本,台北新文丰出版公司1985年版。

③ 刘道胜:《徽州方志研究》上编,黄山书社2010年版,第13—16页。

④ 参见徐彬:《徽州谱学的理论与方法》,安徽师范大学博士论文,2007年。

⑤ (道光)《徽州府志》卷3《学校》。

⑥ (道光)《徽州府志》卷3《学校》。

发展,至清中叶其功能更为全面。一方面,为适应学子科考的需要,书院强化了课艺训练,歙县古紫阳书院、祁门东山书院、黟县碧阳书院等徽州著名书院,每月都有大课、小课等"会艺"教学活动①;另一方面,徽州书院始终保持了其讲学的基本功能。如当时徽派朴学名家凌廷堪、汪龙先后在紫阳书院等处传播考据学说,还古书院也多年坚守传统的讲会制度。②最后,以童蒙教育为主的义学、塾学等遍及徽州城乡,商人、宗族等多捐资或集资置办田地,以其岁租保障运行。因此,塾师之"束脩"来源稳定,且足以保障其基本生活所需③,而适龄学童无论其家庭或贫或富,亦均可受到启蒙教育。与徽州教育发达共生的是,此期徽州科举成就辉煌。有研究者统计,清代徽州文进士为648人,占到安徽文进士总数1634人的41.86%,其中大部分为清中期中试者。尤其是清代徽州本籍和寄籍状元共19人,其中16人是清中叶的状元。④教育与科举的繁盛,展示了此期徽州文化的博大以及底蕴之深。

四是徽州戏曲得到全面传承和展示。清中叶一批徽州籍剧作家脱颖而出,主要代表人物包括吴城(1701—1772年)、曹鼎(1725—?)、吴恒宜(1727—?)、曹榜(1753—?)、汪应培(1756—1818年)等,他们创作了大量的传奇作品,经刊刻而留存至今。⑤徽州的戏曲演出活动虽由来已久,而在清中叶则更为普遍。每逢传统节日或祭日,民间戏曲演出活动城乡处处可见。如上元日,绩溪县城"各处土坛神庙张灯演剧"⑥;五月十三关帝圣诞,歙县丰南"至祭演戏"⑦。一遇演出,常是"人如潮涌而至"⑧。清中叶,徽州戏曲史上最重大的事件是"四大徽班进京"。乾隆五十五年

---

① 参见《东山书院志略·新立条规》(江苏教育出版社1995年影印本)、(道光)《徽州府志》卷3《学校》、(嘉庆)《黟县志》卷10《政事志》等。

② 施璜:《还古书院志》卷12《会纪》,道光二十三年(1843年)刻本。

③ 参见许登瀛:《重修古歙东门许氏宗谱》卷8《许氏家规》。

④ 据安徽师范大学梁仁志博士统计数字。

⑤ 参见朱万曙:《徽州戏曲》,安徽人民出版社2005年版。

⑥ (嘉庆)《绩溪县志》卷1《风俗》。

⑦ (民国)《丰南志》卷1《舆地志》。

⑧ 沈复:《浮生六记》卷4《浪游快记》。

（1790年）为庆贺乾隆八十大寿，四大徽班中的三庆班率先由扬州进京献演，其后春台班、四喜班、和春班等徽班先后入京，在京城各大戏园演出，风靡一时。《梦华锁簿》称："戏庄演剧必徽班。戏园之大者如广德楼、广和楼、三庆园、庆乐园，亦必以徽班为主。"徽班进京后，与秦腔、汉调逐渐合流，最终催生了传统文化中的"国粹"——京剧。

五是此期的徽州籍文学家群体阵容庞大，出现了程晋芳（1718—1784年）、程瑶田（1725—1814年）、鲍倚云（1707—1777年）、王友亮（1742—1797年）、吴定（1744—1809年）、汪中（1745—1794年）、凌廷堪（1757—1809年）、鲍桂星（1764—1825年）、程恩泽（1785—1837年）等一批著名作家和文论家。他们或以诗词见长，或以文章著称，或以剧作名世，创作了大量文学作品。这些作品为中国文学发展史留下了浓墨重彩。

六是徽州科技取得具有海内外影响的成就，多位徽州籍学者在数学、农学、天文学、物理学等领域成为当时一流学者。如歙县人汪莱（1768—1813年）著有《衡斋算学》7册、《衡斋遗书》9卷等，其数学研究涉及方程论、球面三角、三角函数表造法以及《九章算术》校勘等，科技史研究者称汪氏是"清代杰出的数学家，也是中国历史上最具创见的数学家之一"[1]。婺源人齐彦槐（1774—1840年）融通中西算学，"发乡先辈梅氏、江氏未尽之蕴"，著有《天球浅说》《中星仪说》等天文学著作，先后研制了斜晷、中星仪、天球仪等天文仪器，影响极大。他仿制的龙尾车技惊四座，被誉为"是中国近代农具技术革新的一次成功尝试，是西学为我所用的一个范例"[2]。歙县人郑复光（1780—约1862年）著有《镜镜詅痴》《费隐与知录》《笔算说略》《筹算说略》等著述，自制了望远镜等光学仪器，是清中叶著名科学家。尤其是《镜镜詅痴》一书，系统研究了光的直线传播原理、光的反射和折射定律、反射镜和透镜成像原理等，为19世纪前期中国光学的集大成之作。歙县人罗士琳（1789—1853年）著有《四元玉鉴细草》和《续畴人传》，前者对宋元时期著名数学家朱士杰的数学名著

---

① 张秉伦、胡化凯：《徽州科技》，安徽人民出版社2005年版，第66页。

② 张秉伦、胡化凯：《徽州科技》，安徽人民出版社2005年版，第197页。

《四元玉鉴》详加校订、注疏,当时学界"言四元者,皆以罗氏为宗"[1];后者增补阮元《畴人传》,记述19世纪及其以前中国数学家之生平事迹,成为研究古代天文历法算学史的重要文献之一。此期徽州学者在科技领域的成就,多为全国一流,部分成就在世界上享有盛誉。

七是徽州绘画在新安画派基本格调的基础上,此期进一步发展,不仅涌现了一批画坛名家,如程士镳、方士庶、程鸣、吴子野等,他们的绘画风格也进一步创新,善于将诸多不同的绘画元素融于一体,形成了"新安变派"。这一变派既有自身的创作理念,也有不同凡响的创作实践与作品,其影响力一直延续到近代国画大师黄宾虹、汪采白等人。

八是从康熙中叶到嘉庆、道光之际的百余年间,徽商发展到了鼎盛阶段。研究者指出,此期徽商的实力不但得到了恢复,且在诸多方面超过了明代:徽人从商风习更为普遍;徽州盐商势力发展至登峰造极,"两淮八总商,邑(歙)人恒占其四";徽商在长江沿线的商业活动扩大;徽州会馆普遍建立;与封建政治势力的关系更为密切。[2]凡此种种,表明了徽商在此期可谓盛极一时。徽商既是徽州文化得以兴盛的"酵母"[3],同时徽商文化现象也是徽州文化的重要组成部分。

此外,徽州版画在此期亦全面复苏,徽州建筑的风格更为显著,徽州工艺思想与艺术风格体现出时代风貌。从总体来看,清中叶的徽州文化整体呈现出博大与精致的特征,该特征也是徽州文化发展到鼎盛的重要标志。

道光之后,近代新学术、新文化渐次兴起,明清时期徽州传统文化各种现象或逐步消退,或重新转型,作为中国传统社会后期文化典型代表的徽州文化,进入了另一个发展时期。明清徽州传统文化的阶段性发展遂告一段落。

我们认为,徽州文化在明清时期出现的阶段性发展,与历史环境的变

---

① 华衡芳:《学算笔谈》卷7《论四元》。

② 张海鹏、王廷元主编:《徽商研究》,安徽人民出版社1995年版,第12—14页。

③ 张海鹏:《徽学漫议》,《光明日报》2000年3月24日。

迁关系密切。比如，明前期之所以出现求变与创新的现象，基于明朝在蒙元历史发展阶段之后，着力建章立制，重构汉文化谱系的背景。明季出现的顿挫，与动乱、战争环境相关，而清中叶的鼎盛，则得益于"盛世"环境。同时，文化发展的阶段性，与其自身内在的发展逻辑也密切相关。徽州文化自南宋之后，逐渐形成既有地域性，又具普遍意义的区域文化。明清时期徽州文化每一阶段的发展，都是基于其前期的积累；各种文化现象的出现、发展、演变，也总是贯穿了其一贯的学脉，从未有突兀而兴、蓦然而衰的现象。因此，在考察徽州文化的阶段性发展时，关注历史环境的变迁和其自身逻辑的发展，至关重要。

二、新安理学与徽州宗族社会

宋代理学导源于周敦颐，分流于张载、邵雍和二程（颢、颐），而集大成于朱熹。朱熹以孔孟之道为本，援佛道入儒，综罗北宋理学诸家之说，将传统儒学提高到前所未有的哲理化高度，创建了一个完整而系统的理学体系，后世称之为"朱子学"。朱熹一生讲学不辍，门生弟子数千人，遍及闽中、两浙和江右等南方地区。他们同尊朱子，于朱子学的发明则各具特色、各有心得，形成了众多流派。其中徽州（旧称新安，今安徽黄山市）婺源系朱熹祖籍，徽州的朱门弟子以朱熹嫡传自誉，在发明、诠释朱子学方面独树一帜，被称为新安理学。新安理学在南宋形成学派后，在元代得到进一步的发展，并于明初达到鼎盛阶段。一直到清朝中叶，因皖派经学的兴起，新安理学才结束了长达六百余年的发展历史。其间，它始终有一以贯之的学术宗旨、一脉相传的理学家群和鲜明的学派特征，对12世纪以后中国哲学史和中国学术思想史的发展演变，产生了巨大的影响。[①]同时，由于士人的宣扬和百姓顶礼膜拜，新安理学的思想和观念在徽州深入人心，渗透社会生活的各个领域，深刻影响了南宋以后，特别是明清时

---

① 参见周晓光：《新安理学源流考》，载《中国文化研究》1997年夏之卷。

期的徽州社会风尚。

徽州是一个宗族社会，聚族而居及其严密的宗法制度，是徽州最典型的社会现象之一。清代徽州籍著名学者赵吉士在《寄园寄所寄》中说："新安各姓聚族而居，绝无一杂姓搀入者，其风最为近古。出入齿让，姓各有宗祠统之，岁时伏腊，一姓村中千丁皆集，祭用朱文公家礼，彬彬合度。父老尝谓新安有数种风俗，胜于他邑：千年之冢，不动一抔；千丁之族，未尝散处；千载谱系，丝毫不紊。主仆之严，数十世不改，而宵小不敢肆焉。"①这里描述的是徽州作为宗族社会所体现的一系列突出特征和风尚。此类记载，在有关徽州的文献中，并不少见。比如明代嘉靖《徽州府志·风俗》称："家乡故旧，自唐宋来数百年世系比比皆是。重宗义，讲世好，上下六亲之施，无不秩然有序。所在村落，家构祠宇，岁时俎豆。其间小民，亦安土怀生。即贫者不至卖鬻子女。婚配论门第，治褂裳装具，量家以为厚薄。其主仆名分尤极严肃而分别之。"康熙志在此条后附注："此俗至今犹然。脱有稍紊主仆之分，则一人争之，一家争之，一族争之，并通国之人争之，不直不已。"这说明宗族与宗法在明清时期徽州社会中的重要地位和影响。迨及民国，这种状况依然没有改变。民国《歙县志·风俗》说："邑俗重宗法，聚族而居，每村一姓或数姓，姓各有祠，支分派别复为支祠。"据近人陈去病《五石脂》书中称，徽州大族汪、程两姓，支祠竟是"数以千计"。由此可见徽州宗族社会的基本风尚。

徽州形成宗族社会的原因，乃是多方面的。从其起源来看，当与北方世家大族在魏晋以来的南迁有直接的联系。这一点，在许多研究徽州宗族的学者的著作中，已屡有提及。不过，在研究这一问题时，特别应当注意的一个重要现象是，徽州宗族社会的重大发展在南宋以后，尤其是明清时期。作为宗族社会典型标志的祠堂、牌坊、族产、族谱、族规等，在徽州大多是南宋以后修建或修撰的。我们认为，这一重要现象的出现，或者说，徽州宗族社会的重大发展，应该主要归结于朱熹及其创导的新安理学

---

① 赵吉士：《寄园寄所寄》卷11《泛叶寄》，康熙刊本。

的作用。

首先，新安理学所倡导的伦理观，是徽州宗族制订族规和祖训的理论依据。

中国古代哲学中包含着非常丰富的伦理思想，各家各派对天人论、人性论、义利论、人伦论、人我论、治世论、观人论、修身论，以及祸福论和生死论等伦理问题，都曾提出了相近或相异的观点。朱熹及其创导的新安理学，也有一套比较系统的伦理观。尤其是在人伦观方面，朱熹与新安理学家们继承和发展了儒家传统的人伦思想和文化，特别强调建立适合中国宗法等级制的、以家庭（家族）为本位的人伦思想和人伦规范。其人伦观内容涉及夫妇之伦、父子之伦、君臣之伦、长幼之伦、朋友之伦等方面，而核心主张则是"三纲五常"、忠孝节义和森严的宗法等级制。朱熹曾说："道即理也。……其目则不出乎君臣、父子、兄弟、夫妇、朋友之间。"[1]他特别重视孟子的"五教"（父子有亲、君臣有义、夫妇有别、长幼有序、朋友有信），将其列入《白鹿洞书院揭示》中，作为学者相与讲明和立身行事的准则。在南宋新安理学家吴儆的伦理学说中，"忠、孝"被推为人们立身行事的根本。他说："臣子之所以自立于世者，惟忠与孝。夫子以为事亲孝，故忠可移于君。"[2]他认为，"君亲一心，忠孝一事"，忠与孝之品德在一个人身上可以做到有机的统一。在《读友于堂诗书其后》篇中，吴儆极力宣扬了"兄弟天伦也，夫妇人合也，孝友天性也"[3]的观点。元末新安理学名家郑玉在阐释"三纲五常"时强调："五常为人伦之重，而三纲又为五常之重也。"[4]将"君为臣纲、父为子纲、夫为妻纲"摆在了人伦之道中最重要的位置上。在郑玉的学术思想中，最重要的内容之一就是"语子以孝，语臣以忠"[5]。上述观点，反映了各个时期新安理学

---

① 朱熹：《朱子文集》卷44，商务印书馆1936年版。

② 吴儆：《竹洲集》附录《见蒋枢丐祠书》，四库全书本。

③ 吴儆：《竹洲集》卷14《读友于堂诗书其后》，四库全书本。

④ 郑玉：《师山遗文》卷3《与鲍仲安书》，四库全书本。

⑤ 参见周晓光：《论元末明初新安理学家朱升与郑玉》，载《中国哲学史》1994年第2期。

在人伦观方面的基本倾向。

朱熹与新安理学家的基本观点和主张,成为南宋以后徽州宗族在制订族规和祖训时的最重要的理论依据;或者说,徽州宗族的族规和祖训,其实就是朱熹与新安理学家们伦理思想的具体体现。兹以清代同治年间编撰的徽州《方氏宗谱》中所录族规为例,该族规就"洁祠堂""守祠产""修坟墓""崇祭祀""示家长""训子弟""孝父母""友兄弟""序长幼""别夫妇""严嫡妾""训诸妇""肃闺门""重婚姻""事舅姑""和妯娌""植贞节""防继庶"'代父职""教子孙""谨言行""尚勤俭""节婚嫁""供赋役""择朋友""励士风""重斯文""临亲丧""慎丧葬""睦族里""息词讼""守家规"等事关人伦之大者,作了详尽的规定。其要者如下:

> 凡为家长者,视听言动,爱憎取舍,一轨于正,斯足为子孙矜式。切无妄自尊大,以伤雍睦之风。尤不宜轻信妇女、奴隶之言,以取于家。惟公平正直,乃可以齐家耳。
>
> 父母犹天地也,为子者宜愉色婉容,养志承顺。平时饮食衣服竭力营,或遇疾病,朝夕依倚,汤药必亲尝,毋得轻委他人。如兄弟不尽心者,好言劝谕儆戒,不得反行仿效,以取不孝之罪。
>
> 兄弟犹手足也,毋得伤情失谊,以贻父母之忧。然阋墙之变有二:非听信乎枕边,即溺情于财产。夫争财之心生,足致败亡之祸;枕边之言入,顿起离间之端,家门之大不幸也。嗣后余族兄弟,当念同气连枝之重,思古人推梨让枣之义,勿启争端为外人笑。
>
> 长幼有一定名分,不可易也。宗族中尊卑相见,务要各尽分礼。揖则少者端拱而长者答之,行则长者先步而少者随之,在席则长者正坐而少者随之,起则少者先立,出则少者徐行。称呼皆依行第正名,毋得简略失实。有行尊而年卑者,都宜加礼,以崇厚风。违者尊长面责之,三犯者议罚,五服内者,罚加一等。
>
> 夫妇宜唱随和谐,以全人伦之大。然必能各尽其道,而后克敦伉俪之谊。为夫者须正身齐家,不可使牝鸡司晨。为妇者当降心从夫,

不可执一己之性。

妾嫡相处，自有定分。为嫡者必惠其妾，毋得怀妒而加虐。为妾者当敬其嫡，毋得僭分而专宠。

诸妇务要恪遵，内则孝事舅姑，敬顺丈夫，和睦娣姒，恩御奴婢，如有妒忌饶舌者，翁姑诲谕之；不改，则继之以怒；又不改，则声其罪，出之。倘有秽德污行，即宜屏逐不待教责也。

维正之供，乃庶民之职。吾族中凡遇征纳，必须及早输将，即家贫，亦必设计完纳，切不可拖欠，致受鞭笞，以贻祖宗羞。朱子云：国课早完，虽饔飧不继，亦有余欢。诚以急公奉法，固庶民之分宜然也。①

于以上族规中的内容可见，它所阐释的伦理思想和规范，正是朱熹与新安理学家一贯倡导的基本思想，我们可以注意到，其中有的内容甚至还直接引用了朱熹之言以作佐证。在这里，通过洁祠堂、修坟墓、孝父母、序长幼、别夫妇、供贡赋、临亲丧、睦族里等规定，徽州宗族表现出维护森严的宗法等级制的核心思想和具体贯彻朱熹及其新安理学伦理观的实质。在保存至今的数量庞大的徽州族谱中，类似的内容十分常见。比如，徽州宗族族规对君臣之伦提出了"公而忘私，国而忘家"②，"事君，则以忠……为大臣，当思舟楫霖雨之才；为小臣，当思奔走后先之用；为文臣，当展华国之谟；为武臣，当副干城之望"③等基本要求。大部分族谱中对族众应承担的国家义务都有明文规定和要求。比如，《武溪陈氏重修宗谱》中《家谱定规》规定："吾门粮差，各有定规，乃朝廷正务，不可慢也。"④关于父子之伦，徽州宗族族规强调"孝为百行之先"⑤，规定"人子于父母，不得不愉色婉容，以欢其情；承颜顺意，以适其志；或其

---

① 徽州《方氏宗谱》卷之首《族规》。
② 婺源《武口王氏统宗世谱》卷之首，清刊本。
③ 婺源《武口王氏统宗世谱》卷之首，清刊本。
④ 徽州《武溪陈氏重修宗谱》卷1，清刊本。
⑤ 徽州《金山洪氏家谱》卷1《家训》，清刊本。

惑于宠嬖,厚于庶孽,而情有不均,为之子者,但当逆来顺受而已,不敢于自较也"①。对夫妇之伦,徽州族规家训则大力提倡"妇人之道,从一而终,一与之齐,终身不改"②,倘若"不幸寡居,则丹心铁石,白首冰霜",做一个"节孝贤妇"③。关于上下、尊卑、长幼关系,所有的徽州宗族族规都严格规定了"名分",稍有越位,将受到严厉的处罚。这些族规中贯穿始终的理论指导思想,就是朱熹与新安理学家积极主张和宣传的伦理观。

其次,朱熹的《文公家礼》以及新安理学家的有关礼学著作,是徽州宗族活动的指南性经典。

一定形式的宗族活动,是宗族社会的基本特征,也是宗族文化的重要内容之一。而无论何种形式的宗族活动,都会遵循相应的规范,包括宗族活动的原则性规定和各种礼节的具体要求。宗族活动的规范,在宗族活动乃至宗族文化中占有举足轻重的地位。徽州的宗族活动,以朱熹的《文公家礼》和新安理学家的有关礼学著作为规范样本,活动内容、程序和具体细节,严格遵循《文公家礼》等著作中的有关规定,因此,朱熹与新安理学家在徽州宗族活动的规范性建设方面,有着突出的贡献。

朱熹在其经学研究中,对礼经特别重视,一生写了相当数量的考礼、议礼的文章。其基本思想"大要有两端,一曰贵适时,不贵泥古。一曰礼文累积日繁,贵能通其大本"④。因此,朱熹的礼学著作有极强的应用性。现存录于《四库全书》中的朱氏礼类著作有两部:一为《仪礼经传通解》37卷、续29卷。该书以《仪礼》为经,取《礼记》和经史杂书中有关礼的内容,附于本经之下,并具列诸儒注疏之说编撰而成,是朱熹晚年所耗精力最大的一部著作。二为《家礼》5卷、附录1卷。主要篇目有《通礼》《冠礼》《昏(婚)礼》《丧礼》《祭礼》等。该书"自元明以来,流俗沿

---

① 徽州《方氏族谱》卷7,清刊本。

② 徽州《明经胡氏龙井派宗谱》卷首《祠规》,清刊本。

③ 休宁《宣仁王氏族谱》,明万历刊本。

④ 钱穆:《朱子新学案》,巴蜀书社1986年版。

用"①，在社会上产生了广泛而深刻的影响。此外，清代李光地所撰《朱子礼纂》5卷，也是汇集朱熹礼学思想的著述。朱熹之后，新安理学家中研究礼学之风经久不衰，有成就的学者和有建树的著作不断出现。比如陈栎（休宁人）的《礼记集成》、胡炳文（婺源人）的《礼书纂述》、程荣秀（休宁人）的《翼礼》、吴霞举（歙县人）的《文公丧礼考异》、汪克宽（祁门人）的《经礼补逸》、江永（婺源人）的《礼经纲目》等。上述新安理学家的礼类著述，为徽州宗族开展宗族活动，提供了规范的样本。特别是朱熹的《文公家礼》，因其主要内容与家祠、家祭等宗族活动的内容紧密关联，且朱熹又是在徽州人心目中具有崇高地位的"徽国文公"，所以该书成为最受徽州宗族推崇的一部经典。《新安黄氏会通宗谱·集成会通谱叙》称："盖人伦不明，宗法废弛，民俗颓弊甚矣。幸而皇宋诞膺景运，五星聚奎。于是吾郡朱夫子者出，阐六经之幽奥，开万古之群蒙，复祖三代之制，酌古准今，著为《家礼》，以扶植世教。其所以正名分，别尊卑，敬宗睦族之道，亲亲长长之义，灿然具载。"这一评价，代表了徽州宗族对《家礼》的普遍看法。

因此，在现存的徽州家谱、族谱中，不少族规、家训都明确规定必须按照朱熹的《家礼》开展宗族活动。如休宁《茗洲吴氏家典》中规定："遵行（家礼），率以为常。"②绩溪上庄明经胡氏《新定祠规二十四条》强调："凡祭祀，……一切仪节，谨遵朱子《家礼》。"③歙县潭渡黄氏《祠规》中要求族众"元旦谒祖、团拜及春秋二祭，悉遵朱子《家礼》"④等等。宋元明清时期，徽州宗族的各项活动，严格遵循了朱熹《家礼》中的原则性规定和具体要求。由此，徽州的宗族文化深深地烙上了朱熹和新安理学家思想的印记。比如，朱熹《家礼》卷1《通礼》部分首列了"祠堂"条。按照朱熹的解释："此章本合在祭礼篇"，为体现"报本反始之心，尊

① 永瑢等：《四库全书总目》卷22《经部·礼类》，中华书局1965年版。
② 吴清羽：(雍正)《茗洲吴氏家典》卷首《凡例》，雍正刊本。
③ 绩溪《上川明经胡氏宗谱》卷下《新定祠规二十四条》，宣统活字本。
④ 歙县《潭渡黄氏族谱》卷6《大宗祠春秋祭文》，雍正刊本。

祖敬宗之意",所以"特著此冠于篇端,使览者知所以先立乎其大者"①。于此可见在朱熹宗族思想中,祠堂有着特殊的重要地位。在朱氏思想的影响下,徽州宗族普遍认为"举宗大事,莫最于祠。无祠则无宗,无宗则无祖"②;"崇本枝,萃涣散,莫大于建祠"③。所以自南宋以后,徽州宗族开始兴修祠堂,并逐渐将其视为宗族最重要的活动之一。尤其是明清时期,在徽州商人强大的财力支持下,徽州宗族的祠堂建造规模达到了空前的程度。无论大姓、小姓,大宗、小宗,都建有宗祠、家祠,一些大姓还建有统宗祠。仅黟县西递村明经胡氏宗族,在明清两代就建造了宗祠、支祠26座。④而从整个徽州地区来看,用"祠堂林立"来说明该地区宗祠之多,一点不过分。这种社会现象的出现,与朱熹及其《家礼》对祠堂的重视有直接的关系。尤其值得注意的是,徽州祠堂追荐四代和神主排列的"寝室规制"以及祭祖礼仪等,几乎照搬了《家礼》中的有关规定。民国《歙县志·风土》说:"祭礼,俗守文公《家礼》,在昔小异大同。"这一记载,在许多徽州族谱中都可以得到具体印证。如《上川明经胡氏宗谱·新定祠规二十四条》规定:"凡祭祀,春以春分日举行,冬以冬至日举行,高、曾、祖、祢用牲,旁亲用庶馐,一切仪节,谨遵朱子《家礼》。"在《茗洲吴氏家典》的《家规》中也明确要求:"祭礼,并遵文公《家礼》。"由此可见朱熹《家礼》在宗祠祭祀中的指导作用。

祠堂与祭祀之外,朱熹的《家礼》对祭田也非常重视。其中特别规定:"初立祠堂,则计见田,每龛取其二十之一,以为祭田。亲尽则以为墓田。后凡正位祔者,皆仿此。宗子主之,以给祭用。上世初未置田,则合墓下子孙之田,计数而割之,皆立约闻官,不得典卖。"⑤于是徽州宗族视祭田的设置与经营为宗族活动的重要内容,认为"祠而弗祀,与无同;

① 朱熹:《家礼》卷1《通礼》,四库全书本。
②《程典》卷12《本宗列传第二下》,万历刊本。
③ 歙县《新安歙西溪南吴氏世谱》卷首《续刻溪南吴氏世谱叙》,清抄本。
④ 参见赵华富:《黟县西递明经胡氏宗族调查研究报告》,未刊稿。
⑤ 朱熹:《家礼》卷1《通礼》,四库全书本。

祀而无田，与无祀同"，提倡和鼓励族众出资出力。①据有关史料表明，所有徽州的宗族，都有数量不等的祭田；而在明清时期，一些徽州大姓拥有的祭田达到了数百亩，这一数字在耕地紧张的徽州是相当可观的。有关统计表明，解放前在徽州土地占有者中，宗族为最大者，占有的数量达到了总数的1/3—1/2。②毫无疑问，徽州宗族的此项活动，与朱熹《家礼》中的有关规定有着直接的关联。从总的来看，徽州宗族的各项活动及其具体展开，以朱熹《家礼》为指南。

最后，绝大部分的新安理学家热心于宗族活动，成为徽州发展为宗族社会的有力推动者。

新安理学家们不仅构建思想体系，为徽州宗族社会的形成提供理论依据；而且积极实践，热心于宗族活动，对徽州宗族社会风尚的出现起到了推波助澜的作用。他们的实践活动主要包括两个方面：一是以身作则，带头为各自宗族和里社提供物质支持。比如朱熹在《家礼》中强调了宗族祭田的重要性，为此，他还专门在绍兴二十年春第一次回婺源老家省墓时，赎归其父质田百亩，请族中父老主供祀事。理学家黄何，字景肃，休宁人，新安理学先哲吴儆、程大昌之弟子，他因见宗族所居之里"有青陂塘，溉田千余亩，久废不治"，于是"捐赀筑之，岁所入皆倍，里社祀之"③。通过积极捐赠以助宗族开展宗族活动，这样的事例在新安理学家中并不少见。二是组织和参加祭祀、修谱、联谊等各种宗族活动。关于这方面的情况，在新安理学家的著作中有比较突出的反映。特别是作为宗族中文化层次较高的人，不少新安理学家成为族谱或宗谱的主要编撰者。他们认为："人之祖宗，莫不欲其子孙之盛大而昌炽。为子若孙，亦莫不欲其克承先志为务。然天运靡常，兴衰继踵，有莫之为而为者，有莫之致而致者。天与命与，故谱系者，所以承其天而委其命也。"在新安理学家看

① 歙县《古歙城东许氏世谱》卷7，清刊本。
② 参见皖南区党委农村工作部编《农村情况与土地关系》、叶显恩先生著《明清徽州农村社会与佃仆制》等书。
③ 程曈：《新安学系录》卷8《黄寺丞传》，康熙三十五年（1696年）绿荫园重修本。

来，族谱对敬宗睦族具有重大的作用，"宗法废而后谱作，谱作而后族尊，族尊则一族之人殆有所统，孝敬之心油然而生，不致相视如途人，谱其有关于世教也大矣"①。因此，在族谱的编撰中，新安理学家积极参与，发挥了重要的作用。比如，元代新安理学家程龙纂修了《龙陂程氏世谱》，明代休宁学者吴士信撰有《商山吴氏族谱》，歙县学者张珵撰有《新安张氏续修族谱》，休宁人戴昭撰有《新安名族志》，休宁人程尚芳撰有《新安休宁古城程氏宗谱》，休宁理学家苏大撰有《新安苏氏族谱》，休宁人吴应期撰《潢源吴氏族谱》，祁门人汪士宽有《汪氏统宗世谱》，休宁人程敏政撰有《休宁陪郭程氏本宗谱》，绩溪人戴祥编有《绩溪戴氏族谱》，休宁人范涞撰有《休宁范氏族谱》，等等。元朝延祐三年（1316年），著名理学家陈栎还编撰了一部全面反映徽州大族情况的《新安大族志》。上述族谱、宗谱和大族志的出现，对强化徽州宗族社会风气起到了重要的作用。有些新安理学家虽未直接参与族谱或宗谱的编撰工作，但他们对修谱的热心，不亚于亲撰者。我们在新安理学家的有关著作中，读到了相当数量的《谱序》，它表明新安理学家对族谱修撰鼎力支持和积极参与的态度。比如朱熹就留下了《婺源茶院朱氏世谱序》，其中称："因阅旧谱，感世次之易远，骨肉之易疏，而坟墓之不易保也，乃更为序次，定为婺源茶院朱氏世谱，并书其后，如此仍录一遍，以族人十一氏以下，来者未艾，徽建两族自今岁当以新收名数更相告语而附益之，庶千里之外两书如一，传之永远，有以不忘宗族之谊。"于此可见朱熹对续宗谱是何等重视和积极。明初新安理学家朱升撰写了《石门陈氏族谱序》《重修本宗族谱序》《苦竹朱氏族谱序》等谱序，极力宣扬"谱之不可以缓也"的观点。②与朱升同时代的新安理学家程昆（字汝器，休宁人）曾为《休邑黄氏思本图》作序，对该书编纂者黄显仁等人力图促进宗族繁衍的行为大加赞赏。③修撰族谱

---

① 徽州《武溪陈氏重修宗谱》卷1，清刊本。

② 朱升:《朱枫林集》卷4《重修本宗族谱序》，黄山书社1992年版。

③ 黄显仁等:《休邑黄氏思本图》卷首《思本图序》，洪武二十二年（1389年）刻本，藏天津图书馆。

之外，新安理学家对徽州宗族的其他事务也非常关心。如明代中叶著名新安理学家程瞳就是宗族活动的积极参与者。当时，徽州程氏家族有人写了一篇《集程氏十万公辨》文，程瞳读后，针对《集程氏十万公辨》中的有关内容，写了《评集十万公辨》，对徽州巨姓程氏源流考辨再三，从中反映出程瞳对宗族事务的热心和关注。据我们见到的康熙五十七年六月休宁富溪人程键抄录的程瞳部分信札来看，程瞳还因此事而遭到过族人非议，一度处于"或切齿怒目而欲以骂仆为事，或攘拳露臂而欲以殴仆为能，或唾手拔剑而欲以刺仆为快"的艰难境地。然而，这一处境丝毫不改程瞳对宗族事务的热心态度。至于新安理学家"周赡族人"，敬宗睦族之事，更是史不绝书。如朱熹就曾表彰过婺源理学家江介（字邦直）"事兄敬爱有过人者，自奉省约而周赡族姻甚厚"[1]；南宋著名新安理学家滕德粹（溪斋）"在官时，袁州郡所馈，别贮之，及归里悉班诸亲故之贫者，一簪弗以自留。族姻有丧，劝其早治葬"[2]；休宁理学家程格斋"用伊川先生宗会法，以合族人，举行吕氏乡约，而凡冠、婚、丧、祭，悉用朱氏礼，乡族化之"[3]；等等。由此可见，新安理学家是徽州宗族活动的积极参与者和推动者。

从以上几方面来看，新安理学对南宋以后徽州发展成为宗族社会，起到了重要的作用。《休宁县志》称："一姓也而千丁聚居，一抔也而千年永守，一世系也而千派莫紊，率皆通都名郡所不能有，此岂非谈道讲学，沐浴紫阳之所留遗欤？"[4]就是说，徽州宗族社会诸种现象的出现，乃是受到了朱熹及其新安理学的深刻影响。这一看法是有道理的。在《潭渡黄氏族谱》中也提到："郡县内俗之近古者，惟新安最。其世家巨姓，多聚族而居，谨茔墓，修蒸尝，考谱牒，得追远之意、笃本之思。盖新安乃子朱子故里，流风遗教渐渍使然也。"[5]这里需要探讨的一个重要相关问题是：为

---

① 程瞳：《新安学系录》卷5《江荆州墓志铭》，康熙三十五年(1696年)绿荫园重修本。
② 程瞳：《新安学系录》卷7《滕溪斋墓志铭》，康熙三十五年(1696年)绿荫园重修本。
③ 程瞳：《新安学系录》卷8《程格斋墓志铭》，康熙三十五年(1696年)绿荫园重修本。
④ （康熙）《休宁县志》卷1《风俗》。
⑤ 歙县《潭渡黄氏族谱》卷6《潭渡孝行里黄氏大宗祠碑论》，雍正刊本。

什么朱熹及其新安理学对徽州宗族社会的形成和发展会产生如此大的影响?

我们认为,这一局面的出现,与朱熹的故乡情结以及徽州人对朱熹的顶礼膜拜是分不开的。朱熹的新安始祖朱涔在唐代因避兵乱移居歙县篁墩,唐天祐中朱瑰领兵三千戍婺源,是为婺源茶院朱氏之始。八传至朱熹父亲朱松,朱松曾在歙州(徽州)学宫读书,娶歙县祝确处士女为妻。22岁时朱松因仕入闽,在福建尤溪生朱熹。而朱熹虽从小生活在闽地,但对新安故乡眷恋至深。他在作书序、跋和论著中多署名"新安朱熹"。因新安有紫阳山,故亦常号"朱紫阳",以寓不忘桑梓之意。他曾在给新安人汪太初的信中表达了由衷的思乡之情:"其心未尝一日而忘父母之邦也。"①持着这种终身不衰的怀乡情绪,朱熹一生曾两次专程到婺源扫墓。第一次是绍兴二十年(1150年),朱熹初次回婺源祭扫祖墓,并拜会当地学者,切磋学问。第二次是淳熙三年(1176年),朱熹遍走山间祖墓,并写了《祭告远祖墓文》。这年朱熹47岁,业已成名。婺源县令张汉借此机会,率诸生请朱熹撰写了《藏书阁记》,朱熹并将程氏遗书、外书、文集、经说、司马氏书仪、高氏送终礼、吕氏乡仪乡约等书赠给县学。新安学者日执经请问,朱熹随其资质高下,诲诱不倦,历三月余始归。此后宋、元、明数百年间,徽州被称为"程朱阙里"②。徽州人对朱熹及其学说情有独钟,认为:"我新安为朱子桑梓之邦,则宜读朱子之书,取朱子之教,秉朱子之礼,以邹鲁之风自待,而以邹鲁之风传之子若孙也。"③所以他们"一以郡先师子朱子为归,凡六经传注、诸子百氏之书,非经朱子论定者,父兄不以为教、子弟不以为学也。是以朱子之学虽行天下,而讲之熟、说之详、守之固,则惟新安之士为然。"④我们认为,正是由于朱熹的故乡情结以及徽州人对朱熹的顶礼膜拜,使得朱熹与新安理学在徽州受到广泛的

① 程敏政:《新安文献志》卷9《朱熹:答汪太初书》,弘治三年(1490年)刊本。
②《程朱阙里志》:"篁墩为程子、朱子故里",该地原有程朱阙里坊和程朱三夫子祠。
③ 吴清羽:(雍正)《茗洲吴氏家典·序》,雍正刊本。
④ 赵汸:《东山存稿》卷4《商山书院学田记》,四库全书本。

重视；由此朱熹与新安理学对徽州宗族社会的重大发展产生了深刻的影响。

三、明清徽州家谱与徽州社会风俗

徽州地区有多种社会风俗，是学者历来论述的重点，也是认识徽州地区社会面貌的重要方面。徽州地区社会风俗的形成固然是多方面因素共同作用的结果，但明清徽州家谱在其中所起的作用是不可低估的。

(一)家谱——"其有益于人也大矣哉"

关于徽州风俗，赵吉士曾说："新安各姓，聚族而居，绝无一杂姓搀入者。其风最为近古。出入齿让，姓各有宗祠统之，岁时伏腊，一姓村中千丁皆集，祭用文公家礼，彬彬合度。父老尝谓新安有数种风俗胜于他邑：千年之冢，不动一抔；千丁之族，未尝散处；千载谱系，丝毫不紊。"①已将徽州风俗与徽州明清家谱之关系作了强调，正是"千载谱系"的存在，才使"新安各姓聚族而居"成为可能，使"千年之冢，不动一抔；千丁之族，未尝散处"得以实现，从而出现"徽州有数种风俗胜于他邑"的情景。

徽州特殊的社会风俗出现，原因是多方面的，是在历史上逐步形成的。对其探讨也是历代学者较为关注的，如万历四十三年（1615年）徽州知府洪有助就说："顷者啣命来是藩，民物丰阜，政绩悠闲，登临览胜，不无遐想，黄岳钟灵，往昔白云何在？紫阳发秀，先世黄壤犹存。寓目驰神，辄兴仰止。"②在这位地方官看来，徽州的民风是与朱熹的影响相关联的。关于徽州地区风俗之形成，专家多有论及，不再赘述。此处将探讨明清家谱对徽州社会风俗之影响。

关于家谱对社会风俗的作用，休宁《商山吴氏族谱》所载《吴氏续谱

① 赵吉士：《寄园寄所寄》卷11《泛叶寄·故老杂记》，康熙刊本。
② 休宁《江村洪氏宗谱·重刻家刺史逊斋公题宗谱序》，雍正八年（1730年）刊本。

序》称："族之有谱，自昔然也。三代圣王，封建诸侯，而立宗法，所以统族属，别亲疏，明宗叙，厚风化者。太史掌其籍，司徒掌其教，而必曰孝、曰友、曰睦，其不孝、不睦、不弟者刑之。是故喜则庆，忧则吊，患难相救，贫乏相周，服属虽远，而恩礼尚存；世代虽更，而分义不泯，此所以支派繁而本源固，民俗厚而教化行。越自后王，降德之典，不行于民，法弛教衰，风漓俗变，于是贵不与贱齿，富不与贫叙，争夺之端，多于异姓，忮忍之害，憯于他人。呜呼！其亦可哀也哉！则凡世家大族士夫君子，有感于人伦风化，得不思所以捄之欤！"①从以上论述来看，谱序作者认为明清家谱与社会风俗关系十分密切，特别是对家族而言，可以"喜则庆，忧则吊，患难相救，贫乏相周，服属虽远，而恩礼尚存；世代虽更，而分义不泯，此所以支派繁而本源固，民俗厚而教化行"，能够起到维持宗族内部秩序，保持社会安定的作用。

　　如果说吴氏谱序仅针对一姓一族而言，那么万历年间的舒孔昭则探讨了家谱与家族、乡党、天下、朝廷的关系，他说："故曰：谱牒之作，君子所以联属乎人心，敦崇乎仁孝者也。用是而观，则是谱之修也，在朝廷则为善政，在天下则为善俗，在乡党则为望族，在舒氏则为世家，其有益于人也大矣哉！抑予犹有申戒于吾族人焉。昔人有云，意合则胡越为昆弟，不合则骨肉为仇仇。是谱既修之后，凡吊庆相往来，患难相救护，职业相劝勉，有无相周济，毋以尊而凌卑，毋以富而欺贫，毋以强而欺弱，毋以下而犯上，大都之事毋若越人视秦人之肥瘠，则是谱之修也，诚有益于人也大矣。"②在舒孔昭看来，明清家谱对于社会风俗而言，不仅关涉一个家族的事情，而是"在朝廷则为善政，在天下则为善俗，在乡党则为望族，在舒氏则为世家，其有益于人也大矣"，对社会、国家都能起到厘定风俗的作用。当然这一切首先是从家族内部做起的，是通过"凡吊庆相往来，患难相救护，职业相劝勉，有无相周济，毋以尊而凌卑，毋以富而欺贫，毋以强而欺弱，毋以下而犯上"来实现的。可以说这几个方面，既是

① 休宁《商山吴氏重修族谱》卷1《吴氏续谱序》，崇祯十六年（1643年）刊本。
② 绩溪《华阳舒氏统宗谱·舒孔昭序》，同治九年（1870年）活字本。

一种手段，同时也是社会风俗的反映。

关于明清家谱对社会风俗之影响，论述较为典型的还有绩溪《柳川绩邑胡氏宗谱》所载《吴庚枚序》云："今又与其族之贤达者呕呕从事于谱，其笃于亲亲之谊者，坐而言庶几起而行乎。且夫家乘者，国史之资也，郡国得乡间族姓之所积也。余既于胡氏之谱乐观其成，将见父诏其子，兄勉其弟，亲亲长长，风俗成焉。洞洞属属，裡祀修焉。勤耕凿而赋役以供，谨盖藏而灾祲有备，户口厘而邪慝无所藏，塾学兴而俊彦得所养，凡所为以谱法济宗法之穷，修于家而俾于国者，将于是乎。"①强调家谱对家族、对社会、对国家之风俗大有裨益，不仅是"风俗成焉"，且"济宗法之穷""修于家而俾于国者"。总之，家谱对良好风俗的形成起到积极的促进作用。休宁《江村洪氏宗谱》所载《洪昌自序》云："我江村洪氏之始祖卜居以来，虽历朝久远，有宗谱以统其全矣。予生也后，既弗及见文献之前模，而志广力微，又弗克集群宗之大汇。今者幸际圣天子治跻唐虞，文运日新而日炽，乃坐令宗族之谱乘述芜荒略不克一为修葺，岂非盛世士大夫家一阙事乎？"②洪昌不仅将撰修洪氏宗谱当作本宗族的事，更是将其作为国家繁盛时一种文化表现形式，正是从这个角度，洪昌表现出了较强的使命感，将撰修江村洪氏宗谱作为一件对宗族和国家都有利的事情看待。

从伦理思想、宗法观念出发对家谱如何作用于社会风俗做出较深入探讨的是明万历四十五年（1617年）的胡笃卿，他在《蓝湖彭田李氏谱序》中说："谱也者，谱也。凡以谱吾之心以谱诸后也，非徒为文具已也。谱必有始亦必有委，明其始之一而敬心自生，别其委之分而爱心自生，是故自太公之始者，观之以至吾身之祖父伯叔兄弟焉，一气矣。又观夫始，始以至于无穷，如三田之共蒂焉，宁有异乎！皆吾一气，则皆吾所当敬矣。自太公之委者观之，以至吾身之子孙，与夫伯叔兄弟之子孙焉，一气矣。又观乎委，委以至于无穷，如三田之共派焉，宁有异乎！皆吾一气，则皆所当爱矣。合爱之谓仁，合敬之谓孝，仁孝著而后民行兴，民行兴而风俗

---

① 绩溪《柳川绩邑胡氏宗族·吴庚枚序》，民国三十五年（1946年）刊本。

② 休宁《江村洪氏宗谱·洪昌自序》，雍正八年（1730年）刊本。

美,风俗美而后上下理,王道成矣。皆本乎此心,故曰此礼义之所由起也。"[①]该序言从家谱中体现的"一气"观出发,论述了"一气"观与仁孝之间的关系,最终确立了"仁孝著而后民行兴,民行兴而风俗美,风俗美而后上下理,王道成矣"结论。以"一气"观来论述家谱与社会风俗的关系,使这一论述具有较强的思辨色彩,也更富有理论深度。

从上面这些宗族家谱中反映的情况来看,他们都有一种共同的认识,就是家谱对社会风俗起到重要影响,不仅关系到家族的风气,也对一个地区、一个国家的风俗起到重要的推动作用。

当然明清徽州家谱对当地社会产生积极作用的同时,家谱中宣扬的一些思想也会产生一些负面影响。如明宣德九年(1434年)田游为《江村洪氏谱》作谱序时说:"迄由黄石迁于江村之祖曰邦应,则有中孚之谱表,宣和之诰敕,直述其实,千百年来寻流溯源,何其核而明,详而有章,真而不妄耶。虽然江南自东晋以来尚门第,由隋唐以后夸番庶。夫尚门第则骄而侈,夸番庶则萃而争,其由来渐矣,可不惧乎?"[②]田游所说的江南宗族的一些弊端,显然也包括徽州地区在内,利用家谱来"尚门第""夸番庶"的情况当是普遍存在的,其对社会风俗的影响就是"骄而侈"及"萃而争"。尤其是"萃而争"的情况在徽州地区确实是时有发生,如程氏家谱对程敏政《新安程氏统宗世谱》的批评,实际上就是对其"统宗"行为的不满,是典型的"萃而争"的表现。

上面是一些学者和明清家谱编修者对家谱与徽州风俗关系总的认识,下面将重点探讨与明清家谱密切相关的一些社会风俗。

(二)明清徽州家谱与徽州"仁让"之风

在徽州地区的诸种社会风俗中,"仁让"之风是许多学者所称道与公认的。对于这一社会风俗的总结,程光显在《新安名族志》序言中说得最清楚明白。他说:

---

① 婺源《三田李氏宗谱·蓝湖彭田李氏谱序》,万历刊本。
② 休宁《江村洪氏宗谱·重刻田主政题家谱序》,雍正八年(1730年)刊本。

　　名族志，志名族也。志云何？述先德也，而迪后之机寓焉。迪后之机活，则夫兴于仁让者益久而不替矣。仁让之风旁以流，而新安之望加重于天下矣。新安，紫阳夫子乡也，以仁让教天下者，紫阳夫子之学也。兹欲执其机，溥其化，以推其教于无穷，此则生紫阳之乡者皆与有责焉。是故斯志也，虽所以续定宇陈氏之编，亦所以翼紫阳夫子之教于万一也。何也？夫合分殊而示以一本之义，广亲亲也。亲亲则爱自我立，而仁昭矣。揭其人而考其当世之实，广贤贤也。贤贤则敬自我立，而让行矣。亲亲贤贤，孰无是心哉！吾知天下山川异域，刚柔异质，虽习尚靡齐，然而仁让之道根诸所性者，未尝异也，顾夫所以鼓舞之者何如耳。况国家砺世导俗，有典有则，凡采之太史者，无非本之民风者也。即斯志也，进而采之太史焉，观风者朝野，师师亲亲贤贤之化，殆不止于新安，机动而化自神，沛然溢乎四海，而天下平矣，新安之望，顾不加重耶？夫子曰："一家仁，一国兴仁；一家让，一国兴让。"谓不有明征也哉！此盖孔门授受要道，而朱子平生所愿学莫先焉者也。故曰，斯志也，所以翼其教也。①

　　程光显的这篇序言说得十分清楚，"仁让"是朱熹所倡导的思想，是儒家思想的重要组成部分。而作为"紫阳夫子之乡"的徽州，"以仁让教天下"，以推行朱熹之学，就是"生紫阳夫子之乡者皆与有责焉"。正是在这种强烈的责任感与朱子之学的影响下，"仁让"之风成为徽州地区的重要风俗之一。而且在程光显看来，徽州不仅"仁让"之风盛行，徽州还肩负着引导社会、引导国家风俗的重任，就是"仁让之风旁以流，而新安之望加重于天下矣"，也诚如夫子所言"一家仁，一国兴仁；一家让，一国兴让"，如此则"殆不止于新安，机动而化自神，沛然溢乎四海，则天下平矣"。因此在程光显的观念中就出现了从朱熹"仁让"之学，到徽州地区"仁让"之风，再到"天下平"这样一个过程。在这个过程中，"仁让"

---

　　① 戴廷明、程尚宽：《新安名族志·程光显序》，黄山书社2004年版。

是一切的出发点,是核心,但"仁让"究竟是如何体现出来的? 实际上就是《新安名族志》之主旨,"仁让"之风就是《新安名族志》所宣扬和表彰的内容。

程光显的贡献不仅是将徽州地区的风俗总结出来了,更重要的是他认为《新安名族志》所要表彰的也是"仁让"之风。众所周知,《新安名族志》是徽州地区各家族谱牒的综合汇编,这实际上也就是说家谱承担着宣扬、传承"仁让"之风的任务,换言之,家谱对徽州"仁让"之风的形成起着不可低估的作用。正如《新安名族志》的编者所言,"观者于此不惟见新安礼乐文物之盛,抑以彰国家化民成俗之意,相与庆甄陶之有自,以自保乐利于无涯者,不为无助也"①。

如果说《新安名族志》以一种地方族谱汇编的形式,从整体上概括了徽州地区"仁让"之风的社会风俗,那么歙县《临溪吴氏族谱》则从吴氏家族出发总结了"仁让"的社会风俗。崇祯时,毕懋良在《临溪吴氏族谱首序》中说:吴氏族谱"本末赅畅,经纬有章,焜焜乎自成一家言,谱称良矣。而予因感于谱者之意殆有深于是者。吴自泰伯挈仲雍而逃,孔子称其三以天下让,施及延陵季子,犹有伯仲之遗风焉。太史公世家首吴即姬吕靡得而班,季子不立传而附泰伯者,非明其让足多欤。繇斯以观,让也者,实吴宗之家法,而尤收族之善物也。顾吴之聚族匪啻数十千指而众著于让,谭胡容易。惟让本于礼,礼重于名,有谱以正名,秩分则礼达,而让崇矣。大夫之有事兹谱也,无亦彰既往,厉方来,使族之子姓率乃祖攸行,世世兴让焉尔。虽然非兴让之难,教让之难也。非教让之难,躬自为让之难也。往大夫专城为政以卓异最滇南,两台荐剡方腾而顾,务急流勇退,所称凛凛德让君子,非助躬行足风矣,匪徒以谱风也,则何难施有政于族而有不闻风兴起者乎?"②这里毕懋良从历史的角度总结了"让"是吴氏家族的优秀传统,同时他也意识到族谱与礼让之间的关系,就是"惟让本于礼,礼重于名,有谱以正名,秩分则礼达,而让崇矣",也就是通过

---

① 程尚宽:《新安名族志·凡例》,黄山书社2004年版。

② 歙县《临溪吴氏族谱·临溪吴氏族谱首序》,崇祯十四年(1641年)刊本。

族谱以正名，在此基础上推行"礼让"之风。

(三)明清徽州家谱与徽州重血缘关系的社会风俗

如赵吉士所言，徽州地区"千载谱系，丝毫不紊"，从明清徽州家谱发展过程看，这一时期的徽州家谱在保持谱系的完整、维持血缘的纯洁性方面不断地努力，并形成了重亲缘、重血缘纯洁性的社会风俗。而这种社会风俗的形成与保持，主要是由家谱来承担的。

要保持家族血缘的纯洁性，首先是如何对待继子问题。继子对宗族而言，最大的隐患是其可能导致"乱宗"局面的出现，因此一般宗族都对此严加防范。如婺源《萧江复七公房支谱·凡例》就规定："本人无子养异姓为子者必书，防乱宗也。本宗出绍异姓为子者得书，慎婚姻也。以婿为子补代者必削，重伦常也。"[①]对异姓继子、赘婿为子都作了明确说明，可以较好地保证宗族血缘的纯正。

婺源《庆源詹氏族谱·凡例》规定："继子注于所生父下，例图于所后父下，以服属隆于继父而杀于生父。外姓来继者，则曰觅某氏为子。出继外姓者，则曰出继某氏，直书不隐，庶后世无婚姻紊乱之失。从释老者直书，明不孝也。"[②]于此可见，庆源詹氏的相关规定比较宽松，其对外姓来继还能记入族谱，对出继者也要注明，并且还对这样做的目的作了说明，是为"庶后世无婚姻紊乱之失"，应该说也是较合乎情理的。另外对从释老者予以直书，多少也遵循了"据事直书"的书法传统。

为何要对继子作出明确规定，对此徽州家谱中有较明确的论述。其理由主要有二：

其一，"气脉相承"是继子规定的血缘基础。为何要立继，这在明嘉靖《新安休宁岭南张氏会通谱·凡例》中有说明："继子之设，所以绍先世、续后嗣也。古人继嗣，大宗无子则以族人之子续之，取其一气脉相为感通，可以嗣续无间，此至正大公之举。圣人所以不讳，后世理义不明，

---

① 婺源《萧江复七公房支谱·凡例》，宣统二年(1910年)刊本。
② 婺源《庆源詹氏宗谱·凡例》，乾隆五十年(1785年)活字本。

人家以无嗣为讳,不显立同宗之子乃潜养异姓之儿,阳若有继而阴已绝矣。故立嗣必须择近亲有来历分明者立之,则一气所感,伦序不失。"①这对理解何以立继,且以同宗立继为要求的规定提供了重要的理论论据,这一规定也符合传统的伦理观点与宗法思想,显然"一气脉相为感通"是最为合理的根据。岭南张氏家谱中的规定较好地解决了关于继子规定的伦理层面的原因,但还有一方面的理论基础需要人们进一步构建,那就是继嗣问题有无物质层面方面的原因。对于这一问题的解释,星源张氏宗族作出了回应。

其二,基业继承是继子规定的物质根源。婺源《星源张氏宗谱·凡例》规定:"继绍之条为典甚重,至近日而紊乱滋多,或以叔祖及叔并弟为子,或以侄孙及曾孙为子,伦叙不等,名称不顺,比比而是。昔明正统己巳用道公会编曾请府宪批示,基业当与绍承,名分宜从改正,兹悉照旧例改正无异。至异姓入绍,本乖律纪,但于中奉祀已久,受产有年,若一概削除,大启事端,且必多隐讳,不得已分别而书。凡本宗承祀,注曰继子,明可以继续也。其异姓者阴刻养觅字样,有姓者详其姓,注曰养子,无姓者注姓未详,曰觅子。又恐数传而后同异无别,每于一六起世复加识记于旁,使泾渭不混。有以本宗出继外姓者,书曰出为某姓后,亦不许其能继也。"②从上述规定中可以得出如下结论:一是当时"继绍"较为混乱,以至编者认为这种情况比比皆是;二是编者说出了继祀规定的根本原因,就是对"基业"的绍承。本宗承祀可以保证族产在内部的使用与继承。本宗出继他姓者,会导致族产的外流。异姓承祀本宗"受产有年"者也要注明,实际上依然是担心日后会引起族产纠纷。对于这一问题的论述,揭示了保持血缘的纯洁性的深层原因,这也是各家族在编修族谱时都对继子作出规定的共因。

正是由于伦理层面与物质层面都获得了较合理的解释,家谱之中关于

①《新安休宁岭南张氏会通谱·凡例》,转引自[日]多贺秋五郎:《宗谱の研究》,东洋文库1960年版,第841页。

②婺源《星源张氏宗谱·凡例》,乾隆刊本。

继子问题的规定也就成为可以理解的了。

此外，对"赘婿为子"和"招夫养子"也有明确规定。婺源《庆源詹氏族谱·凡例》规定："俗以赘婿为子及夫殁招夫养子者，俱属败坏宗规，应黜不书。"①强调要保持宗族血缘的纯洁性，因为赘婿、养子与宗族没有任何血缘关系，一旦他们在家族中的地位得以确立，同样也会对家族的财产构成威胁，当然不能书写入族谱。

要保持家族血缘的纯洁性，其次是对记载迁徙支派的规定。辗转迁徙，往往会使许多支派失去联系，或是联系不紧密，会导致家族内部的疏远。更有甚者，一些其他家族特别是同姓不同宗的家族可能会有意无意利用这种疏远情况，借以扰乱宗族秩序。如歙县《义成朱氏宗谱·凡例》规定："源流世系及旁支迁徙各郡邑派，悉附注明。使开卷了然，便□稽考。一本宗转迁他处者，悉为注明，其迁后支丁复经访悉□，一律修叙，余则阙之，以俟续查。"②可见朱氏家族对保持家族支派明白无误是很自觉的。

对于迁居在外的支派，在记载时也有一些规定。歙县《韶铿徐氏宗谱·旧谱凡例》规定："迁居在外者，须全注某郡邑及地方土名，由某祖始迁及某子某孙又转分迁于某处，庶下届续修易于往访。"③明确支派迁徙情况，是为了保持宗族世系的纯洁。

要保持家族血缘的纯洁性，再次就是对无后者的正确书写，以免引起误解，或是为他人有意冒乱提供可乘之机。如绩溪《泉塘葛氏宗谱·凡例》规定："无后者于其名下书无传二字，未娶而卒者曰早世，未满十五岁而卒者曰幼殇，立继未定者曰无子、曰待继，概不悬名以免混淆""无传者必查知确实，若代远难稽止书无考。"④

总之，在徽州家谱中对于血缘关系记载十分重视，这对促成徽州地区重视血缘的社会风俗起了重要作用。

---

① 婺源《庆源詹氏宗谱·凡例》，乾隆五十年（1785年）活字本。
② 歙县《义成朱氏宗谱·凡例》，宣统三年（1911年）活字本。
③ 歙县《韶铿徐氏宗谱·旧谱凡例》，民国刊本。
④ 绩溪《泉塘葛氏宗谱·凡例》，宣统三年（1911年）活字本。

（四）明清徽州家谱与徽州重婚姻的风俗

从明清徽州家谱记载看，家谱重婚姻的功能十分突出。王讽在《新安名族志序》中说："历考前古，上自黄帝，下至于今，厥族由名，莫不实然。固不特周人重世官，汉人重世家，而至今新安相沿而为古俗，如所谓婚姻之相严、谱牒之相辨、乔木之相保而已也。"很明显，在王讽眼中"婚姻之相严"在徽州是一种重要的社会风俗。

歙县《潭渡孝里黄氏族谱》所载《家训》云："婚姻乃人道之本，必须良贱有辨，慎选礼仪不忒、温良醇厚有家法者。"①从中可见，黄氏家族在婚姻方面强调"良贱有辨"。绩溪《华阳邵氏宗谱·新增祠规》规定："婚姻嫁娶，须择阀阅相当者，不可下配匪伦，致辱祖先，违者不得入祠。"②可以看出，邵氏强调婚姻要"阀阅相当"，而且对违反者还提出了"不得入祠"的惩罚措施。在有些家谱中对婚姻则规定得更为严厉，说理也更为详细，如《庆源詹氏宗谱·凡例》规定："良贱不婚，律有明条，倘有不顾名分，甘心下配及下嫁者，伤风败俗，于斯极矣，应即鸣公削丁，除谱出族，永不许复入。"③这里不仅搬出了法律，还强调了社会风俗，处罚措施也更多样具体。

明清徽州地区重婚姻的风俗与家谱之间有着密切的联系。其一，重婚姻是魏晋家谱传统遗风的继续，两者之间有承继关系，明清家谱这一传统对徽州社会风俗是有影响的。其二，在徽州婚姻风俗中所称的阀阅之家并不是随意认定的，是各种因素综合作用的结果，其中家谱就是一项重要的因素，如《新安名族志》中规定的"名族"的历史多是由各族自己的家谱所载的家族史，因此，家谱也就成为衡量家族能否成为名族，或是否属于阀阅之门的重要指征。

在明清徽州家谱中也时常可见，许多宗族利用家族婚姻这种关系，相

---

① 歙县《潭渡黄氏族谱》卷4《潭渡孝里黄氏家训》，雍正刊本。

② 绩溪《华阳邵氏宗谱·新增祠规》，民国三十六年（1947年）稿本。

③ 婺源《庆源詹氏宗谱·凡例》，乾隆五十年（1785年）活字本。

互声援，以达到互相之间共同发展。如康熙三十二年（1693年），朱熹十六世嫡孙朱坤在论述徽州程氏、朱氏家族关系时说："我新安名族莫有能出其右者，而元谭公二十八世唐工部尚书湘公分迁婺源，六传清源派翔公则我晦庵祖之祖母程氏所自出。故程朱为理学相传，因以桑梓而世联瓜葛。"①从朱坤的话中可知，程朱两家是世为婚姻的。下面一事例，也可直观反映徽州重婚姻这一风俗。咸丰六年（1856年）王氏家族所立《同心合文契》记载："《王氏统宗谱》载明：义子异姓不得紊乱宗支，婚姻不缔于不重之门。祖规森严，谁敢逆犯……至缔婚于不重之门，前圣玑结婚于汤姓，众心未服，遭（造）成人命，累死数人，祖祀神会败尽，前车可鉴。况合都四村公立合文，杜禁结婚于不重之门。今我族际旸等各自数家恃强不遵，复娶于张、汤二姓，以致大众议论旸等诣祠削除，不载入谱，固是美举。身等诚恐伊等狼心莫测，事后生波，凡我同人不得不预立章程。伊等如朋恃强逞凶等事，大家俱要入局，不得退缩。"②从中可见，王氏家族"杜禁结婚于不重之门"的态度是十分坚定的。

徽州地区一些特有的社会风俗的形成，固非成于一时，也非某一单一原因促成，但明清徽州家谱的发达在其中所起的作用是不可低估的。从明清徽州家谱的角度去认识当地的社会风俗，可以进一步加深对明清徽州家谱功能的认识，更好地理解明清徽州家谱与地方社会之间的互动关系。

四、徽州民间祭文类型、特征及社会文化内涵初探

徽州地处皖南，境内群山环峙，岭谷交错，向号"八分半山一分水，半分农田和庄园"。多山的环境，形成一个相对封闭的自然地理环境，保留了大量古风民俗遗存。徽州作为"程朱阙里"，宋以降深受朱子理学的影响，严宗法、尚宗义、重祭祀蔚然成风。祭祀祖宗一直是居住在古徽州城乡各宗族活动的头等大事，"祭祀，所以报本也……月朔必祭，荐新必

① 徽州《新安程氏统宗补正图纂·朱坤序》，康熙二十四年（1685年）刊本。
② 安徽师范大学图书馆藏《同心合文契》。

祭，立春、冬至、忌日必祭"①。祭祀祖宗是"报本反始"的体现，故须
四时祭拜。按照人们的看法，"枯骨有灵，祭祀岂容推诿"②，"祖考虽远，
祭祀不可不诚"③。因此"祭祀乃是大事，必精洁，必诚敬，否则祖宗不
歆"④。在朱熹《家礼》影响下，古徽州形成了一整套严格繁杂的祭祀仪
礼。为了规范祭祀活动，也为后人留存祭祀礼仪的范本，免其湮灭，各宗
族在谱牒修撰时，对其宗族的祭祀礼仪以及与其相关的活动规仪文字记录
多会载于谱牒之中，因而在徽州谱牒家乘中留存了大量祠墓祭祀类的文
书，祭文就是其中之一。在学术界，对祭文的研究，多集中于文学领域，
关注于祭文的文体及文本研究，其史料多征引自专门著述，而对徽州谱牒
中所载民间祭文的征用不多见。在徽学研究中，对徽州民间祭文论述较
少，其研究多附属于宗族祭祀的研究中，如徽州丧葬研究、墓祭研究、祭
礼研究等，其研究对祭文略有所提及，但并无专门探讨。另外，对徽州族
谱中的祭文征用研究，在徽学研究中关注不够，很少有学者对其做归类分
析，探讨其社会文化含义。基于此，下面将从徽州谱牒所见民间祭文史料
入手，对其做归类分析，初步探讨其特征和社会文化内涵。

(一)族谱所见祭文的类型

《孝经·士章》疏云："祭者际也，人神相接，故曰际也。祀者似也，
谓祀者似将见先人也。"⑤《春秋繁露·祭义第七十六》云："祭者，察也，
以善逮鬼神之谓也。善乃逮不可闻见者，故谓之察。""祭之为言，际也
与?"⑥通过祭祀，祭者可以"人神相接"，在冥冥中与先人和神灵进行沟
通。"祭文者，祭，祀也，索也，祀索鬼神，以文尽索之，祝辞、飨辞之

---

①《济阳江氏统宗谱》卷1《江氏家训·祭祀》，民国八年(1919年)活字本。

②《无为濡须张氏宗谱》卷1《十世祖柳亭公家训》，道光二年(1822年)活字本。

③《旌阳张氏通修宗谱》卷1《敬述朱文公家训》，光绪二十六年(1900年)活字本。

④ 周绍泉、赵亚光:《窦山公家议校注》，黄山书社1993年版，第21页。

⑤ 李隆基注、邢昺疏:《孝经注疏》，北京大学出版社2000年版，第17页。

⑥ 董仲舒撰，凌曙注:《春秋繁露》，中华书局1975年版，第561页。

变也。"① "祭文者，祭奠亲友之辞也。古之祭祀，止于告飨而已。中世以还，兼赞言行，以寓哀伤之意，盖祝文之变也。"②就是说，祭文是由古之祝文延异而来，起初只为祭祀山川神灵，祈雨求福、驱邪避魅之用，中世以后"兼赞言行"，作为哀悼逝者时"人神相接"的一种方式，"以寓哀伤之意"。祭文因文体不同而有不同的称呼，如诔辞、哀辞、吊文、挽文、祝文等，但其实质都是用于悼惜死者或交于神明。从祭文类型来说，研究者有不同的分类方法。③我们根据徽州谱牒所见民间祭文，按其内容分为三类：一类是祈福禳灾的祭文，面向自然神灵，祈求护佑，可称其为祝祭文；一类是哀悼逝者的祭文，面向已逝亲朋故旧，抒发哀恸之情，可称其为哀祭文；还有一类祭文不归属此两者，因而命其名为杂祭文。徽州族谱所见祭文大部分为哀祭文，因灾祸而祈祷于神灵护佑而作的祝祭文在族谱中记载相对较少。

1.祝祭文

祝祭文一般是因自然灾害、不幸灾祸或其他事件祈求神灵护佑时所撰。撰写者希望通过这种方式祈求神灵禳解灾患，护佑地方风调雨顺和人们万事平安，安居乐业。徽州谱牒所见祝祭文主要有以下几种：

一是地方官员因突发水旱灾害祈求或祈谢神灵禳解灾害而撰写的祝祭文，如乾隆《弘村汪氏家谱》卷23记载的《绩溪宰汪沇祈雨文》《绩溪宰汪沇谢雨文》《歙守董正封谢雨文》《徽守王公迈祈雨文》，同治《新安汪氏家乘》卷25记载的《英济王祈雨文》、徽守李植《祈晴谢文》、丞相徽守洪适《祈晴谢文》和《祈谢雨文》、郡守脱欢《祈谢雨文》等，都属于此种祝祭文。

二是因不幸灾患祈求或祈谢神灵护佑而写的祝祭文，如乾隆《弘村汪

① 王兆芳：《文章释》，载王水照编：《历代文话（第7册）》，复旦大学出版社2007年版，第6309页。

② 徐师曾著：《文体明辨序说》，罗根泽校点，载《文章辩体序说文体明辨序说》，人民文学出版社1962年版，第154页。

③《唐代悼祭文概说》将祭文分为天地山川祭文、祭神文、释奠祭文、冢庙祭文、悼祭文、杂祭文六类。

氏家谱》卷23记载的徽守刘炳因虎患祈求神灵护佑写的《捕虎祝文》;同治《新安汪氏家乘》卷25记载的徽守方略因火患撰写的《禳火醮请王祝文》,郡守马思忽因寇患撰写的《弭寇祝文》,前人因平寇患后祈谢神灵撰写的《谢平寇文》,郡守万奴驱除蝗灾后祈谢神灵撰写的《驱蝗祈谢文》,马速勿因疫灾而写的《禳疫祝文》等。

三是因其他事件向神灵祈谢或祈福求平安而写的祝祭文,如嘉靖《休宁邑前刘氏族谱》卷末附录的《刘氏彭城社祝文》,是刘氏宗族为祈告土谷之神撰写的祝祭文;乾隆《弘村汪氏家谱》卷23记载的《郡守许颂任满辞庙文》《郡守赵希远辞庙文》,是郡守任满离去辞谢神灵而写的祝祭文;同治《新安汪氏家乘》卷25记载的谢采伯《秋试毕谢王文》是因科考祈谢神灵护佑而写的祝祭文,绩溪宰苏辙《病愈谢文》是为病愈祈谢神灵撰写的祝祭文,徽守王公迈的《领郡谒墓文》是因上任祈求神灵护佑而写的祝文,丞相江万里《告庙保二亲祝文》则是为二亲祈福而写的祝祭文;民国《歙县池墩朱氏宗谱》卷10记载的《紫阳书院舍□祝文》,是宋徽州太守韩补为紫阳书院书堂告成而撰写的祝祭文,《礼部颁降祝文》则是明周洪谟时节拜祭朱子时写的祝祭文,等等。

徽州谱牒所传载下来的祝祭文,其撰写者大多为徽州最高地方官吏或地方名流仕宦,如绩溪宰苏辙、徽守洪适、徽守王公迈、郡守脱欢等,而普通民众撰写的并不多见。究其缘由,这与谱牒自身的属性相关。一个宗族传承百载,其大事小事不可胜数,家谱不可能一一撰述,所以在纂修谱牒时,收录大量与宗族相关的地方名流仕宦的事迹文章,一则使宗族发展史中的重大事件借名流仕宦的影响代代相传,二来可借助名流仕宦的声誉彰显本宗族的显赫地位,增强族众的荣誉感,维护宗族统治秩序。

2.哀祭文

哀祭文,是为哀悼已逝亲朋故旧或拜祭先祖而作。在宗族生活中,祭拜先祖或哀悼他族已逝亲朋故旧一直是宗族社交中的重要事件。撰写挽文或念唱祭文是表达生者对逝者哀思怀念的重要方式之一。徽州族谱所见此类祭文,主要有丧逝拜祭文和时节拜祭文两类。

丧逝拜祭文，是为哀祭逝亡不久的亲朋故旧而作。如徽州府休宁县儒学教谕、训导以及儒学生共祭"刘公"所作的《祭寿官刘公希远文》："谁知一夕梦奠，两搤仙游，不复哀恸。"[①]"寿官"是明朝出现的一种虚职官名，是官方授予的对寿星的一种称呼。"梦奠"是人死亡的婉称，"一夕梦奠"指逝亡不久。再如婺源教谕李天叙《祭乡宾查鸣玉先生文》："呜呼，漆灯即设，素帷载张，灵爽在上，遗像在堂，宗族哀恸，乡邑凄凉。"[②]同类的还有万历壬子年（1612年）族侄王学《祭德琼公文》[③]，婺源邑宰张绶《祭乡进士汉符查年台文》《族祭书三先生文》[④]，等等。

时节拜祭文，是不同时节对先人或始祖拜祭所作之文。在古代，不同的时节有不同的拜祭对象。"家必有庙，庙必有主。月朔必荐新，时祭用仲月。冬至祭始祖，立春祭先祖，季秋祭祢。忌日祭主，祭于正寝。"[⑤]"清明祭墓，冬至祭祠，近世士大夫家之通礼也。"[⑥]徽州族谱所见此类祭文如康熙三十四年（1695年）查嗣韩《墓祭观察公文》："皇清康熙三十四年，岁次乙亥仲夏月壬戌朔，越祭日乙酉，翰林院编修裔孙嗣韩，谨以刚鬣柔毛、清酌庶馐之仪，百拜致祭于始祖文征公、祖妣赵氏夫人之墓前"[⑦]，光绪《绩溪南关惇叙堂（许氏）宗谱》载《敦睦堂祭文》："兹值律回姑洗，节届春分，天心来复，地脉方升，慨时序之推迁，仰威仪与咫尺"[⑧]，"仲夏""春分"为四时祭文常用语；清明祭文如同治《新安汪氏家乘》卷25《祭文》载的万历十八年（1590年）汪道昆《清明祭墓文》《登源谒墓文》，光绪《婺源查氏族谱》卷尾之8《文翰》载的《清明祭四三览辉公文》《清明祭景度公文》等；季秋祢祭文如汪氏《重建吴清山墓

①《休邑敉宁刘氏本支谱》卷7《文翰》，嘉靖刊本。

②《婺源查氏族谱》卷尾之8《文翰》，光绪十八年（1892年）活字本。

③《婺源婺南中云王氏世谱》卷8《翰纪》，康熙四十五年（1706年）刊本。

④《婺源查氏族谱》卷尾之8《文翰》，光绪十八年（1892年）活字本。

⑤《新安琅琊王氏宗谱》卷首《丧礼礼制·伊川程先生丧祭礼制》，道光二十九年（1849年）活字本。

⑥《杨氏宗谱》卷首（下）《冬至公议》，同治十一年（1872年）活字本。

⑦《婺源查氏族谱》卷尾之8《文翰》，光绪十八年（1892年）活字本。

⑧《绩溪南关惇叙堂许氏宗谱》卷9，光绪十五年（1889年）活字本。

祠征信录》卷1中记载的《九月十三秋祭文》和道光《新安汪氏宗祠通谱》卷四载的《秋祭文》等。在徽州的祠庙祭祀中,以春秋二祭和春冬二祭最为常见,春祭在春分日举行,冬祭在冬至日举行。但有时宗祠的春秋二祭,将春分的春祭和清明的标祀并日举行,行期在春分之后,清明之前。因此出现了两者合祭的祭文,如汪氏《重建吴清山墓祠征信录》卷1中记载有《春祭标祀文》一文,"昔在汉季,新都肇基,黟令继美,政绩宏施。煌煌祖德,谟烈免贻,忠贞大启,勋绩长垂。簪缨阀阅,一秉前规,佳城拜奠,载谒崇祠。肃陈牲礼,敬涤卮匜,笙歌妥侑,惟神格思。尚飨"①。道光《新安汪氏宗祠通谱》卷4亦载《春祭标祀文》一篇,其辞大同小异。其他时节的祭文如嘉靖《休宁邑前刘氏族谱》卷末附录的《元夕祝文》《冬至祝文》等。

另外,值得一提的是对于某些宗族的祖先,因为时间久远,历代地方官员推崇,民间崇祀逐渐从宗族祖先神化为护佑一方的神灵,在受亲族的时节祭拜同时,也受官府或民间信众时节祭拜,如徽州汪氏宗族的祖先汪华——汪王神,徽州官府和民众以他为徽州最高地域神,四时拜祭,留下了若干时节拜祭汪王神时撰述的祭文。如同治《新安汪氏家乘》卷25载的《寒食祭墓文》,为徽守郏升卿在寒食节祭汪王家墓所书;再如乾隆《弘村汪氏家谱》卷23《事实》中载《徽守王公迈清明诣王陵祭文》《乌聊山王庙岁时祭文》,是徽州地方官员岁时拜祭汪华所作之文。

3.杂祭文

徽州谱牒所见杂祭文,主要有以下几种:

一是诞辰祭祖文。先祖的诞辰日是徽州宗族祭祖的一个重要日子。徽州谱牒中收录的与此相关的祭文,不在少数。如道光《新安汪氏宗祠通谱》卷4有《正月十八日祭王(指汪华)祖诞辰文》,即是一例。民国《黟县环山余氏宗谱》卷末后附的《始祖六百岁冥诞暨谱系告成祭文联额》,载有各界亲朋拜祭余氏始祖诞辰祭文,其中除《本族告庙文》外,还有

---

① 《重建吴清山墓祠征信录》卷1《春祭标祀文》,民国十四年(1925年)刊本。

《前黟县训导兼教谕陈之□致祭文》《阖城致祭文》《西递明经胡姓致祭文》《商界致祭文》《世戚胡谦恕致祭文》《枧川宗台致祭文》等6篇致祭文。再如《弘村汪氏家谱》卷23《事实》中所载《季寿南庆王诞晨文》《徽守赵希远庆王诞晨文》①等，亦属此类。

二是庙祠告成祭文。在古徽州，所在村落"家构祠宇，岁时俎豆"②，庙祠数量众多，且分布广泛。这些庙祠往往因年代久远，虫蚀霉烂，必须更年翻修。庙祠翻修告成之日，须撰写祭文告祭祖宗。这类祭文在徽州族谱中，甚为常见。如道光《新安汪氏宗祠通谱》卷4载有《重修墓祠告成祭文》；汪氏《重建吴清山墓祠征信录》卷1收录了《重修祖庙落成祭文》，卷2收录了《重建墓祠告成祭文》等。

三是祠奉祖宗神主祭文。在徽州，崇祖敬祀，蔚然成风。在徽州人看来，"家庙之设，以妥祖灵……夫神不立庙，神何所楼，庙不奉神，庙为虚设。"③家庙是"妥祖灵"的地方，不奉神灵，是为虚设，因而神庙落成，须奉祖宗神主"以妥祖灵"。宗祠神庙奉神入主，须写祭文，以告祖宗。徽州族谱所见此类祭文如光绪《婺源查氏族谱》卷尾之8《文翰》所载《文德祠奉安廷椿公木主文》《文德堂复奉支祖神主祭文》等。

徽州谱牒所见杂祭文除上述较为常见的数种外，还有谱牒修成告祖祭文、中举竖旗祭祖文、立碑祭文、改元致祭文、加封告墓祭文、平复侵占墓地告祭文等等，尽管其数量不多，但它反映了杂祭文的种类具有多样性。

在徽州谱牒编纂者看来，以上三大类十数种祭文，并无明显区别，因而在族谱刻印时常杂混归于一卷之中。我们认为，其实他们既有相同之处，也有不同之处。以祝祭文和哀祭文为例，就祭文格式而言，严格来说，他们并无区别，以"维"开始，结语用"伏惟尚飨"或"尚飨"，但

---

① "辰"古同"晨"，清早，开始之意。族谱中"诞辰"也作"诞晨"。

② 何东序、汪尚宁等纂修：(嘉靖)《徽州府志》，载《北京图书馆古籍珍本丛刊(29)》，书目文献出版社1998年版，第67页。

③《婺源查氏族谱》卷尾之8《文翰》，光绪十八年(1892年)活字本。

相比较而言,大多哀祭文格式较为规范,祭文前后序相对完整,祝祭文有些严格遵守其固有格式,而有些进行了异变。如嘉靖《休宁邑前刘氏族谱》卷末附录的《刘氏彭城社祝文》,其文如下:

> 维
>
> 年月日,休宁邑前刘××等,敢昭告于彭城社土谷之神:
>
> 惟神聪明正直,公溥宽仁,土谷职司,养育民物,恩洽吾族,长幼沾濡,靡不式兹,祗奉□□,□祈农事,稼穑有秋,庸报神功,鼓吹载振。惟兹春祈秋报,谨以牲醴果馐,用伸虔告。①

此祝文格式其首序严格遵守其固有格式,以"维年月日休宁邑前刘××等敢昭告于彭城社土谷之神"起始,后接正文,但尾序并无"伏惟尚飨"字样,省略了尾序内容。首尾序的内容全部省略的如乾隆《弘村汪氏家谱》卷二十三记载的《歙守董正封谢雨文》,其文曰:

> 惟神昔在隋末,保全一方,识机顺道,纳款于唐,持节六州,光荣故乡。生为忠臣,殁受明祀,威灵如在,福惠昭布。今岁之秋,天久不雨,迎像乳溪,甘雨旋注,再逾旬时,朝夕云雾。逮于甲申,沛泽有裕,盈亩溢浍,灌我田圃,神贶昭然,此邦是护,奉王而归,远近奔趋,致祠庙堂,以达神祚。②

此祝文首尾序的内容皆无。再如同治《新安汪氏家乘》卷25记载的《秋试毕谢王文》、绩溪宰苏辙《病愈谢文》、郡守马思忽《弭寇祝文》、丞相江万里《告庙保二亲祝文》等,亦如是。

就内容主旨而言,祝祭文和哀祭文区别明显。哀祭文其主旨重在表达生者对逝者的哀悼悲伤之意,寄托生者哀思之情,而祝祭文则用于祈福禳灾,主旨重在祈神禳灾与谢神佑护,如《刘氏彭城社祝文》,从其正文可

---

① 《休宁邑前刘氏族谱》卷末附录《刘氏彭城社祝文》,嘉靖三十六年(1557年)刊本。
② 《弘村汪氏家谱》卷23《歙守董正封谢雨文》,乾隆十三年(1748年)刊本。

知其撰写是为了祈祷土谷之神护佑稼穑丰收。《歙守董正封谢雨文》是为祈雨成功而感谢汪王神时所撰祝祭文，该祭文称因"天久不雨"，所以人们"迎像乳溪"，祈求汪神护佑降雨，结果"逮于甲申，沛泽有裕，盈亩溢浍"，甲申日大雨倾盆，灌田溉圃，人们"远近奔趋，致祠庙堂"，以谢神佑。再如乾隆《弘村汪氏家谱》卷23记载的《郡守赵希远辞庙文》，其文曰："今行且有日，不敢以不告，然抑犹有所祷也，盖自徽而达于姑苏，水浮陆转，数百里而遥，神能保其无虞，是为终其赐焉。"①因撰者远行，从徽州到姑苏，"水浮陆转"，有数百里之远，为祈求神灵护佑，安全到达，故而撰文祷告。显然，祝祭文表达的内容和诉求，与哀祭文主要表达生者对逝者的哀思与怀念，并非同类。我们对徽州族谱所见祭文的分类，正是为了区分其不同的内涵。

(二)族谱所见祭文的特征

在徽州，为了维持宗族血缘的纯洁性，人们非常重视家族谱牒的编修，认为"三世不修谱者，不可谓孝子"②。在徽州人看来，"族之有谱，祖其祖也，有祖则有宗"③，"族谱之制，使世之为人子者，上考祖祢之源流，下序云仍之昭穆，以传于无穷而不失其本也"④。谱牒编修是奉祖敬宗、报本追源的体现，可以考"祖祢之源流"，传之"不失其本"。因而，在编修谱牒时，非常重视对先祖相关文字言行的著录。祭文作为亲朋故旧拜祭本族逝者或先祖的文字，载入族谱既是对祖宗的尊崇，也是展现宗族社会关系的一个媒介。族谱所录祭文不同于其他著述或文献对祭文的著录，有其自身的特点。

首先，族谱所载祭文都是本族或他族亲朋故旧拜祭本族逝者或先祖的

①《弘村汪氏家谱》卷23《郡守赵希远辞庙文》，乾隆十三年(1748年)刊本。

②《休宁西门汪氏大公房挥金公支谱》卷1《西门本宗谱跋》，乾隆四年(1739年)刊本。

③《济阳江氏统宗谱》卷1《户部主事龙山程霆修江氏谱议》，民国八年(1919年)活字本。

④《绩溪华阳舒氏统宗谱》卷首《原序》，同治九年(1870年)活字本。

祭文,具有"归族性"。谱牒作为一个宗族的历史记录,在编修谱牒时"非其族而同之是鬻祖,果其族而外之是遗祖,均之谓悖"[①]。不是本族先祖的事迹而收之,是"鬻祖",是本族先祖的事迹而不录,是"遗祖",都是大逆不道的。这一方面反映了谱牒的编撰有严格的原则和禁忌,另一方面也说明了谱牒所载都为本族先祖之事,他族之事一般不录。族谱所录祭文的归族性主要体现在祭文的哀祭对象都是本族的逝者或先祖,如康熙《婺源婺南中云王氏世谱》卷8《祭文》中所载的《祭汝晋公文》《祭德琼公文》《祭泰寰公文》《祭希列公文》《祭孝甫公文》《祭文先公文》等,"汝晋公""德琼公""泰寰公""希列公""孝甫公"以及"文先公"都是王氏宗族的先祖。再如光绪《婺源查氏族谱》卷尾之8《文翰》中载的《清明祭始祖观察公文》《清明祭四三览辉公文》《墓祭掌书公文》《文德祠奉安廷椿公木主文》《清明祭廷椿公文》《文德堂复奉支祖神主祭文》《墓祭士琦士璇公文》《祭乡宾查修塾先生文》《海宁通族祭修塾公文》《祭乡进士汉符查年台文》《海宁通族祭斗山公文》《祭梧岗查亲家文》《祭乡宾查鸣玉先生文》等,祭文哀祭对象都为查氏宗族的丧逝者或先祖。当然,祭文的撰写者,大多为本族人,但也不乏非本族之人。依据归族性原则,即使非本族之人所撰,而祭文祭祀的对象,则必须为本族先祖或丧逝者,如此祭文方得入选宗族谱牒。这是谱牒乃家族文献的属性决定的。

其次,族谱所录祭文在时间上前后相延,具有"时序性"。徽州宗族源远流长,嘉靖《徽州府志》卷2《风俗志》云:"家多故旧,自唐宋来,数百年世系,比比皆是。"[②]光绪《婺源县志》亦云:"乡落皆聚族而居,多世族,世系数十代。"[③]久远的宗族历史,使得谱牒所载内容一代一代前后相沿,在时序上连续不断。徽州族谱所见祭文的撰述时间,从古至今,前后相续。典型的如同治《新安汪氏家乘》所载的50余篇祭文,最早的一

①《济阳江氏统宗谱》卷1《户部主事龙山程霆修江氏谱议》,民国八年(1919年)活字本。

②何东序、汪尚宁等纂修:(嘉靖)《徽州府志》,载《北京图书馆古籍珍本丛刊(29)》,书目文献出版社1998年版,第67页。

③吴鹗等纂:(光绪)《婺源县志》卷3《疆域志六·风俗》,光绪九年(1883年)刊本。

篇是苏辙撰写的《病愈谢文》，署名绩溪宰苏辙。北宋元丰七年（1084年），苏辙为歙州绩溪县令，次年五月卧病，至秋病愈，此祭文为病愈时拜祭汪神所作。最晚的一篇是清咸丰八年（1858年）汪氏裔孙撰述的《加封祭告文》。从北宋元丰七年到清咸丰八年近800年间，拜祭汪神的朝廷官吏和徽州地方官吏，不可胜数，他们留下的祭文，被家乘所载的，宋、元、明、清各朝都有。如南宋洪适撰的《祈晴谢文》《祈谢雨文》、宋宁宗时徽州太守赵希远撰《王生朝祭文》、元徽州路达鲁噶齐孛术鲁敬撰的《谒庙文》、明嘉靖十一年（1532年）汪玄锡《复王墓祭文》、万历十四年（1586年）汪道昆撰《小金山祭墓文》、清乾隆十二年（1747年）汪氏各派支裔为平复侵占墓地事告祭先祖撰《平复侵占墓地告文》等，在撰述年代上历朝顺序相延，具有延续性。再如光绪《婺源查氏族谱》卷尾之8《文翰》所载的康熙乙巳（1665年）婺源教谕胡来化《祭查元□先生文》、康熙己巳（1689年）婺源邑宰张廷元《祭乡宾查修垫先生文》、康熙癸酉年（1693年）查升《孝义祠竖旗祭列祖文》、康熙三十四年（1695年）查嗣韩《墓祭观察公文》、康熙戊寅年（1698年）查嗣珣《孝义祠竖旗祭列祖文》、康熙己卯（1699年）婺源邑宰张绶《祭乡进士汉符查年台文》、康熙三十九年（1700年）《海宁通族祭斗山公文》等，他们在撰述时间上前后相延续，具有时序性。

最后，族谱所录祭文类型多样，风格各异，具有多样性。从祭文类型上说，族谱所载的祭文有祈祷神灵保佑的祝文，有哀祭逝者或拜祭先祖的哀祭文，亦有因各种事件而祭告祖宗的告祭文，如诞辰祭祖文、竖旗祭祖文、庙祠告成祭文、祠奉祖神主祭文、立碑祭文、改元致祭文、加封告墓祭文、平复侵占墓地告祭文等。从祭文撰述时间看，既有唐、宋徽州族谱编撰尚未盛行的时期，也有元、明、清徽州谱牒编撰成风的时期。从文体文风来说，有些祭文骈散结合，其辞情真意切；有些祭文短小精炼，言辞恳切；还有一些祭文格式固定，言辞晦涩肃穆。因此，徽州族谱所录的祭文，体现了多样性的特征。同时，无论何种类型和风格的祭文，其中保留的民间民俗语言，又反映了民俗文化的色彩。比如，从名称来看，祭文分时节，徽州族谱中各时节祭文有清明墓祭文、冬至祭文、季秋祢祭文、除夕祭文、四时祭文等，这些祭文反映了民间四时祭祖风俗。在祭文中还保留了大量民间祭祀用语，它也是祭文反映民俗文化的重要体现。兹略举祭文的序部分为例，《乌聊山王庙岁时祭文》序："大明宣德年月日，直隶徽州府知府崔俊彦等，谨偹牲礼之仪，敢昭告于府主越国汪公之神曰。"①《海宁通族祭修垄公文》序："康熙己巳，岁次十月朔甲子，越十有四日丁丑，盐官愚姪培继、继琓、继超……继洪，愚姪孙嗣韩、敞炜、魏旭……嗣谨，遴愚曾姪孙㬊镐、启贤、升镕……克良等，谨以瓣香束楮之仪，致奠于皇清待赠大乡宾献廷府君之灵曰。"②《报本楼祭文》序："皇清光绪年月日，裔孙某等，谨以香帛茶醴柔毛刚鬣庶馐之仪，致祭于显太外祖考妣暨太舅考妣之座前而言曰"③。从"谨以瓣香束楮之仪""谨以香帛茶醴柔毛刚鬣庶馐之仪"等语可知，民间风俗对献祭礼品的称谓和内容有差异。"瓣香"，佛教语，指一瓣香，也即一炷香的意思；"楮"指一种落叶乔木，宋、金、元发行纸币，多用楮皮制成，后泛指纸钱，所以"瓣香束楮"指的是香烛纸钱。"香帛"指的就是香烛纸表，"柔毛"是古代祭祀所用羊的别称，"刚鬣"古代祭祀猪的专称，"庶馐"指多种美味，所以"香帛茶醴柔毛刚鬣庶馐"，不仅有香表，也有羊猪庶馐，还有茶点，献祭丰盛。再如对祭奠对象的称谓，如"皇清待赠大乡宾献廷府君之灵""显太外祖考妣暨太舅考妣之座"等，说明民间风俗对不同的祭祀对象有不同的文语称谓。从祭奠者自称来看，有"盐官愚姪""愚曾姪孙""裔孙某"等，称呼各异。因此，在祭文中无论是对献祭品的文语称谓、祭奠对象的文语称谓还是祭奠者自身的文语称谓，都反映着当时徽州民间的风俗习惯，是民间风俗文字化的体现。

总之，与一般文体或者其他文献收录方式不同，作为家族文献之族谱，其所录的祭祀文，哀祭对象都是本族的逝者或先祖，呈现了"归族

① 《弘村汪氏家谱》卷23《事实·乌聊山王庙岁时祭文》，乾隆十三年(1748年)刊本。

② 《婺源查氏族谱》卷尾之8《文翰》，光绪十八年(1892年)活字本。

③ 《绩溪南关惇叙堂许氏宗谱》卷9《报本楼祭文》，光绪十五年(1889年)活字本。

性"的特征。家谱数十年重修，文献辑录往往多因循旧文，故而代代相承，祭文的"时序性"特征明显。祭文之类型众多，文风各异，其中语言文字不乏地域特色，反映了民俗文化的色彩，因此族谱所录祭文还体现出了多样性和民俗性。

（三）族谱所见祭文社会文化内涵探析

祭祀是人类古老的精神活动之一。许慎《说文解字》："祭，祭祀也。从示，以手持肉"①，其甲骨文字形即用手持肉飨神的形状。《礼记·祭统》云："凡治人之道，莫急于礼；礼有五经，莫重于祭。"②《论语·尧曰》中说："（子）所重：民，食，丧，祭。"③《论语·述而》中说："子之所慎：斋，战，疾。"④"斋"即祭祀斋戒。由古人记述可知，祭祀在古代人们生活中的地位非常重要，需要统治者重视并慎重对待。故《左传·成公十三年》云"国之大事，在祀与戎"⑤。祭祀作为人们向神灵或祖先祈福消灾的一种传统礼俗仪式，表达着人们对国泰家旺的美好向往和追求。"夫祭有十伦焉：见事鬼神之道焉，见君臣之义焉，见父子之伦焉，见贵贱之等焉，见亲疏之杀焉，见爵赏之施焉，见夫妇之别焉，见政事之均焉，见长幼之序焉，见上下之际焉。"⑥可见，祭祀是规范统治秩序与伦理道德的一种方式手段，从诞生起，就承担着一定的社会文化功能。祭文作为"人神相接"工具，在古代祭祀仪式承担着非常重要的作用，其发展延异也在一定程度上反映着传统社会的社会文化发展状况，有一定的社会文化含义。徽州族谱所见祭文，以哀祭逝者或悼念先祖的哀祭文居多，祈祷神灵护佑的祝祭文较少。这里，我们主要以徽州族谱所见哀祭文为考察对象，探析祭文的社会文化含义。

① 许慎：《说文解字》，中华书局1963年版，第8页。
② 朱彬撰，饶钦农点校：《礼记训纂》，中华书局1996年版，第722页。
③ 何晏注，邢昺疏：《论语注疏》，北京大学出版社2000年版，第303页。
④ 何晏注，邢昺疏：《论语注疏》，北京大学出版社2000年版，第98页。
⑤ 洪亮吉撰，李解民点校：《春秋左传诂》，中华书局1987年版，第467页。
⑥ 朱彬撰，饶钦农点校：《礼记训纂》，中华书局1996年版，第728页。

第一，祭文作为人神相接的工具，可以联通祖宗神灵，人神相交，反映了徽州民间社会认为人死神魂不灭的观念。生老病死是生命发展的必然过程，是人类无法扭转的自然现象，自古人们对其存有敬畏和恐惧心理。源于对死亡的敬畏，古代社会一直奉行灵魂不灭的生死观念。在徽州民间，人们认为人死为鬼，必须为鬼魂筑墓建祠，不时供奉享祀，"盖人死魂归天而魄降地，圣人营墓以藏其魄，立主以定其魂，是墓与庙皆礼仪不可忽。时人置此不讲，令祖若宗生前居华屋，死后空圹墟，上雨旁风，无所盖障，何以凝精气奠游魂乎!《曲礼》言之矣，君子将营宫室，宗庙为先"①。"家庙之设，以妥祖灵。故古之君子将营宫室，寝庙为先，所以重本，始之义也。夫神不立庙，神何所楼，庙不奉神，庙为虚设。"②"至于时节祭祀供仪，须热而有热气，盖鬼神享其气也。"③筑墓修庙，奉主祭祀都是徽州民间灵魂崇拜的表现。祭文作为人神沟通的手段，一端连接阳间生者，一端衔接阴间逝者，本身就体现出了人们对人死有灵、神魂不灭观念的认同。这可以从祭文所述的语言表现出来，如《祭乡宾查鸣玉先生文》:"哲人既往，予怀曷忘，何以奠之，清酒一觞，魂兮归来，冷月残霜。"④清酒一觞，与逝者神魂对饮，哀思寄情;再如"仰恃我祖，在天之灵，昭鉴裔孙尚赓等，报本之忱，阴为相佑，不日底成，庶蒸尝，永有所依，而我祖功德为不泯矣"⑤。仰祖先魂灵佑护裔孙，心想事成。

第二，祭文作为在宗族祭祀中与先祖进行神魂沟通的手段，是传统社会儒家孝道思想的体现。儒家学说千年传承，"大中至正，上之极广大高明而不溺于空无，下之极切实可用而不流于功利"⑥。儒学作为传统中国

---

① 《怀宁查氏咸一堂宗谱》卷首《家规·建祠宇》，嘉庆二十四年(1819年)刊本。

② 《婺源查氏族谱》卷尾之8《文翰》，光绪十八年(1892年)活字本。

③ 《绩溪周坑仙石周氏善述堂宗谱》卷2《石川周氏祖训·敬祖宗》，宣统三年(1911年)活字本。

④ 《婺源查氏族谱》卷尾之8《文翰》，光绪十八年(1892年)活字本。

⑤ 《新安汪氏家乘》卷25《祭文·立碑告文》，同治十三年(1874年)活字本。

⑥ 熊十力:《十力语要》，载萧萐父主编:《熊十力全集(第四卷)》，湖北教育出版社2001年版。

社会建构社会伦理纲常的基石，其触角在几千年的延异中伸遍中国社会的各个角落，大到家国天下的构建，小到个体生死历程，都有其影子存在。在儒家看来，崇祀先祖、"慎终追远"为孝道之行，"事死如事生，事亡如事存，孝之至也"①。奉事祖先就像活着一样，拜祭祖先就像他存在一样，这才能说是至孝。"慎终追远"，"慎终"指对待死亡时谨慎处理，态度需慎重；"追远"指死后继续祭奠，表达不忘根本和哀思怀念之情。撰写、念唱祭文作为祭祀仪式中的一个组成部分，其本身就是"慎终追远"孝道思想的体现。首先，祭拜祖先有四时祭、诞辰祭、忌日祭等，在这些时节祭奠撰祭文，表达了对祖先的"追远"孝敬之意。其次，宗族有意外事件发生，如祖宗陵寝被占、祠庙日久返修、墓域封禁立碑等有扰祖宗神灵安宁，撰写祭文告祭先祖，其行为本身也是"慎终追远"，为先祖尽孝的表现。最后，在撰祭文时，为了表现对先祖的孝敬，对先祖的称呼和自身的称呼各有区别，对先祖的称呼如显高祖考某官某行某府君、显高祖妣某封某氏、显曾祖考某官某行某府君、显曾祖妣某封某氏、显祖考某官某行某府君、显祖妣某封某氏、显考某官某行某府君、显妣某封某氏等，对撰者自身的称呼如孝玄孙某、裔孙某、孝子某、世孙某等，称呼的转变也是对先祖尽孝道的体现。

第三，在徽州宗族祭祀活动中，念唱祭文作为其中的一个环节，与整个祭祀仪式形成一个统一体，对增强宗族同源意识，维护宗族团结，构建宗法伦理，维系与巩固宗族制度有重要作用。以冬至祭为例，其仪节礼目和祝文稿如下。

仪节礼目：

声铳　击鼓　掌乐　主祭者进　陪祭者进　某行进　某行进
某行某以次偕进　序立　就位　主祭者诣盥洗所　盥洗　授巾　整冠
袒服　束带　纳履　复位　鞠躬　拜兴凡四　行初献礼　主祭者诣香
案前　跪　初上香　兴　诣神位前　跪　初进爵　酬酒　奠酒　兴

---

① 洪亮吉撰，李解民点校：《春秋左传诂》，中华书局1987年版，第775页。

复位　鞠躬　拜兴凡四　行亚献礼　诣香案前　跪　亚上香　兴

诣神位前　跪　亚进爵　酬酒　奠酒　兴　复位　鞠躬　拜兴凡四

行三献礼　诣香案前　跪　三上香　兴　诣神位前　跪　三进爵

酬酒　奠酒　进馔　进羹　进膳　点茶　献金帛表礼　止乐　俯伏

读祝文　掌乐　兴　复位　鞠躬　焚金帛表礼　焚祝文　礼毕　平身[①]

祝文稿:

维

皇清某年，次岁某月朔，越祭日，某某世孙某某偕合族等，谨以
刚鬣柔毛、清酌庶馐之仪，致祭于历代昭、穆祖考、妣之神前而言
曰:呜呼，时维长至，亚岁良辰，当一阳之乍转，值万物而复生，及
其春露盈郊，秋霜匝野，正孝子思亲之日，乃仁人报本之时。况国家
犹重于崇朝，岂庶士而忘。夫钜典追念我祖，籍自宏农，派分江右，
复迁皖桐，垂兴家以立业，勤课子而若孙。递及百世弗替，传流千载
靡穷。积善行仁，仁看鸿才硕彦;力田孝弟，预知蔚起人文。第阅历
之既深，觉规模之宏远。孺慕缅怀先泽，诚虔应致苾芬。仰瞻祖宇，
维德维馨。在上左右，来格来灵。凄怆闻忾，报本宁亲。尚飨。

年岁次　月冬至日　户长某　房长某[②]

从上述冬至祭的仪节礼目中可看出，读祝文项排在66位，在这之前，
还有献礼、上香、跪拜、鞠躬、进馔等仪节。"夫祭者，非物自外至者也，
自中出，生于心。心怵而奉之以礼"[③]，在祭祀时，族众在宗族长者的安
排下，按严格的等级次序顺次站立，族众面对一排排祖先神位，经过前面
65种仪节熏染，在肃穆的氛围中所有宗族成员不由自主地对祖宗神灵产生
了"怵"的心理，心"怵"而对祖先生"敬"，敬而有礼。另外，在念唱

①《杨氏宗谱》卷首(下)《(冬至公议)仪节礼目》，同治十一年(1872年)刊本。
②《杨氏宗谱》卷首(下)《(冬至公议)仪节礼目》，同治十一年(1872年)刊本。
③朱彬撰，饶钦农点校:《礼记训纂》，中华书局1996年版，第722页。

祭文时，基于血缘自觉，族众因而产生宗族同源意识，这样，在长期的祭祀活动中，使族员之间产生一种宗族认同，从而潜移默化地减少族众之间矛盾与冲突，维护宗族团结，增强宗族凝聚力。此外，在祭文中有一部分为缅怀先祖丰功伟业、追述家族历史的内容，如祝文稿"籍自宏农，派分江右，复迁皖桐，垂兴家以立业，勤课子而若孙。递及百世弗替，传流千载靡穷。积善行仁，仞看鸿才硕彦；力田孝弟，预知蔚起人文"语，祭文通过念唱，祖宗的丰功伟业潜移默化地被族众接受，从而从内心对先祖产生崇敬之意，承袭先祖奋斗精神，将宗族发扬光大。通过相关祭祀仪式和念唱祭文的洗礼，宗族成员从内心产生族源认同，在宗族内崇祖守礼，恪守自己的义务，团结互助，共同构建并维护和谐的宗族伦理生活，强化宗族制度，巩固宗族治理。

第四，在徽州民间，自给自足的小农经济对自然灾祸的抵抗力非常低，一旦出现灾祸，祭拜神灵，祈福禳灾，便成民众在绝境中获取心灵慰藉的方式之一。民间祭祀根源于民众的具体生活，反映着民众的世俗情欲，带有很强的实用性和功利性。撰写并念唱祭文作为徽州民间祭祀仪式中的一个环节，同祭祀本身一样，带有实用性和功利性。首先，就丧逝吊祭来说，吊祭者撰写念唱祭文，其目的一方面是通过这样的方式，哀悼、怀念逝者，表达吊祭者对逝者的哀恸之意，一方面通过祭文的形式与逝者神魂相交，从而遣泄吊祭者因亲朋丧逝而带来的悲痛之情。如光绪《婺源查氏族谱》卷尾之8《文翰》载的《族祭书三先生文》，其文曰："功欲图而时未久，志虽壮而身先倾，嘉寸心之千古，动同志之思情，若者称为叔侄，若者呼为弟兄。置生刍于一束（束），吊灵魂兮一觥，意其不与草木同腐，而当书之谱牒以名荣。呜呼，感时花泪落，恨别鸟心惊，孰不见輀车而心痛悼，听薤露而泪纵横。"①"輀车"指运送灵柩的车辆，"薤露"其字义指薤上的露水，这里指《薤露》——中国古代著名的挽歌辞。"感时花泪落，恨别鸟心惊，孰不见輀车而心痛悼，听薤露而泪纵横"，表达

---

①《婺源查氏族谱》卷尾之8《文翰》，光绪十八年（1892年）活字本。

吊祭者的哀恸悲伤之意。"生刍一束",美酒一觞,魂兮归来,哀而且伤,书之谱牒,名荣垂古,生者与逝者魂灵相交,以"生刍"与美酒,书之谱牒,遣泄吊祭者之哀悲。其次,就宗族祭祖来说,其目的一是通过念唱文字的方式把生者的灵愿上达逝者或先祖,反始报本,以此求得心灵慰藉;二是希冀通过这样的方式,获得先祖神灵的护佑,使得家泰人安。如光绪《婺源查氏族谱》卷尾之8《文翰》载的《墓祭观察公文》:"然水源木本不可弥忘,区区之私用,是赍拜于墓前,聊陈牲礼,以敬告庶几默佑。"[①]墓祭先祖,不忘本源,聊陈牲礼,献祭先祖,默佑子孙,家泰人安。最后,拓展宗族生存范围,让宗族势力的触角尽可能广地渗透民间社会的各个角落,是每个宗族发展壮大的必然选择,撰写祭文吊祭他族逝者亲朋,联络情感,是徽州宗族或其他势力拓展势力范围,扩大社交圈行之有效的方法之一。以民国《黟县环山余氏宗谱》卷末所附祭文为例,宗谱所载祭文是余氏始祖600年诞辰日,同时是余氏谱系告成之日,他人致祭余氏始祖所撰,共6篇,分别是《前黟县训导兼教谕陈之□致祭文》、程寿保撰的《阖城致祭文》《西递明经胡姓致祭文》《商界致祭文》《世戚胡谦恕致祭文》《枧川宗台致祭文》。从祭文的撰者看,有西递明经胡氏、商界代表、世戚胡谦恕等。在《西递明经胡姓致祭文》中末尾,提到"主祭者胡卓峰先生麟瑞"[②],由此可知,其与余氏宗族相关族员关系匪浅。由《世戚胡谦恕致祭文》中"惟吾祖姑,淑慎端庄,来嫔于公,同膺福庆,朱陈结好"[③]语可知,胡谦恕是余氏姻亲。西递明经胡氏宗族子弟以经商闻名,所以有商界致奠余氏始祖诞辰的祭文。明经胡氏宗族与环山余氏宗族以姻亲为纽带,通过祭奠致祭文的方式加强宗族间的交往,其增进两个宗族间的感情,拓展宗族社交圈的实用意图甚明。

著名社会学家涂尔干认为,语言在超越了其本身的随意性而构成一众所指之后,它作为一种象征性符号就具有了某种"制度"性特征,它们作

---

①《婺源查氏族谱》卷尾之8《文翰》,光绪十八年(1892年)活字本。

②《黟县环山余氏宗谱》卷末,民国六年(1917年)活字本。

③《黟县环山余氏宗谱》卷末,民国六年(1917年)活字本。

为一种社会组织行为，反映了某些社会群体的意识，并通过语言在社会性行为中的反复使用而变得神圣而不可侵犯。①祭文作为一种人神交接的象征性符号，在祭祀礼仪中具有了"制度"性，在不断念唱语境中，具有了"神圣性"，因而作为宗族传承纽带的谱牒家乘，为了凸显祖先崇拜，把具有神圣性的祭文录载其中，也是其应有之义。根源于儒家文化的中国祭祀礼俗，神灵崇拜与孝亲思想始终是贯穿其发展延异过程中的两条主线。在徽州谱牒中，大量民间祭文的留存，一方面为我们研究明清徽州乃至更早以前徽州社会的祭祀民俗提供了史料，让我们可以从民间大众的视角去还原和建构原始生态中的徽州祭祀民俗中人神关系；另一方面作为儒家孝亲观念的体现，念唱祭文乃至与之相关的祭祀仪礼，可以让我们从祭祀的角度去考察、观感儒家文化在徽州社会的传承。作为"程朱阙里"的徽州，新安理学源远流长，南宋之后一直规范着徽州社会的文化仪礼，为传统徽州宗族社会的发展提供理论指导。作为深受新安理学影响的徽州民间祭祀文化，在当今经济高速发展的时代，已经发生变异，如何留存这些民族文化，去粗存精，发挥他们的功能，是徽州民俗研究者亟待解决的重要课题。

五、明清徽商建筑文化的特色

明清时期，徽州商人致富后，曾不惜重金构造了大量的建筑物，包括住宅、祠堂、佛寺、道观、园林、牌楼等。这些建筑，在当时全国各地徽商足迹所到之处皆有，而徽商的本土徽州相对比较集中。尽管历经数百年沧海桑田的变迁，至今在徽州仍保存了不少明清时期徽商建造的各类建筑。从文化角度审视这类建筑，可以发现明清徽商建筑文化具有比较鲜明的特色。

---

① 爱弥尔·涂尔干著，渠东、汲喆译：《宗教生活的基本形式》，上海人民出版社1999年版。

(一)建筑类型的丰富多彩

明清徽商投资的建筑,按其功能划分,类型众多。其中最主要的部分当推住宅和别墅。早在明代中期,致富后的徽商就络绎不绝返乡建造住宅和别墅,或颐养天年,或奉养双亲。比如,明代正德、隆庆年间,休宁商人汪新"六岁而孤,十五客游淮扬",因善于经营而"赀益大起"。汪氏致富后,立即"撤故所居而新之,松萝之阳堂阿庭著奕奕弘敞矣"①。嘉靖年间歙县商人许琏"客游淮扬徐泗之间",迨年四十,已是"赀产益增"。随后许琏大兴土木,"堂构鼎新",营造了富丽而舒适的居住环境。②众多史料表明,明中叶以后徽商营造住宅和别墅的风气已渐形成。随着徽州商人财力的增长,这种风气愈演愈烈,且宅第兴修之规格越来越高。从现存的徽州明清建筑中,如黟县的"履福堂""敬爱堂""承志堂",休宁的"三槐堂",屯溪的"程氏三宅",歙县的"司谏第"等,可以看出当年徽商之住宅何等堂皇和气派。徽商兴建住宅和别墅,并不局限于徽州一地。在其侨居的城镇,同样也构建了大量的"绝胜"住宅和别墅。比如,两淮盐业中心扬州,徽商曾在此以巨资修建各式住宅,其中有的宅第因独具特色而成为扬州一景。据《扬州画舫录》记载,业盐扬州的歙县商人汪氏,曾在扬州九座庵购得一块土地,遂兴建了"南园"别墅,其中有"深柳读书堂""谷雨轩""凤漪阁"诸胜。当时,在扬州的一些著名徽州大商人如江春、徐赞侯、鲍志道、黄履暹四兄弟等都拥有豪华宽敞的住宅和别墅,有的甚至多达数处。

住宅和别墅之外,祠堂、家庙也是徽州商人投资兴修的主要建筑类型之一。众所周知,明清徽州社会的重要特征之一就是宗族组织严密。许承尧《歙事闲谭》中说:"徽俗士夫巨室,多处于乡,每一村落,聚族而居,

---

① 休宁《西门汪氏大公房挥佥公支谱》卷4《明威将军南昌卫指挥佥事新公墓志铭》,清刊本。

② 歙县《许氏世谱》第5册,转引自张海鹏、王廷元主编:《明清徽商资料选编》第2章第2节,黄山书社1985年版。

不杂他姓，其间社则有屋，宗则有祠，支派有谱，源流难以混淆。"从明代嘉靖年间朝廷允许民间祭祀始祖之后，徽州祠堂大量出现。无论大姓、小姓，大宗、小宗，都建有宗祠、家祠，一些大姓还建有统宗祠。徽州的祠堂、家庙往往是一座规模宏大的建筑群，每个家族的商人在其兴修过程中均是极力襄助，出手毫不吝啬。比如，康熙年间的歙商章炜，"邑建文峰，族修家庙，皆首倡以董其成"①。休宁盐商朱钟元"倾橐捐重赀建造祠宇"②等等。光绪《婺源县志·人物·义行》篇中，更是集中记录了该县一些商人兴修祠堂、家庙的事迹。这类建筑一般都在徽州本土；但也有些徽州商人因长年侨居在外，为方便祭祖睦众，而在侨居地构建了"公祠"。《汪氏谱乘·叙》说："吾汪氏支派，散衍天下，其由歙侨于扬、业蓻两淮者则尤甚焉。居扬族人，不能岁返故里，以修褉祀之典，于是建有公祠。凡值春露秋霜之候，令族姓陈俎豆、荐时食，而又每岁分派族人专司其事。数十年来，人物既盛，而礼文器具未尝稍弛。"

徽州商人投资兴修的第三类建筑是桥梁、路亭等。因这类建筑具有公益性，所以方志、谱牒中往往不惜笔墨予以宣扬和倡导。据载，早在明代中期徽州商帮形成之初，徽州商人就开始投资兴修桥梁、路亭等公益性的建筑。比如，明正德间祁门商人汪琼就曾在家乡"捐金四千，伐石为梁"③，并疏通水道，方便往来行人和客商。歙县佘文义"构石梁以济病涉。同邑罗元孙……瓷石箬岭，建梁以通往来"④等等。清代徽商修桥梁、筑路亭等事例，更是比比皆是。例如，岩镇孙士铨曾到宛陵经商，居住在一处溪流附近。原先溪上有一座木桥通南北，后来水涨桥坏，人们只得借助渡船往来。时日一长，经常出现船覆人亡的事故。孙士铨见此情形，"捐四千缗独成石梁，列屋其上，行者息者皆便之"⑤。直至今日，在徽州地区还有不少明清徽商建造的路亭存在，供人歇脚休息。

① 绩溪《西关章氏族谱》卷24，宣统刊本。
② (嘉庆)《休宁县志》卷15《人物》。
③ (万历)《祁门县志》卷3《民行》。
④ (光绪)《重修安徽通志》卷249《义行》。
⑤ 佘华瑞：《岩镇志草》享集《义行传》，雍正十二年(1734年)刊本。

徽商兴修的第四类建筑是佛寺、道观和牌楼。歙县练江南岸的西干山下长庆寺塔，始建于北宋重和二年（1119年）。明万历、天启时修缮，徽商出力甚多。清乾隆四十一年（1776年），塔顶被雷电击毁坠入练江中，商人程光国等人"相与出白金，鸠工召匠而经营之"，在保持主体原貌的基础上，精心修葺，至今仍是徽州一处重要的人文景观。据记载，歙县七里涂圣僧庵在万历四年（1576年）进行过一次较大规模的维修，全部款项也都由当时永丰乡清泰里和岩寺镇吴塘大社、永和二社的商人捐助。在徽州地区，道教建筑各县都有，而最集中之地是齐云山。齐云山位于休宁县境内，道观始建于宋宝庆二年（1226年）。明清时期，经过数百年的经营，齐云山出现了规模宏大的道教建筑群。这些建筑虽主要由历朝政府拨款兴修，但徽商捐助所建亦时而有之。据《齐云山志》记载，徽商曾出资兴修了梦真桥、石窟造像、石阶、凉亭等建筑，对齐云山发展成为江南道教中心出力甚大。此外，徽商对石坊、牌楼等纪念性建筑的兴修也是十分热心。明清两代，徽州府所属各县各乡，石坊、牌楼处处林立，有的竟至一二十座相距数十公尺排列，组成了蔚为壮观的牌坊群。这些牌坊多数是商人或商人家族所建。比如，著名的歙县棠樾牌坊群，乃是盐商世家鲍氏所请建。其中，"矢贞全孝"坊旌表盐商鲍文龄妻汪氏、"节劲三冬"坊旌表鲍文渊妻吴氏、"义"字坊旌表盐商鲍淑芳。据说，鲍淑芳为请嘉庆皇帝赐建"义"字坊，积极报效朝廷，凡遇大工大役，无不捐输巨款，花费了数千万金。由此可见徽商对牌坊建筑的重视。

（二）建筑的园林化意境

徽州商帮中的大多数商人都曾读过诗书，深受封建传统文化的熏陶。就文化素质而言，徽州商人要优于明清时期其他商帮的商人。基于这一因素，再加上强大经济力量的支撑，徽州商人在兴建别墅、住宅时，不仅追求富丽堂皇，而且也十分讲究建筑的园林化格调。一般的商人住宅，盛行斗拱彩绘，饰有砖雕、木雕、石雕，优美雅致。作为住宅的有机组成部分，小庭院在商人住宅的设计与构造中十分常见。庭院的地面铺以青石板或彩色鹅卵石，庭院中假山、鱼池、花坛错落有致，摆放各式盆景，栽种名贵花木，营造出一种园林化的情调。一些经营有成的富商大贾，对建筑园林化的追求更是兴趣盎然。据吴吉祐《丰南志》记载，歙县吴鹤秋之宅第称"果园"，相传是吴中才子祝枝山、唐伯虎所设计。园中"原有一大塘一小塘，树有柿、枇杷、花红、梨、枣、杨柳。花有芙蓉、蔷薇、梅、桔、石榴、牡丹、海棠、桂，惟白玉簪树高约三丈，此特别之花也。其景有六：仙人洞、观花台、石塔岩、牡丹台、仙人桥、芭蕉台"。园中水塘设一叶小舟，供人嬉水赏景。该村还有一处三进庭院式住宅，称"老屋角"。其右侧有近400平方米的私家花园，花木茂盛；左侧为一方池塘，荷香雨欢。"老屋角"位于园、池之中，意境清新，颇有品位。当时，著名的园林化建筑还有"砚子园""枣树园"等，而最负盛名的当推歙县唐模的檀干园。相传该园是在苏皖浙赣经营三十六家当铺的唐模许氏富商为其母娱老而建。院内模拟西湖风景，有"三潭印月""湖心亭""白堤""玉带桥"等名胜。

徽商不仅在家乡投资建筑，追求园林化意境；而且在经商之地也不惜投资，大规模兴修园林化的建筑。例如，在徽州盐商聚集的两淮盐场中心城市扬州，这种现象十分突出。《扬州画舫录》记载，歙籍郑氏盐商家族侨居扬州后，"兄弟以园林相竞矣"。其中郑侠如之"休园"最为著名。该园"宽五十亩，南向，在所居住宅后……先是住宅后有含英阁、植槐书屋、碧厂耽佳、止心楼诸胜。园中有空翠山亭、蕊栖、挹翠山房、琴啸、金鹅书屋、三峰草堂、语石樵、水墨池、湛华卫书轩、含清别墅、定舫、来鹤台、九英书坞、古香斋、逸圃、得月居、花屿、云径绕花源、玉照亭、不波航、枕流、城市山林、园隐、浮青诸胜。中多文震孟、徐文元、董香光真迹。止心楼下有美人石，楼后有五百年棕榈。墨池中有蟒。来鹤台下多产药草"[①]。还有潭渡黄氏四兄弟，在扬州以业盐起家，俗称"四元宝"。他们"好构名园，尝以千金购得秘书一卷，为制造宫室之法，故

---

① 李斗：《扬州画舫录》卷8《城西录》，中华书局1960年版。

每一造作,虽淹博之才,亦不能考其所从出"[①]。至于"以布衣交天子"的歙县大盐商江春,在扬州拥有的私人园林、别墅更达七八处之多,而且"皆称名胜"[②]。扬州之外,其他徽商活动的城镇中,亦不乏徽商兴修的园林化建筑。如清江浦的徽商汪己山,"广结名流,筑观复斋,四方英彦毕至,投缟赠贮无虚日。与扬州之玲珑山馆、康山草堂,天津之水西庄,先后辉映"[③]。建筑的园林化倾向,反映了徽商的生活情趣和审美观念,对徽派建筑的形成起了重要的作用。

(三)浓厚的迷信色彩

徽商对兴修住宅、构筑园林别墅之事,向来十分重视。久而久之,因传统迷信观念和风水学说的影响,徽商的建筑文化中迷信色彩就显得非常浓厚。从房屋的选址、朝向、结构到内部布局,徽商都有一套"成说"。

选址是兴筑住宅、别墅的第一环节,也是最重要的一步。在徽商的观念中,宅基之好坏,不仅决定了个人的荣辱、生意的旺淡,甚至还关系到家族的盛衰和村落的兴败。所以,动工之先,徽商必出重金请风水先生察看地形,以定宅基。徽州境内多山,人们一般都是依山建屋。山形有吉凶,所谓"山厚人肥,山瘦人饥,山清人秀,山浊人迷,山驻人宁,山走人离,山勇人勇,山缩人痴,山顺人孝,山逆人亏"。徽商选的宅第,所依之山,力求"厚、清、顺、驻"。同时,风水学中有"东水西流,其地主富"之说,所以徽商选址时,既求"依山",也求"傍水",目的是避凶趋吉,保自己一生以及子孙后代富贵吉祥。

徽商请风水先生帮助选定宅基后,必依据黄历,择定"吉日",方才动土。宅第的主体要朝着吉方。徽商在徽州所建宅第之大门一般不朝南开,即使因受地基的局限,不得不朝南开设大门时,也要设法稍偏,开成一扇斜门。这是因为中国自古以来就有"商家门不宜南向,征家门不宜北

---

① 李斗:《扬州画舫录》卷12《桥东录》,中华书局1960年版。

② 李斗:《扬州画舫录》卷12《桥东录》,中华书局1960年版。

③ 徐珂:《清稗类钞》第7册《豪侈类》,中华书局1984年版。

向"的说法。其依据是"商"属金，南方属火，火克金，所以商家门朝南开不吉利；征为兵家，"兵"属火，北方属水，水克火，所以兵家门朝北开不吉利。徽商在兴筑宅第时，十分严格遵循这一原则。至今我们所见的明清时期保存下来的上千幢徽州商人宅第，极少有大门南开的现象。

徽商在徽州构建的宅第，普遍都有"天井"。如是三间屋的结构，天井设在厅前；四合屋，天井设在厅中。在一幢完整的建筑中，设计天井，从客观因素来说，自然是方便通风、采光和绿化。但对徽州商人来说，开设天井还有另一层含义，这就是希望天降雨露和财气，落在房顶上之后，顺势从四面八方滚落到自家的"天井"中，不至于流落到别人家的地上，出现"肥水外流"的后果。这种设计，当地人称之为"肥水不外流"，还有一个雅致的名字，叫"四水归堂"。徽商在徽州兴修的宅第，几乎清一色都是如此结构。

徽商不仅讲究宅第外观之气势，而且也刻意追求室内的装饰。一座商人宅第，处处可见精美的砖雕、石雕、木雕饰品。"三雕"与宅第整体融为一体，整幢建筑就是一件艺术杰作。徽商选择的三雕图案，多为鱼、蝙蝠、鹿、水仙花、扇子、鹤、云彩、狮子、竹子等。这些图案，在徽商的观念中，都有一定的寓意。比如，鱼，谐音为"余"，象征年年有余；蝙蝠，谐音为"福"，象征美满幸福；扇子，谐音"善"，象征积德行善；龟、鹤象征长寿，云彩象征祥瑞，竹子象征君子等等。从中不难看出徽州商人的祈福心态和迷信观念。

此外，徽商在建筑文化方面的迷信色彩还表现在宅第内部的陈设上。徽商宅第之厅堂，正面照壁上多悬挂福、禄、寿三星中堂，以象征吉祥如意。中堂之下，设有条案。条案厚约十公分，宽度与照壁相同。条案正中位置一般摆着自鸣钟，钟的两侧摆放瓷器帽筒，帽筒之左右边摆有古瓷瓶，右边摆有精美的木雕底座镜子。这种"东瓶西镜"的摆设，取意为"瓶""镜"的谐音"平静"。徽州商人常年奔波在外，无论是商人本身还是其家属，都希望自己或亲人在外经商时能够风平浪静，所以家中摆设亦要图个吉利。从中也可见徽商的建筑文化中，迷信色彩十分浓厚。

（四）穷奢极欲的消费心理

徽商建造房舍，极力追求外观之恢弘以及雕琢之精美，因此，房舍之造价，常常是靡费千万金，反映了徽商穷奢极欲的消费心理。

徽州商人投资的建筑，如祠堂、宅第等，一般都采用硕大无比的上等硬质木料梓、柏、株、椿、银杏等，既富实耐用，又气势宏大。一些特别讲究的徽商，甚至远从江西、浙江、福建、岭南采购楠木回乡构建别墅，所费十分惊人。建筑中用得最多的墙砖，徽商大多采用打磨过的清水砖，并在砖面上大事雕琢，人物、花鸟、鱼虫、风景栩栩如生，玲珑剔透。房屋的式样，每多楼上架楼。间架用九五之数，并盛行彩绘斗拱，远远超过了一般民居的规制。整座建筑中，处处镶嵌着精美的木雕、砖雕、石雕作品，这些都是徽州商人把一些远近闻名的能工巧匠长期雇佣在家，终年劳作的结果。《太函集》中说："吾乡业贾者什家而七，赢者什家而三。第蒙故资，大都以奢溢而快一逞。"[1]徽州商人的这种奢侈性消费心理，在建筑方面的体现最为明显。

一些资财雄厚的富商大贾，更是把建筑别墅、住宅、私家花园视作炫耀财富的机会，将自己穷奢极欲的消费心理表达得淋漓尽致。例如，《歙事闲谭》中转引的《琐琐娘传》的一段记载，就颇具典型意义："明嘉靖中，新安多富室，而吴天行亦以财雄于丰溪，所居之园林，侈台榭，充玩好声色于中。艳琐娘名，聘焉，后房女以百数，而琐娘独殊，姿性尤慧，因获专房宠。时号天行为百妾主人，主人亦自名其园曰'果园'"。吴氏不仅"广园林，侈台榭"，而且还要"充玩好声色"于其中，奢靡之状，可以想见。从保存至今的徽州许多明清建筑上，也可以看出当年建造者奢侈的消费心理。比如现今仍保存完好的黟县宏村"承志堂"就是一例。承志堂系清末大盐商汪定贵于1855年前后建造的私家住宅，占地面积2100平方米，建筑面积3000平方米。据统计，屋内有7处楼层，9间天井，60

---

① 汪道昆:《太函集》卷16《衮山汪长公六十寿序》，四库全书存目丛书本。

余间厅堂，136根木柱。这座庞大的宅第功能齐全，有外院、内院、前厅、后堂、东厢、西厢、花园、书房、小客厅、回廊、厨房、保镖房、佣人房、井台、地仓、储藏室、马厩等。甚至还专门设有用于搓麻将的"排山阁"、用于吸食鸦片的"吞云轩"。承志堂中徽州三雕精品随处可见，尤其是木雕，堪称一绝。据说，汪定贵在建造该房时，仅木雕表面的饰金就用去黄金百余两。徽商在建筑文化方面的奢侈性消费心理，于此可见一斑。

从丰富多彩的建筑类型、建筑的园林化意境、浓厚的迷信色彩以及穷奢极欲的消费心理来看，明清徽商的建筑文化具有丰富的内涵和鲜明的特色。显然，这些特色的形成，既有徽商这一特殊群体本身的原因，又受到了时代的影响。通过对徽商建筑文化的考察，有助于我们更全面了解徽州商帮的风貌，并进而把握明清时期商人的消费观、审美观和价值观。

六、论明季"黔案"

黔案是崇祯十六年（1643年）发生于徽州地区的一起重大兵民相斗事件。这次事件牵涉到十数位地方军政要员，相斗双方一直讼至崇祯皇帝，历时两年方告结束。它不仅是晚明官民关系恶化的典型事例，而且也反映了当时的军政矛盾、兵匪同类、乡兵义勇等诸多社会问题。

（一）黔案爆发的原因

史籍有关黔案的记载不多见。清初徽州著名学者赵吉士称："余髫年目击（黔案），不能平者数十载，欲叙之无所核也。"[①]仅仅几十年的时间，黔案已渐湮没无闻了。这也正是长期以来无人论及明季这一重大事件的主要原因之一。

与黔案同时代的新安学者程不匮，手抄的《黔兵事》二册为同郡汪紫沧所得。该抄本收录有关黔案的官员奏疏、衙门申详、士人信札以及徽府

---

① 赵吉士：《寄园寄所寄》卷11《泛叶寄·黔兵始末·赵吉士案》，康熙刊本。（以下凡引自《寄园寄所寄》者，均注篇名，不注书名）

士民公揭等原始材料数十件,大致反映了黔案的基本情况,填补了史籍记载黔案的空白。汪紫沧系赵吉士的门生,他将《黔兵事》二册进呈乃师,赵氏因而得以实现"欲叙之"的夙愿。在编录《寄园寄所寄》时,赵吉士削其繁芜,将《黔兵事》删改为《黔兵始末》,入《寄园寄所寄·泛叶寄》中。因此,其后《黔兵事》虽佚,但其中绝大部分资料被保存在《寄园寄所寄》中,为我们研究黔案提供了方便。

黔案的经过并不复杂:崇祯十六年三月,凤阳总督马士英(瑶草)招募的一支黔兵,由江西乐平县入徽州境内,被徽州士民误为"贼寇"而围剿,结果黔兵被歼几尽。为什么一支官军,在大明江山的腹地会遭此厄运呢?最初,凤阳总督马士英及其标下监纪官李章玉、参将包玉等以受害者身份,申告徽州士民剿杀黔兵意在抢夺黔兵600余匹战马。从黔案发生前后的情形来看,凤阳总督马士英等人的这一说法是难以成立的。第一,黔兵在入徽州地界之前,于江西乐平县因军纪败坏、剽掠淫杀之故,遭到乐平县乡民的赶杀。据《乐平县申详》和《乐平县复详》称,黔兵在乐平县已经损失大半。这一点连马士英本人后来也不得不承认。[①]因此,即或黔兵确实拥有马600余匹,而经乐平一役,入徽者已是所剩无几,岂能谈得上徽州士民因觊觎马匹而大动干戈?第二,事件发生后,巡按监察御史郑昆贞奉旨会同凤阳总督马士英,委派安庆府推官来集之,往徽州一带细察兵马下落。"细察"的结果是"马匹无几"[②]。这两点说明,徽州士民图谋黔兵马匹之说不符合实际情形。

既然凤督一方诉状并非实情,那么引发这场大规模兵民之争的真正原因是什么呢?我们认为,一是由于地方高层人物判断失误,二是黔兵军纪败坏,三是同徽州地方"御贼"的指导思想有关。

首先,地方高层人物在黔兵入徽之前作出了错误的判断。《寄园寄所寄》卷十一《泛叶寄·黔兵始末》节录了两条材料:

①《马督复徽州众乡绅书》。
②《郑按院复疏》。

其一曰："徽宁兵备张（讳文辉，时驻旌德）牌云：自黔抵凤，应从大江直下，即曰道梗，亦应由皖达凤。若婺源原非通衢，万里跋涉，何故舍平夷而投险道？且后开婺源、休宁至徽州、芜湖暂檄，而绩（溪）、旌（德）、泾、南（陵）等县又何故竟未开载？既云往凤阳征剿，而芜湖又暂檄，又何为？情属叵测，仰县官吏，即便鼓励乡勇，协力堵截，毋令乘虚入内，自取他祸。"

其二曰："按院郑（讳昆贞）牌云：黔兵到芜，在初一日，陆路来者，由江北去。此伙全是土寇假兵，仰速集乡勇，扼要堵剿，毋致流毒。"

这两条材料表明，身为地方高层决策人物的徽宁兵备张文辉和巡按监察御史郑昆贞都对这支黔兵的真实身份发生怀疑，一个认为"情属叵测"，一个认为"此伙全是土寇假兵"，并在未最终查实的情况下，先后草率发出了"鼓励乡勇，协力堵截""速集乡勇，扼要堵剿"的命令。这里应当指出，张文辉与郑昆贞如此小心翼翼、疑神疑鬼，也是事出有因的。当时有几个比较著名的例子是：起义者假赴试而破庐州、冒军官而破襄阳、称官差而破无为。这些事例在各地广为流传，地方官员不得不格外谨慎，以防重蹈覆辙。张文辉和郑昆贞所辖境内，此前不久亦曾有"土冠"称勤王兵，入池州、宁国等县，欲图南京的事情发生。当时应天巡抚郑宣令各地方官领兵扎营要路，拒防堵剿，才阻止了事态的进一步发展。[1]但这次郑昆贞和张文辉仅凭怀疑而草率行文，下令堵截，作出了错误的决策。金声在《备陈守御疏》中提到，徽州合郡有司、士大夫相率百姓出御，是因为曾"奉当路严檄"[2]。地方高层人物的这一判断失误，是黔案发生的重要原因之一。

其次，黔兵军纪败坏是触发黔案的一根导火线。巡按监察御史郑昆贞

———————

① 《节录巡抚檄》。
② 《备陈守御疏》。

曾上《为黔兵假道淫掠乡民奋斗致伤汇报始末情形仰祈圣鉴事》一疏,认为引发双方"奋斗"的原因是"黔兵假道"徽州时"淫掠乡民"所致。巡抚都察右佥都御史郑瑄亦有《为黔兵焚掠乡民乡勇愤斗树敌据报情由谨先上闻仍俟察明再行奏夺事》疏,与郑昆贞持有相同的观点。从有关史料上分析,入徽黔兵军纪败坏乃是实情。《遗闻》记载:三月二十五日,兵到祁门,祁门县令赵文光"令于城外祠堂安歇,而来兵强居民房,民已忿怒。停二宿,渐肆掳夺。二十八日,到塔儿头,杀伤居民杨冬等数十人。黟、休乡勇各在界把守,互惊曰:'贼也,急击勿失。'遂奋力前与敌……"[1]这里反映了正是由于黔兵掳掠杀人,从而最终激发了这场兵民之斗。事后徽州士民在公揭中也都纷纷罗列了黔兵在徽的暴行。联系黔兵在湘阴县、乐平县肆意淫掠的所作所为,徽州士民所控当非虚词。即使是作为"黔兵之主"的凤阳总督马士英,也不敢为这支新募的黔兵军纪打包票,而只是提出,若"果淫掠",则应交司法部门处置。[2]

　　最后,徽州乡民"御贼"所持的指导思想,也是黔案发生的重要因素之一。这一指导思想是:在一时无法确定究竟是兵是贼的情况下,与其"与贼入而后有悔,毋宁御之而后有悔"[3]。它是由原任庶吉士、当时因父丧在家守孝的徽州乡绅金声提出的。入徽黔兵的身份,是兵还是"贼",徽州官民当时无法确认。从其人员来看,入祁门者"人马百九十余,其中有僧衲妇人及土音楚语者"[4],行迹颇为可疑。从其行为来看,"强居民房""渐肆掳掠""杀伤居民",亦与当时所称的"土寇"相似。但也有迹象表明这是一支"兵"。第一,黔兵入徽州前,徽州婺源县已经接到凤督都院游击将军姜(美)、刘(昭斑)、谢(上用)、李(华玉)牌,称督黔兵将过婺源、休宁等地。[5]三月二十四日,祁门县又接浮梁县来牌,得悉

①《遗闻》。

②《马督复徽州众乡绅书》。

③《史大司与金正希书》。

④《遗闻》。

⑤《节录黔兵来牌》。

黔兵已到该县，即将入徽。[1]因此，黔兵之入徽州，于徽州官民而言，绝不是突然之事。第二，黔兵一入徽州，即自亮名号，祁门县令赵文光亲自安排住宿，"令于城外祠堂安歇"。这说明，于徽州士民而言，入徽黔兵决非无"兵"的可能性。而且，事实上官民也曾将他们作为"兵"来看待。在或"兵"或"贼"两者皆有可能的情况下，上述"与其后悔让贼入，不如后悔打错人"的指导思想就产生了重要影响。徽州士民群起响应，毫无顾虑地穷追猛打，酿成一场震惊朝野的争斗。

总之，黔案的发生，并非仅仅是一方的责任。酿成这场震惊朝野的冲突，兵民双方都有可究之处。

黔案发生后，引起了明朝中央政府的高度重视。崇祯皇帝和兵部等衙门多次下谕和颁文，要求严查事端。从黔案的调查处理过程来看，呈现了两个特点：

第一，民严兵宽。就黔案的发生原因而言，徽州官民失察误杀，黔兵淫掠激变，双方都有责任。从冲突结果来说，兵民互有伤亡，所谓"青燐白骨之中，半是黔鬼，半是土魂"[2]。然而，对黔案的查处结果，则是民严兵宽。明廷的最后处理意见大致包含了六项内容：（1）吴翔凤（推官，署休宁县事）、赵文光（祁门知县）、朱世平（黟县知县）、金翰林（声，原任庶吉士）由抚按提解到京究问；（2）张文辉（徽宁兵备，时驻旌德）、唐良懿（知府）从重议处；（3）调查下手兵丁，枭示；（4）黔兵损失的马匹器械各项照数追还，不许隐匿；（5）被杀黔兵尸体，地方官具棺收敛，设坛致祭；（6）抚慰已到各兵。从这六项内容来看，对徽州官民的处罚是极其严厉的。当时称"徽属六县，见在五无印官"。而对黔兵之过，非但无只字提及，竟还抚恤安慰。这种明显的偏颇，反映了明季"重兵轻民"的社会风气，并进一步助长了当时的"骄兵悍将"现象。

第二，先严后宽。黔案发生伊始，明廷根据凤阳总督马士英的奏疏，

---

[1]《节录浮梁县来牌》。

[2]《郑按院复疏》。

认为"黔兵八百，赴调过祁，官绅无端诱杀，好生惨毒，深可痛恨"，[①]因此查处务求严厉。嗣后，徽州各地方官员纷纷上疏抗辩，士民公揭以示愤怒。六月二十四日，兵部密疏，提出了"务期不激不纵，兵民两安"的办案基本方针。这一基本方针防止了兵民双方矛盾的进一步激化。因此，虽然就兵民双方来说，最后查处结果是民严兵宽；而从黔案查处经过来看，则又体现了先严后宽的特点。这与巡按监察御史郑昆贞和巡抚都察院右佥都御史郑瑄上疏辩论，为徽州士民说话有关。如郑昆贞在一疏中称，"解提各官，职各保其无故意诱杀之情"，并且深切指出，"当民情汹沸之日，境内旱荒之年，皇上不可不为重郡安危计也"！[②]由于地方各级官员的努力，在执行前述六项处理意见时，都不同程度打了折扣。其中徽宁兵备张文辉、知府唐良懿姑准开复，推官吴翔凤降二级用，先前的"从重论处"，实则上变成了"从宽结案"[③]。同年十一月初十日，崇祯又令"速与起用"黔案的主要当事人之一金声。[④]

查处黔案的上述二个特点，反映了明季崇祯等人的矛盾心理。一方面，当时边事危急，境内起义不断，朝廷"重兵轻民"，不敢得罪"骄兵悍将"，欲借之以巩固政权。另一方面，地方官及乡兵义勇在巩固地方政权、维持社会治安方面起着重要作用。如何才能在查处黔案中处理好这二层关系，既不得罪以握有重兵的凤阳总督马士英为首的兵方，又不致打击地方的"御贼"积极性呢？崇祯等人颇费心思。最后结果是"民严兵宽"以向"骄兵悍将"妥协，"先严后宽"以慰士民人心。

(二)黔案反映的明季社会问题

虽然黔案只是一起发生于局部地区的恶性兵民相斗事件，但它反映了明季的诸多社会问题。

---

①《初奉严旨》。

②《郑按院复疏》。

③《巡按来牌》。

④ 张廷玉:《明史》卷277《金声传》，中华书局1974年版。

第一，文武不合。崇祯一朝文官和武官的摩擦屡见不鲜，但史籍所载，大多是朝廷中高层文官和武官的讦争。黔案则为我们提供了地方文武不合的典型材料。

马士英时为兵部右侍郎兼右佥都御史，总督庐、凤等处军务，是明季江南的武官领袖。郑昆贞则是巡按监察御史，郑瑄是巡抚都察院右佥都御史，为该地区的文官代表。黔案最初是兵民之争，发展到后来实则成为马士英为首的江南武官和二郑为代表的江南文官之斗。双方所争的焦点有二：（1）黔案的起因。马士英据本部领兵官李章玉、包玉等所告，认为黔案的发生是由于徽州士民"无端诱杀"，因此罪在地方。郑昆贞和郑瑄则据下属报告，认为黔案之起乃是"黔兵焚掠"所致，故而徽州士民抵御情有可原。（2）黔案的处理。马士英提出了追缴马匹、惩办凶手、追究失察地方官的要求。二郑则认为，黔兵马匹并未入徽，因此只能"量赔马价"；地方官并无"故意诱杀之情"，应从宽处理。双方撕破面子，针锋相对，各揭其短。从表面上来看，文武双方一为"军吏"，一为"地方"，督抚之"护兵"，地方官之"护民"[①]，本是职所使然。其实，在这种论争的背后，隐藏着明末地方文武官员之间以及兵民之间累积已久的矛盾。由于这一矛盾的存在，这场论争具有两个明显特点：其一，论争经常越出黔案本身，却变成对对方的声讨。譬如郑昆贞在《复徽州乡绅书》中指出："今之用兵者，正为兵之杀民，与贼无异，且有甚焉。故有贼之地，民宁从贼；无贼之地，民亦仇兵。何则？贼容有不杀民之时，而兵则决无不苦民之事也。"这里，郑氏已不只是就黔案而论黔案了，而是发泄着长期以来形成的对武官及其所领之兵的愤慨和不满。其二，论争格外激烈，无法通过调解、妥协而解决。案发后，当时社会名流如钱谦益等都曾出面，希望通过调停解决文武之间的争端。钱氏有《答凤督马瑶草书》《上应抚郑公书》《回金正希馆丈书》，分别给黔案的双方主要当事人，希望最后达成"平凤督之气、服黔人之心、解徽人之祸"[②]的目的。但积累已久的矛盾使得一

①《郑按台复徽州乡绅书》。
② 钱谦益：《牧斋初学集》卷80《上应抚郑公书》，续修四库全书本。

切斡旋、调解均告失败，其结果是以文官一方多人或贬或斥或免而告终。这一结果又进一步加深了文武官员和兵民之间的矛盾。地方文武不和导致的严重恶果，一是促使晚明竞争愈趋激烈，二则削弱了明廷的力量和地方应付事变的能力。

第二，兵匪同类。围绕黔案所展示的材料表明，兵匪同类是晚明的一大社会问题。据前文所述，黔兵入徽州之前，已有诸多迹象表明这是一支"官军"。因此在一般情况下，徽州士民误黔兵为"贼"、为"匪"的可能性是不大的。但为什么实际情形并非如此呢？其中关键在于黔兵军纪败坏，形同"匪类"，因而引起误会。其实，黔兵并非在徽州一地如此，其中在乐平、弋阳均有恶作。《乐平县申详》称黔兵在乐平好吃好喝之后，"夫则另索夫价，马则另讨折乾，又要恤马银两每匹三两，更诱本地无赖充数随行……至大吉张姓，系鄱阳地方，离乐五十余里，愈恣掳掠，宰猪烹鸡，缚夫奸妇，百姓愤极，聚众格逐。（黔兵）前途难去，只得又来高桥，以至吴口街，将复往德兴，更擅杀在田农夫。凡经过之地，无物不抢，经宿之家，有妇皆奸。吴姓人等遂认为流贼，奋勇相逐"[1]。且看如此军纪，与真正的"土匪"又有何异？何怪乎黔兵所至，"乐平亦杀，弋阳亦杀，而祁门（所杀）更多"[2]！明季兵匪同类的现象也并非黔兵一支如此，它几乎是带有普遍性的社会问题。郑昆贞在《复疏》中痛切指出："自兵兴以来，客兵经过，毒害生灵，不知多少。左兵之至江左，男妇被杀掳不下二万。繁昌小邑，妇女之守节投溺者八百余人，职所建醮以度之。"[3]当时的有识之士指出："今天下所最厌苦者，惟贼与兵。"[4]把"兵"同统治阶级所深恶痛恨的"贼"相提并论，可见兵之声誉在当时人的心目中已是一败涂地。值得注意的是，这句话还是出自当时明朝南枢要员史大司马（可法）之口。他在《与金正希书》中又说：兵所杀"非贼"（老百

---

① 《乐平县申详》。

② 《马督复徽州众乡绅书》。

③ 《郑按院复疏》。

④ 《史大司马复徽州众乡绅书》。

姓）的现象，已经是"久矣"的问题了。为什么明季会出现如此严重的兵匪同类现象呢？原因显然不是单一的。从黔案始末来看，明廷的重武轻文政策以及将领的姑息纵容则是其中重要的因素。这种现象的存在，一方面使地方百姓灾难更为深重，加深加剧了兵民之间的矛盾；另一方面也使治安更为恶化，社会处于更为动荡不安的状态中。

第三，乡勇组织严密。通过黔案，我们可以发现乡兵义勇的普遍建立是晚明社会的一个重要现象。这种现象在南方，尤其是南方一些宗族聚居的山区尤为显著。钱谦益在《答凤督马瑶草书》中说："楚豫之间，豪民大族多结寨棚以自固，蕲、黄、真、确、光、息之间所在不乏。"①乱世之中，组织乡兵义勇御"贼"自固，维护地方治安，本是先朝就有的现象。而明季的乡兵义勇在人数、组织、战斗力等方面有其新的特色：（1）明季乡兵义勇人数多，各地乡勇动辄数千甚至上万。黔将刘珝珽等称，黔兵三月二十二日到乐平县，"二十四日进发饶州，因错念头，改道德兴，不料行至吴口街，冤遭彼处乡兵，疑为流贼，纠众数千，四围赶杀。"②其实，不止是吴口街能"纠众数千"，乐平县在申详黔案时称："婺源、德兴、休宁、祁门四县临界，各村闻风，各遣传牌不绝，每云统率乡兵千余前来会剿。"郑昆贞在疏中提到，"黔兵自三月二十二日至二十四日驰突于饶州、德兴之间，杀在田农夫十三人，奸一女子立死，放火焚居，无物不掠，乡兵尾而围之城下至万人"③徽州地区"土风高坚，士气猛犷，忠义感激，遗风尚在"④，又多为大族聚居地区，故乡兵义勇组织更多。这一点最清楚的莫过于地方长官郑昆贞了。他说："徽之乡镇，各立义社，共保境宇。"⑤如此众多的乡兵义勇，几乎每村每镇都有，这在历史上是罕有其匹的。（2）组织非常严密。我们从反映黔案的材料中分析，乡兵义勇的组成主要有三部分人：闲居家乡的离职官员、当地乡绅、一般民众。其中第一

---

① 钱谦益：《牧斋初学集》卷80《答凤督马瑶草书》，续修四库全书本。

②《乐平县复详》。

③《郑按院复疏》。

④ 钱谦益：《牧斋初学集》卷80《回金正希馆丈书》，续修四库全书本。

⑤《郑按院复疏》。

人类曾历官在外，见多识广，且在地方上有一定的声望，因此在乡兵义勇组织中往往起着领导作用。譬如黔案的主要当事人金声，休宁人，原任翰林院庶吉士，加授山东道监察御史，因丁父忧在家，见"乡郡多盗，"遂"团练义勇，为捍御"①。金声所领乡兵"子弟千五百人，扼诸岭隘，休人赖以无恐。其器械衣装，视他队鲜明，故金翰林乡兵之名，藉甚道路"②。在与黔兵发生的冲突中，"金翰林乡兵"是一支主要力量。第二类人虽然是少数，但他们发挥了组织乡兵义勇的作用。金声在《备陈守御疏》中曾说：徽州合郡有司、士大夫"相率百姓"③出御黔兵，说明的正是第二类人的这种作用。而且在经费方面，第二类人是主要的出资者。第三类人是乡兵义勇的主体，平时负责警戒把守，战时则冲锋陷阵。据已有的材料表明，乡兵义勇的活动经费来源，一是大族族田的收入，二是乡绅富民的捐助。黔案有关材料则透露，其经费来源还有第三途径，即地方政府的资助。郑昆贞曾说，金声乡兵千五百人，是"本宦捐资"④募得的。这支"器械衣装，视他队鲜明"的千五百人乡兵，所需经费当非个人财力所能支撑。因此，所谓"本宦捐资"，捐的当是公款而非私蓄。各地乡兵义勇之间，"各遣传牌"，互有联系，一日内能聚齐成千上万人，其组织之严密可见一斑。（3）战斗力强。黔兵素称"犷悍"⑤，据马士英说，入徽黔兵中还有"万夫敌"包万春、范成等人。⑥这样一支彪悍的黔兵，居然败在了乡兵手中，后者的战斗力之强是毋庸置疑的。入徽黔兵人数之多寡，已无法考实。据徽州乡民报告，有一百九十余人。这支一百九十余人的黔兵在徽州乡兵义勇的围攻下，最后落得了"尽死乃至"的结局。⑦据马士英所称，在乐平、祁门、休宁等地，总共有800余黔兵为乡兵围歼殆尽。我

---

① 张廷玉：《明史》卷277《金声传》，中华书局1974年版。

②《郑按院复疏》。

③《备陈守御疏》。

④《郑按院复疏》。

⑤《郑按院复疏》。

⑥《马督与阮园海书》。

⑦《遗闻》。

们从这些数字中可以看出，明季官军的战斗力已经下降，而各地的乡兵义勇等地方武装战斗力则开始上升。这种情况的出现，给明季社会政治、军事等各个方面带来了巨大影响。在明朝官军与农民军交锋屡战屡败形势下，明廷多次将整练乡勇作为重要措施加以提倡、实施。如崇祯十六年十月，崇祯谕吏部、都察院，提出了"鼓励乡勇，坚壁清野，参治倡逃，有功优叙"的政策。①由于上有所倡，各地响应，致使明季的乡兵义勇形成了一支重要的军事力量，在晚明社会中产生了重大影响。

①《崇祯长编》卷1《痛史》第9种，商务印书馆印本。

第五章　名家辈出：徽州学术人物研究

一、朱熹与严州理学的发展

朱熹字元晦，一字仲晦，号晦庵，徽州（旧称新安，治今安徽黄山市）婺源人。其父朱松曾为福建延平尤溪县尉，寓居在尤溪城外毓秀峰之郑氏草堂。朱熹生于闽，并长期在此生活，所以他的学说常被称为"闽学"。但据相关史料记载，朱熹实为徽州婺源朱氏九世孙，是宋代理学的集大成者，也是新安理学的开山宗师。其理学思想传播极广，影响深远。朱熹虽长年生活在福建，但他的踪迹却遍历当时两浙东西路、江南东西路、荆湖南北路、广南东西路等南方的大部分地区（大致在今浙江、江西、安徽、湖南、湖北、广东、广西等地）。他曾于乾道、淳熙年间至严州的丽泽书院和遂安的瀛山书院讲学，在瀛山书院论道讲学时，还写下了著名的《题方塘诗》："半亩方塘一鉴开，天光云影共徘徊。问渠那得清如许？为有源头活水来。"[①]严州曾一度被称为"理学名邦"，而该地理学的发展，朱熹之功莫大焉。

---

① （民国）《遂安县志》卷10《艺文》，民国十九年（1930年）铅印本。

（一）朱子之学在严州的流布

作为朱熹祖籍地的徽州，与严州毗邻。两地在地缘上相近，血缘上相连，朱熹在严州一直被认同为"乡人"。他的学术思想、精神乃至品格，在此具有很大影响力，其理学思想在该地扩散，成为当地学子乐于探讨与研习的学问。朱熹曾与吕祖谦讲学于严州的丽泽书院，还曾于遂安的瀛山书院与詹仪之论道和讲学，在当地形成了浓厚的朱学氛围，引领了当地的学术思潮，并影响其学术思想的发展。严州的知名理学家詹仪之、方逢辰、赵彦肃、喻仲可都是朱熹的及门或再传弟子，在他们的传承与传播之下，朱学在该地区渐趋隆盛，以至于元、明、清三代严州地区的理学都深受其影响。明代王阳明心学曾风靡一时，至清代朴学又渐成主流，但严州地区很多学者仍祖述朱子之学，对程朱理学思想表现出了一种坚守不渝的执着。

严州的淳安县"本汉丹阳郡歙之东乡新定里"①。这里与新安地缘相近，血缘相连，风俗习惯与人文精神十分相似。朱熹在此被认同为"乡人"，深受当地士民的敬重。人们建祠堂、书院纪念朱熹，又通过书院讲学传播其学说。在淳安，书院讲学成为朱熹理学思想传播的一种重要形式。如淳安有石峡书院，是朱子学者方逢辰的讲学之所。方逢辰在此"抱周程之学以私淑其徒"②，阐扬朱熹学说。其后逢辰之弟逢振继之，讲道于石峡书院，也是朱学的得力宣传者。淳安县还有紫阳书院，"仿朱子白鹿洞规立之仪节，仿分年读书法予之课程"③，书院的教学内容、方法与规程完全以朱熹的思想为准的。这些书院的建立，一方面是为了纪念朱熹，另一方面也是为了宣传朱熹的学术思想。由于淳安人对朱熹的尊崇，通过建祠堂来祭祀他，建书院来宣传他的学说，使得朱子之学成为淳安境

---

① （万历）《严州府志》卷1《方舆志》，日本藏中国罕见地方志丛刊本。

② （光绪）《淳安县志》卷2《学校》，光绪十年（1884年）刊本。

③ （光绪）《淳安县志》卷13《艺文》，光绪十年（1884年）刊本。

内的显学，学者"莫不惟朱子为宗师"①。朱熹学说在淳安地区源远流长、绵延不绝的授受途径，主要是通过家学、师门的传承。如淳安著名儒士方镕为朱熹的再传弟子，方镕二子逢辰、逢振又将其父学说发扬光大。《宋元学案》将方镕列为《晦庵学案》之晦庵续传。光绪《淳安县志》载："方镕，字伯冶。两魁郡试，后弃去举子业，尽心圣贤之学。每曰：'人与天地相立者，文艺云乎哉！'其训诸子务先穷理尽性，至应事接物则以持敬实践为功。二子逢辰、逢振前后及第。乃曰：'此吾昔以为不足为者，尔曹勿谓足也。'历官奉直大夫、两淮制置司参谋官。"②可见，方镕轻视举业，不喜文章之学，而专意于圣贤之学。而他的"务先穷理尽性，应事接物以持敬实践为功"的思想则是得朱学之真谛。在他的训诲教导下，他的两个儿子逢辰、逢振也是孜孜不疲地为宣扬朱子学说而尽心竭力。方逢辰的学说"会极于周程朱子之学，以格物为穷理之本，笃行为修己之要"③。他与其弟逢振在石峡书院聚徒讲学，"以程朱之学私淑其徒"，传播朱熹学说。逢辰之后又有其孙方一夔，继承家学，"尝主石峡讲席"④。此外，桐庐人魏新之"受业方蛟峰（方逢辰）"⑤，传承师说；淳安汪斗建"从蛟峰讲道石峡书院"⑥，传播朱氏之学。还有淳安人邵桂士也是师承方逢辰，为逢辰的弟子。正是在方氏父子及其弟子的传播宣扬下，朱子学说得以在淳安流传，在淳安形成了朱门一派，而朱子学说也成为淳安地区最盛行的学术思想之一。朱熹理学在淳安的流传与发展，使得淳安许多学者都着力精研朱学，探寻理学之奥赜。如何日章"家教悉宗程朱"，童孝锡"积学力行，精研易理，所著《易义》能阐程朱之蕴"，方棨如"潜心于濂、洛、关、闽之学"⑦。由此可见，以朱熹为开山宗师的新安理学

---

① （光绪）《淳安县志》卷13《艺文》，光绪十年（1884年）刊本。

② （光绪）《淳安县志》卷10《儒林》，光绪十年（1884年）刊本。

③ （光绪）《淳安县志》卷10《理学》，光绪十年（1884年）刊本。

④ 黄宗羲原著、全祖望补修：《宋元学案》卷82，中华书局1986年版。

⑤ 黄宗羲原著、全祖望补修：《宋元学案》卷82，中华书局1986年版。

⑥ 黄宗羲原著、全祖望补修：《宋元学案》卷82，中华书局1986年版。

⑦ （光绪）《淳安县志》卷10《儒林》《续纂儒林》，光绪十年（1884年）刊本。

在严州淳安县的传播，主要是朱熹在此地有信奉其学说的忠实弟子，弟子又通过家学、师承等，不断发扬朱子之学，对淳安学术产生了决定性的影响。

遂安原为歙县南乡安定里，"据两浙之上游，依万山为险"，"地限僻邑，路出通衢，为两浙之咽喉，系三安之要害"①，地理位置重要。它"介徽衢睦婺间，阻岭带溪"，"人文鼎盛，为浙中望邑，至今袭美无替"②，文风浓厚，理学兴盛。这里的理学同样深受朱熹的影响。遂安著名的理学家詹仪之，为朱熹弟子，学术思想秉承朱熹。两人往来密切，经常通过书信论辩学术和政事，介乎亦师亦友之间。詹仪之在淳熙十六年（1189年）去世后，朱熹曾撰《祭詹侍郎文》以悼念他。在交往中，朱熹与詹仪之相互探讨、辩论学问，观点虽有同有异，而倾向基本一致。在朱熹的提携与影响下，詹仪之的理学思想日益成熟，并通过书院讲学、家学相承、师徒相传等方式，在遂安乃至整个严州地区传播开来。

朱熹能够对遂安地区的学术思想产生巨大影响，契机是他曾与詹仪之在遂安瀛山书院的讲论道学。据县志记载："瀛山书院在县西北四十里。宋熙宁间，邑人詹安辟建于山之冈，凿方塘于麓，其孙仪之与朱晦庵往来论学于此。岁久圮。明隆庆三年（1569年），知县周恪访先贤遗迹，建书院二十四楹。龙溪王畿记。后为祠，祀晦庵、仪之二先生，绪山钱德洪记。祠后建大观亭，复方塘旧址，构一鉴亭。五年（1571年），知县吴扮谦诣其堂，作《方塘解》。邑人方应时、方世义，邑民方□□等共捐田四十余亩以供祭祀，并周令祀于祠，额曰'三先生祠'，春秋以二仲月次丁日祭。"③朱熹与詹仪之在瀛山书院中论学，当地众多儒学之士前往聆听。通过书院讲学的方式，遂安的许多学者接受朱熹学说的洗礼，朱子之学由此流传开来，也使得瀛山书院成为遂安乃至整个严州地区的理学研习中心。

---

① （万历）《遂安县志》卷1《方舆志》，万历四十年（1612年）刊本。
② （民国）《遂安县志》卷10《吴侯创建砥柱台记》，民国十九年（1930年）铅印本。
③ （民国）《遂安县志》卷5《书院》，民国十九年（1930年）铅印本。

朱熹与詹仪之在瀛山书院讲论的理学思想,是遂安地区学术文化发展的一条精神纽带,它维系和牵连着当地理学的发展。朱子之学通过瀛山书院的传播,在遂安一地产生深远影响,后代的许多学者都奉朱学为正宗。至明时,遂安著名理学名儒方应时"锐志潜修,一宗紫阳之学。故在诸生,即力请邑侯复瀛山书院,建格致堂以礼文公;举孝廉,则延钱塘王先生汝止登格致堂,讲学不辍",他不仅精心维护着瀛山书院这块传承朱熹学说的"圣地",又极力宣扬着朱子的思想。后方应时出为长泰县令,"(长泰)故朱子所治邑也,旧有祠祀。会时宰议废宇内书院,是祠亦属毁中",方氏尽力斡旋,"乃请当道特留,修祀不缺"①。可以说他一生都在孜孜不倦地研习、传播朱熹学说。学有渊源的鲍崇良,"字遂甫,号杨峰,天资颖异,至性过人,弱冠饩郡庠,经史淹贯"。曾偕"吴叔举读书兴谷寺,与罗洪先、湛若水往复辨晰,得考亭宗派"②。他的学说也可以说是渊源于朱熹的。到了清代,朴学日益兴盛,理学渐趋衰落,但在遂安地区理学仍然很昌盛,拥有一个研习理学的群体,而其中大多又以朱熹理学为宗。如郑禹畴"淡于仕进,潜心理学","先是,其父朝汉因王龙溪提倡'良知',贻误来秀,筑伊山精舍,祖祢程朱"③。郑禹畴恪守庭训,以程朱为宗,甚至"年逾九十,仍讲明考亭宗旨"。其子郑士瑛"侍养之,暇注《孝经》性理,以广庭训"。另一子郑士瑜也是"恪宗紫阳正派"。朱熹理学就是通过这种家学相承在遂安流传下来的。遂安祖述朱学的学者,还有像姜应兼"治易经,多善悟,洞彻程朱之旨"④;姜应勋"深于易,贯串程传朱子本义"⑤,以朱子的注释来解析易学;毛郁芳"居家恪遵朱子格言";詹揆吉"晚年潜心理学,洞见程朱阃奥";黄云五"生平宗朱子,为正心诚意之学";郑峇"尤精易理,抉程朱奥旨为文,自成一家";

---

① (民国)《遂安县志》卷7《理学》,民国十九年(1930年)铅印本。

② (民国)《遂安县志》卷7《儒林》,民国十九年(1930年)铅印本。

③ (民国)《遂安县志》卷7《儒林》,民国十九年(1930年)铅印本。

④ (民国)《遂安县志》卷7《儒林》,民国十九年(1930年)铅印本。

⑤ (光绪)《严州府志》卷19《儒林》,光绪九年(1883年)增修重刊本。

姜毓麒"为文恪遵程朱语类"①，等等。这些学者秉承朱子学说，在清代遂安地区掀起一股研习理学的热潮，使朱熹理学于此长久不衰。

朱子之学的流行并非局限于淳安与遂安两地，也延伸至严州的其他县邑。建德的赵彦肃曾造朱子之门，习得朱子之学；喻仲可，字可中，严陵人。《宋元学案》将其归为朱熹的门人，得朱熹真传。只不过这两人后来改换门庭，投入陆子门下，崇信陆学。桐庐县的魏新之被学者称为石川先生，他"受业于青溪方蛟峰，得程朱性理之学"；严侣"字君友，子陵三十五世孙，从学汉英贾公""贾之学源于朱子"②，所以他的学说也是宗奉朱熹的。寿昌县的翁恒吉"以穷理致知、躬行实践为先""学者称为正一先生"；洪公述"潜心理学，独穷濂、洛、关、闽之奥"③。建德的王衷纯"教授生徒，以敦行立品为先，尤潜心理学，得濂、洛、关、闽之旨"④。这些学者的理学思想都渊源于朱熹。

由上可见，朱熹理学在严州有着广泛的流传和深远的影响。此亦可窥以朱熹为开山宗师的新安理学，在徽州境外传播的具体情形。

(二)朱熹理学在严州盛行的原因

那么，新安理学开山宗师朱熹的理学思想，何以在严州得到传播并兴盛呢？我们认为，有几个因素值得重视：

首先，地域上的优势是朱熹理学在严州盛行的原因之一。严州与徽州（新安）毗邻，两者之间有着千丝万缕的联系。严州的淳安、遂安、寿昌都曾隶属过徽州。据弘治《徽州府志》记载：盖古歙地之在今者为休宁，为婺源，为绩溪，为严州之淳安、遂安。在历史上，新安的治所曾设于始新县（严州的淳安县），"晋武帝太康元年……改新都郡曰新安，治始新县，改新定县曰遂安"。严州的寿昌县也曾属新安管辖，"梁武帝普通三

① (民国)《遂安县志》卷7《儒林》《文苑》，民国十九年(1930年)铅印本。

② (乾隆)《桐庐县志》卷11《儒林》，乾隆二十一年(1756年)刊本。

③ (民国)《寿昌县志》卷8《儒林》，江苏古籍出版社1990年版。

④ (道光)《建德县志》卷12《孝友》，道光八年(1828年)刊本。

年，割吴郡之寿昌来属""梁割（寿昌）隶新安郡"①。"隋开皇九年，改郡为歙州，改始新曰新安县，又并遂安及梁所割吴郡寿昌未属者皆入新安县，以隶婺州"，直到"仁寿三年，取婺州之新安，并复立遂安，以隶睦州。于是二县故地迄今不复，今严州淳安、遂安也"②。这时，两者才划分成两个不同的行政辖区。"宣和三年，睦寇方腊即平，改歙曰徽，为上州"③，同年，睦州改为严州。正因为两者在行政区划上有这样交错隶属的关系，所以新安（徽州）与严州两地血缘相连，语言相通，风俗相似。

而淳安原为歙县东乡新定里，遂安为歙县南乡安定里，与徽州更有割不断的联系。因朱熹祖籍在徽州，故严州淳安、遂安等地视朱熹为"乡人"。这种"地缘"的情感因素，使得朱熹的学说更容易在此流传。严州的淳安县为"古歙之东乡，今虽属旁郡，然距新安不二百里"④。朱熹曾踏涉于此，"淳固朱子茇憩地也"⑤，朱熹在此留下过"青溪时过碧山头，空水澄鲜一色秋。隔断红尘三十里，白云黄叶两悠悠"等诗篇。方志言："（朱熹）其先出于新安，淳安之西境也，先生不忘为新安人，则淳犹乡国。"⑥还有记载称，"朱子产于婺，而淳为歙之东乡，去新安不二百里，其后裔分居于淳"⑦。由于"地缘"和"血缘"的关系，朱熹在淳安民众心中更具有亲近感，受到了人们的极度尊崇。淳安建有祠堂、书院等纪念朱熹，并依托书院广泛传播朱子之学。从地方文献记载来看，朱熹的品格仪范、学术成就在淳安地区具有相当深远的影响力。也正是在他的影响下，淳安号称"理学名邦""文教之盛甲于两浙"⑧。长久以来，淳安当地官员乐施其教，学者乐从其学，百姓乐受其仪。其"风俗之厚，人才之

---

① （万历）《严州府志》卷1《方舆志》，日本藏中国罕见地方志丛刊本。
② 罗愿：(淳熙)《新安志》卷1《州县沿革》。
③ （弘治）《徽州府志》卷1《地理》。
④ （光绪）《淳安县志》卷13《艺文》，光绪十年(1884年)刊本。
⑤ （光绪）《淳安县志》卷10《理学》，光绪十年(1884年)刊本。
⑥ （光绪）《淳安县志》卷13《艺文》，光绪十年(1884年)刊本。
⑦ （光绪）《淳安县志》卷13《艺文》，光绪十年(1884年)刊本。
⑧ （光绪）《严州府志》卷29《艺文》，光绪九年(1883年)增修重刊本。

出，挺拔东南"。朱子之学在严州得以代代相传，源远流长，与这种地域联系有密切的关联。

其次，朱熹自身的人格魅力和深厚的学识是其学说在严州广为流传的又一重要因素。朱熹一生"仕于外者仅九考，立于朝者四十日"，可谓仕途坎坷。但他始终没有放弃自己的社会责任，早在18岁参加"乡贡"考试时，"三篇策皆欲为朝廷措置大事"，视国家要务为己任。入仕后，对朝廷吏治、经济、和战等事，都提出过积极建议，并在官场上不屈权贵，洁身自好，坚守信念，体现了自身的人格魅力。同时他勤于讲学、长于思考、精于著述，以传承传统儒学为己任，在集北宋理学思想大成的基础上，创立了内容博大而又自成体系的"朱子之学"。朱熹的人格魅力和深厚学识，深受世人的敬重和严州当地民众的景仰。元代，淳安县建有朱文公祠，当时王仪为新建的朱文公祠作记，对朱熹及其学说表达了由衷的敬意：

> 文公朱夫子当宋乾道、淳熙之间，集关洛诸儒之大成，以兴起斯道为己任。其为学也，自夫无极太极之奥，阴阳五行之运，天叙天秩之纪，万事万物之赜，往来穷通之变，废兴存亡之几，无不究其源而发挥其趣。其为教也，必自夫洒扫应对进退之节，入孝出弟之方，以至于穷理、正心、修身，而达之家、国、天下，而极于天地位、万物育，可谓盛矣！而其身不安于朝廷之上，退而与其弟子呻吟讲习，俛焉寓微旨于遗编，殆与孔孟之不遭一揆，可为当时惜也。[1]

至明嘉靖时，因年久废圮，知县姚鸣鸾于故址上重修该祠，并作《新修三祠堂记》。其中记载道："予惟紫阳夫子集濂洛之大成，续孔孟之正统，注释群经，折衷众论，统宗会元，洙泗以还，一人而已。"[2]也对朱熹给予高度的评价。明隆庆三年（1569年），遂安知县周恪"访先贤遗迹，建书院二十四楹"[3]，重建瀛山书院。书院后为祠，用于祭祀朱熹和詹仪

---

① （光绪）《淳安县志》卷13《艺文》，光绪十年（1884年）刊本。
② （光绪）《淳安县志》卷13《艺文》，光绪十年（1884年）刊本。
③ （民国）《遂安县志》卷5《书院》，民国十九年（1930年）铅印本。

之，称为"二先生祠"。后世许多学者都曾作记或赋诗缅怀这位理学硕儒。将朱熹作为圣贤来崇祀，不仅表示人们对他精神品格的称颂，也说明对其学术思想的认同。祠堂是崇奉、祭祀和纪念朱熹的场所，这些建筑的创建与修葺表明严州士民对朱熹人格精神的一种敬仰，而这种敬仰有助于人们对其学术思想的认同，进而会肩负起研究和推广其学说的责任。朱熹学说在严州得到广泛流传，与严州士民对朱熹及其学说的敬重与敬仰是分不开的。

最后，学术传播方式的多样化，也是严州朱熹理学盛行的重要原因。据史料记载，严州朱熹理学的传播，包括了书院讲学、家学相承以及师徒相传等多种学术传播方式。书院是中国传统社会中特有的一种教育组织和学术研究机构，一般为学者私人创建和主持。书院最早出现在唐代，北宋时，书院普遍兴起；南宋时，书院有了很大发展，书院制度也正式确立。书院与理学有着密不可分的联系，作为学者自由讲学的场所，宋代理学产生后，书院讲学成为理学传播的一条重要的途径。宋代的书院有许多是由理学家创建的，即使至明清时期，书院渐趋官学化、举业化，理学仍是书院讲学中的重要内容，故书院是理学宣扬与传播的重要阵地。书院讲学是朱熹理学在严州传播和流行的重要方式之一。遂安的瀛山书院是詹仪之与朱熹论道、讲学之所，它成为当时和后世一个十分重要的理学研习场所，在接受过瀛山书院教育的士人学子中，有许多人后来都接受了理学思想，在遂安乃至严州一地形成了一个理学研究群体。瀛山书院成为了严州地区理学宣扬和研究的中心，它影响着不同时期严州理学的发展大势。由于朱熹曾在瀛山书院讲学，故依托瀛山书院所传之理学，主要就是朱子之学。

淳安的石峡书院是另一个朱熹理学的传播场所。作为朱学后续的淳安著名理学家方逢辰讲道于石峡书院，以程朱理学私淑其徒。在逢辰去世后，其弟逢振"嗣主石峡书院讲席，申明蛟峰之学"①。其后逢辰弟子汪斗建、逢辰孙方一夔又先后在石峡书院中讲学，宣扬朱熹理学。朱熹曾与

---

① 黄宗羲原著、全祖望补修：《宋元学案》卷82，中华书局1986年版。

吕祖谦在严州的丽泽书院中讲学论道，宣扬其学说，丽泽书院也是朱熹理学的传播阵地。朱熹弟子陈淳于南宋宁宗嘉定九年（1216年）受时任严陵太守的郑之悌邀请，到严州郡庠中讲学，宣讲了著名的《严陵讲义》。严州的士人在聆听陈淳宣讲后，纷纷接受陈氏思想，重入朱子之学一途。这次讲学在一定程度上改变了当地陆学一度盛行，"此间学者，皆江西之流"的景象，维护了朱熹在严州的学术地位。家学相承、师徒相传也是学术传播的重要方式，通过这种方式的传播，朱熹的理学在严州地区得以衍流不息。如淳安的方镕属朱熹续传，秉持朱氏之学，其子逢辰、逢振恪守庭训，亦主程朱理学。逢辰孙方一夔"幼承家训"，"退隐富山，授徒讲学"[1]。淳安人邵桂士、汪斗建亦为方氏弟子，他们都谨遵师训，坚守朱子学说。遂安的詹仪之为朱熹门人，他是严州地区朱熹理学的重要继承者和传播者。其后世子孙詹铨吉"家世承仪之理学"，传承祖宗学说，詹氏子孙是朱熹理学坚定的信仰者。遂安的郑朝汉"筑伊山精舍，祖祢程朱"，其子禹畴"淡于仕进，潜心理学""守庭训，讲学青溪，携宪副方崇猗阐蛟峰绪论"。禹畴子士瑜"恪宗紫阳正派"[2]。祖孙三代皆恪守朱熹理学思想。严州的朱门弟子利用书院自由讲学的场所来宣扬朱熹理学，又通过授徒立说和家学传承来传播和继承朱熹的理学思想。如此导致朱熹的理学思想在严州一地广为盛行，衍流不息。

总之，朱熹理学在严州广为流传，是由多种因素所致。从中可见朱熹对严州理学的影响十分深远，朱熹的学术思想是严州理学思想的主要来源之一。

（三）朱熹对严州理学发展的贡献

朱熹在严州的讲学和朱子之学在严州的广泛传播，促成了严州地区理学流派和理学研习群体的形成。在朱熹个人魅力的影响和严州士人的尽力宣扬下，朱熹理学在严州各地广为流传。严州各地在接受朱熹理学思想长

---

[1]（光绪）《严州府志》卷19《儒林》，光绪九年（1883年）增修重刊本。

[2]（民国）《遂安县志》卷7《儒林》，民国十九年（1930年）铅印本。

期熏染之后，经历数代传承，形成了以研习朱熹理学为主的理学流派和理学群体。如淳安的方氏一门，学派开创者为朱子续传方镕及其二子逢辰、逢振，门下弟子有方一夔、魏新之、邵桂士、汪斗建等人，此派以"格物为穷理之本，笃行为修己之要"作为学问宗旨，而这一学问宗旨是本于朱熹的。这一理学流派以淳安的石峡书院为基地，传播朱熹理学。该派学者都很重视讲学授徒，后世弟子又能恪守庭训和师说，所以此派思想在严州流传甚久。朱熹弟子陈淳曾于嘉定九年（1216年）在严州郡庠中宣讲著名的《严陵讲义》，严州的诸多士人在聆听他的宣讲后，接受其学说，成为门下弟子。严州的陈门弟子包括郑闻、张应霆、朱右、邵甲、王震等人，陈氏严陵派弟子以朱熹为宗师，奉朱学为正宗。正是在这些严陵派弟子的竭力维护下，"种圣学于一方"[①]，才使当地的朱学在与陆学争锋中不分轩轾。明代中后期王阳明的心学思想风靡大江南北，其流风亦延及严州地区。但随着明朝的灭亡，王学渐趋式微。清初，清廷确立了程朱理学的学术正宗地位，其时"姚江焰已熄，晦翁道亦振"[②]，朱子之学重新振作。严州的遂安以瀛山书院为依托，形成了一个庞大的理学研习群体，他们以研究朱熹理学为主，如郑士瑜"恪宗紫阳正派"，姜应兼"治《易经》多善悟，洞彻程朱之旨"，黄云五"生平宗朱子，为正心诚意之学"，姜毓麒"为文恪遵程朱语类"[③]等。这一理学群体的形成，也说明了朱熹理学思想对严州理学发展所产生的深远影响。这些理学流派和理学研习群体的形成，便是在朱熹理学思想长期陶镕和习染下所产生的学术效应。

朱熹对严州理学发展的贡献，还体现在推动了严州"习理"之风的形成。在朱熹的影响下，严州士人热衷于钻研理学，宣传理学，授徒讲学，著书立说，形成了一股浓厚的"习理"之风。这股风潮从宋代到清代，长久不衰。如淳安理学家方逢辰"天禀卓绝，无书不读而会极于周程朱子之学"，他"居官所至以教化为先务，以继往开来为己任，家居讲学授徒常

---

① 黄宗羲原著、全祖望补修:《宋元学案》卷68,中华书局1986年版。

② (民国)《遂安县志》卷10《艺文》,民国十九年(1930年)铅印本。

③ (民国)《遂安县志》卷7《儒林》,民国十九年(1930年)铅印本。

数百人"，又"著有《孝经解》《易外传》《尚书释传》《大学中庸注释》《格物入门》诸书"。淳安人胡应玑"讲明性理之学，隐居教授，不求仕进"，"著《理髓》三卷""学者宗之"①。寿昌人洪翯"精研理学，贯通六经，妙契一中"②。遂安人余致中"殚心理学，注《太极图说》"③。分水人缪冕"与诸生以理学相勉，邻邑士多从之游"④。建德人王纳表"尤潜心理学，日与生徒发明性命宗旨"⑤。特别是淳安、遂安两地，理学极为发达，精研理学者人数众多，理学名儒辈出，号称"理学名邦"。"崇尚理学"之风的形成，也促成了当地文风的日趋兴盛。在"彬彬文风"的影响下，民风亦渐趋淳朴，整个严州形成了"家诗书而户弦诵""俗阜人和，内外辑睦"的景象。

当然，朱熹对严州地区的影响不仅体现在理学思想上，他对严州当地的礼仪制度与风俗习惯等其他方面也具有重大的影响力。宋代桐庐人方慤"领乡荐，表进《礼记解》于朝"，皇帝诏"颁其书于天下""学者宗之"，影响很大。而他的《礼记解》其实深得朱熹之旨，所以得到朱熹的赞赏。朱熹曾说：方氏《礼记解》"尽有说得好处，不可以其新学而黜之"。此外，严州各地的婚丧嫁娶等风俗礼仪，大多尊《文公家礼》，与徽州本土如出一辙。

总之，朱熹曾以讲学者的身份来到严州，严州的士人学者有幸聆听到这位学识渊博的名儒对理学深奥微妙处的精辟论解，也可以近距离接受他的谆谆教诲。这种亲身的经历与接触在严州士人心中深深地播下了理学思想的种子。朱熹的理学思想成为维系着严州当地学术文化发展的一条重要的精神纽带，经过漫长时间的演绎，严州的精神文化积淀着丰富的朱熹理学思想的成分。

---

① （光绪）《严州府志》卷19《儒林》，光绪九年（1883年）增修重刊本。
② （民国）《寿昌县志》卷8《儒林》，江苏古籍出版社1990年版。
③ （民国）《遂安县志》卷7《儒林》，民国十九年（1930年）铅印本。
④ （光绪）《分水县志》卷8《统传》，光绪二十三年（1897年）刊本。
⑤ （道光）《建德县志》卷12《儒林》，道光八年（1828年）刊本。

二、明辨义理,格物致知——理学集大成者朱熹

朱熹是宋代理学的集大成者,中国古代著名思想家和教育家。他所构建的完整而系统、缜密而精致的思想体系,被后人称为"朱子学"。元、明、清三代,朱子学成为"显学",无论是解经释义,还是科举取士,都以其学说为唯一准绳。因此,朱子学对中国传统社会后期各个方面产生了深远的影响。作为"孔子以后,一人而已"的朱熹,在中国历史上有着重要的地位。

(一)人生:有失亦有得

朱熹,字元晦、仲晦,号晦庵,别号紫阳。晚年亦号晦翁、云谷老人、沧州病叟等。南宋高宗建炎四年(1130年)生于福建南剑(今福建南平)尤溪县,宁宗庆元六年(1200年)去世,享年70岁。朱熹虽生在福建,且其一生的学术活动亦在此地,故后人也称朱子之学为"闽学";但据谱牒、方志以及相关史籍记载,朱熹之祖籍在婺源(原属安徽徽州,今属江西),直到乃父任官福建尤溪尉,方迁居外地。从血缘来看,朱熹为徽州婺源朱氏的九世孙。

朱熹父亲朱松(1097—1143年),字乔年,号韦斋,曾就学于徽州郡学,为诸生。当时歙县府城有一个商人祝确,拥有万贯家产,号称"祝半州"。他非常器重朱松,因以女嫁朱松为妻。祝氏18岁嫁到朱家,德性纯厚,"逮事舅姑,考谨笃至",是一个谨守封建妇道、治家有方的大家闺秀。据有关传记资料记载,朱熹小时聪慧,8岁就傅,"厉志圣贤之学",读《孝经》时题字"不若是,非人也"。绍兴十年(1140年),朱熹父亲朱松因上书主张抗金而遭贬,退居福建建瓯,朱熹随行。当时朱熹11岁,于是"受学于家庭",开始了"十年寂寞抱遗经"的苦读生活。朱松早年曾师事由程颢、程颐开宗的"洛学"传人罗从彦,对洛学深为服膺。因此,朱熹在其父指导下的启蒙教育,深受二程洛学影响。绍兴十三年(1143

年），朱松因病去世。在弥留之际，他曾将朱熹唤到床前说：籍溪胡原仲、白水刘致中、屏山刘彦冲，这三人都是我的好友。他们"学皆有渊源"，我一向很敬重。我死后，你要前往"父事之，而惟其言之听"。时年14岁的朱熹失怙无依，于是遵照父亲遗命，师事胡原仲、刘致中、刘彦冲。此三人的学问，按照清人全祖望说法，是"皆不能不杂于禅"。受此三人影响，朱熹泛滥于诸家，"无所不学，禅、道、文章、楚辞、诗、兵法，事事要学，出入时无数文字，事事有两册"。这为朱熹以后创立朱子之学博大体系，尊有所归，黜有所据，奠定了坚实的基础。

绍兴十六年（1146年）刘致中将其女许配给朱熹为妻。次年，朱熹参加建州"乡贡"考试。意气风发的朱熹"三篇策皆欲为朝廷措置大事"，深得考官蔡兹的赏识，科场小试即中。绍兴十八年（1148年），朱熹又赴临安应考进士。受禅学影响甚深的朱熹以禅理答题，恰逢是年的考官周执羔、沈该、汤思退等人皆好佛老，结果一试而中，成为进士。绍兴二十一年（1151年），朱熹被授予左迪功郎泉州同安县主簿。在此任上，朱熹办事非常认真，"许多赋税出入之簿，逐日点对金押，以免吏人作弊"。绍兴二十五年（1155年）夏，同安县"饥民"暴动，朱熹一方面组织吏民积极防守县城，以免县城百姓受劫掠之苦，同时又组织赈济，以缓"饥民"冻馁之急，结果很快稳定了社会秩序。人们对他在同安县主簿任上的评价是"莅职勤敏，纤悉必亲"。任满后，朱熹归居崇安，以事亲、讲学、交游为务。绍兴三十年（1160年），三十岁的朱熹再次师从罗从彦弟子李侗。侗字愿中，学者称延平先生，南剑州剑浦（今属福建）人。李侗从罗氏多年，儒学根底纯厚。朱熹正式拜李侗为师后，学术思想发生重大变化。经过李侗的指点，朱熹由杂返约，专心于儒学，只看"圣贤言语"，在总结北宋理学的基础上，集诸子大成，开始架构"朱子之学"理论体系。

宋孝宗即位后，诏求直言。朱熹上《封事》，主张抗金，反对议和，并提出了"立纪纲""厉风俗""选守令"等一系列建议。淳熙五年（1178年），居家著述、讲学长逾20载的朱熹，被任命为知南康军。在此任上，朱熹力行赈济、请免赋税、修建书院，政绩卓著。从淳熙八年（1181年）

到绍熙五年（1194年），朱熹先后任提举两浙东路常平茶盐公事、江南西路提点刑狱公事、主管华州云台观、秘阁修撰、主管西京嵩山崇福宫、荆湖南路转运副使等职，均能向朝廷条陈时弊，在地方力行政事。绍熙五年七月，光宗内禅，宁宗继位。八月因赵汝愚等荐举，朱熹出任焕章阁待制兼侍讲，为宁宗讲解经义。其时，韩侂胄专权，朱熹利用讲经的机会，多次向宁宗进言时事，并指斥韩侂胄独断害政。此举引起了宁宗的反感。在宁宗看来，朱熹的职责只是讲经，不该"事事欲与闻"，过多干预朝政。于是，担任侍讲仅46日的朱熹被宁宗免职。虽然赵汝愚等朝中官员上书谏留，但仍然无法让宁宗回心转意。庆元二年（1196年）元月，与朱熹友善的宰相赵汝愚在流放途中病死，朝中掀起了一股反对朱熹及其学说的恶浪。是年，端明殿学士叶翥知贡举，右正言刘德秀为同知贡举。叶翥上书指斥朱熹学说"空疏""欺人"，乃是"伪学"；刘德秀更直指朱熹为"伪学之魁"，要求将朱熹著述"尽行除毁"。在他们主持下的科举考试，考生凡有涉程朱学说者，一概"黜落"。此后，在权臣韩侂胄支持下，朝中出现了反道学的高潮。监察御史胡纮授意沈继祖弹劾朱熹，极言朱熹"剽窃张载、程颐之绪余，寓以吃菜事魔之妖术，簧鼓后进……如鬼如魅"。此外，还列举了朱熹六大罪状。选人余嚞趁火打劫，上书"乞斩朱熹以绝伪学"。结果，当年12月，朱熹被彻底削夺官职，大弟子蔡元定也被流放道州。庆元三年（1197年），朝廷立"伪学逆党籍"，计有59人上榜，几乎包括了当时所有的道学精英。至此，朱熹及其学说遭到了沉重的打击。其后三年，朱熹一直居于福建建阳考亭家中，继续从事讲学活动。庆元六年（1200年）3月，朱熹卒于家，享年70岁。宁宗听从大臣言，诏令朱门弟子不得为之送葬。不过，冲破禁令而来自各地的送葬者仍有千人以上。

开禧三年（1207年），韩侂胄为立"盖世功名"，北伐金国，结果一败涂地。在金人的威胁下，主和派礼部侍郎史弥远等杀韩侂胄，函其首送金人。韩氏一死，客观上使得当时朝中反对朱熹及道学之风稍息。嘉定二年（1209年），宁宗诏赐谥曰"文"；三年，赠中大夫特赠宝谟阁直学士；五年，又以朱熹《论语集注》《孟子集注》立学。至此，朱子之学已是绝处逢生，境况日益好转。理宗继位后，理学与理学大师们的地位被逐步确立。宝庆三年（1227年），朱熹被追封为信国公，后改为徽国公。淳祐元年（1241年），朝廷复下诏推崇二程、朱熹等理学大师，再次强调朱熹之书"有补治道"。周敦颐、张载、二程、朱熹等人先后封公封伯，从祀孔庙。此时距朱熹去世已过了整整40年。以后，朱熹地位扶摇直上，朱子学在钦定哲学中，又居于最显赫的位置。历元明清，朱熹及其学说"其传弥广"，影响深远。

朱熹一生，虽官运不佳，但勤于讲学、长于思考、精于著述，有大量的重要作品传世。其中代表作如《周易本义》《诗集传》《仪礼经传通解》《家礼》《孝经刊误》《大学章句》《论语集注》《孟子集注》《中庸章句》《四书或问》《伊洛渊源录》《名臣言行录》《通鉴纲目》《延平问答》《近思录》《杂学辨》《小学集注》《阴符经考异》《周易参同契考异》《楚辞集注》《韩文考异》《晦庵集》等，涉及哲学、史学、文学、法律、伦理、教育、宗教、科学等诸多领域，为后人留下了一笔宝贵的文化遗产。

（二）学术：海纳而特立

朱熹早年曾广泛接触包括佛、道在内的各家思想，"诸子、佛老、天文、地理之学，无不涉猎而讲究"。中年以后又专心儒学，特别是接受了北宋理学家的思想，以传承传统儒学为己任。因此，朱熹创立的"朱子之学"，以孔孟思想为主，同时又兼容了佛、道之说，并集北宋理学思想之大成，显现了海纳百家的特征。同时，朱子之学在兼容并包的过程中，也形成了特立的学说个性，其内容博大而又自成体系。有学者说，朱子之学"一面极具传统性，另一面又极具开创性"。

朱熹理学思想的核心是天理论。它承继自北宋理学大师程颐，而经朱熹的梳理、阐释和论证，则更为严密精致。朱熹认为，非物质性的"理"或者"天理"，无始无终，无形无迹，不依赖天地万物而永恒并独立存在。在天地宇宙产生之前，理就已经存在了；而一旦天地万物塌陷之后，理依然存在。这个无始无终、独立于天地万物之外的理，不仅不被生，且还是产生世界上万事万物的根本。他说:"有此理,便有此天地。若无此理,便亦无天地……有理便有气,流行发育万物。"就是说,理是宇宙万物的本源和根本,有了理,就有气,气化流行,万物得以发育产生。朱熹天理论的另一个核心观点,是关于理、气关系的论述。他认为,理与气密切相连,"天下未有无理之气,亦未有无气之理",但非物质性的理在先,是根本,而气则是造成天地万物的材质,必须依理而运行。在朱熹的天理论中,曾对"理一分殊"理论作过详细的阐释。"理一分殊"源于佛教华严宗的理事说,朱熹认为,北宋著名理学家周敦颐、张载、程颐等人,都是"理一分殊"理论的早期倡导者。他解释"理一分殊"说,"合天地万物而言,只是一个理",这就是"理一";而每个事物也都各有一个理,这就是"分殊"。朱熹强调,每个事物中的理,不是别有一理,而是"理一"的体现,也就是所谓"万物各具一理,万理同出一原"。"理一分殊"其实就是一理摄万理。他曾用佛教"月印万川"的比喻来说明"理一分殊"的性质和涵义。他说,天上有一个月亮("一理"),而在地上的江湖河海中则会倒映出万月("万理")。江湖河海中的万月尽管千变万化,但其本体就是天上的一个月亮。朱熹以此来说明"理一"与"分殊"之间的关系。他还指出,"分"并不是分割或部分的意思,而是"个个完全""万个是一个,一个是万个"。朱熹"理一分殊"的理论说明了总体与分支的关联、整个的理与万物各具之理的关联,在宋明理学史上具有重要的理论意义。

人性论是中国古代哲学讨论的重要问题。在朱熹理学思想中,关于人性的论述,是其整个思想体系的重要组成部分。朱熹认为,性是一切有生命的生物所具有的天理。这里的生物包括人与物两类,人指人类,物指草木、鸟兽、昆虫等。在朱熹看来,性作为人与物"所得以生之理",人性与物性是相同的。人和物都是"得天地之理以为性""得天地之气以为形"。不同之处在于,人得形气之正,所以可以全其性;而禽兽不能得形气之正,也就无法全其性。朱熹继承了先秦孟子的性善论,并在进一步发展北宋理学大师张载的"天地之性"理论的基础上,反复论证了"人性即天理"的命题。朱熹认为,天地之性或称天命之性决定了人性是全善的;

但因受到了气质禀赋的影响，所以人性也表现出有善有恶。用朱熹自己的话来说，就是"天地间只是一个道理，性便是理。人之所以有善有不善，只缘气质之禀，各有清浊"。他更进一步认为，气禀不仅决定了人的贤愚、贵贱、贫富、夭寿，还决定了人的仁义孝悌等伦理道德。这里，朱熹从人性论的角度为现实社会的等级秩序、伦理纲常作了论证，把圣贤之富贵和下民之贫贱，归结为气禀所定，生来如此。此外，朱熹的人性论还就心、情、欲、意、才等作了阐述，进一步丰富和发展中国古代的人性论。

认识论是朱熹理学思想体系中重要而又最富特色的内容之一。其核心则是格物致知论。朱熹的格物致知论由《大学》"致知在格物""格物而后知至"两言推衍而来。所谓格物，就是穷究事物之理，达到其极处；所谓致知，就是推及我心固有的知识，以达到全知。在朱熹看来，格物致知的目的，在于"知所止"，也就是认识所当止的"至善之所"。正如中国古代的大多数哲人一样，朱熹把"求真"与"求善"视为一事之两面，这也是其格物致知论的本质。朱熹还提出了"即物穷理"的体认天理的方法，并把"敬"看作极为重要的涵养功夫。所谓敬，即"主一"，意思就是精神专注，不能游移。朱熹曾作有《敬斋箴》，集中概括了他的持敬说。

朱熹除具有丰富的哲学思想外，其史学思想、教育思想、政治思想等亦有特色和系统。

朱熹的史学思想，集中体现在其《资治通鉴纲目》一书中，同时也散见于他的文论之中。朱熹认为，天理是史学的最高准则，作史的要求是"合于天理之正，人心之安"。在朱熹看来，读书须以经为本而后才可以读史，只有如此，才能以义理的标准对历史上的是非争论进行论断。否则，如果先读史多了，看其中的文理反而"看粗着眼"。他批评宋朝自神宗以后"史弊"是以党争牵连《实录》，所以"大抵史皆不实"，损害了史官秉笔直书的优良传统。依据义理的标准，朱熹对《左传》和《史记》都作了批评，认为《左传》的好恶与圣人（孔子）不同，而《史记》则是讲权谋功利，不讲义。他继承孔子《春秋》的传统，亲自编撰了《资治通鉴纲目》（后世也称《紫阳纲目》）一书。该书以编年纪事，每年之中，按照所谓的"义例"和"书法",先列大事,谓之"纲",再分细节,谓之"目"。全书通过"辨正润""明顺逆""严篡弑""褒尊贤"等方式,体现了扶植纲常名教的鲜明特色。该书被崇拜者奉为"《春秋》后第一书",明代宪宗皇帝曾在《御制纲目序》中说:"是书诚足以继先圣之《春秋》,为后世之规范,不可不广其传也。"清代康熙皇帝也亲自为朱熹《资治通鉴纲目》作御批。《资治通鉴纲目》是中国传统社会后期一部法定的历史教科书,在当时政治生活和社会生活中起了重要的维护纲常名教的作用。

朱熹的教育思想是其思想体系的重要组成部分之一。他认为,教育的目的是"明人伦"。在《白鹿洞书院揭示》中,朱熹说:"父子有亲,君臣有义,夫妇有别,长幼有序,朋友有信,此人之大伦也。庠、序、学、校,皆以明此而已。"也就是说,要培养学生成为"仁人""圣贤",能够"格物致知、诚意、正心、修身",最终是齐家、治国、平治天下。因此,朱熹反对教育停留在"使人缀辑言语,造作文辞"的层面上,更抨击当时以科举为目的的学校教育。根据学生不同的年龄,朱熹提出教育分两个阶段:8至15岁入"小学",15岁之后入"大学"。小学阶段的教育内容,主要是"教人以洒扫、应对、进退之节,爱亲、敬长、隆师、亲友之道"和"礼、乐、射、御、书、数之文"。在朱熹看来,这些内容都是"修身、齐家、治国、平天下之本",所以非常重要。大学阶段的教育内容,主要是"教之穷理、正心、修己、治人之道"。小学与大学之间的关系,"小学者,学其事;大学者,学其小学所学之事之所以"。意思是说,"小学"教人怎么做事,"大学"教人明白这样做事的道理。朱熹非常重视"小学"阶段教育对学生成才、成人的作用,曾编撰了《小学》《童蒙须知》《训蒙绝句》等蒙学读物,以便"小学"教育的实施。朱熹对"为学之道"和"读书之法"提出过自己的主张。他说:"为学之道,莫先于穷理,穷理之要,必在于读书,读书之法,莫贵于循序而致精,而致精之本,则又在于居敬而持志。"就是说,"为学"的首要目标是要"穷理",而"穷理"的关键则在读书。就读书方法而言,应该遵守循序渐进的原则,最后达到精通的境界。那么,如何"致精"呢?朱熹提出了关键的两点:一是"居敬",

二是"持志"。朱氏门人曾编有《朱子读书法》一书，其中用"循序渐进、熟读精思、虚心涵泳、切己体察、著紧用力、居敬持志"六句话对朱熹主张的学习原则进行了概括，十分精炼。此外，在道德教育、教学方法、教材选用、教学过程开展等方面，朱熹也都有独到的见解。朱熹不仅提出了系统的教育思想，且一生讲学不辍，将理论付诸实践，取得了极高的教育成就。朱门弟子遍及天下，其中有影响、有作为的学者以百千计。他的教育思想和教育活动，深刻影响了中国传统社会后期教育的发展方向和面貌。因此，朱熹也被视为中国历史上自孔子之后，又一位伟大的教育家。

朱熹的政治思想，丰富而完整。首先，他提出了"德礼为本，政刑为辅"的治国主张。朱熹认为，"德"与"礼"都是治国之本。德是要求君主修德，而礼则是以"三纲五常"等道德要求规范臣民行为。在朱熹看来，治国之要，当把"德"与"礼"放在首位，然后辅以"刑罚号令"。因为"政刑"虽能使百姓"远罪"，而"德礼"之效，则更能让百姓在不知不觉中"迁善"。所以前者是"末"，后者是"本"，治国虽然两者不可或缺，但"本"与"末"当分清楚。朱熹"为政以德"的德治观，虽以中国儒家传统思想为基础，但在具体阐释中，表现了其独立的思考。其次，朱熹总结了"任贤使能、唯才是举"的人才思想。曾有人问朱熹："今日之治，当以何为先?"回答是："只是要得人。"在朱熹看来，能否得人，是治理国家的头等大事。所以，在朱熹给朝廷的诸多章奏中，人才问题一直是其关注的焦点。朱熹认为，人才选拔的原则应当是任贤使能、唯才是举，而标准则当包括"德行"和"道艺"两个方面。针对当时人才选用的弊端，朱熹主张革除任人唯亲的"荫恩"制和只凭年龄和资历升官的"资考"制。最后，朱熹提出了"爱养民力，民富邦宁"的重民论。他认为，"天下国家之大务，莫大于恤民"，统治者应当把"爱养民力"放在治国的首位。他还提出了"恤民"的一些具体措施，如减轻赋税、规范税收、设仓救荒、屯田养兵等。朱熹认为："民生之本在食，足食之本在农。"所以，应该大力发展农业生产，足食以保民。在社会财富的分配上，朱熹反对统治者聚敛贪财。他说："民富，则君不至独贫；民贫，则君不能独富。"在朱熹看来，只有百姓富足了，国家才能长治久安。此外，作为学识渊博且曾长期任职地方的官员，朱熹对有关国计民生的大事非常留意，在节用、治兵、救荒、赈恤以及地方政治体制等方面，都有系统的思想和方法。这些政治思想对当时社会产生了影响，其中的合理成分，对今人仍有借鉴意义。

(三)影响：广泛而深远

朱熹是中国历史上孔子之后最杰出的文化巨匠之一。历史上，朝野上下，对朱熹都有极高的评价。清人全祖望在学术史名著《宋元学案》中，评价朱熹的学说是"致广大，尽精微，综罗百代"。就是说，朱熹的学问极其广大、极其精微，集宋朝以前百代学术之大成。著名国学大师钱穆赞誉朱熹是我国学术史上中古时期的"唯一伟人"。朱熹及其体系宏大、条理缜密的学说，对中国传统社会后期历史发展和文化风貌产生了广泛而深远的影响。侯外庐等主编的《宋明理学史》从五个方面较为全面指出了朱熹及其学说的这种影响：

第一，朱熹是中国传统社会后期最重要的理学家。其思想虽出自二程（颢、颐），但学术成就则在二程之上。理学史上的一些名家如周敦颐、陆九渊、王守仁等，地位亦不及朱熹。在整个理学史上，以成就和影响论，当以朱熹为首。

第二，朱熹构建的包括天理论、人性论、格物致知论、持敬说等在内的理学思想体系，把中国历史上的客观唯心主义推进到一个新的阶段。该体系集宋代理学之大成，同时也熔铸了传统儒家思想、佛学思想和道教思想，理论色彩更为丰富。朱熹将天理论引入社会政治思想和历史哲学，使得这些领域呈现出不同的面貌。

第三，朱熹学术修养广泛，遍注群经，著作等身，影响极大。他的《四书》《五经》注释，大部分成为元、明、清三代的官书，大量印行，且远及海外。而关于天文、地志、律历、兵机等著作，也深有影响。一人而有如此广博的学术，在中国传统社会后期并不多见。

第四，朱熹及其学生形成了一个有势力的学派。在朱熹的培养下，其学生中有学术成就的不少，在政治上有地位的也不少。他们薪火相传，使得朱子之学"其传弥广"。

第五，朱熹的学说对后世影响巨大。宋明理学对后世的影响，主要是朱熹理学思想的影响。朱熹的《四书集注》《诗集传》等，是科考的准绳。其《家礼》一书，为封建士大夫所奉行，在社会上具有规范风俗的作用。封建社会后期儒家的传统思想，实际上就是朱熹的理学思想，它对巩固封建统治、维护封建礼教，起了重要的作用。

《宋明理学史》作者对朱熹地位与影响所作的以上五方面的评述，客观公正，亦较为全面，已被人们普遍认同。需要进一步说明的是，朱熹一生讲学不辍，门生弟子数千人，遍及闽中、两浙和江右等南方地区。他们同尊朱熹，而于朱子学的发明则各具特色、各有心得，形成了众多流派。其中徽州（旧称新安，历史上辖歙、黟、休宁、祁门、婺源、绩溪等六县。今安徽黄山市）婺源系朱熹祖籍，徽州的朱门弟子以朱熹嫡传自誉，在发明、诠释朱子学方面独树一帜，被称为新安理学。新安理学在南宋形成学派后，在元代得到进一步的发展，并于明初达到鼎盛阶段。一直到清朝中叶，因皖派经学的兴起，新安理学才结束了长达600余年的发展历史。其间，它始终有一以贯之的学术宗旨、一脉相传的理学家群和鲜明的学派特征，对12世纪以后中国哲学史和中国学术思想史的发展演变，以及徽州和周边地区社会生活的各个领域产生了巨大的影响。新安理学的形成与发展历史，从一个侧面反映了朱熹与徽州、安徽的密切关系。

三、论新安理学家程大昌

程大昌（1122—1195年）字泰之，休宁（今属安徽黄山市）会里人。在南宋新安理学学派形成时期，程氏是与朱熹齐名的最重要的人物。目前，朱熹在新安理学发展史上的地位，学术界已有公论。而程大昌的学术思想及其在新安理学发展史上的作用，至今尚乏文章论及。

（一）程大昌学术思想的形成

尽管有关程大昌的传记资料有多种，譬如《宋史》卷四百三十三《程大昌传》、(弘治)《徽州府志》卷七《人物·程大昌》、《新安学系录》卷五《程文简公（大昌）神道碑》等，但其中涉及其学术思想形成的资料，极为少见。我们只能从程氏的有关学术著作中，追溯其学术思想的源流。我们认为程大昌学术思想的形成主要受到三个方面的影响。

第一，北宋理学思潮。

众所周知，理学作为一个时代的哲学思潮，滥觞于唐代中期。北宋周敦颐继承唐代韩愈的"道统说"，并融会佛、道思想，著《太极图》及《通书》40篇，"明天理之根源，究万物之始终"[①]，成为宋朝理学的开山祖。稍后，河南二程（颢、颐）受业周氏，"扩大其所闻，表章《大学》《中庸》二篇，与《语》《孟》并行，于是上自帝王传心之奥，下至初学入德之门，融会贯通，无复余蕴"[②]。关中张载作《西铭》，极言"理一分殊"之旨；河南邵雍著《皇极经世书》，建立了象数学思想体系。周、二程、张、邵五子"并时而生，又皆知交相好"[③]，他们著书立说，使理学在北宋发展成为时代哲学思潮。

生活在南宋的程大昌，其学术思想的形成和定型，与北宋理学思潮有着不解的关系。首先，程大昌继承了北宋理学大师们的学风。这一学风的重要特征是，学者治学，与汉唐古文经学重训诂义疏的传统背道而驰，抛开传注，直接从经文中寻求义理。在程氏的重要传世著作中，如《演繁露》《易原》《诗论》《易老通言》等，都明显地体现了这种学风。他撇开了汉唐古文经学家所注重的训诂义疏，借助经文，并参以个人体会和一己私见，从中探求性命义理之说。其次，程大昌直接继承了北宋理学先辈的论题和思想成果，吸收了他们的许多观点。譬如，程氏在《易原》中所论

---

① 脱脱等：《宋史》卷427《周敦颐传》，中华书局1985年版。

② 脱脱等：《宋史》卷427《道学一》，中华书局1985年版。

③ 黄宗羲原著、全祖望补修：《宋元学案》卷9《百源学案》，中华书局1986年版。

的"太极""阴阳""五行""动静"等，在周敦颐著作中已屡屡提及，又为北宋理学大家所反复讨论和发挥。程大昌还特别深化《中庸》中"诚"的观念，将它作为修心养性的核心。这一思想其实就是接受了周敦颐的观点。周氏曾经说过："大哉乾元，万物资始，诚之源也。'乾道变化，各正性命'，诚斯立焉。"[1]程大昌在修养论中提出的"高明博厚"的境界，与周敦颐所说的"诚立明通"概念极为相似。

第二，中国哲学传统。

从有关资料来看，程大昌学术思想的内核，是儒家的理论和学说。但在程氏的学术思想中，也具有浓厚的道家色彩。程氏关于宇宙生成论和万物化生的观点，直接由道家的宇宙生成观脱胎而来。道教所尊奉的始祖老聃在《老子》中提出了一个"先天地生"，并且超越时间和空间、无形无象的精神实体"道"，同时勾勒了一个宇宙生成图式："道生一、一生二、二生三、三生万物。"程大昌在《易原》一书中阐扬的宇宙以及万物生成模式，正是老子这一图式的翻版。程大昌在政治论中提出的"无为"而治的思想。尽管程氏赋予"无为"以新的含义，将"无为"与"有为"有机地统一在其政治论中，然而我们从中仍能发现道家政治学说留下的印记。因此，在程大昌的学术思想中，"儒道合一"的色彩相当浓重。为什么在程氏的学术思想中会出现这一特征呢？我们认为，它同中国传统的哲学思想有密切的关系。

中国古代的哲学思想丰富多彩，流派众多。战国时代，就有所谓"诸子百家"之说。其中尤以儒、道两家对后世影响最大。西汉末年，佛教传入中国后，以其玄奥精深的教义和慷慨大方的允诺，吸引了苦海中的芸芸众生。从此，在中国思想界逐渐出现了儒、佛、道三家鼎立的局面。魏晋以后，三家经过长期争论和合流，其思想已经相互渗透和吸收改造。尤其是儒、道两家，都是根植于汉文化土壤中的学说，在历代思想家的发挥和阐释下，其相互之间的渗透更深、影响更大。因此，至迟在唐代，"儒道

---

[1] 周敦颐：《周子全书·通书·诚（上）》，商务印书馆《万有文库》本。

一体""儒道互补"已成为中国哲学传统的重要特征之一。北宋理学兴起,在著名的理学家如周敦颐、张载、二程等人的学说中,"儒道互补"的中国哲学传统被进一步发扬光大。所以,在程大昌的学术思想中出现"儒道合一"的现象,其实是中国哲学传统思想影响的结果。

第三,徽州文化环境。

程大昌生于徽州,长于徽州,求学时期一直在徽州度过。即使在以后长达43年的官宦生涯中,还穿插了7年的"家居"生活。因此,徽州的文化环境,对程氏学术思想的形成,有至关重要的影响。

徽州古称新安,地处万山丛中。自唐末及五代十国以后,中原大族因避战乱而纷纷迁入,"其俗益向文雅"①。据《歙事闲谭》记载:"武劲之风,盛于梁、陈、隋间,如程忠壮、汪越国,皆以捍卫乡里显。若文艺则振兴于唐宋,如吴少微、舒雅诸前哲,悉著望一时。"②这就是说,唐宋时代徽州的风尚已由崇武而转为重儒。宋人洪适在《休宁县建学记》中说,程大昌的家乡休宁"以乡校为先务,早夜弦诵,洋洋秩秩,有洙泗之风。"③自宋朝立国以来,休宁一地"亟多学者"④。正是在这种儒风的熏陶下,程大昌开始了他的求学生涯。据《新安文献志》收录的《程公大昌神道碑》记载,程氏"十岁能为文",从小就展露了"业儒"的天赋。

当时,不仅休宁一地如此,整个徽州都是文风甚盛,"自井邑田野以至于远山深谷、居民之处,莫不有学、有师、有书史之藏。"⑤后人称之为"东南邹鲁"。南宋时期的徽州,盛行讲学风气。朱熹曾两次回婺源省墓并讲学,徽州"受业者甚众"⑥。绍兴六年(1136年),南兰陵人陈之茂(字阜卿)任休宁县尉后,更加不遗余力推崇文教。乡人"相率出钱建校于县

---

① 罗愿:(淳熙)《新安志》卷1《风俗》。

② 许承尧:《歙事闲谭》卷18《歙风俗礼教考》。

③ (嘉庆)《休宁县志》卷21《艺文纪述》。

④ 罗愿:(淳熙)《新安志》卷1《风俗》。

⑤ 赵汸:《东山存稿》卷4《商山书院学田记》,四库全书本。

⑥ 施璜:《紫阳书院志》卷8《列传》,雍正三年(1725年)刊本。

之南，以其赢买书千卷，之茂日至为诸生讲说一经"①。据有关史料记载，在绍兴六年以后，程大昌拜在以"经术文章重于时"的陈之茂门下，开始步入经学之门。

吴天骥在《休宁进士题名记》中说，徽州"自南渡来，师友渊源，得所从受，故士多长于谈经"②。当时徽州学者谈经说理、悟性体道，从中涌现了一大批卓有成就的理学家，并开始形成了新安理学学派。其中著名人物有：朱熹、吴昶、程永奇、吴儆、汪莘、程洵、程先等。在程大昌学术思想的形成过程中，这些新安理学家对程氏有直接的影响。譬如，朱熹同程大昌之间常以文章往还，翰墨之交甚笃。朱氏在《答程大昌书》中，称程氏《禹贡》之书"披图按说，如指诸掌"③，大有益于学者。并对《易老通言》推崇备至，称"病中得窥易老新书之秘，有以见立言之指，深远奥博，非先儒思虑所及"④。程大昌所著《雍录》和《禹贡图》《演繁露》诸书，曾得同时著名新安理学家吴昶"为之折衷"⑤。

总之，程大昌学术思想的形成，深受北宋理学思潮、中国哲学传统和徽州文化环境的影响。他的学说和主张，并非无源之水，而是"其来有自"的。

(二)程大昌学术思想的特色

作为新安学派的"先哲"，程大昌学术思想具有鲜明的个性特征。

其一，朴素辩证的宇宙生成观。

宇宙生成论集中体现在程氏易学著作《易原》一书中。《六经》中《易经》素号难治⑥，即使圣如孔子，也是感叹"五十以学《易》，可以无

---

① (嘉庆)《休宁县志》卷7《职官》。
② (嘉庆)《休宁县志》卷1《风俗》引。
③ 程曈：《新安学系录》卷5《程文简公遗事》，康熙三十五年(1696年)绿荫园重修本。
④ 程曈：《新安学系录》卷5《程文简公遗事》，康熙三十五年(1696年)绿荫园重修本。
⑤ 程敏政：《新安文献志》卷69《友堂吴先生(昶)小传》，弘治三年(1490年)刊本。
⑥ 刘祁：《归潜志》卷13，中华书局1983年版。

大过矣"①。必须到了"知天命"的年纪,才能真正读透《易》。不过,《易》由卜筮之书发展为义理之书,因其包含了丰富玄奥的哲理,称得上是群经之首。②所以,宋代理学家每多援《易》以述自己的思想。如倪天隐有《周易口义》12卷、司马光有《温公易说》6卷、张载有《横渠易说》3卷、程颐有《易传》4卷、魏了翁有《了翁易说》1卷,等等。

程大昌《易原》成书于淳熙十二年(1185年),这一年程氏六十三岁,确实是过了"知天命"的年龄。自汉以来,解《易》者众说纷纭,莫衷一是。大昌作是书,"疑众人之所不疑,不主久传,而务求其切"③。陈振孙称其首论五十有五之数,参以《河图》《洛书》《大衍》之异同,以此为《易》之原,其见"出先儒外"。程大昌在书中推阐数学,对"一生二、二生三、三生万物"的宇宙生成模式,用理学思想作了解释。

"道生一、一生二、二生三、三生万物",语出老子《道德经》④,本是道家关于宇宙以至万物生成的哲学命题。《易原》则避而不谈作为老子哲学思想核心的"道",直言"一生二、二生三、三生万物"。程大昌认为"一"并不是实实在在的本数,乃是圣人为表达尽意而所设之数,即"借数寓名"⑤罢了。那么,这个"一"寓的是何名呢?程氏说:"一之为太极也。予固数言,不待申复矣。"这就是说,程大昌在书中所反复讨论的"一"就是"太极",即"一"寓"太极"之名。因此,在程大昌的宇宙生成论中,所谓"一生二、二生三、三生万物",实则就是"太极生二、二生三、三生万物"。他把宇宙以至万物的本原,归诸"太极",跳出了老子的命题,把它转化为理学的范畴。

程大昌学说中的"一"即"太极",在天地未判、变化未形之先已存

---

①《论语·述而篇》。

② 参阅黄沛荣:《论周易地位之提升——兼论六经之次第》,载台湾《孔孟月刊》1984年23卷第3期。

③ 程大昌:《易原·自序》,丛书集成初编本。

④《老子》第42章。

⑤ 程大昌:《易原》卷4《论"一"》,丛书集成初编本。

在。①而且，它"随在随有"，"无间乎幽明大小，而皆能与之为祖也"②。可见，"一"具有超越、决定一切的性质。他一再强调，"一"不在"有形有体之域"③。当知程大昌认为产生世界万事万物的本原，乃是非物质的。因此，在宇宙生成论上，程氏虽然能站在对立变化的立场，用阴阳变化观点来认识世界，然而最终依然不免陷于唯心主义的泥潭。

程大昌继承了《周易》中朴素辩证的思想。他根据《河图》《洛书》，叙述了五行相生相克的原理，认为金、木、水、火、土五种原始物质是"互生互克、往来交午"④的关系。也就是说，一种物质的产生、运动受制于其他的物质；同时又制约另一种物质的产生与运动。世界上万物之间便是这样相互影响、相互制约的辩证关系。不过，程大昌所说的五行相生相克的关系，仍然是一种机械的圆圈式循环。在这里，程氏的思想并没有超越前人。

其二，以"无为"思想为核心的政治观。

程大昌的政治观，以"无为"思想为核心。在程大昌的学术思想中，"无为"一词并非指无所事事，而有其特定的解释。他在《考古编》卷五《舜论》中说："惟察知事物情状，而循理以行，不自作为，斯以为'无为'与欤！"这就是说，顺其自然之理，不追加人为意志，乃是"无为"的含义。其中多少有着老庄思想的影子。

不过，程氏并不欣赏老庄那种消极遁世的态度。他在《舜论》中评价三皇五帝时代的舜的作为时说："方其理不当作，则忘世自适，非独不异于野人，亦将不异于木石，无为之至矣。举世言行，苟有一善，则果于有行，如江河沛然，莫之御遏。则其作为，孰勇于是！"可见，"有为"在程氏的学术思想中还是被提倡的。程氏的政治观，尽管举着"无为"的招牌，其实依然本之于儒家积极入世的思想。

---

① 程大昌：《易原》卷5《太极生两仪论》，丛书集成初编本。
② 程大昌：《易原》卷5《太极生两仪论》，丛书集成初编本。
③ 程大昌：《易原》卷5《太极生两仪论》，丛书集成初编本。
④ 程大昌：《易原》卷1《河图洛书论》，丛书集成初编本。

既然程大昌一方面主张顺其自然,"无为"而治;另一方面推重"江河沛然"般的作为,那么,如何从"无为"到"有为"呢?关键在于把握时机。时机没有成熟,"不强其所不能为,不致其所不可遂",顺从其理而不强加人愿;一旦有了时机,则行动有如"江河沛然",做出"无勇于是"的作为。程氏的政治观既反对盲目冲动,不循理以行;又主张积极入世,把握时机,有所作为。本之于儒家思想,又融会了道家主张,这就是程大昌以"无为"思想为核心的政治论的特色。

其三,本之于《中庸》的修养论。

强调心性修养,是宋代理学家的共同看法。在南宋新安理学学派中,"养心""复性"一直是理学家们追求的目标。如程洵以"尊德性"为座右铭、程永奇奉"敬"为学问根柢。朱熹在修养论上,更有一套完整的思想体系。

程大昌论修养,推崇《中庸》。为什么要特别看重这部书呢?他认为:"子思之著书也以道,道苟在是,则据摅发所见,展竭无余"。这就是说,在程大昌看来,《中庸》一书中有子思"展竭无余"的"道",便于学者明白体味。它不像孔子"因人而教",倘若"人未进是,则不躐等以告",所以《论语》一书,"皆仁、义、礼、乐之具,至为道日损以上无诏焉"①。《中庸》本是《礼记》中的一章,唐代李翱据以描述性、情及道德修养,排斥佛教。及宋二程子出,从《礼记》中抽出《中庸》,和《大学》《论语》《孟子》并称"四书",朱熹为之传,称《四书集传》。在宋代,《中庸》得到了理学家的普遍关注和推崇。②因此,程氏推重《中庸》,也是受当时风气的影响。

程大昌修养论的出发点是"虽匹士亦圣人"③。这种观点,其实脱胎于佛教大乘派"人人皆可以成佛"的教义,同时也与朱熹"人人皆可为尧舜"的认识共通。在程大昌看来,人不分贵贱与智愚,只要通过自身的修

---

① 程大昌:《考古编》卷6《中庸论一》,丛书集成初编本。
② 贾丰臻:《中国理学史》第2编《上古理学史(中)》,上海书店1984年版。
③ 程大昌:《考古编》卷6《中庸论三》,丛书集成初编本。

持，就能够成为具有完善人性的"圣人"。那么，如何做到这一点呢？程氏认为，其关键在于"体道"，达到"高明博厚"①的境界。依据《中庸》"至诚可以叁天地"的观点，程大昌进一步提出了"极乎高明博厚"又在于"至诚"，并且这种"至诚"必须"不息而久"②。这就是只要通过持之以恒、经久不息的至诚"体道"，就能达到"高明博厚"的境界。在这种境界中，人格升华后可与天地匹配，"天命之性"因此而复，达到人性的完善，常人就成为"圣人"。这些观点，表明程大昌在修养论上不仅提出了终极目标，而且还阐述了与之相应的达到目标的途径与方法。

其四，注重躬行实践的经世观。

经世观是人们关于人与社会关系的认识和看法。有关这方面的内容，是程大昌学术思想的重要组成部分。

宋儒讲心性，主张"养心""复性"。不过，程氏与迂儒空谈性命义理不同。他在提倡心性修养和至诚体道的同时，主张积极入世，参政议政，将其学说付诸实践。儒家经典《大学》所说的诚意、正心、修身、齐家、治国、平天下，在程大昌看来，其中并无偏废。修身的目的，在于治国经世。钱穆先生说："当知宋学所重，外面看来，好像偏倾在私人的修养，其实他们目光所注，则在全人类、全社会。"③用程大昌的经世观及其经世实践，印证钱氏这一评语，确实不谬。

程大昌经世观的显著特点是注重躬行实践。它的基本内容：一是参政议政、积极入世。程氏活了74岁，为官生涯长达36年。其间，他官职十数迁，历任兵部、吏部、刑部、礼部及国子监等部院官，又曾担任过慕王府、庆王府赞读、直讲，并两次出任地方官。岁月漫漫、职位升降，从来没有改变程氏积极参政议政的态度。二是积极入世应当做到"在其位，谋其事"，努力"为君分忧、为民解难"。在任京官期间，程大昌敢于直言进谏，屡备孝宗顾问，答疑解惑，内容涉及了治道、守战、世风、刑狱、练

① 程大昌：《考古编》卷6《中庸论三》，丛书集成初编本。
② 程大昌：《考古编》卷6《中庸论三》，丛书集成初编本。
③ 钱穆：《宋明理学概述》，台湾学生书局1977年版，第8页。

兵等各个方面。淳熙二年（1175年），程大昌进讲《禹贡》，孝宗问塞外山川形势，当时大昌未能详对。直至绍熙二年（1191年），程大昌丁忧居家，仍念念不忘此事，乃采撷史传旧文，考订塞外形胜地理，编成《北边备对》一书。程氏"为君分忧"，真是做到了"家"。至于"为民解难"，程大昌确实也能践行其言。据《宋史》记载，程氏在任地方官期间，力拒增加浙东路酒税、兴修清江县水利、请免江西积欠赋税等，舒缓了一方百姓之困。三是进退自如、淡泊功名。程大昌既做过秘书省正字、左宣教郎、国子监司业兼权礼部侍郎、秘阁修撰、中书舍人、权刑部侍郎、国子监祭酒及权吏部尚书等京官，也出任过浙东提点刑狱、江东转运副使、江西转运副使等地方官；既有春风得意之时，也有失意寡欢之日。不过，程氏始终抱定宗旨，进退自如，视功名利禄为身外之物。宋孝宗在赐程大昌敕文中，也誉其一生真正做到了"退食自如"，于官职升降了不在意。[1]积极参政而淡泊功名，正是新安理学家在经世观及其实践中追求的最高境界。具有这等立身行事的官员，在当时官场中，称得上是"寥若晨星"。

朴素辩证的宇宙生成观、以"无为"思想为核心的政治论、本之于《中庸》的修养论、注重躬行实践的经世观是程大昌学术思想的主要特征。作为新安学派的先哲，程氏学术思想的内核是传统的儒家理论和学说。不过，他的学术思想也深深地烙上了道教学说的印记，如宇宙生成论中的"宇宙生成模式"，政治论中的"无为"概念等。应当特别指出，在程大昌的学术思想中，佛教的影响甚微。程氏在《考古编·序》中自称一生不与"缁黄方技之士"打交道。淳熙二年（1175年），程大昌第二次入朝为官，首章即反对六和塔寺僧以镇潮为功，免除科徭。并不无讽刺说："自修塔后，潮果不啮岸乎?"[2]从中可见程大昌对佛教的态度。这一点与南宋新安理学家朱熹、汪莘等人不同。据《崇安县志》卷八《释》记载，朱熹同佛门中圆悟、藻光等人往来密切。汪莘则是"韬钤之书、释老之典，靡不究

---

① 楼钥:《攻媿集》卷35《外制》，中华书局1985年版。

② 程敏政:《新安文献志》卷68《程公大昌神道碑》，弘治三年（1490年）刊本。

习"①。相比较而言，程大昌的学术思想中更多地掺进了道教色彩，而绝少佛教的影响。

（三）程大昌在新安理学发展史上的地位

新安理学是"朱子学"的重要分支之一，主要流传于徽州（古称新安）一带。该学派崛起于南宋、发展于元代、全盛于明初、衰落于明季、终结于清初，对12世纪以后中国哲学史和学术思想史的发展演变，产生了巨大的影响。程大昌是新安理学南宋时期的代表人物，他的思想及学术活动，对新安学派的形成，起到了极其重要的作用。

第一，修建书院，讲学授徒，壮大新安理学家阵容。

程大昌是一位典型的学者。尽管为官从政占了他一生绝大部分的时间，然而程氏于讲学及学术活动始终乐此不疲。据《休宁县志》卷二《考废》记载，程大昌曾在当地修建"西山书院"，作为研讨理学、讲学授徒的场所。新安学者中不少人都拜在程氏门下。经过他的传授，从学者开始入理学之奥堂，壮大了新安学派的阵容。其中卓有成就者，后来还成为新安理学的名家。如：黄何，字景肃，休宁五城人，从学于程大昌，登乾道丙戌年（1166年）进士，历任处州、岳州等知府。据《徽州府志》记载，黄何秉承程大昌治学心法，"为学以格物穷理为宗，尤深于洪范、阴阳消长之说，为后进宗师"②。程卓，字从元，休宁会里人，任官至正议大夫。少时在伯父程大昌的调教下，"潜心经术"，结果"尽得伯父文简公大昌之学"③，成为新安理学第二代人物中的佼佼者。因此，从培养新安理学人才的角度来说，程大昌对新安学派的经营，作出了积极贡献。

第二，研讨理学，著书立说，丰富了新安理学的思想。

程大昌毕生精研理学，学术成就斐然。他在《考古编·序》中自称

---

① 程敏政：《新安文献志》卷88《汪居士（莘）传》，弘治三年（1490年）刊本。
② （弘治）《徽州府志》卷7《人物》。
③ （弘治）《徽州府志》卷7《人物》。

"赋性朴拙，琴奕博射、法书名画，凡可以娱暇消日者，一皆不能"①。既不信佛门祈祷可以得福，也不求道士卜相推占而避害，"所为交际酬酢者，惟古今新旧书册而已"。这位清心寡欲，惟独痴情于"古今新旧书册"的理学家，一生著述宏富。流传至今且可考者，有《易原》8卷、《禹贡论》5卷、《雍录》10卷、《北边备对》6卷、《考古编》10卷、《演繁露》16卷（《续演繁露》6卷）、《诗论》1卷（又称《毛诗辩证》）、《易老通言》、《尚书谱》、《文简公词》及《文集》等。在程氏学术著作中所反映的学术思想及其特色，已如前述。他的思想丰富和充实了新安理学，为新安理学发展成一支独具特色的地方理学流派作出了理论上的贡献。

因此，在新安理学发展史上，程大昌占有突出的地位。明代正德、嘉靖年间，徽州著名学者程曈编纂了一部类似新安学派学案性质的著作《新安学系录》。在该书篇首，程氏绘有"新安学系图"，将程大昌抬到与朱熹并列的地位上。清代学者赵吉士在其所著的《寄园寄所寄》中，专列"新安理学"一条，选择在新安理学近700年发展史上最重要的15位理学家作了概要介绍。其中程大昌作为"新安理学的先哲"，名在新安学派一代宗师朱熹之后。从程大昌的学术思想及其对新安学派发展的贡献来看，"新安学派先哲"之誉，应当是恰如其分的评价。

四、论元末明初新安理学家朱升与郑玉

在新安理学近700年的兴衰过程中，名儒大家，代不乏人。其中，活动于元末明初的郑玉、朱升，以其创新的治经主张和突出的学术成就，开辟了新安理学发展的新阶段，成为明初新安理学全盛时期的代表人物。

(一)元儒之弊与朱、郑两氏新治经主张的提出

朱升与郑玉之所以在学术上取得超乎当时一般学者的成就，主要原因

---

① 程大昌：《考古编·序》，丛书集成初编本。

之一是他们重新树立了治经的指导思想。众所周知，朱子之学在元代居于"显学"的地位。仁宗皇庆二年（1313年），朝廷定科举取士法，第一、二场考题都限用朱熹的《四书集注》。①同时规定，考生答题时，必须以程朱学说为指导思想。所谓"设科取士，非朱子之说者不用"②。然而，元代朱子之学显则显矣，学者却不能无弊。弊在哪里呢？这就是在朱子之学的盛名之下，元代学者中出现了盲目迷信的风气。在学术上，它主要表现在两个方面：一是学者们对朱熹学说"无敢疑贰"③，死抱着一字一义的说教，以注疏集注为学问之大端，而其中真正学有心得者，则寥寥无几。二是大力口诛笔伐所谓的"异端邪说"，对有悖于朱熹学说的言论，不遗余力予以排斥，容不得半点争鸣与商榷。元代学者之弊，在同时代的新安理学家身上表现尤为突出。这是因为新安理学号称朱熹嫡传，朱熹之后的新安理学家一直以朱子之学的卫道者自居。试举两例为证：据赵汸（字子常，号东山）撰《倪道川墓志》称，名噪一时的元代新安理学家倪士毅（仲弘）教授于黟（徽州六属县之一）20余年，"非仁义道德之说，尝论定于郡先师朱子者，不以教人"④。又有婺源人吴师道（字正传），一生穷研经旨，"务在发挥义理，而以辟异端为先务"⑤。倪、吴两氏的学风，在当时新安理学家中，属于普遍现象。他们的治经指导思想是唯"朱"是归。这种指导思想对于以固守朱子之学为学派宗旨的新安理学家来说，并非一无是处，因为它确实达到了维护朱子之学纯洁性的目的。但是盲目迷信风气以及与之紧密关联的唯"朱"是归治经指导思想，也带来了三个严重后果：其一，真正不仅"知其然"，而且"知其所以然"的学者愈来愈少，多数人只是鹦鹉学舌之辈。其二，容易导致学者墨守藩篱而难以创新，从长远来说，也不利于朱子之学的发扬光大。其三，也容易造成士人的逆反心理，滑向"旁门左道"。针对元代学者之弊以及唯"朱"是归治经指导

---

① 宋濂等：《元史》卷81《选举一》，中华书局1976年版。

② （乾隆）《上饶县志》卷15《儒林一》。

③ 虞集：《道园学古录》卷39《跋济宁李璋所刻九经四书》，四库全书本。

④ 程曈：《新安学系录》卷14《倪道川墓志》，康熙三十五年（1696年）绿荫园重修本。

⑤ 宋濂等：《元史》卷190《吴师道传》，中华书局1976年版。

思想所带来的严重后果，朱、郑两人起而呼吁矫正元代学风之弊，特别是抨击元代新安理学家偏激、峻厉的学术风格，提出了新的治经主张。

朱、郑两氏新的治经指导思想是什么呢？

朱升曾针对元代学者研习朱子之学的积弊，说："濂洛既兴，考亭（朱熹）继作，而道学大明于世。然后学者往往循途守辙，不复致思其已明者。既不求其真知，而未明者遂谓卒不可知。"①这就是说，周敦颐、二程倡明理学之后，朱熹集其大成，圣人之道因而得以大明于世。但后代学者却循着朱子之学的成说，不再探究如何会有此"成说"。如此知其然而不知其所以然，并不是"真知"，也就是说并没有真正领悟朱子之学的真谛。由此，对朱子之学中"未明"的道理，也无从可知。所以，表面上人人都在学朱子之学，个个都在谈性命义理，"三尺之童，即谈忠恕；目未识丁，亦闻性与天道"——郑玉将这种风气讥为"口耳之弊"，实则却是"空言"说教，"得罪于圣人，而负朱子也深矣"②！这种情况最终造成了"圣学名明而实晦"③的后果。这里，朱升提出的求"真知"主张，显然与元代学者"未有发明，先立成说"的观点不同。他希望能明源察始，表达了摆脱盲从的愿望，具有比较清醒的意识。

郑玉对当时"未知本领所在，先立异同"的学术界状况，也是大为不满。他说："宗朱则毁陆，党陆则非朱，此等皆是学术风俗之坏。"在尚未真正领悟理学"本领"之先，却宗朱宗陆，立门户之见，郑玉认为"殊非好气象也"④。他强调，"不可先立一说，横于胸中，主为己见，而使私意得以横起"⑤。郑氏反对"先立异同""先立一说"，实质就是反对盲从，希望通过自己的思考，探求理学真谛。他的"本领"之说，与朱升主张的

---

① 程瞳：《新安学系录》卷14《朱学士传》，康熙三十五年（1696年）绿荫园重修本。又见程敏政：《新安文献志》卷76《朱学士升传》，弘治三年（1490年）刊本。

② 黄宗羲原著、全祖望补修：《宋元学案》卷94《师山学案》，中华书局1986年版。

③ 程瞳：《新安学系录》卷14《朱学士传》，康熙三十五年（1696年）绿荫园重修本。又见程敏政：《新安文献志》卷76《朱学士升传》，弘治三年（1490年）刊本。

④ 黄宗羲原著、全祖望补修：《宋元学案》卷94《师山学案》，中华书局1986年版。

⑤ 郑玉：《师山遗文》卷3《与汪真卿书》，四库全书本。

"真知"，辞异而意同。

求"真知"、求"本领"是朱升、郑玉两人提出的新的治经指导思想。它形成了元明之交及明初新安理学中，反对元代先儒盲目迷信、循途守辙的思潮。[①]这股思潮延续到明正德、嘉靖年间（1506—1566年），为休宁后学程曈发扬光大。程氏终身潜心于义理之学，精研《六经》性理之要，"以求真是之归"[②]。至此，新安理学的学术指导思想，已与元代先辈们唯"朱"是归完全不同了。朱、郑、程等人求"真知"、求"本领"、求"真是"的思想意识，比较起元代学者（尤其是新安理学家）一味在低层次上的解析文义，无疑要高出一筹。这是新安理学思维方式进步的表现。

朱、郑两氏针对元儒之弊而提出的新的治经主张，不仅为他们学术之大成奠定了基础，同时对新安理学学派的发展，亦起着极其重要的影响。

首先，明代新安理学的学术风格，在"求实""求真"的指导下，呈现了多姿多彩的特征。新安理学家的思维渐趋大胆、活跃，从多种途径探索朱子之学的真谛。如朱升旁注诸经来发明理学本旨，郑玉通过"和会朱陆"以求弘扬理学要义，等等。尽管朱、郑两人的学说最终还是回归朱子之学，与元代新安理学家致力的目标相同，体现着新安理学奉朱子之学为正朔的特色。但是两代人之间的指导思想，已迥然两样。

其次，更为重要的是，清初新安学者戴震继承了元末明初新安理学家求真、求实的治经方法。前者尚是希冀求得朱子之学的真谛，后者则更进一步在整个思想界和经学范围内求索"真理"。在这一思想指导下，又加上清初的历史背景和汉学大盛的影响，戴震走上了朱子之学的反对道路。他培养了一批反对空谈义理、专事考据的新安学者，完成了从新安理学到皖派经学的转变，从而宣告历宋、元、明近700年的新安理学的终结。[③]从

---

① 同其流者，还有另外一位理学家赵汸。汸（1319—1370年），字子常。他提出了读书必须"一切以实理求之"的口号，反对将纂辑群言、解析文义作为发明朱子学的"末流功夫"。

② （嘉庆）《休宁县志》卷12《人物》。

③ 参见周晓光：《试论新安理学向皖派经学的转变》，载《安徽师大学报》（哲学社会科学版）1988年第4期。

地域环境的影响来看，戴震的"求是"，实肇端于元末明初新安理学家的"求实""求真"主张。在此意义上，完全可将朱、郑两人视为新安理学承先启后的人物。一方面，他们的学术上承元代新安理学家，通过各自不同的途径，最终回归弘扬朱子之学；同时，他们又下启了清初新安学者"求是"治经作风，对皖派经学，影响至大。

（二）朱升、郑玉的学术思想与特色

在"求真""求实"的共同旗帜下，朱升、郑玉各自走着不同的治学途径，呈现出不同的学术特色。最终，又不约而同回归新安理学的宗旨——维护朱子之学。兹就两人的学术思想及其特色论述于下。

1. 朱升及其"旁注诸经"

朱升，字允升，号枫林，又号枫林病叟、隆隐老人、墨庄主人。生在元大德三年（1299年），卒于明洪武三年（1370年）。休宁人，后徙居歙县。他的学术活动，主要在早年。至正十七年（1357年），朱元璋部队下徽州，朱升应诏，上"高筑墙、广积粮、缓称王"三策，见重于朱元璋。吴元年（1367年），授翰林侍讲学士、中顺大夫知制诰同修国史。"备顾问于内庭，参密命于翰苑"[1]，成为明太祖朱元璋的心腹大臣。因此，朱氏晚年，又以"开国功勋"名称一时。

朱升曾受学于新安理学大师陈栎，先后约20年，"谊莫厚焉"[2]，深得陈氏器重。至正三年（1343年），朱升与赵汸联袂西行，在资中黄楚望门下游学一年。第二年春回乡后，即讲学于郡城紫阳祠，并逐渐丰富自己的学术思想，形成了自己的学术特色。[3]

首先，朱氏在经注方法上改革积弊，通过旁注诸经来发明《六经》之旨。他认为："先儒传注之意，所以求经之明也。而近世科举业往往混诵

---

① 朱升：《朱枫林集》卷1《翰林侍讲学士朱升诰》，黄山书社1992年版。

② 朱升：《朱枫林集》卷6《勤有堂记》，黄山书社1992年版。

③ 程曈：《新安学系录》卷14《朱学士传》，康熙三十五年（1696年）绿荫园重修本。又见程敏政：《新安文献志》卷76《朱学士升传》，弘治三年（1490年）刊本。

经注，既不能体味乎传注，而反断裂其经文。"①这就是说，"先儒"所以传注，是为了讲明《六经》之旨，帮助人们理解经文。但朱子之学被定为科举程式后，学者往往循途守辙，不再求"真知"，将经、注混为一谈。于是，既不能真正体味先儒传注的意思，反而将经文也割裂了。经文断裂，犹如"血脉不通，首尾不应"，圣贤之意不完整，也难以引起学者的兴趣。②那么，为了使经文血脉贯通、首尾相应，避免后世学者混诵经、注，是否也可以不要传注呢？朱升认为不行。他赞同当时学术界的这种观点："圣人之道载于六经，六经之旨明于传注"③，所以朱氏的看法是："夫读书不可无注解！"④既要不失传注，又要避免混诵经注，避免因传注而割裂经文。这就是朱氏发明"旁注"诸经方法来阐明《六经》之旨的主要原因。

朱升在《易经旁注前图序》中，将"旁注诸经"的具体方法阐述甚明。他说："愚自中年以经书授徒教子，每于本文之旁，着字以明其义，其有不相连属者，则益之于两旁之间。苟有不明不尽者，又益之于本行之外。学者读本文而览旁注，不见其意义之不足也。"⑤这样，既保存了传注，而又未断裂经文，避免了经、传混诵的弊端。朱升"旁注"诸经的方法，使经与解"可离可合、有纲有则"⑥，"离而观之，则逐字为训，合而诵之，则文义成章"⑦。因而使学者"但读本文而览其旁注，一过则了然

---

① 程瞳:《新安学系录》卷14《朱学士传》,康熙三十五年(1696年)绿荫园重修本。又见程敏政:《新安文献志》卷76《朱学士升传》,弘治三年(1490年)刊本。

② 朱升:《朱枫林集》卷3《大学中庸旁注序》,黄山书社1992年版。

③ 朱升:《朱枫林集》卷6《六经源流》,黄山书社1992年版。

④ 朱升:《朱枫林集》卷4《小四书序》,黄山书社1992年版。

⑤ 朱升:《朱枫林集》卷3《易经旁注前图序》,黄山书社1992年版。

⑥ 朱升:《朱枫林集》卷3《易经旁注前图序》,黄山书社1992年版。

⑦ 程瞳:《新安学系录》卷14《朱学士传》,康熙三十五年(1696年)绿荫园重修本。又见程敏政:《新安文献志》卷76《朱学士升传》,弘治三年(1490年)刊本。

无繁复之劳也"①。在旁注"小四书"②时,朱升又创了"栏上表注"之法。因为"小四书"的特点是"语约而事多",大多是四字一句,语言极为精练,但包含的事典异常丰富,所以"旁注"往往不能容纳,须以"栏上表注"补其不足。以"旁注诸经"为主要内容、"栏上表注"作为补充的治学方法,是朱氏学术的一大特色。

其次,在求"真知"的旗帜下,朱升的经注内容既融会了诸家之说,又有其独到的见解。学术的基本倾向仍在朱子之学一途。朱氏善于博采众说,吸收先儒研究心得,这在当时是有口皆碑的。他的《大学》《中庸》旁注,大多"取诸先儒经解"③,《论语》《孟子》旁注也是"融合"了先儒的看法。④明初名儒陶安(主敬)撰《翰林侍讲学士朱升诰》,称其学术"网罗百家,驰骋千古"⑤,这一评语并非凿空之言。朱升的"博采"与"网罗",建立在对诸家学说深入了解的基础上。譬如,在旁注《中庸》时,朱氏首先分析了诸家的长处,认为:"《中庸》经朱子训释之后,说者亦多。其间最有超卓之见者,饶氏也;有融会之妙者,思正李先生也;精于文义、切于体认者,楼山袁氏述吴氏之说也。"比较鉴别之后,朱氏之旁注就"各取其长"⑥了。朱升在经注内容方面善于博采众长,但对先儒之说,也非一味承袭,而有自己独到的看法。他的《大学》《中庸》旁注,"辞语"并不纯用先儒原文,"意义"亦屡有不能苟同者。⑦旁注《论语》《孟子》时,凡遇到"不类、不妥者,则必再三玩索体认,以求真是之归"⑧。它表明,朱氏在学术研究中,贯彻了求"真知"的指导思想,并不盲目迷信"成说"。《中庸》一篇的经注内容,有不少"一得之愚闻

① 朱升:《朱枫林集》卷4《小四书序》,黄山书社1992年版。

② 朱升将《蒙求》《字训》《历代蒙求》《史学提要》称为"小四书"。它是相对朱熹《大学》《论语》《孟子》《中庸》四书而言的。

③ 朱升:《朱枫林集》卷3《大学中庸旁注序》,黄山书社1992年版。

④ 朱升:《朱枫林集》卷3《论语孟子旁注序》,黄山书社1992年版。

⑤ 朱升:《朱枫林集》卷1《翰林侍讲学士朱升诰》,黄山书社1992年版。

⑥ 朱升:《朱枫林集》卷3《跋中庸旁注后》,黄山书社1992年版。

⑦ 朱升:《朱枫林集》卷3《大学中庸旁注序》,黄山书社1992年版。

⑧ 朱升:《朱枫林集》卷3《论语孟子旁注序》,黄山书社1992年版。

见"，是朱氏自家"体贴"出来的。如关于智、仁、勇之用，至诚不二不息之分，尊德性、道问学之说等，其内容已与诸家之说相去甚远，形成了自己的观点。①

从总的倾向来看，朱升的学术观点仍然属于朱子之学一路。用朱同的话来说，是"议论折衷，一归于正"②。他十分重视读书，于《六经》尤其看重，认为"圣人之道载于六经，六经之旨明于传注"，因而欲求"圣人之道"，离不开读经。这纯是朱门的为学功夫，与"陆（象山）学"一味反观自悟的体道方法大相径庭。当时以及后来对朱升十分熟悉或有过研究的学者，总结出朱氏的学术风貌是"其学以列圣传心为主，践履致用为功，务究极天人之蕴，兼理数而一之"③。我们将它同朱熹的学术特色相比较④，很容易看出朱升的学术与其同乡先辈如出一辙。⑤举一具体例子来说，朱熹发明《易》，融会了北宋理学大家二程、邵雍之说，呈现"兼理数"的特色。朱升关于《易》经中"理"与"数"关系的看法是："夫理之所以御数，数者所以寓理。"⑥也就是说，"理"与"数"有着密切的关系，不能截然将它对立起来。因此，如何发明《易》经，朱升的观点是"兼理数而一之"。显然，它同朱熹发明《易》经的方法并无二致。由于朱升学说不杂"异说"，深得朱子之学精髓，因此，后人将朱升视为明初朱子之学的嫡传。如康永韶在《枫林像赞》中称朱氏"道明孔孟，学继程朱"⑦。廖道南的《枫林传赞》视朱氏为"紫阳（朱熹）之裔"⑧。唐翰林

---

① 朱升：《朱枫林集》卷3《跋中庸旁注后》，黄山书社1992年版。

② 朱同：《覆瓿集》卷7《生日祭先考文》，四库全书本。

③ 朱升：《朱枫林集》卷9《朱升传》，黄山书社1992年版；卷10《唐翰林：祭文》中亦称朱升学术："以列圣传心为主，践履致用为先"。

④ 脱脱等：《宋史》卷429《朱熹传》称朱熹学术"大抵穷理以致其知，反躬以践其实，而以居敬为主"，中华书局1985年版。

⑤ 朱熹祖籍婺源，婺源原属新安。

⑥ 朱升：《朱枫林集》卷6《六经源流》，黄山书社1992年版。

⑦ 朱升：《朱枫林集》卷9《枫林像赞》，黄山书社1992年版。

⑧ 朱升：《朱枫林集》卷9《枫林传赞》，黄山书社1992年版。

祭文说,"紫阳衣钵,(因朱升而)世绪犹存"①,等等。甚至吴鼎《赠归新安诗》中有"紫阳道统接河南,又得枫林继述完"②句,将朱升抬为朱熹之后"道统"的传人。如果从朱升学术的基本倾向及其在当时的学术成就来看,这些评价还算有根有据。

最后,注重教学,是朱升学术的又一显著特征。朱升学术思想的主要内容之一,便是有关教学的思想。我们归纳其基本观点如下:(1)确立最终的教学目的,这就是"归趣乎孔孟之教,究极乎濂洛之说"③。换句话来说,教学的目的就是要培养一批以"孔孟之教"为信条,以研习理学为志向的学者。朱升这一教学宗旨,既是当时社会对人才培养的要求,也与新安理学一贯的学术特色相吻合。(2)教学过程讲究循序渐进,尤其重视史学知识的传授。朱升在《送程仲本之龙川侍亲序》中,曾明确提出"作文之本在读书,读书之法在循序"④。至正二十年(1360年),朱升赶赴紫阳书会,亲自为"斋生"开列了一张"读书次序"清单:第一部是《蒙求》,第二部是《字训》,第三部是《历代蒙求》,第四部是《史学提要》。这四部书多为新安理学家所撰,且有一个共同特点,"四字成言,童幼所便",朱升称之为《小四书》。⑤按照朱升的看法,倘若将《小四书》依照次序"精熟融会",则"宇宙在胸中矣",具备了探索六经之旨的前提条件。随后再循序开始研究"六经之学",便进入了学问之大堂。(3)主张教学内容有主次、本末之分。所谓"主"与"本",即是六经之学;"次"与"末"则是笔札与诗文之类。教学首先应顾及本,然后"休日则事笔札而考苍雅;余力则记名数而诵诗文"⑥。朱升的教学思想贯彻到他的教学与学术活动之中,取得了明显的效果。朱升曾自负地说:"字之为注,句之为释,我不如先儒;拓开千古之心胸,提省一时之俊杰,先儒不如

---

① 朱升:《朱枫林集》卷10《祭文》,黄山书社1992年版。
② 朱升:《朱枫林集》卷10《赠归新安诗》,黄山书社1992年版。
③ 朱升:《朱枫林集》卷4《小四书序》,黄山书社1992年版。
④ 朱升:《朱枫林集》卷4《送程仲本之龙川侍亲序》,黄山书社1992年版。
⑤ 朱升:《朱枫林集》卷4《小四书序》,黄山书社1992年版。
⑥ 朱升:《朱枫林集》卷4《小四书序》,黄山书社1992年版。

我。"①确实，在他的门下，新一代新安理学家脱颖而出，因此有新安理学"历元明而其传弥广"的不败气象。

综上所述，在求"真知"的治经指导思想下，朱升的学术有其鲜明的个性特色。尽管他的学术思想最终归于朱子之学而不取"异说"，但他对诸家学说并不是简单的承袭或排斥，而有自己独立的思考。朱升高足黄枢称乃师学说"不雷同而是是，不崖异而非非"②，确实中的。

2.郑玉及其"和会朱陆"

如果说，"旁注诸经"是朱升学术的"标签"，那么，"和会朱陆"就是郑玉学术的"标签"了。

郑玉（？—1358年），字子美，号师山，歙县人。早年沉潜《六经》，尤精《春秋》，学者从之如云。曾筑师山学院，"集诸朋游，讨论《春秋》笔削之旨"③，并为之注释，著有《春秋经传阙疑》一书。至正十四年（1354年），元政府授郑玉翰林待制、奉议大夫，郑玉坚辞不起。郑氏虽生于元朝，但他深受宋元之交新安理学家不入仕元的政治态度影响。四年之后，即至正十八年（1358年），朱元璋大军下徽州，郑玉惧为新朝征召，自缢而死。从郑玉的行为来看，他的内心充满了矛盾。一方面，他受传统儒学中狭隘民族观念影响，以新安理学先辈为榜样，对仕元始终不感兴趣。汪蓉峰撰《郑待制》称，元政府征召时，郑玉"束书就道，道中疾作，遂还山"④。但是，实际情况恐非如此。郑玉进表自称"待制之职，臣非其才，不敢受"。而且，推辞过后，居家日以著述为事，精力过人。⑤可见所谓"以疾辞"，纯是遁词。但在另一方面，他又生长在元朝，是元朝君主的臣民，倘若仕于新朝，不免有失名节。因此，郑氏要"为天下立

---

① 朱升：《朱枫林集》卷8《翰林院学士端木孝思白云楼诗序跋》，黄山书社1992年版。
② 朱升：《朱枫林集》卷10《祭朱升文》，黄山书社1992年版。
③ 程敏政：《新安文献志》卷49《郑待制》，弘治三年(1490年)刊本。
④ 程敏政：《新安文献志》卷49《郑待制》，弘治三年(1490年)刊本。
⑤ 黄宗羲原著、全祖望补修：《宋元学案》卷94《师山学案》，中华书局1986年版。

节义,为万世明纲常"①,在朱元璋征召时,以"吾岂事二姓者耶"②相抗,最后"以节死"③。郑氏毕生精研的学说,以及当时不可抗拒的历史潮流,最终将他逼上了绝路。

郑玉的学术成就,在当时已为世人所称道。婺源程文以在《师山集原序》中称郑氏"制行之高,见道之明,故卓然能自为一家之言"④。换句话说,郑氏的学术有其独到之处。究竟有何"独到之处"呢?我们认为最主要体现在四个方面:

其一,系统地阐述了"和会朱陆"的思想。

郑玉承认朱子之学与陆九渊学说,存在差异。他认为这是由于朱陆两人气质不同所致。"陆子气质高明,故好简易;朱子之质笃实,故好邃密",两人学问功夫不同,显而易见。但郑氏尤其看重两人学说的相同之处。他说:"及其至也,三纲五常、仁义道德,岂有不同哉?况同是尧舜,同非桀纣,同尊周孔,同排佛老,同以天理为公,同以人欲为私,大本达道,无有不同者乎!"这里郑玉肯定朱、陆两家"大本达道",即学说思想的核心,是一致的。因此,他认为后之学者"不求其所以同,惟求其所以异",互相水火,此"非善学圣贤者"⑤。这样,他首先为自己"和会朱陆"提供了依据。

郑玉还对朱、陆两家学说的长短,作了中肯的分析,以便其在"和会朱陆"中取长补短,避免不足。他认为,朱、陆两家学说"各不能无弊"。"弊"在何处呢?"陆氏之学,其流弊也,如释子之谈空说妙,至于卤莽灭裂,而不能尽夫致知之功。朱氏之学,其流弊也,如俗儒之寻行数墨,至于颓情委靡,而无以收其力行之效"⑥。这就是说,陆学之弊在谈空说妙,而无致知功夫;朱学之弊在支离泛滥,不能收"力行之效"。前者高而不

---

① 郑玉:《师山遗文》卷3《与族孙忠》,四库全书本。
② 黄宗羲原著、全祖望补修:《宋元学案》卷94《师山学案》,中华书局1986年版。
③ 程敏政:《新安文献志·先贤事略》,弘治三年(1490年)刊本。
④ 郑玉:《师山集》卷首《师山集原序》,四库全书本。
⑤ 郑玉:《师山集》卷3《送葛子熙之武昌学录序》,四库全书本。
⑥ 郑玉:《师山集》卷3《送葛子熙之武昌学录序》,四库全书本。

踏实，后者平实而不高超。实际上，朱学的短处，正是陆学的长处；而陆学的弊端，又是朱学的优点。两家唯有摒弃门户之见，才可以避免各自的不足。

由此，郑氏自觉地融会了两家学说，用《四库》馆臣的话来说，郑氏"无讲学家门户之见"[①]。他受陆学"心本论"的影响，欣赏"理以心觉"的观点，即用心去体验、获取"天理"[②]。正如有的研究者指出，郑氏思想在许多方面深得陆学遗风。[③]然而，郑氏的学术，决非纯然的陆学风格。朱熹曾说过："穷理之要，必在读书"。郑玉接受了朱学笃实致知的功夫，也主张读书尊经。他在《养晦山房记》中阐述了"幻而学焉，壮而用焉"的观点。郑玉认为："幼而不学，则无以穷天下之理而致其知，及其壮也，不究之用，则亦何以为学哉？"这里，郑玉明白提出了"穷理致知"必须"学"的看法。"学"即读书。郑氏称自己曾在黄山"尽取天下之书而读之，以求圣贤之所谓道"[④]。这一套是典型的朱门为学路子。他又在《余力稿自序》中说："道外无文，外圣贤之道而为文，非吾所谓文；文外无道，外《六经》之文而求道，非吾所谓道。"[⑤]将《六经》作为载道之具，与陆象山"《六经》注我"之说，完全背道而驰。郑氏在《春秋经传阙疑序》中大谈"人欲天理"[⑥]之说，又在《跋〈太极图〉·〈西铭〉》中反复论说"理以明气""气以明理""理外之气""气外之理"[⑦]等理、气之辩，这些都属于朱学话题，而不为陆学所道。显然，在郑玉的思想中，也融会

① 永瑢等：《四库全书总目》卷168《集部·别集类二》，中华书局1965年版。
② 郑玉：《师山集》卷7《洪本一先生墓志铭》，四库全书本。
③ 唐宇元：《元代的朱陆合流与元代的理学》，载《文史哲》1982年第3期。有一点需要澄清：唐先生在文中引用了郑玉所作《云涛轩记》，"吾眼空四海，胸谷云梦，以天地为籧篨，古今为瞬息。凡宇宙烟云变化，风涛出没，皆吾轩中物也，又岂拘于一室之者乎……"称是郑玉所"咏诵"。其实这段话，并非郑玉所说。在"吾眼空四海"之前，有云涛轩主人"孟思笑曰"四字，这段话出自孟思之口。
④ 郑玉：《师山集》卷5《养晦山房记》，四库全书本。
⑤ 郑玉：《师山集》卷首《余力稿自序》，四库全书本。
⑥ 郑玉：《师山集》卷3《春秋经传阙疑序》，四库全书本。
⑦ 郑玉：《师山集》卷3《跋〈太极图〉·〈西铭〉》，四库全书本。

了朱子之说。就郑氏的学说来看，他是一位典型的"和会朱陆"的学者。

其二，明确地提出了"右朱"的学术宗旨。

郑玉学术的最大特色是"和会朱陆"。在"和会朱陆中"，他又明确地提出了"学者自当学朱子之学"的"右朱"的学术宗旨。[①]两者并不矛盾："和会朱陆"说明了郑氏学术思想的丰富兼容，"右朱"则体现了郑氏学术思想的基本倾向。

从郑玉的师承来看，当属陆学。[②]但郑氏治经以求"本领"为指导思想，"潜心圣贤之书……进退俯仰，一随其节"[③]，没有墨守师教。相反，对朱子之学则由钦慕而至信仰，最后发展到以之为学术宗旨的程度。

郑玉与朱子之学的渊源颇深。他在《余力稿序》中说："余十数岁时，蒙昧未有知识，于前言往行无所择。独闻人诵朱子之言，则疑其出于吾口也；闻人言朱子之道，则疑其发于吾心也。好之既深，为之益力，不惟道理宗焉，而文章亦于是乎取正。"[④]这就是说，郑玉认为"朱子之言""朱子之道"合乎己心，所以久而久之，道理、文章一概"宗焉"。他还在《洪本一先生墓志铭》中，标榜自己读的是朱子之书，求的是朱子之道。[⑤]确实如此，从郑玉的学术来看，他在"和会朱陆"中偏向朱子之学的态度还是比较明显的。譬如，郑玉治《易》，所本的是《程朱传义》[⑥]；治《礼》，所宗的是《朱子师友仪礼通解》。[⑦]他推崇朱熹"尽取群贤之书，析其异同，归之至当，言无不契，道无不合，号集大成，功与孟子同科矣。使吾道在宇宙，如青天白日，万象灿然，莫不毕见；如康衢砥道，东西南北无不可往；如通都大邑，千门万户，列肆洞开，富商巨贾，轮辕辐集，

---

① 郑玉：《师山遗文》卷3《与汪真卿书》，四库全书本。
② 黄宗羲原著、全祖望补修：《宋元学案》卷94《师山学案》，中华书局1986年版。
③ 郑玉：《师山遗文》卷3《与汪真卿书》，四库全书本。
④ 郑玉：《师山集》卷首《余力稿序》，四库全书本。
⑤ 郑玉：《师山集》卷7《洪本一先生墓志铭》，四库全书本。
⑥ 郑玉：《师山集》卷3《周易大传附注序》，四库全书本。
⑦ 郑玉：《师山遗文》附录《汪克宽：师山先生郑公行状》，四库全书本。

所求无不可见。而天地之秘、圣贤之妙，发挥无余蕴矣。"①这里，郑玉对朱子之学备极褒誉，将朱熹抬到了孟子之后第一人的地位。因此，清代著名学术史研究大家全祖望对郑玉曾总结性地作过评论："继草庐（吴澄）而和会朱陆者，郑师山也。草庐多右陆，而师山则右朱。"②验之师山著述，斯言诚乎不谬。

持有上述观点的学者，不只是全祖望一人，也不仅止于清朝的学者。与郑玉同时代的许多学者，当时就指出了郑氏的学术具有"右朱"的基本倾向。如徐大年在《贺郑子美先生被征命启》中，称郑玉学术"得紫阳朱子之正传"③。周原诚在郑玉去世后的"哀辞"中说，郑氏"学以朱子为根据"④。著名新安理学家汪克宽撰《师山先生郑公行状》，认为郑玉为学，"大概本朱子"⑤。正是由于郑玉在"和会朱陆"中提出了"学者自当学朱子之学"的学术宗旨，在治经过程中，又体现了"右朱"的学术倾向，所以徽州的后学者将郑玉抬进了"府学文公祠"，从祀堂上，以表彰郑玉羽翼朱熹学说之功。"和会朱陆"而"右朱"，这是郑玉学术的重要特征之一。

其三，以"伦理纲常"学说为学术思想的核心。

郑玉的学术思想，包含了丰富的内容。他在理气关系、学用关系、动静关系、文道关系、体用关系以及为学之道、治经宗旨等方面，都提出过自己的看法。不过，郑玉学术思想的核心，还在于他的"伦理纲常"学说。

元末明初新安理学名儒汪克宽（字德辅，一字仲裕）撰《师山先生郑公行状》，称郑玉学术"大抵主于明正道，扶世教，语子以孝，语臣以忠"⑥。他实际上指出了郑玉学术思想的核心内容。汪克宽本人是位颇有

① 郑玉：《师山遗文》卷3《与汪真卿书》，四库全书本。
② 黄宗羲原著、全祖望补修：《宋元学案》卷94《师山学案》，中华书局1986年版。
③ 郑玉：《师山遗文》附录《贺郑子美先生被征命启》，四库全书本。
④ 郑玉：《师山遗文》附录《哀辞》，四库全书本。
⑤ 郑玉：《师山遗文》附录《汪克宽：师山先生郑公行状》，四库全书本。
⑥ 郑玉：《师山遗文》附录《汪克宽：师山先生郑公行状》，四库全书本。

建树的学者，他同郑玉经常"讲理论学，意气相得"①。因此，汪氏之论能够切中郑玉学术之要。《四库》馆臣也认为汪氏的看法"不诬"②。郑玉为什么要将"伦理纲常"学说作为自己学术思想的核心呢？原因是多方面的。其中重要因素之一是当时动荡政治局势的影响。史称元朝末年，红巾军四起，郑玉"每与名公大夫论及为政，必以树纲常、厚风俗为急务"③。正是目睹了当时"纲常沦丧、风俗大坏"的情景，郑氏遂于"伦理纲常"学说用力尤深，意在挽救人心，改变陋俗，为恢复封建伦理纲常秩序摇旗呐喊。

郑玉伦理纲常学说的出发点是"明正道，扶世教"。也就是说，要确立封建的道德标准，以之规范社会上不同阶层的人们。郑氏所谓的道德标准就是"三纲五常"，这同历代封建学者的观点并无二致。同时，郑玉还进一步指出："五常为人伦之重，而三纲又为五常之重也"④，将"君为臣纲、父为子纲、夫为妻纲"摆在了封建道德最重要的位置上。因此，郑玉学术非常重要的一个内容就是"语子以孝，语臣以忠"。他的《汉高祖索羹论》《赵苞论》《与鲍仲安书》等篇，阐述的就是有关"忠""孝"的思想。按照郑玉的看法，"纲常"是"国家之本"⑤，只有确立了"三纲五常"的道德标准，才能"维持世教，扶植人心"，达到王朝长治久安的目的。这里明显体现了郑玉伦理纲常学说与封建政治的紧密结合。那么，人们又如何自觉遵守"三纲五常"的道德要求呢？郑玉特别强调了两点：(1)"诚"。他根据《中庸》"诚者，天之道也；诚之者，人之道也"的观点，认为人类"四端万善，莫非诚有"。也就是说，人若有"诚"，那么"恻隐、羞恶、辞让、是非之心，孝弟忠信之行"，都将"发而不可遏

---

① 程敏政:《新安文献志》卷72《吴学谕:环谷汪先生(克宽)行状》，弘治三年(1490年)刊本。

② 永瑢等:《四库全书总目》卷168《集部·别集类二》，中华书局1965年版。

③ 郑玉:《师山遗文》附录《汪克宽:师山先生郑公行状》，四库全书本。

④ 郑玉:《师山遗文》卷3《与鲍仲安书》，四库全书本。

⑤ 郑玉:《师山遗文》卷3《为丞相乞立文天祥庙表》，四库全书本。

也"①。（2）身轻而忠孝之道为重。他说："凡人处君亲之间，当大变之际，既不能两全其道，则当各尽其道而已。"如何"各尽其道"呢？郑氏举了一例：当寇挟持赵苞之母，欲使有城守之责的赵苞投降时，赵苞最好的选择是自杀。②如此就是尽忠尽孝，"各尽其道"了。显然，郑玉认为人伦孝道、君臣大义乃是第一位的，甚至比生命还重要。它同程朱理学中"存天理，灭人欲"的理欲观是完全一致的。郑玉认为做到"诚"和以忠孝之道为重，人们就能达到"三纲五常"的道德标准。其实，郑氏本人就是这一套"伦理纲常"学说的实践者。他最终以死实现了"为臣尽忠，为子尽孝"的"三纲五常"道德目标。

其四，以发明《春秋》为学术研究的突破点。

郑玉于《六经》皆有发明，其中《春秋》一经用力最深。他的《春秋经传阙疑》一书在明清理学界享有盛誉，被公认为是郑氏学术的代表作。郑玉特别推崇《春秋》，有其理由。他认为《春秋》"体天地之道而无疑，具帝王之法而有征"，是百王"不刊之典"。它的功效足以"遏人欲于横流，存天理于既灭"③。换言之，《春秋》乃是体道治世的大典。这就是郑玉尤其看重《春秋》的原因。他曾将《六经》作过比较，认为"《易》《诗》《书》言其理，《春秋》载其事，有《易》《诗》《书》而无《春秋》，则皆空言而已矣"④。指出了《春秋》在六经中的特殊地位。缘于此故，郑氏将《春秋》作为其学术研究的突破点。

郑玉对历史上研究《春秋》诸家，有比较简括的评论。他说："三家之传，左氏虽若详于事，其失也夸；公、谷虽或明于理，其失也鄙。及观其著作之意，则若故为异同之辞而非有一定不可易之说。两汉专门名家之学，则又泥于灾祥征应而不知经之大用。唐宋诸儒人自为说，家自为书，纷如聚讼，互有得失。程子虽得经之本旨，惜无全书。朱子间论事之是

①郑玉：《师山遗文》卷3《李进诚字说》，四库全书本。
②郑玉：《师山集》卷3《赵苞论》，四库全书本。
③郑玉：《师山集》卷3《春秋经传阙疑序》，四库全书本。
④郑玉：《师山集》卷3《春秋经传阙疑序》，四库全书本。

非，又无著述。"①寥寥数语，比较全面概括了历史上研究《春秋》诸家的得失，这一评说还是较公允的。诸家各有不足，当如何补救呢？郑玉的方法是："为今之计，宜博采诸儒之说，发明圣人之旨。经有残缺则考诸传，以补其遗；传有舛讹则稽诸经，以证其谬。使经之大旨，粲然复明于世，昭百王之大法，开万世之太平，然后足以尽斯经之用。"②郑氏《春秋经传阙疑》一书编纂的宗旨，正是上述方法的体现。该书"因朱子《通鉴纲目》之例，以经为纲，大字揭之于上，复以传为目，而小字疏之于下。叙事则专于左氏，而附以公、谷，合于经者则取之；立论则先于公、谷，而参以历代诸儒之说，合于理者则取之。其或经有脱误无从质证，则宁阙之以俟知者。"③从《春秋经传阙疑》一书中，我们可以看出郑氏发明《春秋》的两大特征：（1）经、传并重。（2）博采诸儒之说，形成一家之言。这两大特征是郑氏总结前人经验，并经过艰苦探索后形成的。不过，郑氏《春秋经传阙疑》一书也有缺点，这就是语言重复，论述烦琐。

总之，郑玉学术确有"独到之处"。其"和会朱陆"思想，是元末明初理学界"和会朱陆"思潮的重要组成部分。他在"和会朱陆"中"右朱"的学术倾向，发扬光大了新安理学的宗旨，于学派振兴，贡献极大。

（三）朱升、郑玉在新安理学发展史上的地位

朱升与郑玉同居歙县，私谊甚笃，翰墨往来不辍。《朱枫林集》及《师山集》中，收录了朱郑往来的部分信札。其中，既有学术上的切磋探讨，也有生活上的嘘寒问暖。尽管两人的学术特征有所区别：朱升思想比较纯粹，坚守朱学阵营；郑玉思想相对斑斓，兼容陆学功夫。但是，他们治经指导思想一致，学术成就难分伯仲，因而同在新安理学发展史上确立了不可动摇的"名儒"地位。

首先，朱升、郑玉重开了新安理学一代学风。新安自宋室南渡后，人

---

① 郑玉：《师山集》卷3《春秋经传阙疑序》，四库全书本。
② 郑玉：《师山集》卷3《春秋经传阙疑序》，四库全书本。
③ 郑玉：《师山集》卷3《春秋经传阙疑序》，四库全书本。

物之多，文学之盛，称于天下。据史籍记载，当时"自井邑田野以至于远山深谷、民居之处，莫不有学、有师、有书史之藏。其学所本则一以郡先师子朱子为归。凡六经传注、诸子百氏之书，非经朱子论定者，父兄不以为教、子弟不以为学也。是以朱子之学虽行天下，而讲之熟、说之详、守之固，则惟新安之士为然"①，形成了有鲜明学术特色的新安理学学派。入元之后，新安学术渐现僵化，学者大多唯唯诺诺，以辨析异同、纂辑群言、推究文义作为发明朱子之学的唯一途径。这种学术方法，做到后来几陷于"山重水复疑无路"的境地。朱升与郑玉在元末倡导求"真知"、求"本领"的治经主张，并且率先在治经实践中加以利用，跳出了元代新安理学家的白窠，开创了新一代的学术风气。明代以及清初的学者受其影响，探究性命义理之学的方法各异，学术思想丰富多彩，使新安理学出现了"柳暗花明又一村"的新气象。因此，朱升、郑玉重开一代学术风气，在新安理学发展史上具有里程碑的意义。

其次，朱升、郑玉培养了新安理学一代学者。朱升、郑玉于功名利禄看得很轻。朱升在辅助朱元璋打下江山之后，立即"明哲保身归隐"②；郑玉则一而再、再而三坚辞朝廷的征召。但是，他们僻居乡里，并非无所事事。朱升、郑玉继承了新安理学先辈注重讲学的传统，终身不废其事。朱升注重教学方法的创新，后生从其学者"不惮其繁""一读则了然无疑"③。郑玉尤喜聚众切磋，特筑师山书院以纳诸生，"诱掖后进，无厌怠意"④。在他们的调教下，涌现了新一代的新安学者。其中卓有成就者有黄枢、范准、朱同、汪铉、曹汉川、程叔春、倪明善等人。经朱升、郑玉的传授，新安理学"历元明而其传弥广"。故后人将朱、郑两人视为新安理学的"继先传后"人物。他们是新安理学发展史上关键的一环。

最后，朱升、郑玉学术成就斐然，丰富和发展了新安理学的思想，发

---

① 赵汸：《东山存稿》卷4《商山书院学田记》，四库全书本。

② 朱升：《朱枫林集》卷10《吴鼎：赠归新安诗》，黄山书社1992年版。

③ 朱升：《朱枫林集》卷10《黄门生（枢）：祭朱升文》，黄山书社1992年版。

④ 郑玉：《师山遗文》附录《汪克宽：师山先生郑公行状》，四库全书本。

扬光大了新安理学学派。朱升的著述,除后人编纂的《朱枫林集》外,还有《书旁注》《诗经旁注》《周官旁注》《仪礼旁注》《礼记旁注》《大学中庸旁注》《论语孟子旁注》《书传补正》《周易旁注》《孙子旁注》《孝经小学旁注》《小学名数》《小四书》《地理阴阳五行书》《刑统赋解》《墨庄率意录》《道德经旁注》《葬书内外杂传》《类选五言小诗》等。郑玉的重要著作有《春秋经传阙疑》《周易大全附注》《程朱易契》及《余力稿》等。在朱、郑两人著作中所反映的学术思想及其特色,已如前述。他们的思想丰富和充实了新安理学,将该学派的学术水平发展到了新的高度。

从上述三方面来看,朱升、郑玉在新安理学发展史上占有重要的地位。

五、论元末明初新安理学家赵汸

赵汸(1319—1370年),字子常,学者称东山先生。安徽徽州(旧称新安,今黄山市)休宁龙源人。在元末明初理学界中,赵氏是最重要的代表人物之一。《明史》称其"初就外傅,读朱子《四书》,多所疑难,乃尽取朱子书读之。闻九江黄泽有学行,往从之游⋯⋯后复从临川虞集游,获闻吴澄之学。乃筑东山精舍,读书著述其中。鸡初鸣辄起,澄心默坐。由是造诣精深,诸经无不贯通,而尤邃于《春秋》"①。从有关资料来看,赵氏学术思想的最大特色是"和会朱陆",而其学术研究的重心则是关于《春秋》的探讨。同时,关于治经的指导思想,赵汸也有自己的独到之见。他的一系列学术成就,对元末明初理学界产生了重大的影响。

(一)求"实理"的治经指导思想

赵汸之所以在学术上取得超乎当时一般学者的成就,并成为元末明初理学界以及新安学派的重要代表人物,主要原因之一是赵氏重新树立了治

---

① 张廷玉等:《明史》卷282《赵汸传》,中华书局1974年版。

经的指导思想。这也是他对学术发展的重要贡献之一。

赵汸新的治经主张的提出，有诸多原因。其中，元代朱子学发展中存在的流弊，尤其是当时新安理学家中严重存在的盲目迷信风气，是促使赵汸深刻思考并进而提出新的求"实理"的治经主张的重要因素。

那么，何为求"实理"呢？

詹烜撰《赵东山行状》中说："新安自朱子后，儒学之盛，四方称之为'东南邹鲁'。然其末流，或以辨析文义、纂辑群言，即为朱子之学。先生独超然有见于圣贤之授受，不徒在于推究文义之间。故其读书，一切以实理求之，反而验之于己，非有以信其必然不已。"①这里表明，赵汸已深感元代新安理学家唯唯诺诺，以解析文义、纂辑群言作为发明朱子之学方法的不足。而所谓求"实理"，则包含了两层意思：一是指读书求理应求真实之理、本来之理，而非仅止于推究文义中的"理"。二是指对于所得之理，不仅要"知其然"，而且应"知其所以然"，即"非有以信其必然不已"。这就是赵汸求"实理"治经主张的核心内容。这一指导思想的提出，表达了赵汸摆脱盲从，并通过自己的思考，探求理学真谛的愿望，反映了赵氏具有比较清醒的意识。

据载，当时新安先贤"皆留心著述，所以羽翼程朱之教者，具有成书"，但赵汸"受而读之"，认为其书皆"未知为学之要"②。在赵汸看来，这些单纯推究朱熹学说"文义"的注疏集注类著作，不过是朱子之学的末流工夫罢了。因为其书"虽有考索之富而扩充变化之无术，虽有辨析之精而持守坚定之未能"③。在《答倪仲弘先生书》中，赵汸批评"近世君子多以辨析义理便是朱子之学，纂述编缀便是有功斯文，故于向上工夫鲜有发明，日用之间无所容力"④。因此，在具体读书求理的过程中，他一直在追求一种境界，这种境界就是跳出"推究文义"的末流工夫，代之以探

① 程瞳：《新安学系录》卷15《赵东山行状》，康熙三十五年(1696年)绿荫园重修本。
② 程瞳：《新安学系录》卷15《赵东山行状》，康熙三十五年(1696年)绿荫园重修本。
③ 赵汸：《东山存稿》卷3《答上虞学士书》，四库全书本。
④ 赵汸：《东山存稿》卷3《答倪仲弘先生书》，四库全书本。

求"实理",从而达到知其所以然的目的。他说:"今吾侪为致知之学,而徒取先儒之言以为己言,持先儒之见以为己见者,何以异此!又况于借视听于盲聋者,其可不审乎?"①意思就是说,做真正的"致知"学问,不可人云亦云,而应有自己的主见。在《与袁诚夫先生论四书日录疑义书》中,赵汸一再表示:"义理无穷,故不当以先人之言为主。但得于彼者,未见其无疑,则舍于此者,乌可以轻易也。若夫向里一关,无所开发,而徒欲守先哲之见以为己见,诵先哲之言以为己言,则小子虽陋亦未忍自画于斯。"②它表明赵汸不仅提出了求"实理"的治经主张,而且在治学过程中还努力贯彻这一指导思想,不愿跟在先儒之后,亦步亦趋。

在赵汸求"实理"治经主张提出并积极实践的同时,同时代另两位新安理学大家郑玉(子美)和朱升(枫林)也分别提出了求"本领"、求"真知"的观点。郑、朱的"本领"和"真知"之见,与赵汸的"实理"主张,辞异而意同。由此,形成了元明之交及明初新安理学中,反对元代先儒盲目迷信、循途守辙的思潮。这股思潮延续到明正德、嘉靖年间,为休宁后学程曈发扬光大。程氏终身潜心于性理之学,精研《六经》之要,"以求真是之归"③。至此,新安理学的学术指导思想,已与元代先辈们唯"朱"是归完全不同了。由赵汸等人首倡的新的治经主张,比较起元代学者(尤其是元代新安理学家)一味在低层次上的解析文义,无疑要高出一筹。这是新安理学家思维方式进步的表现。

赵汸等人针对元儒之弊而提出的新的治经主张,不仅为他们学术之大成奠定了基础,同时对新安学派学术的发展,也起着极其重要的作用。这种作用主要表现在两个方面:其一,明代新安理学的学术风格,在求"实理"等思想指导下,呈现了多姿多彩的特征。新安理学家本着求真实之理的心态,思维渐趋活跃、大胆,从多种途径探索朱子之学的真谛。赵汸本人通过"和会朱陆"以求弘扬理学要义,就是其中的重要一途。尽管对当

----

① 赵汸:《东山存稿》卷3《答汪德懋性理字义疑问书》,四库全书本。

② 赵汸:《东山存稿》卷3《与袁诚夫先生论四书日录疑义书》,四库全书本。

③ (嘉庆)《休宁县志》卷12《人物》。

时大多数新安理学家而言，探索的最终结果还是回归朱子之学，与元代新安理学家致力的目标相同，体现着新安理学奉朱子之学为正朔的特色。但两代人之间的指导思想已迥然不同。明代新安理学之所以仍有较大的成就与影响，特别是出现了在新安理学发展史上承先启后的"三大家"——郑玉、朱升、赵汸，与新的治经主张的提出，密切相关。其二，更为重要的是，清初新安学者戴震继承了元末明初新安理学家求实、求真的治经方法。前者尚是希冀求得朱子之学的真谛，后者则更进一步在整个思想界和经学范围内求索"真理"。在此思想指导下，又加上清初的历史背景和汉学大盛的影响，戴震走上了朱子之学的反动道路。他培养了一批反对空谈义理、专事考据的新安学者，完成了从新安理学到皖派经学的转变，从而宣告历宋、元、明、清四朝近700年的新安理学的终结。①从地域环境的影响来看，戴震的"求是"，实肇端于元末明初赵汸等新安理学家的"求真""求实"主张。因此，赵汸等人新的治经主张的提出，对学术发展的影响，至为深远。这种影响不仅在于新安地方学术主题的变更，而且还关乎清初学术由"宋学"到"汉学"的转变。

(二)"和会朱陆"而"右朱"的学术思想

赵汸生在朱熹的故乡新安，从小接受的是所谓"正宗"的朱子学说。据汪仲鲁《东山存稿原序》中说，赵汸早年受学于新安学派先儒汪古逸，古逸先生"每称其苦学善思"②。赵汸在《留别范季贤序》中自称："仆之乡先生皆善著书，所以羽翼程朱之教者，俱有成说，仆自幼即已受读。"③有关传记资料也表明，赵氏以《朱子四书》《朱子大全集》及《朱子语类》等书，"求程朱绪余，诵习经训辨释"④，始得入理学之门。因此，就师承来看，赵汸出身朱门。不过，赵汸有极广的游学经历，对"陆（九渊）

① 参见周晓光：《试论新安理学向皖派经学的转变》，载《安徽师大学报》（哲学社会科学版）1988年4期。

② 赵汸：《东山存稿》卷首《汪仲鲁原序》，四库全书本。

③ 赵汸：《东山存稿》卷2《留别范季贤序》，四库全书本。

④ 程瞳：《新安学系录》卷15《赵东山行状》，康熙三十五年（1696年）绿荫园重修本。

学"也有深刻的理解。他曾远师九江黄楚望,三次登门,得黄氏《六经疑义》千余条及口授六十四卦义与学《春秋》之要;又请益于夏大之,得夏氏家传《先天易书》;在杭州,拜谒黄文献公;在临川,请教翰林虞公集,"求草庐吴澄道学渊源"。在博闻众家之说、比较各派长短的基础上,赵汸成为元末明初理学界"和会朱陆"的重要代表人物之一。

赵汸"和会朱陆"的主张,集中反映在其《对问江右六君子策》中。该策系赵汸初游虞集之门时,对虞氏等人"朱陆二氏立教所以异同"问题的回答,后收入《东山存稿》中。策问还涉及了太极无极之辨、简易支离之说等理学史上的重大争辩问题。赵汸在策问中提出了两个基本观点:

第一,朱子之学与陆学的"入德之门"确实存在差异。他说:"若夫陆先生之学与子朱子不同,则有非愚生之所能尽知者。然朱子之学实出周程,而周子则学乎颜子之学也。程子亦曰:孟子才高,学之无可依据,学者当以颜子为师。至朱子之告张敬夫也,则又以伯子浑然天成,恐阔大难依而有取于叔子,以成其德焉。其自知也明矣。陆先生以高明之资,当其妙年,则超然有得于孟氏立心之要而独能以孟子为师。且谓幼闻伊川之言,若伤我者。观其尚论古人者,不同如是,则其入德之门固不能无异矣。"就是说,朱熹与陆九渊因"气禀"不同,所宗之师也不同:朱熹之学出于周(敦颐)程(颐),而周、程之学又出于颜子之学;陆九渊则以孟子为师,得孟子立心之要。颜子与孟子在为学与入德上的差异,导致了朱子之学与陆九渊学说"入德之门"的不同。

第二,朱熹与陆九渊"始异而终同"。在承认朱熹与陆九渊"入德之门"存在差异的基础上,赵汸进一步辨析朱、陆两人晚年对各自为学之弊,均有察觉,并以期修正。朱熹晚年曾称:"自子思以来,教人之法,惟以尊德性、道问学两事为用力之要。今陆子静所说,专是尊德性事,而熹平日所论,却是道问学上多了……今当反身用力,去短集长,庶几不堕于一边。"陆九渊也说过:"追惟曩昔,粗心浮气,徒致参辰,岂足酬义。"似乎对早年与朱熹论战,太过偏激,颇有悔意。赵汸引此为证,提出"岂鹅湖之论,至是而各有和邪"?认为朱熹与陆九渊两人已"合并于暮岁"。

这是"和会朱陆"中的一个创见。后世学者对此或肯定，或否定，莫衷一是。无论其说正确与否，这个观点为"和会朱陆"提供了新的思路，却无可疑义。按照赵汸的理解，朱熹与陆九渊两人在晚年均已承认自己学说的不足，有"去短集长"的愿望。因此，"和会朱陆"既不背朱熹，也无违陆九渊。赵汸关于朱、陆"始异而终同"，或曰"合并于暮岁"的看法，彻底打破了两家的门户之见，有利于后人真正"和会"朱陆两家学说。

赵汸对朱陆两家学说，用力都很深。这在他的策论中，可以窥知。而这种情况，在当时的理学家中，是不多见的。基于朱熹与陆九渊"合并于暮岁"的观点，赵汸一生都在致力于"和会朱陆"的工作。虞集就此评论说："陆先生之兴，与子朱子相望于一时，盖天运也。其于圣人之道，互有发明，而吾党小子知者微矣。子常生朱子之乡，而又有得于陆氏之说，其答斯问也，于前数君子既已各极其所蕴，而于二家之所以成己而教人者，反复究竟尤为明白，盖索用力于斯事者，非缀缉傅会之比也。"[1]这就是说，赵汸在"和会朱陆"中，对两家学说，并非是随便地比附、折中、拼合，而是将它们的精髓糅合在一起了。

由此，在赵汸的思想中，自觉地融会了两家学说。他主张"澄心默坐，涵养本源，以为致思之地"，而后"凡所得于师之指及文字奥义有未通者，必用向上功夫以求之"[2]，深受陆学遗风的影响。在《对问江右六君子策》中，赵汸对陆九渊学说有较深的理解和很高的评价。他说，"尝闻孟子曰：仁，人心也。放其心而不知求，哀哉。学问之道无他，求其放心而已矣。又曰：耳目之官，不思而蔽于物，心之官则思。先立乎其大者，则小者不能夺也。此陆先生之学所从出也。是故先生非不致知也，其所以致知者，异乎人之致知；非不集义也，其所以集义者，异乎人之集义。他日朱子尝曰：子静是为己之学；又曰：子静平日所以自任，正欲身率学者，一于天理，而不以一毫人欲杂于其间。则其所以爱出千古者，岂不在斯乎？"这里，可以看出赵汸对陆学及其修为方式的肯定。不过，我

---

① 赵汸：《东山存稿》卷2《对问江右六君子策》，四库全书本。
② 程曈：《新安学系录》卷15《赵东山行状》，康熙三十五年(1696年)绿荫园重修本。

们认为，在"和会朱陆"中，赵汸与同时代的许多"和会朱陆"学者一样，归根结底属于"右朱"一派，还是朱子之学的后继者。朱熹曾说过："穷理之要，必在于读书。"赵汸接受了朱学笃实致知的功夫，非常注重读书。他认为："古之圣人亦必由学而至。而学者之功，必可至于圣人。"[1] 而"澄心默坐"，只不过是贯通"文字奥义"的辅助工夫。由此可见，赵汸全不受陆学鄙视读书风气的影响。他提出，凡有疑问，"质诸师而不得者，卒求之程朱遗言而有见焉"[2]。可知，赵汸仍然是以程朱之教为归，只不过避免了朱子之学中"支离"的短处，而吸收了陆学精于"默思"的长处。当时，黄文正公高足袁诚夫，在乃师卒后，辑师说为《四书日录》，"旨义与朱子多殊"。赵汸为之商订，"别是非数万言"，袁氏心服。斯足证赵汸"右朱"的学术倾向，也说明了在新安理学家中，即使是"和会朱陆"的学者，仍保持了学派以程朱之教为归的宗旨。后人在考辨新安理学源流时，视赵汸为朱学一派的承先启后者，应该说是有依据的。[3]

赵汸"和会朱陆"的思想，是元末明初理学界出现的"和会朱陆"思潮的重要组成部分。他在"和会朱陆"中"右朱"的学术倾向，发扬光大了新安理学的宗旨，于学派振兴，贡献极大。因此，在明中期以后的徽州有关文献中，赵汸被视为"新安理学先儒"。这是名副其实的称誉。

(三)关于《春秋》的学说

正如《明史》本传所言，赵汸一生学术研究的重心在于《春秋》的探讨。他对《春秋》的发明，主要成就在四个方面：

第一，赵汸对历史上研究《春秋》诸家有比较中肯的分析。众所周知，自《春秋》成书以后，研究者不可胜数。至元末明初，见载于"简策"者，多至数千百家。其著作见仁见智，各执一端，以至《春秋》之旨终难定说。在《春秋集传序》中，赵汸指出："左氏有见于史，其所发皆

---

[1] 程瞳:《新安学系录》卷15《赵东山行状》,康熙三十五年(1696年)绿荫园重修本。

[2] 程敏政:《新安文献志》卷72《东山赵先生(汸)行状》,弘治三年(1490年)刊本。

[3] 赵吉士:《寄园寄所寄》卷11《泛叶寄》,康熙刊本。

史例也，故常主史以释经，是不知笔削之有义也。公羊、谷梁有见于经，其所传者犹有经之佚义焉，故常据经以生义，是不知其文之则史也。"这里，赵氏指出了《春秋》三传的得失：左氏知"史法"而不知笔削之义，公羊、谷梁知"书法"而不知其文则史也。所以，《春秋》三传各有其长处，但仍不免偏执一端。按照赵汸的理解，《春秋》既是史籍，记载了鲁国的历史，但更为重要的是它还是一部"万代不刊之经"，其中包含了"拨乱反正"的经世大义。因此，三传或重"史例"而不知"书法"，或重"书法"而不知"史例"，都有失偏颇。

关于《春秋》三传之后的情况，赵汸认为："后世学者舍三传则无所师承，故主左氏则非公、谷，主公、谷则非左氏，二者莫能相一。其有兼取三传者，则臆决无据，流遁失中。其厌于寻绎者，则欲尽舍三传直究遗经，分异乖离，莫知统纪，使圣人经世之道暗而不明，郁而不发，则其来久矣。"①这里，赵汸指出了三传之后的"后世学者"在研究《春秋》中出现的三种情况：一是抱守一家成说类。这类学者或抱左氏之说，或抱公、谷之说，双方口诛笔伐，不能一致。二是兼取三传类。这类学者欲取三传之长，但在取舍过程中往往"臆决无据"，缺乏正确的判断能力，以致无法把握《春秋》要义。三是舍三传类。这部分人撇开《春秋》三传，希望直接从《春秋》经文中寻求义理，但其弊在"分异乖离，莫知统纪"。赵汸认为，这些"后世学者"的研究，未能真正阐释《春秋》，所以圣人的"经世之道"始终是"暗而不明，郁而不发"。

在《春秋左氏传补序》中，赵汸还指出了后世学者在研究《春秋》方法上的不足。他说，近代学者"说经大旨不出二途：曰褒贬，曰实录而已。然尚褒贬者，文苛例密，出入无准，既非所以论圣人。其以为实录者，仅史氏之事，亦岂所以言《春秋》哉！是以为说虽多而家异人殊，其失视三传滋甚。"在赵汸看来，尽管《春秋》三传各有其弊，但是后世研究《春秋》者的弊病更甚。主要原因在于后世学者研究《春秋》偏执于

---

① 赵汸：《东山存稿》卷3《春秋集传序》，四库全书本。

"褒贬"与"实录"两途，而局限于这两种方法中的任何一种，都无法真正把握圣人笔削《春秋》的意图。

赵汸对《春秋》研究诸家的评析，绝大部分的观点出于其自身的独立思考，也有一些看法同前代或当时的普遍认识相同。比如，关于《春秋》三传的长短之论，历代学者已有说明，赵氏则吸收了其中的部分观点。而关于《春秋》三传之后的几种情况分析，则是赵汸自家体悟出来的。总的来看，赵汸的上述评论，称得上"公允、中肯"四个字。它既是赵氏关于《春秋》研究的一个重要组成部分，同时也为其更深入研究《春秋》，取前人之长、避先儒之短奠定了基础。

第二，在评析先儒关于《春秋》研究的优劣、长短基础上，赵汸提出了求索《春秋》"笔削之旨"的根本方法是"属辞比事法"。

如何求得《春秋》笔削之旨，这是历代研究《春秋》学者，尤其是宋明理学家最为关注的问题。人们比较一致的看法是，如能发现圣人笔削《春秋》之"例"，那么其笔削之旨自可援"例"而得，圣人的经世之义也就可以大白于天下了。这里首先有一个问题，就是《春秋》究竟有无"例"？历代研究《春秋》者对此有不同的看法，而其中多数人相信，《春秋》有"例"。赵汸在《与朱枫林论春秋书》中则提出：作为鲁史的《春秋》，其中有例可循。而圣人笔削《春秋》之后，作为经书的《春秋》，则绝无凡例。没有凡例，并非说此经就是漫无统纪者，归根结底《春秋》一经也有例，这就是圣人"以义为例"。其"义例"寓含在《春秋》经中，隐而不彰，有待后世学者发明之。[1]按赵汸的理解，欲求索《春秋》笔削之旨，关键在于发明"义例"。

那么，这"义例"又当如何发明呢？赵汸从《礼记·经解》"属辞比事，《春秋》教也"一语中得到启发，苦思深研《春秋》二十余载，提出了"属辞比事"的方法。他说："今汸所纂述，却只是属辞比事为法，其间异同详略，触类贯通，自成义例，与先儒所纂而释者殊不同。"[2]唐孔颖

① 朱升：《朱枫林集》卷10《与朱枫林论春秋书》，黄山书社1992年版。
② 朱升：《朱枫林集》卷10《赵东山与论春秋书》，黄山书社1992年版。

达疏《礼记·经解》曰："比次褒贬之事，是比也。"赵汸正是通过排比《春秋》中褒贬之史事，发掘其中的"义例"，进而探究《春秋》笔削之旨，形成一家之说。他在《春秋属辞》中提出：《春秋》之例有八，其一曰存策书之大体，其二曰假笔削以行权，其三曰变文以示义，其四曰辩名实之际，其五曰谨华夷之变，其六曰特笔以正名，其七曰因日月以明类，其八曰辞从主人。赵汸对每一例均有《序》予以说明，并认为通过排比《春秋》中褒贬之史事而得出的该八例，"无一义出于杜撰"。尽管此言不乏自负的成分，然而赵汸发明的《春秋》八例，删除繁琐，淹通贯穿，据传求经，多由考证得之，确实较诸家为有序，且避免了凭空臆说。《四库》馆臣也称赵汸"论义例颇确"①。

赵汸同时指出，以"属辞比事法"发明的《春秋》八例，实际上是《春秋》的"制作之原"。他在《春秋属辞序》中说："间尝窃用其法以求之，而得笔削之大凡有八，盖制作之原也……制作之原既得，而后圣人经世之义可言矣。"在赵汸看来，只有明了作为"制作之原"的"八例"，才可以知圣人"笔削之旨"、论圣人"经世之义"。何以言此？明初学者宋濂在其为《春秋属辞》作序时的一段话，或许有助于我们的理解。他说：赵氏"离析部居，分别义例，立为八体以布列之……何者为史策旧文，何者是圣人笔削，悉有所附丽。凡暗昧难通历数百年而弗决者，亦皆迎刃而解矣"②。就是说，赵汸所立"八例"，揭示了《春秋》中何者为"史策旧文"，何者为"圣人笔削"的区别。由此人们得以知悉当初圣人制作《春秋》的意图。既知圣人笔削《春秋》之意，那么圣人在《春秋》中所寓含的经世大义，人们也就可以揣味了。按照赵汸的看法，"属辞比事法"乃是登《春秋》奥堂的一把钥匙，是理解圣人《春秋》笔削之旨的根本方法。

第三，赵汸认为研究《春秋》的具体途径应是先考鲁史之法，再求圣人之法。

---

① 永瑢等：《四库全书总目》卷168《经部·春秋类》，中华书局1965年版。

② 赵汸：《春秋属辞·宋濂序》，四库全书本。

宋濂在《春秋属辞序》中说："春秋，古史记也。夏、商、周皆有焉。至吾孔子则因鲁国之史之修，以为万代不刊之经，其名虽同，其实则异也。盖在鲁史则有史官一定之法，在圣经则有孔子笔削之旨。"这种认为《春秋》包含鲁史之法和圣人之法的观点，在《春秋》研究学者中，相当流行。而且，人们还认为，在《春秋》诸家中，只有"左氏传尚存鲁史遗法，公羊、谷梁二家多举书不书以见义，圣人笔削粗略可寻"。就是说，《左传》传的是鲁史遗法，而《公羊传》《谷梁传》传的是圣人之法。既如此，那么研究《春秋》者当从何入手？是先于《左传》中考鲁史遗法，还是先从《公羊传》《谷梁传》中求圣人之法？这其实涉及了研究《春秋》的具体途径问题。

赵汸提出"学《春秋》必自左氏始"，即先从《左传》中求得鲁史之法，然后再通过《公羊传》《谷梁传》以求圣人之法。这是什么道理呢？赵汸在《春秋左氏传补注序》中解释道："自三传失其旨而《春秋》之义不明。左氏于二百四十二年事变略具始终，而赴告之情、策书之体亦一二有见焉，则其事与文庶乎有考矣。其失在不知以笔削见义。公羊、谷梁以书不书发义，不可谓无所受者，然不知其文之则史也。夫得其事、究其文，而义有不通者有之；未有不得其事、不究其文而能通其义者也。故三传得失虽殊，而学《春秋》者必自左氏始。"这就是说，"通义"必先"得其事，究其文"，而"得其事，究其文"又离不开《左传》。从赵汸的学术活动来看，他本人正是循此途径治《春秋》的实践者。《春秋左氏传补注序》中有一段赵汸的自述，其中称："汸自始受学，则取左氏传注诸书伏而读之，数年然后知鲁史旧章犹赖左氏存其梗概。既又反复乎二传，出入乎百家者又十余年……"先读《左传》，再习《公羊传》《谷梁传》，这就是赵汸治《春秋》的次序。现存赵氏研究《春秋》的著述，也是先有《春秋左氏传补注》等考"鲁史之法"的书，而后才出《春秋属辞》等求"笔削之旨"的书。这说明赵汸不仅提出了"先考鲁史之法，再求圣人之法"的治《春秋》途径，而且其本人也是身体力行者。

第四，在具体研究过程中，赵汸注意吸收先儒研究《春秋》的成果，并在此基础上提出自己的观点。

赵汸对先儒研究《春秋》的方法，曾提出过批评；对其研究成果，也有不同的看法。不过，从总的情况来看，赵汸对前代学者们研究《春秋》的有益方法和合理成果，还是比较善于融通的。比如，就研究《春秋》的根本方法而言，赵汸提出了"属辞比事法"。它其实受到了《礼记·经解》作者的启发。赵汸又有治《春秋》当"先考鲁史之法，再求圣人之法"的观点，这一观点的形成，深受乃师黄泽的影响。至于赵汸治《春秋》的具体内容，吸收先儒成果的地方更多。他的《春秋集传》，主要取"左氏所传之事各丽于经，而地名之释附焉"，并间采《三传》之后诸家说《春秋》的精义。①《春秋属辞》一书"以杜预《释例》、陈傅良《后传》为本"，特别是"因日月以明类"一例，几乎全从《公羊传》《谷梁传》之说。而《春秋左氏传补注》则以左氏传为主，注则宗杜预。左氏传有所不及者，以公羊、谷梁两传通之。杜预注所不及者，以陈傅良《左传章旨》通之。因此，我们从中可以看出，赵汸在研究《春秋》、著书立说的过程中，十分注意博采众长，吸收先儒的有关研究成果。

不过，赵汸并非只是一个传抄辑录者。在吸收前人研究成果的基础上，赵氏能够突破成说，提出自己的观点。如《春秋属辞》一书，尽管是以杜预、陈傅良之说为本编纂而成，然而赵汸在其间能够"集杜、陈二氏之所长而弃其所短，有未及者辨而补之"，因而较以往学者更清晰地指出了"何者为史策旧文，何者是圣人之笔削"②。这就是赵汸的创见。《春秋集传》一书也是赵汸在博采先儒之见的基础上，"附以己意，畅而通之"著成。宋濂评论赵汸的《春秋》研究说：其书"义精例密，咸有所据，多发前贤之所未发。譬犹张乐广厦，五音繁会，若不可以遽定。细而听之，则清浊之伦、重轻之度，皆有条而不紊"③。这里，"咸有所据"表明赵氏并不作凭空之论，而"多发前贤之所未发"则说明了赵汸研究的创造性。

---

① 赵汸：《东山存稿》卷3《春秋集传序》，四库全书本。

② 赵汸：《春秋属辞·宋濂序》，四库全书本。

③ 赵汸：《春秋属辞·宋濂序》，四库全书本。

总之，在总结先儒《春秋》研究得失的基础上，赵汸提出了自己的《春秋》学说。它包括求索《春秋》笔削之旨的"属辞比事法""先考鲁史遗法，再求圣人之法"的治学途径以及关于《春秋》中具体问题的看法等。其中反映了赵汸《春秋》研究的基本特色，即坚持三传并重的原则，据传求经、由考证而索经义，继承与创新相结合，研究与著述并举等。这一套学说，其中大部分由赵氏"自思而得之"，已经突破了"成说"。正因如此，在历史上众多的《春秋》研究大家中，赵汸占有重要的一席位置。他的5部《春秋》研究著作，即《春秋左氏传补注》10卷、《春秋属辞》15卷、《春秋师说》3卷、《春秋集传》15卷、《春秋金锁匙》中，有4部被《四库全书》及《通志堂经解》收录，获得极高评价。他与同时代的另一位《春秋》研究大家郑玉一起，将新安理学关于《春秋》的研究推进到了一个新的高度。在朱子学的重要分支新安理学的发展史上，如此系统地研究《春秋》者，赵汸是最后一人。

综上所论，赵汸在明末清初新安理学以及整个理学界中，是一位有重大学术成就的学者。他提出的求"实理"的治经主张，不仅为其学术大成奠定了基础，而且深刻影响了当时乃至清初新安学术的发展趋向。他的有创见的"和会朱陆"的思想，是元明之际"和会朱陆"思潮的重要组成部分，并成为具有代表性的观点之一。尤其是赵汸的《春秋》学说，系统、完整，并在历史上有巨大的影响力，是我们今天研究《春秋》学史不可忽略的一派观点。

六、训诂名物，实事求是——皖派朴学宗师戴震

安徽省黄山市屯溪隆阜乡，旧属徽州休宁。18世纪上半叶，在商业繁荣、文风昌盛的隆阜，降生了一个中国历史上的文化巨匠——戴震。戴氏倡导以"求是"为治经宗旨，讥薄宋代以后的学者讲求义理乃是凿空之言。他侧重于音韵、天文、地理、名物、典章制度的训诂和考证，开了皖派朴学风气之先，使传统的学术方法为之一变。戴震广涉哲学、伦理、天

算、地理、文学、语言等学问，成就巨大，被人誉为"前清学者第一人，其考证学集一代大成，其哲学发二千年所未发"。

（一）家贫志坚　学问初成

雍正二年（1724年）年初，戴震出生于安徽徽州休宁隆阜村西三门里。据说，戴震出生时，冬日里突然雷声大作，其父因此为他起名"震"。戴姓虽是隆阜戴、吴、程、曹四大姓之首，但戴震这一支祖上几辈都是以农或贩为生，堪称贫寒。戴震父亲戴弇在三门里主修过家族支谱，被称作半个秀才。但因年轻时曾随戴震祖父戴宁仁两次入江西贩布，受大族宗长房欺压，得不到祠堂学米资助，终于未能完成学业、取得功名。有关传记资料记载，戴震小时候开智较晚，性格内向，10岁以前一直不会讲话。因家境贫寒，请不起家庭教师，10岁才入塾读书。入塾之后的戴震，一方面极为用功，每天背诵"数千言不肯休"；另一方面也爱思考，常常问一些连塾师都无法回答的问题。有一次，塾师讲授到《大学章句》的一章内容，戴震问塾师："此何以知为孔子之言而曾子述之？又何以知为曾子之意而门人记之？"塾师回答："这是朱文公（熹）说的。"戴震又问："朱文公何时人？"塾师答："宋朝人。"戴震继续问："孔子、曾子何时人？"塾师又答："周朝人。"戴震接着问："周朝与宋朝相隔多少年？"塾师说："大概有二千年。"最后，戴震问："既然如此，朱文公又如何知道二千年前的事？"塾师张口结舌，无以回答，只是感叹了一句："这不是平常的小孩！"近代著名学者梁启超评论说：这段故事可以代表"清学派时代精神之全部"，就是无论何人之言，哪怕是圣哲父师之言，"决不肯漫然置信，必求其所以然之故"。梁氏感慨说："戴震小小年纪有此本能，足以表明他具有开宗立派的潜质。"

在塾中读书的戴震，不肯像其他学童那样，按照塾师的要求背经典传注、做科举文章，而是"每一字必求其意"。起初塾师以经传或经注的解释给戴震作答，但戴震往往意犹未尽，非要究根问底，结果塾师不胜其烦，就把汉许慎的《说文解字》一书传授给他。戴震"大好其书，学之三年，尽得其节目"。接着，戴震又读了《尔雅》《方言》以及汉儒的笺注，终于融会贯通，"一字之义，必贯群经"，读通了《十三经注疏》。此时，戴震年方十六七岁。

戴震潜心各种学问，而于科举考试的"帖括之学"则并无兴趣。18岁那年，戴震辍学随父去江西南丰贩布，后又去福建邵武教授学童，经历了3年半儒半商的游历生活。乾隆七年（1742年），20岁的戴震自邵武返回家乡休宁，结识了家乡著名学者程恂（字中允）。程老先生对戴震非常欣赏，称他是"载道器也"，劝其学作参加科举考试必须的八股时文，并预言戴震在科场中必能出人头地。为尽快提高时文的写作水平，戴震父亲戴弇携子前往江宁，让戴震拜师于同族硕儒、"时文大家"戴瀚门下。戴瀚系雍正年间进士，饱读诗书，当时正客居江宁，以教授时文度日。见到同族晚辈，戴瀚大为欣赏，称赞其"当世无此人也"。戴震在戴瀚家中住了月余，因戴瀚认为自己并无多少学问可传授给戴震，所以在江宁的日子里，戴震练习时文甚少，而多数时候只是与戴瀚诸子"围棋谈说"。

从江宁返回后，戴震又时常到徽州最大的书院紫阳书院听学，结识了当时紫阳书院掌教、淳安人方朴山。方氏看过戴震的文章后，也是非常佩服，认为自己都比不上。当时紫阳书院经常邀请本郡的饱学之士到书院怀古堂讲学，戴震正是在其时其地认识了著名学者江永。江永字慎修，婺源江湾人。治经数十年，于《三礼》尤为精通，著有《周礼疑义举要》《礼经纲目》等4部书。同时他又精通"推步、钟律、音声、文字之学"，著《律吕阐微》《春秋地理考实》《历辨》《四声切韵表》《推步法解》等书。戴震服膺江永学问，"一见倾心"，遂拜入江氏门下，而江永亦十分欣赏戴震，两人虽相差43岁，却相得甚欢。当时歙县有富商汪梧凤，构筑"不疏园"，重金购置书籍，邀请好学之士来此讲论经义，研讨学术，并免费提供食宿和其他生活设施。江永与戴震应邀入住，相处的数年之中，教学相长，甚为融洽。其时，在"不疏园"中同师事江永的还有郑牧、汪肇龙、程瑶田、方矩、金榜等人，这些人后来都成为皖派经学的中坚。因此，"不疏园"也被人称为皖派经学的大本营。在名师江永、方朴山的指点下，戴震学业精进，乾隆九年（1744年）22岁时写成了第一部著述《筹算》。该书重点讲乘法、除法和开平方，是乾隆年间基础数学的最重要著作之一。此后，戴震著述不断问世，23岁成《六书论》3卷，24岁写《考工记图注》，25岁著《转语》20章，27岁有《尔雅文字考》10卷，30岁著《屈原赋注》《音义》，31岁又有《诗补传》。这些著作传到浙江等地，震撼学界，戴震因之声名远播。

在学问精进的同时，戴震科场的际遇并不如意。直到29岁时，才考中秀才。此后，戴震一直无意于科举考试，集中精力著书立说，"家屡空而励志愈专"。

（二）初登京师 名重士林

乾隆十九年（1754年），32岁的戴震为躲避族中豪强的迫害，远走京城。穿着破旧长袍初到京城，戴震举目无亲，只得临时居住在徽州商人的歙县会馆中。此时的戴震，乃是一介落魄穷书生，生活异常艰辛，经常是吃了上顿没下顿。因其性格耿直，不合流俗，被人目为"狂生"。

戴震境遇稍微好转，是在拜会嘉定人钱大昕之后。钱氏精通经史百家，擅长考证，尤精金石，也是后来乾嘉学派的重要学者之一。戴震入京之时，27岁的钱大昕刚考中进士，官拜翰林院庶吉士，住在北京的寓横街。戴震带了自己的书稿前往钱大昕寓所拜访这位新科进士，结果两人一见如故，相谈竟日，大有相见恨晚之慨。在钱大昕眼中，戴震虽无功名，但堪称"天下奇才"。于是，钱氏有意在京师的著名学者中推荐戴震。先是礼部侍郎秦蕙田在钱大昕陪同下，到歙县会馆拜会戴震，随后掌管修史的翰林纪昀、内阁中书王昶，以及王鸣盛、朱筠等在京城有地位的学术名流，纷纷屈驾前往歙县会馆，与戴震讨论学术，交流心得。他们"叩其学、听其言、观其书"，无不对戴震"击节叹赏"。一时戴震名重士林，海内"无不知有东原（戴震字）先生"。

礼部侍郎秦蕙田在会见戴震时，专门与戴震讨论了天文历算的相关问题。其时秦蕙田正在编纂《五礼通考》，于是邀请戴震住到府邸中，与王昶一起编撰《五礼通考》之"时享类"。此项工作历时5个月顺利完成。乾隆二十年（1755年），戴震又寄居到纪昀家中，一边做家庭教师，一边钻研学问。纪昀对戴震异常赏识，尤其是见了戴震所著的《考工记图》书稿后，叹为奇书，不仅出资刊刻，且亲自作序，给予极高评价。在纪府中，戴震在学术上取得了多项成果，包括写成了《周礼太史正岁年解》《周髀北极·玑四游解》等著述，同时还写有《与姚孝廉姬传书》《与方希原书》等阐述其学术思想和治学方法的重要文章。乾隆二十一年（1756年），应礼部尚书王安国的邀请，戴震客居王府，做其子王念孙的家庭老师。念孙在戴震的教诲下，学业精进，后来不仅高中进士，仕途显达，且成为与戴震学风一脉相承的扬州学派的大师。著有《读书杂志》《广雅疏证》《河源纪略》等。特别是《广雅疏证》一书，援引经传，旁采众说，既是王念孙畅述其音韵、文字、训诂之学术的集大成之作，也是清人研究古代训诂的代表性著作。后来王念孙之子王引之又秉承家学，成为戴震的再传弟子，著《经义述闻》32卷、《经传释词》10卷，对清代文字、音韵、训诂之学有突出贡献。

旅居京城的两年，是戴震人生中的关键时期。在此两年中，戴震与当时学界名流纵论学术，切磋学问，培育私谊，学术视野较前更加开阔，学问成就也更上境界。同时，学界对戴震的学问也有了进一步的了解，"海内皆知有戴先生矣"。

(三)科场屡挫 治学益精

乾隆二十二年（1757年），戴震离开京城南下，在商业繁华、人文荟萃的淮左名都扬州停留。当时，德州人卢见曾（字澹园，号雅雨）任淮盐都转运使一职，他爱好风雅，招纳贤士，在扬州极力倡导文化事业，一时四方名士云集，高朋满座。卢氏与戴震至交纪昀还是亲家，所以当声名远播的戴震南下扬州，自然成了卢见曾雅雨堂的座上宾。在扬州盐运使司署中，卢见曾把戴震介绍了一代经学大师惠栋。惠栋字定宇，号松崖，江苏吴中人，乃乾嘉考据学派中吴派的开山宗师。据戴震回忆，当时60岁的惠栋握着35岁的戴震手说："我的亡友沈冠云曾对我说，休宁有个戴某，我们'结识'已经很久了。冠云其实是读过了你的书。"戴震既为不能与读过自己书的沈冠云见上一面而遗憾，又为能与一代大师惠栋见面而庆幸。此次戴、惠见面，被许多研究者视为影响戴震学术生涯的一件大事。此后，戴震对程朱理学和"宋学"的态度发生了微妙的变化，他开始与惠栋一样，认为程朱破坏了儒家经学传统，后在《题惠定宇先生授经图》一文中更明确表达了对宋儒的批判。不过，分别作为乾嘉考据学派中皖派与吴派的开山宗师，戴震与惠栋两人在治经方法上还是有所区别的。戴震开创的皖派朴学不拘泥于一家之言，主张从事考据必须有"不以人蔽己，不以己自蔽"的求实精神和严谨态度。具体的考据方法应当是"由声音文字以求训诂，由训诂以寻义理，实事求是，不偏主一家"。而惠栋之吴派则"信家法而尚古训"，非常迷信汉朝人的说法。故而，从治经的成就来看，皖派要高于吴派。

见识惠栋的当年，戴震曾随卢见曾到镇江游览，并著有《金山志》1册。同年秋，戴震往京城，冬日复返扬州，仍在卢见曾署中做幕僚。转眼之间，两年的光阴很快过去了，戴震在卢见曾署中一边做学问，一边准备参加科举考试。乾隆二十四年（1759年），37岁的戴震赴京参加顺天府的乡试，希望能取得一个"举人"的功名。结果令人不解的是，名满天下的才子居然名落孙山了。段玉裁在《戴东原先生年谱》中透露其原因是，当时的考官曾暗示戴震做自己的门生，而戴震生性耿直，不肯趋炎附势，拒绝了考官的"好意"。考官大为恼火，以戴震文章"不知避忌"为由，将其黜落。郁郁寡欢的戴震回到扬州，从事教书工作。在扬期间，戴震继续进行学术研究，并在歙县富商汪梧凤的资助下，刊刻了《屈原赋注》12卷。乾隆二十七年（1762年），一代名师江永去世，身为及门弟子的戴震写下了《江慎修先生事略状》，一方面是祭奠先师，另一方面也是在评点江永的学术中，彰显自己的学术理念。这一年，戴震参加了江南的乡试，终于中举，有了迟来的"功名"，并获得了参加考进士的"会试"资格。

然而，对于戴震来说，科场似乎是永远的失意地。从乾隆二十八年

（1763年）开始，戴震先后5次到京城参加会试，均未能金榜题名。岁月催老的是一个人的容貌，但并没有磨灭戴震对学术的执着之志和对真理的追求之愿。其间，在科场失意的同时，戴震学术思想更臻成熟。乾隆二十八年，会试落第后，戴震暂住北京新安会馆，给汪元亮、胡士震、段玉裁等讲学。后南下扬州，以讲学和学术研究为主，撰写了关于音韵学、水经注等方面的文章。乾隆三十一年（1766年），戴震的重要哲学著作3卷本的《原善》基本完成。据戴震得意门生段玉裁说，此书当是戴震花费10年时间逐步完善的，当年首篇写就时，戴震"乐不可言，吃饭亦别有甘味"。可见此书实为戴震的得意之作。《原善》阐述了经学要义和天人之道，主要反映了戴震的政治伦理思想。学者评论说：该书"虽未点名批判程朱理学，但却是戴震公开地亮出与程朱立异的思想旗帜、系统阐述与程朱理学根本对立的思想观点的第一部著作"。乾隆三十三年（1768年），戴震应直隶总督方恪敏的邀请，前往河北保定纂修《直隶河渠志》，后因方氏去世而未完成该志的编撰。乾隆三十四年（1769年），己丑科会试不第后，戴震应山西布政使朱珪邀请，前往太原，客居朱珪署中，做了朱氏的幕僚。随同戴震前往的段玉裁，则主讲寿阳书院。不久，汾州太守孙和相欲修《汾州府志》，又邀请戴震前去主持修志。乾隆三十五年（1770年）志修成后，戴震到京城准备参加会试。次年会试再次失利，戴震返回山西，主修《汾阳县志》。乾隆三十七年（1772年），戴震参加壬辰会试依然无功而返。尽管科场无果，但几年的修志实践，令戴震在清代的方志学方面，取得了极大的成就和很高的学术地位。他认为，方志的作用主要在于"知民之所苦，及旱潦之不常，以达其情"。就是说，要把"利民"作为修志的宗旨。因此，在戴震看来，方志应该详地理，内容上则当侧重沿革、疆域和山川。他非常重视志书的体例，反对志书结构"漫无序次"，主次不明。在戴震主修的《汾州府志》和《汾阳县志》中，鲜明体现了他的方志学观点。尤其是《汾州府志》一书，体例完备，叙述简要，考证翔实，历来被推为"修志楷式"，是方志中的精品。

需要特别指出的是，戴震在这个时期一方面是学术上精益求精，成就斐然；另一方面，在哲学问题的探讨上，也是达到了前所未有的高度。戴震在山西时，忽有十几天称病不出，后来他自己对人说，事实上并不是真病，而是在做"发狂打破宋儒家中《太极图》"之事。段玉裁认为，当时戴震其实就在写一部惊世骇俗的哲学著作《孟子字义疏证》之初稿。

（四）任职馆臣　名垂青史

乾隆三十八年（1773年），应翰林侍读学士朱筠之请，乾隆皇帝决定开设《四库全书》馆，网罗一批才学之士，对中国古代的文献进行集中整理、校勘。时为翰林学士的纪昀被任命为总纂官，全面负责编书事宜。在物色纂修官时，纪昀想到了才学一流而际遇不佳的知交戴震，于是与刑部尚书裴曰修一起，找了文华殿大学士、军机大臣于敏中，希望由于氏出面，向乾隆皇帝推荐戴震出任纂修官。乾隆皇帝看重戴震的才学，同意特召戴震入《四库全书》馆。将如此荣誉与责任双重的一职委以一个举人，此事被时人看作是从未有过的"旷典"。当时的戴震，尚在浙江金华书院讲学，接到聘任通知后，即回休宁老家，携父母妻子于中秋时节赶到京城履职。

戴震在《四库全书》馆担任纂修官前后将近4年。期间，他主要负责天文、地理、算学以及语言文字学等方面书籍的辑佚、校勘和纂修工作。段玉裁说："（戴震）所校官书，皆天文、算法、地理、水经、小学、方言诸书，皆必精心推覈。"梁启超认定"四库全书天算类提要全出其手"，此言不虚；而其实经部类的提要也大多出自戴震之手。戴震校订《水经注》和从《永乐大典》中辑校《九章算术》，曾2次被乾隆皇帝赋诗褒奖。在中国古代文献的整理和校勘方面，戴震"其功甚伟"。

乾隆四十年（1775年），新一科的会试开始了。10余年来，已在会试考场上5次失利的戴震第6次参加考试。是年，戴震53岁，早已是名闻天下的一流学者。然而，令所有人讶异的是，戴震还是没有通过会试。这次连乾隆皇帝也看不过去了，特旨让戴震与那些通过会试的"贡士"们一起参加殿试。最后，"赐同进士出身，授翰林院庶吉士"，总算了却了戴震在科场上的大半辈子遗憾。

戴震在任《四库全书》馆臣期间,除了整理、辑校古籍之外,也一直在探讨当时被称作"义理之学"的哲学问题。经过长期的思考和写作,乾隆四十一年（1776年）,一部在当时备受争议的著作——《孟子字义疏证》问世了。人们大多钦佩戴震在考据学上的成就,而其实戴震最感兴趣的是"闻道"。戴震曾表白自己17岁时就"有志闻道",在《沈学士文集·序》中又说:"凡学始乎离词,中乎辨言,终乎闻道。"这就是说,学问的最终目的,乃是"闻道"。在"闻道"思想的指导下,戴震一生著有多部专谈性、命、义、理的书,如《原善》《孟子私淑录》《读易系辞论性》《读孟子论性》等。《孟子字义疏证》则在《原善》《孟子私淑录》等著作基础上,阐述了三大核心主旨:一是全面否定程朱理学,二是强调闻道,三是力证"天理"与"人欲"的统一。戴震通过解释《孟子》中的"理""天道""性""才""道""仁义礼智""诚"等重要哲学范畴,阐发了自己的唯物主义哲学思想。他反对程朱理学"理在气先""理"为"生物之本"的唯心主义自然观,认为宇宙的本体和动因都是"气",万物由"气"之分化而成。在人性论上,戴震否定朱子之学中"天地之性"与"气质之性"的差别,认为人性只有智愚之别,而无善恶之分。在认识论上,戴震认为物质是感觉的来源,感觉是物质引起的结果。而在道德论和理欲观方面,戴震否定了朱子之学中"存天理,灭人欲"的理欲相斥观,认为应该就人之情欲而求理,倘若人人得到各如其分的物质欲望的满足,就是"天理"。应当允许人们"遂欲""达情"。戴震还在书中尖锐地指出,程朱理学所谓的"理",不过是尊者、贵者、长者用以欺骗和镇压卑者、贱者、幼者的工具,人如果死于法还有人同情,而死于宋儒所说的"理",则无人可怜。这种"以理杀人"其实比"以法杀人"更为残酷。戴震把《孟子字义疏证》视为"生平论述最大者",梁启超也曾评价该书为"三百年间最有价值之奇书"。不过,由于书中全盘否定程朱理学,与当时正统观念格格不入,因此遭到不少程朱理学卫道士的抨击。就连故交纪昀看后,也将书扔在一边,骂称:"是诽清静洁身之士而长流污之行!"其时,戴震不断与反对者辩论，写了多篇关于此书的辩驳文章，更进一步丰富了其内涵。

在辑校古籍、激辩义理中，戴震在京城又度过了2年的时间。乾隆四十二年（1777年），心力交瘁的戴震决定返回南方，离开京城这个是非之地。5月，戴震因患"足疾"，久医不治，终于撒手尘寰，终年仅55岁。

戴震是18世纪最伟大的思想家和学问家。他的哲学思想，随着历史的发展，愈来愈受到人们的重视和高度评价。他的学术成就，深刻影响了清代考据学，正是在他倡导下，乾隆、嘉庆时期经师辈出，考据学成为时代潮流。

第六章　文献之邦：徽州文献与民间文书研究

一、《家礼》与明清徽州男子伦理生活定位

钱穆先生在《人生十论》中说"父子与兄弟为天伦，君臣与朋友为人伦。从天伦有家庭，从人伦有社会。"社会的构成和运转以人与人之间的关系为基础，而这种关系也正如钱穆先生所说，建立在天伦和人伦的基础上。无论是现代社会还是古代社会，这种关系都是存在的，社会的发展只是意味着这些关系在不断地以新的方式定位，而在中国，社会关系的定位往往脱离不了当时人们所固有的伦理观念。

明清时期的徽州地区，人们伦理观念的形成深受传统儒家思想的影响。集宋代理学之大成的朱熹（1130—1200年），其祖籍在徽州婺源，与故里之学术交流频繁，故其论著对徽州的影响也尤为深远。①朱熹在《家礼》中曾言，"司马公曰：古者二十而冠，所以责成人之礼。盖将责为人子、为人弟、为人臣、为人少者之行于其人，故其礼不可以不重也。"②此段话被引作《冠礼》开篇，用意即以个体社会角色的定位来说明一个成年人在社会中承担责任的重大，以此来强调冠礼的重要性。明清时期的徽州

---

① 参见周晓光：《试论朱熹在徽州的理学教育活动及其影响》，载《华东师大学报（教育科学版）》2004年第3期。

② 朱熹：《朱子家礼》卷2《冠礼》，四库全书本。

男子在进行社会角色的定位时，大抵也是依此分类，将父子、兄弟归于天伦，君臣、朋友归于人伦。此处主要考察徽州男子如何在伦理生活中践行《家礼》的细则，以期从一个侧面反映徽州社会百姓的生活实态以及《家礼》对徽州社会的影响。

(一)《家礼》中的孝道与徽州男子的孝行

徽州男子在成为家长之前，第一社会角色便是为人子。在中国传统社会中，人们非常强调孝顺这一人伦品质，有"百善孝当头，百行孝为先"之说。在《家礼》中，朱熹也在内容上对晚辈如何对待长辈做了很明细的规定，这些规定主要集中在三个方面：

首先，子孙对长辈要心存敬意，尽量让父母开心。每天生活中，对待长辈"容貌必恭，执事必谨，言语应对必下气怡声，出入起居必谨扶卫之，不敢涕唾喧呼于父母舅姑之侧。父母舅姑不命之坐，不敢坐。不命之退，不敢退"①。面容上表现恭敬，做事谨慎，说话低声，不让坐不可以随意坐，不让退下也不可以随便走开。《家礼》又言"凡子事父母，乐其心不违其志，乐其耳目，安其寝处，以其饮食忠养之，幼事长，贱事贵，皆仿此"②。要求小辈侍奉父母，首先要做到让父母开心，然后是不能让父母担心。现实生活中，徽州男子很注意如此作为。如"凌仲子，歙人……铨授宁国府教授，迎生母王至学署，先意承志，得亲欢心。母偶不怿，必长跪以请，俟母笑乃起"③。凌仲子在母亲"不怿"时可谓想尽办法，直到母亲露出笑颜才罢休。也有做到让父母不担心的，即使是自己身怀疾病，也极力掩饰。如"汪孝子龙，歙人……龙奉母时，一夕疽发背，不使母知，入侍谭笑如常，出寝门即仆地卧。明日复入侍，数旬而愈，母竟不知"④。类似的事例，在徽州方志和谱牒以及文集中，俯拾皆是。

① 朱熹：《朱子家礼》卷1《司马氏居家杂仪》，四库全书本。
② 朱熹：《朱子家礼》卷1《司马氏居家杂仪》，四库全书本。
③ 许承尧：《歙事闲谭》卷10《补录凌仲子事》。
④ 许承尧：《歙事闲谭》卷29《汪孝子》。

其次，对父母要做到言听计从，即使是无故挨打也要恭敬受之。

　　凡子受父母之命，必籍记而佩之，时省而速行之。事毕，则返命焉；或所命有不可行者，则和色柔声，具是非利害而白之，待父母之许，然后改之，若不许，苟于事无大害者，亦当曲从……凡父母有过，下气怡色柔声以谏。谏若不入，起敬起孝，悦则复谏；不悦，与其得罪于乡党州闾，宁熟谏。父母怒不悦而挞之，流血不敢疾怨，起敬起孝。①

对于父母吩咐的事情，要"速行之"，如果执行不顺畅，则要告知父母，辨明是非原委，待父母允许后方可放弃。而如果父母执意要执行，那么作为子女的只有听从的本分。如果父母有什么过错，要柔声细语小心提出，父母不接受，不要执意更改父母的意志，要待到父母心情好时再提出想法。朱熹在《论语集注》中就"子曰：'事父母几谏。见志不从，又敬不违，劳而不怨。'"②所用之注解，正是司马氏的这段话：

　　与《内则》之言相表里。几，微也。微谏，所谓"父母有过，下气怡色柔声以谏"也。见志不从，又敬不违，所谓"谏若不入，起敬起孝，悦则复谏"也。劳而不怨，所谓"与其得罪于乡党州闾，宁熟谏。父母怒不悦而挞之，流血不敢疾怨，起敬起孝"也。③

在《茗洲吴氏家典》中，也有很多内容与此相关，如"卑幼不得抵抗尊长，其有出言不逊、制行悖戾者，姑诲之，诲之不悛，则众叱之。子孙受长上苛责，不论是非，但当俯首默受，无得分理"④等。徽州《济阳江氏家训》对此伦理观念也有提及："父母有过，不能几谏，使父母陷于不

---

① 朱熹:《朱子家礼》卷1《司马氏居家杂仪》,四库全书本。
② 朱熹:《论语集注·里仁第四》。
③ 朱熹:《论语集注·里仁第四》。
④ 吴翟:《茗洲吴氏家典》卷1《家规八十条》,雍正刊本。

义，亦是不孝。"①明清时期徽州男子上对父母，大多依照此类教诲。如：

> 《初月楼闻见录》云：方立礼，先世歙人，迁江都。父曰伊，生
> 母魏氏，伊之妾也。立礼八岁，魏氏卒。继母汪氏有二子，曰立化、
> 立乾，爱之，恶立礼。汪性严酷，每怒，辄与大杖。立礼受杖惟谨。
> 一日杖立礼，几绝，及苏，无变容。立礼年十八，父卒。汪益逞志，
> 遂逐立礼。立礼时时候门外，问母起居。欲入不敢，俯首窃泪下。②

这里记述的徽州男子方立礼生母是妾，去世很早，继母严苛，经常杖
打他，立礼挨打时依旧恭敬。其后父亲去世，他被继母赶出家门，言行依
旧符合《家礼》中传导的伦理准则，时常关心继母的起居生活，却又不敢
擅自闯入家门。可以说，方氏的言行正是徽州男子践行朱熹《家礼》具体
内容的一则有力实证，《家礼》中所倡导的伦理规范已深入其骨髓。后来
他的继母生病，方立礼仍然践行"仁孝"的观念，百般打听疗法，而其妻
在受到杖打时也是同样恭顺："汪氏疾，则忧惧不食，日夜奔走户外，少
安乃已。妻洪氏，亦孝谨，日受鞭挞，无违色，不使立礼知。"③

最后，要与父母感同身受。父母生病时，"子色不满容，不戏笑，不
宴游，舍置余事，专以迎医检方合药为务。疾已，复初。（《颜氏家训》
曰：父母有疾，子拜医以求药。盖以医者，亲之存亡所系，岂可傲忽
也）"④严肃面对父母之疾，谢绝娱乐，以为父母治病为当务之急，《家
礼》还引《颜氏家训》的内容，叮嘱子孙要尊敬医生。徽州男子在父母生
病时，不仅按照以上说法延请名医，甚至不惜割肉以作为药引，哪怕危及
自己性命也在所不惜。最典型的事例是：

---

① 江志伊：《济阳江氏金鳌派宗谱·江氏家训》卷首《父母》，民国石印本。
② 许承尧：《歙事闲谭》卷28《方立礼》。
③ 许承尧：《歙事闲谭》卷28《方立礼》。
④ 朱熹：《朱子家礼》卷1《司马氏居家杂仪》，四库全书本。

尹童四孝:"尹童四孝,歙上丰尹氏也。长梦炎,次梦昌,次梦吕,最少者曰梦友,俱为童子。母病瘵,四子哀号累日夜。炎、昌乃谋藏小刀,私语弟缚臂,令代之割,皆曰:'均母也,有一不割,是可忍也。惟友少,可掩而图之。'友不可,谓兄必先我割,我乃无号,遂伸臂交割,夜寂无声。凌晨炊一糜,投臂肉其中,母饮而甘之。父旋觉,加骂焉,路人皆为流涕。"①

类似"尹童四孝"的例子,在古代徽州并不少见。如"张三爱,歙人……一日母病且笃,爱贫,自度难置药,乞牛羹于路,路人曰:'若求愈母,便可以肝愈之。'爱祷诸神,出短匕首自划其胸,割肝如指许大,徐以左手还纳破肝,束以白麻,以肝和羹饮,母竟愈。"②张氏男子割肝疗母,从现代医学角度看,其做法难免蒙昧,可是却向世人昭示了明清时期徽州男子对"孝道"贯彻的力度与决心,如同徽州的贞节牌坊林立不绝,今人视为震撼的这种表现孝顺的行为方式也是层出不穷。

(二)《家礼》中的悌友观与徽州男子的兄弟关系

《家礼》中对于男子的日常伦理规范,提到很重要的一点就是兄弟之间如何相处。《三字经》称"兄则友,弟则恭",此观念也反映在朱熹《家礼》的诸多描述中。兄弟之间的相处之道,被划定在儒家长幼有序的伦常之内。

朱熹《家礼》在规定治昏冠丧祭四礼时,多次就兄弟间不同的位置及礼节有过描述。规定"非嫡长子则不敢祭其父"③,意即必须在嫡长子的安排下主持家中的祭祖活动。具体到祭祀时如何排序,《家礼》中规定"主人有诸父诸兄,则特位于主人之右少前,重行西上……诸弟在主人之

---

① 赵吉士:《寄园寄所寄》卷2《镜中记》,康熙刊本。
② 许承尧:《歙事闲谭》卷29《张三爱》。
③ 朱熹:《朱子家礼》卷1《通礼·祠堂》,四库全书本。

右少退，子孙外执事者在主人之后"①，祭祀时主人让父兄站在自己前面，让诸弟及子孙跟随在后面，排序注重伦理辈分。明清时期宗族社会亦呈此类风俗，族兄、族长治理宗族，照顾小家庭，亦以整个家族的发展为重。徽州婺源袁采撰写的《袁氏世范》中就有"友爱当笃"之规定："若一家之中长者总提大纲，幼者分干细务，长者幼谋，幼者长听，各尽公心，自然无争。"②明清徽州各族谱系大都有类似条目明晰长幼之责，依此明清时期徽州兄弟互助，振兴宗族的现象也就不难让人理解了。如在歙县和休宁两地，"夫两邑人以业贾故，挈其亲戚知交而与共事，以故一家得业，不独一家食焉而已。其大者能活千家百家"③。亲缘为系，以一家之兴旺带动一族之兴旺，从族长到族内子弟都将宗族视为自己的一份责任。

朱熹《家礼》有关兄弟相处之道又称："凡为人子弟者，不敢以贵富加于父兄宗族（加，谓恃其富贵，不率卑幼之礼）。"④提倡为弟者对兄长也要悌顺，在家中论资排辈，不可以财富的多寡乱了长幼秩序。徽州诸多家族，大多恪守了这一原则。徽州的《济阳江氏家训》中，也特别强调兄弟之间应和睦相处，如：

> 兄弟不友爱，不得为孝。《书》云："惟孝友于兄弟"。孔子诵"兄弟既翕"之诗而曰：父母其顺，若兄弟不睦，日阅于墙，父母能安乐乎……兄弟之子犹子也，不幸雁行早折，延及其子与之分居，当如薛包待侄，田庐器物以美者让之，自取其荒顿败朽者……凡有弟不恭兄者，家长当反复告诫，使其省悟。不悛，则治以家法，甚则鸣于官。若兄不友弟，亦当劝之尽道。⑤

此《家训》将兄弟友爱和孝道联系在一起，以孔子删定的《诗经

---

① 朱熹：《朱子家礼》卷1《通礼·祠堂》，四库全书本。
②《袁氏族谱·家规·友爱当笃》，安徽师范大学皖南历史文化研究中心藏复印件。
③ 金声：《金太史集》卷4《与歙令君书》，乾坤正气集本。
④ 朱熹：《朱子家礼》卷1《司马氏居家杂仪》，四库全书本。
⑤ 江志伊：《济阳江氏金鳌派宗谱·江氏家训》卷首《兄弟》，民国石印本。

（雅）》中的《鹿鸣之什（棠棣）》篇片段为例说明兄弟友爱的重要性，并明确指出，如果兄弟早逝，作为手足，要代为照顾其家属，在分配家产的时候，要把"田庐器物"之"美者"留给兄弟之子。如果有弟不恭、兄不友的情况出现，家长要"告诫"，必要时还可"鸣于官"，由官府处置。正与《家礼》中强调的兄弟之间的悌友之道相符。在实际的生活中，常可见明清时期徽州的男子照顾诸弟及其家众的事例。如"明休宁汪彦光、彦礼，兄弟翕睦，光五男，礼仅二男，父遗赀厚，将析箸。礼曰：'吾兄弟平分，吾儿信有余，五侄薄矣，请七分之。'里人高其义"①。这里汪氏兄弟两人在分家产时的表现，一如《家礼》及徽州家训所倡导，友爱而谦让。又如：

> 黟邑程子笈云，与余接臂，相得甚欢……家政乃其大伯鲁泉统摄维持……仲即笈云父，号不村，黟之名宿，讲学家塾，出其门下以成名者不少也……季号竹斋，服贾于外。兄弟三人，各事其事，无私财无私蓄，历数十年如一日。其家政之善，风俗之醇，概可睹矣。②

此例中的兄弟三人分工合作，持家兴业，可谓明清时期徽式兄友弟恭的典型代表。

在徽州地区，兄长照顾幼弟及其子女的例子比比皆是。如清代学者凌廷堪，"字仲子，歙人，生有异禀，观书十行俱下，幼孤贫，赖兄营家计，母教之"③。他就是被兄长养大成人的。还有"齐彦钱，（婺源）高峡人。性鲠直洁修，早失恃，事继母克孝。尝在无锡木行，代程某司理，所得俸金悉寄母，为弟侄婚教。"④这里，齐彦钱不仅奉养继母，还代为安排弟侄的婚教。徽州男子家庭责任感甚强，兄弟之间讲究孝悌，即使同父异母兄弟之间，也大多能保持和睦。如"曰泰，器宇宏豁，敦伦睦族，事异母兄

---

① 赵吉士:《寄园寄所寄》卷2《镜中记》，康熙刊本。
② （同治）《黟县三志》卷15《艺文志·程鲁泉兄弟传》。
③ （道光）《徽州府志》卷11《人物志·凌廷堪》。
④ （光绪）《婺源县志》卷34《人物·义行》。

若一体，至老不忍分异"①。有时，为弟者还会扶助嫂嫂和养育幼弟。如"汪肇潒，字稚川……稚川十余岁，既孤，遂废学……稚川既少孤，上有兄亦早逝，贫甚。学篆刻卖艺以养其母，食嫂育弟"②。这里，稚川在父亲和长兄去世后毅然挑起家庭重担，其言行成为明清时期徽州男子贯彻朱熹伦理思想的一个典型。据记载，稚川"读丧祭之礼，久之，旁穿交通，遂精《三礼》学，辄多心解，能补先儒所不及"③。他不仅研读《家礼》，还于力行之中贯彻自己对儒家伦理的理解。

(三)《家礼》中体现的义利观与徽州男子的义行

义利观是中国传统社会中最受重视的有关立身行事的观念之一。杜佑在《通典》里说"其居人曰义。《孝经》说曰：'义由人出。'孔子曰：'夫礼，先王以承天之道，以理人之情，失之者死，得之者生。故圣人以礼示之，天下国家可得而正也。'人知礼则教易。"④《孟子·滕文公下》中也说"富贵不能淫，贫贱不能移，威武不能屈，此之谓大丈夫"。在传统的儒家伦理中，君子应该重义轻利，且一言九鼎。朱熹本人在解释《论语》"君子喻于义章"时是这样表达的："问'喻于义'章。曰：'小人之心，只晓会得那利害；君子之心，只晓会得那义理。见义理底，不见得利害；见利害底，不见得义理。'"⑤又说"君子小人，只共此一物上面有取不取"⑥，"只宜处便是义"。朱熹将义解释为适宜的举动，义利之间有所取舍时，侧重于"义"理指明的方向。朱熹对儒家义利观的见解，贯彻到撰著《家礼》时，便是以是否符合"义理"的考量为重，而不是考虑利益的得失。以《家礼》中议及的"昏礼"为例，朱熹引用司马氏的话：

① 戴廷明、程尚宽：《新安名族志》前卷《程·文昌坊》，黄山书社2004年版。
② 许承尧：《歙事闲谭》卷23《程让堂五友记》。
③ 许承尧：《歙事闲谭》卷23《程让堂五友记》。
④ 杜佑：《通典》卷41《礼典·礼序》，中华书局2004年版。
⑤ 黎靖德：《朱子语类》卷27《论语九·君子喻于义章》，中华书局1986年版。
⑥ 黎靖德：《朱子语类》卷27《论语九·君子喻于义章》，中华书局1986年版。

　　凡议昏姻，当先查其婿与妇之性行，及家法何如，勿苟慕其富贵。婿苟贤矣，今虽贫贱，安知异时不富贵乎？苟为不肖，今虽富盛，安知其异时不贫贱乎？妇者，家之所由盛衰也，苟慕其一时之富贵而娶之，彼挟其富贵，鲜有不轻其夫而傲其舅姑，养成骄妒之性，异日为患，庸有极乎？借使因妇财以致富，依妇势以取贵，苟有丈夫之志气者，能无愧乎？①

以此来说明择婿或择妇的首要考虑应是性格和品行，将财富放于人伦之后，将人的品行与家教放在第一位。同时，朱熹也不主张嫁女时多带嫁妆，认为：

　　今世俗之贪鄙者，将娶妇，先问资装之厚薄，将嫁女，先问聘财之多少……由是爱其女者务厚其资装以悦其舅姑者，殊不知彼贪鄙之人不可盈厌，资装既竭，则安用汝女哉？于是质其女以责货于女氏，货有尽而责无穷，故昏姻之家往往终为仇雠矣……然则，议昏姻有及于财者，皆勿与为昏姻可也。②

在朱熹看来，以钱财而论婚姻实属不妥。明清时期的徽州地区，婚礼的举行也多从《家礼》所述。如"（婺源）婚丧之礼而尚质朴。婚礼重门阀，轻聘纳，无重帛侈筵。丧家以素膳膳客，无饮酒食肉。迩来渐习侈靡，一婚丧之费，破中人百金以上之产。前元于文傅公宰婺，以礼训民，禁婚丧之侈费，百姓胁从"③。材料反映明清时徽州婺源地区在举办婚礼时就是以质朴为要，尽管后来有奢靡的趋向，也被婺源官员以礼学思想教化扭转过来。同时期的徽州黟县也是重义、重门第而轻财物，"重宗谊，讲世好……婚配论门第，治桂裳装具，量其家以为厚薄。重别藏获之等，

---

　　① 朱熹：《朱子家礼》卷3《昏礼·议昏》，四库全书本。
　　② 朱熹：《朱子家礼》卷3《昏礼·议昏》，四库全书本。
　　③ （光绪）《婺源乡土志·婺源风俗》。

即其人盛赀厚富，行作吏者，终不得列于辈流"①。朱熹《家礼》中对"昏礼"的阐述，表明了一个大丈夫，在夫妇之义开始之时就要抛却对利的追求，义利之间以义为重。

朱熹《家礼》中明晰主仆之分，也是悬心于义字。

"凡女仆，同辈（谓兄弟所使），谓长者为姊。后辈（谓诸子舍所使）谓前辈为姨（内则云：虽婢妾，衣服饮食必后长者。郑康成曰：人，贵贱不可以无礼。故使之序长幼）……凡男仆，有忠信可任者，重其禄，能干家事次之……凡女仆，年满不愿留者，纵之，勤旧少过者，资而嫁之。"②

从中可以看到，虽然是主仆，但是朱熹也重长幼之分；对于贤明能干的，不分男女，给以奖励，甚至有的女仆出嫁时还会得到嫁妆。在朱熹看来，大丈夫的义不仅止于家人和同样社会地位的人，对于"卑贱"之人也不能忘却人伦。徽州就有《家训》载，"奴婢不可克减其衣食。然家法虽极严，食足然后可致法，法行然后知恩"③，要求主人管理仆人应张弛有度，恩威并重。明清时期徽州男子大多能做到为富且仁，对穷苦人家或社会地位不如己者，甚至是陌生人也多有义举，倾囊相助。所谓"义"，有时是不求回报的一种帮助。如一些徽州富商会为不相识的陌生死者安葬，如"曰恩，笃亲推财，声著淮海，敬贤嗜礼，推重士流，恩孚家庭，义联宗族，遇有死于道阻者，尝出棺葬之"④，"曰懂，字景宁，府学生，因父丧图养，就商致富，尝客楚团风，岁饥饿，死者属道，买地为义冢葬之，郡守曹公立石纪其义"⑤等，就是徽人推崇的男子"义举"。

《古今图书集成（五种遗规）》中提到王士晋《宗规（宗族当睦）》的"四务"，即"又有四务。曰矜幼弱，曰恤孤寡，曰周窘急，曰解纷竞"⑥，徽州《休宁古林黄氏重修族谱（祠规）》中也有相同的四务，这

---

① （康熙）《黟县志》卷1《风俗》。
② 朱熹：《朱子家礼》卷1《司马氏居家杂仪》，四库全书本。
③ 《檀几丛书》卷18《家训》，上海古籍出版社1992年版。
④ 戴廷明、程尚宽：《新安名族志》前卷《程·文昌坊》，黄山书社2004年版。
⑤ 戴廷明、程尚宽：《新安名族志》前卷《程·文昌坊》，黄山书社2004年版。
⑥ 陈梦雷：《古今图书集成·五种遗规》，中国戏剧出版社2008年版。

四务完全可以代表明清时期徽州人对"义"的理解。《茗洲吴氏家典》中也有相关规定，且更为细致：

> 族中子弟有器宇不凡、资禀聪慧而无力从师者，当收而教之，或附之家塾，或助以膏火……族中子弟不能读书，又无田可耕，势不得不从事商贾。族众或提携之，或从他亲友处推荐之，令有恒业，可以糊口，勿使游手好闲，致生祸患。族内有贫穷孤寡，实堪怜悯，而祠贮绵薄，不能周恤，赖族彦维佐，输租四佰，当依条议，每岁一给。顾仁孝之念，人所同具，或贾有余财，或禄有余资，尚祈量力多寡输入，俾族众尽沾嘉惠，已成巨观。①

这里，提携小辈，扶助失学子弟，接济贫穷孤寡等等规定，可以看作是徽州人对义这一伦理精神的贯彻。实际生活中，明清时期徽州男子在行义时，表现方式很多，除上面提到的几种情况外，还有如"公姓吴氏，讳之骏，字瑶骖，号损斋，徽之歙人……公孝友性成，敦善行不息。祖祠倾圮，不惜重资以襄厥成……凡道路之险仄者，路亭之摧颓者，皆一一整治。康熙戊戌洪水暴涨，里中桥堤冲塌数十丈，倡集同人构造，凡两易寒暑始竣工。置义田数千亩，以济族之贫乏者。族子弟之秀者，或无力延师，谋设义塾以教，惜未竟厥志。他如振困穷、焚贷券、施医药、瘗枯□，阴行善事不可殚述"②等。为了表彰类似义行，徽州人常会修建牌坊，如"曰宗远，景泰间岁饥，输粟赈济，恩授冠带，官建'尚义牌坊'，以表其门"③等，以激励世人。明清时期在徽州林立的牌坊中，因"义"而建的各式牌坊，数量很多，比例甚高。④

---

① 吴翟：《茗洲吴氏家典》卷1《家规八十条》，黄山书社2006年版。

② 歙县《丰南志》卷6《皇清诰封中宪大夫大理寺寺副加五级岁进士损斋太老姻台吴公行状》，江苏古籍出版社1992年版。

③ 戴廷明、程尚宽：《新安名族志》前卷《程·文昌坊》，黄山书社2004年版。

④ 参见周晓光：《徽州传统学术文化地理研究》第5章《徽州传统学术文化景观》，安徽人民出版社2006年版。

那么，何以在徽州男子的伦理生活中，《家礼》影响会如此巨大呢？我们认为造成这种现象的原因有多种，而其中关键因素有两个：一是与朱熹在徽人心目中至高无上的地位是分不开的。元代徽州著名学者汪克宽（环谷）曾评价朱熹说："近代以来，濂、洛诸儒先继出，吾邦紫阳夫子集厥大成，揭晦冥之日月，开千载之盲聋。于是六合之广、四海之外，家诵其书，人攻其学。而吾邦儒风丕振，俊彦之辈出，号称东南邹鲁，遐迩宗焉。"①清代康熙年间程应鹏在其所作《荄山先生新安学系录跋》中说："吾二夫子（程颢、程颐）也，实绍先圣之绝学，迨及考亭夫子（朱熹），又集诸儒之大成。"②汪克宽和程应鹏的看法，代表了徽人的一致观念。正是由于朱熹在徽州的崇高地位，故徽人对朱熹之书顶礼膜拜。明初著名理学家、休宁人赵汸（字子常，号东山）说：徽州"一以郡先师子朱子为归，凡六经传注、诸子百氏之书，非经朱子论定者，父兄不以为教，子弟不以为学也。是以朱子之学虽行天下，而讲之熟、说之详、守之固，则惟新安（即徽州）之士为然。"③朱熹之书乃是徽人尊奉的至高无上的典籍。雍正《茗洲吴氏家典》中说："我新安为朱子桑梓之邦，则宜读朱子之书，取朱子之教，秉朱子之礼，以邹鲁之风自待，而以邹鲁之风传之子若孙也。"④这就不难理解何以朱熹《家礼》在徽州广泛流行，何以徽州男子会以《家礼》的规范为其立身行事之指南。二是与《家礼》在徽州宗族中有广泛的影响密切相关。《新安黄氏会通宗谱·集成会通谱叙》称："盖人伦不明，宗法废弛，民俗颓弊甚矣。幸而皇宋诞膺景运，五星聚奎。于是吾郡朱夫子者出，阐六经之幽奥，开万古之群蒙，复祖三代之制，酌古准今，著为《家礼》，以扶植世教。其所以正名分，别尊卑，敬宗睦族之道，亲亲长长之义，灿然具载。"因此，在徽州宗族活动中，《家礼》成为一部指南性的经典。如休宁《茗洲吴氏家典》中规定："遵行《家礼》，率以为

① 程敏政：《新安文献志》卷16《万川家塾记》，弘治三年（1490年）刊本。
② 程瞳：《新安学系录》卷首《荄山先生新安学系录跋》，康熙三十五年（1696年）绿荫园重修本。
③ 赵汸：《东山存稿》卷4《商山书院学田记》，四库全书本。
④ 吴翟：《茗洲吴氏家典》卷首《序》，雍正刊本。

常。"①绩溪明经胡氏《新定祠规二十四条》强调："凡祭祀……一切仪节，谨遵朱子《家礼》。"②歙县潭渡黄氏《祠规》中要求族众"元旦谒祖、团拜及春秋二祭，悉遵朱子《家礼》"③，等等。徽州的宗法制盛行，男子是宗族中的主要群体，在生活环境的长期熏陶下，《家礼》对徽州宗族的巨大影响力，成为徽州男子伦理生活以其为定位标杆的重要因素。

综上所述，朱熹《家礼》作为人们伦理生活的指南，有着广泛而深刻的影响。朱子有言："礼不难行于上，而欲其行于下者难。"④朱熹固然如是说，但从明清徽州男子的伦理生活可以看出，《家礼》实为应用伦理文本的一则成功范例，它不仅细致地规范了与生活相连接的行与思，还有效地推广到人们的生活中，正符合现代应用伦理学的目标："使道德要求与道德智慧内化在社会的制度与法中，使之成为一种普遍行为模式与行为程序"⑤。这一范例，对于推动当代家庭应用伦理学所要完善的价值导向可能有如下几点启发：首先，要明确理义，然后才能细化表征。倡导一种善的行为，就要让人们正确理解行为的意义。如朱熹在《家礼·冠礼》中就先给"冠礼"正名，指出其施行的意义，抨击当时由于"冠礼"不行，人们愚妄不知成人之道的弊端："近世以来，人情轻薄，过十岁而总角者少矣。彼责以四者之行，岂知之哉？往往自幼至长，愚騃若一，由不知成人之道故也！"⑥其次，要注意榜样的示范效果。《家礼》正是由于朱熹和新安理学家们在徽州地区的高山景行，才能更快地被徽州当地所接受和传播。最后，引用朱子治礼的观点"必不一一尽如古人之繁，但放古之大意"⑦。现代人在对传统伦理价值观进行取舍时，不要拘泥于完全模仿古

---

① 吴翟：《茗洲吴氏家典》，雍正刊本。

② 绩溪《上川明经胡氏宗谱》下卷，宣统活字本。

③ 歙县《潭渡黄氏族谱》卷6，雍正刊本。

④ 朱熹：《晦庵先生朱文公文集》卷69《臣民礼议》，载朱杰人等主编：《朱子全书》，上海古籍出版社、安徽教育出版社2002年版。

⑤ 甘绍平：《应用伦理学的特点与方法》，载《哲学动态》1999年第12期。

⑥ 朱熹：《朱子家礼》，四库全书本。

⑦ 黎靖德：《朱子语类》卷84《论考礼纲领》，中华书局1988年版。

人行为，而要追寻古人对人伦礼义的理解，仁孝、信义等观念在今天仍然值得提倡，在不歪曲现实生活，不削足适履的前提下，将伦理道德作为一种可以调适的应用理性，促进生活和谐向前。

二、程敏政《道一编》评议

《道一编》是明代学者程敏政考辨"朱陆异同"的一部重要著述。程氏在书中所提出的朱熹、陆九渊"始异终同"及其"三阶段说"，在南宋以降关于"朱陆异同"之辨中，有承先启后之功；特别是对明代"心学"大师王阳明"朱子晚年定论"等一系列观点的提出，有重大的影响。因此，在明代学术史上，这是一部应当引起重视的著述。但该书因几度"刻板湮晦""散失无存"，且其中基本观点颇遭朱子学者的非议，故流传不广，论者甚少。

(一)程敏政及其《道一编》之编撰

程敏政，字克勤，安徽徽州（旧称新安，今黄山市）休宁人。生于明英宗正统十年（1445年），卒于弘治十二年（1499年）。程氏在徽州是大族，其父程信又曾官至南京兵部尚书，在当时属于"显宦"。因此，程敏政从小就受到了良好的家庭教育。传说程敏政年少时"资禀灵异"，读书"一目数十行"，有"神童"之称。[①]据《明史》记载，程敏政10岁时，"侍父官四川，巡抚罗绮以神童荐"。英宗亲自召试，程敏政赋《瑞雪诗》并急就经义一篇，文采粲然，英宗大悦，命读书翰林院。[②]成化二年（1466年），22岁的程敏政以顺天乡试第一名的身份参加会试，结果高中进士一甲第二名，被授予翰林院编修。在此任上，程敏政参与了《英宗实录》和《宋元纲目》的编撰，"书法多所裁正"[③]。后历迁左春坊左谕德，充东宫

---

① 程敏政：《篁墩文集》卷首《李东阳序》，四库全书本。
② 张廷玉等：《明史》卷286《程敏政传》，中华书局1974年版。
③ 施璜：《还古书院志》卷7《传》，道光二十三年（1843年）刻本。

讲读官。当时翰林中，"学问该博称敏政，文字古雅称李东阳，性行真纯称陈音，各为一时冠"①。孝宗继位，程敏政擢为詹事府少詹事、兼翰林院讲学士，侍文华殿日讲。方志称："经筵进讲，终篇必致讽谏。帝雅重之，特呼先生而不名。"②说明当时程敏政甚得孝宗的器重。

程敏政是名门之后，且出道很早，因此长期以来养成了孤高自傲的性格。《明史》本传上说："敏政，名臣子，才高负文学，常俯视侪偶，颇为人所疾。"弘治元年（1488年）冬，御史王嵩等以雨灾弹劾程敏政，其背后真正的原因之一就是因为程敏政锋芒太露，从而遭人嫉恨。在王嵩等人的交攻下，程敏政被勒令致仕，回到徽州休宁老家，"读书南山中"。我们估计《道一编》最后编定，就在这一段时间里。因为程敏政作过一篇《道一编序》，落款时间和署名是"弘治二年岁巳酉冬日长至新安程敏政"③。弘治六年（1493年），明孝宗召回程敏政④，进其为太常卿兼侍读学士，掌院事。弘治十二年（1499年），时任礼部右侍郎的程敏政与文渊阁大学士李东阳出任当年会试的主考官，程敏政因受唐寅、徐经"科场舞弊案"牵连而入狱，出狱后4天因痈发而卒。⑤

程敏政在其并不长寿的一生中，留下了大量的著述，并由此而成为明代重要的理学家、文学家和文献学家。据方志称，程敏政"淹贯群籍，研究理道"，为文"一本诸经史"，李东阳称之"宏博伟丽，自成一家，质之当代，盖绝无而仅有者"，京师亦曾流传"天下文章程敏政"⑥之谚。流传至今的主要著述有：《宋遗民录》15卷、《宋纪受终考》3卷、《心经附注》4卷、《道一编》6卷、《篁墩集》93卷、《新安文献志》100卷、《明文衡》

① 张廷玉等：《明史》卷286《程敏政传》，中华书局1974年版。
② （嘉庆）《休宁县志》卷12《人物》。
③ 见程敏政：《篁墩文集》卷28及5卷本《道一编》篇首。
④ 《明孝宗实录》卷151。
⑤ 事详《明孝宗实录》卷147、卷148、卷151。《实录》记载程敏政之死后，有按语曰："言官劾其主考任私之事，实未尝有。盖当时有谋代其位者，嗾给事中华昶言之，遂成大狱，以致愤恨而死，有知者至今多冤惜之。"这里所说的"有谋代其位者"，《明史·程敏政传》直指其名："傅瀚欲夺其位，令昶奏之，事秘莫能明也。"程敏政之死，实为冤狱。
⑥ （嘉庆）《休宁县志》卷12《人物》。

998卷、《唐氏三先生集》28卷附录3卷、《咏史集解》7卷、《休宁县志》38卷、《休宁陪郭程氏宗谱》2卷、《程氏贻范集》23卷、《礼仪逸经》2卷、《瀛贤奏对录》1卷、《大学重订本》1卷、《篁墩诗集》15卷等。

《道一编》是反映程敏政学术思想的最重要著述之一。关于此书编撰之缘起，程敏政在《道一编序》中有过表述。他认为，"朱、陆二氏之学，始异而终同，见于书者可考也。不知者往往尊朱而斥陆，岂非以其早年未定之论而致夫终身不同之决，惑于门人记录之手而不取正于朱子亲笔之书邪"？就是说，在程敏政看来，朱熹与陆九渊两人之学说"始异而终同"，但后学者依据朱熹早年的未定之论，往往"尊朱而斥陆"，不知朱、陆之说其实后来已是"同一"。程敏政认为，此举"是固不知陆子，而亦岂知朱子者哉"！基于这一看法，他集录朱熹书札中有涉陆学之内容者，同时附录陆九渊之相关信札，精心编辑，得出朱、陆异同分"始焉如冰炭之相反，中焉则疑信之相半，终焉若辅车之相依"三个阶段的结论。显然，程敏政编撰《道一编》的目的有三：一是还陆学以公道，二是复朱学之真，三是纠正时人认识之误。明弘治三年（1490年）《道一编》的初刻本为6卷，嘉靖三十一年（1552年）重刻本为5卷。《四库全书总目》卷95《子部·儒家类存目一》收录浙江汪汝瑮家藏6卷本《道一编》时说："不著撰人名氏。编朱陆二家往还之书，而各为之论断，见其始异而终同。考陈建《学蔀通辨》曰：程篁墩著《道一编》，分朱陆异同为三节，始焉如冰炭之相反，中焉则疑信之相半，终焉若辅车之相依，朱陆早异晚同之说，于是乎成矣。王阳明因之，遂有《朱子晚年定论》之录，与《道一编》辅车之说正相唱和云云。然则此书乃程敏政作也。"

6卷本《道一编》未署作者名。《四库全书》馆臣据陈建《学蔀通辨》考《道一编》作者为程敏政，甚是。明嘉靖三年十一月刊刻的5卷本《道一编》，前有沈宠、聂豹序，篇末有汪宗元后序，明确显示该书为程敏政所著。程氏《篁墩文集》中亦收录了《道一编序》，并有《复司马通伯宪副书》《答汪金宪书》等篇谈及《道一编》编撰之由。因此虽6卷本未署名，但此书为程敏政所著应无疑义。

（二）《道一编》的学术价值

《道一编》的学术价值，主要体现在两个方面：

首先，程敏政在此书中明确提出并深入阐释了"道一"学说，这一学说较以往学者们的相似观点，更为系统和全面。何为"道一"？程敏政在《道一编》中提出，"道一"包含两层意思：一是指宇宙之"道"，也就是说朱熹与陆九渊两家所求的"道"，乃是同一的，并无两样；二是指朱、陆两家之说及其为学之道，最终归于一致。他说：

> 宇宙之道，道一而已。道之大原出于天，其在人则为性，而具于心，心岂有二哉？惟其蔽于形气之私，而后有性非其性者。故孔门之教，在于复性，复性之本，则不过收其放心焉尔。颜之"四勿"，曾子"三省"，与子思之"尊德性、道问学"，孟子之"先立乎大者而小者不能夺"，其言凿乎如出一口。诚以心不在焉，则无以为穷理之地，而何望其尽性以至于命哉？中古以来，去圣益远，老佛兴而以守玄悟空为高，训诂行而以分章析义为贤，辞华胜而以哗世取宠为得。由是心学晦焉不明，尼焉不行，虽以董、韩大儒尚歉于此，而亦何觊其他哉？子周子生千载之下，始阐心性之微旨，推体用之极功，以上续孟氏之正传，而程子实亲承之……而卒未有嗣其统者。于是朱、陆两先生出于洛学销蚀之后，并以其学说讲授于江之东西，天下之士靡然从之。然两先生之说，不能不异于早年而卒同于晚岁，学者独未之有考焉，至谓朱子偏于道问学，陆子偏于尊德性，盖终身不能相一也。呜呼！是岂善言德性者哉。夫朱子之道问学，固以尊德性为本，岂若后之分章析义者，毕力于陈言；陆子之尊德性，固以道问学为辅，岂若后之守玄悟空者，悉心于块坐走诚。惧夫心性之学将复晦且尼于世，而学者狃于道之不一也。考见其故，详著于篇。

这是程敏政解释其"道一"思想最详尽的一段文字，附在《道一编目录》之后。①按照程敏政的理解，宋明理学家反复探讨的"道"，在宇宙之间乃是独一无二的，不存在此"道"或彼"道"的区分。该唯一之"道"出于天，而体现在人则为"性"，具体落实则在"心"。那么，既然出于天的"道"只有一个，也就是"道一"，为什么体现在人"性"时则会有差异呢？程敏政认为，这是由于"形气之私"的障碍，故有"性非其性者"，出现人性的差异。他指出，正是因为道、性、心的关系，所以"孔门之教，在于复性，复性之本，则不过收其放心焉"。为了证明自己对"孔门之教"本质认识的不误，程敏政援引了颜子、曾子、子思以及孟子这些"先圣"们的观点，称之"凿乎如出一口"，讲的都是"心"为"穷理之地"。在程敏政看来，儒学之正宗，其实就是"心学"。但自孟子之后，因道教、佛教的影响，以及训诂之学与辞章之学的冲击，"心学"渐趋"晦焉不明，尼焉不行"。程敏政认为，直到千载而后，周敦颐的出现，才重新开始"阐心性之微旨"，上续孟子的"正传"。但周敦颐学术传程子（颢、颐），程子之后则又无人传其学，以致二程的"洛学"渐趋衰微。朱熹与陆九渊在二程"洛学"式微之后，各以其说在江东与江西讲学，天下学者非从学于朱，即从学于陆；而朱熹与陆九渊的学说，其早年不同，晚年则殊途同归，均为儒学正宗的发扬传承者。程敏政认为，后之学者以为朱熹专讲"道问学"，陆九渊专说"尊德性"，两人所求之"道"以及学问之道不一，这是一种重大误解。这里，程敏政由宇宙之"道一"，逐步分析出"孔门之教"的"心学"传统，最后论证到朱熹与陆九渊之学"早异而晚同"，他们两人的所求之道以及为学之道实际上也是同一的。如此明确和全面解释"道"和"道一"，在此前学者的相关论述中，实属罕见。这是程敏政及其《道一编》的重要学术贡献之一。

其次，立足于"道一"思想，程敏政提出并论证了朱熹与陆九渊之学"早异而晚同"的三个发展阶段。这是程敏政及其《道一编》的又一重大学术贡献。

---

① 程敏政:《道一编》目录后附,四库全书存目丛书本。

《道一编》中所论述朱、陆"早异晚同"的三个阶段分别是：

第一阶段，"始焉如冰炭之相反"。程敏政在《道一编》中首举朱熹与陆九渊在"鹅湖之会"时的两首"倡酬之作"，陆九渊云："墟墓兴哀宗庙钦，斯人千古不磨心。涓流积至沧溟水，拳石崇成太华岑。简易功夫终久大，支离事业竟浮沉。欲知自下升高处，真伪先须辨古今。"朱熹曰："德义风流夙所钦，别离三载更关心。偶扶藜杖出寒谷，又在蓝舆度远岑。旧学商量加邃密，新知培养转深沉。却愁说到无言处，不信人间有古今。"程氏指出，陆九渊的诗中"有支离之说，疑朱子为训诂"；而朱熹诗中"有无言之说，疑二陆为禅会"。因此，朱、陆早年之不合，乃是非常明显的。两家的门人遂由此成隙，以至于"造言以相訾，分朋以求胜"。在《道一编》卷2中，程敏政引朱熹早年之说16条，同时附录陆九渊之说20条，并在部分条目下加上自己的按语，以进一步说明朱、陆在求"道"与为学方面"始焉如冰炭之相反"。程敏政所引的朱熹之说16条，主要是朱熹答师友、门生的一些信件，包括《答吕子约书》，其中有"陆子静之贤，闻之盖久。然似闻有脱略文字，直趋本根之意，不知其与《中庸》学问思辩，然后笃行之旨又何如"以及"近闻陆子静言论风旨之一二，全是禅学，但变其名号耳。竞相祖习，恐误后生。恨不识之，不得深扣其说，因献所疑也。然想其说方行，亦未必肯听此老生常谈，徒窃忧叹而已"等语；《答陆子书》，其中有"区区所忧，却在一种轻为高论、妄生内外精粗之别，以良心日用分为两截，谓圣贤之言，不必尽信，而容貌词气之间，不必深察者。此其为说乖戾狠悖，将有大为吾道之害者……此事不比寻常小小文义异同，恨相去远，无由面论，徒增耿耿耳"等语；《与黄直卿书》，朱熹在此书中批评陆九渊之说"怪僻乃至于此"，认为"更如何与商量讨是处也。可叹！可叹"；《与胡季随书》，其中有"元善书说，与子静相见甚款。不知其说如何。大抵欲速好径，是今日学者大病"等语。除以上信件外，朱熹之说16条还涉及朱熹《与黄直卿书》《答刘季章书》《答刘公度书》《答项平父书》《答王子合书》《答曹立之书》《与吴茂实书》等。这些书信中的内容，皆有涉朱熹"早年"对陆学的批评与反对。同时，在朱熹的信件后，程敏政也精选了陆九渊的部分相关信件与论说，以反映陆九渊之说与朱熹观点不同的具体内容。这些信件与论说包括陆九渊《与邵叔义书》《与胡季随书》《与陈君举书》《答朱子书》《答王顺伯书》《与曹立之书》《赠刘季蒙说》《与陶赞仲书》《与朱子书》《与郑溥之书》《与曾宅之书》《答曹挺之书》《与李省幹书》《与张辅之书》《记荆国王文公祠略》《论学古人官》《论学说》《答刘深甫书》《与包显道书》《答包敏道书》等。在程敏政看来，以上内容反映了朱熹与陆九渊两家学说在早年如冰炭不容。①

第二阶段，"中焉则疑信之相半"。程敏政在《道一编》卷3中，收录了朱熹之说16条、陆九渊之说14条以及张南轩（栻）之说1条，以说明朱熹与陆九渊两人学说至中期则渐趋靠近。朱熹之说16条，主要包括《答张敬夫书》《答吕伯恭书》《与孙敬甫书》《与刘子澄书》《与吕伯恭书》《与林择之书》《跋白鹿洞书堂讲义》《祭陆子寿教授文》《表曹立之墓略》《答刘晦伯书》《与诸葛诚之书》《答诸葛诚之书》《答李好古书》等。在这些书信与论说中，朱熹对陆九渊之学与为学之道的评说，已不像早期那样言辞偏执，而是抑扬兼有，褒贬参半。如《答张敬夫书》中有"子静兄弟气象甚好，其病却是尽废讲学而专务践履。却于践履之中，要人提撕省察，悟得本心，此为病之大者。要其操持谨质，表里不二，实有以过人者。惜乎其自信太过，规模窄狭，不复取人之善，将流于异学而不自知耳"等语；《与孙敬甫书》中有"如陆氏之学，在近年一种浮浅颇僻议论中，固自卓然，非其畴匹。其徒传习，亦有能修其身，能治其家，以施之政事之间者。但其宗旨，本自禅学中来，不可掩讳"等语。而在《与林择之书》《与吕伯恭书》《答吕伯恭书》等信中，朱熹更对陆九渊之为学方法有所认同。程敏政指出，这些书信中"朱子始称陆子有读书穷理之益，与鹅湖议论不同"②。说明其时朱、陆两人在长期论争的过程中，开始看到了对方的长处。这一阶段中，程敏政引用的陆九渊之说共14条，主要信札与论说

①以上内容均出自程敏政：《道一编》卷2，四库全书存目丛书本。
②程敏政：《道一编》卷3，四库全书存目丛书本。

包括陆九渊的《论则以学文》《与包详道书》《与赵然道书》《与吕伯恭书》《白鹿洞书堂讲义》《祭吕伯恭文》《答詹子南书》《与符舜功书》《与朱子书》《与唐司法书》等。程敏政认为，朱、陆两人的相互评说，都是一分为二的平心之论，与早年的意气之争迥然不同，表明了两家学说已经渐趋一致。

　　第三阶段，"终焉若辅车之相倚"。程敏政在论述这一观点时，首举《答项平父书》，其中言："大抵子思以来，教人之法，惟以尊德性、道问学两事为用力之要。今子静所说，专是尊德性之事，而熹平日所论，却是道问学上多了。所以为彼学者，多持守可观，而看得义理全不仔细，又别说一种杜撰道理，遮盖不肯放下。而熹自觉虽于义理上不敢乱说，却于紧要为己为人上多不得力。今当反身用力，去短集长，庶几不堕一边耳。"[①]该信是主张"和会朱陆"的学者最看重的一封朱熹信札。他们普遍认为，此信表明，朱熹在晚年时已基本认可了陆九渊之学，并有"去短集长"的愿望。程敏政在引用时，有一段按语："此书则知朱子所以集诸儒之大成者如此。世之褊心自用、务强辩以下人者，于是可以惕然而惧、幡然而省矣。然陆子亦有书论为学，有讲明、有践履，全与朱子合而无中岁枘凿之嫌。"[②]在程敏政看来，朱熹与陆九渊在论争的后期，为学之道已然一致。为进一步证明自己的看法，程敏政在《道一编》卷4中，总共引用了朱熹之说15条，附录陆九渊之说10条，通过寻章摘句，以求显示朱、陆之"道一"。朱熹之说15条，主要涉及朱熹的《答陈肤仲书》，该书称"陆学固有似禅处，然鄙意近觉婺州朋友，专事闻见，而于自己身心全无工夫。所以每劝学者兼取其善，要得身心稍稍端静，方于义理知所抉择"。程敏政认为，以前，朱熹常说"子静全是禅学"，而此处则谓"陆学固有似禅处"，且劝学者"要得身心稍稍端静，方于义理知所抉择"，表明朱熹已认识到了"道问学固必以尊德性为本"。此信后，程敏政又举《与吕子约书》，中有"孟子言：学问之道，惟在求其放心；而程子亦言：心要在腔

---

① 程敏政：《道一编》卷4，四库全书存目丛书本。
② 程敏政：《道一编》卷4，四库全书存目丛书本。

子里。今一向耽着文字，令此心全体都奔在册子上，更不知有己，便是个无知觉、不识痛痒之人，虽读得书，亦何益于吾事邪"等语，程敏政指出，朱熹的这段话，"正陆子之学平日谆复以教人者也"。此外，有关朱熹之说的15条，程敏政对朱熹在《答吕子约书》和《与周叔谨书》中的两段话，也是非常看重，认为它是朱熹晚年检讨自己早期学术的重要论述，反映的基本思想与"陆子为一家之言"。《答吕子约书》中说："文字虽不可废，然涵养本原而察于天理人欲之判，此是日月动静之间不可顷刻间断的事。若于此处见得分明，自然不到得流入世俗功利权谋中去矣。熹亦近日方实见得向日支离之病，虽与彼中症候不同，然其忘记逐物、贪外虚内之失，则一而已。程子说：不得以天下万物挠己，己立后自能了得天下万物。今自家一个身心不知安顿去处，而谈王谈霸，将经世事业别作一个伎俩商量讲究，不亦误乎？"《与周叔谨书》谓："熹近日亦觉向来说话，有大支离处。反身以求正坐，自己用功亦未切耳。因此减去文字功夫，觉得闲中气象甚适。每劝学者亦且看《孟子》道性善、求放心两章，着实体察收拾为要，其余文字，且大概讽诵涵养，未须大段着力考索也。"从这两段文字来看，朱熹的口吻，与陆九渊甚为相似。在引用朱熹之说15条过程中，程敏政分别在朱熹的观点后附录了陆九渊之说10条，包括陆九渊《与赵咏道书》《答包详道书》《论学问求放心》《与舒元宾书》《与傅子渊书》《与陈正己书》《答潘文叔书》《与邵中孚书》《杂说》《与胥必先书》等。它们与朱熹之说一一具体对照，反映了两人之说"终焉若辅车之相倚"。

以上"道一"思想和朱陆"早异晚同"三阶段之说，一方面反映了程敏政的主要学术创见和重要学术贡献，另一方面也体现了《道一编》在明代学术史上的重大学术价值。

(三)《道一编》在明代学术史上的影响

《道一编》对于明代学术史的贡献和影响，概而言之，主要有两个：

其一，全面梳理了此前关于朱陆异同的思想和观点。对于朱陆异同的讨论，在学术史上很早就已经发生了。争论者的观点基本上分成了两派：

一派认为朱熹与陆九渊之说存在根本的差异；另一派认为朱陆之说本质上并无异处。双方各执一词，形同水火。元代开始，江西学者虞集和新安理学家郑玉、赵汸等人开始认真审视朱熹与陆九渊的学说以及争论者的不同看法，对朱陆异同问题提出了新的解答。比如，赵汸在《对问江右六君子策》中，承认朱子之学与陆九渊学说的"入德之门"确实存在差异，在此基础上，他又进一步辨析朱、陆两人晚年对各自为学之弊，均有察觉，并以期修正。①这里，赵汸已经提到了朱、陆"始异而终同"的问题。缘于上述认识，中国学术史上出现了一浪高过一浪的"和会朱陆"的思潮。但是，尽管赵氏等人有朱陆"合并于暮岁"的创见性提法，而有关这一提法的具体分析尚付阙如。因此它的说服力和影响力，在明代学术界还不能完全显现。程敏政的《道一编》将此前关于朱陆异同的诸种观点作了更加全面的综合，对朱陆异同本身又进行了更为细致的分析，明代及其以前学术界关于朱陆异同之说，至此可谓大成。这种集成，在明代学术界产生了重要的影响，对明代学术史的发展有着深远的意义。

其二，深刻影响了王阳明对朱陆异同的认识。众所周知，明代中期以后，阳明心学异军突起，"门徒遍天下，流传逾百年"，成为一时之"显学"。正如《明史·儒林传》所称，"王学"实际上是"别立宗旨，显与朱子背驰"②。而从学术传承角度来说，它与陆九渊学说有着直接的渊源。面对朱熹学说自南宋以来在官方和民间的崇高地位，王阳明在建立和传播其学说过程中，首先面临的一个问题是如何认识和解释朱熹与陆九渊两人之间的学说关系，而解释的最重要原则应当是尽量缩小朱陆之间学说上的差异。这里，程敏政《道一编》对王阳明的启发和影响极大。不少学者指出，王阳明解决朱陆异同问题的重要著述《朱子晚年定论》，实际上采纳了程敏政《道一编》的基本思想。比如明代哲学家、《学蔀通辨》作者陈建说："程篁墩著《道一编》，分朱陆异同为三节，始焉如冰炭之相反，中焉则疑信之相半，终焉若辅车之相依，朱陆早异晚同之说，于是乎成矣。

---

① 赵汸：《东山存稿》卷2《对问江右六君子策》，四库全书本。

② 张廷玉等：《明史》卷282《儒林传》，中华书局1974年版。

王阳明因之，遂有《朱子晚年定论》之录，与《道一编》辅车之说，正相唱和。"①嘉靖三十一年（1552年），崇阳汪宗元在《道一编后序》中也指出了程敏政之说与王阳明《朱子晚年定论》的关系。汪氏说："晦庵之道，学者童而习之，昭如日星，固已章明于天下。象山乃蒙无实之诬，人皆以禅学目之，四百余年，莫之辨白。此篁墩先生当群嚣众咻之余，而有道一之编也。继是而得阳明先生独契正传，而良知之论明言直指，远绍孟氏之心法，亦是编有以启之也。"②比较王阳明《朱子晚年定论》和程敏政《道一编》的基本观点与主要内容，陈建和汪宗元等人的看法确实符合实际。陈、汪等人的看法，充分肯定了程敏政《道一编》在明代中期学术界的影响。

此外，应当说明的一个相关问题是，程敏政因著有《道一编》，宣扬朱熹与陆九渊"早异晚同"之说，招致当时以及后来学者的"非议"，认为他"抑朱扶陆""辱朱荣陆"。我们认为，此书之编，并不能说明程氏的基本学术倾向是"抑朱扶陆"。从总体来看，程敏政的学术思想，还是倾向于新安理学的宗旨朱子之学。他曾在《复司马通伯宪副书》《答汪金宪书》等信中，反复数千言，为自己编著《道一编》辩解。他说："仆生朱子之乡，服其遗教，克少有立者，实有罔极之恩，而很报之无所也。故诵其遗书，玩索绸绎，颇自以为勤苦。窃意近世学者，类未探朱子之心，及其所学肯綮，何在口诵手录，钻研训释，只徒曰我学朱子云尔。仆所以深忧大惧，思有以拯之，岂敢籍此为二陆之地于百世之后，如执事所云者哉？仆又何利于二陆而犯不韪之讥于天下哉？执事以是编为抑朱扶陆，又以为辱朱荣陆，使诚有之，则仆乃名教中罪不可逭之人……"③这里，程敏政表白自己编撰《道一编》的目的，并不是"抑朱扶陆"，而是因为有感于"近世学者"在学朱子之学时"未探朱子之心"，所以为阐发朱子之学而编此书。他指出，《道一编》所编辑的内容，皆据"朱子成说书

---

① 永瑢等：《四库全书总目》卷95《子部·儒家类存目一》，中华书局1965年版。

② 程敏政：《道一编》卷末附《汪宗元后序》，四库全书存目丛书本。

③ 程敏政：《篁墩文集》卷54《复司马通伯宪副书》，四库全书本。

之"①，自己在中间"不过提掇数语，使人知朱子之为学，泛观约取，知行并进，故能集大成而宪来世如此。使后之褊心自用者，愧汗交下以求入德之门；随声附影者，不敢专一于口耳，以求放心为之本。则此学朱子，庶几不坠"②。我们认为，程敏政的这番表白和辩解，确实反映了他的本意。他在许多场合都有"求孔子之道，必自程朱"③的呼吁，为明孝宗讲解《四书》《五经》时，基本观点也站在朱子之学的立场上。因此，我们认为尽管有引起争议的《道一编》，但程敏政的学术思想基本倾向于新安理学的宗旨朱子之学，应是一个合乎实际的结论。

三、论徽州家谱谱传的价值

家谱起源于先秦，最早体例单一、内容简单，大多只是记述世系和先人简单履历。南宋以后，家谱兴修之风渐长，尤其是明嘉靖以降，民间修谱活动盛行，家谱数量剧增。据学界统计，迄今国内外公藏机构收藏的家谱约有4万种，且多为明、清、民国时所修。④随着谱学思想的逐渐成熟和修谱实践的不断深入，宋元以来家谱的体例亦趋完备，其内容更为丰富。举凡姓氏源流、堂号、世系表、族规家训、家传、艺文著述和图像等等，成为家谱的基本内容。由于明中叶后家谱修撰模仿史书成为一时之潮流，因此传记内容在家谱中占有了重要地位。显然，考察谱传的价值，将有助于我们加深对家谱功能及其作用的认识，也有利于学术研究中对传世家谱

---

① 程敏政：《篁墩文集》卷55《答汪金宪书》，四库全书本。
② 程敏政：《篁墩文集》卷54《复司马通伯宪副书》，四库全书本。
③ 程敏政：《篁墩文集》卷14《休宁县儒学先圣庙重修记》，四库全书本。
④ 上海图书馆：《中国家谱资料选编·凡例卷·总序》，上海古籍出版社2013年版。

的整理和利用。①

《新安商山吴氏宗祠谱传》（以下简称《宗祠谱传》）是一部以传记为内容的家谱。该谱由明代吴应迁编撰，其子光宫、光室和孙献吉、旋吉、申吉、凝吉、遇吉于康熙年间略加补充后刊印。吴应迁，字安倩，号周虚，生于隆庆六年（1572年）、卒于崇祯十七年（1644年），幼习举业，弱冠补博士弟子员，喜好古文，后弃举研习理学，热心家谱修撰，撰有家乘和谱传。其所撰家乘今已失传，所撰谱传即《宗祠谱传》。该谱载有吴氏族人传记73篇，同时部分传记附录有相关文献。该谱资料丰富，体例独特，有很高的学术价值。此处即以该谱为中心，阐述家谱传记的教化、文献和史料价值。②

（一）教化价值

康熙年间，商山吴氏族人申吉在《先王父周虚公宗祠谱传后跋》中称，该《宗祠谱传》编修者吴应迁"学宗孔孟，以仁义为本，教化为心"，为"鉴往警来"，遂"积虑苦心，悉见之笔花砚铁之间，俾悖乱者循孝悌，化奸诡者为善良，贤者知所勉，不肖知所惧，则是书之作也，虽不能上拟《春秋》，而建功立言，昭垂千古，亦岂无小补于我宗族也"③。就是说，《宗祠谱传》其实具有鲜明的教化主旨。吴应迁本人在《商山吴氏宗祠谱传小引》中也明确表示："立传之意，为后世子孙法也。"④他主要通过宣扬传主积德行善、移风导俗和崇儒尚文等事迹，体现其教化宗旨。

---

① 常建华：《中国族谱的人物传记》（台北《历史月刊》1997年第8期，总第115期；收入《社会生活的历史学——中国社会史研究新探》，北京师范大学出版社2004年版，第318—326页）和《明代宗族研究》（上海人民出版社2005年版）论及家谱谱传的史料价值。王铁：《浅谈旧族谱中人物传记的文献价值》（《历史文献研究》2008年）论及家谱谱传的文献价值，王鹤鸣：《中国家谱体例概说（三）》（《寻根》2009年第3期）对家谱谱传的文献价值亦有所论及。

② 魏志远曾利用该家谱对商山吴氏发展过程及其特点进行论述，见《"富不废礼，商不忘儒"——对明代休宁商山吴氏宗族的解读》，《晋中学院院报》2012年第5期。

③《新安商山吴氏宗祠谱传》不分卷《先王父周虚公宗祠谱传后跋》，康熙刊本。

④《新安商山吴氏宗祠谱传》不分卷《商山吴氏宗祠谱传小引》，康熙刊本。

首先，《宗祠谱传》浓墨重彩记载了吴氏族人积德行善的事例，以典范人物行迹引导做人向善的价值观。

扬善讳恶本为家谱书写的一项基本原则。成化《商山吴氏族谱》明确规定："谱，史例也。谱为一家之史，史则善恶具（俱）载，谱则述祖宗嘉言善行而不书恶，为亲讳也。"[①]同样，《休宁流塘詹氏宗谱》也清楚指出："谱存一族一人之事，书善不书恶，为亲者讳也。"[②]《宗祠谱传》遵循了家谱书善不书恶的基本原则，以详细笔墨记录了商山吴氏积德行善的理念、言行和具体事迹。

《宗祠谱传》通过系列人物言行，向族人和后人展示了商山吴氏向以行善著称的家族形象。比如，生于北宋真宗年间的吴垓说过，"祖祢皆以积德行善著于时"[③]。生于元延祐五年（1318年）、卒于明洪武十一年（1378年）的吴朝也说："吾家积善数世，尝闻久蛰者必振。"[④]生活在明前期的吴保（1371—1439年），"乡以善人称之"[⑤]。明中叶的吴隆兴（1444—1518年）和吴永珪（1470—1540年）父子两人，也是"尚义好礼之誉，溢于缙绅"[⑥]。《宗祠谱传》以诸多商山吴氏族人的言行表明，在宋明间，商山吴氏的善行一直为人所称道。《宗祠谱传》还以典型人物事例，表彰商山吴氏族人多心存善念。生活在明前期的吴音寿（1379—1449年），"生平以济人为念，凡往来道路崎岖，则铲平之；深沟陡涧，则凿石架梁以渡之"[⑦]。在该传记的描述中，我们所见的吴音寿不仅力行修桥铺路善举，更是常存济人善念。同样，前述的吴永珪亦心存善念，认为富裕之人应该行义济众，"所贵乎富足者，以能行仁义，博施济众也，不然一守财

① 吴士信纂修：《商山吴氏族谱》不分卷《族谱凡例》，成化抄本，安徽省图书馆藏。
② 詹贵纂修：《休宁流塘詹氏宗谱》卷前《宗谱凡例》，弘治十二年（1499年）刊本，中国国家图书馆藏。
③ 《新安商山吴氏宗祠谱传》不分卷《三世祖七宣议垓公传》，康熙刊本。
④ 《新安商山吴氏宗祠谱传》不分卷《十四世祖正三府君观仪公传》，康熙刊本。
⑤ 《新安商山吴氏宗祠谱传》不分卷《十六世崇一仲升公传》，康熙刊本。
⑥ 《新安商山吴氏宗祠谱传》不分卷《十九世祖和十一府君麦山公传》，康熙刊本。
⑦ 《新安商山吴氏宗祠谱传》不分卷《十六世祖崇二府君仲清公传》，康熙刊本。

庑耳"①。在记载商山吴氏力行善事方面，《宗祠谱传》更是不惜笔墨。据其记载，宋明间，商山吴氏所行善事不胜枚举，举凡修桥铺路、助贫济困、捐资助学、赈荒济灾及施棺施药，无不踊跃参与。比如北宋初年的吴待，"乐道人之善而好施予，族姻里党老而无依、幼而孤者衣食之，岁饥不能自活者赈恤之"②。北宋中期的吴师政喜欢仗义疏财，"视势利漠如也。……里中少俊贫不能就学者，给之。或有急而求贷必如所请，不能偿者每毁其券"③。明代中期的吴永珪，常扶危济困，对于病故之人，即"捐己赀买棺以殓"；对于"囊竭无依"之人，便"厚馈资之"④。《宗祠谱传》塑造了商山吴氏族人自宋至明积德行善的群像，其显亲扬名、教化后人之意甚明。

其次，《宗祠谱传》详细记录了吴氏族人尚文禁讼的事例，倡导美俗良风的社会风尚。

据典籍记载，宋明间，徽州风俗丕变，最为明显的有尚文风尚、健讼之风、经商风气和奢靡之俗。《宗祠谱传》"订正先迹，每事核实，务使善者劝而恶者惩"⑤，通过收录人物及其事迹的宣扬，对变化之风俗或扬或禁，意在教化后人，倡导淳朴的社会风尚。

唐宋时期，徽州风尚由"武劲"转为"尚文"。乾隆《歙县志》载："武劲之风显于梁陈，文艺之风振于唐宋，守礼率义，自古已然。故质朴邻于啬俭，谨节状若拘牵。"⑥又嘉庆《橙阳散志》载："武劲之风盛于梁、陈、隋间，如程忠壮、汪越国，皆以捍卫乡里显。若文艺则振兴于唐宋，如吴少微、舒雅诸前哲，悉著望一时。"⑦乾隆《绩溪县志》亦载："学校

①《新安商山吴氏宗祠谱传》不分卷《十九世祖和十一府君麦山公传》，康熙刊本。

②《新安商山吴氏宗祠谱传》不分卷《二世祖二七宣议待公传》，康熙刊本。

③《新安商山吴氏宗祠谱传》不分卷《六世祖八府君师政公传》，康熙刊本。

④《新安商山吴氏宗祠谱传》不分卷《十九世祖和十一府君麦山公传》，康熙刊本。

⑤《新安商山吴氏宗祠谱传》不分卷《许默序》，康熙刊本。

⑥（乾隆）《歙县志》卷1《风土》。

⑦江登云纂修、江绍莲续修：《橙阳散志》卷末《歙风俗礼教考》，嘉庆十四年（1809年）刊本，上海图书馆藏。

者，化民成俗之本也。州县立学，始自宋之庆历。而南渡后，徽为朱子阙里，彬彬多文学之士，其风埒于邹鲁。"①《宗祠谱传》编撰者对徽州出现的"尚文"风尚极为推崇，其人物传记首录人物即为唐代的吴少微。吴少微，名远，字仲芳，武周长安元年（701年）进士，著有《文集》5卷、《经籍志》10卷。少微擅长文辞，与当时文学名士富嘉谟、魏谷倚并称为"三杰"。尤其是少微和嘉谟作文亦与时人不同。当时世人文章以徐陵、庾信为宗，格调绮丽轻靡，而少微和嘉谟却以儒家经典为本，作文雄健高雅。吴、富两人文体独树一帜，被称为"吴富体"，引起时人争相效仿，由此开启一代文风。除了褒扬吴少微之外，《宗祠谱传》还对宋代商山吴氏文人代表吴俯（益章）、吴儆（益恭）兄弟两人的事迹褒誉有加。吴俯与吴儆早年齐名太学，时人有"眉山三苏，江东二吴"的说法。吴俯于宋孝宗乾道二年（1166年）中进士，历任宁国府学教授等职。《宗祠谱传》引时人对其评价称："造理深刻，下笔如老师，说禅字字有法。"②吴儆于绍兴二十七年（1157年）中进士，授明州鄞县尉，后出任邕州通判，迁广南西路安抚使。《方志》对他的评价是："资禀雄浑，学该体用，上下数千年间世变升降、制度因革，灿然若指诸掌，而能剂量之以道；出入诸子百家、天官稗说，靡不洞究，而能折衷之以圣人之经。故其发为文辞，涵畜演漾，严洁渊奥，每一引笔，若飘风骤雨不可止遏，初若未尝屑意也。"③这就是说，在理学与文学方面，吴儆都有所成就。清初学者赵吉士在《寄园寄所寄》中列举的宋元明三朝14位最有影响的新安理学家，吴儆亦在其中。《宗祠谱传》在两人的传记中，除正面刻画其学者形象与成就外，还特意提到"家居之日，从游者远自池、饶、宣、睦负笈而至，岁率数百人"④。高度肯定了两人的学术传播之功和尚文风气的营造。此外，《宗祠谱传》还为吴氏家族其他文人学者，如吴兰皋、吴义夫等一一立传，以表

① （乾隆）《绩溪县志》卷3《学校》。
② 《新安商山吴氏宗祠谱传》不分卷《九世祖九府君国录公传》，康熙刊本。
③ （康熙）《休宁县志》卷6《硕儒》。
④ 《新安商山吴氏宗祠谱传》不分卷《九世祖九府君国录公传》，康熙刊本。

明编撰者对家族尚文风气的赞赏。

在提倡尚文风尚的同时，《宗祠谱传》对徽州健讼之风则持明确反对的态度。宋明时期，徽州健讼之风颇为盛行。其健讼之俗乃是尚武余绪与右文之习结合的结果。两宋时期，包括徽州在内的江南东、西路，"其俗性悍而急，丧葬或不中礼，尤好争讼，其气尚使然也"①。北宋时，徽州人已经养成了"习律令，性喜讼"②的习俗。明代，徽州健讼之风愈演愈烈，史称"俗尚气力，讼起秒忽而蔓延不止"③。对于明代徽州的健讼之风，嘉靖、万历年间休宁吴文奎深有体会："徽俗故嚣讼，争因虫猬起。"④《宗祠谱传》通过对相关人物的叙录，表达了禁讼和止讼的主张。所谓"禁讼"，就是在遇到矛盾纠纷时不轻易兴讼。比如，在《十一世祖堂长府君兰皋公传》中，编撰者记录了元代吴锡畴在长兄破家后，有人鼓动锡畴状告长兄一事。当时锡畴坚决不告，对众人谢道："贫窭，命也。二祖以孝友名家，而吾兄弟讼，宁不辱先乎。"⑤编撰者对此持欣赏态度。所谓"止讼"，就是息讼，以和解方式解决纠纷。这也是《宗祠谱传》的基本立场。我们注意到，《宗祠谱传》收录了多位传主止讼的事迹。如十五世吴新童，"见人有急，则思所以拯之；或有以非理忿争，公以义折之，无不悦服。"⑥新童在乐善好施的同时，对于无谓纠纷，常晓以大义，促之和解。又二十一世吴世祥，"遇人有急则解囊济之，排人难而解人纷，有非口舌所能平者，往往挥金以息之"⑦。他不仅乐善好施，而且调解纠纷不遗余力。三世吴垓，"家饶于财，亦好施予，人每服其信义，乡里有斗者、讼者，公以片言决之，无不悦服，斗讼之风几息，咸称有识之士

① 脱脱：《宋史》卷88《地理志四》，中华书局1977年版。

② 欧阳修撰、李逸安点校：《欧阳修全集》卷62《尚书职方郎中分司南京欧阳公墓志铭》，中华书局2001年版。

③ （康熙）《徽州府志》卷2《风俗》。

④ 吴文奎：《苏堂集》卷8《三弟吴廷用行状》，四库全书存目丛书本。

⑤《新安商山吴氏宗祠谱传》不分卷《十一世祖堂长府君兰皋公传》，康熙刊本。

⑥《新安商山吴氏宗祠谱传》不分卷《十五世祖荣一府君德新公传》，康熙刊本。

⑦《新安商山吴氏宗祠谱传》不分卷《二十一世从宗三九南斋公传》，康熙刊本。

也"①。吴垓对纠纷的有力调解,在一定程度上抑制了当地的健讼之风。这些传主的禁讼和止讼事例,正是《宗祠谱传》所倡导的。

此外,关于经商风气,从《宗祠谱传》所录《十七世祖尚二府君归隐公传·附题归隐卷后》等篇来看,亦被编撰者视为"良俗"而加以提倡;而奢靡之俗,则被视为"陋习"多遭抵排。如《宗祠谱传》特别表彰二世祖吴待"性质笃厚,遇事警敏,虽家赀丰裕,而不尚侈靡"②。总之,美俗良风的社会风尚,成为《宗祠谱传》教化的目标。

最后,《宗祠谱传》收录了一批吴氏儒学人物传记,极力推崇读书崇儒的人生价值。

寻检《宗祠谱传》所录人物,其特意表彰者,儒学人物居其大半。如吴少微、吴俯、吴儆、吴载、吴昼、吴锡畴、吴浩、吴霁、吴世禄、吴瀛、吴世瀚、吴继仕、吴应征等。《宗祠谱传》在为这些儒学人物作传时,不仅赞誉其儒学成就,且刻意褒扬其因儒而实现的人生和社会价值,从而表明了《宗祠谱传》编撰者的人生观和价值观,也反映了编撰者所追求的教化目标。

《宗祠谱传》对读书崇儒人生价值的推崇,不只通过吴氏儒学人物传记来体现,还在非儒学人物的传记中,表彰其对读书向儒的追求。如在吴待传中,称其"安居乐道,不干仕进,瘇然山泽之儒也"③。《宗祠谱传》非常欣赏吴氏族人的"业儒"行为,如二十一世吴世祖命两子"业儒","凡从子从孙之儒业者,必奖之、劳之、劝勉之"④;二十三世吴世祖贾而好儒,"年十八自不屑贾,乃弃而就儒"⑤,《宗祠谱传》均给予肯定描述。在《宗祠谱传》中,我们所见的是商山吴氏对读书业儒的大力推崇,其突出表现有两点:一是要求子弟读书应试,二是潜心理学。就读书应试而言,七世祖吴俊富而好儒,不仅"生殖甚殷",而且还被封为朝议大夫,

①《新安商山吴氏宗祠谱传》不分卷《三世祖七宣议垓公传》,康熙刊本。
②《新安商山吴氏宗祠谱传》不分卷《二世祖二七宣议待公传》,康熙刊本。
③《新安商山吴氏宗祠谱传》不分卷《二世祖二七宣议待公传》,康熙刊本。
④《新安商山吴氏宗祠谱传》不分卷《二十一世从宗四六敬斋公传》,康熙刊本。
⑤《新安商山吴氏宗祠谱传》不分卷《二十三世从兄简十三斗垣公传》,康熙刊本。

他"教子孙必以读书为先务，戒之曰：不读书，非吾子与孙也"①。十二世吴霁承继先人儒风，也要求子孙以读书为先。又二十二世吴元维，"治举子业"，走科举应试之路。②就潜心理学而言，商山吴氏为宋元明时期著名的理学世家，先后涌现出吴俯、吴徽、吴垕、吴锡畴、吴浩等十数位理学家。由此可见，通过收录一批吴氏儒学人物传记、宣扬读书业儒事迹，《宗祠谱传》极力推崇读书崇儒的人生价值。

总之，《宗祠谱传》所录人物繁杂，包括"有忠信不泯者，有孝行幽微者，有贞节不渝者，有义勇捐躯者，有文德兼优者，有友爱恭睦者，有仗义赒贫者，有创业开基者，有奋志成家者，有淡薄明志者"③。通过这些人物言行事迹的描述，《宗祠谱传》意在引导做人向善的价值观，倡导美俗良风的社会风尚和推崇读书崇儒的人生价值，其教化目的和价值体现甚明。正如吴凝吉在《谱传跋》中说："凡有关世教，可为后世子孙法者，无不胪载……欲扬前人之德泽，以期激励后人之愤发，永启本原之思"④。

（二）文献价值

《宗祠谱传》资料丰赡。吴应迁在撰写该谱时，旁征博引，"或采于郡乘邑志，或录于墓表志状，或访于传闻遗迹"⑤。此外，吴应迁还广泛搜集各种正史、方志、文集和家族资料直接附于相关传记之后。因此，该谱文献价值较高，有助于补史、辑佚和校勘。

首先，该谱在补史方面主要是弥补地方志不足。具体而言有两点：一是弥补方志缺失，二是修正方志讹误。

关于弥补方志缺失，《宗祠谱传》所撰《吴浩传》就是典型一例。吴浩是元代著名理学家，与元明时期新安理学名家程若庸、汪炎昶、赵汸、郑潜、汪克宽、倪士毅、朱升、郑玉和唐仲实等人齐名。对此，明代著名

① 《新安商山吴氏宗祠谱传》不分卷《七世祖九府君俊公传》，康熙刊本。
② 《新安商山吴氏宗祠谱传》不分卷《二十二世从叔易八七濂水公传》，康熙刊本。
③ 《新安商山吴氏宗祠谱传》不分卷《商山吴氏宗祠谱传小引》，康熙刊本。
④ 《新安商山吴氏宗祠谱传》不分卷《吴凝吉：谱传跋》，康熙刊本。
⑤ 《新安商山吴氏宗祠谱传》不分卷《吴褆征：伯祖周虚公谱传跋》，康熙刊本。

儒臣解缙说过："新安，齐国文公阙里也，遗风余韵，奕世犹存。自宋亡元兴，时则有若程勿斋、吴义夫、汪古逸、赵子常、郑彦昭、汪德辅、倪士毅、朱允升、郑师山、唐三峰，传至国初，以性命义理之学讲淑诸人，皆不失为文公之徒也。余尝闻而为之羡慕之。"①解缙提到的10人中，除吴浩（义夫）外，其余9人皆载入徽州府志。具体说来，程若庸（勿斋）、汪炎昶（古逸）、赵汸（子常）、汪克宽（德辅）和倪士毅列于弘治《徽州府志》卷七《儒硕》和嘉靖《徽州府志》卷十五《儒林》，郑潜（彦昭）和唐仲实（三峰）两人列于弘治《徽州府志》卷七《文苑》和嘉靖《徽州府志》卷十八《文苑》，朱升（允升）列于弘治《徽州府志》卷七《勋贤》和嘉靖《徽州府志》卷十六《名贤》，郑玉（师山）列于弘治《徽州府志》卷九《忠节》和嘉靖《徽州府志》卷十六《忠节》。因此，对于吴浩没能被方志采录，吴应迁感慨道："此数君子多已列于儒硕矣。惟我直轩先生虽已载在祀典，而儒林见遗，得非后裔乏人之故哉。"②可见，该谱所收吴浩传可以弥补徽州方志有关重要人物记载的缺失。

关于修正方志讹误，从该谱所收《青浦遗迹》一文可窥一斑。据乾隆《青浦县志》载："城隍庙，万历元年复建青浦县，迁唐行镇，知县石继芳移建于县东北隅。"③又光绪《青浦县志》亦载："城隍庙，在城东北隅。万历建县，知县石继芳移建。"④不论是乾隆县志还是光绪县志，都明确记载青浦县城隍庙为知县石继芳所建。不过，实际情况并非如此简单。据《宗祠谱传》附录的《青浦遗迹》记载："松之青浦县治，明季所添设也。邑事草创，城隍无庙，怡园公独力输赀创建，不涉一人。迄于今，庙貌巍然，堂构焕然。"⑤按此记载，青浦县建县之初并没有修建城隍庙，青浦县

---

① 程敏政：《新安文献志》卷92下《吴处士伯冈墓志铭》，弘治三年（1490年）刊本。

② 《新安商山吴氏宗祠谱传》不分卷《十二世元七理学名儒义夫公传·附考跋》，康熙刊本。

③ （乾隆）《青浦县志》卷14《坛庙》。

④ （光绪）《青浦县志》卷3《建置·坛庙》。

⑤ 《新安商山吴氏宗祠谱传》不分卷《二十二世季父易卅三怡园公传》附录《青浦遗迹》，康熙刊本。

城隍庙独立出资者为休宁商山吴怡园公,即明嘉万年间的吴元绶。《青浦遗迹》一文为康熙十九年(1680年)吴献吉所作。献吉曾于康熙元年(1662年)到过青浦,有关吴元绶修建青浦城隍庙一事,就是吴献吉实地采访而得,且在当时还见到"邑人佩公之德,奕世不忘,今虽复新,犹能刊版重立公之讳于西庑"的证物,故而可信度高。因此《宗祠谱传》中的《青浦遗迹》一文可以修正《青浦县志》中的相关误记。

其次,《宗祠谱传》收录的文献原文和家族资料今多已不存,它为文献辑佚提供了珍贵史料。我们寻检《宗祠谱传》,校以一些名家文集,发现谱中所收佚文至少有歙县汪道昆《吴世瀚铭》、吴兴陈秉中《题吴士恺归隐卷诗》、嘉兴姚绶《题吴士恺归隐卷诗》和莱阳姜垛《清故节妇吴母程孺人墓表》等。

汪道昆(1526—1593年)是明代著名官员和学者,著有《大雅堂杂剧》4种、《太函集》诗文120卷、《副墨》24卷、《太函副墨》22卷、《太函遗书》2卷、《春秋左传节文》15卷、《增订五车霏玉》34卷和《楞严经注》10卷等。其中,诗文集《太函集》120卷,万历十九年(1591年)刻本,今存。《副墨》24卷,今存5卷本和8卷本,为明万历刻本。《太函副墨》22卷,崇祯六年(1633年)刻本,今存。《太函遗书》2卷,今佚。在现存汪道昆诗文集中,均没有收录《吴世瀚铭》一文。显然,该文属于汪道昆佚文之一。

陈秉中(1422—1475年),字宗尧,浙江乌程县人,天顺元年(1457年)进士,历官翰林院编修,参与纂修《大明一统志》和《英宗实录》,著有《友桧集》。《友桧集》今已不存,故其《题吴士恺归隐卷诗》属于陈秉中难得的佚文之一。

姚绶(1423—1495年),字公绶,号谷庵、云东逸史,嘉善人,天顺八年(1464年)进士,历官监察御史、江西永宁知府等,著有《云东逸史年谱》《谷庵集》和《云东集》。《云东集》今已不存,现存《谷庵集》也没有收录《题吴士恺归隐卷诗》,该诗当属于姚绶佚文之一。

姜垛(1607—1673年),山东莱阳人,崇祯四年(1631年)进士,历官密云、仪真知县和礼部主事，顺治四年（1647年）避乱徽州，著有《敬亭集》《宣州日记诗集》《嘤鸣录》《馎饦集》和《纪事摘谬》。《宣州日记诗集》《嘤鸣录》《馎饦集》和《纪事摘谬》今已失传，《敬亭集》也没有收录《清故节妇吴母程孺人墓表》，该文属于姜垛佚文之一。

此外，谱中收录德清蔡璿《题吴士恺归隐卷序》、江阴卞荣《题吴士恺归隐卷诗》、雪溪张渊《题吴士恺归隐卷诗》、仁和张僎《题吴士恺归隐卷后》、歙县殷都《商山四皓图序》、张清议《新安学训周虚吴公传》、沈鼐《明故儒士生初吴公偕元配节妇程孺人墓志铭》、陆之祺《清故处士虚白吴公行状》、许默《清故处士虚白吴公墓志铭》和《明故孝子幼全吴子传》，亦应属于佚文。这些佚文为相关文献辑佚提供了资料。

最后，《宗祠谱传》中的传记及其收录文献，也是校勘其他文献记载之误的重要依据。比如，关于吴世瀚与吴世泰名字，休宁地方宗族总志《休宁名族志》称："瀚，字子浩，号白石。其为学，宗阳明先生之派，于良知之义多所发明。耿公督南畿学，与论难反覆，学者多宗之。"其弟"泰，字子通，能承兄志"[①]。据其所载，吴瀚，字子浩，号白石；吴泰为吴瀚弟，字子通。而据吴氏本族人所撰《宗祠谱传》记载："白石先生讳世瀚，字道洪"，"弟世泰，字开父，号斗岳"[②]。可见，《休宁名族志》中的吴瀚当为吴世瀚，字道洪，而非子浩；吴泰应为吴世泰，字开父，而非子通。又如，关于吴仁达的号，成化《商山吴氏族谱》载："第四世十五府君，号十万。丰赀厚产，甲于一郡，薄取而厚施，岁视籴之贵，廉其价以出之，施及乡邑，全活者甚众。产业不分于三子而分于十孙，每孙计租一万，他物称是。"按其所载，吴仁达号"十万"。而《宗祠谱传》记载更为明晰："十五府君，讳仁达。丰赀厚产，甲于一郡，薄取而厚施，岁视籴之贵，廉其价以出之，施及乡邑，全活者甚众。产业不分于三子而分于十孙，每孙计租一万，他物称是，故时人号为十万公。"[③]由是可见，"十

---

① 曹嗣轩编撰，胡中生、王甍点校：《休宁名族志》，黄山书社2007年版，第429页。

②《新安商山吴氏宗祠谱传》不分卷《白石先生传》，康熙刊本。

③《新安商山吴氏宗祠谱传》不分卷《四世祖十五府君仁达公传》，康熙刊本。

万"并非吴仁达的号,而是时人对其的尊称。关于吴垕的号,成化《商山吴氏族谱》载:"百十讲书府君,国录公之长子也,讳垕,字基仲,十岁能属文。"而《宗祠谱传》载:吴垕,"字基仲,号月轩。国录公之冢嗣,文肃公之从子也。十岁能属文"①。可知,吴垕尚有"月轩"之号,而成化《商山吴氏族谱》对此漏载。

此外,关于吴霁身份,成化《商山吴氏族谱》载:"元九奏差府君霁,字春宇,三四堂长锡畴之长子也"。据其所载,吴霁为吴锡畴长子。而《宗祠谱传》则纠正为:"元九府君讳霁,字春宇,号监岳,堂长府君次子也。"②明确指出吴霁为吴锡畴次子而非长子,且号监岳。关于吴浩身份,成化《商山吴氏族谱》载:"堂长府君有三子八孙……仲子字义夫,号直轩。"又载:"元七奉议府君,讳浩,字义夫,又字蜚卿,号直轩。"此处"堂长府君"为吴锡畴。成化《商山吴氏族谱》以吴浩为吴锡畴次子,字义夫、蜚卿。而《宗祠谱传》载:"元七奉议公,讳浩,字义夫,号直轩,行元七,堂长府君冢嗣,是为奉议公大宗宗子,故称奉议。"③据其所载,吴浩为吴锡畴长子而非次子,且说明了奉议公之称的由来,较为可信。类似于上述对其他文献的校勘作用,在《宗祠谱传》中有诸多体现。

总之,在补史、辑佚和校勘等方面,《宗祠谱传》都具有较高的文献价值。

(三)史料价值

《宗祠谱传》之传记资料,博收广采,考订有据,它为徽州文化及地方历史的研究提供了丰富的史料。这里,我们分别从徽州学术史研究、徽商研究、徽州宗谱研究等方面,说明其史料价值。

其一,关于徽州学术史研究。

商山吴氏向以诗书传家,数百年间曾涌现出一批学者,《宗祠谱传》

①《新安商山吴氏宗祠谱传》不分卷《十世祖讲书府君月轩公传》,康熙刊本。
②《新安商山吴氏宗祠谱传》不分卷《十二世祖元九府君监岳公传》,康熙刊本。
③《新安商山吴氏宗祠谱传》不分卷《十二世元七理学名儒义夫公传》,康熙刊本。

有关他们言行的记载，为徽州学术史研究提供了可靠的史料。具体而言，一是补充新安理学文献资料，二是揭示商山吴氏理学传承途径，三是阐明心学在徽州的传播，四是记录三一教在徽州的影响。

关于补充新安理学文献资料。新安理学是朱子学的重要流派之一，主要流传于徽州（旧称新安）一带。该学派崛起于南宋，发展于元代，全盛于明初，衰落于明中后期，终结于清中叶。其间，它始终有一脉相传的理学家群、一以贯之的学派宗旨，对十二世纪以后中国哲学史和学术思想史的发展演变，产生了巨大影响。①宋明时期，商山吴氏理学人物众多，其中吴俯、吴儆、吴垕和吴锡畴等人，文献多有记载。如明程曈的《新安学系录》载有吴俯、吴儆、吴垕、吴资深、吴锡畴和吴浩等人资料，明人程敏政的《新安文献志》载有吴俯和吴儆两人资料，弘治《徽州府志》则有吴俯、吴儆、吴垕和吴锡畴等人资料，而嘉靖《徽州府志》也载有吴俯、吴儆、吴垕和吴锡畴等人传记资料。但有关吴霁、吴世禄、吴世瀚、吴元缙、吴应征和吴应迁等人的资料，已知相关文献基本不见记载，因此《宗祠谱传》关于这些人物的传记，可以弥补文献记载不足。其中，如吴霁，"幼颖悟，日诵千余言，祖、父皆以儒为业，世以清白相承。既长，研穷理学，为文辞必本性命之蕴，不为华言绮语以夸耀"②，既说明了"祖、父皆以儒为业"的家学渊源，也指出了其"为文辞必本性命之蕴"的学术倾向。

关于商山吴氏理学传承途径。据《宗祠谱传》记载，商山吴氏理学发轫于吴舜选。吴舜选"于理学最精粹，因恶伪学，从歙漳潭门人张某请，遂讲学其家"③。在吴舜选的影响下，其两子吴俯和吴儆也展现出出众的学术才能，"兄弟自相师友，又取正天下所谓有道者，晦庵朱文公、南轩张宣公、东莱吕成公极相爱"。其后，理学在吴氏家族中递相传承。吴俯之子吴垕、吴儆之子吴载、吴垕之子吴锡畴、吴载之孙吴资深、吴锡畴两

---

① 参见周晓光：《新安理学》，安徽人民出版社2005年版。

②《新安商山吴氏宗祠谱传》不分卷《十二世祖元九府君监岳公传》，康熙刊本。

③（道光）《休宁县志》卷14《绩学》。

子吴浩和吴霁、吴浩之子吴朝，皆服膺理学。①明代中后期，吴世禄次子元缙，吴世禄之孙、元经之子应魁，元缙长子应征、次子应迁，皆潜心性命之学。其中，应征"专心性命之学，行止坐卧息不离道。于孔孟有独解，兼二氏之学，所著有《宗孔堂语》《性命双修辨》"；应迁"晚籍儒官，有《著籍集》"。从《宗祠谱传》记载来看，商山吴氏理学研究有两个高潮时期，一是宋元时期，一是明代中后期，而不论哪个时期，家传乃是其主要传承途径。

关于心学传播。明代中后期，湛若水和王阳明"心学"先后传入徽州，对徽州学术思想产生了重大影响。《紫阳书院志》记载：当时徽州"文成之教盛行，讲会者大都不诣紫阳"②。明末休宁学者汪佑曾感叹："自阳明树帜宇内，其徒驱煽薰炙，侈为心学，狭小宋儒。嗣后新安大会，多聘王氏高弟阐教，如心斋、绪山、龙溪、东廓、师泉、复所、近溪诸公，迭主齐盟。自此新安多王氏之学，有非复朱子之旧者矣。"③《宗祠谱传》中有关传主的记载，为当时心学在徽州的传播提供了重要的佐证。如吴世禄，"晚乃嗜性命之学，与星源叶云山先生、游思堂先生，吾宗密山先生，及族昆季凤泉公、白石公日相谈论"④。其中，密山先生为休宁临溪吴周翰。周翰，"寤寐圣贤之学，师事王龙溪、罗近溪，笃志于道。耿天台嘉其学真，引而进之。益孳孳问道四方，与海内名彦相切劘"，"大都以仁体为学，故欲合天下以成其身。无贵贱、无贤愚，民胞物与，所称万物一体者，庶几有焉。所著有《梅里集》《悟学吟》行于世，学者称'密山先生'"⑤。显然，吴周翰的理学思想倾向于王阳明的心学。白石公为商山吴世瀚。世瀚与"大周赵先生、都峰周先生上下其论议，李礼部逢旸、乌程焦孝廉尤莫逆焉。戊午，之豫章，执赞念庵罗文恭之门，因得师事东廓邹先生文庄。己未之越，谒文成王阳明先生祠，从王龙溪、钱绪山

---

① 《新安商山吴氏宗祠谱传》不分卷《三世祖七宣议埭公传》，康熙刊本。

② 施璜等：《紫阳书院志》卷12《汪县尹》，雍正三年（1725年）刊本。

③ 施璜等：《紫阳书院志》卷16《会纪》，雍正三年（1725年）刊本。

④ 《新安商山吴氏宗祠谱传》不分卷《二十一世祖宗十七府君和斋公传》，康熙刊本。

⑤ 曹嗣轩编撰，胡中生、王甍点校：《休宁名族志》，黄山书社2007年版，第471页。

两先生游,学益进"①。同样,世瀚亦服膺王阳明的心学。由此可见,吴世禄、吴周翰、吴世瀚等所"嗜性命之学",乃是阳明心学,而非程朱理学。这些记载,为明代中后期心学在徽州的传播提供了实例。

关于三一教的影响。三一教为明代嘉万年间福建莆田林兆恩所创,它以儒家纲常礼教为立本,以道教内丹修炼为入门,以佛教涅槃寂静境界为极则。三一教深受王阳明心学影响,常被认为闽中王学旁支别派。三一教创立后,林兆恩开始向外传教。万历六年(1578年)夏,林兆恩至徽州休宁梅林传授静功祛病之法,前来听讲者达几千人。吴应征亦"虔诚往拜,得所传授,勤而行之,疾顿愈。自是专心性命之学,行止坐卧息不离道"②。此后,林兆恩弟子王兴、真懒相继传教徽州,并在梅林建有三教会所。三一教在徽州影响甚大,"惟徽郡各邑旧友甚多,而乡士大夫、孝廉雍泮、善信宗教者亦最盛"③。以往在徽州学术史和社会史的研究中,因受限于史料,对三一教的关注并不多。《宗祠谱传》的相关记载,为我们了解三一教对徽州的影响提供了难得的资料。

其二,关于徽商研究。

商山吴氏是明代著名商人家族之一。金声曾说过,商山吴氏"自其先远祖起家,至今日源远流长,几几乎殆十世不失"④。《宗祠谱传》记载了大量吴氏族人经商事例。这些资料不仅记载吴氏族人经商时间、地域、行业和手段,而且记载了吴氏族人在经商过程中的善举和交游,因而为研究徽商的基本面貌、兴起过程、商业传承、事功、社会网络和经营手段等提供了丰富的资料。

比如,关于经商时间,据《宗祠谱传》记载,早在明朝建立之初,商山吴氏就开始外出经商。这个时间,要早于学界通常认为的徽州商帮正式

① 《新安商山吴氏宗祠谱传》不分卷《白石先生传》,康熙刊本。

② 《新安商山吴氏宗祠谱传》不分卷《二十三世伯兄简十二静宇公传》,康熙刊本。

③ 林兆恩:《林子全集》贞集《林子行实》,北京图书馆古籍珍本丛刊本,书目文献出版社1986年版,第1216、1230、1231页。

④ 金声:《金正希先生文集辑略》卷7《寿吴亲母金孺人序》,四库禁毁书丛刊本,北京出版社1998年版,第604页。

形成的时间。①该谱载，生于至正十二年（1352年）、卒于明永乐十五年（1417年）的吴新童，"皇朝维新之初，思光前人之业，宵衣旰食，早夜勤劳，经营四方，日渐丰裕。"②此后，吴氏族人商业经营代代相传，经商不辍。新童之子音寿、音寿之子悌宗、悌宗之子隆兴、隆兴之子永珪、永珪之子文谟和文让，文谟之子世禄，世禄之子元绅、元绶，皆经商不辍。其中，生于洪武十一年（1378年）、卒于正统十三年（1448年）的音寿，"弱冠承父之业，克自树立，每以继述为念，东驰西骛，励志经营，往往所至有获，间且有数倍其息者"③。悌宗（1412—1495年）"拮据经营，以箕裘为己任，北而齐鲁燕赵，南而江淮吴越，足迹殆遍"④。隆兴（1444—1518年）"与伯兄戮力负荷，懋迁有无于吴越之地，居嘉湖间最多"⑤。永珪（1470—1540年）"弱冠游浙之嘉湖，善懋迁化居，有祖考风"⑥。文谟（1491—1562年）"少年游山东，涉淮泗，化居齐鲁间，既卜地练川，为居货计，以逐什一，然亲贤好礼，乐与四方贤俊游，故尚书太室徐公寿序"⑦。世禄（1513—1578年）"既挟计然策，南走吴越，北抵齐梁邹鲁，贸有无，权子母，悉中机宜，业益以饶"⑧。由此看出，自明初洪武年间至明后期万历时期，商山吴氏经商不辍。

再如关于经营行业，众所周知，商山吴氏以经营典业著名，是明代闻名遐迩的徽州典商。据该谱载，吴氏除业典外，尚经营棉花业、布业和米业。经营棉花业的如二十一世吴宗法，"父殁后，跋涉江湖，懋迁于吴会、齐、郑、鲁、卫之地，足迹殆遍，铢积寸累，至耆艾之年，有数百金之蓄。尝贩北花过南黄河，舟坏花浮于水。公从急流中捞花登岸，一无所

① 一般认为，徽州商帮正式形成于明代成化、弘治年间。参见张海鹏等：《徽商研究》，安徽人民出版社1995年版。

②《新安商山吴氏宗祠谱传》不分卷《十五世祖荣一府君德新公传》，康熙刊本。

③《新安商山吴氏宗祠谱传》不分卷《十六世祖崇二府君仲清公传》，康熙刊本。

④《新安商山吴氏宗祠谱传》不分卷《十七世祖尚二府君归隐公传》，康熙刊本。

⑤《新安商山吴氏宗祠谱传》不分卷《十八世祖谦五府君朴庵公传》，康熙刊本。

⑥《新安商山吴氏宗祠谱传》不分卷《十九世祖和十一府君麦山公传》，康熙刊本。

⑦《新安商山吴氏宗祠谱传》不分卷《二十世祖敬十六府君得愚公传》，康熙刊本。

⑧《新安商山吴氏宗祠谱传》不分卷《二十一世祖宗十七府君和斋公传》，康熙刊本。

失"①。又经营布业的二十世吴文珂，"贾布业于汴梁"，其子世褚"创万益字号于云间，出布镰之临清"②。经营米业的则有二十一世吴世祥，"有米栈于桐乡"③。

据《宗祠谱传》记载，明代商山吴氏商人在经营手段上也颇为灵活，如嘉靖、万历年间吴元绅和吴元绶兄弟两人在松江嘉定练川收购棉花，贩至嘉兴出卖。但是，练川所产棉花，"美恶参差不齐"。对此，元绶"按成规，遵时宜，稽利弊，以收自然之息"；而元绅则不然，"一一品其等第，编成字号，辨别精微"，按其质次分类出售，获得超额利润。④可见，元绅和元绶兄弟两人经营手段有所不同，所获利润厚薄不一。元绶墨守成规，所得利润微薄；元绅灵活变通，所得利润丰厚。别出心裁的经营手段，在商山吴氏家族经商中屡有展现。

其三，宗谱研究是目前学术界非常关注的热门问题之一，《宗祠谱传》对于徽州家谱研究最重要的价值在于提供了新颖的谱例。其主要表现一是内容别具一格，二是宗旨推陈创新，三是谱法史考结合。

在内容方面，《宗祠谱传》与一般家谱明显不同，没有记录姓氏源流、堂号、世系表、族规家训、小传、艺文和图像等家谱基本内容，只有传记一项，因而属于专题类家谱。明代中后期，徽州专题类家谱不断出现，有专以艺文为内容的贻范集、清芬录等，如程敏政《程氏贻范集》、程一枝《程氏贻范集补》和吴绅《新安吴氏传桂集》等；有专以祠墓为内容的墓谱、祠志、祭祀谱，如明代吴可学《吴氏本枝墓谱》、王珙《新安王氏墓谱纪略》、汪仲潘《西溪汪氏先茔便览》和吴士彦《商山吴氏祖墓四至图》等；有专以宗族族规为内容的祖训家规，如吴世禄《商山吴氏宗法规条》等。⑤明代中期以后，徽州专题类家谱的纂修，极大丰富了徽州家谱类型。

①《新安商山吴氏宗祠谱传》不分卷《二十一世从宗二十三石溪公传》，康熙刊本。
②《新安商山吴氏宗祠谱传》不分卷《二十一世宗六六益所公传》，康熙刊本。
③《新安商山吴氏宗祠谱传》不分卷《二十一世从宗三九南斋公传》，康熙刊本。
④《新安商山吴氏宗祠谱传》不分卷《二十二世叔父易二十九养心公传》，康熙刊本。
⑤ 常建华利用《商山吴氏宗法条规》探讨过商山吴氏宗族的乡约化问题，见《明代徽州的宗族乡约化》，载《中国史研究》2003 年第 3 期；又见《明代宗族研究》，第 283—289 页。

而《宗祠谱传》只录人物传记，在徽州专题类家谱中别具一格。

在编撰宗旨方面，《宗谱谱传》收录吴氏族人"修身齐家，有光前裕后之哲；履历立行，有激劝可慕之风"者，以达到"不可使其泯没不传"之目的。具体而言，就是具有"忠信不泯、孝行幽微、贞节不渝、义勇捐躯、文德兼优、友爱恭睦、仗义赒贫、创业开基、奋志成家、淡薄明志"其中之一的，都为之立传。反之，只要有"行一不义、践一非礼"[①]，皆不得立传。由此可见，《宗谱谱传》以"忠孝节义、文章勋业、友爱恭睦、慈善明志"为基本原则。这些原则，亦为一般家谱所遵循，如《新安名族志》即以"忠孝节义、勋业文章"为宗旨。而《宗谱谱传》提出的"淡薄明志"入传原则，在徽州家谱编撰中则甚为少见。这说明，《宗谱谱传》宗旨在继承前人的基础上又有推陈创新之举。

在谱法史考结合方面，《宗祠谱传》采取史学纂修方法，资料直接来源于家族文献、正史、方志以及墓志铭状，较为真实可靠。《宗祠谱传》对广泛搜集的材料，并不照搬照抄，而是仔细比对、详加考订。如对吴士信《商山吴氏族谱》材料，吴应迁在引用时，"自始祖至十五世传俱属旧谱所载，其中有差讹，皆已改正"。如上数端，为我们研究徽州家谱，提供了重要的新颖谱例。

综上所述，由《新安商山吴氏宗祠谱传》反映出的徽州家谱谱传之价值，从教化角度来看，在于"扬前人之德泽，激励后人之愤发"，具有"俾悖乱者循孝悌，化奸诡者为善良，贤者知所勉，不肖知所惧"的功能。从文献学角度考察，体现在补史、辑佚和校勘等方面。而从史料学角度来看，谱传又为有关历史问题以及区域史、家族史等研究提供了原始和典型史料。因此，尽管家谱谱传普遍存在"为亲者讳"和"美化"先人等问题，但其社会教化价值和学术研究价值应受到重视。《新安商山吴氏宗祠谱传》，为我们了解徽州家谱谱传的价值，提供了一个典型样本。

---

① 《新安商山吴氏宗祠谱传》不分卷《商山吴氏宗祠谱传小引》，康熙刊本。

四、徽州文书的归户整理与宗族史研究

徽州文书是历史上与徽州相关的官府或民间在生产、生活等各种社会活动中直接产生的原始文字记录，其存世数量，学界先前最高估计是50万件—60万件。近年来，徽州文书的发现进入新的高潮，存世徽州文书的实际数量当在百万件以上。与徽州文书大规模发现同步的是，徽州文书的整理与公布也进入新的阶段。学术界有关徽州文书的整理和公布方式有三种：一是文书资料汇编性的发布，如傅衣凌《明清徽州庄仆文约辑存》（《文物参考资料》1960年第3期），中国社会科学院历史研究所等《明清徽州社会经济资料丛编》第一、二集（中国社会科学出版社1988年、1990年版）等；二是研究性的发布，如陈智超《明代徽州方氏亲友手札七百通考释》（安徽大学出版社2001年版），王振忠《徽州社会文化史探微——新发现的16—20世纪民间档案文书研究》（上海社会科学院出版社2002年版）、刘道胜《明清徽州宗族文书研究》（安徽人民出版社2008年版）等，以及散见在报纸杂志上的大量主要依据徽州文书撰写的专题论文；三是以影印的方式集中整理和公布徽州文书，如中国社会科学院历史研究所《徽州千年契约文书》（花山文艺出版社1991年版），刘伯山主编《徽州文书》一至五辑（广西师大出版社2005年、2006年、2009年、2011年、2015年版），黄山学院编《中国徽州文书》（清华大学出版社2010年版），黄志繁等编《清至民国婺源县村落契约文书辑录》（商务印书馆2014年版），安徽师大《千年徽州契约文书集萃》（安徽师大出版社2014年版）等。在第三种整理方式中，"归户"整理是最引人注目的焦点。

所谓"归户"，是指将分散的、零碎的契约文书，经考证复归原属的同一户或同一族。民间所藏的徽州文书，原先基本都有归户性，即一户或一族文书无论种类如何多样、数量或多或少，皆整体保存流传。但由于时间久远，加上自然和人为多重因素的影响，归户文书的散佚也很难避免，至今尚能自然完整保持"归户"特性之文书，相当难得。尤其是20世纪80

年代以后，徽州文书由于买卖关系，易手频繁，人为拆解归户文书的现象非常严重。因此，在徽州文书的整理与公布时，归户整理就成为一项重要而又难度极大的工作。

之所以言其难度大，是因为自然或人为拆解的归户文书，散落在不同的公藏机构或私人手中，因种种原因，见识已非易事，更遑论"合璧"公布了。同时，文书本身的归户考订工作，因缺少旁证也面临信息不全、来源不明、解读不易等诸多困难。尽管归户整理是一项难度极大的工作，但归户性文书又有着其他整理方式不可替代的重要作用。特别是在家族或宗族史研究中，文书归户整理的重要性尤为显著。

首先，归户文书为宗族长时段变迁的研究提供了最原始的资料。散件的徽州文书，多为家族一时一事的记载，尽管真实、具体，但无法反映宗族历时性的变迁。现存徽州归户文书少则数十件，多则成百上千件，其涉及时段往往几十年，甚至数百年，对这些同为一个家族的文书研究，我们可以更好地把握家族变迁发展的历史。比如，2005年出版的《徽州文书》第一辑，收录了《祁门十七都环砂程氏文书》1380件，其时间跨度上起明代宣德四年（1429年），下迄民国二十年（1931年），长达502年。在此500多年中，环砂程氏一族的土地买卖、山场经营、诉讼官司、财产分割、交税纳赋以及社会活动等，均有记录。这些记录虽不完整，但已从长时段折射了程氏家族的发展与兴衰。若非1300多件文书的归户展示，仅靠单件文书，我们无法从长时段了解程氏家族的真实历史。再如2011年出版的《徽州文书》第四辑，收录了《祁门三四都汪家坦黄氏文书》935份，最早的一份是《明洪武十五年三月十九都仙桂乡正冲坑口黄卿受、黄得金、黄得爵立合文约抄白》，最晚的一份是《公元一九九三年三月十三日生效甲方汪爱珍、乙方谢远订立租木板房约》，时间跨度是611年。这批归户文书，大部分是明清时期黄氏宗族成员土地买卖的契约文书，从中可见500余年黄氏家族的置产变化和经济活动情况。汪家坦黄氏文书还包括历史时期家族的部分诉讼文书、分家阄书、契税收据、支用账单、产业分布图、房产平面图、同造水碓磨坊文约、家谱等，这些家族重要经济和社会活动事件的真实记录，为家族史研究者考察黄氏家族盛衰历史和变迁情形，提供了丰富的实态资料。又如2015年出版的《徽州文书》第五辑中，收录了一户典型的归户文书《祁（门）县二十一都二图磻溪陈氏文书》，共计788份。其中最早的一份是《明弘治十四年五月二十一都陈广、陈欣二家立合同文约》，最晚的是《一九五〇年十一月字条》，时间跨度达399年。这批归户文书大部分也是土地买卖的契约文书，它为我们展示了近400年来，祁门磻溪陈氏家族土地和山地买卖、租佃、经营的具体情形，反映了家族经济活动的实态。此外，关于不同年代陈氏家族的诉讼官司、析产分家、房屋买卖、粮税代纳等等活动，也有相关不同记录。近800份的归户文书，展现了陈氏家族近400年的长时段历史的侧面，这是散件文书无法做到的。因此，文书的归户整理，对于宗族史研究而言，可以让研究者围绕某个家族历史，作长时段的个案考察，充分体现文书在宗族史研究中的史料利用价值。

其次，归户文书为家族史研究提供了更为集中的系统信息。文书归户整理，以一户或者一族为单位，往往包含了各种类型的文书。如在已出版的刘伯山主编的《徽州文书》一至五辑中，以一户或一族为中心，文书常包含土地买卖和山地租佃契约、家族诉讼文书、分家阄书和析产书、契税单据、房屋买卖合约、支用账单以及宗族活动文书等。它较之文书的专题整理，信息更为集中、内容更为丰富。在考察和研究家族史相关问题时，集中的信息和丰富的内容更有利于研究者厘清家族发展历史，探讨家族兴衰动因，得出客观的可靠结论。20世纪90年代初，笔者与安徽师范大学张海鹏、王廷元两位教授关注到了安徽歙县芳坑江氏家族的一批文书，并多次到芳坑江氏后人处查阅，协助其整理和解读。这批文书数量巨大，仅商业往来信札就有5000余封，账簿数以百计，其他如路程图、商业书、札记、契约、税单、封条、船契等各种类型文书数以千计。该批文书是芳坑江氏家族几代人从道光中叶开始，到民国时期在商业经营和日常生活中直接形成的原始文字记录，属于典型的归户文书。依据这批归户文书，有关江氏家族及其茶叶经营的研究有了新的收获。通过遗存的信札、路程图和账簿等记录综合判断，芳坑江氏家族中的江有科、江文缵父子在道光年间开始经营"洋庄茶"，他们在歙县开设江祥泰茶号，采购毛茶，经加工后运往广州，销给洋商，获利丰厚。江有科父子在芳坑和广州大兴宅第，江有科还在广州娶了两房姨太太，买了11岁少女秀兰给江文缵作妾。同时，他们纳资捐官，欲求绅商的身份。这段家族的发迹史，均有遗存的各类文书为据。其后因"咸同兵燹"，贩茶入粤道路被阻，江氏家道中衰。后江文缵之子江耀华利用"五口通商"后，徽州到上海的地利之便，将徽州茶叶贩至上海外销，生意风生水起，一跃而为富商大贾，成为徽州茶商中的领军人物之一。清末民初，由于洋商对华商的压制，江耀华的生意日渐萧条，一个具有代表性的徽州茶商家族从此没落。江氏归户文书中大量的账簿、信札、商业书等文书，反映了江氏茶商的这段历史及其经营实态。我们在对芳坑江氏茶商家族的考察时，诸多问题的解决得益于种类多样、内容丰富的归户文书所提供的系统信息。从总体来看，归户文书不仅是一个家庭、一个家族变迁发展历史的真实记录与写照，系统性强，极具个案研究的价值；同时它也全面展示了家族历史进程中诸种影响因素之间的关联，为人们客观认识家族历史提供了更为集中的丰富资料。因此，在家族史的研究中，归户文书有着其他散件文书无法取代的重要史料价值。

最后，归户文书为家族史研究中具体问题的考察提供了互证资料。学界不少学者在研究家族史时，都在尝试以归户文书研究和互证一些具体问题。比如，有学者以徽州黟县榆村邱氏宗族遗存的280余份归户文书《黟县一都榆村邱氏文书》为中心，考察传统徽州宗族社会在清代中后期的松解及近代特征出现的问题，其中以手抄邱氏谱系和《清光绪十六年孟夏月邱应书立遗嘱》两份文书的互证，推论黟县邱家村的邱氏始迁时间当在明弘治年间，再迁榆村是清道光壬寅年（道光二十二年，1842年），厘清了榆村邱氏家族的迁徙出处；通过邱氏大量购置房产和田地产的契约文书的举证，展示了其家族财产的规模和来源；而多份文书又反映了邱氏家族频

繁的异姓承嗣及与其他宗族广泛经济合作的重要现象。①这些有关家族具
体问题的结论，显然单凭散件文书是无法确证的。日本学者中岛乐章利用
祁门三四都凌氏归户文书，考论凌氏家族的山林经营问题，通过不同时期
相关契约文书的比对和梳理，得出结论：从永乐到正统年间（15世纪前半
叶），凌氏主要利用棉布等实物货币，积极购买山林；从景泰到成化年间
（15世纪后半叶），凌氏族人继续购买山林，但其频度和规模逐渐减少；弘
治到崇祯年间（16世纪—17世纪前半叶）凌氏族人经营的山林越来越被分
成小部分，从他姓购买山林的事例显出减少的倾向，主要是凌氏族人之间
互相买卖零散的分籍。他还通过归户文书中相关契约文书的互证，得出其
山林的积蓄形态极为集中，山林经营主要于村落附近的扇形地、河谷等地
开展的结论。②有关凌氏家族山林经营中这些具体问题的考察和解决，正
是建立在归户文书而非散件文书的基础之上。我们在研究歙县芳坑江氏茶
商家族何以在咸同年间之后将经营重点由广州转移至上海的问题时，也利
用了江氏茶商归户文书中账簿、信札、路程图、船契、引票等互证，总结
了"天时"与"地利"两大因素。如果按照账册、信札、商业书等分类拆
解整理这些文书，对于家族史上相关问题的认识可能无法做到全面和客
观。还有研究者对明代祁门康氏文书归户收集，分析该家族"地权分籍
化"问题，认为其家族内部"地权分籍化"相当普遍，多份文书可以互证
的一个现象是，所出卖的土地几乎都是承祖标分的分籍地产，且一块地产
经历多次分割，个体权属越来越小，但彼此之间的权益仍密切联系；关于
家族内部的合约关系，归户的明代康氏合约文书生动地体现了宗族内部个
体之间、不同层次的门房支派之间以及个体与组织之间等各方面的社会关
系；多份相关联的康氏土地买卖契约，还反映了康氏家族主仆关系出现了
一些庄仆拥有相当数量独立的地产、主仆之间的共业和地权流动频繁、庄

---

① 刘伯山：《清代中后期徽州宗族社会的松懈——以〈黟县一都榆村邱氏文书〉为中
心》，载《中国农史》2012年第2期。

② 中岛乐章：《清代徽州的山林经营、纷争及宗族形成——祁门三四都凌氏文书研
究》，载《江海学刊》2003年第5期。

仆纳银代役等新变化的问题。上述有关康氏家族一系列具体问题的考察，均在50余份康氏归户文书的比对、互证中进行。①此类依据归户文书用以解决家族史中具体问题的研究，目前学术界相关成果并不罕见。它反映了归户文书在家族史具体问题的研究中独有的优势和价值。

对宗族史研究而言，归户文书与之结合，将为其提供新的视角、新的方式和新的认识。因此，在文书整理过程中，归户整理是值得重视的整理方式。目前归户整理的徽州文书对宗族史研究仍存有局限，主要表现在：一是归户整理时，多以整理者自身收藏的文书为限，对于其他收藏者在不同时间、不同地点收藏的同一户文书，未作全面的归户整理。因此，所谓的归户，还只是部分的、有限的归户，并不是遗存文书的完整反映。这一局限，从宗族史研究来说，势必影响其更全面的宗族历史发展源流考察、更客观的宗族相关问题的探讨。二是归户整理的影印方式，最真实地反映了徽州文书的原始面貌，有的整理者除了标有文书名称、时间、尺寸等基本规范外，还写有文书寻获记，介绍文书来源和所在村落方位等信息，方便研究者的利用。但目前影印的文书，都没有"识读"部分，它降低了文书整理的学术含量，也给家族史研究者在阅读一些字迹模糊、纸张残破的文书时带来不便。三是目前的归户整理，还只是一家一族的文书独自归户，相关家族之间文书的有机关联在整理过程中尚未受到重视。我们希望归户文书的整理，既要尽可能网罗不同收藏者在不同时间、不同地点收藏的同一户文书，也要关注不同家族归户文书之间的内在联系，因为不同家族之间的经济、社会交往，往往导致其家族遗存的文书存在关联，文书的归户整理应重视这一现象。近年有整理者开始着眼于"村落文书"的概念，这是归户文书整理今后由"户"进而到"村"的一个发展趋向，它将有力推动家族史研究的深入。

---

① 刘道胜：《明代祁门康氏文书研究》,载《明史研究》第五辑。

五、评《徽州文书》的整理与出版

《徽州文书》第一辑10卷于2005年1月终于与读者见面了。主编刘伯山先生自20世纪80年代中期以来，一直以满腔的热情全身心投入徽州文化的研究与宣传，并着力于徽州文书的收集和整理，在徽学界声名远播。以他名字命名的安徽大学徽学研究中心"伯山书屋"收藏了丰富的徽州文书，徽学界久闻其名而因种种原因不得其详。此次《徽州文书》首次影印展示了"伯山书屋"收藏的部分文书，同时也公布了祁门县博物馆收藏的部分徽州文书精品，令徽学研究者欣喜不已。这批文书的整理和出版，无疑是学术界的一件盛事。

第一，《徽州文书》第一辑10卷公布了徽州黟县和祁门的珍贵文书4995件，如此大规模以影印的方式集中整理和公布徽州文书，在学术界和出版界是空前的盛事。

20世纪50年代中期，徽州文书被大规模发现并获得确认，其数量之多，研究价值之大，曾被誉为是20世纪继甲骨文、汉晋简帛、敦煌文书、明清档案发现之后中国历史文化上的第五大发现。（叶显恩：《徽州文化全书总序》，安徽人民出版社2005年版）近年来，徽州文书的发现进入新的高潮，据专家最新估计，其文书的数量当在35万件左右。[1]但在徽州文书大规模发现的同时，徽州文书的整理和公布则相对滞后。此前，虽然学界有过种种努力，也出版过相关著述，其中影响较大的有傅衣凌《明清徽州庄仆文约辑存》（《文物参考资料》1960年第3期）、中国社会科学院历史研究所等《明清徽州社会经济资料丛编》第一、二集（中国社会科学出版社1988年和1990年版）、中国社会科学院历史研究所《徽州千年契约文书》（花山文艺出版社1991年版）、王振忠《徽州社会文化史探微——新发现的16—20世纪民间档案文书研究》（上海社会科学院出版社2002年版）

---

[1] 随着近年来徽州文书的不断被大规模发现，专家估计存世的明清和民国徽州文书总数当在百万件以上。

等。但迄今为止的整理和发布，与大量徽州文书的存世状况是不相适应的。它严重影响了徽州文书研究价值的利用，制约了徽学的进一步发展。《徽州文书》继《徽州千年契约文书》之后，加大了以影印方式大规模集中整理和公布徽州文书的步伐，此举是出版界的盛事、学术界的幸事。我们相信，随着《徽州文书》以后诸辑的出版，徽州文书的整理和公布将进入新的阶段。它将进一步展示徽州文书的研究价值，对推进徽学研究起到不可估量的作用。

第二，《徽州文书》整理和公布的资料，内容丰富，归户性强，且均为首次面世，具有很高的学术研究价值，弥足珍贵。

"徽州文书是历史上的徽州人在其具体的社会生产、生活与交往过程中为各自切身利益形成的原始凭据、字据、记录，它是徽州社会、文化发展以及生产、劳动、社会交往、风俗习惯、宗教信仰等状况的最真实、具体的反映"。（刘伯山主编：《徽州文书·前言》）它具有真实性、原始性、唯一性等特点。这是一般文献资料所不具备的。对于徽州文书的研究价值，学术界给予了高度肯定。已故著名徽学专家周绍泉指出，徽州文书研究"将给宋代以后的中国古代史特别是明清史带来革命性的变化"。美国学者约瑟夫·麦克德谟特称"徽州文书是研究中国封建后期社会史和经济史不可或缺的关键资料"。而日本学者臼井佐知子则说"对于研究中国封建社会末期政治、经济、文化和探讨其发展规律方面，徽州文书具有很大价值，起着任何东西无法替代的作用"。这些学者的看法，目前已是国内学界的共识。《徽州文书》公布的这批文书，再次印证了学术界对徽州文书研究价值的认识。影印公布的4995件文书，从形式上看有买卖租典契约、合同公约、收借条、分书遗嘱、账单账册等等，种类繁多；就时间跨度而言，上起明前期，下迄民国后期，历时500余年；而所关乎的内容，举凡宗族事务、土地买卖、遗产分割、贸易往来、公益事业等等，均有涉焉。中国传统社会后期民间政治、经济、文化等方方面面的活动，其中都有不同程度的实态反映。这批内容丰富的文书，对研究明清徽州社会，从而透析明清社会、经济、文化等方面的风貌，有着"任何东西无法替代"

的价值。尤其值得注意的是，第一辑收录的文书，非常注重"归户性"。所谓"归户"，是指分散的、零碎的契约文书，经考证可复归原属的同一户。经历漫漫时光，数度尘埃浸湮，尚能保持"归户"特性之文书，极其难得。而《徽州文书》公布的近5000件文书，大多是归户文书。如《祁门十七都环砂程氏文书》1380多份（部），最早的一份是明代宣德四年（1429年）的，最迟的一份是民国二十年（1931年），总跨度达502年。《黟县一都榆村邱氏文书》300多份，最早的一份是明天启四年文书，最迟的文书延至民国后期，也跨越了300年的时间。如此长时段且丰富的文书依然保持"归户性"，足见其珍贵。从研究的角度来说，归户的文书"历时性上，它们存在一定的连续；共时性上，它们存在一定的关联，从而构成了一个整体，并且正是这种整体性的存在才更为体现了其真实性，反映的是多维空间的历史实态"。（刘伯山主编：《徽州文书·前言》）归户文书不仅是一个家庭、一个家族变迁发展历史的真实记录与写照，系统性强，极具个案研究的价值；同时它也全面展示了历史进程中诸种影响因素之间的关联，为人们客观认识历史提供了样本。

　　《徽州文书》公布的这批文书之所以珍贵，还在于文书收集过程的艰辛与传奇。如安徽大学徽学研究中心"伯山书屋"藏《黟县一都榆村邱氏文书》300多件，系编辑者1998年至2000年在黄山市分三次从不同的人手上获得，若非收集者的关注和执著，若非机缘巧合，我们今日断难看到合璧后的榆村邱氏文书公布于世。从《徽州文书》中收录的部分徽州文书《寻获记》可见，每件文书从民间被再发现，凝聚了收集者的心血，也都充满着传奇色彩。

　　第三，《徽州文书》的编辑体例别具一格，在资料整理方面颇多创新之处。

　　首先，在公布的归户文书正文前，分别撰写了16篇《寻获记》，即《黟县一都榆村邱氏文书寻获记》《黟县二都四图胡氏文书寻获记》《黟县二都查村江氏文书寻获记》《黟县四都汪氏文书寻获记》《黟县五都四图程氏文书寻获记》《黟县八都三图查氏文书寻获记》《黟县八都四图金氏文书寻获记》《黟县八都燕川吴氏文书寻获记》《黟县十都丰登江氏文书寻获记》《黟县十都三图余氏文书寻获记》《祁门八都邱氏文书寻获记》《祁门十二都一图胡氏文书寻获记》《祁门十七都环砂程氏文书寻获记》《祁门二十一都一图陈氏文书寻获记》《祁门二十二都红紫金氏文书一寻获记》《祁门二十二都红紫金氏文书二寻获记》。《寻获记》由该归户文书的收集者亲自撰写，介绍了文书收集的地点、来源、过程以及涉及的相关人与事。这对研究者了解和利用该文书，帮助巨大。其次，归户文书有确定的归户地点，在正文编排前附归户地点地名图。这种编排方式，极大地方便了研究者对该文书的利用。最后，本辑文书主要从安徽大学徽学研究中心"伯山书屋"和祁门县博物馆收藏的徽州文书中精选而来，前者提供的是黟县文书，后者提供的是祁门文书。在编辑体例上，编辑者在黟县文书正文之前，对安徽大学徽学研究中心"伯山书屋"藏徽州文书作了简介，在祁门文书正文之前，对祁门县博物馆藏徽州文书作了介绍，研究者从中得以了解两处徽州文书收藏情况的大概。此举方便了研究者对徽州文书的进一步利用，也体现了整理者的良苦用心。上述三方面的创新，反映了《徽州文书》在编撰体例方面的独到之处。

《徽州文书》第一辑的整理和出版，对学术界而言，是一件功德无量的大事。它必将有力推动徽学研究的深入，推进徽州文书的整理工作。

六、《徽州方志研究》序[*]

地方志之修纂，乃中国优秀文化传统。关于其始，学界众说纷纭，或谓导源于《周官》《尚书》，或称滥觞于《禹贡》《山海经》，或指发轫于先秦诸侯国史，不一而足。但其源远流长，则是学界共同叹誉之见。在方志发展的数千年历史中，其数量之巨、种类之多、体例之备、价值之高，成为中国文化史上的奇观；同时，方志又是记录一地山川、经济、文化、社

---

[*] 本文写于2010年9月，收入本书，为保持原貌，全文未作改动。

会实态与变迁的重要载体，故而关于方志的研究，历来成为人们关注的热点。

徽州之有志，始于南朝梁新安太守萧几所撰的《新安山水记》。自唐宋以降，徽州人文鹊起，学者辈出，号称"自井邑田野以至远山深谷、居民之处，莫不有学、有师、有书史之藏"（明赵汸《商山书院学田记》），被视为"东南邹鲁""文献之邦"。而在徽州文献中，方志是其重要的组成部分。千余年来，徽州成为我国历史上修志发达地区之一。徽州方志既有地区性、综合性、资料性等方志共性，也有连续性、理论化等个性特点。20世纪80年代以来，以徽州历史文化为研究对象的"徽学"兴起，学者开始注重对徽州旧志的研究与利用，但虽有尝试，而无深入。迄今为止，尚无一部系统、深入研究徽州旧志的作品问世。这既与徽州方志的历史地位不相称，亦成为学界期待填补的徽学研究之空白领域。

日前，得悉刘道胜博士洋洋16万余言的新作《徽州方志研究》即将付梓，有幸先睹，甚感快焉。这部作品，于道胜博士而言，实为"旧题"。2000年，作者在安徽师范大学攻读硕士学位期间，因受安徽师大徽学学术团队的影响，即以《徽州旧志研究》为题，出色完成了硕士学位论文的写作。如今旧题而新作，既见作者经年之积累愈发厚实，又显研究更加深透入里。

本书的突出亮点之一，是作者在撰写的体例上颇费心思，力求创新。全书分上下两编，上编《徽州方志叙略》，讨论徽州方志的编纂源流、徽州方志的编纂特点、徽州方志的编纂理论、徽州方志的资料价值以及正统化的学术活动和地方性的知识积累诸学术问题，提纲挈领，宏观上考察徽州方志的概貌和基本学术问题。下编《徽州方志著录》，分别有徽州佚志辑录、徽州府县乡镇志提要、徽州专志著录、各种方志丛书收录徽州方志一览、弘治《徽州府志》卷11《词翰一》艺文目录一览等项，广搜博采，展示了徽州方志的具体风貌和资料价值。这种体例，与近年巴兆祥先生《中国地方志流播日本研究》（上海人民出版社2008年2月版）一书，有异曲同工之妙。而本书之所以将徽州佚志辑录等名为"下编"而非"附录"，反映了作者写作本书学术性与资料性并重的意图。下编徽州佚志辑录、徽州府县乡镇志提要、徽州专志著录等，是作者花费近十年时间，涉猎百余种典籍，通过扎实的考订功夫，精心编撰而成，因此具有很高的学术与资料价值。其嘉惠学界，功不可没。

本书的另一亮点是作者做了诸多原创性的工作，并提出了一系列独到的看法。比如，作者考察了徽州方志的编撰源流，首次梳理了徽州方志从南朝地记到隋唐图经，以及宋元明清时期的发展线索，勾勒出徽州方志的全景式演变轮廓；作者注意到了徽州方志的编纂特点，在掌握大量基本史料的基础上，提炼出"发凡起例，富有创意""取材广博，考证精洽""私撰成风，种类繁多"三大特点；作者还率先总结了徽州方志的编撰理论，在方志的起源、编撰要求及功能等方面展开翔实的论述。此外，作者还首次从七个方面论述了徽州方志的资料价值，尤其是在"盛世修志：正统化的学术活动"和"因时续修：地方性的知识积累"两部分，阐述了多年来有关方志编撰问题的独到看法。作者在学术研究中的问题意识、原创性追求以及独立思考，都较鲜明地体现在这部作品中。

此外，本书反映的作者扎实严谨的治学态度与方法，也是值得称道的。当下学术界，急功近利之风盛行，青年学者中能以十年之力磨一剑者，越来越少。作者淡定人生，一心向学，为写作本书，其经眼所及徽州志书，几乎囊括了现存该区域的各种传统方志。所用每条史料，均直接引自原始文献，且反复校核。由此，本书篇幅虽不大，但仍有厚重之感。

当然，因各种原因，本书也有两个遗憾：一是流传海外的徽州方志，如流播日本的嘉靖《徽州府志》、万历《休宁县志》等，作者未能在相关辑要和提要中反映。二是与其他区域方志的比较研究，暂付阙如。这是作者今后可以进一步关注的课题。

业师邹逸麟先生曾说："历史学是一门需要长期积累的学科，才智固然重要，而勤奋则是不可或缺的。"（《明清时期杭嘉湖市镇史研究序》，载陈学文《明清时期杭嘉湖市镇史研究》，群言出版社 1993 年 9 月版）道胜博士近年来在徽学界崭露头角，有《明清徽州宗族文书研究》等著述问世，成为徽学研究的中坚力量，正是应了邹先生才智与勤奋之言。值此新作即将付梓之际，写以上文字，谨表祝贺，并希望道胜博士今后在学术道路上，藉其才、学、识、德、勤，取得更大成就。

是为序。

后 记

　　2020年初，正是"新冠"疫情越来越严重的时候，安徽师大出版社并没有进入工作停摆的状态，策划了《当代徽学名家学术文库》项目，并请出安徽省徽学学会会长王世华教授主持其事。该文库的宗旨是"推动徽文化创造性转化、创新性发展，继承和弘扬徽文化精神，全面整理、集中展示当代徽学研究成果，推进徽学研究再出发，打造徽学品牌图书"。当下徽学研究经过数十年的发展，一方面取得了诸多重要的成果，初步架构了徽学学科的"大厦"；另一方面，如何进一步推进徽学研究，提升徽学研究的水平，也到了需要认真回顾与反思的时候了。该项目的及时推出，将会为阶段性总结数十年的徽学研究提供一个契机。蒙世华先生的厚爱，能够成为参与该项目中的一员，深感荣幸。

　　《当代徽学名家学术文库》编撰，采取以"人"系"文"的方式，这对反映研究者的学术志趣与成果，甚为明了。我在20世纪80年代以后，关注的重点领域之一是徽州文化，因此寻检相关成果，编辑了6章内容，名曰《学成派与商成帮——徽州区域文化现象研究》。

　　第一章《学术成派：新安理学研究》，包含了8个互有联系而又相对独立的问题，主要着眼于从学派的角度研究新安理学。作为朱子学的重要流派之一，新安理学是徽州文化形成与发展的思想基础，对12世纪以后中国哲学史和学术思想史的发展演变，以及明清时期的徽州社会和其他徽州文化现象产生了巨大的影响。在其600多年的盛衰过程中，始终有一以贯之的学术宗旨、一脉相传的理学家群体和鲜明的学派特色。关于新安理学的研究，是徽学研究中极为重要的领域之一。

第二章《商人成帮：徽州商人研究》，选择了徽州盐商、徽州茶商、徽商"儒道"经营理念、徽商与明清两浙"商籍"，以及"咸同兵燹"与徽州商帮的衰落等6个问题展开讨论。徽商作为原徽州一府六县商人组成的松散型的商业集团，曾执明清商界"牛耳"300余年，创造了中国商业史上的"神话"。它是徽州文化形成与发展的经济基础，也是徽学研究的重要课题。

第三章《空间差异：徽州传统学术文化地理研究》，讨论了徽州学术文化区形成的地理基础、区域表征，徽州传统学术文化的传播及其特点，清代徽州传统学术文化中心地类型等5个问题，意在从空间和地理的角度考察徽州传统学术文化发生与演进的相关情形。徽州是12世纪至18世纪中国传统学术文化的典范之区，有关徽州传统学术文化的空间与地理研究，对把握中国传统学术文化的发展及其风貌，以及推进徽学研究有着重要的意义。

第四章《文化互动：徽州文化现象交融下的徽州社会研究》，着重分析了明清徽州文化的阶段性发展、新安理学与徽州宗族社会、明清徽州家谱与徽州社会风俗、徽州民间祭文类型与特征及社会文化内涵、明清徽商建筑文化的特色等6个问题，一方面展现徽州文化的多样性，另一方面考察徽州文化现象之间的互动关系，并进而从数个侧面反映徽州社会的风貌。

第五章《名家辈出：徽州学术人物研究》，选取徽州历史上朱熹、程大昌、朱升、郑玉、赵汸、戴震等6位最重要的学术文化名家，考察其人生经历，探讨其学术思想，评价其历史地位，充分展现徽州学术人物的成就与贡献。

第六章《文献之邦：徽州文献与民间文书研究》，关注了朱熹《家礼》、程敏政《道一编》、徽州家谱的谱传等徽州文献，也就徽州文书的归户整理与宗族史研究等问题进行了讨论。徽州素以"文献之邦"著称，历史上文献总数达到上万部，而目前留存下来的文书数量也达百万件，因此有关徽州文献与文书的研究，亦是徽学研究中备受关注的领域。本章撷其一二，略作讨论。

上述6章内容，聚焦于徽州文化现象的多样性与典型性，也大致反映了我在徽学研究方面的所思所得。由于时间跨度近30年，原先发表的成果在注释等格式方面差异很大，引用文献也有不少讹误，本次选编对所引史料进行了一一校核。部分内容系合作成果，合作者包括周慧珺、张燕华、唐丽丽、徐彬、郭继红、方宁等，特此说明。

衷心感谢安徽师大出版社提供的展示个人研究心得的机会，感谢责任编辑的辛勤付出，感谢我先后服务的安徽师范大学和安徽大学给予的良好工作条件和环境保障，更感谢我的家人长期以来的理解和支持。

"积土成山，风雨兴焉；积水成渊，蛟龙生焉"。徽学学科"大厦"的构建，需要一代代学人努力。"长风破浪会有时，直挂云帆济沧海"，以此与徽学学者共勉。

是为记。

周晓光

二○二三年七月于合肥馨苑寓所